펀드투자권유 2025
대행인

금융투자협회
Korea Financial Investment Association

1. 펀드투자권유대행인의 정의

투자자를 상대로 집합투자증권(파생상품 등은 제외)의 매매를 권유하거나 투자자문계약, 투자일임계약 또는 신탁계약(파생상품등에 투자하는 특정금전신탁계약 등은 제외)의 체결을 권유하는 업무를 수행하는 인력

2. 응시자격

금융회사 종사자, 학생, 일반인 등

3. 시험과목 및 문항수

시험과목		세부 교과목	문항수
제1과목	**투자권유**	법규(금융소비자 보호에 관한 법률 포함)	13
		직무윤리 · 투자자분쟁예방	14
		펀드영업실무	8
		투자권유	15
소 계			50
제2과목	**펀드투자**	펀드 구성 · 이해	16
		펀드평가	4
		투자관리	10
소 계			30
제3과목	**부동산펀드**	부동산펀드 관련 법규	5
		부동산펀드 영업실무	15
소 계			20
시험시간		120분	100 문항

* 종전의 증권펀드투자상담사(간접투자증권판매인력)의 자격요건을 갖춘 자는 제1과목(투자권유), 제2과목(펀드투자) 면제
* 종전의 부동산펀드투자상담사의 자격요건을 갖춘 자는 전과목 면제

4. 시험 합격기준

60% 이상(과목별 40점 미만 과락)

■ 한국금융투자협회는 금융투자전문인력의 자격시험을 관리 · 운영하고 있습니다.
금융투자전문인력 자격은 「자본시장과 금융투자업에 관한 법률」 등에 근거하고 있으며,
「자격기본법」에 따른 민간자격입니다.

■ 자격시험 안내, 자격시험접수, 응시료 및 환불 규정 등에 관한 자세한 사항은
한국금융투자협회 자격시험접수센터 홈페이지(https://license.kofia.or.kr)를 참조해
주시기 바랍니다.
(자격시험 관련 고객만족센터: 02-1644-9427, 한국금융투자협회: 02-2003-9000)

contents

part 03

투자관리

part 04

펀드평가

part 05

펀드법규

part 07

펀드 영업
실무

part 09

투자자분쟁
예방

part 10

투자권유

part 01

펀드
구성·이해 1

fund investment solicitor

chapter 01

집합투자기구의 유형

신탁형 집합투자기구(투자신탁)

투자신탁이란 계약형 집합투자기구로서 운용회사인 집합투자업자와 수탁회사인 신탁업자가 투자신탁계약을 체결하여 집합투자기구를 만들어 이를 금융위에 등록하여 투자자에게 동 집합투자기구의 집합투자증권을 매각하고 그 자산을 투자대상 자산에 투자하여 운용하는 대표적인 집합투자기구이다.

투자신탁의 투자자가 판매회사를 통하여 수익증권을 매수하고, 그 매수된 자금은 판매회사를 경유하여 신탁업자에 납입되고 그 납입된 자산을 집합투자업자가 신탁업자에 지시하여 투자대상 자산에 투자하게 된다. 여기에서 투자자가 매수한 수익증권은 예탁결제원에 집중예탁을 하고 그 대신 투자자는 판매회사로부터 수익증권통장을 받아 관리의 편리성을 도모하고 있다.

1 투자신탁 관련 회사

투자신탁의 관련 회사인 집합투자업자, 신탁업자 및 판매회사는 투자신탁제도에서 각각 다음의 역할을 수행하고 그 수행하는 역할의 결과로 투자신탁이 유지 가능하게 된다.

(1) 집합투자업자

❶ 투자신탁의 설정·해지
❷ 투자신탁재산의 운용·운용지시

(2) 신탁업자

❶ 투자신탁재산의 보관 및 관리
❷ 집합투자업자의 투자신탁재산 운용지시에 따른 자산의 취득 및 처분의 이행
❸ 집합투자업자의 투자신탁재산 운용지시에 따른 수익증권의 환매대금 및 이익금의 지급
❹ 집합투자업자의 투자신탁재산 운용지시 등에 대한 감시
❺ 투자신탁재산에서 발생하는 이자·배당·수익금·임대료 등 수령
❻ 무상으로 발행되는 신주의 수령
❼ 증권의 상환금의 수입
❽ 여유자금 운용이자의 수입

(3) 판매회사

❶ 집합투자증권의 판매
❷ 집합투자증권의 환매

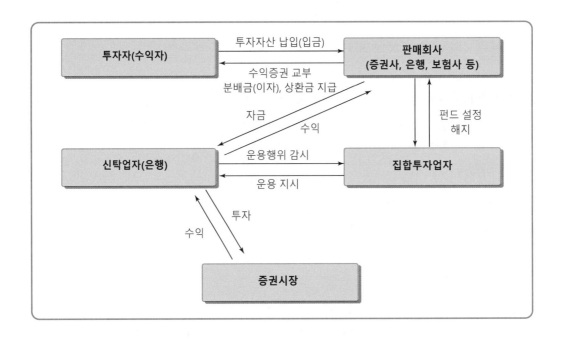

2 신탁계약의 변경

신탁계약을 변경할 경우에는 집합투자업자는 신탁업자와 변경계약을 체결하여야 하며, 그 변경 내용이 다음에 해당할 경우에는 수익자총회의 결의가 필요하다.

❶ 집합투자업자·신탁업자 등이 받는 보수, 그 밖의 수수료의 인상

❷ 신탁업자의 변경(합병, 분할, 분할합병, 영업양도 등으로 신탁계약의 전부가 이전되는 경우 등 시행령이 정하는 사유는 제외)

❸ 신탁계약기간의 변경(투자신탁을 설정할 당시에 그 기간 변경이 신탁계약서에 명시되어 있는 경우는 제외)

❹ 투자신탁의 종류의 변경. 다만, 투자신탁 설정 시부터 다른 종류의 투자신탁으로 전환하는 것이 예정되어 있고 그 내용이 신탁계약에 표시되어 있는 경우 제외

❺ 주된 투자대상 자산의 변경

❻ 집합투자업자의 변경

❼ 환매금지형투자신탁이 아닌 투자신탁의 환매금지형투자신탁으로 변경

❽ 환매대금 지급일의 연장

3 신탁계약 변경의 공시 · 통지

집합투자업자는 신탁계약의 변경 시에는 인터넷 홈페이지를 이용하여 공시하여야 하며, 그 신탁계약 변경의 내용이 수익자총회의 결의를 통한 경우에는 공시에 추가하여 수익자에게 통지하여야 한다.

4 수익자총회

수익자총회는 집합투자업자가 소집하며 자본시장법 또는 신탁계약에서 정해진 사항에 대해서만 결의할 수 있다. 또한 해당 집합투자기구의 집합투자증권의 5% 이상을 소유한 수익자의 요구나 신탁업자의 요구에 의하여 집합투자업자가 수익자총회를 소집할 수 있다.

수익자총회의 결의는 출석한 수익자의 의결권의 과반수와 발행된 수익증권 총좌수의 1/4 이상의 찬성으로 결의한다. 다만, 자본시장법에서 정한 수익자총회의 결의사항 외에 신탁계약으로 정한 수익자총회의 결의사항에 대하여는 출석한 수익자의 의결권의 과반수와 발행된 수익증권의 총좌수의 1/5 이상의 수로 결의할 수 있다. 수익자는 수익자총회에 출석하지 아니하고 서면에 의하여 의결권을 행사할 수 있다. 다만, 다음 각호의 요건을 모두 충족하는 경우 수익자가 소유한 총좌수의 결의내용에 영향을 미치지 않도록 의결권 행사한 것으로 본다(간주의결권, Shadow voting).

❶ 수익자에게 의결권 행사 통지가 있었으나 행사되지 아니하였을 것
❷ 간주의결권 행사 방법이 집합투자 규약에 기재되어 있을 것
❸ 수익자총회의 의결권을 행사한 총좌수가 발행된 총좌수의 1/10 이상일 것
❹ 그 밖에 수익자 이익 보호와 수익자총회 결의의 공정성 위해 간주의결권 행사 결과를 금융위원회가 정하여 고시하는 바에 따라 수익자에게 제공하는 것을 따를 것

기타 해당 수익자총회가 수익자의 불참으로 성립하지 아니할 경우에는 이를 연기하여 연기 수익자총회를 개최하여야 하고 수익자총회 결의사항에 대하여 반대하는 수익자가 서면으로 반대의사를 밝힐 경우에는 그 투자신탁은 해당 수익자가 소유하고 있는

수익증권을 매수하여야 한다.

5 투자신탁의 해지

투자신탁은 신탁계약에서 정한 신탁계약기간의 종료, 수익자총회의 투자신탁 해지 결의, 투자신탁의 피흡수합병, 투자신탁의 등록 취소 및 수익자의 총수가 1인이 되는 경우(시행령에 예외 있음), 금융위로부터 전문투자형 사모집합투자기구의 해지명령을 받은 경우해지된다. 이 외에도 집합투자업자는 금융위의 승인을 받아 투자신탁을 해지할 수 있다. 다만 다음의 경우에는 집합투자업자가 금융위의 승인 없이 투자신탁을 해지할 수 있다.

❶ 수익자 전원이 동의한 경우
❷ 수익증권 전부에 대한 환매의 청구가 발생한 경우
❸ 사모 집합투자기구가 아닌 투자신탁(존속하는 동안 투자금을 추가로 모집할 수 있는 투자신탁으로 한정. 이하 이 조에서 같음)으로서 설정한 후 1년이 되는 날에 원본액이 50억 원미만인 경우와 투자신탁을 설정하고 1년이 지난 후 1개월간 계속하여 투자신탁의 원본액이 50억 원 미만인 경우

투자신탁을 해지하는 시점에 발생하는 투자신탁재산 중 미지급금과 미수금은 집합투자업자가 공정가액으로 투자신탁을 해지하는 날에 그 채권 또는 채무를 양수하거나 다른 펀드와 자전거래할 수 있다.

section 02 회사형 집합투자기구

회사형 집합투자기구로는 투자회사, 투자유한회사, 투자합자회사 및 투자유한책임회사가 있다. 현재 투자회사는 투자신탁 다음으로 활성화되어 있는 집합투자기구이다. 투자회사는 상법상의 주식회사로 그 집합투자기구는 실제 사람이 근무하지 아니하는 무인회사로 운영된다. 투자신탁과 회사형 집합투자기구는 그 법적 형태는 다르나 다수의 투자자로부터 자금을 모집하여 모집된 자금으로 투자대상 자산에 투자하고 그 결과를

투자자에게 돌려주는 경제적 실질은 동일하다.

1 투자회사(법 제194조~제206조)

집합투자업자가 법인이사이며 2인 이상의 감독이사로 이사회가 이루어진 상법상의 주식회사형태의 집합투자기구이다. 투자회사의 집합투자업자는 투자신탁에서의 집합투자업자와 동일한 역할을 하고 신탁업자 역시 마찬가지의 역할을 담당하고 있다. 두 가지 투자기구의 가장 큰 차이점은 투자회사는 그 이사회 및 주주총회를 보조하고 그 업무를 대행해 주는 일반사무관리회사가 반드시 필요한 반면 투자신탁의 경우 해당 투자신탁의 기준 가격 산정을 위탁하지 않을 경우에는 반드시 일반사무관리회사가 필요한 것은 아니라는 점에서 차이가 있다.

현재 국내 대부분의 집합투자기구는 투자신탁이다. 이는 투자회사가 회사형이어서 펀드의 설립 시 비용, 펀드의 임원 선임 절차, 이사회 개최 및 유지 비용, 펀드 등록 시의 비용, 임원 보수 및 상법상의 회사와 관련되는 규정의 준수 등 투자신탁과 비교할 때 불편한 점이 많은 반면 경제적으로는 별 차이가 없기 때문이다.

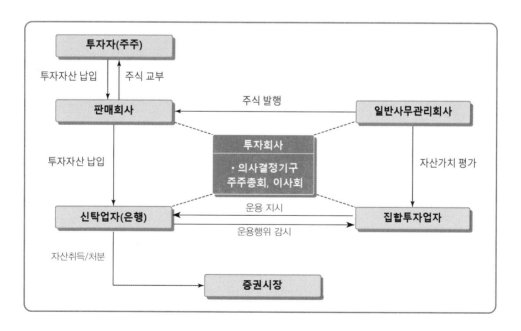

아래 표는 투자신탁과 투자회사의 차이점을 비교한 것이다.

	투자신탁	투자회사
형태	계약관계 • 투자기구의 실체가 없어 투자기구와 관련된 법률행위의 주체가 될 수 없음	회사형태 • 투자기구가 실체를 가지고 있어 투자기구와 관련된 법률행위를 직접 수행
당사자	집합투자업자, 신탁업자, 수익자, 투자매매업자·투자중개업자(판매회사)	투자기구, 집합투자업자, 신탁업자, 일반사무관리회사, 투자매매업자·투자중개업자(판매회사), 주주
자산 소유자	신탁업자	투자기구
법률행위주체	신탁업자	투자기구
투자기구 관련 의사 결정	집합투자업자가 대부분의 사항에 대해서 의사 결정. 다만, 법에서 정하는 범위에 한하여 수익자총회에서 결정	이사회, 주주총회에서 의사 결정. 다만, 실무적으로 집합투자업자가 의사 결정 과정에 중요한 역할 수행
가능한 투자 기구의 형태	MMF, 주식형, 채권형 등 일반적인 투자상품	일반적 상품(MMF 제외) 외에 M&A투자기구, 부동산 투자기구, 기업구조조정투자기구, PEF 등 가능

2 투자유한회사(자본시장법 제207조~제212조)

집합투자업자가 법인이사인 상법상의 유한회사형태의 집합투자기구이다. 투자유한회사는 투자회사의 감독이사에 해당하는 자를 제도적으로 별도로 두고 있지 않으므로 청산감독인 관련 내용을 제외한 투자회사의 해산·청산·합병 규정을 투자유한회사에 준용한다.

3 투자합자회사(자본시장법 제213조~제217조)

집합투자업자가 무한책임사원이며 다수의 유한책임사원으로 이루어진 상법상의 합자회사형태의 집합투자기구이다. 투자합자회사는 투자회사의 감독이사에 해당하는 자를 별도로 두고 있지 않으므로 청산감독인 관련 내용을 제외한 투자회사의 해산·청산·합병에 관한 규정 준용한다.

상법상 유한책임사원의 경우는 그 출자가액에서 이미 이행한 부분을 공제한 가액을 한도로 하여 회사채무변제의 책임이 제한되나 투자합자회사의 유한책임사원은 투자합자회사의 채무에 대하여 출자를 이행한 금액을 한도로 책임 부담하며, 이익배당 시 무한책임사원과 유한책임사원의 배당률 또는 배당 순서 등을 달리 적용 가능하다. 다만 손실을 배분함에 있어서 무한책임사원과 유한책임사원의 배분율 또는 배당 순서 등을 달리 적용 불가능하다.[1]

4 투자유한책임회사(자본시장법 217조의2~제217조의7)

회사의 주주들이 채권자에 대하여 자기의 투자액의 한도 내에서 법적인 책임을 부담하는 회사로서 파트너십에 주식회사의 장점을 보완해서 만들어진 회사이다. 주식회사처럼 출자자들이 유한책임을 지면서 이사나 감사를 의무적으로 선임하지 않아도 되는 등 회사의 설립·운영·구성 등에서 사적 영역을 인정하는 회사 형태이다.

section 03 조합 형태의 집합투자기구

조합이란 2인 이상의 특정인이 모여 공동사업을 하거나 영업자가 사업을 영위할 수 있도록 하고 그 사업의 결과를 자금을 출연한 투자자가 취하는 것으로 그 경제적 실질은 투자신탁과 동일하다.

1 투자합자조합(자본시장법 제218조~제223조)

투자합자조합의 설립은 조합계약을 작성하고 집합투자업자인 업무집행조합원 1인과 유한책임조합원 1인이 기명날인 또는 서명함으로써 설립한다. 투자합자조합의 구성은 투자합자조합의 채무에 대하여 무한책임을 지는 집합투자업자인 업무집행조합원 1인

---

1 이익배당을 함에 있어 사원 간 차등 배당을 허용한 것은 유한책임사원과 무한책임사원 사이에 추가 출자의무의 유무를 고려한 것이며, 손실배당의 경우는 손실보전금지와 동일한 취지로 금지한 것임

과 출자액을 한도로 하여 유한책임을 지는 유한책임조합원으로 구성한다. 투자합자조합을 청산할 경우에는 청산인(업무집행조합원)은 투자합자조합의 잔여재산을 조합원에게 분배함에 있어 조합계약이 정하는 바에 따라 투자합자조합재산에 속하는 자산을 그 조합원에게 지급할 수 있다.

투자합자조합은 투자회사의 감독이사에 해당하는 자를 별도로 두고 있지 않으므로 청산감독인 관련 내용을 제외한 투자회사 청산에 관한 규정은 투자합자조합의 청산에 준용한다. 투자합자조합이 이익을 배당함에 있어 무한책임조합원과 유한책임조합원의 배당률 또는 배당 순서 등을 달리 적용할 수 있다. 다만, 손실을 배분함에 있어 무한책임조합원과 유한책임조합원의 배당률 또는 배분 순서를 달리 적용 불가하다.

2 투자익명조합(자본시장법 제224조∼제228조)

투자익명조합은 익명조합계약을 작성하고 집합투자업자인 영업자 1인과 익명조합원 1인이 기명날인 또는 서명함으로써 설립한다. 투자익명조합재산은 집합투자업자인 영업자 1인이 운용한다. 상법에서는 익명조합원의 출자가 손실로 인하여 감소된 때에는 그 손실을 전보한 후가 아니면 이익배당을 청구하지 못하고, 당사자 간 다른 약정이 있으면 손실로 인하여 출자가 감소된 경우 그 손실을 전보하지 않더라도 이익배당의 청구가 가능하나 투자익명조합에서는 이를 배제한다.

chapter 02

집합투자기구의 종류

증권 집합투자기구

증권 집합투자기구는 집합투자재산의 50%를 초과하여 증권에 투자하는 집합투자기구로서 부동산 집합투자기구, 특별자산 집합투자기구가 아닌 집합투자기구를 말한다.

증권 집합투자기구의 운영대상에서 다음의 증권은 제외되고 그 제외된 증권 외의 증권을 기초자산으로 한 파생상품을 포함한다.

❶ 다음에 해당하는 자산이 신탁재산, 집합투자재산 또는 유동화자산의 50% 이상을 차지하는 경우에 그 수익증권, 집합투자증권 또는 유동화증권

　ㄱ. 부동산

　ㄴ. 지상권·지역권·전세권·임차권·분양권 등 부동산 관련 권리

ㄷ. 구조조정촉진법에 따른 채권금융기관(이에 준하는 외국 금융기관 포함)이 채권자인
　　금전채권

ㄹ. 증권 및 부동산을 제외한 투자대상 자산인 특별자산

❷ 부동산 투자회사가 발행한 주식

❸ 선박투자회사가 발행한 주식

❹ 사회기반시설사업의 시행을 목적으로 하는 법인이 발행한 주식과 채권

❺ 사회기반시설투융자회사를 제외한 사회기반시설사업의 시행을 목적으로 하는
　　법인이 발행한 주식, 채권, 대출채권을 취득하는 것을 목적으로 하는 법인의 지
　　분증권

❻ 부동산 개발회사가 발행한 증권

❼ 부동산 관련 자산을 기초로 하는 자산유동화증권의 유동화자산의 가액이 70% 이
　　상인 유동화증권

❽ 주택저당담보부채권 또는 금융기관 등이 보증한 주택저당증권

❾ 부동산 투자목적회사가 발행한 지분증권

❿ 해외자원개발 전담회사와 특별자산에 대한 투자만을 목적으로 하는 법인(외국법인
　　을 포함)이 발행한 지분증권·채무증권

일반적으로 일반 투자자들이 투자하는 대부분의 투자기구는 증권 집합투자기구이
다. 현재 업계에서 설정·운용되고 있는 유형의 증권 집합투자기구에는 주식형, 혼합
형, 채권형, 파생주식형, 장외파생상품 투자형, 해외자산 투자형 다양한 유형의 집합투
자기구가 있다.

section 02 부동산 집합투자기구

부동산 집합투자기구는 부동산 또는 부동산에서 파생된 자산에 투자하는 집합투자기
구이다. 부동산 집합투자기구란 집합투자재산의 50%를 초과하여 부동산 또는 다음에서
정하는 부동산 관련 자산에 투자하는 집합투자기구를 말한다.

❶ 부동산을 기초자산으로 하는 파생상품

❷ 부동산 개발과 관련된 법인에 대한 대출

❸ 부동산의 개발, 관리 및 개량, 임대 및 운영, 지상권·지역권·전세권·임차권·분양권 등 부동산 관련 권리의 취득, 기업구조조정촉진법에 의한 채권금융기관(이에 준하는 외국 금융기관 포함)이 채권자인 부동산을 담보로 하는 금전채권

❹ 부동산과 관련된 증권

　ㄱ. 부동산, 지상권·지역권·전세권·임차권·분양권 등 부동산 관련 권리, 기업구조조정촉진법에 따른 채권금융기관(이에 준하는 외국 금융기관 포함)이 채권자인 금전채권

　ㄴ. 부동산 투자회사가 발행한 주식

　ㄷ. 부동산 개발회사가 발행한 증권

　ㄹ. 부동산 관련 자산을 기초로 하는 자산유동화증권의 유동화자산의 가액이 70% 이상인 유동화증권

　ㅁ. 주택저당담보부채권 또는 금융기관 등이 보증한 주택저당증권

　ㅂ. 부동산 투자목적회사가 발행한 지분증권

section 03 특별자산 집합투자기구

특별자산 집합투자기구란 집합투자재산의 50%를 초과하여 증권 및 부동산을 제외한 투자대상 자산인 특별자산에 투자하는 집합투자기구를 말한다.

예를 들어 와인, 그림, 날씨 등 예술품은 증권 또는 부동산에 포함되지 않는 자산이므로 동 자산에 투자하는 집합투자기구는 특별자산 집합투자기구로 분류할 수 있다.

혼합자산 집합투자기구

혼합자산 집합투자기구란 집합투자재산을 운용함에 있어서 증권·부동산·특별자산 집합투자기구 관련 규정의 제한을 받지 아니하는 집합투자기구를 말한다.

예를 들어 투자대상을 확정하지 아니하고 가치가 있는 모든 자산에 투자할 수 있는 집합투자기구는 혼합자산 집합투자기구로 분류할 수 있다. 따라서 사전에 특정되지 아니함으로 인해서 보다 많은 투자기회를 찾아 투자하고 그 수익을 향유할 수 있으나, 반면 그로 인한 투자손실의 가능성도 더 높은 집합투자기구라고 할 수 있다. 이러한 혼합자산 집합투자기구는 법령상 주된 투자대상 및 최저 투자한도 등에 대한 별도의 법령상 제한이 없으므로 어떠한 자산이든 투자비율의 제한 없이 투자 가능하다는 장점이 있는 반면 환매금지형 집합투자기구로 설정·설립되어야 한다는 제한이 있음에 유의할 필요가 있다.

단기금융 집합투자기구(MMF)

단기금융 집합투자기구란 통상적으로 MMF라 말하는 것으로 집합투자재산의 전부를 단기금융상품에 투자하는 집합투자기구를 말한다. MMF가 앞에서 열거한 다른 집합투자기구와 가장 다른 점은 다른 집합투자기구가 보유 재산을 시가로 평가하는 반면 MMF는 장부가로 평가한다는 것이다. 보유 재산을 장부가로 평가할 경우는 그 기준 가격의 등락이 작아 금융시장의 등락에도 불구하고 마치 은행에 예금을 가입하듯이 일정한 수익을 기대할 수 있다는 데 장점이 있다. 따라서 대부분의 투자자는 긴급한 사용처가 정해져 있지 않은 단기자금을 일시적으로 투자하는 용도로 주로 활용하고 있다. 그러나 만일 채권 시세 가격의 급등락이 발생할 경우에도 계속 장부 가격으로 평가하게 될 경우에는 장부 가격과 시세 가격의 차이가 발생하게 되고 이는 투자자의 리스크로 작용하게 된다. 따라서 법규정에서는 MMF에 대해서는 다른 유형의 투자기구보다 더 강화된 운용제한 규정을 적용하고 있다. 다만, 2022년 4월부터는 법인형 MMF부터 시가평가제도가 단계적으로 도입되어 대규모 펀드환매 등에 대응할 수 있게 되었다.

앞에서 설명한 단기금융 집합투자기구가 투자하는 단기금융상품과 그 운용제한은 다음과 같다.

1 단기금융상품

(1) 원화로 표시된 다음의 금융상품

❶ 남은 만기 6개월 이내인 양도성 예금증서
❷ 남은 만기 5년 이내인 국채증권, 남은 만기 1년 이내인 지방채증권, 특수채증권, 사채권(주권 관련 사채권, 사모사채권 제외) 및 기업어음증권. 다만, 환매조건부매수의 경우에는 잔존만기에 대한 제한 적용 배제
❸ 남은 만기가 1년 이내의 기업어음증권을 제외한 금융기관이 발행·할인·매매·중개·인수 또는 보증하는 어음
❹ 단기대출, 만기가 6개월 이내인 금융기관 또는 체신관서에의 예치, 다른 단기금융 집합투자기구의 집합투자증권, 단기사채 등

(2) 외화(경제협력개발기구(OECD) 가입국가(속령은 제외), 싱가포르, 홍콩, 중화인민공화국의 통화로 한정)로 표시된 상품

❶ 위 (1)의 금융상품
❷ 위 (1)의 금융상품에 준하는 것으로서 금융위원회가 정하여 고시하는 금융상품

2 운용 방법

❶ 증권을 대여하거나 차입하지 아니할 것
❷ 남은 만기가 1년 이상인 국채증권에 집합투자재산의 5% 이내에서 운용할 것
❸ 환매조건부매도는 해당 집합투자기구가 보유하는 증권총액의 5% 이내일 것

❹ 해당 집합투자기구 집합투자재산의 남은 만기의 가중평균이 75일[1] 이내일 것

❺ MMF의 집합투자재산이 다음의 구분에 따른 기준을 충족하지 못하는 경우에는 다른 집합투자기구를 설정·설립하거나 다른 MMF로부터 운용업무 위탁을 받지 않을 것. 다만 「국가재정법」 제81조에 따른 여유자금을 통합하여 운용하는 MMF 및 그 MMF가 투자하는 MMF를 설정·설립하거나 그 운용업무의 위탁을 받는 경우에는 이를 적용하지 않는다.

ㄱ. 개인투자자 대상 원화 MMF : 3천억 원 이상

ㄴ. 개인투자자 대상 외화 MMF : 1천5백억 원 이상

ㄷ. 법인투자자 대상 원화 MMF : 5천억 원 이상

ㄹ. 법인투자자 대상 외화 MMF : 2천5백억 원 이상

❻ 하나의 MMF에서 원화와 외화 단기금융상품을 함께 투자하지 않을 것

❼ 투자대상자산의 신용등급 및 신용등급별 투자한도, 남은 만기의 가중평균 계산 방법, 그 밖에 자산운용의 안정성 유지에 관하여 금융위원회가 정하여 고시하는 내용을 준수할 것

3　원화 MMF의 운영제한

❶ 자산의 원리금 또는 거래금액이 환율·증권의 가치 또는 증권지수의 변동에 따라 변동하거나 계약 시점에 미리 정한 특정한 신용사건의 발생에 따라 확대 또는 축소되도록 설계된 것에 투자운용하지 말고, 원리금 또는 거래금액, 만기 또는 거래기간 등이 확정되지 아니한 자산에 운용하지 아니할 것

❷ 집합투자재산의 40% 이상을 채무증권(국채증권, 지방채증권, 특수채증권, 사채권, 기업어음증권에 한하며, 환매조건부채권 매매 제외)에 운용할 것

❸ 다음에 10% 이상을 투자하여야 함

ㄱ. 현금

ㄴ. 국채증권

---

1 금융투자업규정 개정(2020.4.1. 시행) : 2020년 4월 1일부터 법인MMF의 경우 국채, 통안채 등 상대적으로 안정적인 자산의 편입비율이 30% 이하인 경우 시가평가를 실시하되 가중평균 잔존만기 한도를 120일(기존 75일에서 변경)로 하며, 이외의 법인MMF는 장부가평가를 유지하되 가중평균 잔존만기 규제를 강화하여 60일로 한다.

ㄷ. 통화안정증권

ㄹ. 잔존만기가 1영업일 이내인 자산으로 다음 각호의 어느 하나에 해당하는 것

　　a. 양도성 예금증서·정기예금

　　b. 지방채증권·특수채증권·사채권(주권 관련 사채권, 사모사채권 제외)·기업어음증권

　　c. 영 제79조 제2항 제5호에 따른 어음(기업어음증권 제외)

　　d. 단기사채

ㅁ. 환매조건부매수

ㅂ. 단기대출

ㅅ. 수시입출금이 가능한 금융기관에의 예치

❹ 다음에 30% 이상 투자하여야 함

ㄱ. ❸의 ㄱ~ㄷ에 해당하는 자산

ㄴ. 잔존만기가 7영업일 이내인 자산으로서 ❸의 ㄹ에 해당하는 것

ㄷ. ❸의 ㅁ~ㅅ에 해당하는 것

4　외화 MMF의 운용제한

외화 MMF를 운용하는 집합투자업자는 집합투자재산을 다음의 어느 하나에 해당하는 자산에 운용할 수 없다.

❶ 자산의 원리금 또는 거래금액이 증권의 가치 또는 증권지수의 변동에 따라 변동하거나 계약시점에 미리 정한 특정 신용사건의 발생에 따라 확대 또는 축소되도록 설계된 것

❷ ❶과 같이 원리금 또는 거래금액, 만기 또는 거래기간 등이 확정되지 아니한 것

집합투자업자는 외화 MMF(외국환평형기금과 연기금 MMF는 제외)의 집합투자재산을 운용함에 있어 집합투자재산의 40% 이상을 외화표시 채무증권(환매조건부채권 매매는 제외)에 운용하여야 한다.

집합투자업자는 외화 MMF를 운용할 때 다음의 자산을 합산한 금액이 집합투자재산의 10% 미만인 경우에는 다음의 자산 외의 자산을 취득할 수 없다.

❶ 외국통화

❷ 외화표시 국채증권 또는 해당 외국통화를 발행한 국가의 정부가 발행한 국채증권

❸ 외화표시 통화안정증권 또는 해당 외국통화를 발행한 국가의 외국 중앙은행이 발행한 채무증권

❹ 잔존만기가 1영업일 이내인 자산으로서 다음 각 목의 어느 하나에 해당하는 것

　ㄱ. 외화표시 양도성 예금증서 · 외화 정기예금

　ㄴ. 외화표시 채무증권

　ㄷ. 영 제79조 제2항 제5호에 따른 외화표시 어음(기업어음증권은 제외한다)

　ㄹ. 외화표시 단기사채

❺ 외화표시 환매조건부매수

❻ 법 제83조 제4항에 따른 외화 단기대출

❼ 수시입출금이 가능한 금융기관(해당 외국통화를 발행한 국가의 외국은행을 포함한다)에의 외화예치

집합투자업자는 외화 MMF를 운용할 때 다음의 자산을 합산한 금액이 집합투자재산의 30% 미만인 경우에는 다음의 자산 외의 자산을 취득할 수 없다.

❶ 외국통화, 외화표시 국채증권 또는 해당 외국통화를 발행한 국가의 정부가 발행한 국채증권, 외화표시 통화안정증권 또는 해당 외국통화를 발행한 국가의 외국 중앙은행이 발행한 채무증권

❷ 잔존만기가 7영업일 이내인 자산으로서 다음의 어느 하나에 해당하는 것

　ㄱ. 외화표시 양도성 예금증서 · 외화 정기예금

　ㄴ. 외화표시 채무증권

　ㄷ. 영 제79조 제2항 제5호에 따른 외화표시 어음(기업어음증권은 제외한다)

　ㄹ. 외화표시 단기사채

❸ 외화표시 환매조건부매수, 법 제83조 제4항에 따른 외화 단기대출, 수시입출금이 가능한 금융기관(해당 외국통화를 발행한 국가의 외국은행을 포함한다)에의 외화예치

5 MMF의 입출금제도

당초 MMF는 당일 입출금이 가능한 거의 유일한 펀드 유형이었으나, 법규정 개정으로 먼저 법인MMF의 익일 입출금제도가 시행된 이후 2007년 3월부터 개인MMF도 익일 입출금제도가 시행되고 있다. 그러나 개인MMF의 경우 모든 경우에 있어 익일 입출금제도가 적용되는 것은 아니고 개인투자자의 거래 편의성을 위하여 다음에서 정하는 경우에는 당일 입출금제도가 가능하도록 조치하고 있다.

❶ 증권 매도자금 및 일반펀드 환매자금이 MMF계좌로 자동입금 되도록 약정(또는 예약)되어 있는 경우 및 급여 등 정기적으로 수취하는 자금으로 수취일에 MMF의 집합투자증권을 매입하기로 약정되어 있는 경우 MMF에 납입된 자금으로 당일 설정 가능

❷ 주식 매수자금 및 일반펀드 매입자금이 MMF계좌로부터 자동 출금되도록 약정되어 있는 경우 및 공과금 납부 등 정기적으로 발생하는 채무를 이행하기 위하여 MMF의 집합투자증권을 환매하기로 약정되어 있는 경우 그 결제일에 MMF 당일 환매 가능

* 약정(또는 예약) : 결제일 전일 오후 5시 이전에 약정이 완료된 경우에 한함

또한 판매회사는 고유자금으로 일정 한도(MMF별 판매규모의 5%와 100억 중 큰 금액) 내에서 MMF 수익증권을 당일 공고된 기준 가격으로 매입하여 개인 투자자에 한하여 그 환매청구에 응할 수 있다.

chapter 03

특수한 형태의 집합투자기구

환매금지형 집합투자기구

환매금지형 집합투자기구는 투자자가 집합투자기구에 투자한 이후 집합투자증권의 환매청구에 의하여 그 투자자금을 회수하는 것이 불가능하도록 만들어진 집합투자기구를 말한다. 환매금지형 집합투자기구는 존속기간을 정한 집합투자기구에 대해서만 가능하며, 이 경우 해당 집합투자기구의 집합투자증권을 최초로 발행한 날부터 90일 이내에 그 집합투자증권을 증권시장에 상장하여야 한다. 또한 환매금지형 집합투자기구는 다음에서 정하는 경우에만 집합투자증권을 추가로 발행 가능하다.

❶ 환매금지형 집합투자기구로부터 받은 이익분배금의 범위에서 그 집합투자기구의 집합투자증권을 추가로 발행하는 경우
❷ 기존 투자자의 이익을 해할 우려가 없다고 신탁업자로부터 확인을 받은 경우

❸ 기존 투자자 전원의 동의를 받은 경우
❹ 기존 투자자에게 집합투자증권의 보유비율에 따라 추가로 발행되는 집합투자증권의 우선 매수기회를 부여하는 경우

다음에서 정하는 집합투자기구의 경우에는 반드시 환매금지형 집합투자기구로 설정·설립하여야 한다.

❶ 부동산 집합투자기구, 특별자산 집합투자기구, 혼합자산 집합투자기구.
❷ 각 집합투자기구 자산총액의 20%를 초과하여 다음의 시장성 없는 자산에 투자할 수 있는 집합투자기구
　　ㄱ. 부동산 : 부동산을 기초로 한 범위에서 파생상품·부동산 관련 증권 등 시가 또는 공정가액으로 조기에 현금화가 가능한 경우 제외
　　ㄴ. 특별자산 : 관련 자산의 특성을 고려하여 시가 또는 공정가액으로 조기에 현금화가 가능한 경우 제외
　　ㄷ. 증권시장 또는 외국시장에 상장된 증권, 채무증권, 파생결합증권, 모집 또는 매출된 증권, 환매를 청구할 수 있는 집합투자증권등에 해당하지 아니하는 증권
❸ 일반투자자를 대상으로 하는 펀드(MMF 및 ETF는 제외)로서 자산총액의 50%를 초과하여 금융위원회가 정하여 고시하는 자산에 투자하는 펀드를 설정·설립하는 경우

section 02 종류형 집합투자기구

종류형 집합투자기구란 판매보수의 차이로 인하여 기준가격이 다르거나 판매수수료가 다른 여러 종류의 집합투자증권을 발행하는 집합투자기구를 말한다.
종류형 집합투자기구는 동일한 투자기구 내에서 다양한 판매 보수 또는 수수료 구조를 가진 클래스(class)를 만들어 보수 또는 수수료 차이에서 발생하는 신규투자기구 설정

을 억제하고, 여러 클래스에 투자된 자산을 합쳐서 운용할 수 있는 규모의 경제를 달성할 수 있는 대안이 될 수 있는 집합투자기구를 말한다. 여기에서 집합투자업자 및 신탁업자 보수는 클래스별로 차별화하지 못하는 것으로 하고 있다. 이는 클래스가 다르다고 해서 집합투자업자의 운용에 소요되는 비용 또는 신탁업자의 집합투자재산 관리에 소요되는 비용이 차별화되는 것이 아니기 때문이다.

종류형 집합투자기구의 수수료 적용 사례를 보면 다음과 같다.

표 3-1 종류형 투자기구 수수료 적용 사례

구분	종류A(Class A)	종류C(Class C)	종류C2(Class C2)
가입 자격	제한 없음		100억 이상 투자자
선취수수료	1%	해당사항 없음	
운용보수	연 0.7%		
판매보수	연 0.7%	연 1%	연 0.7%

또한 종류형 집합투자기구는 여러 종류의 집합투자증권 간에 전환할 수 있는 권리를 부여할 수 있고, 이 경우 전환에 따른 환매수수료를 부과할 수 없다.

추가적인 종류형 집합투자기구 관련 사항은 다음과 같다.

❶ 종류형 집합투자기구는 법에 의하여 수익자총회 또는 주주총회의 결의가 필요한 경우로서 특정 종류의 투자자에 대해서만 이해관계가 있는 때에는 그 종류의 투자자만으로 총회를 개최할 수 있음

❷ 종류형 집합투자기구를 설정하고자 하는 때에는 종류별 보수와 수수료에 대한 사항을 포함하여 보고하여야 함. 종류 수에는 제한이 없으며, 기존에 이미 만들어진 비종류형 집합투자기구도 종류형 집합투자기구로 전환할 수 있음

❸ 최근 일부 종류형 집합투자기구의 경우 장기투자 유도의 목적을 위하여 투자자금이 펀드 내에 일정기간 이상 머물게 될 경우에는 동일한 펀드 내에서 종류 간 전환이 가능한 기능을 추가하는 경우도 있음. 이것은 투자자가 일정기간(예, 1년) 이상을 투자할 경우에는 기존의 높은 판매회사 보수가 적용되던 종류에서 보다 낮은 판매회사 보수가 적용되는 종류로 전환되도록 한 구조를 말함. 이러한 구조의 종류형 집합투자기구는 펀드 투자자의 투자자금이 장기화되면 될수록 그

투자자금이 점차 낮은 판매회사 보수가 적용되는 종류로 전환되면서 결국 판매회사 보수의 측면에서 장기 투자자에게 유리하는 작용하게 효과를 실현할 수 있음

전환형 집합투자기구

전환형 집합투자기구란 다양한 자산과 투자전략을 가진 투자기구를 묶어 하나의 투자기구 세트를 만들고 투자자는 그 투자기구 세트 내에 속하는 다양한 투자기구 간에 교체투자를 가능하게 해 주는 투자기구이다. 이러한 전환형 집합투자기구에 투자할 경우 그 투자자는 적극적인 의사결정으로 투자자산과 운용방법을 달리하여 투자자산을 운용할 수 있게 된다. 이 경우 투자기구 간 교체투자를 위하여 특정 투자기구에서 투자자가 집합투자증권을 환매할 경우에는 해당 투자기구의 환매수수료 조항에도 불구하고 그 환매수수료를 적용하지 아니 한다. 다만, 그 투자자가 마지막으로 투자한 투자기구에서 사전에 정한 기간에 미치는 못하는 기간만 투자하고 해당 투자기구의 집합투자증권을 환매 즉 투자기구 세트에서 이탈할 경우에는 그 투자자의 투자기간 중 유보하였던 환매수수료를 재징수하게 된다. 전환형 집합투자기구는 다음의 요건을 충족하여야 한다.

❶ 복수의 집합투자기구 간에 공통으로 적용되는 집합투자규약이 있을 것
❷ 서로 다른 법적 형태를 가진 펀드나 기관전용사모펀드 간에는 전환이 금지되어 있을 것

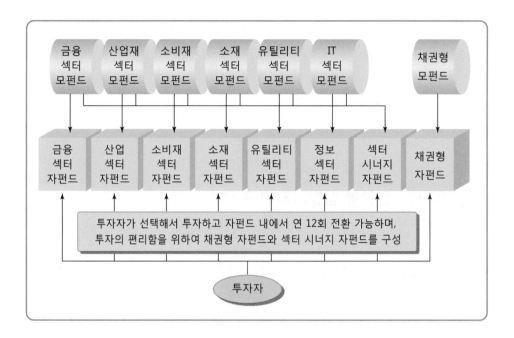

목표 달성형 펀드

① 목표 달성형 펀드는 펀드 수익이 일정 수준을 달성하면 펀드를 해지하거나 그 투자전략을 변경하여 기존에 달성한 수익을 확보하고자 하는 펀드를 말한다.

② 전환형 펀드는 각 펀드의 투자자에게 다른 펀드로 전환할 수 있는 전환권이 부여되어 있는 반면, 목표 달성형 펀드는 규약의 규정에 의하여 집합투자업자가 펀드에서 일정 수익이 달성되면 의무적으로 펀드를 해지(Spot Fund)하거나 또는 보다 안정성 높은 자산으로 투자대상 자산을 변경하도록 하고 있다.

③ 하지만 일반적으로 시장에서는 목표 달성형 펀드도 전환형 펀드와 유사한 투자성과를 실현할 수 있으므로 두 개의 펀드를 유사한 펀드로 이해하고 있으나 두 개의 펀드는 엄밀히 다른 유형의 펀드라고 인식되어야 한다.

모자형 집합투자기구

모자형 집합투자기구는 동일한 집합투자업자의 투자기구를 상하구조로 나누어 하위 투자기구(子투자기구)의 집합투자증권을 투자자에게 매각하고, 매각된 자금으로 조성된 투자기구의 재산을 다시 거의 대부분 상위 투자기구에 투자하는 구조를 말한다. 이 경우 실제 증권에 대한 투자는 상위 투자기구(母투자기구)에서 발생한다. 따라서 투자기구를 운용하는 펀드매니저 입장에서는 모자형 집합투자기구가 되어 있지 않았을 경우에 운용하였어야 할 다수의 투자기구(하위 투자기구+상위 투자기구) 대신 하나의 투자기구(상위 투자기구)만을 운용할 수 있게 되어 운용의 집중도를 올릴 수 있다는 장점이 있다.

모자형 집합투자기구는 다음의 요건을 충족하여야 하며, 기존 집합투자기구를 모자형 집합투자기구로 변경 가능하다. 다만 둘 이상의 집합투자기구의 자산을 합하여 하나의 모집합투자기구에 이전하거나 하나의 집합투자기구의 자산을 분리하여 둘 이상의 모집합투자기구로 이전 불가하다.(단, 사모 집합투자기구가 아닌 집합투자기구로서 원본액이 50억원 미만일 경우에는 금융위원회가 고시하는 기준에 따라 이전 가능)

❶ 자집합투자기구가 모집합투자기구의 집합투자증권 외의 다른 집합투자증권을 취득하는 것이 허용되지 아니할 것
❷ 자집합투자기구 외의 자가 모집합투자기구의 집합투자증권을 취득하는 것이 허용되지 아니할 것
❸ 자집합투자기구와 모집합투자기구의 집합투자재산을 운용하는 집합투자업자가 동일할 것

모자형 집합투자기구와 다른 집합투자기구가 발행한 집합투자증권에 집합투자기구 재산을 주로 투자하는 집합투자기구(Fund of Funds)는 하나의 집합투자기구가 다른 집합투자기구에 투자한다는 면에서는 비슷하나, 다음과 같은 부분에 차이가 있다.

❶ 모자형 집합투자기구는 집합투자업자의 운용의 효율성을 위하여 도입된 제도인 반면 Fund of Funds는 운용회사의 운용능력의 아웃소싱을 위하여 도입된 제도
❷ 모자형 집합투자기구는 하위 투자기구에 투자자가 투자하는 반면 Fund of Funds는 그 투자기구 자체에 투자자가 투자하게 됨

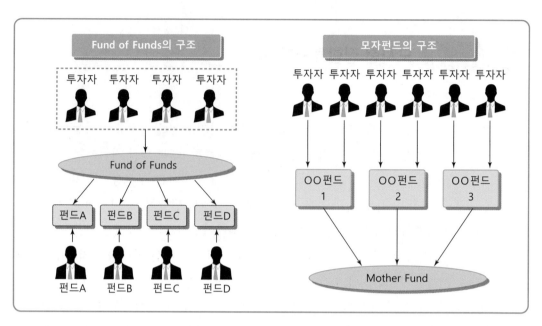

Fund of Funds의 구조

투자자 투자자 투자자 투자자

Fund of Funds

펀드A 펀드B 펀드C 펀드D

펀드A 펀드B 펀드C 펀드D

모자펀드의 구조

투자자 투자자 투자자 투자자 투자자 투자자

OO펀드 1   OO펀드 2   OO펀드 3

Mother Fund

❸ 모자형 집합투자기구는 상위 및 하위 투자기구의 집합투자업자가 동일한 반면 Fund of Funds의 경우 그 투자기구와 투자대상 투자기구의 집합투자업자가 동일하지 않은 경우가 대부분이다.

상장지수 집합투자기구(ETF)

일반적인 개방형 집합투자기구는 투자자가 언제든지 환매청구를 통하여 투자자금을 회수할 수 있으므로 별도의 유동성 보완장치인 증권시장에 상장이 필요 없으나, ETF(상장지수 집합투자기구 : Exchange Traded Funds)의 경우에는 그러하지 아니하다. ETF는 개방형 투자기구이나 그 집합투자증권이 증권시장에 상장이 되어 있고 투자자는 시장에서 보유 증권을 매도하여 투자자금을 회수할 수 있다. 일반적으로 ETF는 다음의 특징을 가지고 있다.

❶ ETF는 인덱스펀드이다. ETF는 일반주식과 같이 증권시장에서 거래되지만 회사의 주식이 아니라 특정 주가지수를 따라가는 수익을 실현하는 것을 목적으로 하는 인덱스펀드(2017년 부터는 벤치마크 대비 초과성과를 추구하는 적극적 운용이 가능한 액티브

ETF가 도입되어 ETF 상품이 다양해지고 있음)

❷ ETF는 추가형 투자기구이다.

❸ ETF는 상장형 투자기구이다.

❹ ETF는 일반 투자기구와는 달리 증권 실물로 투자기구의 설정 및 해지를 할 수 있음

다음은 ETF의 다른 집합투자기구 대비 장점이다.

❶ ETF는 주식과 같이 편리하게 투자할 수 있다. ETF는 인덱스펀드이지만 기존의 인덱스펀드와는 달리 증권시장에 상장되어 거래하기 때문에 주식과 같은 방법으로 거래가 가능. 즉, 증권시장 거래시간 중에 자유로이 현재 가격에 매매가 가능하고 매매의 방법도 일반주식과 같이 증권회사에 직접 주문을 내거나 HTS 또는 전화로 매매가 가능

❷ ETF는 주식과 인덱스펀드의 장점을 모두 가지고 있다. ETF는 인덱스펀드이면서 주식과 같이 거래되기 때문에 기존의 인덱스펀드의 단점을 제거. 기존의 인덱스펀드는 투자의사결정과 실제 투자 간에 시간적인 차이가 존재할 수밖에 없음. 그러나 ETF는 주식과 같이 증권시장에서 계속적으로 거래되므로 투자자가 원하는 가격과 시간에 시장에서 매매할 수 있어 의사결정과 실제 투자 간의 차이가 발생하지 아니 함

ETF에 투자하는 것과 일반적인 집합투자기구에 투자하는 것은 그 투자과정에서도 차이가 있다.

1 일반투자기구 투자 과정

일반적으로 투자기구에 투자하기 위해서는 투자자는 판매회사에 현금을 납입하고 투자기구의 증권의 매입을 요청하면 판매회사는 신탁업자를 통하여 투자기구에 현금

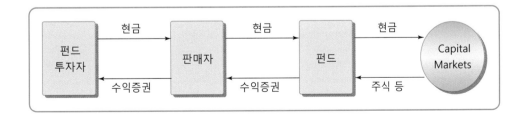

을 납입하고 투자기구의 증권을 발급받아 투자자에게 전달하게 된다.

ETF는 일반적인 집합투자기구와 달리 두 가지 시장이 동시에 존재한다. 이미 발행된 ETF 증권이 증권시장을 통해서 주식같이 매매되는 Secondary Market(유통시장=증권시장)과 ETF가 설정·해지되는 Primary Market(발행시장: 투자매매업자·투자중개업자 또는 지정참가회사)으로 나눌 수 있다. Primary Market에서는 지정참가회사(AP: Authorized Participant)를 통하여 ETF의 설정과 해지가 발생하게 되고 Secondary Market에서는 일반투자자들과 지정참가회사가 ETF 수익증권의 매매를 하게 된다. 이 과정에서 지정참가회사는 ETF 수익증권의 순자산가치와 증권시장에서의 거래 가격을 근접시키기 위하여 차익거래를 수행하게 된다. 그 결과 일반투자자는 발행시장에서 ETF를 설정하여 투자하는 것과 유사한 가격으로 유통시장에서 투자할 수 있게 된다.

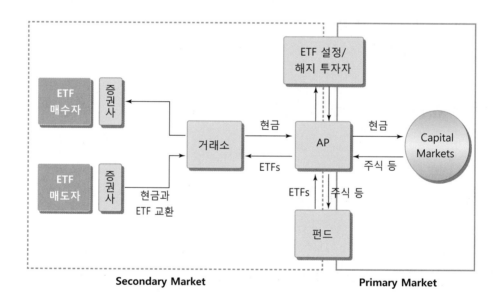

ETF는 일반적인 집합투자기구와는 다른 속성이 있어서 관련 법령에서는 다음의 사항을 적용하지 않고 배제하여 ETF를 다르게 배려하고 있다.

❶ 대주주와의 거래 제한 : 대주주 발행 증권 소유, 특수관계인이 발행한 주식, 채권 및 약속어음을 소유하는 행위

❷ 집합투자재산의 의결권 행사 가능 경우(즉 ETF는 의결권을 적극적으로 행사할 수 없고 Shadow voting만 하여야 함)

❸ 자산운용보고서 제공 의무

❹ 주식등의 대량보유 등의 보고

❺ 내부자의 단기매매차익 반환 의무

❻ 임원등의 특정 증권등 소유상황 보고 의무

❼ 환매청구 및 방법, 환매 가격 및 수수료, 환매의 연기

❽ 집합투자기구 설정·추가 설정 시 신탁원본 전액을 금전으로 납입

ETF 운용상의 특례는 다음과 같다(자본시장법 시행령 제252조).

❶ 각 상장지수 집합투자기구 자산총액의 30%[1]까지 동일종목의 증권에 운용 가능. 이 경우 동일법인 등이 발행한 증권 중 지분증권(그 법인 등이 발행한 지분증권과 관련된 증권예탁증권 포함)과 지분증권을 제외한 증권은 각각 동일 종목으로 봄

❷ 각 상장지수 집합투자기구 자산총액으로 동일법인 등이 발행한 지분증권 총수의 20%까지 운용 가능

❸ 이해관계인 간 거래 제한 적용 배제 : 상장지수 집합투자기구의 설정·추가 설정을 목적으로 이해관계인과 증권의 매매, 그 밖의 거래를 할 수 있음

ETF의 상장과 상장폐지는 거래소의 증권상장규정에서 정하는 바에 따르며 상장이 폐지되는 경우에는 상장폐지일로부터 10일 이내에 펀드를 해지하여야 하며 해지일로부터 7일 이내에 금융위에 보고하여야 한다.

---

1 다만, 금융위가 정하여 고시하는 지수에 연동하여 운용하는 상장집합투자기구의 경우 동일종목이 차지하는 비중이 100분의 30을 초과하는 경우에는 해당 종목이 지수에서 차지하는 비중까지 동일 종목의 증권에 투자할 수 있다.

chapter 04

일반적 분류에 의한 집합투자기구

펀드 성격에 따른 분류

1 추가형 vs 단위형

추가형, 단위형 구분은 펀드의 좌수를 추가로 설정할 수 있느냐에 따른 분류이다. 추가형으로 펀드를 설정할 것이냐 단위형으로 설정할 것이냐 하는 것은 투자대상 자산의 특성을 고려하여 결정한다. 예를 들어 장외파생상품에 투자하는 펀드인 경우 투자일자가 달라질 경우 투자 대상이 되는 장외파생상품의 수익구조가 달라질 가능성이 커지게 된다. 따라서 장외파생상품 펀드의 경우 단위형 펀드로 설정하는 것이 보통이며, 부동산 펀드의 경우도 마찬가지라 할 수 있다.

(1) 추가형

최초로 펀드를 설정한 후 투자자의 수요에 따라 신탁원본을 증액하여 수익증권을 추가로 발행할 수 있는 형태로서 일반적으로 신탁계약기간이 정해져 있지 아니 하다.

(2) 단위형

기 설정된 투자신탁에 원본액을 추가로 증액하여 투자신탁을 설정할 수 없으며 일반적으로 신탁계약기간을 정한다. 그러나 최근에는 단위형 펀드의 경우에도 자금모집을 용이하게 하기 위해 최초 설정일로부터 일정기간의 추가 설정은 가능하도록 하는 경우가 많다.

2 개방형 vs 폐쇄형

개방형 및 폐쇄형은 중도 환매를 가능하게 해주느냐에 따른 분류이다.

(1) 개방형

수익자가 투자신탁 계약기간 중도에 보유 수익증권의 환매를 요구할 수 있는 펀드를 말한다. 대부분의 일반 펀드는 개방형의 유형에 속한다. 심지어는 장외파생상품에 투자하는 펀드의 경우에도 단위형 개방형의 성격이 대부분이다. 장외파생상품의 성격을 고려할 때에는 개방형이 어울리지 않을 수 있으나, 마케팅의 용이성을 높이기 위해서 그리고 폐쇄형으로 펀드를 설정할 경우에는 법에 의해서 증권시장에 강제적으로 상장해야 하므로 이러한 문제를 피하기 위해서 개방형으로 하는 경우가 많다. 다만 이 경우 장외파생상품의 성격을 감안하여 아주 높은 수준의 환매수수료를 적용하여 환매청구를 최소화하고 있다. 통상적으로 장외파생상품의 환매수수료 수준은 펀드에서 투자하고 있는 장외파생상품의 계약을 해지하는 데서 발생하는 비용인 호가 차이(bid-ask spread) 수준을 적용하고 있으며 환매금액을 기준으로 부과하는 것이 일반적이다.

(2) 폐쇄형

수익자가 투자신탁 계약기간 중도에 보유 수익증권의 환매를 요구할 수 없는 펀드를 말한다. 법에서는 공모 폐쇄형 펀드의 경우 그 수익증권을 증권시장에 상장할 것을 요구하고 있다. 펀드를 폐쇄형으로 개발할 것이냐의 여부는 투자대상 자산의 유동성에 의해서 결정되는 경우가 많다. 만일 펀드가 부동산에 투자할 경우 투자자의 환매에 대응하기 위하여 부동산을 분할하여 매도할 수도 없고 부동산 매매에서 발생하는 비용이 많이 소요되므로 폐쇄형으로 개발하고 그 수익증권을 상장하는 경우가 많다. 선박투자펀드의 경우도 마찬가지라 할 수 있다.

3 주식형 vs 채권형 vs 혼합형

주식형, 채권형, 혼합형은 투자대상 자산의 비중에 따른 분류이다.

과거에는 전체 투신시장에서 채권형의 비중이 압도적으로 높았으나, 최근 국내 주식시장의 상승세 지속과 해외 주식시장의 호황으로 주식형 펀드의 비중이 높아지는 추세이다.

(1) 주식형

펀드재산의 60% 이상을 주식 또는 주식 관련 파생상품에 투자하는 펀드를 말한다. 주식형 펀드의 경우 자산의 대부분을 상장주식 등에 투자하는 펀드이므로 펀드의 위험은 대부분 주식 고유의 위험으로부터 발생한다. 다음은 주식형 펀드가 갖게 되는 위험을 설명한 것이다.

❶ 시장위험 : 주식은 채권 등 안정적 자산보다 가격 변동성이 크다. 따라서 주식에 주로 투자하는 주식형 펀드의 경우 채권형 펀드보다 가격 변동성(펀드 수익률 변동성)이 크게 됨. 가격 변동성이 크다는 것은 높은 수익을 기대할 수 있는 반면 그만큼 큰 하락의 가능성이 있기 때문에 이로 인한 손실의 가능성도 크다는 것임. 시장 전체를 투자 대상으로 하는 주식형 펀드의 경우 시장 전체의 변동성 수준으로 펀드의 가격 변동성을 갖겠지만, 해당 주식형 펀드가 시장 전체를 대상으로 하지 않고 일정 업종에 집중하여 투자하는 섹터펀드나 개별 주식의 펀드멘털 요소(수익성, 현금흐름 등)를 기준으로 투자하는 스타일 펀드의 경우에는 시장 전체를 투자 대상으로 하는 펀드보다 가격 변동성이 크게 됨. 또한 해당 펀드가 자본금 규모를 기준으로 하여 일정 수준 이상의 시가총액·자본금을 가진 주식에만 투자하거나 일정 수준 이하의 시가총액·자본금을 가진 주식에만 투자할 경우에도 그 위험은

시장 전체를 투자하는 펀드의 위험 수준보다 높은 것이 보통

❷ 개별 위험 : 개별 위험은 개별 주식이 갖는 위험으로부터 발생하는 위험. 개별 주식은 그 주식 발행 기업의 재무상태, 영업현황, 경쟁상황으로부터 영향을 받게 되고 개별 기업의 영업현황은 다시 그 기업이 위치하는 지역이나 국가 등의 경제상황으로부터 영향을 받게 됨. 이러한 영향이 발생할 때 개별 주식은 그 영향에 의하여 가격이 크게 변하게 됨. 채권의 경우 개별 기업으로부터 발생하는 위험이 있지만 그 발행기업에 부도가 나지 않는 한 해당 채권을 만기까지 보유하게 될 경우에는 투자 원금의 손실은 없으나, 주식의 경우에는 그 주식의 만기가 없으므로 (보통주 기준) 원금이 회복되지 않을 가능성이 높음. 반대의 경우도 마찬가지임. 주식을 발행한 기업의 상황이 호전될 경우에 그 기업이 발행한 주식의 가격이 크게 오르는 경우가 많은 반면 채권의 경우 그 상승 폭이 주식과 비교시 상대적으로 작은 것이 일반적이고 만일 만기까지 채권을 그대로 보유할 경우에는 당초 약속된 수익 이상의 수익을 기대할 수가 없게 됨

❸ 유동성 위험 : 주식은 주식시장에서 거래를 하게 되는데, 투자대상이 되는 모든 주식이 항상 유동성이 높은 것은 아님. 여기에서 유동성이라 함은 투자자가 원하는 시점에 보유 주식을 처분하여 현금화할 수 있는 가능성을 이야기 하는 것인데, 일부 유동성이 낮은 종목에 집중적으로 투자하는 주식형 펀드의 경우에는 그 유동성 부족으로 인하여 환매대금 지급에 어려움을 겪게 될 수 있음. 일반적으로 중소형주가 대형주보다 유동성이 낮으며, 대형주라 하더라도 대주주 지분이 높아 유동 물량(시장에서 자유로이 거래되는 물량)이 적을 경우에도 유동성이 낮다고 할 수 있음. 따라서 이러한 종목에 집중적으로 투자하는 주식형 펀드의 경우 그 유동성 부족으로 인한 추가적인 손실의 발생 가능성도 있음. 추가적으로 비상장기업의 주식에 투자하는 주식형 펀드의 경우 그 유동성은 극히 제한될 수밖에 없음

주식형 펀드는 주로 투자하는 주식이 어떤 종류의 기업인가를 기준으로 성장주 펀드와 가치주 펀드, 나아가 배당주 펀드로 분류할 수 있다.

❶ 성장주 펀드 : 성장주란 지금보다는 앞으로 성장할 가능성이 큰 종목을 말한다. 즉 미래성장성에 대한 기대감으로 현재의 기업가치보다 주가가 높게 형성되는 주식을 말함. 일반적으로 미래에 크게 성장할 만한 신기술과 성장의 기회를 가지

고 있는 기업을 일컫음. 성장주는 경기회복기나 상승기에 실적 호전 증가로 큰 수익을 얻을 수 있으며, 미래 수익성장에 대한 기대로 현재의 주가 수준이 매우 높게 형성된다. 이러한 기업에 집중투자하는 펀드를 성장주펀드라고 함

성장주 펀드는 경기가 본격적으로 회복될 때 주가 상승에 따른 투자수익을 기대할 수 있는 펀드. 따라서 향후 국내 경기가 차츰 회복되고 주식시장이 안정될 때 미래성장성을 바탕으로 한 성장주 펀드가 최적의 펀드. 그러나 주가하락 시에는 변동성이 높아 원금손실의 폭이 크다는 단점이 있음

❷ 가치주 펀드 : 가치주 펀드는 기업의 내재가치에 비해서 저평가되어 있는 기업을 골라서 투자하는 펀드. 기업의 내재가치는 기업이 갖고 있는 자산의 가치, 매출과 이익 등의 수익가치, 시장점유율, 기술력 같은 무형의 가치 등에 대해서 종합적으로 판단

성장주가 현재가치에 비해 미래의 수익이 클 것으로 기대되는 주식인 데 비해 가치주는 성장은 더디지만 현재가치에 비해 저평가된 주식을 말함. 가치주는 성장주에 비해 영업실적과 자산가치가 우수. 주가지수가 투자심리 위축 등으로 크게 떨어지는 시기에 가치주가 많이 생겨나는데 가치주는 성장주에 비해 주가 변동폭이 크지 않아 주로 방어적인 투자자들이 선호. 증시가 불안할 때 가치주에 장기투자를 함으로써 저평가된 기업의 가치가 시장에서 적정 주가로 재평가될 때 높은 투자수익을 얻을 수 있으며, 성장주에 비해 변동성이 적어 주가하락 시 상대적으로 시장 상황에 덜 민감하여 손실 폭을 줄일 수 있음. 반면 당장 주가가 오르는 것은 아니기 때문에 투자수익을 얻기 위해서는 주가가 오를 때까지 기다려야 함

❸ 배당주 펀드 : 배당주 펀드는 배당수익률이 높은 종목에 집중적으로 투자하는 펀드를 말함. 운용 시작 후 예상한 배당수익률 이상으로 주가가 상승하면 주식을 팔아 시세 차익을 얻고, 반대로 주가가 오르지 않으면 배당 시점까지 주식을 가지고 있다가 예상배당금을 획득함으로써 주가 하락에 따른 자본 손실을 만회하는 펀드

(2) 채권형

펀드재산의 60% 이상을 채권 또는 채권 관련 파생상품에 투자하는 펀드를 말한다. 채권형은 펀드재산의 대부분을 채권에 집중적으로 투자한다. 그 결과 해당 펀드는 채권

투자로부터 발생하는 위험이 그대로 채권형 펀드의 위험으로 전환된다. 채권에서 발생하는 위험도 크게 시장위험과 개별 위험, 유동성 위험으로 구분할 수 있다.

❶ 시장위험 : 채권시장은 해당 국가의 금융시장, 자금시장, 경제 상황에 따라 변동. 일반적으로 긴축재정 상황 하에서는 시중 유동성의 부족으로 인하여 금리가 상승하고 상대적으로 채권 가격이 하락하게 됨. 이러한 채권 가격의 하락은 채권형 펀드의 가격 하락(수익률 하락)을 초래한다. 여기에서 금리의 변화에 따라 채권 가격이 변하게 되는데 일반적으로 장기채권의 금리 민감도(금리 변화 시 채권 가격의 변화)가 단기채권의 금리 민감도보다 높은 것이 일반적. 따라서 금리 상승 국면에서의 장기채권의 가격 하락이 단기채권의 가격 하락보다 크게 됨. 반대로 금리 하락 국면에서의 장기채권의 가격 상승이 단기채권의 가격 상승보다 크게 됨. 따라서 금리 상승 국면에서의 장기채펀드의 수익률 하락이 단기채펀드의 수익률 하락보다 큰 것이 일반적. 금리 하락의 경우에는 반대로 전개된다. 채권의 경우에도 주식과 같이 포트폴리오가 중요한데, 다양한 발행주체가 발행한 채권에 분산하여 투자하는 것이 특정 산업에 속하는 기업이 발행하는 채권에 집중하여 투자하는 채권형 펀드보다 상대적으로 가격 변동성이 낮음

❷ 개별 위험 : 채권을 발행한 개별 기업은 금융시장, 경제상황, 경쟁환경 등으로부터 영향을 받게 되는데 이러한 영향으로 해당 채권 발행기업의 상황이 악화될 경우에는 그 채권의 거래 가격이 하락할 것임. 최악의 경우 그 발행기업에 부도가 발생할 경우에는 투자원금의 일부 또는 전부를 회수하지 못할 위험도 있음

❸ 유동성 위험 : 채권의 유동성은 주식의 유동성과 비교할 경우 월등히 떨어지는 것이 보통. 물론 시장의 지표물이 되는 국고채 등의 유동성은 상당히 높은 것이 보통이나 그럼에도 불구하고 채권의 최소 거래단위는 주식의 거래단위보다 훨씬 크므로 주식과 같이 필요한 수량으로 절단하여 매매할 수 없음. 또한 채권의 경우 그 발행기업에 문제가 발생할 경우에는 아예 거래가 중단되는 경우가 많으므로 이 경우에는 극단적인 유동성 위험이 발생할 수도 있음

(3) 혼합형

혼합형 펀드는 채권형이나 주식형 이외의 펀드를 말하는 것으로서 신탁계약서상 최대 주식(주식 관련 파생상품 포함) 편입비율 50% 이상인 펀드를 주식혼합형, 신탁계약서상

최대 주식(주식 관련 파생상품 포함) 편입비율 50% 미만인 펀드를 채권혼합형으로 분류한다. 혼합형 펀드는 주식과 채권에 분산하여 투자하는 펀드이므로 앞에서 설명한 주식형 펀드와 채권형 펀드의 위험을 모두 가지고 있다고 봐야 한다. 혼합형 펀드는 주식과 채권의 효율적 배분을 통해 수익성과 안정성을 동시에 추구한다.

4　증권형 vs 파생형

펀드 자산의 일정 부분 이상을 파생상품에 투자할 수 있느냐에 의한 구분이다. 펀드에서 파생상품에 투자할 수 있느냐 없느냐에 의해서 투자자가 부담하여야 하는 위험의 정도는 큰 차이가 발생할 수 있으므로 증권형이냐 파생형이냐의 구분이 필요하다.[1]

일반적으로 파생상품에 투자하는 펀드가 증권에만 투자하는 펀드에 비하여 추가적으로 부담하여야 하는 위험은 아래와 같다.

(1) 파생상품으로 장내파생상품에만 투자할 경우의 위험

투자대상이 장내파생상품으로만 국한될 경우에는 파생상품거래에 따른 거래상대방 위험이 없으므로 파생상품 투자로 인한 고유의 리스크인 레버리지 리스크가 발생한다. 이는 파생상품은 투자하고자 하는 금액의 일정 부분만 투자하면서도 그 투자효과는 투자하고자 하는 전체 금액에 상당하는 효과를 볼 수 있기 때문에 발생하는 것이다. 그러나 이러한 효과는 해당 파생상품의 가격이 하락했을 때에는 오히려 부작용을 초래할 수 있다. 즉 파생상품에 대한 투자금액 대비 손실의 폭이 커질 수 있는 문제가 발생할 수 있다.

(2) 장외파생상품에 투자할 경우의 위험

장외파생상품은 위의 장내파생상품에 대한 투자 위험 외 추가적으로 거래 상대방 위험이 발생할 수 있다. 즉, 장외에서 거래 상대방과 장외파생상품계약에 의하여 펀드의 재산을 투자한 이후 그 거래상대방의 재정 상황 등에 문제가 발생하여 당초에 체결한 계약조건에 상당하는 자금을 지급할 수 없는 상황이 발생할 경우에는 해당 금액을 지급

1　금융투자협회가 정한 집합투자기구 분류코드에 따라 파생상품매매에 따른 위험평가액이 집합투자기구 자산총액의 100분의 10을 초과하고 위험회피 이외의 목적인 경우 파생형으로 구분

받을 수 있을 것으로 기대하고 있던 펀드의 투자자에게는 문제가 발생하게 되는 것이다. 이 외에도 장외파생상품은 거래 건마다 펀드의 운용을 담당하는 집합투자업자와 거래상대방이 계약을 체결해야 하므로 그 계약 내용에 따라서 계약 조기해지 위험, 지급금액 변동 위험 등 다양한 위험이 발생할 수 있다.

5 상장형 vs 비상장형

(1) 상장형

펀드의 수익증권을 증권시장 등에 상장하여 그 수익증권을 증권시장에서 거래할 수 있도록 한 펀드를 말한다. 수익증권을 상장하는 이유는 펀드 자체가 환매를 허용하지 아니하는 폐쇄형 펀드이거나, ETF와 같이 펀드 자체가 환매를 허용한다 하더라도 특수한 목적을 가지고 상장하는 펀드로 분류할 수 있다. 현재 대부분의 K-Reits, 선박투자펀드, 부동산 투자신탁, ETF 등이 증권시장에 상장되어 있다. 그러나 사모펀드의 경우에는 폐쇄형이라 하더라도 상장을 할 수 없다. 왜냐하면, 사모펀드는 수익자가 50인 미만인 펀드여야 하고 일반 대중을 상대로 수익증권의 모집 또는 매출의 행위를 하지 아니하여야 하나, 이 펀드를 상장하게 될 경우 수익자 수 요건과 대중을 상대로 한 증권의 모집 또는 매출의 행위 금지 요건이 달성되지 못할 가능성이 크기 때문이다.

(2) 비상장형

펀드의 수익증권을 증권시장 등에 상장하지 아니하는 펀드를 말한다. 대부분의 펀드가 이 분류에 해당한다. 왜냐하면 대부분의 펀드는 수익자의 환매 청구에 응하는 구조로 되어 있기 때문이다.

6 모집식 vs 매출식

모집식 및 매출식은 투자매매업자·투자중개업자의 펀드 판매방법에 따른 분류이다.

(1) 모집식

펀드를 설정하기 전에 미리 투자자로부터 펀드의 투자에 대하여 청약을 받고 그 청약 대금을 확보한 후 펀드의 설정을 요청하는 펀드를 말한다. 현재 대부분의 펀드는 모집식으로 판매가 되고 있다. 그 이유는 모집식 펀드의 경우 투자매매업자·투자중개업자가 펀드를 판매함으로써 발생할 수 있는 자금 부담이 없기 때문이다.

(2) 매출식

판매회사의 보유현금으로 자금을 납입하여 펀드를 설정한 후 설정된 펀드의 수익증권을 보유하고 있던 판매회사가 고객의 수익증권 매입 청구에 대응하여 보유 중인 수익증권을 고객에게 매각하는 펀드를 말한다. 현재 매출식으로 펀드를 판매하는 판매회사는 드문 상태이다. 그 이유는 매출식 판매방법에서 발생하는 투자매매업자·투자중개업자의 자금 부담 문제와 고객에게 보유 수익증권을 판매할 경우에 판매회사에 발생하는 수익증권 처분 손익이 부담이 되기 때문이다. 그러나 과거 투자신탁 전업 회사에서는 매출식으로 수익증권을 판매하는 비중이 높은 경향을 보였다.

7 거치식 vs 적립식

펀드 영업 실무에서는 펀드를 거치식, 임의식, 적립식으로 구분하기도 한다. 펀드를 거치식과 적립식으로 분류하는 것은 엄밀한 의미에서 존재하지 않는 분류이거나 적절하지 않을 수도 있으며 다만 펀드 투자방법의 분류라고 하는 것이 보다 적절할 것이다.

거치식은 은행의 정기예금과 같이 일시에 목돈을 투자하는 방식이며, 적립식은 은행의 적금과 같이 목돈 없이도 일정기간마다 일정 금액을 나누어 장기간 투자하는 방식을 말한다.

적립식 펀드는 소액을 꾸준히 투자하는 것이 일반적인 방식이기 때문에 단기간에 고수익을 노릴 수는 없지만 장기적인 관점에서 꾸준히 납입하면 평균 매입단가를 낮추는 효과가 있기 때문에 투자위험이 낮다는 장점을 가지고 있다(Cost Averaging 효과 : 일정 금액을 일정한 기간에 분산투자하여 특정 주가가 떨어지면 주식을 많이 사고, 주가가 오르면 오른 만큼 주식을 덜 사는 방식으로 주식을 매입하여 평균 매입단가를 낮추는 효과).

다만, 적립식 펀드 투자를 하더라도 펀드 그 자체는 수익이 운용실적에 따라 달라진다는 실적배당원칙은 동일하게 적용되는 것이며, 주가가 장기간 하락 추세에 있거나 주가가 투자기간에는 상승하다가 만기 무렵에 하락하는 경우 또는 투자기간이 장기화되면서 코스트애버리징 효과가 사실상 사라지고 거치식 펀드화되는 경우 등에는 만기 때 주가가 떨어지면 수익률이 낮거나 심한 경우 원금 손실도 감수해야 하는 위험이 따른다는 점을 특히 유의하여야 한다.

8 공모 vs 사모

공모는 50인 이상 다수의 투자자를 상대로 대규모 자금을 모집하는 것으로 법령에서는 상대적으로 높은 수준의 제약요건을 두고 있다.

사모는 공모(公募)에 의하지 아니하고 해당 집합투자기구의 집합투자증권을 매각하여 투자기구를 설정·설립하는 것이다. 사모의 경우에는 그 해당 투자자의 수가 적으므로 상대적으로 낮은 수준의 제약요건을 적용하고 있다. 이는 사모 집합투자기구의 투자자는 그 자산이 이미 투자에 대하여 어느 정도 이해하고 투자하는 것으로 간주하기 때문이다.

자본시장법상 사모 집합투자기구는 2021년 10월 21일 사모펀드 체계 개편에 따라 일반 사모 집합투자기구와 기관전용 사모 집합투자기구로 구분된다. 전자는 기존의 헤지펀드를, 후자는 소위 PEF를 말한다.

다음은 공모집합투자기구와 달리 일반 사모 집합투자기구에 적용되는 특례로서 그 적용을 배제하는 사항이다.

❶ 펀드 등록 전 판매 및 광고 금지, 판매보수 및 판매수수료 제한(법 76조 2항 ~ 6항)
❷ 자산운용의 제한(법 81조)
❸ 자기집합투자증권 취득 제한(법 82조)
❹ 금전차입 등의 제한(법 83조)
❺ 자산운용보고서 작성 및 제공 의무(법 88조)(일반투자자에게는 제공의무 있음)
❻ 수시공시 의무(법 89조)
❼ 집합투자재산에 관한 보고 의무(법 90조)
❽ 집합투자규약의 인터넷 홈페이지를 통한 공시 의무(법 91조 3항)
❾ 파생상품의 운용 특례(법 93조)

⑩ 부동산의 운용 특례(법 94조 1항~4항, 6항)

⑪ 집합투자기구의 등록(법 182조)

⑫ 집합투자기구의 명칭(법 183조 1항)

⑬ 신탁계약 변경과 수익자총회 사항(법 188조 2항 및 3항)

⑭ 좌수에 따라 균등한 상환(법 189조 2항)

⑮ 집합투자기구의 종류(법 229조)

⑯ 환매금지형 집합투자기구(법 230조)

⑰ 환매청구 및 방법 등(법 235조), 환매의 연기(법 237조)

⑱ 기준 가격 매일 공고·게시 의무(법 238조 7항~8항)

⑲ 결산서류의 작성·비치·보존·교부(법 239조 1항 3호, 2항~5항)

⑳ 집합투자재산의 외부회계감사 수감 의무(법 240조 3항~8항, 10항)

㉑ 회계감사인의 손해배상책임 의무(법 241조)

㉒ 신탁업자의 집합투자재산 운용 관련 운용행위감시 의무(법 247조 1항~4항, 5항 1호~
3호, 6호~7호, 6항~7항)

㉓ 자산보관·관리보고서 작성 및 제공 의무(법 248조)

㉔ 집합투자기구의 등록취소 등(법 253조)

section 02 　투자지역에 따른 분류

　　그 동안 국내 펀드의 대부분은 국내 자산에 투자하는 것이었다. 즉 국내 증권시장에
상장되어 있는 국내 기업의 주식, 채권, 주식 또는 채권에서 파생된 파생상품 등이 펀드
가 투자하는 대부분의 자산이었다. 그러나 2007년부터 시행된 해외주식투자 비과세와
해외 주식시장 특히 중국 등 이머징 시장의 폭등은 이러한 펀드의 유형에 큰 변화를 가
져왔다. 즉 투자자들이 해외 주식시장에 투자하는 펀드에 대하여 눈을 돌린 것이다. 그
결과가 해외주식투자펀드의 대폭적인 증가로 귀결되었다. 그러나 2008년 이후 해외 이
머징 시장의 폭락으로 인한 투자수익률 악화와 우리나라 환율의 평가절하로 인한 환헤
지 부분의 손실 발생으로 인해 대부분의 투자자들이 해외 투자펀드에서 큰 손실을 보게

되었다. 이렇듯이 해외투자는 국내 투자와 달리 시장의 리스크뿐 아니라 해당국가의 환율과 우리나라 환율의 움직임에 따라 추가적인 리스크가 발생할 수 있다.

국내 투자펀드는 그 펀드 재산의 대부분을 국내 자산에 투자하는 것이다. 이에 반해 해외 투자펀드는 그 펀드 재산의 대부분을 해외 자산에 투자하는 것이다.

해외 투자펀드는 다시 투자 지역을 기준으로 전 세계 투자펀드, 특정 지역 투자펀드, 특정 국가 투자펀드 등으로 나눌 수 있고, 투자대상 자산을 기준으로 하면 주식, 채권, 대체투자상품군 등으로 분류할 수 있다.[2]

1 투자지역 기준

전 세계 투자펀드는 투자대상 지역을 특정하지 아니한다. 우리나라도 당연히 투자대상에 포함될 수 있으며 이를 통상 '글로벌 투자펀드'라 칭한다.

해외 투자펀드 중 가장 넓은 투자지역을 가지고 있고 그 결과로 가장 많은 국가에 투자하는 효과가 발생하므로 상대적으로 펀드 수익률 변동성이 낮은 수준에 속할 수 있다. 그러나 실제로는 대부분의 글로벌 투자펀드는 투자 지역이 선진국 위주로 투자되는 경우가 많다. 왜냐하면 이머징 마켓에 속하는 국가나 프런티어 마켓에 속하는 국가는 상대적으로 투자 제한이 많고 투자에 따르는 비용과 시장의 변동성이 높아 상대적으로 안정적 수익을 추구하는 글로벌 투자펀드와는 맞지 않는 경우가 많기 때문이다.

글로벌 투자펀드보다 조금 더 좁은 지역에 투자하는 펀드를 통상 지역(Regional)투자펀드라 칭한다. 예를 들면 이머징마켓 투자펀드, 범중화권 투자펀드, 동남아펀드, 중남미 등이 여기에 해당된다. 이러한 유형의 펀드는 일반적으로 글로벌 투자펀드보다는 높은 수익을 기대할 수 있는 반면 높은 위험도 감수하여야 한다. 즉, 이머징 국가는 선진국과 달리 개별 기업의 회계의 투명성이 상대적으로 결여되어 있고, 해당 국가의 경제정책의 투명성, 예측성 등이 떨어지고 투자에 소요되는 비용이 높으므로 이러한 부분을 감안하고 투자에 임하여야 한다.

투자지역을 기준으로 분류할 때 가장 좁은 지역에 투자하는 펀드로 개별 국가(single country)투자펀드를 들 수 있다. 개별 국가에 투자하는 펀드는 중국, 인도, 일본 등을 예

---

2 이 구분 방법은 법령이나 학술적으로 정의된 것이 아니라 실무상 적용하는 구분 기준을 설명한 것이다. 따라서 사람마다 그 구분 기준을 다르게 정의할 수 있다.

로 들 수 있다. 이러한 펀드는 지역투자펀드보다 높은 수준의 수익을 기대할 수 있는 반면 지역투자펀드보다 높은 위험도 감수하여야 한다.

최근에는 국가별 투자외에는 특정섹터(글로벌 2차전지, 미국 플랫폼 기업 등)에 투자하는 글로벌 투자도 확대되고 있다.

2 투자대상 자산 기준

해외 투자펀드의 투자대상 자산이 국내 투자펀드의 투자대상 자산의 범위보다 당연히 넓다고 할 수 있다. 국내 투자펀드의 경우에는 대부분 주식과 채권을 대상으로 하고 있으나, 해외 투자펀드의 경우에는 해외 주식, 채권, 실물자산, 헤지펀드 등 그 투자대상이 더 다양하다. 따라서 해외 투자펀드는 국내에서는 실현할 수 없는 투자대상과 방법을 실현할 수 있는 수단으로 활용이 가능하다.

다만, 기존 국내 투자자에게 익숙한 투자대상 자산인 주식, 채권 외의 자산에 투자하는 해외 투자펀드의 경우에는 그 내재되어 있는 위험을 모두 파악할 수 없으므로 이에 대한 충분한 사전 분석이 필요하다.

3 해외 투자펀드의 리스크

해외 투자펀드를 투자할 경우에는 국내 투자펀드의 경우와 달리 추가적인 리스크를 부담하여야 한다. 그 추가적인 리스크란 환율의 변동에서 발생하는 리스크이다. 즉 국내 투자펀드의 경우 투자자금의 입출금이 원화로 이루어지므로 환율의 변동으로 인한 추가적인 위험에 노출되지 않지만 해외 투자펀드의 경우 원화를 펀드에 입금하여 해당 원화를 외국 통화로 환전한 후 그 통화로 투자를 하게 되므로 해당 외국통화와 원화 간의 움직임에 따라서 추가적인 손익이 발생할 수 있다.

최근에는 위의 환율에서 발생하는 리스크를 방지하기 위하여 행한 환헤지거래에서 오히려 손실이 크게 발생하여 주된 투자대상에서 발생하는 리스크를 초과하는 경우도 있었다. 이렇게 환헤지란 그 환율 변동에서 발생하는 리스크를 완전히 없애주는 거래를 뜻하는 것이 아니라, 현재 시점의 환율을 해당 환헤지거래의 계약기간 종료 시점에 고정시켜 주는 역할을 하는 것이다. 따라서 해당 계약기간 동안 환 변동이 과도하였을 경우에는 오히려 환헤지에서도 손실이 발생할 수 있다.

이외 해외투자는 국내와 다른 시장 폐장 및 개장 시간으로 인하여 펀드에서 보유하고 있는 자산의 정확한 가치평가가 어렵고, 해외시장 자체의 거래정지 또는 개별 종목의 거래정지 관련 정책의 차이, 국내외 간 복잡한 결제과정 및 현금 운용과정에서 추가적인 리스크가 발생할 수 있으며, 투자대상 국가가 프런티어마켓(이제 막 증권시장이 형성되고 있는 시장)일 경우에는 국가 정책에 따라 투자자금 송금이 곤란해질 수도 있다.

section 03 투자전략에 따른 분류

펀드의 투자전략을 가장 크게 분류하면 액티브투자전략과 패시브투자전략으로 분류할 수 있다.

1 액티브운용전략 펀드

액티브운용전략은 크게 둘로 나눌 수 있다. 하나는 Bottom-up Approach이며 다른 하나는 Top-down Approach이다.

주식 운용에 있어 Bottom-up Approach는 투자 의사결정, 즉 자산 간, 섹터 간 투자의사 결정을 함에 있어 투자대상 주식의 성과에 영향을 미칠 수 있는 거시 경제 및 금융 변수에 대한 예측을 하지 아니하고 투자대상 종목의 성장성과 저평가 여부 등을 투자의 기준으로 판단하는 것이다. 즉 거시 경제 변수의 예측은 지극히 어렵고 정확한 예측이 불가능한 것이므로 불가능한 방식에 매달리지 않고 펀드매니저 또는 집합투자업자가 자신 있는 부분에 모든 역량을 집중하고 그 결과에 따라 판단하는 것이다.

예를 들어 A라는 종목이 저평가되어 있는지를 판단하기 위해서 동종 업종의 다른 종목 또는 전 세계 유사 업종의 종목과 비교하여 투자 여부를 결정하는 방식을 말한다. 채권에 있어 Bottom-up Approach란 향후 금리의 향방이 어떻게 전개될 것이냐를 분석하여 투자하는 것보다 투자대상 채권이 현재 저평가되어 있느냐를 분석하고 그 결과를 기준으로 판단하는 것을 말한다. 다만, 채권의 경우 주식보다 개별성이 훨씬 떨어지는 자산이므로 Bottom-up Approach의 유효성이 떨어질 수 있으나, 발행기업 분석을 통하여 해당 기업의 신용평가등급의 상승 여부를 판단하고 그 등급이 상승할 가능성이 높은 종목을 찾아 투자하는 것도 그 대안이 될 수 있다.

반면 Top-down Approach는 다음과 같다. 주식에 있어서 Top-down Approach는 저평가된 우수 종목의 발굴 및 투자도 중요하나 펀드 수익에 미치는 영향은 개별 종목의 성과보다 주식 및 채권 간 투자비율 또는 주식에 있어서도 업종 간 투자비율이 더 크다는 전제 하에서 출발한다. 따라서 이러한 운용전략을 구사하는 펀드매니저는 경제 및 금융 동향의 변화에 따라 자산 간 업종 간 투자비율을 탄력적으로 조절하게 된다.

만일 이러한 투자비율 조정이 정확하게 맞아 떨어질 경우에는 그 수익은 Bottom-up Approach보다 높을 가능성이 클 것이다. 채권에 있어서 Top-down Approach는 향후의 경제 및 금융시장의 전망을 기초로 펀드의 듀레이션 조정, 만기 구간별 투자비중 조절, 국채 및 회사채 투자 비중 조절 등의 방법으로 비교대상 지수보다 높은 수익을 추구할 수 있다.

전술한 액티브운용전략은 양자 간 분류법에 의한 분류에 불과하다. 왜냐하면 실제 거의 대부분의 펀드매니저들은 전술한 두 가지 운용전략을 혼합하여 자산을 운용하고 있기 때문이다. 그 어떤 펀드매니저도 투자 리스크와 그로 인해 발생할 수 있는 수익률 열세가 문제가 될 수 있어 극단적인 운용전략을 적용할 수 없기 때문이다.

2 패시브운용전략 펀드

패시브펀드란 곧 시스템 펀드로 표현될 수 있는데 이는 펀드 운용에 있어 체계적인 거래기법을 이용하여 운용되는 펀드를 가리키는 일반적인 용어이다. 통상 패시브펀드는 펀드매니저의 의견에 따른 뇌동매매를 배제하기 위하여 통계적인 분석들을 이용하고 있다. 따라서 일정 범위 안에서 사전적으로 기대수익 및 리스크가 알려지게 되고 이러한 지표들은 투자자의 투자의사결정에 중요한 기준이 된다. 패시브펀드는 일반적으로 인덱스형, 포트폴리오 보험형, 차익거래형, 롱숏형, 시스템트레이딩형 등을 예로 들 수 있다.

패시브펀드를 대표하는 것은 인덱스펀드이다. 앞서 설명한 바와 같이 액티브투자 펀드 운용전략의 목표가 인덱스+α인 것과 달리 패시브투자를 대표하는 인덱스펀드의 경우 통상적으로 인덱스 수익률이 그 운용의 목표가 된다. 즉 앞서 설명한 초과위험을 최소화하는 것이 그 목표라 할 수 있다.

다시 말하면 인덱스운용전략은 비교대상 지수인 인덱스와 유사하거나 근접한 수익을 올리는 것을 그 목표로 하고 있다. 따라서 이러한 펀드를 운용하는 펀드매니저는 가급적 펀드의 포트폴리오는 인덱스의 구성 내역과 유사하도록 운용한다. 다만, 현실적으로 펀드의 포트폴리오는 인덱스와 완벽하게 같게(full replication방식) 할 수는 없으므로 인덱스에 포함된 종목 중 투자가 가능한 종목을 가려내어 선정한 종목의 포트폴리오(sampling 방식)의 과거 움직임이 시장의 움직임과 유사하거나 근접할 수 있도록 포트폴리오를 구성하게 된다. 그러므로 이렇게 구성된 펀드의 포트폴리오는 비교적 장기간 유지될 수 있어 상대적으로 투자대상 종목의 변경이 빈번하지 않고 그 결과 펀드의 운용비용도 저렴해질 수 있다. 따라서 인덱스로 운용하는 펀드의 보수는 액티브로 운용하는 펀드의 보수보다 저렴한 경우가 많다.

그러한 현실에 있어서는 대부분의 집합투자업자는 인덱스펀드의 운용목표를 인덱스+α로 정하는 경우도 많이 있다. 그 이유는 인덱스+α로 운용목표를 정하는 것이 마케팅에 도움이 되기 때문이다. 인덱스펀드에서 +α를 추구하는 방법은 액티브펀드의 그것과는 다르다. 인덱스펀드의 +α를 추구하는 방법은 주로 동일한 자산의 가격차, 예를 들어 KOSPI200의 현물과 선물 간의 가격차(basis)를 활용하여 고평가된 자산을 매도하고 저평가된 자산을 매수함으로써 비교 지수인 KOSPI200보다 높은 수익을 추구하는 방법이 있다.

1) 인덱스펀드

패시브운용전략 펀드의 대표적인 펀드는 인덱스펀드라 할 수 있다. 과거에는 주식을 대상으로 하는 인덱스가 대부분이었으나, 최근에는 거의 모든 투자대상 자산의 가격을 인덱스로 개발하여 이를 활용하고 있고 주식을 대상으로 하는 인덱스도 다양한 기준에 따라 추가적인 인덱스를 개발하여 시장을 설명하거나 운용실적 판단의 자료로 활용하고 있다. 아래는 각 자산별 주요 인덱스의 사례이다.

❶ 국내 주식시장

ㄱ. 시장 인덱스 : KOSPI, KOSPI200 등

ㄴ. 섹터 인덱스 : KRX Autos(자동차), KRX Semicon(반도체), KRX IT(IT), KRX

Banks(은행), KRX Health Care(의료)

❷ 해외 주식시장 : MSCI all country world index, S&P500, Dow, Nasdaq, Nikkei225, Topix, Jasdaq 등

❸ 국내 채권시장 : 국내 채권평가 4개사에서 발표하는 종합채권지수 등

❹ 해외 채권시장 : Barclays Global Aggregate Bond Index, CITI World Government Bond Index, BofA Merrill Lynch Total Bond Return Index 등

❺ 헤지펀드 시장 : MSCI Hedge Fund Index, HFRX, CSFB Tremont 등

❻ 실물자산 시장 : GSCI, Reuters-CRB, DJ-AIG 등

(1) 인덱스펀드의 장점

❶ 저렴한 비용(보수) : 인덱스펀드는 대부분 액티브펀드보다 낮은 보수를 적용하고 있는데, 이것은 인덱스펀드의 경우 액티브펀드와는 달리 시장 전망에 기초한 투자를 하지 아니하므로 시장 분석, 종목 분석에 들어가는 비용이 절감되고, 펀드매니저가 시장을 이기기 위해 별개의 투자 기회를 포착하여야 할 필요가 없으므로 상대적으로 액티브펀드보다 보유 증권의 매매 횟수가 적게 되며 매매에 따른 비용도 저렴하게 됨. 이러한 저렴한 비용은 장기투자시 액티브펀드 대비 우월한 수익을 실현할 수 있도록 하는 중요한 원인으로 작용될 수 있음

❷ 투명한 운용 : 인덱스펀드는 추적대상 지수의 가격 움직임이 곧 인덱스펀드의 수익률이 된다. 따라서 투자자가 보유 펀드의 수익률 예상을 명쾌하게 할 수 있음. 이에 반해 액티브펀드의 경우 펀드매니저의 시장관에 따라 시장 상승에 비교하여 수익률이 만족스럽지 못할 경우가 있으며, 투자자의 투자 수익이 지수의 움직임과 반드시 일치하지 아니할 수 있으므로 투자자의 불만의 원인이 되기도 함

❸ 시장수익률의 힘 : 어떠한 액티브펀드 펀드매니저의 경우에도 증권시장이 효율적인 한 장기간 지속적으로 시장보다 높은 수익을 실현할 수는 없음. 시장이 효율적이라 함은 과거의 투자정보뿐만 아니라 해당 기업 내부의 투자정보까지 모두 가격에 반영되고 이렇게 결정된 개별 기업의 주가가 모여서 주가지수가 되므로 이렇게 결정된 주가지수보다 장기간 동안 높은 수익을 실현한다는 것은 현실적으로 어려운 문제임. 따라서 장기투자자의 경우 인덱스펀드에 투자하여 추적대상지수 수준의 수익만을 장기간 취득하는 것만으로도 충분히 목적을 달성할 수 있게 되는 것임

(2) 인덱스펀드의 운용

인덱스펀드가 추적대상지수와 운용전략을 정한 이후에는 펀드의 포트폴리오를 구축하고 인덱스를 추적하는 운용을 개시하게 된다. 여기에서 인덱스펀드의 실적과 지수의 실적 차이를 추적오차(tracking error)라고 하게 된다. 추적오차는 다음과 같은 원인에서 발생하게 된다.

❶ 인덱스펀드에 부과되는 보수 등 비용
❷ 인덱스펀드의 포트폴리오를 구축하기 위한 거래 비용
❸ 인덱스펀드의 포트폴리오와 추적대상지수 포트폴리오의 차이
❹ 포트폴리오 구축 시 적용되는 가격과 실제 매매 가격과의 차이 등

상기와 같은 추적오차를 최소화하기 위하여 고안된 펀드가 앞서 설명한 상장지수펀드(ETF)이다. ETF가 아닌 일반 인덱스펀드가 추적오차를 가장 작게 운용할 수 있는 방법은 완전복제 방법이다.

(3) 인덱스펀드 투자포인트

❶ 인덱스펀드는 장기투자에 유리하다. 단기간을 관찰할 경우 인덱스펀드의 수익률보다 액티브펀드의 수익률이 높을 가능성이 높다. 그러나 기간을 장기화할 경우 인덱스펀드는 동일한 수준의 수익률을 실현하는 액티브펀드보다 실현 수익률은 높은 것이 보통이다. 왜냐하면 앞서 설명한 바와 같이 인덱스펀드의 저렴한 보수 때문이다.

❷ 주식의 부도 등과 같은 개별 종목의 리스크를 피하기에는 인덱스펀드가 유리하다. 인덱스펀드는 기본적으로 시장 전체를 투자하여 시장 수익률과 동일한 수익률을 실현하는 것을 목표로 하고 있으므로 개별 종목투자 리스크가 분산되어 거의 영(zero)에 가깝게 되고 시장 리스크만 남게 된다. 따라서 개별 종목의 리스크를 피하는 방법 중 하나가 인덱스펀드에 투자하는 것이다.

2) 인핸스드 인덱스펀드

인핸스드 인덱스펀드는 추적대상지수 수익률을 초과하는 수익률을 목표로 하는 인덱스펀드이다. 이 경우 초과로 하는 목표는 통상 인덱스펀드가 부담하는 보수 및 인핸스

드(enhanced) 전략으로 인해 오히려 추적대상지수 수익률에 하락할 위험성을 보상받을 수 있을 정도가 목표가 될 수 있다. 따라서 인핸스드 인덱스펀드는 액티브펀드와는 달리 제한적 위험을 부담하는 전략으로 추가 수익, 즉 인핸스드 전략을 수행하게 된다. 따라서 인핸스드 인덱스펀드의 추적오차는 정통 인덱스펀드의 추적오차보다 크다. 다음은 인핸스드 인덱스펀드의 인핸스 전략을 설명한 것이다.

(1) 알파(α) 추구 전략

알파 추구 전략은 기본적으로 인덱스펀드의 포트폴리오를 잘 구성해서 그 포트폴리오만으로도 추적대상지수보다 높은 수익을 올리겠다는 전략이다. 이 경우 알파를 추적하는 계량적 모델이 사용되고 그 계량적 모델에 개별 기업의 펀드멘탈 요소를 반영하여 투자 가능 유니버스를 구성한 후 법적, 제도적, 환경적 제한에 따른 각 종목별 투자 제한을 반영하여 포트폴리오를 구성하게 된다. 이 전략의 장점은 포트폴리오 그 자체로서 추적대상지수를 넘어서는 실적을 추구할 수 있으나, 결국 그 포트폴리오는 지수에 포함되어 있는 종목과는 차이가 발생하므로 오히려 지수보다 낮은 수익을 실현할 수도 있다는 것이다.

(2) 차익거래

이 전략은 제한된 투자위험(이론상으로는 투자 위험 영(zero)) 하에서 추가적인 수익을 취하기 위하여 투자대상 자산과 그 자산에서 파생된 상품 간의 가격 차이를 활용하는 것이다. 예를 들어 KOSPI200 지수를 추적하는 주식형 인덱스펀드의 경우 펀드에서 보유하고 있는 KOSPI200을 추적하는 주식 현물 포트폴리오, KOSPI200을 추적하는 ETF, KOSPI200을 기초자산으로 하는 주가지수선물 간의 가격 격차를 추가적 수익 취득의 기회로 활용할 수 있다. 즉, 3가지 사실상 동일한 자산을 배경으로 하는 상품 간에 가격 차이가 발생하였을 경우에는 이론 가격보다 낮은 가격으로 거래되는 자산을 매수하고 이론 가격보다 높은 가격으로 거래되는 자산을 매도하는 것이다. 현실적으로 공매도가 허용되지 않을 경우에는 보다 저렴한 가격으로 거래되는 자산으로 교체하는 것도 하나의 방법이 될 수 있다.

대체투자 여부에 따른 분류

투자자는 때로 전통적 자산인 국내 주식, 채권 등에서 발생하는 수익으로 만족하지 못하는 경우가 있다. 이 경우 대부분의 투자자는 전통적 자산을 대체할 수 있는 대체투자상품을 찾게 된다. 대체투자상품은 기존 전통적 자산과 상관관계가 낮아 전통적 자산만 투자하였을 때 발생할 수 있는 수익률 변동성을 완화시킬 수 있는 장점이 있다. 그러나 대체투자상품은 아직까지는 일반인들에게 익숙하지 못하고 심지어 전문가라 하더라도 그 상품의 깊숙한 내면은 잘 알지 못하는 것이 사실이다. 따라서 대체투자상품을 투자할 경우에는 충분히 검토하고 그 내용에 대해서 충분히 이해가 된 이후에 투자여부에 대해서 판단하는 것이 바람직하다. 다음은 일반적으로 대체투자상품으로 분류할 수 있는 상품군이다.

❶ 부동산 및 부동산 관련 자산 : 부동산 펀드, 부동산투자신탁(REITs), SOC투자 펀드 등
❷ 기타 : 헤지펀드, PEF(Private Equity Fund) 등

chapter 05

부동산펀드

section 01 **부동산펀드의 개요**

1   부동산펀드의 정의

부동산 집합투자기구(이하 '부동산펀드'라 함)는 집합투자재산(이하 펀드재산)의 100분의 50을 초과하여 부동산(부동산을 기초자산으로 한 파생상품, 부동산 개발과 관련된 법인에 대한 대출, 그 밖에 대통령령으로 정하는 방법으로 부동산 및 대통령령으로 정하는 부동산과 관련된 증권에 투자하는 경우를 포함)에 투자하는 집합투자기구(이하 '펀드'라 함)를 말한다.

2   환매금지형 부동산펀드

자본시장법은 집합투자업자 등이 부동산펀드를 설정·설립하는 경우에는 반드시 당해 부동산펀드를 '환매금지형 펀드'로 설정·설립하도록 의무화하고 있다.

이 경우 '공모 부동산 투자신탁의 집합투자업자 또는 공모 부동산 투자회사'는 신탁계약 또는 정관에 투자자의 환금성 보장 등을 위한 별도의 방법을 정하지 아니한 경우에는, 해당 집합투자증권을 최초로 발행한 날부터 90일 이내에 그 집합투자증권을 증권시장에 상장하여야 한다.

3   부동산펀드의 투자대상

1) 개요

앞서 살펴본 바와 같이 자본시장법은 펀드재산의 100분의 50을 초과하여 '부동산'자체에 투자하는 경우는 물론, 부동산과 관련성이 있는 자산(부동산과 관련된 권리, 부동산과 관련된 증권, 부동산을 기초자산으로 한 파생상품을 의미)에 투자하는 경우와, 더 나아가 부동산과 관련성이 있는 투자행위(부동산 개발과 관련된 법인에 대한 대출을 의미)를 하는 경우에도 부동산펀드로서의 법적 요건을 충족하는 것으로 규정하고 있다.

자본시장법상의 법적 요건을 충족한 부동산펀드는 나머지 펀드재산으로 다른 자산 즉 '증권 및 특별자산'에 자유롭게 투자할 수 있다.

2) 부동산펀드 투자대상으로서의 부동산 등

먼저 자본시장법에 따라 부동산펀드 펀드재산의 100분의 50을 초과하여 투자해야 하는 투자대상 자산 및 투자행위의 구체적인 내용을 살펴보면 다음과 같다.

(1) 부동산

부동산펀드의 가장 본질적인 투자대상 자산에 해당하며, 부동산펀드에서 부동산에 투자한다는 것은 해당 부동산을 취득하여 매각하는 것을 비롯하여 부동산의 개발, 관리 및 개량, 임대 및 운영하는 방법, 지상권·지역권·전세권·임차권·분양권 등 부동산 관련 권리의 취득, 채권금융기관이 채권자인 금전채권의 취득 등으로 부동산에 투자하는 것도 가능하다. 아울러 부동산을 기초자산으로 한 파생상품, 부동산 개발과 관련된 법인에 대출 부동산과 관련된 증권에 투자할 수 있다.

(2) 부동산과 관련된 증권

❶ 다음 중 어느 하나에 해당하는 자산이 신탁재산의 100분의 50 이상을 차지 하는 경우의 '수익증권', 펀드재산의 100분의 50 이상을 차지하는 경우의 '집합투자증권', 유동화자산의 100분의 50 이상을 차지하는 경우의 '유동화증권'

　ㄱ. 부동산

　ㄴ. 지상권·지역권·전세권·임차권·분양권 등 부동산 관련 권리

　ㄷ. 기업구조조정 촉진법 제2조 제3호에 따른 채권금융기관(이에 준하는 외국 금융기관과 금융산업의 구조개선에 관한 법률에 따른 금융기관이었던 자로서 청산절차 또는 채무자 회생 및 파산에 관한 법률에 따른 파산절차가 진행 중인 법인을 포함)이 채권자인 금전채권(부동산을 담보로 한 경우만 해당)

❷ 부동산 투자회사법에 따른 부동산 투자회사가 발행한 주식

❸ 특정한 부동산을 개발하기 위하여 존속기간을 정하여 설립된 회사(이하 부동산 개발회사)가 발행한 증권

❹ '부동산', '그 밖에 금융위원회가 정하여 고시하는 부동산 관련 자산[부동산매출채권(부동산의 매매·임대 등에 따라 발생한 매출채권을 말함), 부동산 담보부채권]'을 기초로 하여 자산유동화에 관한 법률 제2조 제4호에 따라 발행된 유동화증권으로서, 그 기초자산의 합계액이 자산유동화에 관한 법률 제2조 제3호에 따른 유동화자산 가액의 100분의 70 이상인 유동화증권

❺ 한국주택금융공사법에 따른 주택저당채권담보부채권 또는 한국주택금융공사법에 따른 한국주택금융공사 또는 자본시장법 시행령 제79조 제2항 제5호 가목부터 사목까지의 금융기관(은행, 한국산업은행, 중소기업은행, 한국수출입은행, 투자매매업자 또는 투자중개업자, 증권금융회사, 종합금융회사)이 지급을 보증한 주택저당증권

❻ 다음 요건을 갖춘 회사(부동산 투자목적회사)가 발행한 지분증권

　ㄱ. 부동산 또는 다른 부동산 투자목적회사의 투자증권에 투자하는 것을 목적으로 설립될 것

ㄴ. 부동산 투자목적회사와 그 종속회사(주식회사의 외부감사에 관한 법률에 따른 종속회사에 상당하는 회사를 말함)가 소유하고 있는 자산을 합한 금액 중 부동산 또는 자본시장법 시행령 제240조 제4항 제4호에 따른 자산(지상권·지역권·전세권·임차권·분양권 등 부동산 관련 권리)을 합한 금액이 100분의 90 이상일 것

(3) 부동산과 관련성이 있는 투자행위

자본시장법은 부동산과 관련성이 있는 투자행위로 '부동산 개발과 관련된 법인에 대한 대출'을 규정하고 있다. 비록 펀드재산으로 직접 투자대상 자산을 취득하는 형태는 아니지만, '대출'이란 투자행위로 인해 부동산과 관련된 법인에 대한 대출채권을 확보하게 되므로 결과적으로는 투자대상 자산을 취득하는 형태가 되기 때문에, '대출'이라는 투자행위를 하는 경우도 부동산펀드의 법적 요건을 충족하는 것으로 인정한 것이다.

4 부동산펀드의 운용 제한

1) 부동산에 대한 운용 제한

부동산펀드에서 펀드재산으로 '부동산'에 운용하는 경우에는 다음과 같은 운용제한이 있으며, 이는 공모 부동산펀드 및 사모 부동산펀드에 동일하게 적용된다.

(1) 부동산펀드에서 부동산을 취득한 후 일정기간 내 처분 제한

❶ 부동산펀드에서 취득한 부동산은 원칙적으로 다음 각각의 기간 이내에 해당 부동산을 처분하는 행위를 할 수 없음

ㄱ. 국내에 있는 부동산 중 주택법 제2조 제1호에 따른 주택 1년 이내. 다만, 펀드가 미분양주택(주택법 제38조에 따른 사업주체가 같은 조에 따라 공급하는 주택으로서 입주자 모집공고에 따른 입주자의 계약일이 지난 주택단지에서 분양계약이 체결되지 아니하여 선착순의 방법으로 공급하는 주택을 말함)을 취득하는 경우에는 집합투자규약에서 정하는 기간으로 한다.

ㄴ. 국내에 있는 부동산 중 주택법 제2조 제1호에 따른 주택에 해당하지 아니하는 부동산 1년 이내

ㄷ. 국외에 있는 부동산은 집합투자규약에서 정하는 기간 이내

❷ 부동산펀드에서 취득한 부동산은 예외적으로 다음 각각의 경우에는 해당 부동산을 처분할 수 있음

ㄱ. 부동산 개발사업(토지를 택지·공장용지 등으로 개발하거나 그 토지 위에 건축물, 그 밖의 공작물을 신축 또는 재축하는 사업을 말함)에 따라 조성하거나 설치한 토지·건축물 등을 분양하는 경우

ㄴ. 투자자 보호를 위하여 필요한 경우로서, 부동산펀드가 합병·해지 또는 해산되는 경우

(2) 부동산펀드에서 토지를 취득한 후 처분 제한

❶ 부동산펀드는 원칙적으로 건축물, 그 밖의 공작물이 없는 토지로서, 그 토지에 대하여 부동산 개발사업을 시행하기 전에 해당 토지를 처분하는 행위를 할 수 없음

❷ 부동산펀드는 예외적으로 다음 각각의 경우에는 해당 토지를 처분할 수 있음

ㄱ. 부동산펀드가 합병·해지 또는 해산되는 경우

ㄴ. 투자자 보호를 위하여 필요한 경우로서, 부동산 개발사업을 하기 위하여 토지를 취득한 후 관련 법령의 제정·개정 또는 폐지 등으로 인하여 사업성이 뚜렷하게 떨어져서, 부동산 개발사업을 수행하는 것이 곤란하다고 객관적으로 증명되어 그 토지의 처분이 불가피한 경우

2) 공모 부동산펀드의 운용 제한

부동산펀드 중 '공모 부동산펀드'는 다른 종류의 공모펀드와 마찬가지로 투자자를 보호하기 위한 차원에서 규정하고 있는 자본시장법상의 다양한 운용제한 규정의 적용을 받는다.

1 실물형 부동산펀드

자본시장법에 의하면 펀드재산의 50%를 초과하여 '부동산'에 투자하는 형태의 부동산펀드가 인정될 수 있으며, 이와 같이 펀드재산의 50%를 초과하여 실물로서의 '부동산' 자체에 투자하는 펀드를 '실물형 부동산펀드'라 할 수 있다.

자본시장법은 부동산펀드의 가장 기본적인 형태로 부동산 자체에 투자하는 실물형 부동산펀드를 삼고 있으며, 이러한 실물형 부동산펀드는 투자한 부동산을 어떻게 운용하느냐에 따라 다음과 같이 세부적인 유형으로 구분할 수 있다.

❶ 매매형 부동산펀드 : 펀드재산의 50%를 초과하여 부동산을 취득한 다음에 단순히 매각하는 부동산펀드

❷ 임대형 부동산펀드 : 펀드재산의 50%를 초과하여 부동산을 취득한 다음에 임차인에게 임대한 후 매각하는 부동산펀드

❸ 개량형 부동산펀드 : 펀드재산의 50%를 초과하여 부동산을 취득한 다음에 해당 부동산의 가치를 증대시키기 위해 개량한 후에 단순 매각하거나 또는 임대 후 매각하는 부동산펀드

❹ 경공매형 부동산펀드 : 펀드재산의 50%를 초과하여 부동산 중에서 경매 부동산 또는 공매 부동산을 취득한 다음에 단순매각하거나 또는 임대 후 매각하는 부동산펀드를 말하며, 경매 부동산 또는 공매 부동산을 취득하여 개량한 다음에 단순 매각하거나 또는 임대 후 매각하는 부동산펀드를 포함

❺ 개발형 부동산펀드 : 펀드재산의 50%를 초과하여 부동산을 취득한 다음에 개발사업을 통해 분양 또는 매각하거나, 임대 후 매각하는 부동산펀드

2 　대출형 부동산펀드

　　자본시장법에 의하면 펀드재산의 50%를 초과하여 '부동산 개발과 관련된 법인에 대한 대출' 형태의 투자행위를 하는 부동산펀드가 인정될 수 있으며, 이러한 부동산펀드를 '대출형 부동산펀드'라 할 수 있다. 일반적으로 '프로젝트 파이낸싱(Project Financing : PF)형 부동산펀드'라고 불린다.

　　대출형 부동산펀드란 주로 아파트, 상가, 오피스텔 등을 신축하는 것과 같은 부동산 개발사업을 영위하고자 하는 시행사에 대해 해당 부동산 개발사업에 소요되는 자금을 대출형태로 빌려주고, 시행사로부터 사전에 약정한 대출이자를 지급받고 대출원금을 상환받아 이를 재원으로 하여 부동산펀드의 투자자에게 이익분배금 및 상환금 등을 지급하는 형태의 부동산펀드를 말한다.

3 　권리형 부동산펀드

　　자본시장법에 의하면 펀드재산의 50%를 초과하여 '지상권·지역권·전세권·임차권·분양권 등 부동산 관련 권리의 취득'의 방법으로 투자하는 형태의 부동산펀드가 인정될 수 있다.

　　또한 자본시장법에 의하면 펀드재산의 50%를 초과하여 '채권금융기관(외국 금융기관 포함)이 채권자인 금전채권(부동산을 담보로 한 경우만 해당)의 취득'의 방법으로 투자하는 형태의 부동산펀드가 인정될 수 있다.

4 　증권형 부동산펀드

　　자본시장법에 의하면 펀드재산의 50%를 초과하여 '부동산과 관련된 증권'에 투자하는 형태의 부동산펀드가 인정될 수 있으며, 이러한 펀드를 '증권형 부동산펀드'라 할 수 있다.

5 파생상품형 부동산펀드

자본시장법상의 '파생상품형 부동산펀드'를 파생상품의 유형에 따라 구분해 보면 부동산을 기초자산으로 한 선물(또는 선도)에 투자하는 파생상품형 부동산펀드, 부동산을 기초자산으로 한 옵션에 투자하는 파생상품형 부동산펀드, 부동산을 기초자산으로 한 스왑에 투자하는 파생상품형 부동산펀드를 들 수 있다.

chapter 06

특별자산 펀드

section 01 **특별자산 펀드의 개요**

1 **특별자산 펀드의 정의**

자본시장법은 특별자산 펀드를 '펀드재산의 100분의 50을 초과하여 특별자산(증권 및 부동산을 제외한 투자대상 자산을 말함)에 투자하는 펀드'로 정의하고 있다. 이 경우 자본시장 법은 특별자산 펀드에서 투자할 수 있는 특별자산을 열거주의가 아닌 '포괄주의'에 의거 하여, 증권 및 부동산을 제외한 경제적 가치가 있는 모든 자산에 투자할 수 있도록 하고 있다. 따라서 자본시장법 하에서는 실로 다양한 형태의 특별자산이 나타날 수 있고, 이 에 투자하는 다양한 특별자산 펀드가 개발될 수 있는 환경이 마련되었다.

한편 자본시장법은 특별자산에 해당하는 '선박'과 관련하여, 선박투자회사법에 따라

50인 이상의 투자자로부터 자금을 모집하여 공모방식으로 설립되는 '공모선박투자회사'를 자본시장법의 적용을 받는 특별자산 간접투자상품의 하나로 인정하고 있다.

2	특별자산 펀드의 운용대상

특별자산 펀드는 펀드재산의 100분의 50을 초과하여 '특별자산'에 투자하여야 하며, 펀드재산의 나머지를 '증권 및 부동산'에도 투자할 수 있다.

특별자산 펀드에서 펀드재산의 100분의 50을 초과하여 투자해야만 하는 특별자산에 해당하는 것을 예시하면 다음과 같다.

❶ 일반상품(농산물·축산물·수산물·임산물·광산물·에너지에 속하는 물품 및 이 물품을 원료로 하여 제조하거나 가공한 물품, 그 밖에 이와 유사한 것)

❷ 선박, 항공기, 건설기계, 자동차 등과 같이 등기·등록 등의 공시방법을 갖추고 있는 동산(動産)

❸ 미술품(그림·조각·공예·사진 등 예술작품을 포괄적으로 말함), 악기(명품 바이올린과 같은 모든 종류의 악기를 포함)

❹ 문화콘텐츠상품(영화·드라마·애니메이션·음반·연극·뮤지컬·오페라·게임·캐릭터·인터넷/모바일콘텐츠·출판물 등과 엔터테인먼트 성격을 내포하고 있는 제반 상품을 포괄적으로 말함)

❺ 특별자산에 해당하는 증권
ㄱ. 특별자산이 신탁재산의 100분의 50 이상을 차지하는 경우의 수익증권, 특별자산이 펀드재산의 100분의 50 이상을 차지하는 경우의 집합투자증권, 특별자산이 유동화자산의 100분의 50 이상을 차지하는 경우의 유동화증권
ㄴ. 선박투자회사법에 따른 선박투자회사가 발행한 주식
ㄷ. 사회기반시설에 대한 민간투자법에 따른 사회기반시설사업의 시행을 목적으로 하는 법인이 발행한 주식과 채권
ㄹ. 사회기반시설에 대한 민간투자법에 따른 하나의 사회기반시설사업의 시행을 목적으로 하는 법인이 발행한 주식과 채권을 취득하거나 그 법인에 대한 대출채권을 취득하는 방식으로 투자하는 것을 목적으로 하는 법인(같은 법에 따른 사회기반시설투융자회사는 제외)의 지분증권

❻ 해외자원개발 사업법 제14조의2 제1항 제2호에 따른 해외자원개발 전담회사와

특별자산에 대한 투자만을 목적으로 하는 법인(외국법인을 포함)이 발행한 지분증권·채무증권

❼ 통화, 일반상품, 신용위험(당사자 또는 제3자의 신용등급의 변동, 파산 또는 채무재조정 등으로 인한 신용의 변동), 그 밖에 자연적·환경적·경제적 현상 등에 속하는 위험으로서 합리적이고 적정한 방법에 의하여 가격·이자율·지표·단위의 산출이나 평가가 가능한 것을 기초자산으로 하는 파생상품

❽ 어업권, 광업권, 탄소배출권, 지적재산권, 보험금지급청구권 등 권리

❾ 기타 '증권 및 부동산을 제외한 자산'으로서, 펀드에서 투자할 만한 경제적 가치가 있는 모든 투자대상 자산

3 특별자산 펀드의 운용 관련 특이사항

특별자산 펀드의 경우 '공모 특별자산 펀드'는 다른 종류의 공모펀드와 마찬가지로 투자자를 보호하기 위한 차원에서 규정하고 있는 자본시장법상의 다양한 운용제한 규정의 적용을 받는다.

그런데 공모 특별자산 펀드임에도 불구하고 집합투자규약에서 해당 내용을 정한 경우에는 예외적으로 각 펀드 자산총액의 100분의 100까지 동일 종목에 투자할 수 있도록 다음과 같이 규정하고 있다.

❶ 사회기반시설에 대한 민간투자법에 따른 사회기반시설사업의 시행을 목적으로 하는 법인이 발행한 주식과 채권

❷ 사회기반시설에 대한 민간투자법에 따른 사회기반시설사업의 시행을 목적으로 하는 법인에 대한 대출채권

❸ 사회기반시설에 대한 민간투자법에 따라 하나의 사회기반시설사업의 시행을 목적으로 하는 법인이 발행한 주식 및 채권을 취득하거나 그 법인에 대한 대출채권을 취득하는 방식으로 투자하는 것을 목적으로 하는 법인(같은 법에 따른 사회기반시설투융자회사는 제외)의 지분증권

❹ 다음의 어느 하나에 해당하는 출자지분 또는 권리('사업수익권')

ㄱ. 상법에 따른 합자회사·유한책임회사·합자조합·익명조합의 출자지분

ㄴ. 민법에 따른 조합의 출자지분

ㄷ. 그 밖에 특정 사업으로부터 발생하는 수익을 분배받을 수 있는 계약상의 출자지분 또는 권리

⑤ 특별자산 투자목적회사가 발행한 지분증권

4 특별자산의 평가

특별자산 펀드를 금융위원회에 등록하는 경우에는 금융위원회에 등록신청서를 제출하여야 하고, 해당 등록신청서에는 필요한 서류를 첨부하여야 한다. 이때 특별자산 펀드는 특별자산의 평가방법을 기재한 서류를 별도로 첨부하여야 한다.

한편, 집합투자업자는 특별자산 펀드에서 투자하는 특별자산을 시가에 따라 평가하되, 평가일 현재 신뢰할만한 시가가 없는 경우에는 공정가액으로 평가하여야 한다.

5 환매금지형 특별자산 펀드

자본시장법은 집합투자업자 등이 특별자산 펀드를 설정·설립하는 경우에는 원칙적으로 당해 특별자산 펀드를 '환매금지형 펀드'로 설정·설립하도록 의무화하고 있다.

이 경우 공모 특별자산 투자신탁의 집합투자업자 또는 공모 특별자산 투자회사는 신탁계약 또는 정관에 투자자의 환금성 보장 등을 위한 별도의 방법을 정하지 아니한 경우에는 환매금지형 펀드의 집합투자증권을 최초로 발행한 날부터 90일 이내에 그 집합투자증권을 증권시장에 상장하여야 한다.

section 02 특별자산 펀드의 종류

자본시장법상 특별자산 펀드의 투자대상 자산인 특별자산에 의거하여 특별자산 펀드의 종류을 예시하면 다음과 같다.

❶ 일반상품(농산물·축산물·수산물·임산물·광산물·에너지에 속하는 물품 및 이 물품을 원료로 하여 제조하거나 가공한 물품, 그 밖에 이와 유사한 것)에 투자하는 특별자산 펀드

❷ 선박, 항공기, 건설기계, 자동차 등과 같이 등기·등록 등의 공시방법을 갖추고 있는 동산(動産)에 투자하는 특별자산 펀드

❸ 미술품(그림·조각·공예·사진 등 예술작품을 포괄적으로 말함) 또는 악기(명품 바이올린과 같은 모든 종류의 악기를 포함)에 투자하는 특별자산 펀드

❹ 문화콘텐츠상품(영화·드라마·애니메이션·음반·연극·뮤지컬·오페라·게임·캐릭터·인터넷/모바일콘텐츠·출판물 등과 엔터테인먼트 성격을 내포하고 있는 제반 상품을 포괄적으로 말함)에 투자하는 특별자산 펀드

❺ 다음과 같은 특별자산에 해당하는 증권에 투자하는 특별자산 펀드

ㄱ. 특별자산이 신탁재산의 100분의 50 이상을 차지하는 경우의 수익증권, 특별자산이 펀드재산의 100분의 50 이상을 차지하는 경우의 집합투자증권, 특별자산이 유동화자산의 100분의 50 이상을 차지하는 경우의 유동화증권

ㄴ. 선박투자회사법에 따른 선박투자회사가 발행한 주식

ㄷ. 사회기반시설에 대한 민간투자법에 따른 사회기반시설사업의 시행을 목적으로 하는 법인이 발행한 주식과 채권

ㄹ. 사회기반시설에 대한 민간투자법에 따른 하나의 사회기반시설사업의 시행을 목적으로 하는 법인이 발행한 주식과 채권을 취득하거나 그 법인에 대한 대출채권을 취득하는 방식으로 투자하는 것을 목적으로 하는 법인(같은 법에 따른 사회기반시설투융자회사는 제외)의 지분증권

❻ 통화, 일반상품, 신용위험(당사자 또는 제3자의 신용등급의 변동, 파산 또는 채무재조정 등으로 인한 신용의 변동), 그 밖에 자연적·환경적·경제적 현상 등에 속하는 위험으로서 합리적이고 적정한 방법에 의하여 가격·이자율·지표·단위의 산출이나 평가가 가능한 것을 기초자산으로 하는 파생상품에 투자하는 특별자산 펀드

❼ 어업권, 광업권, 탄소배출권, 지적재산권, 보험금지급청구권 등 권리에 투자하는 특별자산 펀드

❽ 기타 증권 및 부동산을 제외한 자산으로서, 펀드에서 투자할 만한 경제적 가치가 있는 모든 투자대상 자산

실전예상문제

01 다음 중 집합투자의 정의에 대한 설명으로 적절하지 않은 것은?

① 2인 이상을 대상으로 투자 권유를 하여야 하는 것이지 반드시 2인 이상이 투자하여야 하는 것은 아니다.

② 집합투자업자는 투자자로부터 일상적인 운용지시를 받지 아니하여야 한다.

③ 집합투자재산으로 재산적 가치가 있는 투자대상 자산을 취득·처분 그 밖의 방법으로 운용하여야 한다.

④ 집합투자업자는 집합투자재산을 운용한 결과를 투자자에게 귀속시켜야 한다.

02 다음 중 공모 자펀드를 포함하고 있는 모자펀드의 모펀드 증권의 발행과 관련하여 설명한 내용으로 가장 옳은 것은?

① 집합투자업자는 해당 모펀드 증권 발행 시 증권신고서를 제출할 필요가 없다. 그 이유는 해당 모펀드를 최초 설정할 때 집합투자업자가 미리 증권신고서를 제출하였기 때문이다.

② 집합투자업자는 해당 모펀드 증권 발행 시 증권신고서를 제출할 필요가 없다. 그 이유는 해당 모펀드는 공모로 그 증권을 발행하지 않기 때문이다.

③ 집합투자업자는 해당 모펀드 증권 발행 시 증권신고서를 제출하여야 한다. 그 이유는 해당 모펀드의 증권이 결국 공모로 발행되는 자펀드를 포함하고 있어 공모와 동일한 효과를 보이기 때문이다.

④ 모펀드 증권 발행 시 증권신고서 제출 여부는 그 집합투자업자가 판단할 사항이다. 즉, 집합투자업자가 필요하다고 판단할 경우 증권신고서를 제출하고 그렇지 않을 경우 제출하지 않아도 무방하다.

해설

01 ① 2015.1.1 법 개정으로 집합투자기구는 2인 이상을 대상으로 투자 권유를 하는 것으로는 부족하고 반드시 2인 이상이 실제로 투자하여야 하는 것으로 변경되었다.

02 ② 모자펀드가 공모 자펀드를 가지고 있다고 하더라도 그 모펀드는 해당 펀드의 증권을 공모로 발행하는 것이 아니므로 증권신고서의 대상이 되지 아니한다.

03 다음 중 일괄신고서에 대한 설명으로 적절하지 않은 것은?

① 일괄신고서는 개방형 집합투자기구가 증권 발행을 효율적으로 할 수 있도록 도입된 제도이다.

② 일괄신고서는 집합투자업자가 증권신고서를 최초 신고할 때 일정기간 모집하거나 매출할 증권의 총액 및 모집하거나 매출할 판매회사를 정하여 신고한 후 신고된 범위 내에서 해당 집합투자업자의 권한으로 증권을 발행하는 제도이다.

③ 집합투자기구 증권 발행을 위한 일괄신고서에서 발행예정기간은 해당 집합투자기구의 존속기간으로 한다.

④ 일괄신고서를 제출한 경우 해당 집합투자기구는 발행예정기간 중 최초 3회 이상의 증권을 발행하여야 한다.

04 다음은 증권신고서의 내용에 대하여 금융위원회가 정정신고 할 것을 요구할 수 있는 경우에 대하여 설명한 것이다. 다음의 사례 중 정정신고를 요구할 수 있는 사례로서 옳지 않은 것은?

① 증권신고서의 형식을 제대로 갖추지 아니한 경우

② 증권신고서 주요 사항에 관하여 거짓의 기재 또는 표시가 있는 경우

③ 증권신고서에 기재된 집합투자업자의 보수의 수준이 너무 높다고 판단될 경우

④ 증권신고서의 주요 사항이 기재 또는 표시되지 아니한 경우

해설

03 ② 일괄신고서에 판매회사를 정할 필요는 없다. 만일 판매회사를 정할 경우 판매회사가 추가되거나 변경될 때마다 해당 신고서를 변경하여야 하므로 효율성이 반감된다. 따라서 이를 감안하여 일괄신고서에는 판매회사를 정하지 아니한다.

04 ③ 금융위원회는 집합투자업자의 보수가 높다고 해서 그 내용을 정정하도록 요구할 수 없다.

05 다음 중 투자설명서에 대한 설명으로 적절하지 않은 것은?

① 투자설명서는 증권신고서 효력이 발생한 이후 15일 이내에 금융위원회에 제출하여야 한다.

② 투자설명서는 발행인인 집합투자업자의 본점, 금융위원회, 한국거래소, 청약사무를 취급하는 판매회사의 청약사무 담당 장소 등에 비치하여야 한다.

③ 투자설명서는 증권신고서에 기재된 내용과 다른 내용을 표시하거나 그 기재사항을 누락하면 안 된다.

④ 집합투자업자는 연 1회 이상 다시 고친 투자설명서를 금융위원회에 추가로 제출하여야 한다.

06 다음 중 투자신탁의 관계 당사자의 업무에 대한 설명으로 적절하지 않은 것은?

① 집합투자업자는 투자신탁재산의 운용·운용지시의 업무를 담당한다.

② 신탁업자는 투자신탁재산의 보관 및 관리업무를 담당한다.

③ 신탁업자는 집합투자업자의 투자신탁재산에 대한 운용지시에 따라 수익증권의 판매대금 및 이익금을 지급하는 업무를 담당한다.

④ 판매회사인 증권사는 집합투자업자가 투자신탁재산으로 주식, 채권 등의 자산을 매매할 때 그 매매의 중개를 담당한다.

해설

05 ① 집합투자업자는 투자설명서를 증권신고의 효력이 발생하는 날에 금융위원회에 제출하여야 한다.

06 ④ 증권사는 투자신탁재산의 매매 시 그 매매 중개의 업무를 담당한다. 다만, 그 증권사는 판매회사로서 그 업무를 담당하는 것이 아니라 중개기관으로서 그 업무를 담당하는 것이다.

07 다음은 환매금지형 집합투자기구가 해당 집합투자증권을 추가 발행할 수 있는 경우
에 대해서 설명한 것이다. 옳지 않은 것은?
① 이익분배금 범위에서 집합투자증권을 추가로 발행하는 경우
② 보유 주식의 유상증자로 인해 추가적인 자금이 필요하다고 집합투자업자가 인정
하는 경우
③ 기존 투자자의 이익을 해할 우려가 없다고 신탁업자로부터 확인을 받은 경우
④ 기존 투자자 전원의 동의를 받은 경우

08 다음 중 종류형 집합투자기구에 대한 설명으로 옳지 않은 것은?
① 집합투자업자가 특정 종류의 투자자에 대해서만 이해관계가 있는 사안에 대해
서 수익자총회를 개최할 경우에는 반드시 다른 투자자로부터 그 사실에 대해
동의를 받아야 한다.
② 비종류형 집합투자기구는 종류형 집합투자기구로 전환이 가능하다.
③ 투자자는 투자한 집합투자기구가 사전에 공시한 조건에 따라 동일한 펀드 내
다른 종류로 전환이 가능하다.
④ 집합투자업자는 클래스별로 집합투자업자 보수를 다르게 적용할 수 없다.

해설
07 ② 보유 주식 유상증자로 인한 자금 필요의 경우에도 투자자 전원의 동의 및 신탁업자의 확인 후에 추
가적으로 증권 발행이 가능하다.
08 ① 특정 종류 수익자총회는 다른 종류의 수익자로부터 승인이나 동의 없이 개최할 수 있다.

09 다음 중 부동산 펀드에서 투자 가능한 부동산과 관련된 권리로서 자본시장법에서 명시적으로 규정하고 있지 아니한 것은?

① 지역권   ② 임차권

③ 저당권   ④ 분양권

10 다음 중 자본시장법상 특별자산에 해당하는 일반상품에 투자하는 특별자산 펀드에 대한 설명으로 적절하지 않은 것은?

① 일반상품은 과거 간접투자자산운용업법 하에서 실물자산으로 불렸다.

② 일반상품에 해당하는 것에는 농산물, 축산물, 수산물, 임산물, 광산물 및 에너지에 속하는 물품이 있다

③ 일반상품은 보관·운송·평가·유동성 등의 측면에서 별다른 문제점이 없어 과거 간접투자자산운용업법 하에서 일반상품에 투자하는 실물펀드의 개발이 매우 활성화되었다.

④ 일반상품의 가치는 물가가 오르면 동반 상승하는 특성이 있으므로, 주식이나 채권 등과 함께 투자하는 경우 인플레이션을 헤지할 수 있는 특징이 있다.

해설

09 ③ 자본시장법은 부동산펀드에서 투자하는 부동산과 관련된 권리에 해당하는 것으로 지상권, 지역권, 전세권, 임차권, 분양권을 명시적으로 규정하고 있다.

10 ③ 일반상품은 보관·운송·평가·유동성 등의 측면에서 펀드로서의 요건을 충족하기 곤란하여 과거 간접투자자산운용업법 하에서 거의 개발되지 못하였다.

정답 01 ① | 02 ② | 03 ② | 04 ③ | 05 ① | 06 ④ | 07 ② | 08 ① | 09 ③ | 10 ③

part 02

펀드
구성·이해 2

chapter 01

신탁

신탁 일반이론

1 **신탁의 기본개념**

(1) 신탁(信託)의 정의

신탁이란 시간이 없어서 또는 전문지식이 없어서 등 자기가 직접 재산을 관리하거나 운용하기가 어려울 때 자기가 신뢰할 수 있는 제3자에게 자신의 재산을 이전하여 주고, 그 재산을 이전 받은 자로 하여금 자기가 지정한 자 또는 자기가 설정한 특정의 목적을 위하여 그 이전 받은 재산을 관리, 운용 및 처분하도록 하는 법률관계라고 할 수 있다.

신탁법 제2조에서는 신탁을 다음과 같이 정의하고 있다.

> **신탁법 제2조(신탁의 정의)** 이 법에서 '신탁'이란 신탁을 설정하는 자(이하 '위탁자'라 한다)와 신탁을 인수하는 자(이하 '수탁자'라 한다) 간의 신임관계에 기하여 위탁자가 수탁자에게 특정의 재산(영업이나 저작재산권의 일부를 포함한다)을 이전하거나 담보권의 설정 또는 그 밖의 처분을 하고 수탁자로 하여금 일정한 자(이하 '수익자'라 한다)의 이익 또는 특정의 목적을 위하여 그 재산의 관리, 처분, 운용, 개발, 그 밖에 신탁 목적의 달성을 위하여 필요한 행위를 하게 하는 법률관계를 말한다.

(2) 신탁관계인

신탁관계인이란 신탁에 직접적으로 이해관계나 그 밖의 권리관계를 가지고 있는 자를 통칭하여 일컫는 말이다.

① 위탁자란 타인을 신뢰하여 자신의 재산을 맡기고 신탁을 설정하는 사람을 말하며, ② 위탁자와의 신탁계약을 통해서 위탁자로부터 재산을 넘겨 받아 관리 및 운용을 하는 사람을 수탁자라고 하며, ③ 그 신탁을 통해 관리되는 재산과 그로부터 발생하는 이익을 받는 자를 수익자라고 한다. 이때, 수익자는 위탁자 본인이 될 수도 있고, 위탁자가 지정하는 제3자가 될 수도 있다.

(3) 신탁의 기본구조

신탁은 특수한 경우로서 위탁자의 단독행위인 유언이나 신탁선언[1]에 의해서도 설정될 수 있으나, 대부분의 신탁은 위탁자와 수탁자 간의 신탁계약에 의해 설정되는 것이 일반적이다.

신탁이 설정되면 그 신탁재산의 소유자 및 권리자는 위탁자에서 수탁자로 변경된다.

수탁자는 신탁기간 동안 수익자를 위해 신탁재산을 소유하는 것일 뿐이며, 신탁종료 후에는 신탁의 원본[2]과 이익은 모두 수익자에게 귀속된다.

수익자는 수탁자가 신탁계약에서 정한 바대로 신탁사무를 잘 처리하고 있는지를 감시 감독할 권한을 가지게 된다.

---

1 신탁선언이란 위탁자 자신을 수탁자로 지정하는 위탁자의 선언을 말하며, 위탁자가 스스로 수탁자가 되기 때문에 자기신탁이라고도 한다.
2 신탁상품은 금전이 아닌 재산으로도 신탁을 받을 수 있으므로, 원금이라는 표현 대신 신탁한 재산의 원래 가치를 의미하는 원본이라는 용어를 사용한다. 다만, 금전신탁에 있어서는 '원금'과 '원본'이라는 용어를 혼용하고 있다.

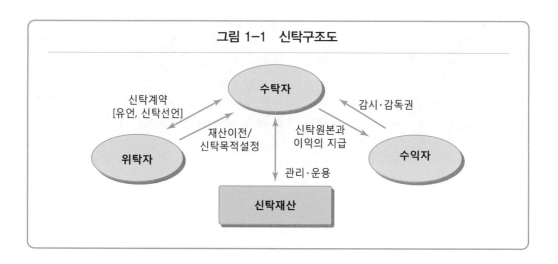

그림 1-1 신탁구조도

2 신탁재산의 법적 특성

신탁이 설정되면 그 신탁재산은 위탁자로부터 수탁자에게로 이전됨에 따라 신탁재산의 권리자는 위탁자에서 수탁자로 변경되고, 신탁재산은 더 이상 위탁자의 재산이 아니다.

또한, 법률적 형식적으로는 수탁자가 신탁재산의 권리자라고 할 지라도 수탁자는 수익자를 위하여 그 신탁재산을 소유한 것일 뿐이며, 신탁재산은 수탁자의 재산도 아니다.

이를 신탁재산의 독립성이라고 하며, 이러한 신탁재산의 독립성을 보장하기 위하여 신탁법에서는 신탁재산에 대하여 여러 가지 법적 특성을 부여하고 있다.

(1) 신탁재산에 대한 강제집행의 금지

신탁법에서는 위탁자나 수탁자에게 채권을 가지고 있는 자라 할지라도 신탁재산에 대하여 강제집행, 담보권 실행 등을 위한 경매, 보전처분, 국세 등 체납처분을 할 수 없도록 특별규정을 두고 있다. 이를 위반하여 강제집행, 국세 등 체납처분이 있는 경우 위탁자, 수익자, 수탁자는 이에 대해 이의를 제기할 수 있다.

그러나 신탁 전의 원인으로 발생한 권리 또는 신탁사무의 처리상 발생한 권리에 의한 경우에는 그렇지 않다. 신탁설정 전에 이미 저당권이 설정되었거나, 신탁설정 후에 수탁자가 신탁사무를 처리하면서 저당권을 설정하여 준 경우에는 신탁재산일지라도 강제집행이 가능하다.

또한, 신탁재산은 궁극적으로 수익자에게 귀속한다고 할지라도 수익자는 신탁이 존속하는 동안에는 신탁재산의 법률적 소유자가 아니므로 수익자의 채권자라고 할지라도 신탁재산에 대하여는 강제집행을 할 수 없다.

(2) 수탁자의 상속 및 파산으로부터의 독립

신탁재산은 수탁자의 명의로 되어 있더라도 수탁자의 고유재산과 독립된 재산이므로, 수탁자가 사망해도 수탁자의 상속재산에 포함되지 않으며, 수탁자가 파산하더라도 신탁재산은 파산재단에 포함되지 않는다. 또한 수탁자의 이혼에 따른 재산분할의 대상이 되지도 않는다.

(3) 신탁재산의 독립성의 활용

신탁법에서 신탁재산의 독립성을 법적으로 보장하고 있기 때문에 신탁재산은 위탁자 및 수탁자의 파산위험으로부터 격리된다. 이러한 신탁의 도산격리기능에 기초하여 위탁자인 기업체의 도산위험으로부터 수익자인 종업원의 퇴직연금 수급권을 보장하기 위하여 신탁이 활용되기도 하고, 자산보유자인 기업의 도산위험으로부터 유동화증권의 소지자를 보호하기 위하여 자산유동화에 있어서도 신탁이 활용되고 있다. 또한, 부동산 개발사업이나 부동산을 선분양하는 경우에 투자자나 피분양자를 보호하기 위하여 신탁이 이용되며, 부동산인 담보물건의 관리에도 신탁이 많이 이용된다.

3 신탁의 기본원칙

(1) 수탁자의 선관의무 및 충실의무

수탁자는 원칙적으로 신탁재산에 대한 권리와 의무의 귀속주체로서 신탁재산의 관리, 처분 등을 하고 신탁 목적의 달성을 위하여 필요한 모든 행위를 할 권한을 가지고 있다. 수탁자는 자신의 재산이 아닌 신탁재산을 자산의 명의로 소유하게 되므로, 수탁자가 나쁜 의도를 가진다면 수탁자가 신탁재산을 수익자가 아닌 자기자신의 이익을 위하여 이용하거나 처분할 위험이 있다.

따라서, 신탁법에서는 수탁자의 권한남용을 방지하기 위하여 민법상의 일반적인 선량한 관리자의 주의의무에 추가하여 수탁자에게 특별히 충실의무를 부여하고 있다. 충실의무란 수탁자가 신탁사무를 처리함에 있어서 항상 수익자를 위하여 처리하여야 한다는 의무이다.

(2) 신탁재산의 분별관리의무

수탁자는 자신의 고유한 재산과 신탁재산을 구분하여 관리하고 신탁재산임을 표시하여야 한다. 또한, 수탁자가 여러 개의 신탁을 관리하고 있는 경우 신탁 건별로 각 신탁의 신탁재산을 다른 신탁재산과도 구분하여 관리하여야 한다.

(3) 실적배당의 원칙

신탁업자를 규율하는 자본시장법에서는 신탁재산에서 손실이 발생한 경우에도 이는 모두 수익자에게 귀속하도록 하고, 수탁자는 이를 보전하여 줄 수 없는 것을 원칙으로 하고 있다. 그러나, 신탁회사가 판매 중인 '연금신탁'만 예외적으로 신탁회사가 원금만 보존하게 하고 있다. 이렇게 신탁회사가 예외적으로 원금을 보장하는 신탁상품은 은행예금과 마찬가지로 최고 5,000만 원까지 예금자보호법에 의하여 보호된다. 원금보장신탁이 아닌 일반신탁상품은 예금자보호법의 보호대상이 아니다.

4 신탁과 유사한 제도와의 비교

(1) 집합투자(펀드)와 신탁

자본시장법에서의 대표적인 간접투자제도로는 집합투자(펀드)를 들 수 있다. 자본시장법에서는 집합투자를 2인 이상의 투자자로부터 모은 금전 등을 투자자로부터 일상적인 운용지시를 받지 아니하면서 재산적 가치가 있는 투자대상자산을 취득·처분, 그 밖의 방법으로 운용하고 그 결과를 투자자에게 배분하여 귀속시키는 것이라고 정의하고 있다. 그러나 신탁은 여러 신탁의 신탁재산을 집합하여 운용하는 것을 원칙적으로 금지하고 있다. 즉, 신탁과 집합투자는 모두 간접투자상품이지만 여러 투자자의 재산을 집합하여 운용하는가, 투자자별로 구분하여 운용하는가에 따라 집합투자와 신탁으로 구분되고 있다.

현재 신탁을 통한 집합투자는 원칙적으로 금지되고 있지만, 그 신탁의 목적과 투자자의 투자성향 등이 동일하여 투자자를 유형화한 경우에는 동일 유형의 신탁 재산을 집합적으로 주문하여 운용하는 것이 허용되므로 개별 고객의 투자성향 및 재무상황에 맞춰 1 : 1의 맞춤형 자산관리서비스가 가능한 신탁은 여전히 편리하고 효율적인 간접투자수단으로 널리 이용되고 있다. 1 : 1로 관리되는 신탁은 투자자가 자산운용에 간여할 수 없는 집합투자상품과는 달리 필요할 경우 신탁자산의 운용을 자기책임하에서 직접 지시하거나 간여할 수 있기 때문에 투자자의 권리가 보다 강화된 간접투자상품이라고 할 수 있다.

(2) 투자일임과 신탁

신탁과 유사하게 투자자별로 투자재산을 구분하여 운용하는 간접투자제도로는 투자일임제도를 들 수 있다. 증권사의 일임형 '랩어카운트'나 투자일임업자의 '투자일임계약'이 이에 해당한다. 투자일임제도는 투자자별로 투자재산을 분별관리한다는 점에서는 신탁제도와 유사하며, 자산운용방법에 있어 상당 부분의 규제가 동일하게 적용되고 있기도 하다.

그러나 투자일임은 증권사나 투자일임업자가 고객의 대리인 자격으로 일임재산을 운용 관리하는 것일 뿐 투자재산의 소유권은 여전히 고객에게 있다는 점에서 신탁회사가 위탁자로부터 금전 등의 재산의 소유권을 완전히 넘겨 받아 수탁자 명의로 신탁재산을 폭넓게 운용 관리하여 주는 신탁과는 차이가 있다.

chapter 02

신탁상품의 종류

section 01 신탁상품의 종류 및 주요 내용

　자본시장법에서는 신탁계약을 체결할 때 신탁 받는 신탁재산의 종류에 따라 금전신탁, 증권신탁, 금전채권신탁, 동산신탁, 부동산신탁, 지상권·전세권 등 부동산의 권리에 관한 신탁, 무체재산권의 신탁 등으로 구분할 수 있으며, 이 중에서 둘 이상의 재산을 하나의 신탁계약으로 신탁 받는 상품을 종합재산신탁이라고 한다. 금전신탁은 위탁자가 신탁재산의 운용방법을 직접 지시하는 특정금전신탁과 위탁자의 운용지시 없이 수탁자가 신탁재산을 운용하는 불특정금전신탁으로 구분된다. 이렇듯, 신탁재산의 종류별로 구분하는 것은 신탁재산의 종류별에 따라 그 신탁의 구성내용이나 신탁의 목적이 차별화되기 때문이다.

　2023년 8월 말 기준 전체 수탁총액은 총 1,293조 원이며, 유형별로는 특정금전신탁이

617조 원으로 가장 큰 높은 비중을 차지하고 있으며, 다음으로는 부동산신탁이 475조 원, 금전채권신탁이 195조 원, 불특정금전신탁이 15조 원이다.

저금리 추세의 지속으로 금리경쟁력이 높은 특정금전신탁상품의 잔액이 비약적으로 증가하였으나 부동산 경기의 장기침체로 부동산 신탁상품의 잔액은 정체상태에 있다.

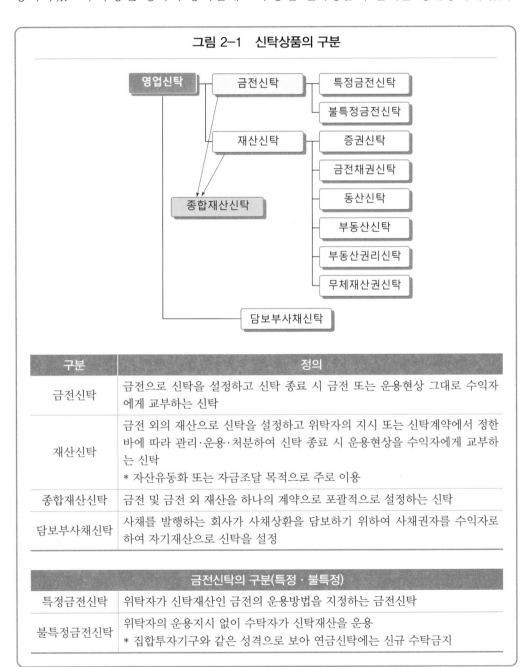

그림 2-1 신탁상품의 구분

구분	정의
금전신탁	금전으로 신탁을 설정하고 신탁 종료 시 금전 또는 운용현상 그대로 수익자에게 교부하는 신탁
재산신탁	금전 외의 재산으로 신탁을 설정하고 위탁자의 지시 또는 신탁계약에서 정한 바에 따라 관리·운용·처분하여 신탁 종료 시 운용현상을 수익자에게 교부하는 신탁 * 자산유동화 또는 자금조달 목적으로 주로 이용
종합재산신탁	금전 및 금전 외 재산을 하나의 계약으로 포괄적으로 설정하는 신탁
담보부사채신탁	사채를 발행하는 회사가 사채상환을 담보하기 위하여 사채권자를 수익자로 하여 자기재산으로 신탁을 설정

금전신탁의 구분(특정·불특정)	
특정금전신탁	위탁자가 신탁재산인 금전의 운용방법을 지정하는 금전신탁
불특정금전신탁	위탁자의 운용지시 없이 수탁자가 신탁재산을 운용 * 집합투자기구와 같은 성격으로 보아 연금신탁에는 신규 수탁금지

고객수 기준으로는 특정금전신탁상품을 포함한 금전신탁상품이 가장 많이 이용되고 있는 신탁상품이라고 할 수 있다.

1 특정금전신탁

(1) 개요

특정금전신탁이란 위탁자인 고객이 금전을 신탁하면서 신탁재산의 운용방법을 수탁자인 신탁회사에게 지시하고, 신탁회사는 위탁자의 운용지시에 따라 신탁재산을 운용한 후 실적 배당하는 신탁을 의미한다.

(2) 특정금전신탁의 주요 내용

❶ 가입금액 : 단독운용신탁의 특성상 최저 가입금액[1]이 다른 금융상품에 비해 높음. 그러나, 특정금전신탁의 최저 가입금액에 대한 법령상의 제한은 없음

❷ 가입기간 : 특정금전신탁의 가입기간에는 특별한 제한이 없음

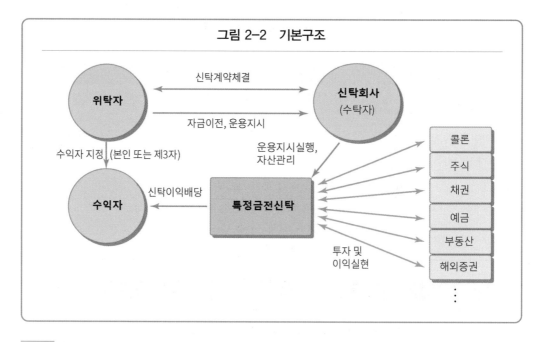

그림 2-2 기본구조

---

1 특정금전신탁의 최저 가입금액은 신탁회사별로 차이가 있으나 보통 1천만 원 이상인 경우가 많다. 그러나, 상품구성에 따라 최저가 입금액을 대폭 낮추거나 높이는 경우도 있다.

❸ 수익자의 지정 : 위탁자인 고객은 신탁의 원금과 이익을 수령할 수익자를 지정할 수 있으며, 신탁계약 체결 시 수익자를 특별히 지정하지 않으면, 위탁자 본인이 수익자가 된다. 위탁자 본인이 아닌 제3자를 수익자로 지정하는 경우에는 「상속세 및 증여세법」에 따라 신탁의 수익권을 타인에게 증여한 것으로 보아 증여세가 부과

❹ 신탁재산의 운용 : 신탁재산은 위탁자인 고객이 지시하는 대로 운용. 다만, 증권시장의 마감 등으로 위탁자가 지정한 방법대로 운용할 수 없는 잔액이 있는 경우에는 만기 1일의 단기자산으로 운용할 수 있음. 운용지시는 고객 본인의 투자판단에 따라 직접 결정하여야 하나, 필요한 경우 신탁회사에게 투자판단의 일부나 전부를 위임할 수도 있음. 위탁자는 신탁관계법령에서 금지하고 있지 않는 한, 어떠한 자산으로도 운용할 수 있음. 다만, 자본시장법에서는 신탁재산인 금전을 보험상품으로 운용하는 것은 원칙적으로 금지하고 있음

❺ 이익계산 및 지급 : 신탁의 이익은 신탁의 해지일 또는 신탁계약으로 정한 이익지급일에 지급. 이때, 신탁의 이익은 운용 결과에 따라 실적배당하며, 신탁재산의 운용으로부터 발생되는 수익 및 손실은 전부 수익자에게 귀속. 또한, 신탁회사는 손실이 발생하더라도 원금과 이익을 보전할 수 없음

❻ 신탁보수 : 신탁회사는 신탁재산의 관리, 운용의 대가로 신탁계약으로 정한 바에 따라 일정한 금액을 신탁보수로 취득. 또한, 고객과 신탁회사 간의 합의에 의하여 일정 기준 수익을 초과하는 수익의 일정 부분을 수익보수로서 취득할 수도 있음

❼ 신탁의 해지 : 신탁계약으로 정한 만기일에 해지하는 것을 원칙으로 한다. 그러나, 고객은 필요한 경우 신탁기간 만료 전에 중도해지를 신청할 수 있으며, 이때에는 신탁계약으로 정하는 소정의 중도해지수수료가 부과. 다만, 중도해지를 신청하더라도 운용 중인 자산의 종류 및 상태에 따라 중도해지가 제한 될 수 있으며, 운용자산의 처분과정에서 일부 손실이 발생할 수도 있음

신탁의 해지 시 신탁재산을 처분하여 현금으로 원금과 이익을 지급하는 것이 곤란하거나 고객이 현재 운용 중인 신탁재산을 그대로 수령하기를 원하는 경우에는 신탁재산을 현금화하지 않고 운용 현상 그대로 교부할 수 있음. 또한, 신탁회사와 협의하여 가능한 경우 신탁금액의 일부만을 해지할 수도 있음

(3) 특정금전신탁의 종류

특정금전신탁은 투자대상 자산 및 투자목적에 따라 다음과 같이 여러 상품으로 구분할 수 있으며, 1 : 1 맞춤형 서비스가 가능하다는 특성상 예시된 신탁 외에도 다양한 내용의 신탁계약이 가능하다. 즉, 특정금전신탁을 통해 부동산에 투자하거나 대출로 운용할 수 있으며 다른 펀드에 재투자하는 재간접투자상품으로의 활용도 가능하여 고객의 Needs에 따라 무한한 상품개발이 가능한 것이다.

구분	상품 내용 및 특징
확정금리형	국채나 회사채, 기업어음, 자산유동화증권, 은행예금 등 확정금리를 지급하는 자산에 투자하는 신탁
주식형	신탁회사의 전문적인 자산운용능력을 활용하여 적극적으로 주식을 운용하여 매매차익을 실현하고자 하는 신탁
자문형	일정 산업이나 일정 분야의 주식운용에 능력이 뛰어난 투자자문사의 자문을 받아서 신탁회사가 주식을 운용하는 신탁. 투자자문사의 특화된 자문서비스와 공신력 있는 신탁회사의 안정적인 업무처리능력을 결합한 신탁임
구조화 (ELT 등)	특정금전신탁을 통해서 파생상품 등에 투자하여 기대수익을 구조화하거나 파생결합증권에 투자하는 신탁. 일반적인 투자상품보다 다양한 수익구조를 신탁회사와 협의하여 설계할 수 있으므로 최근 들어 많이 이용도가 높아지고 있음
해외투자형	해외주식이나 해외채권, 해외부동산 등에 투자하는 신탁. 해외채권 등은 국가 간의 조세협약에 따라서 이자소득세가 비과세되는 경우도 있고, 경우에 따라 이자소득과 매매차익 등의 일반적인 수익은 물론 환차익을 기대할 수 있음
단기자금관리 (Money Market Trust)	하루만 맡겨도 시장실세금리 수준의 수익을 얻을 수 있는 단기자금을 관리하기 위한 신탁. 일반 요구불예금과 마찬가지로 수시로 입출금이 가능하면서 비교적 높은 시장실세금리를 지급하기 때문에 인기가 많음. 유사상품인 자산운용회사의 수시입출금식 펀드상품인 MMF(Money Market Fund)와 달리 당일 입금 및 당일 출금이 가능하기 때문에 더욱 편리함
자사주신탁	경영권방어나 주가관리 등을 목적으로 자기회사 주식에 투자하는 신탁. 자기회사 주식을 직접 관리하는 경우보다 자사주의 매매제한이 상대적으로 완화되고, 자사주 매입 및 매도에 따른 공시업무 등의 업무처리를 신탁회사가 대행해 줄 뿐만 아니라 주가관리를 위한 신탁회사의 조언도 얻을 수 있는 장점이 있음

2 　연금저축신탁

(1) 개요

　　연금저축계좌는 운영형태와 계약당사자에 따라 연금저축신탁, 연금저축펀드, 연금저축보험으로 구분할 수 있다(소득세법 시행령 제40조의2 제1항 제1호). 이 중 연금저축신탁은 가입자와 신탁업자가 체결하는 신탁계약이다. 2018년부터는 신규 판매가 중지[2]되었지만, 기존 가입장에 대한 신뢰 보호를 위해 추가 납입에 대해서는 이를 인정하고 있다. 연금저축신탁은 소득세법에 따라 5년 이상 납입하고 만 55세 이후에 연금으로 수령하는 경우 연간 납입금액에 대한 세액공제 및 연금수령 시 저율 과세 등의 세금혜택을 받을 수 있다.

(2) 연금저축신탁의 내용

❶ 가입대상 : 국내에 거주하는 자(가입연령 제한 없음).

❷ 상품 종류 : 신탁회사별로 상품종류의 차이는 있지만, 시장위험이 적어서 안정적인 채권과 대출 등으로만 운용하는 채권형 상품과 총자산의 10%범위 내에서 주식에 투자함으로써 기대수익을 높인 주식형(안정형) 상품이 있음.

❸ 신탁금액 : 연간 1,800만 원(전 금융기관 합산) 이내(여러 계좌 가입 가능하며, 퇴직연금 근로자 납입분 합산)

❹ 신탁기간 : 신탁기간은 적립기간과 연금지급기간으로 구분된다. 적립기간은 5년 이상 연단위로 결정할 수 있지만, 반드시 고객의 연령이 만 55세 이후가 되는 때까지로 정하여야 하며, 연금수령기간은 가입일로부터 5년이 경과하고 만 55세 이후부터 10년차 이상

❺ 신탁이익 계산 : 시가평가제를 적용한 기준 가격방식으로 실적배당함

❻ 원금보장 : 적립한 원본은 신탁업자가 보장

❼ 연금수령방법 : 연금지급기간은 10년 이상 연단위로 정할 수 있으며, 연금지급주기는 월 단위는 물론 필요시 3개월, 6개월, 1년 단위로도 가능함

6　원칙적으로 신탁업자는 수탁한 재산에 대한 손실보전 또는 이익보장이 불가능하였으나, 예외적으로 연금저축신탁에 대해서는 원리금보장을 인정하고 있었다. 다만 2015년 발표된 '연금자산의 효율적인 관리방안'에 따라 원리금보장 상품위주의 판매관행을 개선하기 위하여 2018년부터 해당 신탁의 신규가입이 제한되었다.

⑧ 세제적용 : 적립기간 중 연간 최고한도 600만 원까지 세액공제와 이자소득세 비과세 혜택이 부여되는 대신 연금수령 시 연금소득세를 납부하여야 함. 그러나, 연금수령 시까지 과세가 이연되는 절세효과는 물론 연금수령 시에도 이자소득세율(주민세 포함 15.4%) 보다 낮은 연금소득세율(주민세 포함 3.3%~5.5%)로 과세되므로 세금절약효과가 크며, 적립기간 중 세액공제를 받지 않고 적립한 금액에 대해서는 연금소득세가 면제됨

ㄱ. 적립금 납입 시 : 연간납입액(연 600만 원 한도)의 13.2%(지방세 포함, 종합소득금액이 4,500만 원 이하인 경우에는 16.5%) 세액공제(최대 792,000원 세액공제) 혜택을 받음

ㄴ. 연금수령 시 : 세액공제 받은 금액과 신탁이익을 과세대상으로 하여 연령별로 3.3%에서 5.5%의 저율로 연금소득세 과세됨

* 만 55세~만 69세 5.5%, 만 70세~만 79세 4.4%, 만 80세 이상 3.3%, 연금수령한도 외일 경우 기타소득세(16.5%) 징수

⑨ 중도해지

ㄱ. 연금개시 전 해지(부득이한 사유로 인한 해지 포함) 시 : 기타소득세 부과

ㄴ. 연금수령 중 해지(부득이한 사유로 인한 해지 포함) 시 : 연금수령한도 내는 연금소득세(5.5%~3.3%), 연금수령한도 외는 기타소득세(16.5%) 부과

* 부득이한 사유 : 천재지변, 가입자의 사망 또는 해외이주, 가입자 또는 그 부양가족의 질병 부상에 따라 3개월 이상의 요양이 필요한 경우, 가입자의 파산선고 등, 금융기관의 영업정지 등

⑩ 종합소득신고

ㄱ. 연금소득금액(사적연금)이 연간 1,500만 원(세액공제금액＋신탁이익) 초과하는 경우: 분리과세 또는 종합과세 선택

ㄴ. 중도해지 등으로 기타소득금액이 연간 3백만 원(세액공제금액＋신탁이익) 초과하는 경우

---

3 금전채권신탁

(1) 개요

금전채권의 채권자가 위탁자가 되어 금전채권을 신탁회사에 신탁하면 신탁회사가 금전채권의 명의상 채권자가 되어 금전채권의 추심·관리업무를 수행하고 회수된 금전과

그 운용수익을 수익자에게 교부하게 된다. 금전채권신탁의 수익권을 제3자에게 양도함으로써 자금을 조달하는 자산유동화의 목적으로 주로 이용된다.

(2) 기본구조

금전채권신탁을 통한 자산유동화의 기본구조는 다음과 같다.

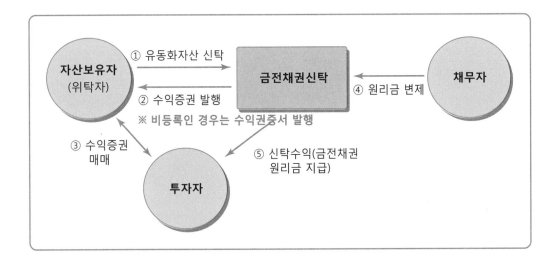

---

4   부동산신탁

(1) 개요

부동산신탁이란 위탁자로부터 토지와 그 정착물, 즉 부동산을 신탁 받아서 위탁자의 지시 또는 신탁계약에서 정한 바에 따라 신탁회사가 그 부동산을 관리·운용·처분 및 개발하여 주는 신탁상품을 말한다. 부동산신탁은 부동산신탁만 전문적으로 취급하는 부동산신탁회사가 주로 취급하지만 은행, 증권 등의 신탁겸영금융회사들도 많이 취급하고 있다.

(2) 부동산신탁의 종류

부동산신탁은 담보신탁, 관리신탁, 처분신탁, 개발신탁 등으로 구분된다.

구분	내용 및 특징
담보신탁	부동산을 신탁회사에 신탁한 후 신탁회사가 발행한 수익권증서를 담보로 하여 위탁자가 금융기관으로부터 자금을 차입하는 상품. 신탁회사는 담보물 관리 또는 대출회수를 위한 담보물 처분업무를 수행함
관리신탁	부동산의 소유권 관리, 건물수선·유지, 임대차 관리 등의 제반 부동산의 관리업무를 신탁회사가 수행하는 상품. 부동산의 관리방법 및 주체에 따라 갑종신탁과 을종신탁으로 구분
처분신탁	처분방법이나 절차가 까다로운 부동산에 대한 처분업무 및 처분 완료 시까지의 관리업무를 신탁회사가 수행하는 상품
개발신탁 (토지신탁)	신탁재산인 토지 등의 부동산에 신탁회사가 자금을 투입하여 개발사업을 시행한 후 이를 분양하거나 임대운용하여 그 수익을 수익자에게 교부하는 상품. 토지신탁이라고도 함
관리형 개발신탁	개발신탁처럼 신탁회사가 사업의 시행자가 되어서 개발사업을 진행하지만, 자금조달과 실질적인 사업진행은 위탁자가 책임지는 상품. 사업실패 시 신탁회사의 위험부담을 경감하면서 위탁자의 도산 시에도 계속 사업을 진행할 수 있는 장점이 있음
분양관리신탁	상가 등 건축물을 선분양 할 때 피분양자를 보호하기 위하여 신탁회사에게 사업부지의 신탁과 분양에 따른 자금관리업무를 대리시키는 상품

5 기타 재산신탁

증권신탁, 동산신탁, 무체재산권의 신탁, 종합재산신탁 등은 우리나라에서 아직까지 많이 이용되고 있지 않으나, 전면 개정된 새로운 신탁법의 시행과 더불어 다양한 종류의 새로운 신탁상품의 활용이 기대된다.

chapter 03

신탁상품의 판매

신탁상품의 판매

1 신탁상품의 판매절차

금융소비자보호법에서는 금융투자업자가 금융투자상품의 투자권유를 함에 있어서 임직원이 준수하여야 할 구체적인 기준 및 절차에 대한 투자권유준칙을 정하고 일반투자자에게 투자권유 시 적합성 및 설명의무 준수를 통해서 투자자 성향을 분류하고 그에 적합한 상품을 권유하는 절차를 통해 완전판매 프로세스를 이루도록 하고 있다. 신탁상품의 판매절차는 기본적으로 다른 금융투자상품과 동일하나 일부 신탁상품만의 예외적인 사항이 존재한다. 금융투자상품인 신탁계약 체결의 권유 절차를 간략히 살펴보면 다음과 같다.

(1) 단계별 투자권유 절차

❶ 투자자 정보의 파악 : 판매직원은 먼저 위탁자가 일반투자자인지 전문투자자인지를 파악하여야 함. 전문투자자에 대해서는 투자자 정보 파악, 투자자 유형의 분류, 적합한 상품 및 운용자산의 선정, 상품설명 등의 투자권유 절차를 생략할 수 있기 때문임

일반투자자인 고객에게는 신탁상품을 권유하기 전에 면담, 질문 등을 통하여 투자목적, 재산상황 및 투자경험 등의 정보를 '투자자 정보 확인서'를 통해 파악한 후, 고객의 확인을 받아 유지, 관리하여야 하며, 신탁회사는 확인한 투자자 정보의 내용과 그에 따라 분류된 고객의 투자성향을 고객에게 지체 없이 제공하여야 함

만일, 투자자 정보를 제공하지 않으면 일반투자자로서 보호를 받을 수 없다는 점을 통지하였음에도 불구하고 자신의 정보를 제공하지 않는 고객에 대하여는 그 거부 의사를 서면(투자권유 불원 또는 투자자 정보 미제공 확인서)으로 확인 받은 후, 투자권유를 희망하지 않고 자신의 판단만으로 투자하려는 고객으로 간주하여 투자자 정보 파악 및 적합성 테스트 등의 투자자 보호절차를 생략할 수 있음

다만, 투자자가 운용대상을 특정 종목과 비중 등 구체적으로 지정하지 않아 신탁회사가 투자판단의 전부 또는 일부를 행사하는 비지정형특정금전신탁[1] 및 불특정금전신탁의 경우에는 반드시 투자자 정보를 확인하여야 하며 투자권유 불원 또는 투자정보 미 제공 시는 신탁계약 체결이 불가함

또한, 위탁자가 신탁상품을 통해 파생상품 등을 거래하고자 하는 경우에도 적정성의 원칙에 따라서 투자권유를 희망하지 않더라도 반드시 투자자 정보를 신탁회사에 제공하여야 하며, 투자자 정보를 제공하지 않는 고객에 대해서는 신탁상품을 통한 파생상품 등의 거래를 할 수 없음

특히, 투자위험이 매우 높은 장외파생상품을 신탁을 통해 거래하고자 하는 고객은 '장외파생상품 투자자 정보 확인서'를 통해 추가적인 정보를 신탁회사에게 제공하여야 함

❷ 투자자 유형 분류 : 신탁회사는 파악한 위탁자의 정보를 활용하여 위탁자의 위험성향을 위험등급 분류체계에 따라 일정 유형으로 분류하여야 하며, 신탁회사는 자기회사의 신탁상품에 대한 위험등급 분류체계 및 위탁자의 위험등급 등에 대

---

1 신탁회사가 신탁자산의 운용을 위한 투자판단의 일부나 전부를 행사하는 신탁상품

하여 위탁자에게 설명하여야 함

또한, 신탁회사가 이미 투자자 정보를 알고 있는 위탁자에 대하여는 기존 투자자 성향을 위탁자에게 알리고 투자권유를 하여야 함

❸ 적합한 신탁상품과 운용자산의 선정 및 권유 : 신탁회사는 각 신탁상품별로 객관적이고 합리적인 방법으로 위험등급을 부여하여야 하며, 고객의 투자성향에 비추어 적합하다고 인정되는 상품만을 투자권유 하여야 함

위탁자인 고객에게 적합하지 않은 것으로 판단되는 신탁상품에 위탁자가 투자하고자 하는 경우에는 신탁회사는 해당 투자가 고객에게 적합하지 않을 수 있다는 사실과 해당 신탁상품의 투자의 위험성을 고객에게 알리고 고객으로부터 서명 등의 방법으로 이를 고지 받았다는 사실을 확인 받아야 함

그러나, 신탁회사가 자산운용권한을 가지고 투자판단을 하는 비지정형특정금전 신탁상품의 경우에는 고객이 자신의 성향보다 투자위험도가 높은 신탁상품에 투자하고자 할 경우에는 위의 확인을 받더라도 계약을 체결할 수 없음

❹ 신탁상품 및 운용자산의 설명 : 신탁회사는 위탁자에게 상품설명서를 교부하고 다음과 같은 신탁상품의 주요 사항을 일반투자자가 이해할 수 있도록 구체적으로 설명하고, 일반투자자가 이해하였음을 상품설명서 및 상담확인서를 통해 확인 받아야 함

ㄱ. 위탁자에게 설명해야 할 사항

   a. 신탁상품의 명칭 및 종류

   b. 신탁재산의 운용방법, 운용제한 등에 관한 사항

   c. 신탁의 중도해지방법, 중도해지제한, 중도해지 수수료에 관한 사항

   d. 신탁보수, 투자소득의 과세에 관한 사항

   e. 투자원금이 보장되지 않는다는 사실 등 투자위험에 관한 사항

   f. 기타 법령에서 정한 사항

ㄴ. 특정금전신탁인 경우 추가 설명해야 할 사항

   a. 위탁자가 신탁재산인 금전의 운용방법을 지정하고, 신탁회사는 지정된 운용방법에 따라 신탁재산을 운용한다는 사실

   b. 특정금전신탁계약을 체결한 위탁자는 신탁계약에서 정한 바에 따라 특정금전신탁 재산의 운용방법을 변경지정하거나 계약의 해지를 요구할 수 있으며, 신탁회사는 특별한 사유가 없는 한 위탁자의 운용방법 변경지정 또

는 계약의 해지 요구에 대하여 응할 의무가 있다는 사실

    c. 특정금전신탁계약을 체결한 위탁자는 자기의 재무상태, 투자목적 등에 대하여 신탁회사의 임직원에게 상담을 요청할 수 있으며, 신탁회사의 임직원은 그 상담요구에 대하여 응할 준비가 되어 있다는 사실

    d. 특정금전신탁재산의 운용내역 및 자산의 평가가액을 위탁자가 조회할 수 있다는 사실

❺ 위탁자 의사 확인 및 계약체결 : 고객의 신탁상품 가입의사를 최종적으로 확인한 후 신탁계약을 체결. 이때, 전문투자자인 고객에 대해서는 앞의 판매절차 2~4단계의 일부는 생략할 수 있으나, 전문투자자라 할지라도 상품설명서 및 상담확인서는 징구하여야 함

❻ 사후관리 : 신탁회사는 고객이 수령을 거절하지 않는 한, 매분기 1회 이상 주기적으로 자산운용보고서를 작성하여 제공하여야 함. 또한, 신탁회사가 투자판단의 전부나 일부를 행하는 비지정형신탁상품의 경우에는 매분기 1회 이상 재무상태 등의 변경 여부를 확인한 후, 변경사항이 있으면 신탁재산운용에 반영하여야 함

(2) 파생상품 등이 포함된 신탁상품의 투자권유에 대한 특칙

특정금전신탁 등을 통해 투자위험이 높은 파생결합증권이나 파생상품에 투자할 경우에는 투자자 보호를 위해 특별히 다음의 특칙을 준수하여야 한다.

❶ 장외파생상품 이외의 파생상품 등이 포함된 신탁계약에 대한 특칙 : 투자자의 투자성향과 투자상품의 위험도를 참조하여 투자권유의 적합성 여부를 판단할 뿐만 아니라 투자자의 연령과 파생상품등에 대한 투자경험을 추가로 고려한 회사의 기준에 따라 적합하지 아니하다고 인정되는 투자권유를 하여서는 아니 됨

❷ 장외파생상품이 포함된 신탁상품에 대한 특칙 : 일반투자자인 경우에는 투자권유 여부와 상관없이 그 투자자가 보유하고 있거나 보유하려는 자산·부채 또는 계약 등(이하 '위험회피 대상'이라 함)에 대하여 미래에 발생할 수 있는 경제적 손실을 부분적 또는 전체적으로 줄이기 위한 거래를 하는 경우에 한하여 거래를 할 수 있음. 이 경우 임직원은 투자자가 장외파생상품 거래를 통하여 회피하려는 위험의 종류와 금액을 확인하고, 관련 자료를 보관하여야 하며 연령과 투자경험을 고려한 회사의 기준에 적합하지 아니하다고 인정되는 투자권유를 하여서는 아니 됨

(3) 비지정형 금전신탁상품의 투자권유에 대한 특칙

비지정형 금전신탁에 대해서는 투자성향에 따라 고객을 유형화하고 고객들의 투자자 유형에 적합하게 신탁자산을 운용하도록 함은 물론 관련되는 투자위험에 대하여 투자자들에게 충분히 설명할 수 있도록 다음과 같은 특칙을 준수하여야 한다.

❶ 신탁회사의 임직원 등은 면담·질문 등을 통하여 투자자의 투자목적, 재산상황, 투자경험, 투자연령, 투자위험 감수능력, 소득 수준 및 금융자산의 비중 등을 파악하여 투자자를 유형화하고 투자자로부터 서명 등의 방법으로 확인을 받아 이를 유지·관리하여야 하며, 확인한 투자자 정보의 내용 및 이에 따른 투자자의 유형을 고객에게 지체 없이 제공하여야 함

❷ 신탁회사는 하나 이상의 자산배분 유형군을 마련하여야 하며, 하나의 자산배분 유형군은 둘 이상의 세부 자산배분 유형으로 구분하여야 함

❸ 신탁회사는 투자자 유형에 적합한 세부 자산배분 유형을 정하고 신탁계약을 체결하여야 함

❹ 신탁회사의 임직원 등은 비지정형 금전신탁계약을 체결하기 전에 투자자에게 다음 사항을 설명하여야 함

    ㄱ. 세부 자산배분 유형 간 구분 기준, 차이점 및 예상 위험 수준에 관한 사항

    ㄴ. 분산투자규정이 없을 수 있어 수익률의 변동성이 집합투자기구 등에 비해 더 커질 수 있다는 사실

    ㄷ. 투자자 유형별 위험도를 초과하지 않는 범위 내에서만 신탁재산의 운용에 대해 투자자가 개입할 수 있다는 사실

    ㄹ. 성과보수를 수취하는 경우, 성과보수 수취 요건 및 성과보수로 인해 발생 가능한 잠재 위험에 관한 사항

---

2   신탁상품의 판매 관련 불건전 영업행위

(1) 개요

자본시장법에서는 신탁회사가 신탁상품의 판매와 관련하여 금지하여야 할 불건전영업행위를 다음과 같이 열거하고 있다. 또한, 신탁회사는 신탁상품에 대한 불건전영업행

위금지와 별도로 금융투자상품인 신탁상품에 대해서는 금융투자상품을 투자권유를 할 때 금지되는 부당한 권유행위 역시 준수하여야 한다.

(2) 집합운용규제와 관련된 금지사항

신탁재산을 각각의 신탁계약에 따른 신탁재산별로 운용하지 아니하고 여러 신탁계약의 신탁재산을 집합하여 운용하는 행위는 금지된다. 이와 관련하여 신탁상품 판매 시에도 다음의 사항을 금지하고 있다.

❶ 집합하여 운용한다는 내용으로 투자권유하거나 투자광고하는 행위
❷ 투자광고 시 특정 신탁계좌의 수익률 또는 여러 신탁계좌의 평균 수익률을 제시하는 행위
❸ 투자자를 유형화하여 운용할 경우 반드시 각 유형별 가중평균 수익률과 최고, 최저 수익률을 함께 제시하지 않는 행위

(3) 특정금전신탁에 대한 안내 및 홍보 제한

위탁자가 구체적인 운용지시를 할 여지가 없도록 사전에 운용할 자산이 정해져 있거나, 운용지시가 정형화되어 있는 특정금전신탁 상품의 안내장이나 상품설명서를 영업점에 비치하거나 배포하는 등의 방법으로 불특정 다수의 투자자에게 홍보하는 행위는 금지되고 있다.

(4) 신탁계약조건의 공시 관련 금지행위

❶ 신탁거래와 관련하여 확정되지 않은 사항을 확정적으로 표시하거나 포괄적으로 나타내는 행위
❷ 구체적인 근거와 내용을 제시하지 아니하면서 현혹적이거나 타 신탁상품보다 비교우위가 있음을 막연하게 나타내는 행위
❸ 특정 또는 불특정 다수에 대하여 정보통신망을 이용하거나 상품안내장 등을 배포하여 명시적으로나 암시적으로 예정수익률을 제시하는 행위
❹ 오해 또는 분쟁의 소지가 있는 표현을 사용하는 행위

(5) 특정금전신탁계약 시 주요 사항의 사전고지

특정금전신탁계약의 체결을 권유함에 있어 금융위원회가 해당 계약서에 반드시 기재할 것으로 고시한 다음 사항에 대해서 사전에 위탁자에게 알리지 않는 행위는 금지된다.

❶ 위탁자가 신탁재산인 금전의 운용방법을 지정하고 수탁자는 지정된 운용방법에 따라 신탁재산을 운용한다는 사실

❷ 특정금전신탁계약을 체결한 투자자는 신탁계약에서 정한 바에 따라 특정금전신탁재산의 운용방법을 변경지정하거나 계약의 해지를 요구할 수 있으며, 신탁회사는 특별한 사유가 없는 한 투자자의 운용방법 변경지정 또는 계약의 해지 요구에 대하여 응할 의무가 있다는 사실

❸ 특정금전신탁계약을 체결한 투자자는 자기의 재무상태, 투자목적 등에 대하여 신탁회사의 임·직원에게 상담을 요청할 수 있으며, 신탁업자의 임직원은 그 상담 요구에 대하여 응할 준비가 되어 있다는 사실

❹ 특정금전신탁재산의 운용내역 및 자산의 평가가액을 투자자가 조회할 수 있다는 사실

(6) 성과보수의 기준지표 연동

성과보수를 수취하는 경우 금융위원회에서 정한 3가지 요건(① 증권시장 또는 파생상품시장에서 널리 사용되는 공인된 지수를 사용할 것, ② 성과를 공정하고 명확하게 보여줄 수 있는 지수를 사용할 것, ③ 검증 가능하고 조작할 수 없을 것)을 충족하는 기준 지표에 연동하여 산정하지 않는 행위는 금지된다. 단, 신탁업자와 투자자 간 합의에 의해 달리 정한 경우에는 그렇지 않다.

(7) 기준을 초과하는 재산상의 이익제공 및 수령 금지

수익자 또는 거래상대방에게 신탁상품의 판매와 관련하여 금융위원회가 정하여 고시하는 기준을 초과하여 직접 또는 간접으로 재산상의 이익을 제공하거나 제공받은 행위는 금지된다. 금융위원회가 고시하는 기준이라 신탁업자(그 임직원을 포함)가 신탁계약의 체결 또는 신탁재산의 운용과 관련하여 수익자 또는 거래상대방 등에게 제공하거나 수익자 또는 거래상대방으로부터 제공받는 금전·물품·편익 등의 범위가 일반인이 통상적으로 이해하는 수준에 반하지 않는 것을 말한다.

(8) 신탁업겸영 투자중개업자의 다른 수수료부과 금지

신탁업을 겸영하는 투자중개업자가 신탁업무와 투자중개업무를 결합한 자산관리계좌를 운용함에 있어 신탁재산에 비례하여 산정하는 신탁보수 외에 위탁매매수수료 등 다른 수수료를 부과하는 행위는 금지된다. 다만, 투자자의 주식에 대한 매매 지시 횟수가 신탁계약시 신탁업자와 투자자간 합의된 기준을 초과하는 경우 신탁보수를 초과하여 발생한 위탁매매 비용은 실비의 범위 이내에서 투자자에게 청구할 수 있다.

(9) 신탁재산의 운용내역 통보의무

금전신탁(투자자가 운용대상을 특정 종목과 비중 등 구체적으로 지정하는 특정금전신탁은 제외)을 체결한 투자자에 대하여 매 분기별 1회 이상 신탁재산의 운용내역을 신탁계약에서 정하는 바에 따라 통지하여야 한다. 다만, 투자자가 서면으로 수령을 거절하는 의사표시를 하거나 수탁고 10만 원 이하인 경우(투자자가 신탁운용보고서의 통지를 요청하거나 직전 신탁운용보고서의 통지일로부터 3년 이내에 금전의 수탁 또는 인출이 있는 경우에는 그렇지 않음)는 제외한다.

(10) 실적배당신탁의 수익률 공시

수익률을 공시하여야 하는 실적배당신탁을 판매하거나 운용 중인 신탁업자는 다음의 수익률 공시기준을 준수하여야 한다.

❶ 실적배당신탁상품에 대하여 매일의 배당률 또는 기준 가격을 영업장에 비치하는 등 게시할 것
❷ 배당률 또는 기준 가격을 참고로 표시하는 경우에는 장래의 금리변동 또는 운영실적에 따라 배당률 또는 기준 가격이 변동될 수 있다는 사실을 기재할 것
❸ 수익률을 적용하는 상품에 대하여 하나의 배당률로 표시하는 경우에는 전월 평균배당률로 기재하되, 하나 이상의 배당률로 표시하는 경우에는 최근 배당률부터 순차적으로 기재할 것

(11) 기타 금지행위

일반투자자와 같은 대우를 받겠다는 전문투자자의 요구에 정당한 사유 없이 동의하지 않거나, 신탁 계약조건 등을 정확하게 공시하지 아니하는 행위 등은 금지된다.

01 다음 중 신탁재산의 법적 특성 및 기본원칙에 대한 설명으로 적절하지 않은 것은?

① 신탁재산에 대하여는 강제집행, 담보권 실행을 위한 경매, 보전처분 또는 국세 등 체납처분을 할 수 없다.

② 신탁재산은 수탁자의 상속재산 및 수탁자의 파산재산에 속하지 아니한다.

③ 수탁자는 신탁사무를 처리함에 있어 항상 위탁자를 위하여 처리하여야 한다.

④ 신탁재산에 손실이 발생한 경우에는 모두 수익자에게 귀속되는 것이 원칙이다.

02 다음 중 특정금전신탁에 대한 설명으로 적절하지 않은 것은?

① 특정금전신탁의 가입기간에는 제한이 없으므로, 하루만 가입할 수도 있고 10년을 가입할 수도 있다.

② 위탁자 본인이 아닌 제3자를 수익자로 지정하는 경우에는 신탁의 수익권을 타인에게 증여한 것으로 보아 증여세가 부과된다.

③ 운용지시는 고객 본인의 투자판단에 따라 직접 결정하여야 하며, 신탁회사에게 투자판단의 일부나 전부를 위임하거나 투자조언을 구할 수 없다.

④ 중도해지를 신청하더라도 운용 중인 자산의 종류 및 상태에 따라 중도해지가 제한될 수 있으며, 운용자산의 처분과정에서 일부손실이 발생할 수도 있다.

해설

01 ③ 충실의무란 수탁자가 신탁사무를 처리함에 있어서 항상 수익자를 위하여 처리하여야 한다는 의무이다.

02 ③ 위탁자가 자산운용권한을 갖고 있는 특정금전신탁이라고 할지라도, 위탁자의 필요에 따라서는 신탁회사에게 투자판단의 전부나 일부를 위임할 수 있다.

03 다음 중 신탁상품의 판매절차에 대한 설명으로 적절하지 않은 것은?

① 위탁자가 신탁상품을 통해 파생상품 등을 거래하고자 하는 경우, 투자자 정보를 제공하지 않으면 일반투자자로서 보호를 받을 수 없다는 점을 통지하였음에도 불구하고 자신의 정보를 제공하지 않는 고객에 대하여는 그 거부 의사를 서면으로 확인받은 후 판매하여야 한다.

② 신탁회사가 신탁자산의 운용을 위한 투자판단의 일부나 전부를 행사하는 비지정형 신탁상품을 판매할 때에는 반드시 투자자 정보를 확인하여야 한다.

③ 위탁자가 본인 스스로의 투자판단에 따라 신탁재산의 운용방법을 구체적으로 지정하는 경우에는 해당 신탁상품을 통해 실제로 투자할 운용대상 자산을 기준으로 위탁자의 위험등급에 적합한 운용대상 자산을 제시하고 해당 신탁상품과 함께 투자권유하여야 한다.

④ 비지정형 신탁상품의 경우에는 매분기 1회 이상 고객의 재무상태 등의 변경 여부를 확인하여 반영하여야 한다.

해설

03 ① 파생상품 등의 투자에 대한 '적정성의 원칙'은 신탁을 통해서 파생상품 등을 거래하고자 하는 경우에도 적용된다.

정답 01 ③ | 02 ③ | 03 ①

part 03

투자관리

chapter 01

자산배분과 투자관리

section 01 자산배분의 의의

1 자산배분이란?

자산배분(asset allocation)이란, 기대수익률과 위험 수준이 다양한 여러 자산집단(asset class)을 대상으로 투자자금을 배분하여 최적의 자산 포트폴리오를 구성하는 일련의 투자과정을 말한다. 자산배분은 장기적 관점에서 최소의 위험으로 중장기 투자자의 재무목표에 맞는 자산 포트폴리오를 구성하는 의사결정과정과 단기적으로 수익률을 제고하기 위하여 자본시장 변동을 반영하여 자산집단의 구성비율을 적극적으로 변경하는 행위라고 정의할 수 있다.

자산배분은 주식과 채권처럼 자본시장의 흐름에 각기 다른 반응을 보이는 자산(asset)

을 대상으로 배분하는 "이종자산 간 자산배분"과 자본시장 변동에 동일한 반응을 보이는 자산—주식이라는 자산 내에서 투자대상이 될 수 있는 국가별, 업종별, 스타일별(소형주, 중형주, 대형주)—을 대상으로 배분하는 "동일자산 간 자산배분"으로 나눌 수 있다. 본 장에서 '자산배분'이라 함은 이종자산 간 자산배분을 말한다. 동일자산 간 자산배분은 '포트폴리오 전략'이라는 별도의 개념으로 다루고 있으며, 접근하는 방법이 다르기 때문에 여기서는 다루지 않을 것이다.

2 자산배분의 필요성

자산집단 중 가장 높은 기대수익률을 가지고 있는 주식은 포트폴리오 전체 수익률에 가장 큰 영향력을 행사한다. 안정적인 포트폴리오 수익률을 유지하기 위하여 자산 운용자들은 주식의 높은 변동성을 어떻게 하면 줄일 수 있을 것인가에 최대의 관심을 보이고 있다.

오늘날 대부분의 기관투자가들은 포트폴리오 수익률의 절대적인 부분이 자산배분 전략에 의해 결정되므로 자산배분 전략이 가장 중요하다는 점을 잘 인식하고 있다. 그러므로 분기나 월간 단위로 주식과 채권 가격의 변화를 예상하여 자산구성을 변경하는 적극적인 자산배분 전략이 증권선택보다 훨씬 수익률에 큰 영향을 준다는 점을 잘 알게 되었다. 단기적인 주가나 채권 가격의 움직임을 정확하게 예측하는 것은 극히 어려우므로, 장기적인 자산구성 결정이 투자성과의 대부분을 결정하게 되므로, 투자에 있어서 장기적인 자산구성에 대한 의사결정을 통하여 중장기적인 수익률 획득에 중점을 두고 있다.

오늘날 개인투자자들도 노후생활을 설계하는 데 있어서 개별 종목이나 펀드의 선정보다 장기적인 자산배분, 즉 재무계획 수립과 투자목표를 달성하기 위한 자산배분이 더 중요하다는 사실을 잘 인식하게 됨에 따라 자산배분에 대한 관심이 점차 확대되고 있다.

투자자들은 위험을 최소화하고, 미래 재무목표를 달성하는 데 필요한 자산배분의 중요성을 인식하고 있다.

자산배분의 중요성이 부각되는 첫 번째 이유는 투자대상 자산군이 증가하고 있기 때문이다. 과거에는 투자자산이 주식과 채권에 국한되어 있었다. 신상품에 대한 규제 완화로 선박, 부동산, 원자재 등 실물자산에 대한 투자가 가능하게 되었다. 해외 주식과 해외채권에 직·간접적으로 투자할 수 있는 길이 열렸고, 또한 파생상품을 이용한 ELS, ETF, 인덱스 펀드 등 다양한 상품의 등장으로 투자자들의 투자상품이 다양화됨에 따라 위험을 적절히 분산시킬 필요성이 생겨나게 되었다.

두 번째 이유는 투자위험에 대한 관리 필요성이 증대되고 있기 때문이다. 투자자들의 자산규모가 적을 경우 특정 상품이나 특정 기업에 자산을 집중운용하는 경향이 강하다. 그러나 국민 소득증가와 금융자산의 확대로 다양한 상품에 자산을 배분할 필요성이 높아졌다. 또한 글로벌 금융시장의 벽이 없어지고, 투자자금의 국가 간 이동이 자율화됨에 따라 국가별 자산에 대한 변동성이 높아졌다. 높은 변동성을 줄이기 위한 위험 회피전략으로 자산배분의 필요성과 중요성이 높아지고 있다.

세 번째 투자수익률 결정에 자산배분 효과가 절대적인 영향력을 미친다는 투자자들의 인식이 높아지고 있기 때문이다. Gary Brinson, Brian D. Singer, Gilbert L. Beebower 3인이 공동으로 연구한 91개 연금플랜의 분기수익률 분석 결과에 따르면 자산배분정책이 포트폴리오 성과에 가장 결정적 요인으로 밝혀졌다. 연금의 분기 총수익률 변동에는 자산배분, 시장 예측, 증권 선택이 영향을 미치며, 자산배분정책이 연금플랜의 분기 총수익률 변동의 91.5%, 시장 예측이 1.8%, 증권 선택이 4.6%의 설명력을 가지고 있는 것으로 나타났다. 시장 예측이나 증권 선택이 총수익률에 미치는 영향도가 낮은 이유는 매니저가 자산시장의 높은 변동성을 지속적으로 따라가기가 어렵기 때문이다. 또한 시장의 변동성보다 나은 성과를 얻기 위해 시장 대응과 종목 대응을 할 경우 거래비용이 발생하여 수익률의 마이너스 요인으로 작용하기 때문이다. 따라서 자산시장의 단기 변동성에 대한 적극적인 대응보다는 중장기적 관점에서 자산배분 전략을 세워 투자를 실행하는 것이 더 나은 성과를 나타낸다는 인식이 자산배분에 대한 중요성을 높이고 있다.

자산배분은 "투자관리"의 핵심 솔루션

기대수익을 증가시키고 투자위험을 줄이기 위하여 합리적 투자대상을 선택하고 이를 매입하거나 보유 또는 매각하는 일련의 투자과정을 효율적으로 관리 운용하는 것을 "투자관리"라고 한다. 투자관리에 성공하기 위해서는 안정성과 수익성을 고려하여 적절한 투자대상을 선택해야 하고 적절한 시기에 매매할 수 있어야 한다. 따라서 투자관리의 핵심은 투자수익과 투자위험 면에서 성격이 다른 여러 가지 투자자산들에 대하여 투자자금을 효율적으로 배분하여 투자목표를 달성하는 것이라고 할 수 있다. 개인투자자이든 기관투자자이든 투자관리를 하고자 할 때 일차적으로 다음의 3가지 과제에 직면하게 된다.

❶ 분산투자(자산배분)의 방법
❷ 개별 종목 선택
❸ 투자시점의 선택

이 가운데 투자관리에 근간이 되는 것은 자산배분과 종목 선정의 문제이다. 자산배분(asset allocation)은 주식, 회사채, 국공채, 부동산, 정기예금 등과 같이 투자수익과 위험이 질적으로 상이한 투자자산들에 투자자금을 포괄적으로 어떻게 배분할 것인가를 결정하는 것이다. 한편 종목 선정(securities selection)은 투자자산 중에서 구체적이고 개별적으로 시장 동향, 산업별 특성, 개별 기업의 경쟁적 지위 등을 감안하여 특정 종목을 선정하는 일이다. 이 자산배분과 종목 선정 중에 어느 것을 먼저 하느냐는 투자성과에 큰 차이를 가져온다.

많은 경우 투자관리는 상향식(bottom up)의 방식으로 진행되는 경향이 있다. 먼저 재무적 건전도나 호재성 재료 등을 감안하여 특정 개별 종목을 선택한다. 그 다음 단계로서 시장 동향에 따라 주식과 채권 사이의 투자비율을 조정하는 자산배분의 방법을 결정한다. 즉 종목 선정이 먼저 이루어지고, 자산배분은 수동적으로 나중에 결정되도록 하는 것이다. 그러나 이와 같은 투자관리방법은 체계적이고 과학적인 투자관리방법이 되지 못하는 경우가 많고, 투자성과가 상대적으로 저조한 것으로 알려지고 있다.

투자목표의 설정으로부터 시작하여 목표달성을 위한 투자전략과 전술을 수집·실행하고, 투자결정 후 사후조정·통제하는 과정을 통하여 일관성 있고 조직적으로 투자관리를 수행하는 통합적 투자관리(integrated investment management)가 요구된다. 이러한 과정에 따라 투자관리하는 것은 하향식(top down)의 방법이 되는데, 자산배분이 이루어지고 그 다음에 종목 선정을 하는 것이 투자성과를 높인다.

통합적 투자관리과정의 첫 단계는 투자목표를 설정하고 투자전략수립에 필요한 사전 투자분석을 실시하는 것이다. 둘째 단계는 투자관리의 본 단계로서 투자전략적 관점에서 자산배분을 실시하는 것이고, 셋째 단계는 투자전술적 관점에서 개별 종목을 선택하는 것이다. 그리고 마지막 넷째 단계는 포트폴리오 수정과 투자성과의 사후통제 단계이다.

chapter 02

자산배분 설계와 실행

투자목표의 설정

1 재무목표 설정

투자목표를 설정하기 전에 투자자의 재무목표가 설정되어야 한다. 투자자들의 재무목표는 은퇴자금, 자녀의 대학교육자금, 내집마련자금 등이다. 이러한 재무적 목표들은 명확하게 표현되지 않기 때문에 구체화되어야 한다.

자녀 대학교육자금이라 하면, 대학에 입학할 시기는 몇 년 후인가, 물가상승을 고려한다면 입학 시 필요할 자금은 얼마인가 등을 고려하여 재무적 목표금액과 목표달성 시기를 명확히 하여야 한다.

재무적 목표가 설정되고 나면 그 목표에 부합하는 투자목표를 설정하여야 한다. 투자목적은 투자자의 나이, 투자성향, 투자자금의 성격, 세금 등에 의해 결정된다. 위험회피적인 투자자의 경우, 최소 요구수익률이나 원금보장 등에 대해 뚜렷한 제약조건을 가지고 있다. 이와 같이 투자자의 목적 및 제약조건은 포트폴리오 자산구성 시 고려해야 하는 요인이 된다.

투자목표(investment objectives)를 설정하기 위해서는 다음과 같은 여러 가지 제약조건과 투자자의 개인적 선호도를 고려해야 한다.

❶ 투자시계(time horizon) : 현재의 결정(판단)은 얼마 동안 지속될 것인가? 투자성과는 언제 거두고자 하는가? 장기투자인가, 단기투자인가?

❷ 위험수용도(risk tolerance levels) : 예상되는 기대수익률로부터의 변동성(위험)은 어느 정도까지 수용할 수 있는가? 투자원본을 잃을 가능성을 어느 정도 감내할 수 있는가?

❸ 세금관계 : 면세, 종합금융소득세가 적용되는가?

❹ 법적규제(제약) : 기관투자자의 경우처럼 주식에 대한 투자비율의 제한, 소형주에 대한 투자금지, 특정 주식에 대한 투자비율의 제한이 적용되는가?

❺ 투자자금의 성격 : 단기자금을 잠시 융통하는가? 새로운 자금의 계속적 유입이 있는가?

❻ 고객의 특별한 요구사항 : 중도 유동성 요구액(liquidity requirements)

❼ 구체적인 투자목표 설정 : 어느 정도의 투자수익을 기대하는가?(수익률 「%」과 금액 「₩」으로 표시) → 투자에 대한 수익성(기대수익), 안정성(위험), 환금성 등에 대한 투자 기본방침을 수립

자산배분 자산집단의 선정

1 자산집단의 정의

자산배분의 의사결정 대상은 개별 증권이 아니라 개별 증권이 모여, 마치 큰 개념의 증권처럼 움직이는 자산집단이다. 자산배분 설계를 위해서는 의사결정의 대상이 되는 자산집단에 대한 정의를 명확히 해야 한다.

자산배분의 의사결정대상이 되는 자산집단은 다음의 두 가지 기본적인 성격을 지녀야 한다. 첫째, 자산집단은 분산 가능성(diversification)을 충족해야 한다. 즉 자산집단 내에 분산투자가 가능하도록 충분하게 많은 개별 증권이 존재해야 한다. 둘째, 자산집단은 독립성(degree of independence)을 갖추어야 한다. 하나의 자산집단은 다른 자산집단과 상관관계가 충분하게 낮아서 분산투자 시 위험의 감소효과가 충분하게 발휘될 수 있는 통계적인 속성을 지녀야 한다.

기본적인 자산집단으로는 이자지급형 자산, 투자자산, 부동산 등으로 나눌 수 있다. 그러나 일반적인 자산배분이 금융자산에 대하여 이루어지므로 토지, 아파트 등과 같은 부동산은 본 자산집단에서 다루지 않기로 한다.

이자지급형 자산은 금융기관이나 채권 발행자에게 자금을 맡기거나 빌려주고 대가로 지급하는 이자수익을 주목적으로 하는 자산을 말한다. 이자지급형 자산은 언제든지

표 2-1 자산집단의 종류

자산집단	세부 자산
국내 주식	대형주-소형주, 가치주-성장주, 테마주, ETF, 국내펀드
해외 주식	대형주-소형주, 가치주-성장주, 테마주, ETF, 해외펀드
대안투자	부동산펀드, REITs, 곡물·원자재 등 상품(Commodity)펀드, 파생상품 등
채권	단기-중기-장기 채권 국채-회사채 신용등급별 채권(우량채권, 정크본드 등) 각종 신종채권, 외국채권
예금	정기예금, 정기적금
단기금융상품	요구불예금, 콜론, 어음, MMF, CMA, 기타 현금성 자산

현금화가 가능한 단기금융상품, 확정금리를 지급하는 예금, 채권 발행자에게 자금을 빌려주고 그 대가로 이자소득과 시세차익을 얻는 채권을 말한다.

투자자산은 투자수익이 확정되어 있지 않고, 투자성과에 따라 투자수익이 달라지는 자산을 말한다. 자산 가격의 높은 변동성으로 인하여 이자자산보다 높은 수익을 얻을 수 있는 반면 손실도 볼 수 있는 자산이다. 투자자산은 주식이 대표적인 투자자산이고 투자지역에 따라 국내 주식과 해외 주식으로 나누며, 부동산, 곡물, 원자재 등 실물자산을 근거로 투자상품화된 대안투자로 나눈다.

2 벤치마크의 선정

자산집단에 대한 투자성과와 위험도를 측정하기 위해서는 자산집단에 대한 각각의 벤치마크가 사전에 설정되어 있어야 한다. 벤치마크는 운용성과와 위험을 측정할 때 기준이 되는 구체적인 포트폴리오로서 평가기준인 동시에 특별 정보(효용함수 값을 개선할 수 있는 정보)가 없는 경우의 바람직한 포트폴리오라고 정의할 수 있다.

벤치마크는 자산운용자의 운용계획을 표현하는 수단인 동시에 투자자와 커뮤니케이션 수단이 된다.

벤치마크는 다음 세 가지 조건을 충족해야 한다.

❶ 구체적인 내용(자산집단과 가중치)은 운용하기 이전에 명확할 것
❷ 벤치마크의 운용성과를 운용자가 추적하는 것이 가능할 것
❸ 적용되는 자산의 바람직한 운용상을 표현하고 있을 것

이 세 가지 모두 벤치마크가 운용계획의 기준이라는 것을 이해하면 당연한 조건이라고 할 것이다. 현재 실물에서 활용 중인 자산집단별 벤치마크는 〈표 2-2〉와 같다. 자산집단의 성과를 가장 잘 대표할 수 있는 지표로 국내 주식은 KOSPI지수, 해외 주식은 MSCI ACWI, 대안투자는 Reuters Jefferies CRB Index와 FTSE EPRA NAREIT Global Index를 50 : 50으로 가중평균하여 사용하고 있다. 채권(국내)은 KRX에서 제공하는 채권종합지수, 예금은 3년 만기 정기예금수신금리, 단기금융상품은 CD91일물을 벤치마크로 사용한다. 상기의 벤치마크는 실제 사용되는 사례를 제시한 것으로 자산집단의 성과와 위험을 가장 잘 표현할 수 있는 다른 지수를 별도로 만들어 벤치마크로 사용할 수 있다.

표 2-2 벤치마크의 종류

자산집단	벤치마크
국내 주식	KOSPI 또는 KOSPI200
해외 주식	MSCI ACWI
대안투자	Reuters Jefferies CRB Index+FTSE EPRA NAREIT Global Index
채권	KRX 채권 종합지수
예금	3년 정기예금 금리
단기금융상품	CD 91일물

section 03 기대수익률

1 기대수익률의 정의

최적의 투자결정이 이루어지기 위해서는 자산집단들의 투자가치가 평가되어야 한다. 현대 포트폴리오 이론에서는 자산집단들의 투자가치를 기대수익과 위험 두 가지 요인만을 고려하여 평가하고 있다. 투자가치는 그 투자로 인한 미래의 기대수익에 달려 있는데, 그 기대수익은 실현되지 않을 가능성, 즉 위험을 지니고 있기 때문이다.

$$\text{투자가치} = f(\text{기대수익}, \text{위험})$$

투자가치의 기준이 되는 기대수익과 위험이 계량적으로 측정될 수만 있다면 최적 자산배분의 문제는 용이해진다. 미래에 높은 기대수익이 기대되면 그 자산의 투자가치는 높아지게 되고, 투자로부터 예상되는 기대수익의 불확실성이 높아지면 투자가치는 떨어진다. 기대수익과 위험에 대한 측정이 가능하다면 자산집단들 중에서 기대수익률이 동일한 것들에 대해서는 위험이 보다 작은 자산집단의 비중을 확대하고, 예상 위험이 동일한 자산집단들 중에서는 기대수익이 보다 큰 자산집단의 비중을 확대함으로써 최적의 자산배분을 할 수 있기 때문이다. 기대수익률은 예상수익률의 기대치로 측정하며, 위험은 미래 수익률의 분산 또는 표준편차로 측정하는 것이 일반적이다.

기대수익률은 각각의 자산집단의 투자에 따라 실제로 실현될 가능성이 있는 수익률의 값들을 평균한 값을 말한다.

기대수익률을 측정하는 데 있어서 이자자산은 정해진 수치가 있기 때문에 수월하다. 예금자산은 예금 가입 시점의 예금금리가 기대수익률이 된다. 중도에 상품을 해약하지 않는 한 가입 시점의 예금금리를 미래에 얻을 수 있기 때문이다. 단기금융상품의 경우 시장의 금리 변동을 반영하여 금리의 변동이 생기기는 하지만 금리의 변동폭이 적기 때문에 가입 시점의 금리가 기대수익률이 될 수 있다. 채권의 경우 채권의 표면이자율에 채권 가격 변동에 따른 시세차익을 합한 것이 기대수익률이 된다.

그러나 투자자산의 경우 기대수익률 측정이 용이치 않은 상황이다. 투자자산의 기대수익률을 산출하기 위한 미래 자산 가격이 얼마가 될 것인가에 대한 전망치 예측이 어렵기 때문이다. 국내 주식, 해외 주식, 대안투자 등이 투자자산에 해당하는데, 미래 국내·외 주가 전망이 되어야 국내 주식과 해외 주식의 기대수익률을 얻을 수 있다. 또한 대안투자에 대한 기대수익률 산출을 위해서도 대안투자의 대상이 되는 원자재 가격, 곡물 가격, 부동산 가격 등에 대한 미래 전망치가 있어야 기대수익률을 얻을 수 있다.

2 기대수익률의 측정

(1) 추세분석법

자산집단의 과거 장기간 수익률을 분석하여 미래의 수익률로 사용하는 방법을 말한다. 미국과 영국처럼 자본시장이 발달하여 장기간의 수익률 자료를 얻을 수 있는 경우에는 사용하기 편리한 방법이지만, 한국처럼 자본시장의 역사가 짧은 경우에는 사용이 어려운 상황이다.

(2) 시나리오 분석법

단순하게 과거 수익률을 사용하지 않고 여러 가지 경제변수의 상관관계를 고려하여 시뮬레이션함으로써 수익률을 추정하는 방법이다. 주요 거시경제변수의 예상 변화과정을 시나리오로 구성하고 각각의 시나리오별로 발생 확률을 부여하여 자산별 기대수익률을 추정하는 방법이다.

투자수익(investment return)은 투자로 인한 부의 증가를 의미한다. 주식투자의 경우 투자수익은 배당소득과 시세차익의 합이 되고, 대안투자의 경우 투자대상 자산의 시세차익이 투자수익이다.

> 주식투자수익 = 배당소득 + 시세차익
> 대안투자수익 = 투자대상 자산(부동산, 곡물, 원유, 원자재 등)의 시세차익

투자성과는 다음과 같이 투자한 양과 투자로부터 회수한 양의 상대적 비율인 투자수익률(rate of return on investment)로서 측정하는 것이 일반적이다. 처음에 투자한 투자규모는 사람, 자산집단, 시점마다 상이하기 때문이다.

$$\text{투자수익률} = \frac{\text{기말의 부} - \text{기초의 부}}{\text{기초의 부}}$$

따라서 어느 자산집단에 일정기간 동안 투자하였을 때의 단일기간 투자수익률을 표시하면 다음과 같다.

$$r_t = \frac{(p_{t+1} - p_t) + d_t}{p_t} \tag{2-1}$$

단, r_t : t기간 투자수익률
p_t : t시점(기초)의 자산 가격
p_{t+1} : $t+1$시점(기말)의 자산 가격
d_t : t기간 동안의 배당소득(이자소득)

기대수익률을 측정하기 위해서는 미래의 투자수익률을 알 수 있어야 한다. 불행히도 미래의 경우는 위의 공식 중에서 투자대상의 기초 가격 p_t 이외에는 모두 불확실하다. 기말의 가격인 p_{t+1}이나 배당소득 d_t가 얼마가 될지 정확히 예측할 수 없다. 우리가 할 수 있는 최상의 방법은 미래 투자수익률의 확률분포를 예상하는 것이다. 즉 미래에 대한 경제, 산업, 기업 예측(증권분석)을 통하여 미래 발생 가능한 상황에서의 예상수익률과 그 상황이 일어날 확률을 추정하는 것이다.

예를 들어, 주식 A, B, C에 대한 증권분석 결과 〈표 2-3〉처럼 호경기, 정상, 불경기의 세 가지 상황(각각이 일어날 확률은 0.3, 0.4, 0.3)에서 예상 투자수익률이 추정되었다

상황	확률(p_i)	주식 A	주식 B	주식 C
호경기	0.3	100%	40%	10%
정상	0.4	15%	15%	12%
불경기	0.3	−70%	−10%	14%

표 2-3 미래 투자수익률의 확률분포

고 하자.

먼저 투자대상들의 수익성 정도는 예상수익률의 확률분포에서 평균적인 수익률을 계산하여 평가한다. 미래 평균적으로 예상되는 수익률을 기대수익률(expected rate of return)이라고 하는데, 다음과 같이 각 상황별로 발생 가능한 수익률에 그 상황이 발생할 확률을 곱한 다음 이것의 합을 구하여 계산한다.

$$E(R) = \sum_{t=1}^{m} p_i \cdot r_i \tag{2-2}$$

단, $E(R)$: 기대수익률
　　p_i : i상황이 일어날 확률(m가지의 상황)
　　r_i : i상황에서 발생 가능한 수익률

주식 A, B, C의 기대수익률 $E(R)$은 다음과 같이 계산된다.

$$E(RA) = (0.3 \times 100\%) + (0.4 \times 15\%) + (0.3 \times -70\%) = 15\%$$
$$E(RB) = (0.3 \times 40\%) + (0.4 \times 15\%) + (0.3 \times -10\%) = 15\%$$
$$E(RC) = (0.3 \times 10\%) + (0.4 \times 12\%) + (0.3 \times 14\%) = 12\%$$

실제로 해당 기간이 지난 후 실현되는 수익률은 이러한 기대수익률과는 다른 것이 일반적이다. 따라서 기대수익률 자체보다는 이러한 기대수익률이 실제로 실현되지 않을 가능성인 위험을 고려해야 한다.

(3) 펀더멘털 분석법

과거의 자료를 바탕으로 하되 미래의 발생상황에 대한 기대치를 추가하여 수익률을 예측하는 방법이다. 과거의 시계열 자료를 토대로 각 자산별 리스크 프리미엄 구조를 반영하는 기법이다.

무위험 채권수익률을 추정한 후, 신용리스크와 잔존만기의 길이에 대한 리스크 프리미엄을 더해서 회사채에 대한 기대수익률을 추정한다. 무위험이자율에 주식 리스크 프리미엄을 더해서 주식의 기대수익률을 추정하는 방법으로 아래와 같은 방법으로 측정한다.

> 주식 기대수익률＝무위험이자율＋주식시장 위험 프리미엄

주식시장 위험 프리미엄은 주식시장의 평균기대수익률과 무위험증권의 평균수익률의 차이를 말한다. 무위험이자율은 3년 만기 국고채 수익률을 사용할 수 있다.

(4) 시장 공동 예측치 사용법

시장 참여자들 간에 공통적으로 가지고 있는 미래 수익률에 대한 추정치를 사용하는 방법이다. 채권의 기대수익률은 수익률 곡선에서 추정해내며, 주식의 기대수익률은 배당할인모형이나 현금흐름방법 등이 사용된다.

기대수익률 측정에 있어서 가장 큰 관심사는 주식자산에 대한 기대수익률이다. 자산배분에서 가장 큰 비중을 차지하고 있을 뿐 아니라, 가장 높은 변동성(위험)을 가지고 있기 때문에 주식의 기대수익률이 자산 포트폴리오 전체 수익률 변동에 가장 큰 영향을 주기 때문이다. 주식의 기대수익률을 측정하는 방법으로 ❶ 1/PER, ❷ 배당수익률＋EPS증가율 등이 사용되고 있다.

❶ 주식 기대수익률=1/PER : PER의 역수, 즉 수익주가배율을 주식의 기대수익률로 사용하는 경우임. 주당순이익(EPS)을 주가로 나눈 수익률로 주당순이익이 1,000원이고 주가가 10,000원인 경우 PER은 10배, 1/PER은 1÷10＝10%로 주식의 기대수익률은 10%가 됨

❷ 주식 기대수익률=배당수익률+EPS장기성장률 : 주식의 배당수익률과 EPS장기성장률의 합을 기대수익률로 사용하는 방법. 미래의 예측치를 사용한다는 점에서 기대수익률 측정에 가장 부합되는 방법이라 할 수 있음. ESP장기성장률은 미래 1년, 미래 3년 평균, 미래 5년 평균 등을 사용할 수 있으며, 자산배분 전략으로 전략적 자산배분일 경우는 3년 평균 또는 5년 평균을, 전술적 자산배분일 경우 미래 1년치를 사용하는 것이 바람직함

위험(Risk)

1 위험의 정의

모든 투자 자산집단들은 위험을 지니고 있다. 위험이란 미래의 불확실성 때문에 투자로부터 발생할 것으로 예상되는 손실의 가능성을 말한다. 위험은 미래 기대수익률의 분산 또는 투자수익의 변동 가능성, 기대한 투자수익이 실현되지 않을 가능성, 실제 결과가 기대예상과 다를 가능성을 지닌다. 투자로 인한 손실의 가능성은 투자로부터 예상되는 미래 기대수익률의 분산 정도가 클수록 커지게 된다.

위험의 정도는 계량적으로 그 투자로부터 예상되는 미래 수익률의 분산도(dispersion)로 측정될 수 있는데, 흔히 범위(range), 분산(variance), 표준편차(standard deviation), 변동계수(coefficient of variation) 등이 분산도의 측정에 이용되고 있다.

$$범위 = 최대치 - 최소치 \qquad\qquad (2-3)$$
$$분산(\sigma^2) = \sum [r_i - E(R)]^2 \cdot p_i \qquad\qquad (2-4)$$
$$표준편차(\sigma) = \sqrt{\sum [r_i - E(R)]^2 \cdot p_i} \qquad\qquad (2-5)$$
$$변동 \ 계수(CV) = \sigma/E(R) \qquad\qquad (2-6)$$

2 위험의 측정

위험을 측정하는 합리적인 방법은 분산 혹은 표준편차를 이용하는 것이다. 분산은 발생 가능한 수익률의 평균수익률로부터의 편차의 제곱들을 평균한 값으로 변동성의 크기를 측정한 것이다.

식 (2-2)의 예로부터 주식 A, B, C의 위험(분산)은 다음과 같이 측정된다.

표 2-4 **미래 투자수익률의 확률분포**

상황	확률(pi)	주식 A	주식 B	주식 C
호경기	0.3	100%	40%	10%
정상	0.4	15%	15%	12%
불경기	0.3	−70%	−10%	14%

$$\sigma_A{}^2 = (1.0-0.15)^2 \cdot 0.3 + (0.15-0.15)^2 \cdot 0.4 + (-0.7-0.15)^2 \cdot 0.3$$
$$= (0.6584)^2$$
$$\sigma_B{}^2 = (0.4-0.15)^2 \cdot 0.3 + (0.15-0.15)^2 \cdot 0.4 + (-1.0-0.15)^2 \cdot 0.3$$
$$= (0.1936)^2$$
$$\sigma_C{}^2 = (0.10-0.12)^2 \cdot 0.3 + (0.12-0.12)^2 \cdot 0.4 + (0.14-0.12)^2 \cdot 0.3$$
$$= (0.0155)^2$$

여기서 주식 A와 B를 비교하면 주식 A의 투자위험이 주식 B보다 높은 것을 알 수 있다. 두 주식의 기대수익률($E(R)$)은 동일하지만, 투자위험은 주식 A가 높으므로 주식 B가 우월한 투자대상이 된다.

위험을 분산 혹은 표준편차로 측정하였을 때, 그 의미는 무엇인가? 투자결정의 기준으로 평균기대수익률과 분산만을 고려한다는 것은 수익률의 확률분포가 정규분포인 것을 가정한 것이다. 〈그림 2-1〉은 주식 A와 B를 정규분포를 가정하여 나타낸 것이다. 여기서 표준 정규분포(표준 정규분포값 $Z=$[관찰치값−평균]/(표준편차))를 적용하면 (평균) $\pm 1 \cdot$(표준편차)의 구간에 있을 확률은 68.27%이다.

왜냐하면 표준 정규분포에 의하면 $Z=1, 2, 3$에 대하여 다음과 같은 신뢰구간을 갖기 때문이다.

$$(평균) \pm 1 \cdot (표준편차) : 68.27\%$$
$$(평균) \pm 2 \cdot (표준편차) : 95.54\%$$
$$(평균) \pm 3 \cdot (표준편차) : 99.97\%$$

예를 들어, 주식 B의 경우(기대수익률$=15\%$, 표준편차$=19.4\%$)는 $15\% \pm 19.4\%$의 구간, 즉 투자수익률이 $-4.4\% \sim 34.4\%$일 확률이 68.27%임을 뜻한다. 따라서 수익률이 -4.4%

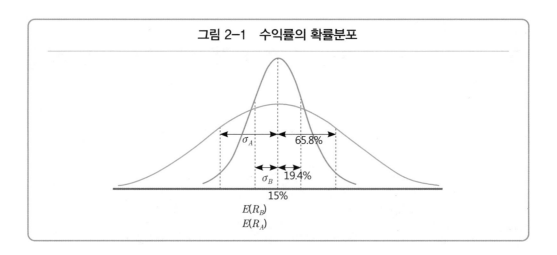

그림 2-1 수익률의 확률분포

이하로 얻어질 가능성은 약 16%, 즉 6번 중에 1번쯤 될 수 있음을 의미한다.

section 05 자산배분 실행

1   자산배분 FLOW

자산배분과정은 계획(Plan), 실행(Do), 평가(See)의 3단계 활동이 긴밀하게 연결되어 있는 의사결정체계이다. 자산배분이란 다음과 같은 기능을 지속적으로 반복하는 과정이라고 할 수 있다.

❶ 고객의 투자목적, 제약조건, 선호도 인식 등을 파악하고 가공하여 투자정책(Investment Policy)을 명확화

❷ 경제, 사회, 정치, 산업, 기업의 상황의 변화에 따른 자본시장을 예측하여 자산집단의 기대수익률과 위험을 측정, 자산배분 전략 수립의 기초자료로 사용

❸ 고객의 성향과 자본시장의 예측치를 결합하여 최적의 자산배분 결합. 자산배분 전략을 실행하기 위해서는 전략적 자산배분 전략과 전술적 자산배분 전략 중 최

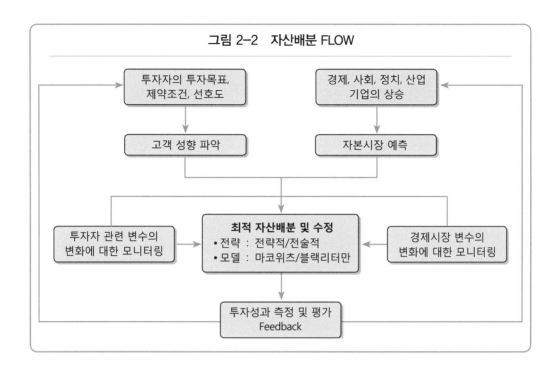

그림 2-2 자산배분 FLOW

적의 전략을 선택하여야 하며, 자산배분을 과학적으로 하여 자산집단 간의 투자
비중을 정하기 위한 자산배분모델을 택해야 함

❹ 시장 상황, 자산의 상대적 가치, 투자자 환경 등을 감시(Monitoring)변수에 대한 중
요한 변화가 발생하였을 때 이를 반영하여 자산배분 리밸런싱 또는 업그레이딩
실시

❺ 자산배분전략에 따라 투자를 집행하며, 주기적으로 투자성과를 측정하고 평가

2 고객 성향 파악

고객의 특성을 파악하여 투자정책을 수립하는 과정을 의미한다. 투자정책(Investment
Policy)이란 투자자가 원하는 투자지침에 따라 자산배분을 시행하는 것을 의미하며 고객
과 운용대상 및 운용방법에 대해 사전에 명확히 하여야 한다.

고객 성향 파악을 위해서는 고객 요구사항을 파악하는 과정을 좀 더 표준화하고 효과
적으로 만들어야 하므로 고객 질문서, 대화방법 등을 이용하여야 한다.

고객 성향을 파악하기 위해서는 투자목표, 자산운용의 제약요건, 선호도 등에 대한

정보가 필요하며, 자산배분 전에 고객과 사전에 명확히 하여야 한다.

3   자본시장 예측

"자본시장 예측"은 자본시장에 대하여 예측함으로써 자산배분 전략 수립 시 기초자료로 사용하는 기능을 의미한다.

자본시장 예측은 회사 내 리서치팀에 의해 수행되며, 만약 회사 내부에 독자적인 리서치팀이 없다면 외부의 경제연구소나 증권사의 리서치센터를 통해 리서치 자료를 수집하여 사용한다.

자본시장 예측은 투자자산에 영향을 주는 각종 경제상황과 경제변수(경기, 금리, 환율, 원자재 가격 등)들을 규명하여, 자산집단의 기대수익률에 영향을 주는 변수들을 규명하고 미래 수익률을 예측하거나 변수 간의 상관관계를 파악하는 활동을 의미한다.

또한 예측의 정확성을 제고하기 위해 국내뿐만 아니라 해외 경제나 산업에 관해서도 정보가 필요하며, 사전적으로 정보수집과 투자분석의 과정이 필요하다.

4   최적 자산배분 및 수정

투자목표를 달성하기 위하여 주식(국내, 해외), 대안투자(부동산 REITs, 곡물, 원자재 등 실물펀드), 채권, 예금, 현금성자산 등에 투자자금을 어떻게 배분할 것인가 하는 자산배분에 관한 투자전략이 마련되어야 한다. 이 같은 투자전략의 수립에는 자산배분 집단의 선정기준, 자산배분을 위한 투자전략의 선택, 투자전략을 달성하는 데 필요한 모델 선정 또는 구축, 분산투자의 상하한선이 설정될 필요가 있다.

(1) 투자전략 기준 선택

다음으로는 이미 설정된 투자목표를 현실화시킬 수 있는 전략을 수립해야 한다. 투자전략에는 소극적 투자관리기법과 적극적 투자관리기법이 활용되고 있다. 적극적 투자관리의 방법을 '전술적 자산배분 전략'이라 하며, 증시가 비효율적인 것을 전제로 하여 과소 혹은 과대 평가된 증권에 투자하여 일정한 위험 수준에 상응하는 투자수익 이상의 초과수익을 추구하는 단기적인 투자관리를 말한다. 반면에 소극적 투자관리의 방법을 '전략적 자산배분 전략'이라 하며, 증시가 효율적인 것을 전제로 하여 시장 평균 수준의 투자수익을 얻거나 투자위험을 최소화하고자 하는 중장기 투자관리방법이다. 각각의 입장에서 자산배분과 자산집단 중 투자자산을 구체화시키는 과정이다.

어떠한 투자관리방법을 선택할 것인가는 증시의 효율성에 대한 인식과 ① 위험부담의 정도, ② 정보수집·분석의 노력과 비용부담의 정도, ③ 타이밍의 고려 정도에 달려있다고 할 수 있다.

(2) 자산배분 모델 선정

결정된 자산집단과 구체적인 투자자산의 투자비중을 결정하는 과정이 필요하다. 기대수익률과 위험, 상관관계 등을 이용하여 최종 투자비중을 결정할 때 일관성과 객관성을 유지하기 위해서는 모델을 이용하는 것이 편리하다. 현재 많이 활용되고 있는 모델로는 마코위츠의 평균-분산 모델과 블랙리터만의 자산배분 모델을 이용하고 있다.

(3) 자산배분 전략 수정

자산배분 전략 수정(Asset allocation revision)이란 자산 포트폴리오를 구성한 후 미래 투자상황에 대한 예측이 잘못되었거나, 새로운 상황 전개로 인하여 기존 자산배분 포트폴리오를 변경하게 되었을 때, 보다 바람직한 방향으로 포트폴리오를 개편하여 나가는 것을 말한다.

새로운 상황의 전개란 경제 외적 여건의 급격한 변화나 고객의 재무목표의 변화가 생긴 것을 말한다. 이러한 일이 벌어지면 처음에 예상했던 기대수익과 위험에 변화가 있게 되므로 원하는 기대수익과 위험에 상응하는 자산배분을 수정해나가야 한다. 수정하는 방법에는 리밸런싱과 업그레이딩의 두 가지가 있다.

❶ 리밸런싱 : 리밸런싱(rebalancing)의 목적은 상황 변화가 있을 경우 자산 포트폴리오가 갖는 원래의 특성을 그대로 유지하고자 하는 것임. 주로 자산집단의 상대가격의 변동에 따른 투자비율의 변화를 원래대로의 비율로 환원시키는 방법을 사용

❷ 업그레이딩 : 새로운 상황 전개는 기존 자산 포트폴리오의 기대수익과 위험에 영향을 주므로 자산집단의 매입·매각을 통해서 업그레이딩을 행하여야 함. 업그레이딩(upgrading)은 위험에 비해 상대적으로 높은 기대수익을 얻고자 하거나, 기대

수익에 비해 상대적으로 낮은 위험을 부담하도록 자산 포트폴리오의 구성을 수정하는 것임. 많은 경우 높은 성과를 지닌 자산을 식별하는 것보다 큰 손실을 가져다 주는 자산을 식별하여 그 자산을 포트폴리오에서 제거하는 방법을 사용하기도 함

5 투자변수에 대한 모니터링

고객의 성향과 자본시장의 예측은 고정되어 있는 것이 아니라 시간이 지남에 따라 변하게 되어 있다. 고객의 환경변화로 투자목표, 제약요건, 선호도가 달라진다. 경제환경, 산업, 기업의 여건도 끊임없이 변한다. 끊임없이 변화하는 고객의 성향과 자본시장의 여건 변화를 자산배분 전략에 반영하는 노력이 필요하다.

단기적인 상황 변화에 대응한 잦은 전략 변경은 거래비용이 발생할 뿐만 아니라, 초과 수익의 기회를 놓칠 위험도 존재한다. 따라서 투자변수의 변화에 따른 모니터링은 지속적으로 하되, 전략에 대한 실제 반영은 자산배분 전략 시 채택한 전략적 자산배분 전략 또는 전술적 자산배분 전략에 따른다. 즉 전략적 자산배분을 채택한 경우 3년간의 중장기적 관점에서 접근하며, 대개 6개월의 간격을 두고 전략을 반영한다. 전술적 자산배분 전략을 채택한 경우 1개월 단위로 고객과 자본시장의 변화를 자산배분에 반영하는 것이 바람직하다.

6 투자수익률 계산

운용자산의 수익률은 기초 대비 기말의 가치 변화를 기초가치로 나누어 계산한다. 그러나 계산기간 도중에 투자자금이 증가하거나 감소하면 자산의 가치변화와 실제 투자 성과와 다르게 된다. 이러한 문제점을 극복하기 위해 금액가중 수익률과 시간가중 수익률이라는 두 가지 방법이 개발되어 사용되고 있으며 수익률 계산은 시간가중 수익률을 사용하는 것을 원칙으로 하고 있다.

1) 금액가중 수익률

금액가중 수익률(dollar-weighted rate of return)은 투자자가 얻은 수익성을 측정하기 위하

여 사용한다. 금액가중 수익률은 측정기간 동안 얻은 수익금액을 반영하는 성과지표이다. 수익금액은 자금운용자의 투자판단뿐만 아니라 투자자의 판단, 즉 운용자산에 추가로 투자하거나 인출하는 시점과 규모에 의해서도 결정된다. 금액가중 수익률은 자금운용자와 투자자의 공동의 노력의 결과로 나타나는 수익률 효과가 혼합되어 있는 것이다. 이것은 자금운용자의 성과를 측정하는 데 사용되는 시간가중 수익률과 구분된다.

1기간 동안 운용자산의 순자산가치가 변화한 경우의 수익률(rate of return)은 다음 식으로 나타낼 수 있다.

$$수익률(R) = \frac{MV_1 - MV_0}{MV_0}$$

MV_0 : 기간 초 펀드의 순자산가치

MV_1 : 기간 말 펀드의 순자산가치

위 식을 정리하면 $MV_0 = \dfrac{MV_1}{(1+R)}$ 이 된다. 이 식은 미래의 순자산가치를 수익률로 할인하면 현재의 순자산가치와 일치한다는 것을 의미한다. 기간초의 순자산가치를 투자행위의 하나로 생각하고 기간 말의 순자산가치를 하나의 수익으로 생각하여 일반화하면, 펀드에 투자한 현금흐름의 현재가치와 펀드로부터의 수익의 현재가치를 일치시키는 할인율이 수익률이라는 것이다.

이러한 관점에서 계산한 수익률을 내부수익률(IRR : Internal Rate of Return)[1]이라고 하는데, 이 수익률은 기간별로 투자된 금액과 관련되어 있으므로 금액가중 수익률[2]로도 불린다. 이를 수식으로 정확하게 표현하면 다음 식의 'r'이 금액가중 수익률이 된다. 즉, 각 기간별로 현금유입액에서 현금유출액을 차감한 순현금흐름(CFt)을 할인하여 합산한 값을 0으로 만드는 할인율이 총기간의 금액가중 수익률이 된다.

$$금액가중 수익률(r) : \sum_{t=0}^{T} \frac{CF_t}{(1+r)^{t/T}} = 0$$

CF_t = t기 동안의 순현금흐름(현금유입−현금유출)

T = 세부기간 수

구체적으로 다음과 같은 사례를 들어보자. 0기말에 최초의 투자자금인 50,000원으로

---

1 기간을 일정하게 구분(예: 월간)한 전통적인 방법과 구분해서, 현금유출입이 발생한 모든 시점을 구분하여 계산한 방법을 수정 내부수익률(modified IRR)이라고 부르기도 한다.

2 금액가중 수익률은 세부 기간별 수익률을 (세부기간의 길이×투자금액)으로 가중한 수익률과 거의 같은 값을 갖는다.

주식을 1주 매입하여 포트폴리오를 구성하고, 1기 말에 1,000원의 현금배당금을 수령하였다. 또한 1기 말에 60,000원의 자금이 추가적으로 유입되었으며 이 자금으로 동일한 주식을 1주 더 매입하고, 2기 말에 총보유주식 2주에 대해 1,500원의 현금배당금을 수령하고 주식을 모두 매각하여 160,000원의 현금을 수령하였다.

표 2-5	금액가중 수익률 계산 사례					
시점 (기간 말)	펀드자금 증감	펀드규모	1주당 시장가격	1주당 배당금	총배당금	펀드 내 주식 수
0	+50,000	50,000	50,000	0	0	1
1	+60,000	110,000	60,000	1,000	1,000	2
2	−160,000	0	80,000	750	1,500	0

이와 같은 사례에서 금액가중 수익률을 계산하면 다음과 같다.

$$50,000 + \frac{60,000}{(1+R)^{1/2}} = \frac{1,000}{(1+R)^{1/2}} + \frac{(1,500+160,000)}{(1+R)^{2/2}}$$

(현금유출액 : 주식 매입＝현금유입액 : 배당금+주식 매각액)

$$-50,000 + \frac{1,000-60,000}{(1+R)^{1/2}} + \frac{(1,500+160,000)}{(1+R)^{2/2}} = 0$$

위 수식을 풀면 할인율(R)은 약 69.41%가 된다. 이 할인율이 전체 기간(이 예에서는 2기간) 동안의 금액가중 수익률로 계산한 총수익률이다.

금액가중 수익률을 자금운용자의 능력을 평가하는 지표로 사용하기에는 몇 가지 문제가 있다. 금액가중 수익률은 최초 및 최종의 자산규모, 자금의 유출입 시기에 의해 영향을 받는다. 그런데, 현금 유입과 유출의 시점 및 규모는 자금운용자가 결정할 수 없으며 투자자가 직접 결정하는 것이 일반적이기 때문에, 금액가중 수익률은 자금운용자의 의사결정 이외의 변수에 영향을 받는다. 금액가중 수익률은 총운용 기간 동안 단 한 번 계산되고 시장수익률을 측정하는 방식과도 차이가 있기 때문에, 운용기간 도중 각 시점별로 투자성과와 시장수익률을 비교하기도 어렵다. 따라서 금액가중 수익률은 자금운용자의 능력을 평가하는 지표로는 적합하지 않다(단, 캐피탈콜 방식으로 투자가 이루어지는 경우에는 자금운용자가 현금흐름 유출입을 결정하므로 예외이다). 그러나 투자자가 실제로 획득한 수익을 투자기간을 고려하여 측정하는 데에는 가장 정확한 것으로 알려져 있다.

2) 시간가중 수익률(time-weighted rate of return)

시간가중 수익률은 자금운용자가 통제할 수 없는 투자자금의 유출입에 따른 수익률 왜곡현상을 해결한 방법으로 자금운용자의 운용능력을 측정하기 위하여 사용된다. 시간가중 수익률은 총투자기간을 세부기간으로 구분하여 세부기간별로 수익률을 계산한 다음 세부기간별 수익률을 기하적으로 연결하여 총수익률을 구한다. 세부기간이 짧을수록 수익률 왜곡현상은 감소하는데, 1일 단위로 세부기간을 구분하여 수익률을 측정하는 것을 순수한 시간가중 수익률 이라고 부르며, 이를 Daily Valuation Method라고도 한다. 순수한 시간가중 수익률을 계산하기 위하여 반드시 일별로 수익률을 측정할 필요는 없으며 자금의 유출입이 발생한 시점별로 구분하여 수익률을 측정하여도 순수한 시간가중 수익률을 얻을 수 있다. 세부기간을 주간이나 월간으로 설정함으로써 순수한 시간가중 수익률과 차이가 나는 방법을 시간가중 수익률과 구분하여 근사적 시간가중 수익률(approximation of time-weighted rate of return)로 구분하기도 한다. 펀드의 경우 투자 단위당 순자산가치를 매일 계산하여 발표하는 것이 일반적인데, 이것을 기준 가격이라고 부른다. 이 기준 가격의 변화율은 시간가중 수익률과 동일하기 때문에, 기준 가격[3]은 시간가중 수익률을 지수화한 것으로 볼 수 있다.

만약 어느 펀드에서 수익률을 측정하는 대상 기간 동안 n번의 자금유출입이 발생한 경우 시간가중 수익률은 다음 공식과 같이 계산된다.

시간가중 수익률(TWR)

$$= \left[\frac{V_1}{V_0 + C_1} \times \frac{V_2}{V_1 + C_2} \times \frac{V_3}{V_2 + C_3} \times \cdots \times \frac{V_n}{V_{n-1} + C_n} \right] - 1$$

$$= \left[(1 + R_1)(1 + R_2)(1 + R_3) \cdots (1 + R_n) \right] - 1$$

$$= \prod_{t=1}^{n} (1 + R_t) - 1$$

V_t=t기말의 펀드 가치, C_t=t기의 순현금흐름액, R_t=t기의 수익률

---

3 대부분의 펀드는 설정일로부터 1년 단위로 펀드의 투자실적을 확정하는 결산을 하게 된다. 이익분배 및 수익증권 재투자 형태로 이루어지게 되는데 이때 펀드의 기준 가격은 일반적으로 최초 기준 가격으로 환원되나 반드시 그렇게 되는 것은 아니다. 만약 기준가격 조정이 있게 되면 수익률을 산출할 경우에 이와 관련한 분배율을 반드시 고려하여야 한다. 기준가 외에 수정기준가격이 추가로 산출되기도 하는데 이는 분배율을 고려한 총누적수익률 정보를 제공한다.

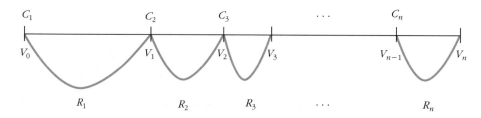

즉, 운용 도중 발생한 현금유출입 C_1, C_2, …, C_n으로 인한 수익률 왜곡현상을 없애기 위해, 현금유출입이 발생할 때마다 수익률을 계산한 다음, n개의 세부기간 수익률을 연속적으로 연결한다.

앞에서 금액가중 수익률을 계산할 때 사용한 동일한 예를 기초로 현금유출입이 발생한 시점별로 수익률을 계산한 뒤 이를 기하적으로 연결하는 시간가중 수익률을 계산하면 다음과 같다.

| 표 2-6 | 시간가중 수익률 계산 사례 | | | | | | |

시점 (기간 말)	펀드자금 증감	1주당 시장가격	주당배당금	총배당금	펀드 내 주식 수	펀드 수익률
0	+50,000	50,000	0	0	1	−
1	+60,000	60,000	1,000	1,000	2	22.00%
2	−160,000	80,000	750	1,500	0	34.58%

1기간의 수익률 : $(1,000+60,000)/50,000-1=22.00\%$

2기간의 수익률 : $(1,500+160,000)/120,000-1=34.58\%$

따라서 시간가중 수익률로 계산한 총수익률은 $(1+0.22)\times(1+0.3458)-1=0.6419$, 즉 64.19%이다. 이렇게 각 세부기간별 수익률을 곱하여 연결하는 방법을 기하적 연결(geometric linking)이라고 한다.

3) 수익률 측정시 고려사항

❶ 평균 수익률 : 동일한 기간에 대해 측정한 T개의 수익률을 기초로 평균 수익률을 계산하는 방법으로는 기하평균(geometric mean)과 산술평균(arithmetic mean) 두 가지가 있다. 산술 평균 수익률은 항상 기하평균 수익률보다 크거나 같으므로 양자를 목적에 맞게 사용해야 한다.

$$산술평균\ 수익률 = \frac{R_1 + R_2 + \cdots + R_T}{T}$$

$$기하평균\ 수익률 = \sqrt[T]{(1 + R_1)(1 + R_2) \cdots (1 + R_T)} - 1$$

만약 과거 T년 동안의 연도별 수익률을 사용하여 연평균 수익률을 산출하려면 기하평균 수익률을 사용하는 것이 바람직하다. 그리고 연도별 예상 수익률을 추정하려는 목적으로는 산술평균 수익률이 더 적합하다. 〈표 2-6〉의 예를 이용하여, 단위기간의 평균 수익률을 계산하면 다음과 같다.

산술평균 수익률 : $(22.00\% + 34.58\%)/2 = 28.29\%$

기하평균 수익률 : $\sqrt{(1 + 0.2200)(1 + 0.3458)} - 1$
$$= 28.14\%$$

❷ 연환산 수익률(annualized return) : 측정기간이 1년이 아닌 수익률을 연간 단위로 환산한 것을 연환산 수익률이라고 한다. 그러나 분기 또는 월 수익률과 같이 1년 미만의 수익률을 연율화하면 수익률이 확대되어 표현되므로 불공정행위가 될 수 있으며, 단기간의 수익률 변동을 감안하지 못한 점을 비난받을 수 있다. 특히, 주식형 펀드처럼 수익률 변동이 심한 펀드의 경우 수익률의 연율화는 바람직하지 못하며, GIPS®에서는 기간이 1년 미만인 수익률은 연율로 표기하지 말 것을 요구하고 있다.

❸ 계산사례 : 1분기 중 다음과 같은 수익률을 달성한 경우 분기 총수익률은,

1월: +3.06%, 2월: −1.95%, 3월: +5.01%

1분기 시간가중 수익률 = $(1.0306 \times 0.9805 \times 1.0501) - 1 = 0.0611$

모두 4개 분기 동안 수익률이 다음과 같다면 연수익률은 다음과 같이 계산된다.

1분기: +6.11%, 2분기: +4.06%, 3분기: −3.54%, 4분기: +2.95%

연수익률(시간가중 수익률) = $(1.0611 \times 1.0406 \times 0.9646 \times 1.0295) - 1 = 0.0965$

모두 8개 분기(2년간) 수익률이 다음과 같다면 연평균 수익률은 다음이 된다.

1분기: +6.11%, 2분기: +4.06%, 3분기: −3.54%, 4분기: +2.95%

5분기: +8.34%, 6분기: +5.20%, 7분기: −1.95%, 8분기: +4.86%

총수익률(시간가중 수익률) $= (1.0611 \times 1.0406 \times 0.9646 \times 1.0295 \times 1.0834 \times$

$1.0520 \times 0.9805 \times 1.0486) - 1 = 0.284919$

연평균 수익률(기하평균 수익률) $= \sqrt{1 + 0.284919} - 1 = 0.1335$

chapter 03

자산배분 전략의 종류

section 01 전략적 자산배분 전략

1 정의

전략적 자산배분(Strategic Asset Allocation : SAA)은 투자목적을 달성하기 위해 장기적인 포트폴리오의 자산구성을 정하는 의사결정이다. 이 전략은 묵시적으로 투자자의 투자기간 중 기본적인 가정이 변화하지 않는 이상 포트폴리오의 자산구성을 변경하지 않는 매우 장기적인 의사결정이다. 구체적으로 전략적 자산배분이란 장기적인 자산구성비율과, 중기적으로 개별 자산이 취할 수 있는 투자비율의 한계(boundary)를 결정하는 의사결정을 뜻한다. 장기적인 자산구성의 결정은 투자자의 투자목적과 제약조건을 충분하게 반영하여 이루어져야 한다.

(1) 효율적 투자기회선

전략적 자산배분은 포트폴리오 이론에 토대를 두고 있다. 포트폴리오 이론은 여러 자산에 분산투자 시 구성자산들의 평균 위험보다 포트폴리오 위험이 낮아진다는 점에 근거를 두고 있다.

정해진 위험 수준 하에서 가장 높은 수익률을 달성하는 포트폴리오를 효율적 포트폴리오라 부르며, 여러 개의 효율적 포트폴리오를 수익률과 위험의 공간에서 연속선으로 연결한 것을 효율적 투자기회선이라 한다. 재산배분에서는 개별 증권보다 자산집단을 대상으로 의사결정을 해야 하기 때문에 투자론에서 말하는 효율적 투자기회선과 달리 자산집단의 기대수익률과 위험을 말한다.

(2) 최적화 방법의 문제점

최적화는 일정한 위험 수준 하에서 최대의 기대수익률을 달성하도록, 일정한 기대수익률하에서 최소의 위험을 부담하는 자산 포트폴리오를 구성하는 것을 말한다.

현실적으로 진정한 효율적 투자기회선을 규명하는 것은 어렵다. 그 이유는 기대수익률, 기대표준편차, 기대자산 간 상관관계 등의 통계 추정치의 오류와 추정 오차로 인하여 몇몇 자산집단에 과잉 또는 과소 투자가 이루어질 뿐만 아니라 비효율적인 포트폴리오가 구성되기 때문이다.

전략적 자산배분에서 최적 포트폴리오는 이론적으로는 위험-수익 최적화 방법을 사용하지만, 일반적으로 여러 가지 주관적인 방법을 동시에 사용하는 경향이 있다. 구체적으로 전략적 자산배분의 경우 다음과 같이 4가지 방법을 적용할 수 있다.

(1) 시장가치 접근방법

여러 가지 투자자산들의 포트폴리오 내 구성비중을 각 자산이 시장에서 차지하는 시가총액의 비율과 동일하게 포트폴리오를 구성하는 방법이다. 이 방법은 CAPM이론에 의해 지지되지만 소규모의 자금으로 포트폴리오를 구성하는 경우에는 시장 균형 포트폴리오 형성이 어렵기 때문에 적용하기에 부적절하다.

(2) 위험 – 수익 최적화 방법

기대수익과 위험 간의 관계를 고려하여, 동일한 위험 수준 하에서 최대한으로 보상받을 수 있는 지배원리(dominance principle)에 의하여 포트폴리오를 구성하는 방법이다. 기대수익과 위험을 축으로 하여 효율적 투자곡선(efficient frontier)을 도출하고, 효율적 투자곡선과 투자자의 효용함수가 접하는 점을 최적 포트폴리오(optimal portfolio)라고 하며, 이를 전략적 자산배분으로 간주하는 것이다. 이 방법은 매우 엄밀한 도출과정을 거치며 다양한 활용이 가능하지만, 입력 변수의 수준 변화에 지나치게 민감하다는 단점이 존재한다.

(3) 투자자별 특수상황을 고려하는 방법

운용기관의 위험, 최소 요구수익률, 다른 자산들과의 잠재적인 결합 등을 고려하여 수립하는 투자전략이다. 특정 법칙으로 정형화되기보다는 투자자의 요구사항을 고려할 수 있는 다양한 방법이 존재한다.

(4) 다른 유사한 기관투자가의 자산배분을 모방

연기금, 생명보험, 투자신탁 등의 기관투자가들의 시장에서 실행하고 있는 자산배분을 모방하여 전략적 자산구성을 하는 방법이다. 상당히 많은 경우 전략적 자산배분의 출발점으로 타 기관투자가의 자산배분을 참고로 하고 있기 때문에 보편화되어 있는 방법이다.

4 실행 과정

만약 투자자는 투자자산의 과대 또는 과소 평가 여부를 판단할 수 없다면 최초 수립된 투자전략에 의한 투자자산구성을 그대로 유지해야 한다. 전략적 자산배분이란 중단기적인 자산구성으로 인한 투자성과의 저하를 방지하고, 지나치게 단기적인 시장 상황에 의존하는 투자전략으로부터 발생하는 위험을 사전적으로 통제하기 위한 전략이다.

　그러나 투자자가 각 투자자산의 가치가 균형 가격에서 벗어나 있다는 사실을 인식하면 구성자산에 대한 투자비중을 적극적으로 조정해 나가는 전략(전술적 자산배분)을 수행할 수 있다. 전략적 자산배분의 실행 과정을 그림으로 표현하면 〈그림 3-1〉과 같다.

　〈그림 3-1〉에서 점선으로 단절된 부분 ①과 ②는 전략적 자산배분의 기본 취지에 의해 매우 중요한 의미가 있다. ① 부분이 단절된 이유는 전략적 자산배분에서는 장기적인 자본시장 예측치를 사용하므로 중단기적으로는 자산의 기대수익률, 위험, 상관관계가 일정하다고 가정하기 때문이다. 즉 장기적인 투자를 지향하므로 단기적인 시장상황 변화에 무관한 자산구성을 정하며, 최적 포트폴리오를 구성할 때 사용한 각종 자료는 시장 상황의 변화에도 불구하고 재조정하지 않는다.

　② 부분이 단절된 이유는 자본시장에 대한 각종 변수들에 대한 추정치가 고정적이므로, 자본시장 상황의 변화에 따른 투자자의 위험 허용 정도의 변화가 없다고 가정하기 때문이다. 즉, 투자자들의 심리구조상 기금 수익률의 상승과 하락에 따라 위험선호도가 변화할 수밖에 없지만, 전략적 자산배분에서는 투자자 위험선호도의 단기적인 변화를 반영시키지 않는다.

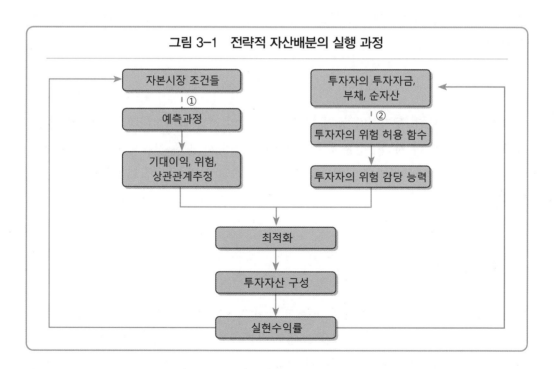

그림 3-1　전략적 자산배분의 실행 과정

전술적 자산배분 전략

1 정의

전술적 자산배분(Tactical Asset Allocation : TAA)이란 시장의 변화 방향을 예상하여 사전적으로 자산구성을 변동시켜 나가는 전략이다. 이는 저평가된 자산을 매수하고, 고평가된 자산을 매도함으로써 펀드의 투자성과를 높이고자 하는 전략이다.

즉 전략적 자산배분의 수립 시점에서 세웠던 자본시장에 관한 각종 가정들이 변화함으로써 자산집단들의 상대적 가치가 변화하는 경우, 이러한 가치 변화로부터 투자이익을 획득하기 위하여 일정기간별(분기, 월, 주간)로 자산구성을 변경하는 적극적인 투자전략이다.

그러나 펀드운용자가 투자자산의 과대 또는 과소 평가여부를 판단할 수 없다면, 최초 수립된 투자전략에 의한 투자자산 구성, 즉 전략적 자산배분을 유지해야 한다. 단지 펀드운용자가 각 투자자산의 가치가 균형 가격에서 벗어나 있다는 사실을 정확하게 평가할 수 있다면, 해당 의사결정을 내린 자산운용자의 책임하에 구성자산에 대한 투자비중을 적극적으로 조정해 나갈 수 있다. 참고로, 각 자산운용기관에서 이러한 의사결정자를 주로 전략가(strategist)라고 부르며, 주로 운용담당 이사, 부장 또는 팀장들이 해당된다. 일부 회사에서는 전술적인 자산배분을 운용전략팀 등의 별도 조직 또는 협의체를 활용하여 실행하기도 한다.

2 이론적 배경

전술적 자산배분이란 전략적 자산배분에 의해 결정된 포트폴리오를 투자전망에 따라 중단기적으로 변경하는 실행 과정이다. 주로 분기, 월과 같은 기간을 단위로 주식이나 채권에 대한 투자가치를 추정하여, 각 자산들의 미래수익률을 비교하여 투자유망성을 판단함으로써 전략적 자산배분에 의해 결정된 포트폴리오의 자산구성비율을 변경한다.

따라서 전술적 자산배분이란 이미 정해진 자산배분을 운용담당자의 자산 가격에 대한 예측하에 투자비중을 변경하는 행위이며, 이는 중단기적인 가격 착오(mis-pricing)를 적극적으로 활용하여 고수익을 지향하는 운용전략의 일종이다.

자산배분의 변경으로 인한 운용성과의 변화는 해당 의사결정자가 책임져야 한다. 실행시에는 현물자산을 직접 매매할 수 있지만, 신속한 실행과 거래비용의 절감을 위해 주가지수선물과 같은 파생상품을 사용하기도 한다.

자산 가격은 단기적으로 빈번하게 균형 가격(equilibrium price) 또는 적정가치(fair value)에서 벗어날 수 있지만 중장기적으로 균형 가격으로 복귀한다는 가정을 이용하는 투자전략이다.

따라서 전술적 자산배분은 균형 가격의 산출에서 출발해야 한다. 어떤 자산집단의 가격이 과소 또는 과대평가되었다는 사실을 판단하기 위해서는 해당 자산집단의 기대수익에 영향을 주는 변수들에 대한 예측이 요구된다. 하지만 정확한 균형 가격을 산출해내기보다는 균형 가격의 변화 방향성을 추정하는 것과 다른 자산과의 상대적인 가격비교가 중요한다.

그러나 자산집단의 균형 가격은 어떠한 모형이나 이론으로도 규명되기 어려우므로, 전술적인 자산배분이란 주관적인 가격 판단을 활용하는 경우도 많다.

(1) 역투자전략

전술적 자산배분 전략은 본질적으로 역투자전략이다. 시장 가격이 지나치게 올라서 내재가치 대비 고평가되면 매도하고, 시장 가격이 지나치게 하락하여 내재가치 대비 저평가되면 매수하는 운용방법이다. 시장 가격이 상승하면 매도하고, 시장 가격이 하락하면 매수하여 시장 가격의 움직임과 반대의 활동을 하게 되므로 역투자전략이라 한다.

전술적 자산배분 전략은 내재가치와 시장 가격 간의 비교를 통해서 실행이 되는데 내재가치는 중장기적인 변화과정을 보일 뿐만 아니라 변동성이 낮은 반면, 시장 가격은 변동성이 높아 역투자전략이 용이하다.

(2) 증권시장의 과잉반응 현상

증권시장은 주기적으로 버블과 역버블의 과정이 반복되며 자산집단의 가치가 과대평가 또는 과소평가된다. 전술적 자산배분 전략은 새로운 정보에 대해 지나치게 낙관적이거나 비관적인 반응으로 인하여 내재가치로부터 상당히 벗어나는 가격 착오 현상인 과잉반응을 활용하는 전략을 말한다.

3 실행 과정

전술적 자산배분의 실행 과정은 자산집단의 가치를 평가하는 활동과 가치판단의 결과를 실제 투자로 연결할 수 있는 위험 허용 여부로 나누어진다.

(1) 가치평가과정

전술적 자산배분 전략은 자본시장의 변화가 자산집단의 기대수익률과 위험에 영향을 준다고 믿는다. 따라서 자산집단 간의 기대수익률 변화, 즉 내재가치 변화를 추정하는 가치평가기능이 중요하다. 전술적인 자산배분은 자산집단의 기대수익률, 위험, 상관관계의 변화를 중기적으로 계속하여 예측하므로 예측기능을 매우 강조한다.

(2) 투자위험 인내과정

전술적 자산배분 전략은 투자자의 위험 허용치는 포트폴리오의 실현수익률이라는 상황 변화에 영향받지 않는다고 가정한다. 전술적 자산배분의 초점은 자산집단 간의 상대적 수익률 변화에 대한 예측이며, 시장 가격의 상승과 하락에 관계없이 저평가된 자산집단의 매수, 고평가된 자산집단의 매도를 지향한다. 그러나 실제로는 시장 가격의 상승으로 실현수익률이 높아지면 투자자의 위험 허용도를 증가시켜 낙관적인 투자자세를 가지게 된다. 반대로 시장 가격이 하락하면 실현수익률이 축소되면서 투자자의 위험 허용도도 동시에 줄어드는 것이 일반적이다.

4 실행도구

(1) 가치평가모형

전술적 자산배분 전략은 자산 가격이 단기적으로는 균형 가격 또는 적정 가격에서 벗어날 수 있지만, 중장기적으로는 균형 가격에 복귀한다는 가정에서 출발하기 때문에 가치평가가 제일 중요한 요소이다.

가치평가모형으로 기본적 분석방법(주식의 이익할인·배당할인·현금흐름할인모형 등, 채권의 기간구조를 이용한 현금흐름할인모형), 요인모형방식(CAPM, APT, 다변량회귀분석) 등을 사용한다.

(2) 기술적 분석

자산집단의 가치평가 시 과거 일정기간 동안의 변화의 모습을 활용하는 기술적 분석 방법도 실무에서 많이 사용한다. 즉 주가와 채권의 추세분석, 주가 및 채권지수 각각의 이동평균으로 계산한 이격도 등 다양한 방법을 적용한다.

(3) 포뮬러 플랜

막연하게 시장과 역으로 투자함으로써 고수익를 지향하고자 하는 전략의 한 사례로 포뮬러 플랜이 사용된다. 이 방법은 주가가 하락하면 주식을 매수하고, 주가가 상승하면 주식을 매도하는 역투자전략이다. 정액법과 정률법이 있다.

[참고]   ESG 투자에 대한 이해

ESG와 책임투자의 기본 이해

1) ESG의 기본 개념과 대두 배경

ESG는 기존의 재무정보에 포함되어 있지 않으나 기업의 중장기 지속가능성에 영향을 미칠 수 있는 요인들을 환경, 사회, 지배구조로 나누어 체계화한 기준으로 자본시장에서 기업을 평가하는 새로운 프레임워크(Framework)로 발전되었다. 기업이나 조직 관점에서 이를 반영한 경영을 ESG 경영이라 하고 금융의 관점에서 이를 반영한 투자는 ESG 투자 혹은 책임투자 등으로 일컬어진다.

ESG(Environmental, Social, Governance)는 금융기관을 중심으로 발전된 개념으로 1900년대 초반 이후 유럽시장을 중심으로 발전해 왔다. 2005년 UN 코피아난 사무총장이 대형 금융기관에 서신을 보내 ESG를 반영한 책임투자에 앞장서 줄 것을 요청했고 금융기관들이 이에 응하면서 2006년 책임투자 원칙을 실행하고자 하는 금융기관의 이니셔티브인 PRI(Principal of Responsible Investment)가 결성되면서 본격적으로 확산되었다.

2008년 금융위기를 겪으며 금융자본의 바람직한 역할이 강조되고, 2020년 COVID-19의 전 세계적인 유행으로 위기에 대한 대응 능력이 회복 탄력성(resilience)의 개념으로 대두되면서 ESG가 회복 탄력성의 중요한 요소로 강조되고 있다.

한편, 2021년 파리기후협약 이행기가 도래함에 따라 각국 정부의 탄소중립안에 따른 다양한 관련 정책 및 법제가 정비·발효됨에 따라 환경을 중심으로 기업경영에 실질적으로 미치는 영향이 증가하면서 ESG에 대한 중요성은 점차 확대될 전망이다.

2) ESG 투자 방식과 시장 규모

ESG 요소를 반영한 투자는 책임투자(Responsible Investing) 혹은 지속가능투자(Sustainable Investing)로 일컬어지는데 책임투자가 조금 더 보편적으로 사용되고 있는 용어이다. 2014년 주요국의 기관투자자 연합이 함께 결성한 GSIA(Global Sustainable Investment Association)는 매 2년 ESG 투자 방식을 적용한 펀드의 규모를 통해 책임투자 시장 규모를 발표하고 있다.

시장 규모를 논하기 전 먼저 살펴봐야 하는 것은 ESG 투자를 규정하는 방식이다. GSIA는 ESG의 투자방식을 대표적으로 7가지 방식으로 정의하고 이 중 하나 이상의 투자 기준을 적용하고 있는 펀드를 책임투자로 정의하고 있다.

GSIA에 따른 투자 방식은 크게 아래 7가지 방식으로 나뉜다(표 1 참조).

7가지 투자 방식 중 하나 이상을 적용한 투자에 대한 기관투자자의 서베이를 기초로 한 GSIA의 2021년 7월 발표에 따르면 2020년 글로벌 지속가능투자 시장 규모는 35.3조 달러로 2018년 대비 15% 성장한 것으로 조사되었다.

이 자료에서 흥미로운 점은 유럽의 지속가능투자 시장 규모가 감소한 것으로 나타났다는 것이다.

2018년 주요 대륙별 비중에서 47%로 가장 높은 비율을 차지했던 유럽의 책임투자 규모가 2020년 들어 감소한 것은 유럽이 EU Taxonomy 정비 등을 통해 환경과 관련한 기준을 정비하고 SFDR1 규제 등을 금융기관에 지속가능투자와 관련한 공시를 의무화함에 따라 기타 지역에서의 친환경에 대한 분류기준이나, 이에 따른 공시제도가 유럽에 비해 미미하다는 점에서 동일기준으로 비교하는 것은 다소 무리가 있다.

따라서 2020년 유럽시장의 책임투자 규모 감소를 시장의 감소로 해석하기보다는 시장의 자정작용을 통한 보다 실질적이고 체계적인 시장 정립을 위한 진통으로 이해하는 것이 바람직하다.

유럽뿐만 아니라 타지역에서도 분류체계 수립 및 금융기관의 ESG 상품에 대한 공시의 강화가 예상됨에 따라 과거에는 ESG 투자로 분류되던 성격도 향후 분류기준이 명확해지고 이를 공시하게 될 경우 시장 규모 수치에 불확실성이 내포될 수 있다.

한국의 경우, 책임투자의 시작은 2006년 9월 국민연금 책임투자형 위탁펀드 운용이라 볼 수 있다. 국민연금을 시작으로 이후 사학연금, 공무원연금 등 일부 연기금의 위탁형 사회책임투자 펀드에서 술·도박·담배 등에 대한 네거티브 스크리닝 등의 제한적이나마 ESG를 반영한 투자가 적용되었으나 수익률 위주의 평가와 적절한 벤치마크의 부재 등으로 이러한 사회책임형 투자 펀드의 성장은 제한적이었다.

그러나, 2018년 이후 국민연금의 ESG 투자 확대를 위한 정책 및 제도 정비가 빠르게 진행되었다. 국민연금은 2018년 7월 수탁자 책임에 관한 원칙을 도입하고, 2019년 11월 책임투자 활성화 방안을 수립하고 책임투자 원칙을 도입했다. 그리고, 2019년 12월 국민연금기금 수탁자 책임에 관한 원칙 및 지침을 개정하고 국민연금기금의 적극적 주주활동 가이드라인을 마련하였다. 또한 2020년 1월에는 「국민연금기금운용지침」 제4조 5대 기금운용 원칙에 '지속가능성 원칙'을 추가하여 ESG 확산을 위한 제도적 기반을 확충하였다.

2017년 9월부터 직접운용 주식자산 일부에 ESG를 고려해 온 국민연금은 2019년 11월 책임투자 활성화 방안을 통해 기존 국내주식 액티브형에 한정되어 온 ESG 고려를 2021년 이후 국내주식 패시브형, 해외주식과 채권 자산 등으로 순차적으로 확대하고 있다.

표 1 **국민연금 책임투자 활성화 방안(2019.11) 주요 내용**

구분	내용
책임투자 대상 자산군 확대	• 주식 패시브 운용(21년부터), 해외주식 및 국내채권(21년부터) • 대체투자(사모, 부동산, 인프라) : 도입 시기 추가 검토 예정 • 2022년까지 전체 자산의 50%에 ESG 반영 계획
책임투자 추진 전략 수립	• ESG 통합전략의 확대적용(국내외 주식 및 채권) • 기업과의 대화(Engagement)의 확대(해외주식으로 확대추진) • 다만, 네거티브 스크리닝 전략의 경우 추가 검토 필요
위탁운용의 책임투자 내실화	• 2020년 SRI형 위탁운용을 위한 ESG 중심의 벤치마크 신규개발 및 적용계획 • 책임투자형 위탁펀드의 운용보고서에 책임투자 관련 사항을 포함하도록 의무화 추진 • 2022년에는 적용대상을 국내외 주식 및 채권의 전체 위탁 운용사의 운용보고서로 확대 • 위탁운용사 선정평가 시 가점부여 제도 추진 검토
책임투자 활성화 기반 조성	• 기업 ESG 정보 공시 개선을 위한 인센티브 제공 검토 • 지속적인 ESG 지표 개발 및 활용 강화 방안 마련

자료 : 국민연금

2020년 국내주식의 국민연금기금 연차보고서에 따른 ESG 고려 방식은 투자가능종목군 신규 편입 종목 검토시 ESG 세부정보를 확인해 하위등급에 해당할 경우 검토보고서에 운용역 의견 및 ESG 보고서를 첨부하는 방식이다. 또한, 투자가능종목군 점검시 C등급에 해당하는 종목에 대해서 벤치마크 대비 초과 편입여부를 확인하여 초과 편입 유지시 사유와 투자의견을 검토보고서에 작성하는 것이다.

ESG 고려가 100%로 확대되었으나 ESG 통합의 고도화라기보다는 기초적인 수준에서 ESG를 점검하는 수준이다. 한편, 공모펀드 시장에도 주식형, 채권형, 혼합형 등의 많은 ESG 펀드가 출시되었으나 실제 그 활용정도나 적용방법 등에 대해서는 구체적인 평가가 어려운 상황이다.

책임투자의 실질적이고 효과적인 적용을 위해서는 전문인력으로 구성된 전담조직, 외부 리소스 활용 등 상당한 자원의 투자가 필요하다는 점에서 최근의 국내 ESG 펀드의 ESG 반영 방식은 아직은 매우 기초적인 수준일 것으로 추정된다.

1) ESG 공시 제도

ESG를 반영한 투자가 확산되는 만큼, ESG 워싱(washing) 논란도 함께 확대되고 있다. 앞서 살펴본 바와 같이 ESG 투자를 결정하는 기준이 명확하지 않으며 이를 확인할 수 있는 공시 등의 제도적 장치가 미비함에 따라 마케팅 목적 중심의 ESG 워싱이 확대되고 있어 주의가 필요하다.

2021년 DWS(도이체방크의 자산운용 부문)의 전직 지속가능책임자의 내부 고발을 통해 "DWS가 실제 자산의 50% 이상에 ESG를 적용한다는 것은 허위이며, DWS의 ESG 리스크 관리 시스템은 구식이며 외부 평가기관의 ESG 등급에 의존해 ESG 자산을 편의적으로 평가하고 있다"고 밝혔다. 이러한 폭로로 독일 금융당국은 감사에 착수했으며 한때 DWS의 주가는 14% 이상 급락하기도 했으며 대표이사가 사임하기도 했다.

또한, 세계최대 자산운용사인 블랙록의 전직 지속가능책임자 역시 월스트리트의 ESG 전략이 과대광고와 홍보로 얼룩져 있으며 불성실한 약속에 지나지 않는다고 폭로하기도 하였다.

해외를 중심으로 ESG 목표나 활동을 과장하거나 모호한 내용을 ESG로 포장한 기업들의 경우 시민단체 등으로부터 소송을 당하기도 하는 사례가 증가하며 그린워싱(Green Washing) 논란이 확대되고 있다.

이에 따라 각국은 기업의 지속가능정보 공시에 대한 규정을 강화하고, 금융당국에 의한 ESG 상품에 대한 기준 수립 및 공시제도를 정비하고 있다.

이러한 제도정비에 가장 앞서 있는 지역은 유럽이다. EU는 환경, 사회에 대한 분류체계 (Taxonomy)를 수립해 ESG의 기준을 제시하고, 일정 규모 이상 기업에 지속가능정보 공시를 규정하는 기업지속가능성 보고지침(CSRD, Corporate Sustainability Reporting Directive)을 확대 시행하고, 지속가능금융공시규제(SFDR, Sustainable Finance Disclosure Regulation)를 통해 금융기관의 ESG 전략 및 반영 방식, ESG 투자 규모 등의 공시를 의무화했다.

미국 또한 2022년 3월 증권거래위원회(SEC, Securities and Exchange Commission)가 등록신고서와 정기 공시에 기후 관련 항목을 포함시키는 공시 규칙 개정안(Regulation S-K, Regulation S-X)을 제안하고 6월 17일까지 공개 의견을 수렴한 데 이어 2022년 말까지 기후 공시안 확정을 목표로 하고 있다.

2022년 5월 SEC는 그린워싱 방지 및 투자자에 대한 정확하고 일관성 있는 정보 제공을 위해 ESG 펀드명 규칙 제정과 함께 ESG 투자상품의 새로운 공시 규정안(ESG Disclosures)을 발표하였다.

국내에서도 정보공시 확대를 위해 환경기술산업법에 따른 환경정보 공시 대상을 녹색기업, 공공기관 및 환경영향이 큰 기업 외에도 연결기준 자산 2조원 이상 기업으로 확대하고, 2025년 이후 자산 2조원 이상 기업을 시작으로 코스피 상장 기업에 대해 단계적으로 기업지속가능보고서 작성이 의무화되었다. 그러나, 금융기관의 ESG 투자 및 상품 관련 정보 공시에 대한 제도화 논의는 미진하다.

이하에서는 금융기관 대상 상품과 정책에 대한 포괄적인 공시 기준인 유럽의 지속가능금융공시 규제(SFDR)와 각국 및 ISSB[1]의 기후 공시안의 초석으로 기후 공시 표준화 프레임워크역할을 하고 있는 TCFD에 대해 보다 상세히 살펴보고자 한다.

2) SFDR (Sustainable Finance Disclosure Regulation)

유럽에서는 2021년 3월부터 지속가능금융공시규제(SFDR) 1단계가 시행되면서 일정규모 이상의 금융기관은 주체단위, 상품단위의 ESG 정보를 공시해야 한다.

주체 단위에서는 지속가능성 위험 정책과 주요 부정적인 지속가능성의 영향에 대해 설명하고, 이에 대한 실사정책을 설명해야 한다. 또한, 지속가능성 위험을 통합하는 것이 보수정책에 반영된 방식 등에 대해 설명해야 한다.

상품단위로는 상품을 지속가능성의 반영 정도에 따라 ESG 투자 무관상품과 라이트 그린펀드, 다크 그린 펀드로 나누어 그 비중 등을 공시해야 한다.

| 표 2 | SFDR에 따른 금융기관 1단계 공시 사안 | |

구분	항목	세부 내용
주체 단위	지속가능성 리스크 정책 (제3조)	투자 의사결정 프로세스에 지속가능성 리스크 통합(RMP) 혹은 지속가능성 리스크 정책(SRP)
	주요 부정적인 지속가능성 영향 (제4조)	지속가능성 요인에 대한 투자결정 시 주요 부작용(Principal Adverse Impact) 고려사항
		실사 정책(due diligence) 설명
	보수 정책 (제5조)	보수 정책이 지속가능성 리스크 통합과 어떻게 일관성을 가지는지에 대한 정보
상품 단위	ESG 투자 무관 상품 (제6조)	투자결정에 지속가능성 리스크 통합 방법, 해당 상품의 지속가능성 리스크에 대한 잠재적 영향 평가
	라이트 그린 펀드 (제8조)	환경, 사회적으로 긍정적 영향을 미치거나 (혹은 네거티브 스크리닝 실시) 지배구조가 우수한 기업에 대한 투자상품의 ESG 정보
	다크 그린 펀드 (제9조)	ESG 임팩트 펀드, 지속가능성 투자, 탄소배출 감축 목표 투자 상품 등의 ESG 정보

---

1   IFRS 재단이 지속가능성 보고 표준화 작업을 위해 구성한 국제지속가능성기준위원회(International sustainability Standard Board)

SFDR은 단계적으로 시행되는데, 2단계는 2023년 1월에 적용되며 2단계가 적용되면 자율적인 방식으로 설명하던 주요한 부정적 영향을 정해진 기준에 따른 18개 항목으로 나누어 공시해야 한다. 기업에 대한 투자 시 14개 항목, 국가 및 초국가적 주체에 대해서는 2개 항목, 부동산에 대해 2개 항목의 부정적 영향을 공시해야 한다.

주요 공시 지표들은 온실가스 배출량, 온실가스 집약도, 에너지 사용량, 화석연료 노출 등 주로 환경적인 지표들이며 인권, 이사회의 성별 다양성, 논란이 되는 무기에 대한 노출도 등 사회 지표들이 포함되어 있다.

표 3   **SFDR에 따른 금융기관의 2단계 공시 사안(2단계, 2023년 1월 적용)**

주제	대분류	투자 대상에 적용되는 지표
기업 투자에 대한 적용 지표		
환경	온실가스 배출	1. 온실가스 배출량
		2. 탄소 발자국
		3. 투자대상 기업의 온실가스 집약도
		4. 화석연료 부문 노출도
		5. 비재생 에너지 소비와 생산 비율
		6. 기후 고영향 부문별 에너지 소비 강도
	생물다양성	7. 생물다양성 민감한 지역에 부정적인 영향을 미치는 활동
	물	8. 오염수 배출
	폐기물	9. 유해 폐기물 비율
사회	인권존중, 반부패, 다양성 등	10. UNGC 원칙 및 다국적기업에 대한 OECD 지침 위반
		11. UNGC 원칙 및 다국적기업에 대한 OECD 지침 준수 모니터링 프로세스 및 컴플라이언스 장치 여부
		12. 조정되지 않은 성별 임금 격차
		13. 이사회의 성별 다양성
		14. 논란성 무기에 대한 노출도(대인지뢰, 집속탄, 생화학 무기 등)
국가 및 초국가적 주체에 대한 투자 시 적용 지표		
환경		15.온실가스 집약도
사회		16. 사회적 폭력에 노출된 투자대상국
부동산자산 투자 시 적용 지표		
환경		17. 부동산 자산을 통한 화석연료 노출도
환경		18. 에너지 비효율 부동산 자산에 대한 노출도

출처 : EU Commission

3) TCFD(Task Force on Climate-Related Financial Disclosure)

TCFD는 파리협약 목표 이행 요구와 금융시장 참여자들로부터 기후 관련 정보 수요가 증가하면서 G20 정상이 금융안정위원회(FSB)에 기후변화 관련 위험과 기회에 대한 정보공개 프레임을 요청함에 따라 2015년 설립된 이니셔티브이다.

영국, 뉴질랜드, 홍콩 등 개별 국가에서 TCFD에 따른 기업 및 금융기관의 정보공시를 의무화하고 있으며 글로벌 차원에서도 TCFD에 따른 기후 공시 의무화 논의가 계속되고 있다. 최근 ESG 정보공시 표준화 움직임이 강화되며 IFRS 재단 산하 ISSB가 공시 초안을 발표했는데, 이 지표 역시 TCFD에 기반하고 있다.

2017년 6월 발표된 초안에서는 지배구조, 경영전략, 리스크 관리, 지표 및 목표의 네 가지 구분에 따라 기후변화와 관련된 정보공개 지침을 제시했고, 금융의 4개 산업 및 비금융기관 4개 산업에 대해서는 추가적인 보충 지침을 발표했다.

이후, 2021년 10월 개정된 지침에서는 전산업에 대한 세부 기후 공시 지표를 제시하고, 4개 금융산업의 보충지침 중 관련 자산의 탄소배출량 등에 대한 공시 규정을 세분화해 제시하였다.

개정안에서는 전산업에 걸친 기후공시의 주요 지표로 탄소배출량, 전환위험과 물리적 위험에 노출된 자산 및 비즈니스 활동의 규모 및 비율, 기후관련 자본지출 및 투자, 내부 탄소

표 4   TCFD에 따른 기후변화 공시 프레임워크

구분	내용
지배구조	• 기후변화의 위험과 기회에 관한 이사회의 감독 역할 • 기후변화의 위험과 기회를 평가하고 관리하는 경영진의 역할
경영전략	• 조직이 단기, 중기, 장기에 걸쳐 파악한 기후변화의 위험과 기회에 대한 설명 • 기후변화의 위험과 기회가 조직의 사업, 경영전략, 재무계획에 미치는 영향 설명 • 조직의 사업, 전략, 재무계획에 미치는 기후 변화 시나리오별 영향(2℃ 시나리오 포함)
리스크관리	• 기후변화의 위험을 식별하고 평가하기 위한 조직의 절차 • 기후변화의 위험을 관리하기 위한 조직의 절차 • 조직의 전사적 위험 관리 프로세스와 기후 변화 위험 파악, 평가 및 관리방법 프로세스의 통합
지표 및 목표	• 조직이 경영전략 및 위험관리 절차에 따라 기후변화의 위험과 기회를 평가하기 위해 사용한 지표 • Scope1, 2, 3 온실가스 배출량 및 관련 리스크 공개 • 기후변화의 위험 및 기회, 목표 달성도를 관리하기 위해 조직이 채택한 목표 및 목표대비 성과

자료 : TCFD

가격, 기후요인과 연계된 경영진의 보상 비율 등의 지표를 제시했고, 이는 ISSB의 기후공시 초안의 지표와 동일하다.

자산운용사에 대해서는 파리협정 온도 경로에 부합하는 포트폴리오 부합성, 자금배출지표 등 정보 공시 내용 및 수준이 크게 심화되었다.

| 표 5 | TCFD 전산업에 적용되는 기후관련 지표 가이드(2021년 10월) |

구분	지표	단위	목적
탄소배출량	Scope 1, Scope 2, Scope 3; 배출량 집약도	MT of CO_2e	밸류체인에 걸친 절대 배출량과 배출량 집약도는 기후변화에 따른 정책, 규제, 시장, 기술 대응에 따라 조직이 영향을 받을 수 있는 정도를 가늠할 수 있음
전환위험	전환위험에 취약한 자산과 비지니스 활동	양 또는 %	자산의 손상 및 좌초 가능성, 자산과 부채의 가치에 대한 추정 제품과 서비스에 대한 수요 변화 추정
물리적 위험	물리적 위험에 취약한 자산과 비지니스 활동	양 또는 %	자산의 손상 및 좌초 가능성, 자산과 부채의 가치에 대한 추정 비즈니스 중단 등에 대한 비용 추산
기후관련 기회	기후관련 기회가 될 수 있는 매출, 자산, 비즈니스 활동	양 또는 %	동종 산업(Peer Group) 대비 포지션이나 전환경로, 매출 및 수익성에 대한 잠재적인 변화가능성의 추정
자본 배치	기후관련 자본지출, 금융 조달, 투자	보고 통화	장기적인 기업가치 변화 정도를 가늠하는 지표
내부 탄소 가격	내부적으로 이용하는 톤 당 탄소가격	보고통화/ MT of CO_2e	내부적인 기후 위험과 기회 전략의 합리성과 전환 리스크에 대한 탄력성을 가늠할 수 있는 지표
보상	기후 요인과 연계된 경영진 보상 비율	%, 가중치, 설명, 보고통화 기준 금액 등	조직의 기후관련 목표 달성을 위한 인센티브 정책 측정 기후 관련 이슈를 관리하는 책임, 감독, 지배구조 체계 등에 대한 실효성 등을 분석할 수 있음

자료 : TCFD, 2021 Guidance on Metrics, Targets, and Transition Plans

표 6   TCFD 2021년 10월 금융산업 보충지침 주요 개정 내용

세부 산업	항목	내용
은행	전략	• 탄소관련 자산에 대한 노출도 보고 목적으로, 제안된 자산의 정의를 TCFD의 2017년 보고서에서 식별된 모든 비금융 그룹을 포함하도록 확장함
은행	지표 및 목표	• 2℃ 이하 시나리오에 부합하는 대출 및 금융 중개 활동의 정도에 대한 공시 • 대출 및 금융 중개 활동의 온실가스 배출량(데이터와 방법론이 허용하는 한에서 공시)
보험	지표 및 목표	• 2℃ 이하 시나리오와 부합하는 보험 언더라이팅 활동 정도에 대한 공시 • 상업 부동산 및 특별 사업의 가중평균 탄소집약도 혹은 탄소배출량에 대한 공시(데이터와 방법론이 허용하는 한에서 공시)
자산소유자	지표 및 목표	• 2℃ 이하 시나리오에 부합하는 소유자산, 펀드, 투자전략의 규모 공시 • 소유한 자산에 대한 탄소배출량 공시(데이터와 방법론이 허용하는 한에서 공시)
자산운용사	지표 및 목표	• 관련성이 있는 경우, 2℃ 이하 시나리오에 부합하는 운용중인 자산, 상품, 투자전략의 규모 공시 • 운용중인 자산의 탄소배출량(데이터와 방법론이 허용하는 한에서 공시)

01 다음 중 투자 관리로서 자산배분의 중요성에 대한 설명으로 옳지 않은 것은?

① 전략적 자산배분과 다른 자산구성 비율이 적용되는 것을 방지하기 위하여 전술적 자산배분 실행 시 주관적인 판단을 적용하지 않아야 한다.

② 기본적으로 시장 가격이 상승하여 내재가치 대비 고평가되면 매도하고, 시장 가격이 하락하여 내재가치 대비 저평가되면 매수하는 역투자 전략을 이론적 배경으로 한다.

③ 기관투자자는 자산배분의 전문성을 증가시키기 위해 운용전략팀, 전략가 등 별도의 조직을 갖추거나 외부전문가를 활용하기도 한다.

④ 투자수익과 투자위험 면에서 성격이 다른 여러 자산들에 대하여 투자자금을 효율적으로 배분하여 투자목표를 달성하고자 하는 목적을 가지고 있다.

02 다음 중 미래 경제상황의 불확실성에 대비하여 적절한 투자방안을 찾는 합리적인 투자의사 판단으로 적절하지 않은 것은?

① 이자율 상승이 예상된다면 지금 돈을 빌리는 것이 부채비용이 낮다.

② 물가가 오르면 우리의 실질구매력은 감소한다.

③ 인플레이션이 지속되는 시기에는 나중에 지불하면 더 많은 돈을 지불해야 한다.

④ 이자율 하락이 예상되는 경우 단기저축이 장기저축보다 유리하다.

03 다음 중 벤치마크에 대한 설명으로 옳지 않은 것은?

① 운용성과와 위험을 측정하는 구체적인 포트폴리오이다.

② 벤치마크의 운용성과를 운용자가 추적하는 것이 가능해야 한다.

③ 적용되는 자산의 바람직한 운용상을 표현하고 있어야 한다.

④ 구체적인 내용(자산집단과 가중치)이 운용 후에 명확하게 정해져야 한다.

해설

01 ① 자산집단의 균형 가격은 어떠한 모형이나 이론으로도 규명되기 어려우므로, 전술적인 자산배분 실행시 주관적인 가치판단을 활용하는 경우도 많다.

02 ④ 향후에 이자율이 하락한다면, 단기저축이 만기가 되어 재예치하는 시점에 현재보다 낮은 이자율을 적용받을 것이므로 현재의 이자율을 장기간 적용받는 장기저축이 더 유리하다.

03 ④ 구체적인 내용(자산집단과 가중치)이 운용하기 이전에 명확해야 한다.

04 다음 중 전략적 자산 배분전략에 대한 설명으로 옳은 것은?

① 소극적인 투자 관리의 방법이다.

② 증시가 비효율적인 것을 전제로 한다.

③ 단기적인 투자 관리이다.

④ 과소 혹은 과대평가된 증권에 투자하여 일정한 위험 수준에 상응하는 투자수익 이상의 초과수익을 추구한다.

05 펀드멘털 분석방법을 이용하여 자산집단의 기대수익률을 추정하기 위하여 다음과 같은 항목별 추정치를 얻었다. 주식집단의 기대수익률로 옳은 것은?

실질금리	물가상승률	채권시장 위험 프리미엄	주식시장 위험 프리미엄
2%	2.5%	1%	4%

① 6%　　　　② 6.5%　　　　③ 9.5%　　　　④ 8.5%

06 다음의 각 주식의 확률분포표를 분석한 설명 중 올바른 것을 모두 묶은 것은?

상황	확률(pi)	주식A	주식B
호경기	0.4	20%	5%
정상	0.4	10%	10%
불경기	0.2	−15%	15%

㉠ A 주식의 기대수익률이 B주식의 기대수익률보다 높다.

㉡ A주식이 B주식보다 높은 위험(변동성)을 보인다.

㉢ 위험 한 단위당 기대수익률은 B주식이 A주보다 높다.

① ㉠, ㉡　　　　② ㉡, ㉢　　　　③ ㉠, ㉢　　　　④ ㉠, ㉡, ㉢

해설

04 ②~④ 전술적 자산배분전략에 대한 설명이다.

05 ④
- 주식집단의 기대수익률=무위험이자율+주식시장 위험 프리미엄
- 무위험이자율=실질금리+물가상승률
따라서, 주식집단의 기대수익률=실질금리+물가상승률+주식시장 위험 프리미엄2%+2.5%+4%=8.5%

06 ② E(RA):(0.4×20%)+(0.4×10%)+ (0.2×(−15%))=9%
E(RB)=(0.4×5%)+(0.4×10%)+(0.2×15%)=9%
$\sigma_A{}^2$=(0.2−0.09)²×0.4+(0.1−0.09)²×0.4+(−0.15−0.09)²×0.2=0.0164
$\sigma_B{}^2$=(−0.05−0.09)²×0.4+(0.1−0.09)²×0.4+(0.15−0.09)²×0.2 =0.0014

07 다음 중 자산배분의 중요성이 부각되는 이유가 아닌 것은?

① 투자대상 자산군 증가

② 투자위험에 대한 관리 필요성 증대

③ 저금리 시대 도래

④ 투자수익률 결정에 자산배분 효과가 절대적인 영향력을 미친다는 투자자들의 인식

08 다음 중 자산배분전략에 대한 설명으로 적절하지 않은 것은?

① 전략적 자산배분은 투자목적을 달성하기 위해 장기적인 포트폴리오의 자산구성을 정하는 의사결정이다.

② 전략적 자산배분의 실행방법은 시장가치 접근방법, 위험－수익 최적화 방법, 투자자별 특수상황을 고려하는 방법, 다른 유사한 기관투자가의 자산배분을 모방하는 방법이 있다.

③ 전술적 자산배분이란 시장의 변화 방향을 예상하여 사후적으로 자산구성을 변동시켜 나가는 전략이다.

④ 전술적 자산배분의 실행도구는 가치평가모형, 기술적 분석, 포뮬러 플랜 등이 있다.

해설

07 ③ 저금리 시대 도래와 자산배분의 중요성과는 상관이 없다.

08 ③ 사전적으로 자산구성을 변동시켜 나가는 전략이다.

09 다음 중 ESG 요소를 반영한 책임투자에 대한 설명으로 옳은 것은?

① 책임투자 방식은 국제 금융 감독기구에 의해 규정되며 책임투자 방식별 세부기준도 제공됨에 따라 이를 준수하는 경우에만 책임투자로 인정된다.

② 책임투자는 선량한 관리자의 의무와는 무관하며 마케팅 목적이 중요하다.

③ 글로벌지속가능투자 연합에 따르면 유럽의 책임투자 펀드 규모는 2020년 감소를 기록했는데 이는 책임투자 시장의 축소를 반영하고 있다.

④ 그린워싱 논란이 확대되면서 유럽을 선두로 환경영역을 중심으로 금융기관의 상품에 대한 ESG 공시 규정이 강화되고 있다.

10 다음 중 국내외 ESG 공시에 대한 옳은 것은?

① 유럽의 금융기관의 지속가능금융공시규제는 2단계에 걸쳐 시행되며 2단계에서는 주요한 부정적 영향에 대한 18개 지표를 공시해야 한다.

② IFRS 재단이 글로벌 공시 표준화 작업을 주도하기 위해 결성된 ISSB는 기존 TCFD와는 별개로 기후 공시 기준을 수립해 제시하고 있다.

③ TCFD는 2021년 개정을 통해, 기후영향이 큰 금융산업과 비금융의 4가지 산업에만 추가적으로 적용되는 기후변화 세부지표 7가지를 제시했다.

④ 국내에서도 자산기준 일정 규모 이상의 금융기관은 포트폴리오의 ESG 공시를 의무적으로 공개해야 한다.

해설

09 ④

10 ①

정답 01 ① | 02 ④ | 03 ④ | 04 ① | 05 ④ | 06 ② | 07 ③ | 08 ③ | 09 ④ | 10 ①

part 04

펀드평가

chapter 01

펀드 분석 및 평가

펀드 분석 및 평가의 목적

펀드 분석(Fund Analysis)이란 분석대상 펀드의 특징을 찾아내는 과정이며, 펀드 평가 (Fund Evaluation)란 평가대상 펀드의 운용성과를 측정하여 그 우열이나 순위를 가리는 과 정을 말한다.

펀드의 특징을 찾고 펀드 성과를 측정해 우열을 정하는 펀드 분석 및 평가 정보는 어 디에 활용할 수 있는가?

일반적으로 투자자 또는 펀드투자권유자문인력, 펀드투자권유대행인 등(이하 '펀드투자 권유자문인력 등'이라 함)은 다음 목적을 위해 펀드 분석 및 평가 정보를 이용한다.

❶ 펀드 선정 : 투자하기 좋은 펀드를 고르기 위해
❷ 펀드 모니터링 : 투자한 펀드가 정상적으로 운용되고 있는지 판단하기 위해

❸ 펀드 운용 결과 분석 : 투자기구 운용 결과의 성공 및 실패 여부를 분석하고 재투자 여부를 판단하기 위해

펀드 평가에서는 일차적으로 집합투자기구의 계량적(정량적)인 성과를 측정한 후에 다음의 집합투자기구를 양호한 집합투자기구로 간주한다.

❶ 수익률이 절대적·상대적으로 높은 집합투자기구
❷ 위험이 절대적·상대적으로 낮은 집합투자기구
❸ 위험 조정성과가 절대적·상대적으로 높은 집합투자기구

일차적으로 측정한 계량적(정량적)인 성과는 과거의 성과로서 성과가 양호했다는 결과만을 보여줄 뿐 그러한 성과가 미래에도 계속해서 지속된다는 것을 보장해 주지 않는다. 집합투자기구 운용자의 운용능력이나 운용회사의 운용프로세스가 양호하여 성과가 양호하게 나타났을 수도 있지만, 실력과 관계없이 우연히 운(luck)에 의해 양호한 성과로 나타났을 가능성도 배제할 수 없다. 또한 양호한 성과를 낼 수 있었던 운용여건 등이 변화하였을 수도 있다.

집합투자기구 평가회사는 계량적(정량적)인 성과에 대한 분석과 함께 성과의 원인이 운용사 또는 운용자의 운용의사결정의 체계적인 프로세스로 인한 것인지 등을 추가로 분석하고 향후에도 양호한 집합투자기구로 유지될 수 있는지 여부를 판단한다. 이를 위해 분석하는 것이 성과요인 분석, 포트폴리오 분석 및 운용자와 운용회사에 대한 질적(정성적)인 평가이다.

계량적 평가가 성과의 우열을 가리기 위한 것이라면 성과요인 분석, 포트폴리오 분석 및 운용회사의 질적(정성)평가는 집합투자기구의 성과원인 및 특성을 파악하는 것이다. 이러한 분석은 많은 시간과 노력을 필요로 하며 판매되는 모든 집합투자기구를 대상으로 분석하는 것은 현실적으로 불가능하다. 따라서 최종 선택하고자 하는 집합투자기구의 2~3배수를 계량성과가 양호한 집합투자기구로 선정한 후 추가적인 프리젠테이션(PT)이나 정성평가 등을 통해 최종 투자하고자 하는 집합투자기구를 선택하는 것이다. 투자자 또는 펀드투자권유자문인력 등은 계량적인 성과분석에서 그치지 않고 성과요인 분석 및 포트폴리오 분석, 운용회사 정성적 정보 등을 활용하여 집합투자기구를

선택하여야 한다.[1]

2 집합투자기구 모니터링

집합투자기구는 장기투자를 원칙으로 한다. 믿고 맡기면(投資信託) 전문가인 집합투자기구운용자와 운용회사는 투자자가 원하는 적정성과를 제공하기 위해 최선을 다한다. 일시적인 시장 변동으로 인하여 손실이 발생한다고 해도 참고 기다리며(Risk Tolerance) 장기간 투자하면 목표한 수익률을 실현할 확률이 높은 것이 집합투자기구이다.

믿고 기다리기 위해서는 집합투자기구가 정상적인 상태로 운용되고 있어야 한다는 기본조건이 충족되어야 한다. 따라서 투자자 및 펀드투자권유자문인력 등은 다음과 같은 항목을 정기적으로 점검하여야 한다.

❶ 집합투자기구 성과(수익률·위험·위험 조정성과·등급)
❷ 집합투자기구 보유자산과 매매현황
❸ 집합투자기구 운용자 및 운용회사
❹ 집합투자기구의 자금흐름(수탁고 변화) 등

첫째 항목인 집합투자기구 성과에 대한 모니터링은 주기적으로 실시하되 단순히 성과의 우열을 따지는 것 보다 집합투자기구가 투자하는 시장 상황과 성과원인에 중점을 두는 것이 바람직하다. 집합투자기구 성과가 부진한 원인이 시장 상황에 있다면 이것은 잘못된 운용의 결과가 아니기 때문이다. 시장 상황에 비해 지나치게 부진한 성과이거나 비정상적인 원인으로 인해 부진한 성과가 발생한 경우에 한하여 집합투자기구를 일부 또는 전부 환매하는 조치를 하는 것이 바람직하다.

다음 항목인 집합투자기구의 보유자산과 자산의 흐름인 매매현황 즉, 집합투자기구의 포트폴리오와 집합투자기구 운용자와 운용회사를 모니터링 하는 것은 집합투자기구의 성과원인과 특성의 변화 여부를 파악하기 위해서이다. 포트폴리오의 특징, 특히 집합투자기구 스타일에 변화가 없는지, 집합투자기구 운용자의 교체가 발생하지는 않는지 여부 등을 모니터링 하는 것이 이에 해당한다.

---

1 일반적으로 집합투자기구투자는 ① 투자자 상황 분석(투자자 분석, 자금특성 분석, 시장 분석)을 수행한 후, ② 자산배분 전략과 세부 투자유형을 결정하고, ③ 그에 맞는 집합투자기구 또는 운용자를 선택하는 과정을 거쳐야만 한다.

마지막 항목인 집합투자기구의 자금흐름을 모니터링 하는 이유는 자금흐름이 집합투자기구의 종합적인 상황 등을 반영한 결과일 수 있기 때문이다. 성과가 부진하거나 집합투자기구가 제대로 관리되지 않거나 운용회사·운용자의 변화가 생긴 경우 집합투자기구 자금흐름에 변화가 생기며 이는 다시 집합투자기구성과에 영향을 끼치게 된다.

이와 같이 투자자 또는 펀드투자권유자문인력은 집합투자기구 모니터링을 위하여 다양한 각도에서 분석된 집합투자기구 평가정보를 활용해야 한다.

3 집합투자기구 운용 결과 분석

일반적으로 사후적인 결과를 분석하는 이유는 계획과 대비하여 결과가 성공했는지 실패했는지 여부를 판단하고 개선할 수 있는 방법을 찾기 위함이다. 집합투자기구의 운용 결과를 분석하는 것도 같은 이유라고 할 수 있다. 다만, 직접투자와 달리 불특정 다수 투자자의 자금을 모아 집합적으로 투자하는 집합투자기구투자는 운용 결과의 성공 및 실패에 대한 책임을 투자자가 부담하지만 집합투자기구 운용에는 간섭할 수 없다. 집합투자기구 운용 결과 분석을 통해 투자자가 취할 수 있는 방안은 투자한 집합투자기구에 계속 투자할 것인가 또는 (일부)환매할 것인가 정도이다. 결국 집합투자기구 운용 결과를 분석하는 궁극적인 이유는 (일부)환매 여부 또는 재투자 여부를 결정하기 위함이다.

그러나 성공적인 운용 결과를 보여주었다고 해서 해당 집합투자기구에 계속 투자해야 하고 실패한 집합투자기구라고 해서 투자를 중단해야 한다는 식으로 일률적으로 판단해서는 안 된다. 단기간 운용의 성공과 실패가 장기간 운용의 성공과 실패로 직접 연결되지 않을 수 있기 때문이다. 집합투자기구 운용 결과를 분석함에 있어 단순히 단기 운용의 성공과 실패를 분석하는 차원에서 나아가 장기 운용의 성공과 실패로 연결될지 여부를 파악하여야 한다. 이를 위해 일차적으로 집합투자기구의 성과(수익률·위험·위험조정 성과·등급)가 절대적·상대적으로 양호하였는지 판단하고, 이러한 성과가 나타난 원인(성과요인, 포트폴리오 구성, 운용사·운용자 특성 등)이 무엇인지를 판단하여 해당 성과가 지속될지 여부를 판단하여야 한다. 이는 집합투자기구 모니터링에 적용한 원칙과 동일하다고 할 수 있다.

집합투자기구 분석 및 평가

집합투자기구 분석 및 평가대상

투자에 있어 가장 중요한 요소는 수익이다. 집합투자기구 투자의 경우에도 예외는 아니다. 집합투자기구 분석 및 집합투자기구 평가의 일차적인 관점은 투자자가 투자했거나 향후 투자할 집합투자기구가 주는 수익이어야 한다는 것을 의미한다.[2]

또한, 수익과 함께 투자자가 반드시 관심을 가져야 할 것이 위험이다. 위험이란 수익을 실현하지 못할 가능성을 의미한다. 일반적으로 수익이 크면 위험도 크며, 위험이 작으면 수익도 작다. 따라서 수익과 위험은 동전의 양면과 같다.

이러한 수익과 위험을 측정하기 위해서는 집합투자기구 가격정보(기준 가격, 설정좌수, 분배율 등)가 필요하다. 따라서 집합투자기구 분석 및 평가의 첫 번째 대상은 집합투자기구 가격정보다.

집합투자기구 성과(수익률, 위험, 위험 조정성과, 등급) 측정을 위한 집합투자기구 가격정보만큼 중요한 것이 집합투자기구의 포트폴리오(Portfolio)이다. 집합투자기구는 개별 증권 등에 투자하며, 이렇게 투자한 증권의 집합체를 포트폴리오라고 한다.

포트폴리오가 집합투자기구 분석 및 평가의 두 번째 대상인 이유는 집합투자기구 성과의 우열이 발생한 원인과 집합투자기구가 어떤 특징을 가지고 있는지를 알아내기 위함이다. 집합투자기구가 투자한 자산명세 즉, 포트폴리오를 분석함으로써 집합투자기구의 다양한 특징을 파악할 수 있다.

마지막으로 집합투자기구를 운용하는 집합투자기구의 운용자나 운용회사와 관련된 정보가 분석 및 평가의 대상이다. 집합투자기구의 운용자·운용회사가 안정적인지, 운용성과가 실제적으로 집합투자기구의 운용자·운용회사 능력에 의해 나타난 것인지, 약관·상품설명서·운용계획서 및 규정·법규 등을 잘 준수했는지 등을 파악하여야 하며, 이를 위해 집합투자기구의 운용자·운용회사를 대상으로 분석 및 평가를 수행하여

---

2 앞에서 살펴본 것과 같이 투자자의 의사결정으로 인해 얻은 수익금, 즉 '투자자 이익'과 집합투자기구 자체로 인한 수익, 즉 '집합투자기구 성과'를 구분하는 것이 중요하다. 투자자 이익에는 자산배분과 투자시기의 선택이라는 변수도 내재되어 있기 때문이다.

야 한다.

이와 같이 집합투자기구의 분석 및 평가를 위해서는 집합투자기구 가격정보, 포트폴리오 정보, 운용회사 및 운용자에 대한 정보가 필요하다.

2 집합투자기구 평가 프로세스

집합투자기구 평가는 집합투자기구의 유형을 분류하고 벤치마크를 설정하는 것으로부터 시작된다. 집합투자기구 평가회사는 집합투자기구가 새로 만들어지면 운용회사 등을 통해 집합투자기구 약관과 투자설명서를 입수하고 이를 기초로 집합투자기구의 유형을 분류하고 벤치마크를 설정한다. 이는 집합투자기구 유형과 벤치마크가 집합투자기구를 분석하고 평가함에 있어 비교기준이 되기 때문이다.

집합투자기구가 운용되면 평가회사는 집합투자기구의 수익률, 위험, 위험 조정성과 등을 주기적(일별, 주별, 월별, 분기별, 반기별, 년별)으로 측정하고, 등급(Rating)을 부여한다. 집합투자기구 뿐 아니라 집합투자기구의 유형, 벤치마크 및 운용회사에 대하여도 수익률, 위험, 위험 조정성과 등을 측정한다. 이를 이용하여 집합투자기구 및 운용회사에 대한 절대평가 및 상대평가를 실시하고 성과의 우열을 가리는 것이다.

앞에서도 살펴본 바와 같이 성과의 우열을 가리는 것만이 집합투자기구 평가의 전부는 아니며, 성과의 원인과 특성을 파악하는 것이 중요하다. 이를 위해 수행하는 분석이 성과요인분석, 포트폴리오 분석, 운용사 질적 평가 등이다.

이러한 집합투자기구 평가의 개괄적인 흐름을 살펴보면 다음의 그림과 같다.

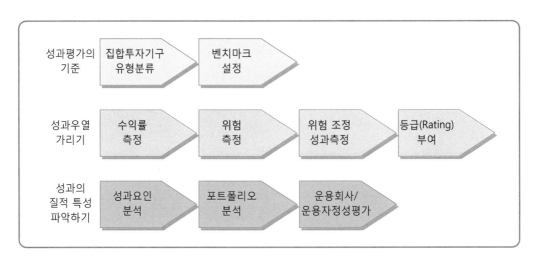

3 | 국내 집합투자기구 평가회사

자본시장법 제258조는 집합투자기구 평가회사를 집합투자기구를 평가하고 이를 투자자에게 제공하는 업무를 영위하는 자로 정의하고, 집합투자기구 평가회사가 되기 위해서는 일정한 요건을 갖추고 금융위원회에 등록하도록 하였다.

집합투자기구 평가회사로 등록하려는 자는 다음 각 호의 요건을 모두 갖추어야 한다.

❶ 「상법」에 따른 주식회사일 것
❷ 투자매매업자·투자중개업자 또는 집합투자업자와 그 계열회사가 아닐 것
❸ 5억 원 이상의 자기자본을 갖출 것
❹ 상근 임직원 중 대통령령으로 정하는 기준의 전문인력을 보유할 것
❺ 임원이 「금융회사의 지배구조에 관한 법률」 제5조에 적합할 것
❻ 대통령령으로 정하는 전산설비 등 물적 설비, 집합투자기구평가체계와 이해상충방지체계를 구축하고 있을 것

국내 집합투자기구 평가회사의 주요 업무는 집합투자기구 평가 및 분석정보를 생성하여 이를 제공하는 것이다.

chapter 02

집합투자기구 성과평가

투자 프로세스와 투자성과요인

일반적으로 펀드 투자자는 성공적인 펀드[1] 투자를 하기 위해서 펀드투자권유자문인력의 도움을 받아 먼저 투자설계라고 불리는 계획(PLAN)을 수립한다. 펀드투자권유자문인력은 투자자의 투자성향 및 위험 감내도 등을 체계적으로 분석하고 필요자금의 현금흐름 및 과부족을 예측하여 목표수익률을 설정한 후 시장분석을 통해 자산별로 기대되는 수익률과 위험을 추정하여 고객의 자산배분계획을 수립한다.

다음 단계로 투자자는 자산배분계획에 맞는 펀드를 선택하고 투자하는 투자실행(DO)을 한다. 투자실행 단계에는 자금을 추가로 투자하거나 회수하며, 자산별 투자금액을 조정

---

1 펀드의 공식적, 법률적인 명칭은 '집합투자기구'이나 일반적으로 펀드로 통칭되고 있어 본 장에서도 펀드와 집합투자기구라는 용어를 혼용해서 사용한다.

하기도 한다. 마지막 단계에서는 자산배분과 실행으로 나타난 투자 결과에 대해 평가 (SEE)한다. 평가의 결과는 피드백(Feedback)되어 투자계획이나 투자실행을 조정하는 데 이용된다.[2]

이러한 펀드투자과정에서 투자자가 양호한 성과를 달성하는 데 영향을 주는 요소는 크게 세 가지로 나누어 볼 수 있다.

첫 번째, 투자대상 유형별 자산배분의 선택이다. 주식형 펀드에 투자한다면 높은 수익을 기대할 수 있지만 반대로 손실이 발생할 가능성이 높다. 채권형 펀드에 투자하면 안정적인 수익을 기대할 수 있지만 높은 수익을 기대하기 어렵다. 하지만 주식형 펀드, 채권형 펀드, 부동산 펀드 등 다양한 유형의 펀드에 적절한 비율로 분산하여 투자한다면, 특정 유형에만 집중하여 투자하는 것보다 위험을 낮추고 수익을 높이는 좀 더 나은 성과를 기대할 수 있다.

두 번째, 시장 예측을 통한 투자 시점의 결정이다. 주식시장이 오를 것이라 판단하여 주식형 펀드에 투자하였는데 예측이 들어맞아 시장이 오르거나 반대로 시장이 하락할 것으로 예상되어 주식형 펀드 투자를 줄여서 채권형 펀드에 투자하였는데 주식시장이 폭락하게 되면 성공적인 투자성과를 기대할 수 있다. 시장의 등락이 심할 것으로 예상되는 경우에는 투자 가능한 전체 자금을 분할하여 몇 차례 나누어 투자하고, 지속적인 상승추세가 예상되는 경우에는 일시불로 투자해서 보다 나은 수익을 기대할 수 있다.

세 번째, 투자한 펀드의 운용수익률이다. 집합투자기구가 시장과 비교해 높은 수익을 실현하거나 다른 펀드들과 비교해 탁월하게 높은 성과를 달성하였다면 좋은 투자성과가 기대된다. 예를 들어 주식시장이 10% 오르는 동안 집합투자기구가 20% 수익을 실현하고 시장이 10% 하락할 때 손실이 5% 정도로 작았다면 양호한 수익을 기대할 수 있다.

이와 같이 펀드 투자에서 투자자가 높은 수익을 올리기 위해서 자산배분이나 투자시점에 대한 판단이 정확해야 하며 투자한 펀드의 수익률 또한 높아야 한다. 이들 세 요소는 상호작용을 하기 때문에 어떤 한 가지 요소만으로는 높은 성과를 내기 어렵다. 자산배분이나 시장 예측 등 투자자의 투자판단이 성공했다 할지라도 투자한 펀드의 운용수익률이 극단적으로 나쁜 경우에는 손실이 발생할 수도 있으며 반대로 투자판단에 실패한 경우에도 펀드의 선택이 잘 되었을 경우에는 손실의 폭을 크게 줄일 수 있기 때문이

---

2 투자설계와 자산배분에 관하여는 본 과목에서 자세히 다루지 않지만 펀드투자권유자문인력이 반드시 숙지하여야 할 주제이기에 핵심적인 부분에 대해 요약하여 제시하였다.

다. 또한 펀드를 잘 선택하였다고 할지라도 자산배분이나 투자시점의 선택에 실패하였다면 높은 수익을 기대하기 어렵다.

section 02 성과평가의 종류

1 투자자 관점의 성과평가

펀드에 투자하는 투자자에게 무엇보다 중요한 것은 투자할 때 기대했던 수익을 달성하는 것이다. 기대했던 수익보다 더 많은 수익을 달성하면 투자에 성공하였다고 할 것이고, 기대했던 수익보다 적은 수익을 달성하면 투자에 실패했다고 말할 것이다. 이와 같이 투자자의 투자목표가 성공적으로 달성되고 있는지 평가하는 것을 투자자 관점의 성과평가라 한다. 이는 투자자가 향유한 실제 수익규모(회계상 손익 또는 경제적 가치)를 측정하는 것을 기반으로 한다.

투자자 관점의 성과평가는 투자자가 재무목표를 효과적으로 달성하였는지를 판단하도록 하며, 잘못된 계획이나 잘못된 투자실행으로 인해 발생한 위험을 효율적으로 관리할 수 있도록 한다.

앞에서 살펴본 것처럼 자산배분의 선택, 투자시점의 결정, 투자한 집합투자기구의 선택의 세 가지 요소 모두가 투자자 성과에 영향을 줌에 따라 이 세 가지 요소 모두 투자자 성과평가의 대상이 된다.

2 펀드의 성과평가

투자자 관점의 성과평가가 자산배분, 투자시점, 선정한 집합투자기구의 성과 등을 모두 고려하여 투자자의 수익이 만족할 만한 수준이었는지를 판단하는 것인데 비해, 펀드의 성과평가는 펀드의 운용 결과가 양호했는지 여부에 초점을 맞춘다.

펀드의 성과평가란 펀드를 운용하는 펀드 운용자와 운용회사의 운용능력을 평가하기 위한 것이다. 투자자는 펀드를 선택한 이후에 그 운용에 간섭할 수 없다. 운용 결과는 운용자와 운용회사의 운용능력에 따라 달라진다. 또한 펀드의 운용자는 투자자의 자산배분이나 투자자의 투자 시점에 영향을 주거나 정확한 시점을 예측하기 어렵기 때문에 이러한 요소를 고려하여 운용하는 것이 불가능하다. 따라서 펀드의 성과평가는 펀드 운용자가 역할을 수행할 수 있는 펀드의 성과에만 초점을 맞추는 것이 당연하다.

펀드의 성과평가는 투자자가 해당 펀드에 일시불로 투자한 경우 투자자 관점의 성과평가결과와 동일하다.

section 03   집합투자기구 유형분류

집합투자기구 유형(Fund Category)이란 집합투자기구의 성과를 상대적으로 비교 측정하기 위하여 투자목적, 투자자산, 투자전략, 투자스타일, 특징 등이 유사한 집합투자기구들끼리 묶어 놓은 동류집단(Peer group)을 말한다.

권투 등 격투경기에서 중량급과 경량급이 경기토록 한 후 중량급이 이겼다고 해서 이긴 선수가 진 선수에 비해 잘한다고 말한다면 정당한 시합이라고 할 수 없다. 같은 체급끼리 경기를 진행해야 공평한 시합이 되듯 집합투자기구의 분석 및 평가도 마찬가지다. 서로 비슷한 집합투자기구들끼리 비교하고 우열을 가려야 한다. 집합투자기구 유형분류를 하는 가장 중요한 이유가 여기에 있다. 집합투자기구 평가의 공정성과 객관성을 확보하기 위해 성격이 비슷한 것들로 분류하게 되는데 이를 집합투자기구 유형이라 하며, 집합투자기구 평가회사는 집합투자기구가 만들어지면 가장 먼저 집합투자기구의 유형을 분류한다.

미국을 중심으로 한 선진국 시장의 경우 주식 집합투자기구와 채권 집합투자기구를 스타일에 따라 분류한다. 주식 집합투자기구의 경우 대형주 및 중소형주의 편입비율에 따라 대·중·소형주형으로 분류하고, 채권 집합투자기구의 경우 장단기 채권의 편입비율에 따라 장·중·단기채권형으로 분류한다. 스타일 분류는 각 스타일의 집합투자기구들이 시장의 국면 변화에 따라 상이한 운용성과를 나타낸다는 특성을 지니고 있기 때문에 투자자의 자산배분 시에 별도 자산유형으로 고려되어 자산배분 성과를 높여준다는 특성을 지니고 있다.

해외투자가 활성화됨에 따라 해외투자지역에 따라 집합투자기구의 유형을 달리 분류하는 것이 원칙이다. 유럽주식형 집합투자기구와 중국 주식형 집합투자기구, 국내 주식형 집합투자기구는 각기 다른 운용성과를 보이며 다른 집합투자기구 유형으로 분류되어야 객관적인 성과평가 및 상대비교가 가능하기 때문이다.

이렇게 분류된 동일한 유형의 집합투자기구라면 비슷한 특징, 즉 수익과 위험의 구조가 유사하고 벤치마크가 유사하다는 특징을 지닌다. 이는 거꾸로 수익·위험 구조와 벤치마크가 유형분류의 기준이 되기도 한다는 것을 의미한다.

집합투자기구가 어떤 유형에 속하는가에 따라 상대적인 우열(순위 등)이 바뀔 수 있다는 것에 유의하여야 한다. 투자자 및 집합투자기구 판매인은 집합투자기구의 평가결과를 활용할 때 반드시 해당 집합투자기구 평가회사의 유형분류 기준을 먼저 이해하고 어떠한 유형분류에서 나온 평가결과인지 알아야만 한다.

유형분류는 객관적인 평가를 위해 필요한 요소라는 것 이외에도 투자자의 자산배분의 기초단위로 집합투자기구 선택을 위해서도 중요한 요소이다. 투자자는 자신의 투자성향과 투자목표에 맞는 개별 집합투자기구를 고르기 위해 투자할 집합투자기구 유형을 정확하게 알아야 하며, 자산배분 시 유형별로 적절한 투자비율을 정하여 투자하여야 한다.

section 04 벤치마크(Benchmark) 설정

벤치마크란 사전적인 의미로 기준 또는 잣대라는 뜻이다. 집합투자기구를 만들 때 집합투자기구 운용자는 집합투자기구의 운용목표와 운용전략을 정하게 되며 운용 시에 이를 준수하여야 한다. 이러한 집합투자기구의 운용목표와 전략을 가장 잘 나타내는 지표가 벤치마크이다. 집합투자기구 운용자는 벤치마크를 기준으로 삼아 운용하면 집합투자기구의 수익과 위험은 벤치마크 수준에서 크게 벗어나지 않을 것이다. 따라서 집합투자기구 운용자 관점에서 벤치마크는 운용지침(guideline) 역할을 한다.

한편 투자자 관점에서 집합투자기구의 벤치마크는 투자자로 하여금 해당 집합투자기구에 투자할지를 사전에 판단할 수 있는 투자지침(guideline) 역할을 한다. 또한 집합투자기구의 벤치마크는 성과평가(fund performance evaluation) 기준 역할도 한다. 집합투자기구의 성과평가란 일정기간 동안 집합투자기구가 자산운용을 통해 얻은 수익률 등을 기초로 자산운용의 효율성을 평가하는 것이다. 집합투자기구가 일정기간 얻은 수익률 등의 크기가 적정한 수준인지 판단하기 위해서는 객관적인 기준을 필요로 되는데, 이때 가장 많이 사용되는 지표가 바로 집합투자기구 벤치마크이다. 즉, 집합투자기구의 벤치마크는 집합투자기구가 적정한 수준의 성과를 달성하였는지를 판단하기 위한 잣대가 된다.

벤치마크는 집합투자기구별로 정해진다. 이는 집합투자기구별로 주요 투자대상이나 운용전략이 다양하기 때문에 이들의 특성을 잘 나타내는 지표는 다를 수밖에 없으며, 특성이 다른 집합투자기구들을 동일한 기준에 의해 상호 비교하는 것은 적절하지 않기 때문이다. 벤치마크를 구성하는 방식에 따라 〈표 2－1〉과 같이 벤치마크의 종류를 구별할 수 있다.

표 2－1   벤치마크의 종류

종류	설명	사례
시장지수 (market index)	• 자산유형에 소속된 모든 대상 종목을 포함한 것으로 가장 넓은 대상을 포함 • 운용에 특이한 제약조건이 없는 경우 적합	종합주가지수 종합채권지수
섹터/스타일 지수 (sector index)	• 자산유형 중 특정한 분야나 특정한 성격을 지니는 대상만을 포함 • 특정 분야에 집중투자하는 경우 적합	중소형주, 가치주, 성장주, 국공채, 회사채
합성지수 (synthesized index)	• 2개 이상의 시장지수나 섹터지수를 합성하여 별도로 계산 • 복수의 자산 유형에 투자하는 경우에 적합	혼합형 집합투자기구를 위한 벤치마크
맞춤 포트폴리오 (customized portfolio)	• 특정 집합투자기구 운용과 평가를 위한 포트폴리오 • 일반성이 적은 집합투자기구를 평가하기 위함	포트폴리오 보험전략 집합투자기구 평가

수익률 계산

1 개별 집합투자기구 수익률

투자원금에 대비하여 늘거나 줄어든 돈의 크기를 수익률이라고 한다. 예를 들어 100
만 원을 투자한 후에 20만 원의 이익이 발생하였다면 수익률은 20%가 된다. 반대로 100
만 원이 80만 원이 되었다면 수익률은 −20%다.

개별 집합투자기구의 수익률을 계산하는 가장 간단한 방법은 기준가를 이용하여 계
산하는 것이다. 집합투자기구의 가치가 오르면 기준가가 오르고, 집합투자기구의 가치
가 내리면 기준가도 내려간다. 따라서 찾을 때(환매시점)의 기준가에서 가입 시 기준가를
뺀 만큼이 이익의 크기가 된다. 이때 유의할 사항은 중도에 결산 등으로 인해 분배가
있으면 수익률 계산시 분배율을 고려해야 한다는 점이다. 집합투자기구 분배율을 고려
하지 않고 환매 시 기준가와 가입 시 기준가만을 이용하여 계산하면 수익률이 매우 낮
게 나타난다. 분배가 있는 날의 집합투자기구 기준가는 일반적으로 떨어지기 때문이
다. 따라서 개별 집합투자기구의 수익률은 다음과 같이 계산한다.

$$집합투자기구\ 수익률 = \frac{비교시점의\ 기준\ 가격 \times \Pi(1+분배율_t)}{기준시점의\ 기준\ 가격} - 1$$

$$단,\ 분배율_t = \frac{분배금액_t}{분배일\ 기준\ 가격_t}$$

이와 같이 개별 집합투자기구의 수익률은 측정기간 동안의 기준 가격 등락률(결산이익
분배율 감안)을 이용한다.

2 운용회사·집합투자기구 유형 그룹 수익률

집합투자기구 평가사에서는 개별 집합투자기구의 수익률과 함께 집합투자기구 유형
에 대한 수익률과 운용사 수익률을 측정하여 발표하고 있다.

이는 운용회사 또는 집합투자기구 유형에 속한 집합투자기구 전체를 하나의 집합투자기구인 것으로 간주하고 수익률을 측정하는 것으로써 그룹 수익률 측정방식이라 한다.[3] 운용회사나 유형을 하나의 집합투자기구로 간주하여 새로운 집합투자기구가 생겨나거나 집합투자기구가 소멸될 경우에 개별 집합투자기구에서 신규 자금유입이나 자금유출이 있는 것으로 보고 집합투자기구의 기준 가격을 산출하는 것과 동일한 방식이다.

운용회사의 그룹수익률을 산출하는 이유는, ① 운용회사가 운용하는 일부 집합투자기구들만으로 성과를 측정하여 비교할 경우 전체 성과를 정확히 나타내지 못하고 집합투자기구별 성과의 차이가 큰 운용회사가 상대적으로 유리하게 되는 대표계정(Representative Accounts)의 오류를 제거하고, ② 성과가 나빠 운용이 중단된 집합투자기구 등을 제외하고 현재 시점에서 존재하는 집합투자기구만을 대상으로 평가함으로써 부실한 운용으로 고객이탈이 많은 운용회사의 성과가 상대적으로 높게 표시되는 생존계정의 오류(Survivorship Biases)를 제거하기 위함이다. 또한 ③ 각각의 여러 집합투자기구들의 수익률이 아닌 하나의 수익률로 나타냄으로써 수익률 측정 기간을 일치시키면 객관적으로 운용사 간의 성과 비교가 가능하기 때문이다. 다만, 운용회사의 집합투자기구 운용자의 이동이 발생한 경우의 그룹수익률은 이동한 운용자의 운용성과가 반영되는데 이것은 현재의 운용회사 환경과 다를 때의 성과를 나타낸 것으로 이 수익률을 이용하여 해당 운용회사의 능력을 판단하는 것은 적절하지 않다. 이러한 문제를 투자 결과의 이전가능성(Portability of Investment Results)의 문제라고 한다.

벤치마크 수익률이 집합투자기구가 절대적으로 운용을 잘했는지 여부를 판단하기 위해 중요하다면, 유형(Peer Group)평균수익률과 집합투자기구의 수익률을 비교하는 것은 집합투자기구가 상대적으로 운용을 잘했는지를 판단하기 위해 중요하다. 투자한 집합투자기구가 벤치마크에 비해 절대적으로 운용을 잘했다고 할지라도 동일 유형의 다른 집합투자기구들에 비해 상대적으로 낮은 성과를 실현했다면 이는 집합투자기구 선택에 실패했다고 할 수 있다. 반대로 벤치마크 대비 낮은 성과를 기록하였다고 할지라도 다른 집합투자기구들, 즉 유형평균보다 양호한 성과를 실현하면 상대적으로는 운용이 성공적이었다고 할 수 있다.

---

3 미국의 투자분석가협회(CFA institute)의 성과평가기준(GIPS : Global Investment Performance Standards)에서는 통합계정(composite)수익률이라고 한다.

위험의 측정

1 위험 측정치의 종류

　미래에 발생할 사건들을 모두 정확하게 예측할 수 있는 투자자가 있다면 투자에 관한 그는 신(神)과 같은 존재일 것이다. 현실적으로 이러한 투자자는 없다. 항상 예상하지 못했던 사건들이 발생하게 되고 이로 인해 초래되는 결과는 예상한 것과는 다른 모습을 보이게 된다. 이를 위험(Risk)이라고 한다.

　투자에 있어서 위험이란 실제수익률이 기대수익률 또는 예상한 수익률과 같지 않을 가능성을 의미한다. 실제수익률과 예상수익률이 같지 않을 가능성이 높으면 위험이 높고, 반대로 그 가능성이 낮으면 위험이 낮다고 한다. 따라서 위험을 많이 부담할수록 이에 대가로써 높은 수익률을 기대한다.

　동일한 기대수익률을 가진 두 가지 투자안이 있다면 합리적인 투자자들의 경우 위험이 낮은 투자안을 선택할 것이다. 또한 위험이 같다면 기대수익률이 높은 투자안을 선택할 것이다. 결국 투자자는 수익률－위험 간의 관계를 고려하여 투자하게 되므로 위험은 투자안 선택에 큰 영향을 미치게 된다.

　위험을 측정하는 상대성의 유무에 따라 위험을 〈표 2－2〉와 같이 구분할 수 있다.

표 2－2　위험지표의 종류

종류	척도	사용용도
절대적 위험 (absolute risk)	• 표준편차 • VaR(Value-at-Risk)	• 수익률의 안정성을 중시하는 전략에 적합
상대적 위험 (relative risk)	• 공분산(covariance) • 초과수익률(excess return) • 베타(β : beta) • 상대 VaR(relative VaR) • 추적오차(tracking error)	• 사전에 자산배분이 정해지고, 실제운용단계에서는 벤치마크를 추구하는 경우에 적합

집합투자기구를 전문적으로 다루는 운용자나 분석사를 제외하고 투자자 또는 판매직원 측면에서는 표준편차와 베타에 대한 개념만 이해해도 충분할 것이다.

표준편차란 일정기간 동안의 수익률이 동일 기간의 평균 수익률과 대비하여 변동한 범위를 측정한 것이며 수식은 다음과 같다.

$$표준편차 = \sqrt{\frac{\sum(펀드\ 주간\ 수익률 - 평균\ 수익률)^2}{표본수 - 1}}$$

예를 들어 1년 수익률이 10%인 두 개의 집합투자기구가 있다고 하자. 그 중 첫째 집합투자기구는 매주 연 9%~연 11%의 수익률을 보여 최종적으로 10%의 1년 수익률을 달성했고, 둘째 집합투자기구는 매주 연 5%~연 15%의 수익률을 보인 후 10%의 1년 수익률을 달성했다면 누구나 첫 번째 집합투자기구가 좋은 집합투자기구라고 생각할 것이다. 즉, 앞의 왼쪽 그림처럼 평균 수익률과의 편차(수익률의 변동성)가 작은 집합투자기구가 위험이 작은 것이라는 가정하에 측정된 수치가 바로 표준편차이다.

일반적으로 주식형 집합투자기구와 같이 기준가의 등락이 큰 투자대상에 투자하는 집합투자기구의 표준편차는 크며, 채권형 집합투자기구의 경우 기준가의 등락이 작으며 표준편차가 작다. 다만, 집합투자기구의 수익률을 비교할 때 같은 유형의 집합투자기구들끼리만 비교하여야 하는 것처럼 표준편차의 경우에도 같은 유형의 집합투자기구들 간에 비교해야 한다.

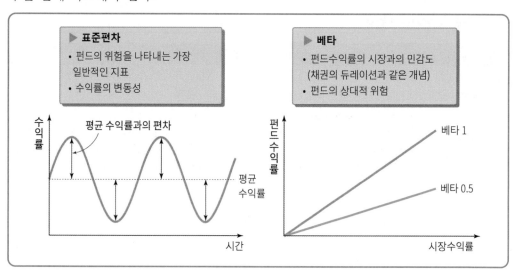

집합투자기구 수익률과 벤치마크 수익률 간의 상대적인 관계로 파악하는 위험지표 중 가장 대표적인 것이 베타이다. 베타란 집합투자기구의 수익률이 벤치마크 수익률의 변동에 대하여 어느 정도 민감도를 가지고 있는가를 나타낸다. 즉 베타는 벤치마크 수익률에 영향을 주는 거시적인 사건이 발생할 때 특정 집합투자기구가 얼마나 민감하게 반응하는가를 계량적으로 측정한 것으로 다음 회귀분석식의 b_i로 표현된다.

$$(R_i - R_f) = a_i + b_i \times (R_m - R_f) + \varepsilon_i$$

단, R_i = 집합투자기구 i의 수익률

R_f = 무위험수익률

R_m = 벤치마크의 수익률

ε_i = 잔차항

따라서 베타가 클수록 벤치마크 수익률 변동에 그만큼 민감하게 반응하는 것으로 해석할 수 있다. '베타 > 1'의 경우 상당히 공격적으로 운용한 집합투자기구이며, '베타 < 1'인 경우 방어적으로 운용한 집합투자기구라고 할 수 있다. 예컨대, 종합주가지수를 벤치마크로 하는 집합투자기구 A의 베타가 1.2, 집합투자기구 B의 베타가 0.5라고 했을 때, 종합주가지수가 ±10%로 움직인다면 집합투자기구 A는 ±12%, 집합투자기구 B는 ±5%로 움직인다고 해석할 수 있다.

베타가 큰 집합투자기구는 작은 집합투자기구에 비하여 상대적으로 변동성이 큰 개별 종목을 많이 편입하여 운용하였거나, 다른 집합투자기구들에 비해 편입비율을 높여 공격적인 운용전략을 사용하였음을 의미한다. 이렇듯 베타란 시장이 움직일 때 그 움직임에 대하여 반응하는 정도(민감도)를 측정한 것이다.

section 07 │ 위험 조정성과의 측정

수익과 위험은 동전의 앞뒷면과 같다. 집합투자기구의 성과를 수익률만으로, 또는 위험만으로 판단한다면 집합투자기구의 한 면만을 보고 분석하는 것이다. 위험 조정성과는 수익률과 위험 두 가지를 동시에 고려해 집합투자기구의 성과를 측정한 것이다.

수익률은 높을수록 위험은 낮을수록 좋은 집합투자기구라는 것이 성과평가의 기본이다. A집합투자기구는 수익률이 높고 위험이 낮은데 비해 B집합투자기구는 수익률이 낮고 위험이 크다면 누구나 A집합투자기구를 선택할 것이다(Dominant Principle). 하지만 현실에서 이런 상황을 만나기란 쉽지 않다. 수익률과 위험이 모두 높은 C집합투자기구와 수익률과 위험이 모두 낮은 D집합투자기구를 비교해야 하는 상황(Non-Dominant Condition)이 일반적이다. C집합투자기구를 골라야 할 것인지 D집합투자기구를 골라야 할지를 선택하려면 별도의 판단기준이 필요하다.

집합투자기구평가에서는 C집합투자기구와 D집합투자기구 간의 우열을 가리기 위해 수익률과 위험을 적절히 조합한 지표를 사용한다. 즉, 성과평가를 위해 수익률과 위험을 결합하여 하나의 값으로 나타낸 지표를 위험 조정성과지표라고 하는데, C집합투자기구와 D집합투자기구의 수익률과 위험을 동시에 고려하면서 비교하기 위해 이를 사용한다. 집합투자기구평가에서 널리 사용되는 위험조정지표로는 샤프비율, 젠센의 알파, 정보비율 등이 있다.

1 │ 샤프비율(Sharpe Ratio)

위험 조정성과지표로서 가장 많이 이용되고 있는 샤프비율(Sharpe Ratio)은 수익률을 위험으로 나누어 위험 한 단위당 수익률을 구하는 것이다. 구체적으로 포트폴리오(집합투자기구) 수익률에서 무위험이자율을 차감한 초과수익률(excess return)을 포트폴리오의 표준편차(총위험)로 나누어서 측정한다.

샤프비율의 산식은 다음과 같다.

$$S_p = \frac{R_p - R_f}{\sigma_p} = \frac{\text{포트폴리오 평균 수익률} - \text{무위험 평균 이자율}}{\text{포트폴리오 수익률의 표준편차}}$$

$$\text{단, } R_p - R_f = \text{초과수익률}$$

샤프비율은 일정 투자기간 동안 위험 1단위당 무위험이자율을 초과 달성한 포트폴리오 수익률을 나타내므로, 이것이 높으면 위험 조정 후 성과가 좋은 것이고 낮으면 성과가 부진했음을 의미한다.

샤프비율을 통한 성과분석 시 유의할 점이 있다. ① 반드시 평가기간이 동일하고 동일한 유형의 집합투자기구들 간에만 비교하여야 하며, ② 수익률 구간(일간, 주간, 월간 수익률)에 따라 상이한 평가결과를 도출할 수 있다. ③ 정규분포의 통계적인 속성에 따라 장기수익률을 측정하는 것이 바람직하며, ④ 초과수익률이 부(−)의 수익률일 경우에는 설명하기 어렵다(집합투자기구 A와 B의 초과수익률이 각각 −2%, −4%, 위험은 10%, 40%일 때, 집합투자기구 A와 B의 샤프지수는 각각 −0.2, −0.1로 나타나 수익률은 높고 위험은 낮은 집합투자기구 A의 성과가 더 나쁜 것으로 나타남).

2 젠센의 알파(Jensen's alpha)

젠센의 알파는 집합투자기구의 실제 수익률이 시장 균형을 가정한 경우의 기대수익률보다 얼마나 높은지, 즉 집합투자기구 수익률에서 균형 하에서의 기대수익률을 차감한 값을 나타내며 수식은 다음과 같다.

$$\alpha_p = (R_p - R_f) - \beta_p \times (R_m - R_f)$$

$$\text{단, } R_p = \text{집합투자기구 수익률}$$

$$R_f = \text{무위험수익률}$$

$$\beta_p = \text{집합투자기구의 베타}$$

$$R_m = \text{시장수익률}$$

어느 집합투자기구의 알파가 0보다 크다는 것은 시장 균형 하에서 베타 위험을 가지는 집합투자기구의 기대수익률보다 해당 집합투자기구의 수익률이 더 높았다는 것을 의미한다. 이는 집합투자기구 운용자들의 증권 선택, 자산구성비 변경, 업종비중의 조절 등 시장 평균 수익률을 이기기 위해 취한 활동이 성공적이었음을 의미한다. 따라서

이 크기가 큰 집합투자기구를 양호한 집합투자기구라 할 수 있다.

젠센의 알파는 집합투자기구 운용자의 종목 선택 및 시장 움직임에 대한 정보 분석능력을 측정하는 유용한 지표이기는 하지만 종목 선택정보와 시장 예측정보를 정확하게 구분하지 못하는 단점을 지니고 있다. 따라서 시장 예측활동과 종목 선택활동을 모두 활용하는 집합투자기구에 대해서는 젠센의 알파가 적절한 평가지표가 되지 못한다.

3 　 트래킹 에러(Tracking Error)

트래킹 에러는 일정기간 펀드의 수익률이 이에 대응하는 지수(벤치마크) 수익률에 비해 어느 정도의 차이를 보이는가를 측정하는 지표로 추적오차라고 흔히 부른다. 실제로 측정할 때에는 펀드의 기간 수익률과 이에 대응하는 벤치마크 지표 수익률과의 편차에 대한 변동성으로 측정한다. 트래킹 에러가 크다는 것은 펀드가 투자한 종목의 구성이나 편입비가 벤치마크와 상이하다는 것을 의미하며 펀드의 수익률이 벤치마크와 크게 다르게 나타났다는 것을 의미한다. 트래킹 에러는 그 자체로 위험의 측정치로 간주되지만 평가의 핵심은 부담한 위험에 상응하는 초과수익률을 얻었는지의 여부이다. 이를 측정하는 지표가 정보비율이다.

4 　 정보비율(Information Ratio)

정보비율이란 적극적 투자활동의 결과로 발생한 초과수익률과 집합투자기구의 초과수익률에 대한 표준편차(트래킹 에러)의 비율로 평가비율(Appraisal Ratio)이라 하기도 한다. 이는 집합투자기구 수익률이 벤치마크 수익률보다 높을수록 좋은 집합투자기구라는 개념(분자)과 집합투자기구 수익률이 벤치마크 수익률과 큰 차이를 보이면 곤란하다는 위험개념(분모)을 결합한 것이다. 정보비율이라 칭한 이유는 벤치마크를 초과한 수익을 얻는 원천이 집합투자기구 운용자만의 고유한 정보 때문이라 여기기 때문이다.

일반적으로 높은 정보비율은 집합투자기구 운용자의 능력이 탁월한 것을 의미하지만 어느 정도의 값이 높은 수준인가에 대하여는 이론적인 근거가 없다. 실무적으로는 미국의 경우 정보비율이 0.5 이상인 경우 '우수', 0.75 이상인 경우에는 '매우 우수', 1.0 이상인 경우에는 '탁월'한 것으로 판단한다. 다만, 짧은 기간 동안에 계산된 정보

비율에는 집합투자기구 운용자의 능력 이외에 운(Luck) 등 다른 요인이 큰 비중을 차지하기 때문에 정보비율에 근거하여 운용자 능력을 평가하기 위해서는 성과측정기간이 충분해야 한다.

section 08 | 성과요인 분석

성과요인 분석이란 성과의 원인을 파악하는 일련의 계량분석과정을 말한다. 지금까지의 일반적인 집합투자기구 성과평가(수익률, 위험, 위험 조정성과, 등급 등)는 집합투자기구 운용의 우열을 가려줄 수는 있어도 우열이 나타난 원인을 충분히 설명해 주지 못한다. 이에 따라 집합투자기구 평가회사는 성과의 원인을 세분하고 각각의 원인이 성과에 기여한 정도를 분석하기 위하여 성과요인 분석을 행한다.

일반적으로 성과요인을 크게 시장 예측능력과 종목 선정 능력으로 나눌 수 있다. 시장 예측(Market Timing)이란 시장의 흐름을 예측하여 저점에 매수하고 고점에 매도하는 전략으로 시장이 강세일 때는 민감도가 높은 종목을 편입하거나 편입비중을 늘이고 시장이 약세일 때는 민감도가 낮은 종목을 편입하거나 편입비중을 줄임으로써 나은 성과를 추구하는 운용방법이다. 종목 선정(Stock Selection)이란 시장의 흐름과 무관하게 벤치마크보다 높은 성과를 보일 종목, 즉 상대적으로 저평가되었거나 향후 상승 가능성이 높은 종목을 선택함으로써 성과를 올리려는 운용방법이다.

성과요인 분석을 통해 특정 성과요인에 능력이 있는 것으로 판명된다면 투자자는 해당 능력이 가장 큰 효과를 발휘할 수 있도록 집합투자기구별로 자금을 배정할 수 있을 것이며, 이는 성공적인 투자로 연결될 것이다. 또한 성과요인이 다른 여러 집합투자기구에 분산하여 투자하는 자산배분 전략의 하나로 이용할 수도 있다. 성과요인 분석을 하는 이유가 여기에 있다.

포트폴리오 분석

포트폴리오란 증권 일람표를 뜻한다. 집합투자기구는 기본적으로 투자할 수 있는 대상, 즉 주식, 채권, 선물, 옵션, 부동산, 집합투자기구 등을 가지고 있으며, 위험을 낮추고 목표한 수익률을 실현하기 위해 이들에 분산하여 투자하는데 이때 투자된 증권 묶음을 포트폴리오라 한다. 지금까지 포트폴리오가 주는 성과의 결과물, 즉 수익률, 위험, 위험 조정성과 등을 살펴보았다면 포트폴리오 분석은 결과물이 아닌 포트폴리오 자체의 특성을 분석하는 것이다.

포트폴리오 분석은 집합투자기구 내 자산의 투자비중을 분석하는 것에서부터 시작하는 것이 일반적이다. 우선 집합투자기구 전체의 자산종류별 구성현황을 분석한다. 주식, 채권, 유동성 등 주요 자산별 배분비율과 추이를 분석하는 것이다. 해외에 투자하는 집합투자기구의 경우 각 지역별 투자자산의 배분현황도 분석한다. 다음으로 세부 자산별 배분현황과 개별 종목별 비중 등을 분석한다. 주식이라면 업종별·주식규모별·그룹사별 투자비중 등을, 채권이라면 신용등급별·잔존만기별·채권종류별 투자비중 등을 분석한다. 다음으로 개별 주식 또는 채권의 투자비중을 분석한다.

이러한 자산의 투자비중을 분석하는 것은 집합투자기구 운용자의 시장에 대한 운용전략을 파악할 수 있고, 또한 과거 성과의 원인을 개괄적으로 파악할 수 있도록 해준다. 집합투자기구가 보유한 자산구성, 업종, 종목 등이 시장의 평균적인 비중이나, 동일유형 집합투자기구들의 평균적 보유비중과 비교하여 어느 정도인지 분석한다면, 해당 집합투자기구가 각각의 자산구성, 업종, 종목 등에 대해 공격적인 운용전략을 구사하는지 보수적인 운용전략을 구사하는지 여부를 판단할 수 있게 된다.

포트폴리오 분석 중 집합투자기구 평가사의 기능을 가장 잘 설명해 주는 것이 스타일분석이다. 스타일 분석이란 성과에 가장 큰 요인을 주는 변수를 골라내 이를 기준으로 집합투자기구를 분류하는 기법이라 할 수 있다. 예를 들어 주식형 집합투자기구의 경우 보유한 주식의 규모(대형주, 중형주, 소형주 등)와 가치평가 정도(가치주, 성장주 등)에 따라 성과차이가 크며, 채권형 집합투자기구의 경우 보유 채권은 평균 신용등급의 높고 낮음과 평균만기(듀레이션)의 길고 짧음에 따라 성과차이가 크게 나타난다. 따라서 이를 기준으로 집합투자기구를 구분할 경우 향후 상승이 예상되는 시장의 특징에 맞는 스타일의 집합투자기구에 투자할 것이고 이는 성공적인 투자 결과로 연결될 것이다. 또한 사후적으로 집합투자기구를 평가함에 있어서도 과거의 시장 특성에 맞는 스타일의 집합투자기구가 상대적으로 다른 스타일의 집합투자기구들에 비해 양호한 성과를 기록하였을 것이다. 즉, 스타일 분석은 사전적으로는 좋은 수익률을 보일 집합투자기구를 고르는 판단요소가 되며 사후적으로 과거 집합투자기구 성과의 원인을 적절하게 설명해주는 역할을 한다.

스타일 분석을 하는 또 다른 이유는 효과적인 분산투자 방안을 마련하려는 데에 있다. 어떤 시장 상황에도 관계없이 시장수익률을 항상 초과하는 집합투자기구는 없으며, 시장 흐름을 정확하게 예측하는 것이 불가능하기 때문에 시장흐름에 적합한 스타일의 집합투자기구를 고르는 것도 불가능하다. 반면, 스타일 지속성을 보이는 스타일 집합투자기구들에 분산하여 투자하는 전략을 사용한다면, 시장의 흐름 변화에 따른 성과 변동을 축소시킴으로써 투자 효율성을 높일 수 있다.

section 10 운용회사·운용자 질적 분석

집합투자기구의 장기성과는 해당 집합투자기구를 운용하는 운용자와 운용회사의 질적인 특성의 결과로 나타난다. 조직과 인력, 운용프로세스가 우수한 운용회사는 장기적으로 양호한 성과를 나타낼 것이고, 반대인 경우에는 상대적으로 낮은 성과를 보일 것이다. 하지만 단기적인 성과에 있어서는 운용회사의 질적인 평가결과와 성과가 일치하지 않는 경우가 많이 존재한다. 우발적이고 충동적인 의사결정이 우연히 시장 흐름에 맞아 양호한 성과로 이어질 수 있기 때문이다. 집합투자기구 운용자와 운용회사에 대한 질적인 평가와 분석을 하는 이유가 여기에 있다. 운용회사의 질적인 특성을 분석하여 성과분석, 성과요인분석, 포트폴리오 분석들과 비교함으로써 집합투자기구의 성과가 우연에 의해 나타난 성과인지 운용회사 질적 특성에 의해 나타난 성과인지를 파악하기 위해서 분석을 하는 것이다.

운용회사의 질적 특성을 구성하는 변수는 다양하다. 대표적인 변수는 운용회사의 안정성(수익성, 재무구조, 지배구조 등), 조직·인력(운용 관련 인력수와 경력, 지원 관련 인력수와 경력, 권한배분의 적정성 등), 운용프로세스, 위험관리능력 및 컴플라이언스, 운용규모, 고객지원 서비스 등이다.

chapter 03

집합투자기구 평가보고서

집합투자기구 평가보고서 개요

집합투자기구 평가보고서란 개별 집합투자기구에 대하여 수익률, 위험, 위험 조정성과 등을 객관적으로 일목요연하게 상대적 또는 절대적 관점에서 평가하고, 집합투자기구의 투자스타일이나 성과요인을 판단하기 위해 집합투자기구가 투자한 포트폴리오를 분석한 보고서이다.

집합투자기구 평가보고서는 작성 목적 및 제공하는 대상에 따라서 다양한 형태를 가진다. 일반적인 집합투자기구 평가보고서에 들어가는 내용은 다음과 같다.

❶ 성과분석 : 집합투자기구 기본정보, 수익률·위험 정보(벤치마크, 유형비교 포함), 성과추이 분석 등
❷ 포트폴리오 분석 : 종목분석, 업종분석, 포트폴리오 특성 분석(스타일 분석 등)
❸ 기타 : 성과요인 분석, 분석의견 등

집합투자기구 평가보고서 주요 사항 분석

1 유형

유형이란 다른 집합투자기구와 비교해 집합투자기구의 성과가 좋은지 나쁜지를 판단할 때, 비교 대상을 나누는 기준이다. 동일한 운용조건을 갖는 집합투자기구들끼리 비교해야 객관적인 평가가 된다. 예를 들어 성장형 집합투자기구는 성장주의 편입비율이 높은 집합투자기구로, 여기서 성장주는 매출과 이익이 앞으로 크게 성장할 것으로 기대되는 주식을 말한다. 정보기술, 헬스케어, 바이오 등 현재는 이익 규모가 크지 않으나 향후 시장을 주도할 것으로 기대되는 종목들이 성장주로 분류된다.

2 집합투자기구 등급

집합투자기구 등급이란 집합투자기구의 성적을 몇 개의 급수로 나눠 평가한 것이다. 학교에서 성적을 '수우미양가'로 평가하는 것과 같다. 집합투자기구 평가사들은 수익률과 위험을 동시에 고려하는 위험 조정성과를 이용하여 집합투자기구의 등급을 산정한다. 집합투자기구 평가 시 위험 조정성과를 사용하는 것은 수익률이 운용성과의 한 단면만을 보여주기 때문이다.

평가등급이 높은 집합투자기구가 앞으로도 매우 좋은 성과를 지속하리라고 보장하는 것은 아니다. 그러나 위험을 감안한 과거 장기성과의 지속성을 보는 것은 적어도 투자판단을 함에 있어 나쁜 집합투자기구를 고르는 오류를 범하지 않도록 하는 최소한의 기준을 제공할 수 있다는 점에서 중요하다.

3 기간누적수익률

평가보고서 작성 기준일로부터 최근 6개월·1년·3년 등의 누적수익률이다. 연초 후 수익률은 해당 해(年)의 수익률을 의미한다.

운용회사 수익률은 집합투자기구가 속한 유형의 해당 운용회사 수익률이다. 운용회사 수익률은 집합투자기구의 기준가를 구하듯이 운용회사의 평가대상이 되는 집합투자기구들을 대상으로 매일 금액 가중한 평균 수익률을 구해 시간가중 수익률 방식으로 계산한다. 따라서 운용규모가 큰 집합투자기구의 수익률은 일별 운용회사 평균 수익률에 끼치는 영향이 크고, 규모가 작은 집합투자기구는 영향이 작다. 투자자는 자신의 집합투자기구 수익률을 벤치마크(BM)수익률 및 유형평균 수익률과 비교하여 성과의 우열을 가리는 것이 보통이지만, 해당 운용회사의 유형평균 수익률과도 비교할 필요가 있다. 만약, 집합투자기구 수익률이 해당 운용회사의 평균수익률과 차이가 크다면 그 이유에 대해 살펴보아야 하기 때문이다. 운용스타일 때문에 차이가 나는 것인지, 집합투자기구 운용자별 운용 능력의 차이인지, 아니면 극단적으로 집합투자기구 수익률 몰아주기 행태로 인해 수익률이 높은 것인지 반대로 홀대받고 있는 집합투자기구인지를 조사해 봐야 한다.

%순위란 전체 비교 대상 집합투자기구를 100개로 가정했을 때 상대순위를 말하며, 백분위 순위(percentile rank)라고도 한다. 이는 동일한 유형의 집합투자기구 집단 내에서 해당 집합투자기구의 상대순위를 파악하기 위한 것이다. 만약 전체 집합투자기구 200개 중 100위를 한 집합투자기구 A가 있고, 전체 100개 중 100위를 한 집합투자기구 B가 있다고 가정하자. A와 B 집합투자기구 모두 절대 순위는 100위이나 상대순위에서는 A는 50위, B는 100위에 해당한다.

4 위험지표(표준편차, 베타)

표준편차란 일정기간 동안의 수익률이 동일 기간의 평균 수익률과 대비하여 변동한 정도를 측정한 것이며, 베타란 집합투자기구 수익률이 기준 수익률의 변동에 대하여 어느 정도 민감도를 가지고 있는가를 나타낸다.

5 위험 조정성과(샤프, 알파)

샤프비율은 일정기간 동안 위험 1단위당 무위험이자율을 초과 달성한 포트폴리오 수익률의 정도를 나타내며 이것이 높으면 성과가 좋은 것이며 낮으면 성과가 부진했음을 의미한다.

젠센의 알파는 특정 집합투자기구가 취한 위험(베타) 아래에서 요구되는 기대수익률을 집합투자기구 수익률이 얼마나 초과했는지를 보여주는 지표로 높으면 그만큼 집합투자기구의 성과가 양호했음을 의미한다.

6 　스타일 분석

스타일 분석은 집합투자기구가 가지고 있는 주식과 채권의 성격을 규정함으로써 집합투자기구의 위험 및 수익성을 용이하게 예측하기 위한 것이다.

예를 들어 대형·가치주 집합투자기구로 분류하는 것이다.

7 　포트폴리오 분석

포트폴리오 분석 중 가장 기본적인 것은 집합투자기구 내 자산의 투자비중을 분석하는 것이다. 우선 집합투자기구 전체의 자산별 배분 현황을 분석한다. 주식, 채권, 유동성 자금 등 주요 자산별 배분비율과 추이를 분석한다.

다음으로 세부 자산별 배분현황과 개별 종목별 비중 등을 분석한다. 주식이라면 업종별·주식규모별·그룹사별 투자비중 등을 분석한다. 나아가 개별 주식 또는 개별 채권의 투자비중을 분석한다.

01 사전에 자산배분이 정해지고, 실제 운용단계에서는 벤치마크를 추구하는 집합투자기구의 위험 측정에 사용되기에 적합하지 않은 위험지표는?

① 공분산(covariance)
② 표준편차(standard deviation)
③ 초과수익률(excess return)
④ 상대VaR(relative VaR)

02 집합투자기구의 성과원인 및 특성을 파악하여 성과의 지속성을 예상하기 위한 것으로 보기 어려운 것은?

① 성과요인 분석
② 포트폴리오 분석
③ 운용자와 운용회사에 대한 질적인 평가
④ 향후 경제전망

03 펀드 평가업무 중 운용회사 및 운용자에 대한 질적 분석업무와 관련된 설명으로 적절하지 않은 것은?

① 운용회사의 지배구조도 운용회사의 질적 특성을 구성하는 요소이다.
② 질적 분석은 펀드의 성과가 우연에 기인하는지 질적 특성에 의한 것인지를 구분하기 위해 실시한다.
③ 대형 연기금의 경우 과거 성과가 미흡한 운용회사에 대해서도 별도의 제안기회를 부여할 만큼 질적 평가결과를 중시하기도 한다.
④ 실사나 면접은 평가자마다 다른 기준이 적용될 수 있어 질적 분석의 방법으로 적절하지 못하다.

> 해설
>
> 01 ② 본문의 설명에 부합하는 위험측정밥법은 상대적 위험측정에 해당된다. 표준편차는 절대적 위험측정 지표에 해당한다.
> 02 ④ 향후 경제전망은 투자자의 투자 여부(신규투자, 환매)에 영향을 줄 수는 있으나 펀드평가회사가 성과를 평가할 때의 고려할 요소는 아니다.
> 03 ④ 비계량 정보의 경우 실사나 면접 등을 통해 평가가 이루어진다.

04 다음 중 위험 조정성과 측정 및 위험 조정지표에 대한 설명으로 적절하지 않은 것은?
① 트레이너 비율은 수익률을 위험으로 나누어 한 단위당 수익률을 구하는 것이다.
② 트래킹 에러는 일정기간 펀드의 수익률이 벤치마크 수익률에 비해 어느 정도의 차이를 보이는가를 측정하는 지표이다.
③ 펀드의 알파가 0보다 크다는 것은 시장 균형 하에서 베타 위험을 가지는 펀드의 기대 수익률보다 실현된 수익률이 더 높았다는 것을 의미한다.
④ 위험 조정성과는 수익률과 위험 두 가지를 고려하여 집합투자기구의 성과를 측정한 것이다.

05 다음 중 벤치마크 설정에 대한 설명으로 옳지 않은 것은?
① 벤치마크는 집합투자기구별로 정해진다.
② 집합투자기구의 벤치마크는 성과평가의 기준 역할도 한다.
③ 벤치마크 설정 시 투자자의 견해를 반영하는 것은 객관성이 결여되어 바람직하지 못하다.
④ 주식이 투자대상인 주식형 집합투자기구의 벤치마크로는 1차적으로 종합주가지수가 고려된다.

해설
04 ① 수익률을 위험으로 나누어 위험 한 단위당 수익률을 구하는 비율은 '샤프비율'을 말한다.
05 ③ 벤치마크는 투자자의 현재 투자견해를 반영하는 편이 바람직하다.

06 다음 중 펀드평가보고서에 포함되는 내용에 대한 설명으로 적절한 것은?

① 베타가 높다는 것은 그만큼 펀드의 성과가 우수했음을 의미한다.

② 스타일 분석은 펀드 내 자산의 투자 비중을 분석하는 것이다.

③ 표준편차란 일정기간 동안의 수익률이 동일 기간의 평균 수익률과 대비하여 변동한 정도를 측정한 것이다.

④ 포트폴리오 분석은 펀드의 성적을 몇 개의 급수로 나누어 평가하는 것이다.

07 다음 중 펀드의 성과분석과 관련된 설명으로 옳은 것은?

① 가상 포트폴리오 방법을 이용한 성과요인 분석은 펀드의 보유 및 매매내역이 없어도 수행할 수 있는 장점이 있다.

② 자산매매회전율은 높을수록 펀드 성과에 긍정적이다.

③ 스타일 분석은 효과적인 분산투자 방안 마련과는 큰 관련이 없다.

④ 벤치마크를 이용한 수리모형을 통한 성과요인분석은 시장 예측·종목 선택능력이 각각 수익률에 기여한 정도의 측정이 어렵다.

08 다음 중 펀드의 운용성과를 결정하는 요소로 적절하지 않은 것은?

① 투자하는 펀드의 운용수익률

② 시장 예측을 통한 투자시점의 결정

③ 투자대상 유형별 자산배분의 선택

④ 투자성과에 대한 적절한 모니터링

해설

06 ① 베타는 체계적 위험의 크기를 의미하며 펀드의 성과와는 무관하고, ② 스타일 분석은 집합투자기구가 가지고 있는 주식과 채권의 성격을 규정하여 그 위험과 수익성을 용이하게 예측하기 위함이다. ④는 펀드 등급에 관한 설명이다.

07 ①과 ③은 반대의 내용이며, ②의 자산매매회전율이 과도하게 높은 경우 거래수수료 등에 의해 성과에 나쁜 영향을 미친다.

08 ④ 투자성과에 대한 모니터링은 펀드 분석에 필요한 과정으로, 모니터링 결과에 대해 조치를 취하지 않는 경우 운용성과에 미치는 영향은 없다.

정답 01 ② | 02 ④ | 03 ④ | 04 ① | 05 ③ | 06 ③ | 07 ④ | 08 ④

part 05

펀드법규

chapter 01

총설

투자펀드의 개념과 역사

1 투자펀드의 개념

투자펀드(Investment Fund)란 일반적으로 다수의 투자자로부터 자금을 모아(Pooling) 증권 등의 자산에 투자하고 그 수익을 투자지분에 따라 투자자에게 배분하는 집단적·간접적 투자제도를 의미한다.

투자펀드를 지칭하는 용어는 각 나라마다 다르며 실무상·관행상 사용하는 용어와 법률에서 사용하는 용어가 다른 것이 일반적이다.[1] 우리나라의 경우 2004년에 「간접투자

---

1 미국 : Investment Company, 일본 : 투자신탁·투자법인, 영국 : Collective Investment Scheme(Unit Trust, OEIC/ICVC). 미국에서 투자펀드의 법적 용어는 Investment Company이지만 관행적으로

자산운용업법」(이하 '자산운용업법'이라 함)이 시행되면서 '간접투자기구'가 투자펀드의 법
적 용어가 되었으며, 2009년에 「자본시장과 금융투자업에 관한 법률」(이하 '자본시장법'이
라 함)이 시행되면서 '집합투자기구'로 명칭이 변경되었다. '간접투자'라는 용어는 직접
투자가 아닌 모든 투자를 포괄하는 것으로 오해될 소지가 있었기 때문이다.[2]

2 투자펀드의 역사

최초의 투자펀드는 19세기 중반 영국에서 설립된 투자신탁인 것으로 알려져 있다.[3]
이 투자신탁은 수탁자(펀드운용자)와 투자자(수익증권보유자를 대표하는 자) 간에 작성된 신탁
증서에 의해 설립 및 운용되었으며 투자자들에게 확정수익률을 약속하였다. 이후 이러
한 구조의 투자신탁은 약정수익률을 지급하지 못하게 되면서 쇠퇴하고, 새로이 회사형
태의 투자펀드가 등장하게 되었다.

이후 미국으로 건너간 투자펀드 제도는 1924년부터 1929년 사이에 발생한 주식투
자 열풍에 힘입어 급속도로 성장하였다. 미국에서 발달한 투자펀드제도가 이번에는 거
꾸로 영국으로 넘어가서 1930년대에 현대적 의미의 투자신탁(Unit Trust)을 탄생시켰다.
Unit Trust는 펀드운용회사와 수탁회사 간의 신탁계약에 의해 설정되고, 투자자에게 환
매를 통해 환금성을 보장함으로써 종전의 투자신탁과 다른 현대적 모습을 갖추게 되었
다. 비슷한 시기에 미국에서도 환매를 해주는 펀드가 뮤추얼펀드라는 이름으로 투자펀
드 제도로 자리를 잡았다. 이처럼 영국에서 탄생하고 미국에서 발전한 투자펀드 제도는
증권시장이 있는 대부분의 나라에 전파되었다.

미국이나 영국 등 선진국의 경우 대체로 경제발전과정에서 투자펀드제도가 자연발
생적으로 생성·발전되었고 이후 투자자 보호 등을 위한 관련 법률의 정비가 이어진
반면, 우리나라를 포함한 개발도상국의 경우 경제개발에 필요한 자금조달목적으로 투
자펀드 관련법을 먼저 제정한 후 인위적으로 투자펀드 제도를 활성화시켜 나간 점에
서 차이가 있다.

"Mutual Fund"라고 부른다(정확하게는 개방형 투자회사만을 의미하는 용어이다).

2 투자자가 간접적으로 투자하는 투자일임, 신탁업 등도 '간접투자'로 오해될 수 있어 개념의 혼란 발
생 우려가 있다.

3 1868년에 런던에서 설립된 Foreign and Colonial Trust.

투자펀드의 특징

투자펀드는 일반적으로 다음과 같은 특징을 가지고 있다. 이러한 특징은 공모펀드를 전제로 하고 있다는 것을 유의해야 한다.

1 집단성과 간접성

투자펀드에서는 자금제공자(투자자)와 자금운용자가 분리되어 있으며, 자금은 집합되어 운용되고 자금운용과정에서 투자자는 소극적인 역할만을 담당한다.

2 실적배당원칙과 투자자 평등의 원칙

투자펀드의 운용실적은 펀드 투자자에게 귀속된다. 즉, 투자펀드의 운용에 따른 수익과 손실이 모두 투자자에게 귀속된다. 그리고 펀드 투자자는 펀드의 수익과 의결권 등에 있어 투자지분에 따라 동등한 권리를 가진다.

3 펀드자산의 분리

투자펀드의 자금은 펀드운용자(자산운용회사)의 고유재산과 법적으로 엄격하게 분리되며, 이러한 법적분리를 위한 도구로 주로 신탁과 회사제도가 이용되고 있다.

투자펀드의 분류

1   법적형태에 따른 분류

법적형태에 따른 펀드의 분류는 투자펀드가 어떠한 법적 형태를 가지고 있는가에 따른 분류이다. 투자펀드의 법적 형태를 구성하기 위해서 회사, 신탁, 조합, 계약 등의 도구가 사용될 수 있으며, 이 중 가장 많이 사용되는 것은 회사와 신탁이라고 할 수 있다.

기존 자산운용업법에서는 공모펀드에 대해 주식회사 형태의 회사형 펀드(투자회사)와 신탁형 펀드(투자신탁)만을 규정하였으나,[4] 자본시장법에서는 신탁형 펀드(투자신탁), 조합형 펀드(투자합자조합, 투자익명조합), 회사형 펀드(투자회사·투자유한회사·투자합자회사 및 투자유한책임회사)로 나누어 규정하였다.

2   운영구조에 따른 분류

1) 개방형 펀드

개방형 펀드란 펀드지분(투자신탁의 수익권, 투자회사의 주식, 유한회사/합자회사/투자조합의 지분)을 소유한 자(투자자)에게 환매청구권을 부여하는 펀드를 의미한다.

개방형 펀드에서는 펀드의 지분에 대해 수시로 판매와 환매가 발생하기 때문에 펀드지분의 거래(판매, 환매) 시 적용되는 기준 가격이 중요한 의미를 가지게 된다. 그리고 개방형 펀드에서의 환매는 기본적으로 투자자의 자금회수 수단으로 이용되며, 상황에 따라서는 집합투자업자에 대한 견제수단으로도 활용될 수 있다.

2) 폐쇄형 펀드

펀드 지분의 환매를 허용하지 않는 펀드를 폐쇄형 펀드라고 한다. 통상 최초 공모 방

---

4 사모펀드에 대해서도 원칙적으로 주식회사 형태의 회사형 펀드와 신탁형 펀드만을 인정한다. 다만, 투자전문회사(PEF)에 대해서는 상법상 합자회사의 형태로 설립하도록 명시하였다.

식으로 확정된 수량의 펀드지분만을 발행한다. 따라서 폐쇄형 펀드는 고정된 자본금(투자회사의 경우)을 유지하게 되며, 환매부담이 없기 때문에 펀드의 투자목적에 따라 펀드자산을 전부 투자할 수 있고 비유동성자산에 대한 투자도 가능하다는 장점이 있다. 또한 펀드 지분이 거래소에 상장되어 거래되므로 투자자는 시장거래를 통해 투자자금을 회수하게 된다. 자본시장법에서는 환매금지형집합투자기구라는 명칭으로 정의되어 있다(자본시장법 제230조).

3   공모펀드와 사모펀드

공모펀드란 공모(모집·매출) 방식으로 투자자를 모으는 펀드이며, 사모펀드는 사모방식으로만 투자자를 모으고 투자자의 수(일반투자자는 49인 이하, 기관을 제외한 전문투자자를 포함하는 경우 100인까지 가능)나 투자자의 자격(적격투자자)이 제한되는 펀드를 말한다. 자본시장법상 '사모'는 새로 발행되는 증권의 취득의 청약을 권유하는 것으로서 모집에 해당하지 아니하는 것을 의미한다(자본시장법 제9조 제8항).

4   내국 펀드와 외국 펀드

내국 펀드란 우리나라의 법률에 따라 만들어진 펀드를 말하며, 외국 펀드란 외국의 법률에 따라 만들어진 펀드를 말한다. 외국 펀드는 원칙적으로 외국법의 적용만을 받지만, 외국 펀드를 국내에서 내국인에게 판매하는 경우에는 국내법의 적용을 받게 된다.

우리나라의 투자펀드에 대한 규제체계

1 총설

우리나라에서 최초로 투자펀드에 대해서 규정한 법은 1969년에 제정된 「증권투자신탁업법」이 시초이다. 「증권투자신탁업법」은 증권투자신탁제도를 확립하여 일반투자자에게 투자를 용이하게 하는 동시에 경제개발에 소요될 산업자금을 공급해 주는 계기를 마련하기 위하여 제정되었다. 이후 IMF 외환위기를 계기로 「증권투자회사법」이 제정되었다. 이 두 법률은 주로 증권에 투자하는 펀드에 대해서 규율하였다.

2003년에는 위 두 법률을 폐지하고 자산운용업법을 제정하여 기존의 증권펀드를 포함한 다양한 자산에 투자하는 펀드를 규율하는 법률이 만들어졌다. 자산운용업법은 2009년부터 시행된 자본시장법에 통합되었으며, 이로서 펀드는 자본시장법의 규제를 받게 되어 현재에 이르고 있다.

자본시장법 제정 이전에 이미 존재하고 있던 투자펀드에 관한 개별법(부동산투자회사법, 선박투자회사법 등)은 자본시장법으로 통합되지 않고 그대로 유지되었다. 다만 개별법에 따라 만들어진 투자펀드가 공모의 방법으로 금전 등을 모아 운용·배분하는 경우에는 원칙적으로 자본시장법이 적용된다.

2 규제법률 – 자본시장법

자본시장법은 종전의 「증권거래법」, 「자산운용업법」, 「선물거래법」, 「신탁업법」, 「종합금융회사에 관한 법률」 및 「한국거래소법」 등 6개의 자본시장 관련 법률을 통합하여 제정한 방대한 법률이다. 자본시장법은 해당 법률을 단일한 법률로 통합하여 자본시장에 대한 규율 체계를 획기적으로 개편함으로써 금융혁신과 경쟁을 촉진하여 우리 자본시장이 동북아 금융시장의 중심으로 발돋움할 수 있도록 하는 동시에 투자자 보호를 선진화하여 자본시장에 대한 신뢰도를 높이기 위한 목적으로 제정되었다.

자본시장법상 펀드와 관련된 사항은 법 전반에 걸쳐 나누어져 규정되어 있다. 먼저 집합투자기구 등 각종 용어에 대한 정의를 제1편 총칙에서 규정하고 있다. 제2편(금융투자업)에서는 집합투자업자의 인가, 경영건전성, 영업행위규칙, 펀드운용과 관련된 행위규제, 펀드판매와 관련된 규제 등에 대해 규율한다. 제3편(증권의 발행 및 유통)에서는 집합투자증권 발행 시 적용되는 증권신고서 관련 사항이 포함되어 있으며, 제5편(집합투자기구)에서는 펀드의 설립, 지배구조, 지분(집합투자증권) 발행, 환매, 집합투자재산의 평가 및 회계, 보관 및 관리 등 펀드에 대한 전반적인 사항을 규율하고 있다.

자본시장법에서 위임하거나 그 집행을 위해 필요한 구체적인 사항은 대통령령, 총리령 또는 금융위원회의 규정을 통해 정하고 있다.

chapter 02

집합투자기구

집합투자

1   집합투자의 정의

집합투자란 '2인 이상의 투자자로부터 모은 금전 등을 투자자로부터 일상적인 운용 지시를 받지 아니하면서 재산적 가치가 있는 투자대상 자산을 취득, 처분, 그 밖의 방 법으로 운용하고 그 결과를 투자자에게 배분하여 귀속시키는 것'을 말한다(자본시장법 제 6조 제5항). 다만 일정한 경우에 한해 '집합투자'의 범위에서 제외하고 있는 경우도 있다 (자본시장법 제6조 제5항 단서).

집합투자의 개념요소를 다시 정리해보면, ① 2인 이상의 자에게 판매할 것, ② 투자자로부터 모은 금전 등을 집합하여 운용할 것, ③ 투자자로부터 일상적인 운용지시를 받지 않을 것(펀드 설립 후 실제 운용과정에서의 투자자의 운용관여는 집합투자자총회를 통한 간접적인 관여만 허용되는 취지), ④ 재산적 가치가 있는 투자대상 자산을 취득, 처분 그 밖의 방법으로 운용할 것, ⑤ 운용결과를 투자자에게 배분하여 귀속할 것 등이다.

한편, ① 「부동산투자회사법」, 「선박투자회사법」, 「문화산업진흥 기본법」, 「산업발전법」, 「벤처투자 촉진에 관한 법률」, 「여신전문금융업법」, 「소재·부품·장비산업 경쟁력 강화를 위한 특별조치법」, 「농림수산식품투자조합 결성 및 운용에 관한 법률」과 같은 특별법에 따라 사모 방법으로 금전 등을 모아 운용·배분하는 것으로서 투자자 수가 49인 이하인 경우, ② 자산유동화법상의 자산유동화계획에 따라 금전 등을 모아 운용배분하는 경우, 그 밖에 행위의 성격 및 투자자 보호의 필요성 등을 고려하여 대통령령으로 정하는 경우에는 집합투자의 정의에서 제외된다(자본시장법 제6조 제5항, 시행령 제6조 제1항~제4항).

2 무인가 영업행위의 금지

누구든지 자본시장법에 따른 집합투자업 인가를 받지 아니하고는 집합투자업을 영위할 수 없다(자본시장법 제11조). 제11조를 위반하여 금융투자업인가(변경인가를 포함)를 받지 아니하고 금융투자업(투자자문업, 투자일임업 및 일반사모집합투자업은 제외)을 영위한 자는 5년 이하의 징역 또는 2억 원 이하의 벌금에 처한다(자본시장법 제444조 제1호).

section 02 집합투자기구의 개념 · 구조 · 기관

1 집합투자기구의 개념

집합투자기구란 집합투자를 수행하기 위한 기구를 말한다. 자본시장법에서는 집합투자기구의 유형을 법적인 형태로 구분하여 투자신탁, 투자회사, 투자유한회사, 투자합자회사, 투자유한책임회사, 투자합자조합, 투자익명조합의 7가지로 나누어 규정하고 있다(자본시장법 제9조 제18항).

이하에서는 우리나라에서 주로 활용되고 있는 투자신탁과 투자회사를 중심으로 살펴보기로 한다.

2 집합투자기구의 구조

1) 투자신탁

투자신탁은 집합투자업자인 위탁자의 지시에 따라 신탁한 재산을 신탁업자로 하여금 투자·운용하게 하는 신탁계약 형태의 집합투자기구이다.

투자신탁은 집합투자업자가 투자신탁계약서에 따라 신탁업자와 신탁계약을 체결하고, 동 투자신탁의 수익권을 균일하게 분할하여 증권에 표창한 수익증권을 투자자에게 판매하여 모은 재산(투자신탁재산)을 집합투자업자가 주식 등에 투자운용하고 그 결과를 투자자에게 귀속시키는 방식으로 운영된다. 투자신탁은 신탁제도를 집합적·간접적 투자에 맞게 변형한 제도라고 할 수 있다. 일반적인 신탁제도와 달리 투자신탁에서는 집합투자업자가 신탁재산의 운용을 담당하고 은행 등 신탁업자가 신탁재산을 소유·보관하게 된다.

투자신탁관계에서의 당사자는 집합투자업자, 신탁업자 및 수익자이다.

집합투자업자는 투자신탁의 설정·해지, 투자신탁재산의 투자·운용, 수익증권의 발행 등의 업무를 수행한다.

신탁업자는 투자신탁재산의 보관관리, 집합투자업자의 운용지시에 따른 자산의 취득 및 처분, 환매대금 및 이익금을 지급한다. 또한, 신탁업자는 집합투자업자가 작성한 투자설명서가 법령 및 집합투자규약에 부합하는지 및 투자신탁재산인 증권 등 자산의 평가와 기준 가격 산정이 적정한지를 확인하고, 집합투자업자의 투자신탁재산 운용지시가 법령·신탁계약서 또는 투자설명서에 위반되는지 여부를 감시하는 등 집합투자업자 감시기능을 수행한다.

수익자는 신탁원본의 상환 및 이익의 분배 등에 관하여 수익권의 좌수에 따라 균등한 권리를 갖고, 언제든지 수익증권의 환매를 청구할 수 있다. 수익자는 투자신탁재산에 관한 장부·서류를 열람하거나 등본·초본의 교부를 청구할 수 있으며, 수익자총회에서 자본시장법령 등에서 정하는 사항을 의결할 수 있다.

2) 투자회사

투자회사는 「상법」에 따른 주식회사 형태의 집합투자기구이다. 투자회사는 집합투자업자 등이 발기인이 되어 주식회사(투자회사)를 설립한 후 해당 투자회사의 주식을 투자자에게 판매하여 조성된 자금(자본금)을 주식 등에 투자운용하고 그 결과를 투자자에게 귀속시키는 방식으로 운영된다. 투자회사는 상법상 주식회사제도를 집합적·간접적 투자에 맞게 변형한 제도라고 할 수 있다. 그 결과 투자회사는 비록 주식회사 형태를 취하고 있지만 집합적·간접적 투자를 위한 수단(vehicle)에 불과하므로 서류상 회사(Paper Company) 성격을 가지게 된다. 즉, 투자회사는 투자업무 외의 업무를 할 수 없으며, 본점 외의 영업소를 둘 수 없고, 직원을 고용하거나 상근임원을 둘 수 없다.

또한, 투자회사는 서류상 회사에 불과하기 때문에 모든 업무를 외부의 전문가에게 위탁하여야 한다.

투자회사의 법인이사인 집합투자업자가 집합투자재산을 운용하며, 집합투자재산의 보관·관리업무는 신탁업자가 담당한다. 신탁업자는 보관·관리업무 외에도 자본시장법령에 따라 투자신탁과 마찬가지로 집합투자업자에 대한 감시의무를 부담한다. 참고로 투자회사의 감독이사도 집합투자업자의 업무집행을 감독할 의무를 진다.

투자회사가 집합투자증권을 판매하고자 하는 경우 투자매매업자와 판매계약을 체결하거나 투자중개업자와 위탁판매계약을 체결하여야 한다. 또한 투자회사 주식의 발행 및 명의개서, 투자회사재산의 계산, 법령 또는 정관에 의한 통지 및 공고, 이사회 및 주주총회의 소집·개최·의사록 작성 등에 관한 업무, 그 밖에 투자회사의 사무를 처리하기 위하여 필요한 업무로서 대통령령이 정하는 업무에 대해서는 이를 일반사무관리회사에 위탁하여야 한다.

1) 투자신탁 : 수익자총회

(1) 수익자총회의 구성 및 권한

수익자총회는 투자신탁의 수익자가 투자신탁의 중요한 사항을 직접 결정할 수 있도록 하는 제도이며, 이는 투자회사의 주주총회에 상응하는 제도이다.

수익자총회는 전체 수익자로 구성되며, 수익자총회는 자본시장법 또는 신탁계약에서 정한 사항에 한하여 의결할 수 있다.

자본시장법령에서 정하고 있는 수익자총회 결의사항은 다음과 같다(자본시장법 제188조 제2항).

❶ 집합투자업자 · 신탁업자 등이 받는 보수 및 수수료의 인상

❷ 신탁업자의 변경(다만, 합병 · 분할 · 분할합병 등 시행령으로 정하는 사유[1]로 신탁업자가 변경되는 경우는 제외)

❸ 신탁계약기간의 변경(투자신탁을 설정할 당시에 그 기간 변경이 신탁계약서에 명시되어 있는 경우는 제외)

❹ 투자신탁의 종류(법 제229조의 구분에 따른 종류를 말함)의 변경(다만, 투자신탁을 설정할 때부터 다른 종류의 투자신탁으로 전환하는 것이 예정되어 있고, 그 내용이 신탁계약서에 표시되어 있는 경우에는 제외)

❺ 주된 투자대상 자산의 변경

❻ 투자대상자산에 대한 투자한도의 변경(동일종목 한도를 변경하는 경우만 해당)

❼ 집합투자업자의 변경(다만, 합병 · 분할 · 분할합병, 금융위원회의 조치, 「금융산업의 구조개선에 관한 법률」 제10조 제1항 제6호부터 제8호까지의 규정에 따른 금융위원회의 명령에 따라 집합투자업자가 변경되는 경우는 제외)

❽ 환매금지형 투자신탁(존속기간을 정한 투자신탁으로서 수익증권의 환매를 청구할 수 없는 투자

---

1   1) 영업양도 등으로 신탁계약의 전부가 이전되는 경우, 2) 관련 법령의 준수를 위하여 불가피하게 신탁계약의 일부가 이전되는 경우, 3) 금융위원회의 조치에 따라 신탁업자가 변경되는 경우, 4) 「금융산업의 구조개선에 관한 법률」 제10조 제1항 제6호부터 제8호까지의 규정에 따른 금융위원회의 명령에 따라 신탁업자가 변경되는 경우, 5) 시행령 제245조 제5항에 따라 둘 이상의 집합투자기구의 자산을 다른 모집합투자기구로 이전함에 따라 그 집합투자기구의 신탁업자가 변경되는 경우

신탁을 말함)이 아닌 투자신탁의 환매금지형 투자신탁으로의 변경

❾ 환매대금 지급일의 연장

다만, 수익자 보호 및 투자신탁재산의 안정적인 운용을 해칠 우려가 없는 경우로서 금융위원회가 정하여 고시하는 경우에는 위 ④, ⑤, ⑥, ⑧의 사항은 수익자총회 결의 사항에서 제외된다.

(2) 수익자총회의 소집 및 운영

수익자총회는 원칙적으로 해당 투자신탁을 설정한 집합투자업자가 소집한다. 다만, 신탁업자 또는 발행된 수익증권 총좌수의 5% 이상 보유 수익자가 수익자총회의 목적과 소집의 이유를 기재한 서면을 제출하여 수익자총회의 소집을 그 집합투자업자에 요청하는 경우 집합투자업자는 1개월 이내에 수익자총회를 소집하여야 한다. 이 경우 집합투자업자가 정당한 사유 없이 수익자총회를 소집하기 위한 절차를 거치지 아니하는 경우에는 그 신탁업자 또는 발행된 수익증권 총좌수의 100분의 5 이상을 소유한 수익자는 금융위원회의 승인을 받아 수익자총회를 개최할 수 있다.

수익자총회를 소집할 때에는 수익자총회일의 2주 전에 각 수익자에게 서면으로 통지를 발송하거나 각 수익자의 동의를 받아 전자문서로 통지를 발송하여야 한다. 다만, 그 통지가 수익자명부상 수익자의 주소에 계속 3년간 도달하지 아니한 경우에는 집합투자업자는 해당 수익자에게 총회의 소집을 통지하지 아니할 수 있다. 통지서에는 회의의 목적사항이 기재되어 있어야 한다.

집합투자업자는 수익자총회의 소집통지를 예탁결제원에 위탁하여야 하며, 예탁결제원은 수익자총회의 소집을 통지하거나 수익자의 청구가 있을 때는 서면의결권 행사를 위한 서면을 보내야 한다.

(3) 수익자총회의 의결

수익자총회는 출석한 수익자의 의결권의 과반수와 발행된 수익증권 총좌수의 4분의 1 이상의 수로 결의한다. 다만, 자본시장법에서 정한 수익자총회의 결의사항 외에 신탁 계약으로 정한 수익자총회의 결의사항에 대하여는 출석한 수익자의 의결권의 과반수와 발행된 수익증권의 총좌수의 5분의 1 이상의 수로 결의할 수 있다.

수익자는 수익자총회에 출석하지 아니하고 서면에 의하여 의결권을 행사할 수 있다.

(4) 연기수익자총회

수익자총회가 성립하지 않을 경우 환매연기, 투자신탁 합병 등 주요 의사결정이 이루어지지 않게 되어 수익자 전체의 이익에 중대한 영향을 미칠 수 있다. 이러한 문제를 해결하기 위해 도입된 것이 연기수익자총회제도이다.

투자신탁을 설정한 집합투자업자(수익자총회를 소집하는 신탁업자 또는 발행된 수익증권 총좌수의 100분의 5 이상을 소유한 수익자를 포함)는 수익자총회의 결의가 이루어지지 아니한 경우 그 날부터 2주 이내에 연기된 수익자총회를 소집하여야 한다.

연기수익자총회를 소집하려는 경우에는 연기수익자총회일 1주 전까지 연기수익자총회의 의결정족수에 대한 사항을 명시하여 소집을 통지해야 한다. 소집통지는 수익자총회와 마찬가지로 예탁결제원에 위탁하여야 하여야 한다.

연기수익자총회의 의결정족수는 수익자총회에 비해 완화된 기준을 적용한다. 출석한 수익자의 의결권의 과반수와 발행된 수익증권 총좌수의 8분의 1 이상의 수로 결의한다. 다만 자본시장법에서 정한 수익자총회의 결의사항 외에 신탁계약으로 정한 수익자총회의 결의사항에 대해서는 출석한 수익자의 의결권의 과반수와 발행된 수익증권 총좌수의 10분의 1 이상의 수로 결의할 수 있다.

(5) 반대수익자의 수익증권매수청구권

투자신탁의 수익자는 다음 경우에 집합투자업자에게 수익증권의 수를 기재한 서면으로 자신이 소유하고 있는 수익증권의 매수를 청구할 수 있다.

❶ 신탁계약의 변경 또는 투자신탁의 합병에 대한 수익자총회의 결의에 반대(수익자총회 전에 해당 집합투자업자에게 서면으로 그 결의에 반대하는 의사를 통지한 경우로 한정)하는 수익자가 그 수익자총회의 결의일부터 20일 이내에 수익증권의 매수를 청구하는 경우

❷ 소규모 투자신탁의 합병 등 일정한 경우 이에 반대하는 수익자가 대통령령으로 정하는 방법(집합투자업자가 자본시장법 시행령 제225조의2 제2항에 따른 통지를 한 날부터 20일 이내에 그 집합투자업자에게 서면으로 합병에 반대하는 의사를 통지하는 방법)에 따라 수익증권의 매수를 청구하는 경우

투자신탁을 설정한 집합투자업자는 수익자의 수익증권매수청구가 있는 경우 매수청구기간이 만료된 날로부터 15일 이내에 투자신탁재산으로 수익증권을 매수해야 한

다. 이 경우 수익자에게 수익증권 매수 관련 수수료 및 기타 비용을 부담시켜서는 아니 된다. 다만 매수자금이 부족한 경우에는 금융위원회의 승인을 받아 매수를 연기할 수 있다.

2) 투자회사

투자회사도 일반 주식회사와 마찬가지로 이사, 이사회, 주주총회가 있다. 그러나 투자회사는 집단적·간접적 투자를 위한 도구이며, 명목상 회사라는 특성으로 인해 일반적인 주식회사와는 다른 측면이 존재한다. 예를 들면, 투자회사의 이사는 감독이사와 법인이사(집합투자업자)로 구분되며, 내부감사가 없는 대신 외부감사가 의무화되어 있다는 점 등에서 차이가 있다.

(1) 이사

투자회사의 이사는 집합투자업자인 이사(법인이사)와 감독이사로 구분하며, 법인이사 1인과 감독이사 2인 이상을 선임하여야 한다.

법인이사는 투자회사를 대표하고 투자회사 업무를 집행한다. 법인이사(집합투자기구)는 법인이사의 직무를 수행할 자를 임·직원 중에서 선임할 수 있다. 이 경우 집합투자업자는 해당 사실을 투자회사에 서면으로 통보하여야 한다. 투자회사에 통보된 임직원이 직무범위 내에서 행한 행위는 법인이사의 행위로 간주한다.

법인이사가 다음의 업무를 집행하기 위해서는 이사회 의결을 거쳐야 한다.

❶ 집합투자업자 · 신탁업자 · 투자매매업자 · 투자중개업자 및 일반사무관리회사와의 업무위탁계약(변경계약을 포함한다)의 체결
❷ 자산의 운용 또는 보관 등에 따르는 보수의 지급
❸ 금전의 분배 및 주식의 배당에 관한 사항
❹ 그 밖에 투자회사의 운영상 중요하다고 인정되는 사항으로서 정관이 정하는 사항

감독이사는 집합투자업자의 업무집행을 감독하고 투자회사 업무 및 재산상황을 감독한다. 감독이사는 2인 이상을 선임해야 하며, 독립적인 감독기능 수행을 위해 집합투자업자 등과 특수한 관계(투자회사의 발기인, 대주주 등)에 있는 자는 감독이사가 될 수 없도록 하고 있다. 감독이사는 투자회사의 업무 및 재산상황을 파악하기 위하여 필요

한 경우에는 법인이사·신탁업자·투자매매업자·투자중개업자·일반사무관리회사에 대하여 해당 투자회사와 관련되는 업무 및 재산상황에 관한 보고를 요구할 수 있으며, 회계감사인에 대해서는 회계감사에 관한 보고를 요구할 수 있다.

(2) 이사회

이사회는 법인이사 및 감독이사로 구성된다. 이사회는 각 이사가 소집하며, 소집하고자 하는 경우에는 그 회의일 3일 전까지 각 이사에게 소집을 통지해야 한다. 다만 정관에서 정하는 경우에는 통지기간 단축이 가능하다. 이사회는 자본시장법과 정관에 정한 사항에 대해서만 결의할 수 있으며, 이사 과반수의 출석과 출석한 이사 과반수의 찬성으로 결의한다.

section 03 집합투자기구의 설립 및 등록

1 총설

집합투자기구는 사인(私人)들 간의 법률관계이지만 불특정 다수의 투자자들이 참여하게 되므로 법률관계에 대한 내용통제가 일부 필요하게 된다. 이에 따라 자본시장법에서는 집합투자기구를 금융위원회에 등록하도록 하여 집합투자규약의 내용 등 관련 사항이 투자자 보호에 문제가 없는지 등을 검토하도록 규정하고 있다.

집합투자기구에는 전환형 펀드, 종류형 펀드, 모자형 펀드 등 다양한 유형이 존재함에 따라 자산운용의 효율성을 도모할 수 있고 또한 투자자의 투자 편의성 및 선택권 확대 등이 가능하다. 또한 집합투자기구는 개방형으로 설정·설립되는 경우가 많지만, 투자전략이나 펀드 투자대상 등을 감안하여 환매가 불가능한 폐쇄형 펀드로도 설정·설립할 수 있다.

2 집합투자기구의 설립

1) 투자신탁

투자신탁을 설정하고자 하는 집합투자업자는 신탁계약서에 따라 신탁업자와 신탁계약을 체결하여야 한다. 신탁계약서에는 다음의 사항이 기재되어야 한다.

❶ 집합투자업자 및 신탁업자의 상호
❷ 신탁원본의 가액 및 자본시장법 제189조 제1항 및 제3항에 따라 발행하는 투자신탁의 수익권(이하 "수익증권" 이라 한다)의 총좌수에 관한 사항
❸ 투자신탁재산의 운용 및 관리에 관한 사항
❹ 이익분배 및 환매에 관한 사항
❺ 집합투자업자 · 신탁업자 등이 받는 보수, 그 밖의 수수료의 계산방법과 지급시기 · 방법에 관한 사항. 다만, 집합투자업자가 기준가격 산정업무를 위탁하는 경우에는 그 수수료는 해당 투자신탁재산에서 부담한다는 내용을 포함하여야 한다.
❻ 수익자총회에 관한 사항
❼ 공시 및 보고서에 관한 사항
❽ 그 밖에 수익자 보호를 위하여 필요한 사항으로서 대통령령으로 정하는 사항

집합투자업자가 신탁계약을 변경하고자 하는 경우에는 신탁업자와 변경계약을 체결해야 한다. 다만 다음의 사항에 대해 변경하고자 하는 경우에는 사전에 수익자총회의 결의를 거쳐야 한다.

❶ 집합투자업자 · 신탁업자 등이 받는 보수, 그 밖의 수수료의 인상
❷ 신탁업자의 변경(합병 · 분할 · 분할합병, 그 밖에 대통령령으로 정하는 사유로 변경되는 경우를 제외한다)
❸ 신탁계약기간의 변경(투자신탁을 설정할 당시에 그 기간변경이 신탁계약서에 명시되어 있는 경우는 제외한다)
❹ 그 밖에 수익자의 이익과 관련된 중요한 사항으로서 대통령령으로 정하는 사항

2) 투자회사

투자회사를 설립하기 위해서는 발기인이 정관을 작성하여 기명날인 또는 서명해야 한다. 투자회사 정관의 필수적 기재사항은 투자신탁 신탁계약서 기재사항과 사실상 동일하다. 자본시장법에서는 발기인의 결격사유(「금융회사의 지배구조에 관한 법률」 제5조에 적합해야 함)를 규정하고 있으며, 특별한 자격요건은 없다.[2] 발기인은 설립 시 발행하는 주식 총수를 인수해야 하므로 투자회사는 발기설립의 방법으로만 설립해야 한다.

발기인은 설립 시 발행하는 주식 인수가액 납입이 완료되면 지체 없이 의결권 과반수의 찬성으로 이사를 선임하여야 한다. 이사는 설립경과를 조사하여 이사회 및 발기인에게 보고하고, 이상이 없는 경우에는 발기인이 설립등기를 함으로써 투자회사의 설립이 완료된다.

투자회사의 정관변경은 이사회 결의로서 한다. 다만, 다음의 사항을 변경하고자 하는 경우에는 사전에 주주총회 결의를 거쳐야 한다.

❶ 집합투자업자 · 신탁업자 등이 받는 보수, 그 밖의 수수료의 인상
❷ 집합투자업자 또는 신탁업자의 변경
❸ 정관으로 투자회사의 존속기간 또는 해산사유를 정한 경우 존속기간 또는 해산사유의 변경
❹ 그 밖에 주주의 이익과 관련된 중요한 사항으로서 대통령령으로 정하는 사항

3 　집합투자기구의 등록

투자신탁 및 투자익명조합의 경우 해당 집합투자업자가, 회사형 펀드(투자회사, 투자유한회사, 투자합자회사, 투자유한책임회사) 및 투자합자조합의 경우 해당 회사 및 조합이 금융위원회에 집합투자기구 등록을 해야 한다. 등록 시 해당 집합투자재산을 운용하는 집합투자업자, 보관·관리하는 신탁업자, 해당 집합투자증권을 판매하는 투자매매업자·투자중개업자 등은 업무정지기간 중에 있지 않아야 한다. 집합투자기구는 자본시장법에 따라 적법하게 설정·설립되어야 하며, 집합투자규약이 법령을 위반하거나 투자자의 이익을 명백히 침해하지 않아야 등록이 가능하다. 투자신탁 외의 형태의 펀드

---

2 일반적으로 집합투자업자가 발기인이 된다.

(회사형 펀드, 투자합자조합, 투자익명조합)는 등록신청 당시 자본금 또는 출자금이 1억 원 이상이어야 한다.

위 요건 외에도 집합투자기구의 유형별로 세부적인 등록요건이 있다.

❶ 투자신탁 : 원칙적으로 다음의 두 가지 요건을 모두 충족해야 한다.

　가. 등록하려는 집합투자기구의 집합투자증권에 대한 해당 집합투자업자(집합투자업자의 대주주와 계열회사, 투자설명서상 집합투자재산의 운용업무를 담당하는 자를 포함)의 매수 계획으로서 매수 규모·기간 등에 관하여 금융위원회가 정하여 고시하는 기준을 충족하는 계획을 수립할 것.

　　이는 집합투자업자가 고유재산으로 자기가 운용하는 집합투자기구의 집합투자증권을 일정금액 이상 매수하도록 함으로써 설정·설립 초기에 발생할 수 있는 집합투자기구의 위험을 집합투자업자가 부담하게 하는 것으로 집합투자기구의 책임 있는 운용을 위하여 포함된 규정이다. 투자금액과 집행 방법, 회수 방법 등 구체적인 사항에 대해서는 금융투자업규정에서 정하고 있다.

　나. 해당 집합투자업자가 운용하는 다른 집합투자기구[존속하는 동안 투자금을 추가로 모집할 수 있는 집합투자기구(사모집합투자기구는 제외)로서 설정·설립 이후 1년이 지난 집합투자기구로 한정] 중 원본액이 50억 원 미만인 집합투자기구로서 금융위원회가 정하여 고시하는 집합투자기구가 차지하는 비율이 100분의 5 이하일 것

　　이는 소규모펀드의 양산 억제를 통해 운용의 비효율성과 수익률 저하 우려 등을 해소하기 위한 목적으로 만들어진 규정이다. 즉, 소규모펀드의 비율이 100분의 5를 초과하는 경우에는 새로운 펀드를 등록할 수 없다. 다만 건전한 거래질서 및 투자자 보호를 저해할 우려가 크지 않은 경우로서 다음에 해당하는 경우에는 "나."의 요건은 적용하지 않는다.

　　① 등록하려는 집합투자기구가 공모추가형 집합투자기구에 해당하지 않는 경우

　　② 등록하려는 집합투자기구가 소규모 집합투자기구에 해당하지 않는 모집합투자기구의 자집합투자기구인 경우

　　③ 등록하려는 집합투자기구가 소규모 집합투자기구에 해당하지 않는 종류형투자기구의 새로운 종류의 집합투자증권을 발행하는 집합투자기구인 경우

④ 집합투자업자가 운용하는 소규모 집합투자기구가 2개 이하인 경우

⑤ 집합투자기구를 설정·설립할 때 출자·납입되는 금액이 50억 원 이상임을 입증한 경우(이 경우 투자계획서 등 관련 증빙자료를 금융감독원장에게 제출하여야 한다)

⑥ 등록하려는 집합투자기구가 자본시장법상 성과보수펀드이거나, 집합투자업자의 고유재산 투자금이 직전 사업연도말 자기자본의 100분의 1 이상(4억 원 미만인 경우 4억 원으로, 10억 원을 초과하는 경우에는 10억 원으로 한다)인 집합투자기구인 경우

❷ 투자회사 : 투자회사 등록 시에는 투자신탁의 등록요건을 모두 갖추어야 하며, 다음의 요건을 추가적으로 충족해야 한다(다만, 법 제279조에 따라 등록하는 외국 집합투자기구 중 같은 조 제2항 제1호에 따라 등록하는 외국집합투자기구의 경우에는 가목의 요건으로 한정).

가. 감독이사가 「금융회사의 지배구조에 관한 법률」 제5조 제1항 각 호의 어느 하나에 해당하지 아니할 것

나. 등록 신청 당시의 자본금이 1억 원 이상일 것

❸ 투자유한회사, 투자합자회사, 투자유한책임회사, 투자합자조합 및 투자익명조합 : 투자신탁의 등록 요건에 추가하여 등록 신청 당시의 자본금 또는 출자금이 1억 원 이상이어야 한다(다만, 법 제279조에 따라 등록하는 외국 집합투자기구 중 같은 조 제2항 제1호에 따라 등록하는 외국 집합투자기구는 제외).

집합투자업자 또는 투자회사 등은 금융위원회에 등록한 집합투자기구 관련 사항이 변경된 경우에는 2주 이내에 그 내용을 금융위원회에 변경등록을 해야 한다. 다만, 자본시장법령 개정이나 금융위원회의 명령에 따라 변경하는 경우, 등록사항의 단순한 자구수정, 집합투자업자·신탁업자·일반사무관리회사 등의 기본 정보의 변경 등 경미한 사항을 변경하는 경우는 예외가 인정된다.

사모펀드의 경우 원칙적으로 펀드를 설정·설립한 날부터 2주 이내에 금융위원회에 사후보고를 하도록 규정하고 있다. 다만 투자자 보호 및 건전한 거래질서를 해칠 우려가 있는 경우로서 대통령령이 정하는 경우에는 설정·설립 후 지체 없이 보고해야 한다.

※ (참고) 교차판매 집합투자기구(펀드 패스포트)

    한 회원국에서 "펀드 패스포트"로 등록된 펀드는 다른 회원국에서 보다 쉽게 등록하여 판매할 수 있는 제도를 의미한다. 2016년에 아시아 5개국(한국, 뉴질랜드, 일본, 태국, 호주) 간 '아시아 펀드 패스포트 양해각서'가 체결되었으며, 2019년 관련 법률이 개정되면서 도입되었다. 자본시장법에 국내 공모펀드의 패스포트 펀드 등록 근거가 마련되었으며, 등록 세부요건은 시행령에 위임하여 규정하였다.

chapter 03

집합투자증권의
발행 · 판매 · 환매

section 01 ## 집합투자증권의 발행

1 발행절차 등

1) 투자신탁 수익증권

❶ 신탁업자의 확인을 받아 집합투자업자가 발행 : 투자신탁의 수익자는 신탁원본의
상환 및 이익의 분배 등에 관하여 수익증권의 좌수에 따라 균등한 권리를 가지는
데, 이러한 권리를 수익권이라 한다. 수익증권은 수익권을 표창하는 증권을 말한
다.

수익증권은 집합투자업자가 발행한다. 집합투자업자는 수익증권의 발행가액
전액이 납입된 경우 신탁업자의 확인을 받아 「주식 · 사채 등의 전자등록에 관한

법률」에 따른 전자등록의 방법으로 수익증권을 발행해야 한다. 수익증권 발행가액의 납입은 원칙적으로 금전으로 해야 하나, 일반 사모집합투자기구의 투자자는 객관적인 가치평가가 가능하고 다른 투자자의 이익을 해칠 우려가 없는 경우에는 수익자 전원의 동의를 받고 집합투자재산평가위원회가 정한 가격으로 납부하는 경우에 한해 증권, 부동산 또는 실물자산 등 금전 외의 납입이 가능하다(현물납입). 수익증권은 무액면·기명식으로 발행한다.

❷ 예탁결제원을 명의인으로 하여 일괄예탁발행 : 투자신탁 수익증권은 실물증권 발행에 따른 문제점들을 해결하기 위해 예탁결제원을 명의로 하여 일괄예탁방법으로 발행한다. 따라서 투자자는 수익증권을 직접 보관하지 않고 투자신탁 설정 시부터 투자매매업자·투자중개업자를 통해 예탁결제원에 예탁하고 실물 수익증권이 필요한 경우에는 투자매매업자·투자중개업자를 통해 반환받을 수 있다.

2) 투자회사 주식

투자회사는 회사 성립일 또는 신주(新株)의 납입기일에 지체 없이 「주식·사채 등의 전자등록에 관한 법률」에 따른 전자등록의 방법으로 주식을 발행하여야 하며 주식은 무액면[1] 기명식으로 한다. 신주발행에 관한 사항은 투자회사의 이사회가 결정하며, 다만 정관에서 다르게 정한 경우에는 그에 따른다.

투자회사는 보통주만 발행할 수 있으며, 예탁결제원을 명의인으로 일괄예탁방식으로 발행되는 점은 투자신탁 수익증권과 동일하다.

2	**집합투자증권의 공모발행**

집합투자증권을 공모로 발행하는 경우에는 증권신고서 규정(제3편 제1장)을 적용받게 된다. 원칙적으로 집합투자증권의 공모발행에 대해서 일반사업법인의 증권발행과 동일하게 공모규제를 적용받도록 하고, 예외적으로 펀드의 특성을 감안하여 일정부분 특례를 두고 있다.

---

1 일반 주식회사와 달리 투자회사로 하여금 무액면으로 주식을 발행하도록 하는 이유는 매일의 기준가격(순자산가치÷총발행주식수)을 기준으로 발행가액을 정해야 하므로 액면금액이 아무런 의미가 없기 때문이다.

집합투자증권의 공모발행에 증권신고서제도가 적용됨에 따라 ① 증권신고서를 금융위에 제출하여 수리되기 전에는 집합투자증권을 모집 또는 매출할 수 없으며, ② 집합투자증권의 투자권유는 법령에서 정한 투자설명서에 의해서만 할 수 있고, ③ 집합투자증권을 공모발행한 후에는 증권발행실적보고서를 제출해야 한다.

1) 증권신고서

증권신고서 제출의무자는 해당 증권의 발행인이다. 법인형 집합투자기구(투자회사, 투자유한회사, 투자합자회사, 투자유한책임회사, 투자합자조합)는 해당 집합투자기구가, 비법인형 집합투자기구(투자신탁, 투자익명조합)는 해당 집합투자업자가 발행인이므로 증권신고서 제출의무를 지게 된다. 그러나 자본시장법은 투자신탁 및 투자익명조합에 대해서도 발행인의 미래의 재무상태나 영업실적 등에 대한 예측정보를 기재하는 점에 관하여는 해당 투자신탁 및 투자익명조합을 발행인으로 보도록 규정하고 있다.

여기서 예측정보라 함은 ① 매출규모·이익규모 등 발행인의 영업실적, 그 밖의 경영성과에 대한 예측 또는 전망에 관한 사항, ② 자본금규모·자금흐름 등 발행인의 재무상태에 대한 예측 또는 전망에 관한 사항, ③ 특정한 사실의 발생 또는 특정한 계획의 수립으로 인한 발행인의 경영성과 또는 재무상태의 변동 및 일정시점에서의 목표수준에 관한 사항, ④ 그 밖에 발행인의 미래에 대한 예측 또는 전망에 관한 사항으로서 대통령령으로 정하는 사항을 말한다.

증권신고서는 금융위원회에 제출되어 수리된 날부터 일정기간이 경과한 후에 효력이 발생한다. 효력발생기간은 원칙적으로 개방형 및 폐쇄형 펀드 모두 15일이며, 다만 상장된 환매금지형 펀드의 경우 이를 달리 적용[2]한다.

정정신고서의 효력발생기간은 원칙적으로 그 정정신고서가 수리된 날로부터 3일이 지난날이다.

한편, 계속해서 집합투자증권을 발행하는 개방형 집합투자기구에 대해서는 증권신고서 제출 관련 특례(일괄신고서 제도)를 두고 있다. 일괄신고서란 증권의 종류, 발행예정기간, 발행횟수, 발행인의 요건 등을 고려하여 대통령령으로 정하는 기준과 방법에 따라 일정기간 동안 모집하거나 매출할 증권의 총액을 일괄하여 기재한 신고서를 말한다.

---

2 집합투자증권의 모집 또는 매출인 경우에는 10일, 주주 등 출자자 또는 수익자에게 배정하는 방식의 환매금지형집합투자기구의 집합투자증권의 모집 또는 매출인 경우에는 7일

일괄신고서를 제출하여 수리된 경우에는 그 기간 중에 해당 증권을 모집하거나 매출할 때마다 제출하여야 하는 신고서를 따로 제출하지 않고, 일괄신고추가서류만 제출하면 그 증권을 모집하거나 매출할 수 있다.

2) 투자설명서

❶ 투자설명서의 의의 : 투자설명서는 법정 투자권유문서이다. 증권을 공모함에 있어 청약의 권유를 하고자 하는 경우에는 반드시 투자설명서에 의하여야 한다. 투자설명서에는 증권신고서에 기재된 내용과 다른 내용을 표시하거나 누락해서는 안 된다. 신탁업자는 투자설명서의 내용이 법령, 집합투자규약 또는 증권신고서 내용에 부합하는지 여부를 확인해야 한다.

❷ 투자설명서의 종류 및 사용제한 : 일반적인 투자설명서는 증권신고서 효력발생 후에만 사용할 수 있다.

예비투자설명서는 신고의 효력이 발생되지 않았다는 사실을 포함하여 적은 투자설명서를 의미하며, 증권신고서가 수리된 후 신고의 효력이 발생하기 전에 사용할 수 있다.

간이투자설명서는 투자설명서 내용 중 일부를 생략하거나 중요사항만 발췌하여 기재한 투자설명서(신문 등을 이용한 광고, 홍보전단 등)로서, 증권신고서 수리 후에 사용할 수 있다는 점에서는 예비투자설명서와 같지만 효력발생 전은 물론이고 효력발생 후에도 사용할 수 있다는 점에서 차이가 있다. 다만 투자자가 투자설명서의 사용을 별도로 요청하는 경우에는 그에 따라야 한다.

❸ 투자설명서의 교부 : 증권신고의 효력이 발생한 집합투자증권을 취득하고자 하는 자에게는 반드시 투자설명서 또는 간이투자설명서를 교부해야 한다.

다만, ① 전문투자자, ② 모집매출 기준인 50인 산정대상에서 제외되는 자[3] ③ 해당 발행 증권의 연고자, ④ 투자설명서를 받기를 거부한다는 의사를 서면, 전화 · 전신 · 모사전송, 전자우편 및 이와 비슷한 전자통신의 방법으로 표시한 자, ⑤ 이미 취득한 것과 같은 집합투자증권을 계속하여 추가로 취득하려는 자(다만 해당 집합투자증권의 투자설명서의 내용이 직전에 교부한 투자설명서의 내용과 같은 경우만 해당)에

---

3 「공인회계사법」에 따른 회계법인, 인가를 받은 신용평가회사, 발행인에게 회계, 자문 등의 용역을 제공하고 있는 공인회계사 · 감정인 · 변호사 · 변리사 · 세무사 등 공인된 자격증을 가지고 있는 자, 「중소기업창업지원법」에 따른 중소기업창업투자회사 등

대해서는 교부하지 않아도 된다.

❹ 투자설명서의 갱신 : 개방형 펀드는 최초 공모 시에만 증권신고서를 제출하고 이후에는 별도의 증권신고서를 추가로 제출하지 않고도 집합투자증권을 계속 발행할 수 있다. 대신 최초 투자설명서 제출 후 매년 1회 이상 정기적으로 투자설명서를 갱신해야 하고, 집합투자기구 등록사항을 변경등록한 경우 변경등록통지를 받은 날로부터 5일 이내에 그 내용을 반영하여 투자설명서를 갱신해야 한다.

section 02 집합투자증권의 투자권유

자본시장법은 일반투자자를 대상으로 금융투자상품의 투자권유에 대해 설명의무(법 제47조), 적합성 원칙(법 제46조) 및 적정성 원칙(법 제46조의2), 부당권유의 금지(법 제49조) 등을 규정하여 투자자 보호를 더욱 강화하였다. 다만 투자권유와 관련한 상기 조항들은 '금융소비자 보호에 관한 법률'(이하 '금융소비자보호법') 제정으로 자본시장법에서는 삭제·이관(2020년 3월 24일)되었으므로 동 내용에 대해서는 금융소비자보호법 관련 파트에서 설명하기로 한다.

1 투자권유준칙

금융투자업자는 투자권유를 함에 있어 금융투자업자의 임직원이 준수해야 할 구체적인 기준 및 절차('투자권유준칙')를 정해야 하며, 다만 파생상품 등에 대하여는 일반투자자의 투자목적·재산상황 및 투자경험 등을 고려하여 투자자 등급별로 차등화된 투자권유준칙을 마련해야 한다.

금융투자업자는 투자권유준칙을 정한 경우와 이를 변경하는 경우에는 인터넷 홈페이지 등을 통해 공시해야 한다.

금융투자협회는 금융투자회사가 공통으로 사용할 수 있는 표준투자권유준칙을 제정할 수 있다.

2   투자권유대행인

1) 투자권유대행인의 정의 및 등록

금융투자업자는 일정한 요건을 갖춘 자(개인에 한함)에 투자권유(다만 파생상품 등에 대한 투자권유는 제외)를 위탁할 수 있다. 이처럼 금융투자회사로부터 투자권유를 위탁받는 자가 투자권유대행인이다. 여기서 일정한 요건이란 다음과 같다.

❶ 금융위원회에 등록된 자가 아닐 것
❷ 금융투자상품에 대한 전문 지식이 있는 자로서 "가. 투자권유자문인력시험 합격자, 나. 투자운용인력시험 합격자, 다. 보험설계사, 보험대리점 또는 보험중개사 등록요건을 갖춘 개인으로서 보험모집에 종사하고 있는 자[4]"의 어느 하나에 해당하고 협회가 정하여 금융위원회의 인정을 받은 교육을 마칠 것
❸ 등록이 취소된 경우 등록취소일로부터 3년이 경과하였을 것

금융투자회사가 투자권유대행인으로 하여금 투자권유를 하게 하려면, 먼저 금융위원회로부터 등록업무를 위탁받은 금융투자협회에 그 투자권유대행인을 등록해야 한다. 등록된 투자권유대행인은 등록 이후에도 그 영업하기 위해서 위 3가지 요건을 유지하여야 한다.

2) 투자권유대행인의 금지행위

금융투자업자는 투자권유대행인 외의 자에게 투자권유를 대행하게 하여서는 아니 된다. 금융투자업자는 투자권유대행인이 투자권유를 대행함에 있어서 법령을 준수하고 건전한 거래질서를 해하는 일이 없도록 성실히 관리하여야 하며, 이를 위한 투자권유대행기준을 정하여야 한다.

---

4   집합투자증권의 투자권유 대행만 가능함.

section 03 | 집합투자증권의 광고, 판매보수 및 수수료 등

1 | 광고

자본시장법에서는 집합투자증권을 포함한 금융투자상품 전체에 적용되는 광고규제를 두는 한편, 집합투자증권에만 적용되는 광고규제를 별도로 두고 있었다(법 제57조 등). 광고와 관련한 조항들은 금융소비자보호법 제정으로 자본시장법에서는 삭제(2020년 3월 24일)되었으므로 동 내용에 대해서는 금융소비자보호법 관련 파트에서 설명하기로 한다.

2 | 판매보수 및 판매수수료

투자매매업자 또는 투자중개업자는 집합투자증권을 판매하고 판매보수나 판매수수료를 받는다. 판매보수와 판매수수료는 그 징구근거가 다르기 때문에 두 가지를 모두 받을 수도 있고 판매보수만을 받거나 판매수수료만을 받을 수도 있다.

1) 판매보수

집합투자증권을 판매한 투자매매업자 또는 투자중개업자가 투자자에게 지속적으로 제공하는 용역의 대가로 집합투자기구로부터 받는 금전을 말한다.

2) 판매수수료

집합투자증권을 판매하는 행위에 대한 대가로 투자자로부터 직접 받는 금전을 말한다. 판매수수료는 판매 시점에 취득하는 선취판매수수료와 환매 시점에 취득하는 후취판매수수료로 구분된다.

3) 판매수수료 및 판매보수의 한도

투자매매업자 또는 투자중개업자는 집합투자증권의 판매와 관련하여 판매수수료 및 판매보수를 받는 경우 집합투자기구의 운용실적에 연동(連動)하여 판매수수료 또는 판매보수를 받아서는 아니 된다.

집합투자증권의 판매수수료 및 판매보수는 다음 각 호의 한도를 초과하여서는 아니 된다. 다만, 사모집합투자기구에 대하여는 다음 각 호의 한도를 적용하지 아니한다.

❶ 판매수수료 : 납입금액 또는 환매금액의 100분의 2
❷ 판매보수 : 집합투자재산의 연평균가액의 100분의 1. 다만, 투자자의 투자기간에 따라 판매보수율이 감소하는 경우로서 2년을 넘는 시점에 적용되는 판매보수율이 100분의 1 미만인 경우 그 시점까지는 100분의 1에서부터 1천분의 15까지의 범위에서 정할 수 있다.

4) 판매수수료 및 판매보수의 수취 방법

투자매매업자 또는 투자중개업자는 집합투자규약으로 정하는 바에 따라 다음 각 호의 방법으로 판매수수료나 판매보수를 받을 수 있다.

❶ 판매수수료 : 판매 또는 환매 시 일시에 투자자로부터 받거나 투자기간 동안 분할하여 투자자로부터 받는 방법
❷ 판매보수 : 매일의 집합투자재산의 규모에 비례하여 집합투자기구로부터 받는 방법

판매수수료는 집합투자규약으로 정하는 바에 따라 판매방법, 투자매매업자·투자중개업자, 판매금액, 투자기간 등을 기준으로 차등하여 받을 수 있다.

3 　판매 가격

1) 집합투자증권 판매 시 적용되는 기준 가격

투자매매업자 또는 투자중개업자가 집합투자증권을 판매하는 경우 그 가격은 투자자가 집합투자증권의 취득을 위하여 금전을 납입한 후 최초로 산정되는 기준 가격으로 판매해야 한다.

2) 집합투자증권 판매 시 적용되는 기준 가격의 예외

다만 투자자의 이익을 해할 우려가 없는 경우로서 다음과 같은 경우에는 예외가 인정된다.

❶ 투자자가 집합투자규약으로 정한 집합투자증권의 매수청구일을 구분하기 위한 기준 시점을 지나서 투자매매업자 또는 투자중개업자에게 금전 등을 납입하는 경우 : 금전 등의 납입일부터 기산하여 3영업일에 산정(사모집합투자기구의 집합투자증권만 해당한다)되거나 공고되는 기준가격
❷ 투자매매업자 또는 투자중개업자가 단기금융 집합투자기구의 집합투자증권을 판매하는 경우로서 다음의 어느 하나에 해당하는 경우 : 금전 등의 납입일에 공고되는 기준 가격
　　가. 투자자가 금융투자상품 등의 매도나 환매에 따라 수취한 결제대금으로 결제일에 단기금융 집합투자기구의 집합투자증권을 매수하기로 집합투자증권을 판매하는 투자매매업자 또는 투자중개업자와 미리 약정한 경우
　　나. 투자자가 급여 등 정기적으로 받는 금전으로 수취일에 단기금융 집합투자기구의 집합투자증권을 매수하기로 집합투자증권을 판매하는 투자매매업자 또는 투자중개업자와 미리 약정한 경우
　　다.「국가재정법」제81조에 따라 여유자금을 통합하여 운용하는 경우로서 환매청구일에 공고되는 기준 가격으로 환매한다는 내용이 집합투자규약에 반영된 단기금융 집합투자기구의 집합투자증권을 판매하는 경우
❸ 다음의 어느 하나에 해당하는 자에게 단기금융 집합투자기구의 집합투자증권을

판매하는 경우 : 금전 등의 납입일에 공고되는 기준 가격

가. 「외국환거래법」 제13조에 따른 외국환평형기금

나. 「국가재정법」 제81조에 따라 여유자금을 통합하여 운용하는 단기금융 집합투자기구 및 증권집합투자기구

❹ 자본시장법 제76조 제1항 본문에 따른 기준 가격을 적용할 경우 해당 집합투자기구의 투자자 이익 등을 침해할 우려가 있다고 자본시장법 시행령 제261조에 따른 집합투자재산평가위원회가 인정하는 경우 : 금전 등의 납입일부터 기산하여 제3영업일 또는 그 이후에 산정(사모집합투자기구의 집합투자증권만 해당한다)되거나 공고되는 기준가격

❺ 투자자가 집합투자기구를 변경하지 아니하고 그 집합투자기구의 집합투자증권을 판매한 투자매매업자 또는 투자중개업자를 변경할 목적으로 집합투자증권을 환매한 후 다른 투자매매업자 또는 투자중개업자를 통하여 해당 집합투자증권을 매수하는 경우 : 집합투자증권을 환매한 후 15일 이내에 집합투자규약에서 정하는 투자매매업자 또는 투자중개업자 변경의 효력이 발생하는 날에 산정(사모집합투자기구의 집합투자증권만 해당한다)되거나 공고되는 기준가격

❻ 「국가재정법」에 따른 기금의 여유자금을 통합하여 운용하는 집합투자기구 중 다른 집합투자기구의 집합투자증권과 예금에만 집합투자재산을 운용하는 등의 요건을 갖춘 집합투자기구의 집합투자증권을 판매 또는 환매하는 경우 : 금전 등의납입일에 공고되는 기준 가격

section 04 집합투자증권의 환매

환매란 집합투자증권(개방형 펀드)을 매입한 투자자가 펀드의 순자산가치대로 자신의 투자지분(집합투자증권)의 전부 또는 일부를 처분하여 투자금을 회수하는 것을 의미한다. 일반적인 개방형 펀드에 투자한 경우 환매를 통해 투자자는 환매 시점의 펀드 운용실적 대로 투자자금을 용이하게 회수할 수 있다. 폐쇄형 펀드는 신탁계약 또는 정관에 투

자자의 환금성 보장 등을 위한 별도의 방법을 정하지 아니한 경우 집합투자증권이 증권시장에 상장되므로 투자자는 시장에서의 집합투자증권 거래를 통해 투자자금을 회수할 수 있다.

1   환매방법

투자자는 언제든지 자신에게 집합투자증권을 판매한 투자매매업자·투자중개업자에게 환매를 청구할 수 있다. 만약 투자매매업자·투자중개업자가 해산·인가취소 또는 업무정지 등의 사유로 인해 환매청구에 응할 수 없는 경우에는 법령에서 정한 방법에 따라 해당 집합투자기구의 집합투자업자에게 직접 청구할 수 있다. 환매청구를 받은 집합투자업자가 해산 등으로 인해 환매에 응할 수 없는 경우에는 해당 집합투자재산을 보관·관리하는 신탁업자에게 청구할 수 있다.

환매청구를 받은 투자매매업자·투자중개업자는 집합투자업자(투자신탁, 투자익명조합) 또는 투자회사 등에 대하여 지체 없이 환매에 응할 것을 요구해야 한다. 환매청구를 받은 집합투자업자 또는 투자회사 등은 집합투자재산의 범위 내에서 집합투자재산으로 보유 중인 금전 또는 집합투자재산을 처분하여 조성한 금전으로만 환매대금을 지급해야 한다. 예외적으로 해당 집합투자기구의 집합투자자 전원의 동의를 얻은 경우에는 해당 집합투자기구에서 소유하고 있는 집합투자재산으로 지급할 수 있다.

집합투자증권을 판매한 투자매매업자·투자중개업자, 집합투자재산을 운용하는 집합투자업자, 집합투자재산을 보관·관리하는 신탁업자는 환매청구를 받거나 환매에 응할 것을 요구받은 집합투자증권을 자기의 계산으로 취득하거나 타인에게 취득하게 해서는 아니 된다.

다만 ① MMF를 판매한 투자매매업자·투자중개업자가 MMF 판매규모의 5%에 상당하는 금액 또는 100억 원 중 큰 금액의 범위 내에서 개인투자자로부터 환매청구일에 공고되는 기준 가격으로 환매청구일에 MMF집합투자증권을 매입하는 경우, ② 투자자가 금액을 기준으로 집합투자증권(MMF 제외)의 환매를 청구함에 따라 그 집합투자증권을 판매한 투자매매업자 또는 투자중개업자가 해당 집합투자기구의 집합투자규약에서 정한 환매 가격으로 그 집합투자규약에서 정한 환매일에 그 집합투자증권의 일부를 불가피하게 매수하는 경우에는 예외를 인정하고 있다.

환매기간은 15일을 넘지 않는 범위 내에서 집합투자규약(신탁계약서, 투자회사정관 등)에서 정할 수 있다. 다만, 투자대상자산의 환금성 등을 고려하여 ① 집합투자기구 자산총액의 10%를 초과하여 시장성 없는 자산에 투자하는 경우, ② 집합투자기구 자산총액의 50%를 초과하여 외화자산에 투자하는 경우, ③ 사모투자재간접집합투자기구인 경우, ④ 부동산·특별자산투자재간접집합투자기구인 경우에는 환매기간을 15일을 초과하여 정할 수 있다.

2 환매연기

1) 의의

환매연기란 집합투자재산인 자산의 처분이 불가능한 경우 등의 사유로 인하여 집합투자규약에서 정한 환매일에 환매할 수 없게 된 경우 일정기간 동안 환매를 연기하는 것을 말한다.

2) 환매연기사유

환매연기는 다음의 사유가 발생한 경우에 한하여 가능하다.

❶ 집합투자재산의 처분이 불가능하여 사실상 환매에 응할 수 없는 경우로서 다음의 어느 하나에 해당하는 경우
  가. 뚜렷한 거래부진 등의 사유로 집합투자재산을 처분할 수 없는 경우
  나. 증권시장이나 해외 증권시장의 폐쇄 · 휴장 또는 거래정지, 그 밖에 이에 준하는 사유로 집합투자재산을 처분할 수 없는 경우
  다. 천재지변, 그 밖에 이에 준하는 사유가 발생한 경우
❷ 투자자 간의 형평성을 해칠 염려가 있는 경우로서 다음의 어느 하나에 해당하는 경우
  가. 부도발생 등으로 인하여 집합투자재산을 처분하여 환매에 응하는 경우에 다른 투자자의 이익을 해칠 염려가 있는 경우
  나. 집합투자재산에 속하는 자산의 시가가 없어서 환매청구에 응하는 경우에 다른 투자자의 이익을 해칠 염려가 있는 경우

다. 대량의 환매청구에 응하는 것이 투자자 간의 형평성을 해칠 염려가 있는 경우

❸ 환매를 청구받거나 요구받은 투자매매업자 또는 투자중개업자ㆍ집합투자업자ㆍ신탁업자ㆍ투자회사 등이 해산 등으로 인하여 집합투자증권을 환매할 수 없는 경우

❹ 교차판매 집합투자기구의 집합투자증권에 대한 투자자의 환매청구 금액이 환매청구일 현재 해당 교차판매 집합투자기구의 집합투자재산 순자산가치의 100분의 10을 초과하는 경우

3) 환매연기 절차 등

환매연기는 다음과 같은 절차를 거쳐서 행해진다.

❶ 투자신탁이나 투자익명조합의 집합투자업자 또는 투자회사 등이 환매연기를 결정한다.

❷ 투자신탁이나 투자익명조합의 집합투자업자 또는 투자회사 등은 환매를 연기한 날부터 6주 이내에 집합투자자 총회에서 환매에 관한 사항을 결의해야 한다. 집합투자자 총회에서 집합투자증권의 환매에 관한 사항을 정하지 아니하거나 환매에 관하여 정한 사항의 실행이 불가능한 경우에는 계속하여 환매연기할 수 있다.

❸ 집합투자자 총회에서 환매에 관한 사항이 의결되거나 환매연기를 계속하는 경우에는 관련 사항을 지체 없이 투자자에게 통지해야 한다.

❹ 환매연기 사유의 전부 또는 일부가 해소된 때에는 환매가 연기된 투자자에 대하여 환매한다는 뜻을 통지하고 환매대금을 지급한다.

4) 부분 환매연기와 펀드분리

부분 환매연기란 집합투자재산의 일부가 환매연기사유에 해당하는 경우 그 일부에 대하여는 환매를 연기하고 나머지에 대하여는 집합투자자가 보유하고 있는 집합투자증권의 지분에 따라 환매에 응하는 것을 말한다.

펀드분리란 펀드 내 자산의 일부에 대해서만 환매연기사유가 발생한 경우에 환매연기대상 자산을 정상자산으로부터 분리하여 그 환매연기대상 자산을 현물로 납입하여 별도의 펀드를 설립하는 것을 말한다.

펀드분리는 우선 환매연기자산을 정상자산으로부터 분리하고, 분리된 환매연기자산을 현물로 납입하여 별개의 투자신탁 또는 투자회사를 설립하는 방식으로 행해진다. 환매연기자산을 정상자산으로부터 분리하여 별도의 펀드를 설정 또는 설립하면 집합투자자는 분리 전 집합투자기구의 지분에 따라 별도의 집합투자기구의 집합투자증권을 취득한 것으로 본다.

펀드가 분리되면 정상자산만으로 구성되는 펀드(정상펀드)에서는 집합투자증권의 판매 및 환매를 재개할 수 있으며, 환매연기자산만으로 구성된 펀드(부실펀드)의 경우는 계속 환매가 연기된다.

3 환매 가격 및 환매수수료

1) 환매 가격

투자신탁이나 투자익명조합의 집합투자업자 또는 투자회사 등은 집합투자증권을 환매하는 경우 환매청구일 후에 산정되는 기준 가격[5]으로 하여야 한다. 다만, 투자자의 이익 또는 집합투자재산의 안정적 운용을 해할 우려가 없는 경우에는 환매청구일 이전에 산정된 기준가격으로 환매할 수 있다. 환매청구일 이전에 산정된 기준가격으로 환매를 하기 위해서는 다음의 어느 하나에 해당하여야 하며, 환매청구일에 공고되는 기준가격으로 환매청구일에 환매한다는 내용을 집합투자규약에 정하고 있어야 한다.

❶ 투자매매업자 또는 투자중개업자가 단기금융 집합투자기구의 집합투자증권을 판매한 경우로서 다음의 어느 하나에 해당하는 경우

　가. 투자자가 금융투자상품 등의 매수에 따른 결제대금을 지급하기 위하여 단기금

5　법 제236조 제1항 본문의 환매청구일 후에 산정되는 기준 가격은 환매청구일부터 기산하여 제2영업일(투자자가 집합투자규약에서 정한 집합투자증권의 환매청구일을 구분하기 위한 기준 시점을 지나서 환매청구를 하는 경우에는 제3영업일을 말한다) 이후에 산정(사모집합투자기구의 집합투자증권만 해당한다)되거나 공고되는 기준가격으로서 해당 집합투자기구의 집합투자규약에서 정한 기준가격으로 한다(자본시장법 시행령 제255조 제3항). 다만 위 내용에도 불구하고 투자자가 집합투자기구를 변경하지 아니하고 그 집합투자기구의 집합투자증권을 판매한 투자매매업자 또는 투자중개업자를 변경할 목적으로 집합투자증권을 환매하는 경우에는 집합투자증권의 환매를 청구한 후 15일 이내에 집합투자규약에서 정하는 투자매매업자 또는 투자중개업자 변경의 효력이 발생하는 날에 산정(사모집합투자기구의 집합투자증권만 해당한다)되거나 공고되는 기준가격을 적용한다(자본시장법 시행령 제255조 제4항).

융 집합투자기구의 집합투자증권을 환매하기로 그 투자매매업자 또는 투자중
개업자와 미리 약정한 경우

나. 투자자가 공과금 납부 등 정기적으로 발생하는 채무를 이행하기 위하여 단기
금융 집합투자기구의 집합투자증권을 환매하기로 그 투자매매업자 또는 투자
중개업자와 미리 약정한 경우

다. 연기금투자풀(시행령 제77조 제1항 제2호 다목) 단기금융 집합투자기구의 집합투자
증권을 환매하는 경우

❷ 투자매매업자 또는 투자중개업자가 다음의 어느 하나에 해당하는 자에게 단기금
융 집합투자기구의 집합투자증권을 판매한 경우로서 그 집합투자증권을 환매하는
경우

가. 「외국환거래법」 제13조에 따른 외국환평형기금

나. 「국가재정법」 제81조에 따른 여유자금을 통합하여 운용하는 단기금융 집합투
자기구 및 증권 집합투자기구

❸ 자본시장법 시행령 제77조 제1항 제6호에 따른 집합투자기구[6]의 집합투자증권을
환매하는 경우로서 환매대금을 다음 각각의 방법으로 마련하여 지급하는 경우

가. 「국가재정법」 제81조에 따라 여유자금을 통합하여 운용하는 경우로서 환매청
구일에 공고되는 기준가격으로 환매청구일에 환매한다는 내용이 집합투자규
약에 반영된 단기금융집합투자기구의 집합투자증권 환매

나. 예금 인출

2) 환매수수료

집합투자증권의 환매수수료[7]는 자본시장법 제236조 제2항에 따라 집합투자규약에서
정하는 기간 이내에 환매하는 경우에 부과하는 수수료로서 해당 투자자가 부담한다.
환매수수료는 집합투자규약에서 정하는 기간 이내에 환매하는 경우에 부과한다. 이

---

6 「국가재정법」 제81조에 따라 여유자금을 통합하여 운용하는 집합투자기구, 집합투자재산을 다른 집합
투자기구의 집합투자증권(「국가재정법」 제81조에 따라 여유자금을 통합하여 운용하는 경우로서 환매
청구일에 공고되는 기준가격으로 환매청구일에 환매한다는 내용이 집합투자규약에 반영된 단기금융
집합투자기구의 집합투자증권에 한함) 또는 예금에 대해서만 운용하고 있는 집합투자기구

7 2015년 10월 금융감독원의 환매수수료 자율화 방침에 따라 환매수수료를 부과하지 않는 펀드가 증가
하고 있다.

경우 환매수수료는 환매금액 또는 이익금 등을 기준으로 부과할 수 있으며, 징수한 환매수수료는 해당 집합투자재산에 귀속된다.

환매수수료 부과의 기준이 되는 환매금액 및 이익금은 다음의 금액으로 한다.

❶ 환매금액 : 집합투자증권의 환매 시 적용하는 기준 가격에 환매하는 집합투자증권의 수를 곱한 금액. 이 경우 관련 세금은 감안하지 아니한다.

❷ 이익금 : 집합투자증권의 환매 시 적용하는 기준 가격과 집합투자증권의 매입 시 적용된 기준 가격의 차에 환매하는 집합투자증권의 수를 곱한 금액으로 한다. 이 경우 환매하는 집합투자증권의 수에 대하여 현금 등으로 지급된 이익분배금은 합산하며, 관련 세금은 감안하지 아니한다.

chapter 04

집합투자업자의
영업행위준칙

선관의무 및 충실의무

자본시장법은 집합투자업자를 포함한 금융투자업자에 공통으로 적용되는 신의성실의무 등을 규정하고 있다(법 제37조). 즉, 금융투자업자는 신의성실원칙에 따라 공정하게 금융투자업무를 영위해야 하며, 금융투자업을 영위함에 있어 정당한 사유 없이 투자자의 이익을 해하면서 자기가 이익을 얻거나 제3자가 이익을 얻도록 하여서는 아니 된다.

한편, 자본시장법은 집합투자업자의 영업행위 규칙에서 집합투자업자에게만 적용되는 선관의무 및 충실의무를 별도로 규정하고 있다(법 제79조). 즉, 집합투자업자는 투자자에 대하여 선량한 관리자의 주의로써 집합투자재산을 운용하여야 하며, 투자자의 이익을 보호하기 위해 해당 업무를 충실하게 수행해야 한다.

1 운용대상 자산

자본시장법에서는 투자대상 자산을 한정하지 않고 '재산적 가치가 있는 모든 자산'으로 규정하여 여기에 해당하는 자산이면 모두 투자를 할 수 있도록 되었다. 다만, MMF(단기금융집합투자기구)에 대해서는 그 특성을 고려하여 운용대상 자산 등에 대해 일정한 규제를 하고 있다.

2 자산운용의 지시 및 실행

투자신탁은 자체적인 법인격이 없다. 따라서 신탁재산에 대한 운용은 집합투자업자가 투자신탁재산별로 투자대상자산의 취득·처분 등에 관하여 필요한 운용지시를 하고 신탁업자가 그 지시에 따라 투자대상자산의 취득·처분 등을 하는 구조이다. 즉, 집합투자업자는 신탁업자에 운용지시를 하고 신탁업자는 이 지시에 따라 실제 거래를 하게 되는 것이다.

예외적으로 자본시장법은 투자신탁재산의 효율적 운용을 위하여 불가피한 경우에는 집합투자업자가 직접 자산의 취득·매각을 실행할 수 있도록 하고 있다. 이를 위해서는 신탁계약서에 매매 방법을 정하여 투자대상자산을 운용하여야 한다. 집합투자업자가 직접 운용할 수 있는 경우는 아래와 같다.

① 국내외 상장 주식, 주식 관련 DR, 수익증권, 파생결합증권의 매매, ② 국내외 국채, 지방채, 특수채, 사채권(둘 이상의 신용평가를 받은 사채권), 기업어음증권, 전자단기사채의 매매, ③ 장내파생상품의 매매, ④ 단기대출(법 제83조 제4항), ⑤ 대출(법 제251조 제4항), ⑥ 금융기관이 발행·할인·매매·중개·인수·보증하는 어음의 매매, ⑦ 양도성 예금증서의 매매, ⑧ 외국환거래법에 의한 대외지급수단의 매매거래, ⑨ 장외파생상품의 매매(투자위험회피 목적에 한정 등), 또는 거래상대방과 기본계약을 체결하고 그에 따라 계속적으로 계약을 체결하는 금리스왑거래, ⑩ 환매조건부매매

집합투자업자는 직접 취득·처분 등을 하려는 투자대상 자산에 대하여 투자신탁재산 별로 주문금액, 가격, 수량 등을 기재한 취득·처분 등의 주문서와 투자신탁재산별 배분 내역을 기재한 자산배분 명세서를 작성하고 이를 유지·관리해야 한다(취득·처분 등의 주문 또는 배분내용을 정정하는 경우에도 같음). 집합투자업자의 준법감시인은 주문서와 자산배분명 세서의 적정성과 그 이행 여부를 확인해야 한다.

회사형 집합투자기구(투자회사 등)는 그 자체 법인격이 있으므로 집합투자업자는 해당 집합투자기구의 명의로, 그 지시내용을 전산시스템에 의하여 객관적이고 정확하게 관 리할 수 있는 방법에 따라, 집합투자재산별로 투자대상자산의 취득·처분 등을 하고, 그 집합투자기구의 신탁업자에게 취득·처분 등을 한 자산의 보관·관리에 필요한 지시를 하여야 하며, 그 신탁업자는 집합투자업자의 지시에 따라야 한다. 집합투자업자가 투자 대상 자산의 취득·처분 등을 함에 있어서는 집합투자업자가 그 집합투자기구를 대표한 다는 사실을 표시하여야 한다.

3   투자신탁재산에서의 거래이행 책임

집합투자업자 및 신탁업자는 투자대상 자산을 취득·처분한 경우 그 투자신탁을 한 도로 하여 그 이행 책임을 부담한다. 다만, 그 집합투자업자가 법령이나 투자설명서 등에 위반하거나 그 업무를 소홀히 하여 투자자에게 손해를 발생시킨 경우에는 손해 배상책임을 진다.

section 03   자산운용의 제한

자본시장법은 투자자 보호 및 집합투자재산의 안정적 운용을 위해 집합투자업자의 집합투자재산 운용에 대해서 일정한 규제를 하고 있다. 자본시장법의 규제체계에 따라 증권, 부동산, 집합투자증권, 기타의 경우로 나누어서 보기로 한다.

1) 동일종목 투자제한

각각의 집합투자기구는 동일종목 증권에 자산총액의 10%를 초과하여 투자할 수 없다. 동일법인 등이 발행한 증권 중 지분증권과 지분증권을 제외한 증권은 각각 동일종목으로 본다. 이는 분산투자를 통한 리스크분산을 강제하기 위한 것이며, 사모집합투자기구에 대해서는 적용되지 않는다. 동일종목 투자한도 규제는 위험분산을 위한 것이기 때문에 위험도가 낮은 증권에 대해서는 투자한도를 다르게 정하고 있다. ① 국채증권, 한국은행통화안정증권, 국가나 지방자치단체가 원리금의 지급을 보증한 채권 등과 같이 위험도가 매우 낮은 증권은 100%까지 투자할 수 있다. ② 지방채증권, 특수채증권, 파생결합증권, OECD회원국 및 중국 정부 발행 채권 등은 30%까지 투자할 수 있다. ③ 동일법인이 발행한 지분증권의 시가총액비중이 10%를 넘는 경우에는 그 시가총액비중[1]까지 투자할 수 있다.

2) 동일법인 발행 지분증권 투자제한

각각의 집합투자기구는 자산총액으로 동일법인이 발행한 지분증권 총수의 10%를 초과하여 투자할 수 없다. 그리고 집합투자업자가 다수의 집합투자기구를 운용하는 경우에는 운용 중인 모든 집합투자기구의 자산총액으로 동일법인이 발행한 지분증권총수의 20%를 초과하여 투자할 수 없다.

이는 펀드자산으로 특정회사 지분증권을 과도하게 취득할 경우 펀드를 통해 해당 회사를 사실상 지배할 가능성이 있기 때문이다. 또한 특정회사에 집중투자할 경우 발생할 수 있는 리스크를 사전에 예방하기 위한 것이다. 다만 이 규제는 사모집합투자기구에는 적용되지 않는다.

1　시가총액비중은 증권시장, 코스닥시장 또는 해외증권시장별로 매일의 그 지분증권의 최종 시가총액을 그 시장에서 거래되는 모든 종목의 최종 시가의 총액을 합한 금액으로 나눈 비율을 1월간 평균한 비율로 계산하며, 매월 말일을 기준으로 산정하여 그 다음 1월간 적용한다.

❶ 장외파생상품 거래상대방 제한 : 집합투자재산운용 시 일정한 적격요건을 갖추지 못한 자와 장외파생상품을 거래할 수 없다. 일정한 적격요건이란 자본시장법 시행령 제10조 제1항 각 호의 어느 하나에 해당하는 자(국가, 한국은행, 은행, 금융투자업자, 보험회사, 종금사, 금융지주회사, 여신전문금융회사 등)가 ① 신용평가회사(외국 법령에 따라 외국에서 신용평가업무에 상당하는 업무를 수행하는 자를 포함)에 의하여 투자적격 등급 이상으로 평가받은 경우, ② 신용평가회사에 의하여 투자적격 등급 이상으로 평가받은 보증인을 둔 경우, ③ 담보물을 제공한 경우 중 어느 하나에 해당하는 요건을 충족하는 것을 말한다.

❷ 파생상품 매매에 따른 위험평가액 제한 : 파생상품 매매에 따른 위험평가액이 각 집합투자기구의 자산총액에서 부채총액을 뺀 가액의 100%를 초과하여 투자하는 행위는 금지된다. 다만 가격변동의 위험이 크지 아니한 경우로서 금융위원회가 정하여 고시하는 기준을 충족하는 ETF 또는 인덱스펀드의 경우 200%까지 허용된다.

❸ 동일증권을 기초자산으로 한 파생상품 투자에 따른 위험평가액 제한 : 기초자산 중 동일법인 등이 발행한 증권(그 법인 등이 발행한 증권과 관련된 증권예탁증권 포함)의 가격변동으로 인한 위험평가액이 각 집합투자기구 자산총액의 10%를 초과하여 투자하는 행위는 금지된다.

❹ 장외파생상품 거래상대방 위험평가액 제한 : 동일 거래상대방과의 장외파생상품 매매에 따른 거래상대방 위험평가액이 각 집합투자기구 자산총액의 10%를 초과하여 투자하는 행위는 금지된다.

집합투자기구에서 부동산을 취득한 경우에는 부동산의 종류에 따라 일정한 기간 내에는 이를 처분하지 못한다. 다만 예외적으로 부동산 개발사업에 따라 조성하거나 설치한 토지·건축물 등을 분양하는 경우에는 예외적으로 처분이 가능하다.

❶ 국내에 있는 부동산 중「주택법」제2조 제1호[2]에 따른 주택: 1년. 다만, 집합투자기구가 미분양주택을 취득하는 경우에는 집합투자규약에서 정하는 기간으로 한다.

❷ 국내에 있는 부동산 중「주택법」제2조 제1호에 따른 주택에 해당하지 아니하는 부동산 : 1년

❸ 국외에 있는 부동산: 집합투자규약으로 정하는 기간

4 집합투자증권

❶ 동일한 집합투자업자가 운용하는 집합투자기구들에 대한 투자는 집합투자기구 자산총액의 50%를 초과할 수 없다. 다만 사모투자재간접펀드, 부동산·특별자산투자재간접집합투자기구, 자산배분펀드를 운용하는 경우에는 예외적으로 허용된다.

❷ 동일한 집합투자기구에 대한 투자는 원칙적으로 집합투자기구 자산총액의 20%를 초과할 수 없다. 다만, 펀드가 다른 상장지수집합투자기구(ETF)에 투자하는 경우, 해당 ETF가 법령에서 정한 요건을 갖춘 경우 예외적으로 20%를 초과하여 투자할 수 있다.

❸ 다른 집합투자기구에 주로 투자하는 펀드(집합투자기구 자산의 40% 이상을 다른 집합투자기구에 투자할 수 있는 집합투자기구 : Fund of Funds)에 대한 투자는 원칙적으로 금지된다. 다만 자산배분펀드를 운용하는 경우에는 예외적으로 이를 허용하고 있다.

❹ 집합투자기구 자산총액의 5%를 초과하여 사모집합투자기구의 집합투자증권에 투자할 수 없다.

❺ 원칙적으로 각 집합투자기구의 집합투자재산으로 같은 집합투자기구 집합투자증권 발행총수의 20%를 초과하여 투자할 수 없다. 이 경우에 비율 계산은 투자하는 날을 기준으로 한다. 다만 보험회사가 설정한 투자신탁재산으로 투자하는 행위, ETF에 투자하는 행위, 사모투자재간접집합투자기구 및 부동산·특별자산투자재간접집합투자기구의 재산으로 투자하는 행위에 대해서는 예외를 인정하고 있다.

---

2 "주택"이란 세대(世帶)의 구성원이 장기간 독립된 주거생활을 할 수 있는 구조로 된 건축물의 전부 또는 일부 및 그 부속토지를 말하며, 단독주택과 공동주택으로 구분한다.

❻ 집합투자증권 판매보수 및 판매수수료와 투자대상인 집합투자증권의 판매보수 및 판매수수료의 합계가 각각 1%와 2%를 초과할 수 없다.

투자대상이 되는 집합투자증권, 집합투자업자에는 외국 집합투자증권 및 외국 집합투자업자를 포함한다.

집합투자업자는 집합투자재산을 운용함에 있어서 앞의 ❶과 ❷를 적용할 때 예외적인 경우에는 각 집합투자기구(자산총액의 100분의 40을 초과하여 투자할 수 있는 집합투자기구만 해당하되, 나목은 자산총액의 100분의 60 이상 채무증권에 투자할 수 있는 증권집합투자기구도 포함) 자산총액의 100분의 100 또는 100분의 30까지 투자할 수 있다.

펀드 상품 혁신방안의 일환으로 2017년 자본시장법 시행령 개정을 통해 사모투자재간접펀드, 부동산·특별자산투자재간접펀드, 자산배분펀드가 도입되었으며, 이에 따라 해당 상품과 관련된 재간접펀드의 운용규제가 일부 완화되었다.

재간접펀드 운용규제 현황	공모 재간접펀드	사모투자 재간접펀드	부동산·특 별자산투자 재간접펀드	자산배분 펀드
① 동일운용사 집중 제한 * 재간접펀드가 한 운용사가 운용하는 펀드에 투자할 수 있는 최대 비중을 제한	50%	100%	100%	100%
② 동일펀드 집중 제한 * 재간접펀드가 한 펀드에 투자할 수 있는 최대 비중을 제한	20% (예외 있음)	20%	50%	20%
③ 타 펀드 지분 보유비중 제한 * 재간접펀드가 피투자펀드 지분총수 중에서 최대로 취득할 수 있는 비중을 제한	20% (예외 있음)	50%	50%	20%
④ 복층 재간접구조* 금지 * 재간접펀드가 재간접펀드에 투자	금지	금지	금지	허용 (실물펀드 투자에 한정)
⑤ 사모펀드 투자 금지	5%	허용	허용	금지

각 집합투자기구에 속하는 증권 총액의 50%를 초과하여 환매조건부매도(증권을 일정기간 후에 환매수할 것을 조건으로 매도하는 것)를 할 수 없다. 또한 각 집합투자기구에 속하는 증권의 50%를 초과하여 증권을 대여할 수 없으며 각 집합투자기구 자산총액의 20%를 초과하여 증권을 차입할 수 없다.

section 04 금전차입 및 대여 제한 등

1 금전차입 제한

집합투자업자는 집합투자재산을 운용함에 있어 원칙적으로 집합투자기구의 계산으로 금전을 차입할 수 없다. 차입을 제한 없이 허용하면 집합투자재산의 부실화를 유발할 소지가 크기 때문이다.

다만, 일시적 자금부족에 대응하기 위한 경우에는 예외를 인정하고 있다. ① 환매청구가 대량으로 발생하여 일시적으로 환매대금 지급이 곤란하게 된 경우, ② 집합투자자총회 안건에 반대하는 투자자의 매수청구가 대량으로 발생하여 일시적으로 매수대금 지급이 곤란한 경우, ③ 증권시장이나 해외 증권시장의 폐쇄·휴장 또는 거래정지, 그 밖에 이에 준하는 사유로 집합투자재산을 처분할 수 없는 경우, ④ 거래 상대방의 결제 지연 등이 발생한 경우, ⑤ 환율의 급격한 변동이 발생한 경우에는 차입이 허용된다.

다만 위의 예외사유에 해당하는 경우에도 차입 상대방은 금융기관 등[3]이어야 하며,

---

3 은행, 한국산업은행, 중소기업은행, 한국수출입은행, 투자매매업자 또는 중개업사, 증권금융회사, 종합금융회사, 상호저축은행, 보험회사, 이에 준하는 외국 금융기관

차입금 총액은 차입 당시 집합투자기구 순자산총액의 10%를 초과할 수 없다. 그리고 차입금 전액을 변제하기 전에는 투자대상 자산을 추가로 매수(파생상품의 전매와 환매는 제외)할 수 없다.

2 금전대여 제한

집합투자업자는 집합투자재산을 운용함에 있어 집합투자재산인 금전을 타인에게 대여할 수 없다. 다만, 예외적으로 콜론(금융기관 등에 대한 30일 이내의 단기대출)은 허용된다.

3 보증 및 담보제공 금지

집합투자업자는 집합투자재산을 운용함에 있어 집합투자재산으로 해당 집합투자기구 외의 자를 위하여 채무보증이나 담보제공을 할 수 없다.

section 05 이해관계인과의 거래 등에 대한 제한

1 이해관계인과의 거래 제한

집합투자업자는 집합투자재산을 운용함에 있어 이해관계인과 거래를 할 수 없다. 이해관계인의 범위에는 다음과 같은 자가 포함된다. ① 집합투자업자의 임직원 및 그 배우자, ② 집합투자업자의 대주주 및 그 배우자, ③ 집합투자업자의 계열회사, 계열회사의 임직원 및 그 배우자, ④ 집합투자업자가 운용하는 전체 집합투자기구의 집합투자증권(「국가재정법」 제81조에 따라 여유자금을 통합운용하는 집합투자기구가 취득하는 집합투자증권은 제외)을 30% 이상 판매·위탁판매한 투자매매업자 또는 투자중개업자, ⑤ 집합투자업자가 운용하는 전체 집합투자기구의 집합투자재산(「국가재정법」 제81조에 따라 여유자금을 통합하여 운용하는 집합투자기구의 집합투자재산 등 일부는 제외)의 30% 이상[4]을 보관·관리하고 있는 신탁업자, ⑥ 집합투자업자가 법인이사인 투자회사의 감독이사 등이다.

다만 예외적으로 집합투자기구와의 이해상충 우려가 없는 거래로서 ① 이해관계인이 되기 6개월 이전에 체결한 계약에 따른 거래, ② 증권시장 등 불특정 다수인이 참여하는 공개시장을 통한 거래, ③ 일반적인 거래조건에 비추어 집합투자기구에 유리한 거래, ④ 자본시장법 시행령 제85조에 정하고 있는 거래에 대해서는 이해관계인과의 거래가 허용된다. 집합투자업자는 예외적으로 인정되는 이해관계인과의 거래가 발생한 경우 또는 이해관계인의 변경이 있는 경우에 그 내용을 해당 집합투자재산을 보관·관리하는 신탁업자에게 즉시 통보해야 한다.

2 집합투자업자 및 그 계열사 발행 증권에 대한 투자 제한

1) 집합투자업자 발행 증권 : 취득 금지

집합투자업자는 집합투자재산을 운용함에 있어 집합투자기구의 계산으로 그 집합투자업자가 발행한 증권(담보권의 실행 등 권리행사에 필요한 경우 및 투자신탁의 수익증권 제외)을 취득할 수 없다.

2) 집합투자업자의 계열사 발행 증권 : 취득 한도 규제

❶ 지분증권 : 집합투자업자는 계열사가 발행한 지분증권에 투자하고자 하는 경우 일반적으로 ① 자신이 운용하는 전체 집합투자기구 자산총액 중 지분증권에 투자 가능한 금액의 5% 및 ② 각 집합투자기구 자산총액의 25%를 초과할 수 없다. 다만 일정한 경우에는 자본시장법 시행령에서 예외를 규정하고 있다.

❷ 지분증권 외의 증권 : 집합투자업자는 계열사가 발행한 지분증권 외의 증권에 투자하고자 하는 경우 계열회사 전체가 그 집합투자업자에 대해 출자한 비율 해당금

---

4 다만 연기금펀드, 주택도시기금펀드, 산업재해보상보험법에 따른 펀드의 집합투자재산은 비율을 계산할 때 제외한다.

액[5]을 초과할 수 없다.

section 06 | 불건전 영업행위 금지

자본시장법은 투자자 보호와 건전한 거래질서 유지를 위해 집합투자업자의 불건전 영업행위에 대해서 법령에서 구체적으로 열거하고 이를 금지한다.

❶ 금융투자상품 기타 투자대상 자산의 가격에 중대한 영향을 줄 수 있는 매수·매도의사를 결정한 후 이를 실행하기 전에 그것을 집합투자업자 자기계산으로 매수·매도하거나 제3자에게 매수·매도를 권유하는 행위

❷ 자기 또는 관계인수인[6]이 인수한 증권을 집합투자재산으로 매수하는 행위

❸ 자기 또는 관계인수인이 인수업무[7]를 담당한 법인의 특정 증권 등에 대해 인위적인 시세를 형성하기 위해 집합투자재산으로 그 특정 증권 등을 매매하는 행위

❹ 특정 집합투자기구의 이익을 해하면서 자기 또는 제3자의 이익을 도모하는 행위

❺ 특정 집합투자재산을 집합투자업자의 고유재산 또는 그 집합투자업자가 운용하는 다른 집합투자재산, 투자일임재산, 신탁재산과 거래하는 행위

❻ 제3자와의 계약 또는 담합 등에 의해 집합투자재산으로 특정 자산에 교차하여 투자하는 행위

❼ 투자운용인력이 아닌 자에게 집합투자재산을 운용하게 하는 행위

---

5 (계열회사 전체가 소유하는 집합투자업자 발행 의결권 있는 주식 수/집합투자업자 발행 의결권 있는 주식 발행총수)×집합투자업자 자기자본
6 "대통령령으로 정하는 관계인수인" 이란 다음 각 호의 어느 하나에 해당하는 인수인을 말한다(자본시장법 시행령 제87조 제2항).
   1. 집합투자업자와 같은 기업집단(「독점규제 및 공정거래에 관한 법률」 제2조 제11호에 따른 기업집단)에 속하는 인수인
   2. 집합투자업자가 운용하는 전체 집합투자기구의 집합투자증권(「국가재정법」 제81조에 따라 여유자금을 통합하여 운용하는 집합투자기구가 취득하는 집합투자증권은 제외)을 30% 이상 판매한 인수인
7 "대통령령으로 정하는 인수업무" 란 발행인 또는 매출인으로부터 직접 증권의 인수를 의뢰받아 인수조건 등을 정하는 업무를 말한다(자본시장법 시행령 제87조 제3항).

⑧ 기타 시행령으로 정하는 행위(시행령 제87조 제4항)

다만, 투자자 보호 및 건전한 거래질서를 해할 우려가 없는 경우로서 대통령령으로 정하는 경우(시행령 제87조 제1항)에는 이를 예외적으로 허용하고 있다.

section 07 | 성과보수의 제한

집합투자업자는 원칙적으로는 집합투자기구의 운용실적에 연동하여 미리 정해진 산정방식에 따른 성과보수를 받을 수 없다.

다만, ① 사모집합투자기구인 경우, ② 공모집합투자기구이더라도 투자자보호 및 건전 거래질서 저해 우려가 없는 경우로서 다음의 요건을 모두 갖추는 경우는 예외적으로 성과보수를 받을 수 있다.

❶ 집합투자업자가 임의로 변경할 수 없는 객관적 지표 또는 수치를 기준으로 성과보수를 산정할 것
❷ 집합투자기구의 운용성과가 기준지표 등의 성과보다 낮은 경우에는 성과보수를 적용하지 아니하는 경우보다 적은 운용보수를 받게 되는 보수체계를 갖출 것
❸ 집합투자기구의 형태별로 다음의 구분에 따른 요건을 갖출 것
    가. 다음의 집합투자기구인 경우: 존속기한을 1년 이상으로 설정·설립할 것
        ㄱ. 자본시장법 제230조에 따른 환매금지형집합투자기구
        ㄴ. 자본시장법 제230조에 따른 환매금지형집합투자기구가 아닌 집합투자기구로서 설정·설립 이후에 집합투자증권을 추가로 발행할 수 없는 집합투자기구
    나. "가."에 해당하지 아니하는 집합투자기구인 경우: 존속기한 없이 설정·설립할 것
❹ 성과보수의 상한을 정할 것

한편, 성과보수를 받는 펀드는 투자설명서 및 집합투자규약에 성과보수에 관한 사항을 기재해야 한다. 기재내용은 ① 성과보수의 산정방식, ② 성과보수가 지급된다는 뜻과 그 한도, ③ 성과보수를 지급하지 않는 펀드보다 더 높은 위험에 노출될 수 있다는 사실, ④ 성과보수를 포함한 보수 전체에 관한 사항, ⑤ 기준 지표 및 성과보수의 상한(성과보수를 받는 공모집합투자기구에 한정), ⑥ 성과보수의 지급시기, ⑦ 성과보수가 지급되지 않는 경우에 관한 사항, ⑧ 집합투자기구의 운용을 담당하는 투자운용인력의 경력과 운용성과 등이다. 집합투자업자 및 신탁업자는 집합투자업자가 공모집합투자기구로부터 성과보수를 받는 경우에는 그 내용을 자산운용보고서 및 자산보관·관리보고서에 각각 기재하여야 한다.

성과보수의 산정방식은 크게 ① 별도 성과보수 방식, ② 성과연동형 운용보수 방식으로 나누어진다.

운용보수와 별도로 성과보수를 정하는 별도 성과보수 방식에서는 집합투자기구의 운용성과가 기준지표 등의 성과를 초과하더라도 해당 운용성과가 부(負)의 수익률을 나타내거나 성과보수를 지급하게 됨으로써 해당 집합투자기구의 운용성과가 부의 수익률을 나타내게 되는 경우에는 성과보수를 받을 수 없다.

운용보수가 성과보수로 정해지는 성과연동형 운용보수 방식에서는 다음의 기준을 충족하여 산정방식을 정해야 한다.

❶ 운용보수는 기본운용보수와 성과운용보수를 합하여 산정할 것
❷ 성과운용보수는 해당 집합투자기구의 운용성과에서 기준지표 등의 성과를 차감(미리 정한 경우 일정 수치를 추가로 차감할 수 있다)한 것을 반영하여 해당 집합투자기구의 운용성과가 기준지표 등의 성과를 하회하는 경우와 상회하는 경우를 대칭적인 구조로 산정할 것
❸ 합리적 가정 하에 성과운용보수를 계산한 값이 기본운용보수의 ±20% 밖의 범위에 분포하는 등 적정한 값으로 결정되도록 정할 것. 다만, 기본운용보수가 집합투자업자가 분류한 동일 유형 집합투자기구로서 성과보수를 받지 않는 집합투자기구의 평균 운용보수의 90% 이하이면 이를 충족한 것으로 본다.
❹ 성과운용보수의 상한은 기본운용보수의 50% 이상 100% 이하의 범위에서 정할 것
❺ 3개월 또는 6개월을 주기로 성과를 측정하여 다음 주기의 성과운용보수를 산출할 것

집합투자업자는 성과보수 상한, 성과보수 지급시기, 기준지표 등을 변경하고자 하는 경우에는 집합투자자총회의 결의를 거쳐야 한다. 또한, 금융투자협회는 성과보수의 산정, 운영 등과 관련하여 표준이 되는 지침을 마련할 수 있다.

section 08 **의결권 제한 등**

집합투자기구에서 취득한 주식에 대한 의결권 행사는 운용의 한 부분에 해당하므로 집합투자업자가 의결권을 행사하게 된다. 집합투자업자는 투자자의 이익을 보호하기 위하여 집합투자재산에 속하는 주식의 의결권을 충실하게 행사하여야 한다. 자본시장법은 집합투자기구 보유 주식에 대한 의결권 행사와 관련하여 몇 가지 규제를 하고 있다(법 제87조).

1 의결권 행사내용 등의 기록유지

집합투자업자는 의결권 공시대상법인[8]에 대한 의결권 행사 여부 및 그 내용(의결권을 행사하지 아니하는 경우에는 그 사유)을 자본시장법 제90조에 따른 영업보고서에 기재하는 방식으로 기록·유지해야 한다.

2 의결권 행사내용 공시

집합투자업자는 집합투자재산인 주식 중 증권시장에 상장된 주권을 발행한 법인의 주식(주권과 관련된 증권예탁증권이 증권시장에 상장된 경우에는 그 주식을 발행한 법인의 동 증권예탁증권 포함)에 대해 의결권을 행사하는 경우 그 내용을 공시해야 한다.

의결권 행사 대상인 주식발행인이 의결권 공시대상법인인 경우에는 주총의안이 무엇

---

8 각 집합투자기구에서 소유하는 주식이 그 집합투자기구 자산총액의 5% 이상이거나 100억 원 이상인 경우의 그 주식발행법인

인지에 관계없이 그 구체적인 행사내용 및 그 사유를, 행사하지 아니한 경우에는 그 구체적인 사유를 공시해야 한다. 주식발행인이 의결권 공시대상법인이 아닌 경우에는 합병, 영업양수도, 임원 임면, 정관변경 등 경영권 변경과 관련된 주총의안에 대해 의결권을 행사한 때에 한해 그 구체적인 행사내용 및 그 사유를 공시해야 한다.

공시방법은 직전년도 4월 1일부터 1년간 의결권 행사 내용을 4월 30일까지 증권시장을 통하여 공시해야 한다.

집합투자업자는 의결권 행사 여부에 관한 사항 등을 공시하는 경우 투자자가 그 의결권 행사 여부의 적정성 등을 파악하는 데에 필요한 자료를 함께 공시하여야 한다.

자산운용에 관한 공시

1 자산운용보고서

집합투자업자는 자산운용보고서를 작성하여 해당 집합투자재산을 보관·관리하는 신탁업자의 확인을 받아 3개월마다 1회 이상 투자자에게 교부해야 한다. 다만, 투자자가 수시로 변동되는 등 투자자의 이익을 해할 우려가 없는 다음의 경우에는 자산운용보고서를 교부하지 않을 수 있다.

① 투자자가 자산운용보고서의 수령을 거부한다는 의사를 서면, 전화 · 전신 · 팩스, 전자우편 또는 이와 비슷한 전자통신의 방법으로 표시한 경우
② MMF에 대하여 매월 1회 이상 집합투자업자, 판매회사 및 금융투자협회의 인터넷 홈페이지를 이용하여 자산운용보고서를 공시하는 경우
③ 환매금지형집합투자기구에 대하여 3개월마다 1회 이상 집합투자업자, 판매회사 및 금융투자협회의 인터넷 홈페이지를 이용하여 자산운용보고서를 공시하는 경우
④ 투자자가 소유하고 있는 집합투자증권의 평가금액이 10만 원 이하인 경우로서 집합투자규약에 자산운용보고서를 교부하지 아니한다고 정하고 있는 경우

집합투자업자는 자산운용보고서를 작성함에 있어 다음의 사항을 기재하여야 한다.

1. 기준일 현재의 해당 집합투자기구의 자산 · 부채 및 집합투자증권의 기준가격
2. 직전의 기준일(직전의 기준일이 없는 경우에는 해당 집합투자기구의 최초 설정일 또는 성립일을 말한다)부터 해당 운용기간 중 운용경과의 개요 및 해당 운용기간 중의 손익 사항
3. 기준일 현재 집합투자재산에 속하는 자산의 종류별 평가액과 집합투자재산 총액에 대한 각각의 비율
4. 해당 운용기간 중 매매한 주식의 총수, 매매금액 및 매매회전율(해당 운용기간 중 매도한 주식가액의 총액을 그 해당 운용기간 중 보유한 주식의 평균가액으로 나눈 비율)
5. 그 밖에 대통령령으로 정하는 사항[9]

집합투자업자는 집합투자증권을 판매한 투자매매업자·투자중개업자 또는 전자등록기관을 통하여 기준일부터 2개월 이내에 직접, 전자우편 또는 이와 비슷한 전자통신의 방법으로 자산운용보고서를 교부하여야 한다.

다만, 투자자가 해당 집합투자기구에 투자한 금액이 100만 원 이하이거나 투자자에게 전자우편 주소가 없는 등의 경우에는 집합투자업자, 집합투자증권을 판매한 투자매매업자 또는 투자중개업자 및 금융투자협회의 인터넷 홈페이지를 이용하여 공시하는 것으로 갈음할 수 있으며, 투자자가 우편발송을 원하는 경우에는 그에 따라야 한다. 자산운용보고서의 작성·교부비용은 집합투자업자가 부담한다.

---

2   수시공시

1) 수시공시 사항

투자신탁이나 투자익명조합의 집합투자업자는 다음의 어느 하나에 해당하는 사항이 발생한 경우 대통령령으로 정하는 바에 따라 이를 지체 없이 공시하여야 한다.

❶ 투자운용인력의 변경이 있는 경우 그 사실과 변경된 투자운용인력의 운용경력(운

---

9 ① 기준일 현재 집합투자재산에 속하는 투자대상자산의 내용, ② 집합투자기구의 투자운용인력에 관한 사항, ③ 집합투자기구의 투자환경 및 운용계획, ④ 집합투자기구의 업종별 · 국가별 투자내역, ⑤ 집합투자기구의 투자전략, ⑥ 집합투자기구의 투자대상 범위 상위 10개 종목, ⑦ 집합투자기구의 구조, ⑧ 집합투자기구의 유동성 위험, ⑨ 집합투자기구의 운용위험에 대한 관리방안, ⑩ 그 밖에 투자자를 보호하기 위하여 필요한 사항으로서 금융위원회가 정하여 고시하는 사항

용한 집합투자기구의 명칭, 집합투자재산의 규모와 수익률을 말함)

❷ 환매연기 또는 환매재개의 결정 및 그 사유(환매금지형집합투자기구의 만기를 변경하거나
만기상환을 거부하는 결정 및 그 사유를 포함)

❸ 대통령령으로 정하는 부실자산[10]이 발생한 경우 그 명세 및 상각률

❹ 집합투자자총회의 결의내용

❺ 그 밖에 투자자 보호를 위하여 필요한 사항으로서 대통령령으로 정하는 사항[11]

---

10 "대통령령으로 정하는 부실자산"이란 발행인의 부도,「채무자 회생 및 파산에 관한 법률」에 따른 회생절차개시의 신청 등의 사유로 인하여 금융위원회가 부실자산으로 정하여 고시하는 자산을 말한다(자본시장법 시행령 제93조 제2항).

11 "대통령령으로 정하는 사항"이란 다음 각 호의 어느 하나에 해당하는 사항을 말한다(자본시장법 시행령 제93조 제3항).

1. 투자설명서의 변경. 다만, 다음 각 목의 어느 하나에 해당하는 경우는 제외한다.
   가. 법 및 이 영의 개정 또는 금융위원회의 명령에 따라 투자설명서를 변경하는 경우
   나. 집합투자규약의 변경에 따라 투자설명서를 변경하는 경우
   다. 투자설명서의 단순한 자구수정 등 경미한 사항을 변경하는 경우
   라. 투자운용인력의 변경이 있는 경우로서 법 제123조 제3항 제2호에 따라 투자설명서를 변경하는 경우
2. 집합투자업자의 합병, 분할, 분할합병 또는 영업의 양도 · 양수
3. 집합투자업자 또는 일반사무관리회사가 기준 가격을 잘못 산정하여 이를 변경하는 경우에는 그 내용(제262조 제1항 후단에 따라 공고 · 게시하는 경우에 한한다)
4. 사모집합투자기구가 아닌 집합투자기구(존속하는 동안 투자금을 추가로 모집할 수 있는 집합투자기구로 한정한다. 이하 이 항에서 같다)로서 설정 및 설립 이후 1년(제81조 제3항 제1호의 집합투자기구의 경우에는 설정 및 설립 이후 2년)이 되는 날에 원본액이 50억 원 미만인 경우 그 사실과 해당 집합투자기구가 법 제192조 제1항 단서에 따라 해지될 수 있다는 사실
5. 사모집합투자기구가 아닌 집합투자기구가 설정 및 설립되고 1년(제81조 제3항 제1호의 집합투자기구의 경우에는 설정 및 설립 이후 2년)이 지난 후 1개월간 계속하여 원본액이 50억 원 미만인 경우 그 사실과 해당 집합투자기구가 법 제192조 제1항 단서에 따라 해지될 수 있다는 사실
6. 부동산 집합투자기구 또는 특별자산 집합투자기구(부동산 · 특별자산 투자재간접집합투자기구를 포함한다)인 경우 다음 각 목의 어느 하나에 해당하는 사항
   가. 제242조 제2항 각 호 외의 부분 단서에 따른 시장성없는 자산의 취득 또는 처분
   나. 부동산 집합투자기구 또는 특별자산 집합투자기구의 집합투자증권의 취득 또는 처분. 다만, 이미 취득한 것과 같은 집합투자증권을 추가로 취득하거나 일부를 처분하는 경우는 제외한다.
   다. 지상권 · 지역권 등 부동산 관련 권리 및 사업수익권 · 시설관리운영권 등 특별자산 관련 중요한 권리의 발생 · 변경
   라. 금전의 차입 또는 금전의 대여
7. 그 밖에 투자자의 투자판단에 중대한 영향을 미치는 사항으로서 금융위원회가 정하여 고시하는 사항

2) 수시공시 방법

수시공시는 ① 집합투자업자, 집합투자증권을 판매한 판매회사 및 금융투자협회의 인터넷 홈페이지를 이용하여 공시하는 방법, ② 집합투자증권을 판매한 판매회사로 하여금 전자우편을 이용하여 투자자에게 알리는 방법, ③ 집합투자업자, 집합투자증권을 판매한 판매회사의 본점과 지점, 그 밖의 영업소에 게시하는 방법으로 할 수 있다. 집합투자업자는 위 세 가지의 방법 중 하나를 선택하는 것이 아니라, 세 가지의 방법을 모두 사용하여 수시공시의무를 이행해야 한다.

3 집합투자재산에 관한 보고 등

1) 정기보고사항

집합투자업자(투자신탁이나 투자익명조합의 집합투자업자에 한함)는 집합투자재산에 관한 매 분기 영업보고서를 작성하여 매분기 종료 후 2개월 이내에 금융위원회 및 금융투자협회에 제출해야 한다.

집합투자업자는 집합투자재산(투자신탁재산 및 투자익명조합재산만 해당)에 관한 영업보고서를 금융위원회가 정하여 고시하는 기준에 따라 다음의 서류로 구분하여 작성하여야 한다.

❶ 투자신탁의 설정 현황 또는 투자익명조합의 출자금 변동 상황
❷ 집합투자재산의 운용 현황과 집합투자증권(투자신탁 수익증권과 투자익명조합 지분증권만 해당)의 기준가격표
❸ 의결권 공시대상법인에 대한 의결권의 행사 여부 및 그 내용(의결권을 행사하지 아니한 경우에는 그 사유를 포함)이 기재된 서류
❹ 집합투자재산에 속하는 자산 중 주식의 매매회전율(법 제88조 제2항 제4호에 따른 매매회전율을 말함)과 자산의 위탁매매에 따른 투자중개업자별 거래금액·수수료와 그 비중

2) 수시보고사항

집합투자업자는 다음의 어느 하나에 해당하는 사유가 발행한 경우 그 사유가 발생한 날부터 2개월 이내에 결산서류를 금융위원회 및 금융투자협회에 제출해야 한다.

❶ 집합투자기구의 회계기간 종료
❷ 집합투자기구의 계약기간 또는 존속기간 종료
❸ 집합투자기구의 해지 또는 해산

3) 운용실적 비교공시

금융투자협회는 대통령령으로 정하는 방법에 따라 각 집합투자재산의 순자산가치의 변동명세가 포함된 운용실적을 비교하여 그 결과를 인터넷 홈페이지 등을 이용하여 공시하여야 한다.

금융투자협회가 영 제94조 제2항 각 호 외의 부분에 따라 각 집합투자재산의 운용실적을 비교·공시하는 경우에는 ① 집합투자기구의 명칭, ② 투자운용인력, ③ 보유하고 있는 자산의 유형별 금액 및 비중, ④ 자산규모 및 기준 가격, ⑤ 기준 가격의 변동에 관한 사항, ⑥ 수익률 및 분배율의 내용을 포함하여야 한다.

4 장부서류의 열람 및 공시

1) 장부서류의 열람

투자자는 집합투자업자(투자신탁이나 투자익명조합의 집합투자업자에 한하며, 해당 집합투자증권을 판매한 판매회사 포함)에게 영업시간 내에 이유를 기재한 서면으로 그 투자자에 관련된 집합투자재산에 관한 장부·서류의 열람이나 등본 또는 초본의 교부를 청구할 수 있다. 일반 주식회사의 회계장부열람권과 비슷하지만 일정 비율 이상의 집합투자증권 소유를 요구하지 않는다는 점에서 차이가 있다.

열람청구 대상이 되는 장부·서류는 ① 집합투자재산명세서, ② 집합투자증권기준가격대장, ③ 재무제표 및 그 부속명세서, ④ 집합투자재산 운용내역서이다.

집합투자업자·투자회사 및 판매회사는 다음과 같은 정당한 사유가 없는 한 이를 거절할 수 없다.

❶ 매매주문내역 등이 포함된 장부·서류를 제공함으로써 제공받은 자가 그 정보를
거래나 업무에 이용하거나 타인에게 제공할 것이 뚜렷하게 염려되는 경우
❷ 집합투자재산의 매매주문내역 등이 포함된 장부·서류를 제공함으로써 다른 투
자자에게 손해를 입힐 것이 명백히 인정되는 경우
❸ 해지·해산된 집합투자기구에 관한 장부·서류로서 보존기한 경과 등의 사유로
열람제공 요청에 응하는 것이 불가능한 경우

2) 집합투자규약의 공시

집합투자업자는 집합투자규약을 인터넷 홈페이지 등을 이용하여 공시해야 한다.

---

section 10 | **파생상품 및 부동산 운용에 관한 특례**

---

1 **파생상품 운용 특례**

집합투자업자는 파생상품 매매에 따른 위험평가액이 집합투자기구 자산총액의 10%
를 초과하여 투자할 수 있는 집합투자기구의 집합투자재산을 파생상품에 운용하는 경
우에는 계약금액, 위험지표를 인터넷 홈페이지 등을 이용하여 공시해야 한다. 위험지표
에는 ① 파생상품 매매에 따른 만기시점의 손익구조, ② 시장상황의 변동에 따른 집합
투자재산의 손익구조의 변동 또는 일정한 보유기간에 일정한 신뢰구간 범위에서 시장
가격이 집합투자기구에 대하여 불리하게 변동될 경우에 파생상품 거래에서 발생할 수
있는 최대손실예상금액 등이 있다. 이 경우 투자설명서에는 위험지표의 개요 및 위험지
표가 공시된다는 사실을 기재해야 한다.
집합투자업자는 장외파생상품 매매에 따른 위험평가액이 집합투자기구 자산총액의

10%를 초과하여 투자할 수 있는 집합투자기구의 집합투자재산을 장외파생상품에 운용하는 경우에는 장외파생상품 운용에 따른 위험관리방법을 작성하여 신탁업자의 확인을 받아 금융위원회에 신고해야 한다.

2 부동산 운용 특례

1) 금전차입

집합투자업자는 집합투자재산으로 부동산을 취득하는 경우에는 금융기관 등(금융기관, 보험회사, 국가재정법에 따른 기금, 다른 부동산 집합투자기구, 이에 준하는 외국 금융기관 등)으로부터 자금을 차입할 수 있다. 자금의 차입한도는 다음과 같다.

❶ 부동산집합투자기구에서 차입: 자산총액에서 부채총액을 뺀 가액의 200%. 다만, 집합투자자총회에서 달리 의결한 경우에는 그 의결한 한도
❷ 부동산집합투자기구가 아닌 집합투자기구에서 차입: 집합투자기구에 속하는 부동산 가액의 70%. 이 경우 부동산 가액의 평가는 집합투자재산평가위원회가 집합투자재산평가기준에 따라 정한 가액으로 한다.

차입금은 부동산에 운용하는 방법 외의 방법으로 운영하여서는 아니 된다. 다만, 차입한 금전으로 부동산에 투자할 수 없는 불가피한 사유가 발생하여 일시적으로 현금성 자산에 투자하는 경우에는 부동산에 운영하는 방법 외의 방법으로 운영할 수 있다.

2) 금전대여

집합투자업자는 집합투자재산으로 부동산 개발사업을 영위하는 법인(부동산신탁업자, 「부동산 투자회사법」에 따른 부동산 투자회사, 다른 집합투자기구를 포함)에 대해 금전을 대여할 수 있다. 금전을 대여하기 위해서는 다음의 요건을 모두 충족해야 한다.

❶ 집합투자규약에서 금전의 대여에 관한 사항을 정하고 있을 것
❷ 집합투자업자가 부동산에 대하여 담보권을 설정하거나 시공사 등으로부터 지급보증을 받는 등 대여금을 회수하기 위한 적절한 수단을 확보할 것

금전을 대여하는 경우 그 한도는 해당 집합투자기구의 자산총액에서 부채총액을 뺀 가액의 100분의 100으로 한다.

3) 부동산 취득 · 처분 시 실사보고서 작성 · 비치 의무

집합투자업자는 집합투자재산으로 부동산을 취득하거나 처분하는 경우에는 그 부동산의 현황, 거래 가격, 거래비용, 부동산과 관련된 재무자료, 부동산 수익에 영향을 미치는 요소, 담보권 설정 등 부동산과 관련된 권리의무관계에 관한 사항, 실사자에 관한 사항이 기재된 실사보고서를 작성·비치하여야 한다.

4) 부동산 개발사업 시 사업계획서 공시

집합투자업자는 집합투자재산으로 부동산 개발사업에 투자하고자 하는 경우에는 추진일정, 추진방법, 건축계획 등이 포함된 사업계획에 관한 사항, 자금의 조달·투자 및 회수에 관한 사항, 추정손익에 관한 사항, 사업의 위험에 관한 사항, 공사 시공 등 외부용역에 관한 사항이 기재된 사업계획서를 작성하여 감정평가법인 등으로부터 사업계획서의 적정성에 대해 확인을 받아야 하며, 이를 인터넷 홈페이지 등을 통해 공시해야 한다.

5) 부동산 취득 시 부동산 등기 방법

투자신탁재산으로 부동산을 취득하는 경우 「부동산 등기법」 제81조(신탁등기의 등기사항)를 적용할 때에는 그 신탁원부에 수익자를 기록하지 아니할 수 있다.

chapter 05

집합투자기구의 종류

집합투자기구의 종류

자본시장법은 주된 투자대상의 종류에 따라 집합투자기구를 증권 집합투자기구, 부동산 집합투자기구, 특별자산 집합투자기구, 혼합자산 집합투자기구 및 단기금융 집합투자기구의 5가지로 구분하고 있다. 종전 자산운용업법상 7종류[1]의 구분을 5종류로 재분류하고 종류별 운용대상 자산의 제한을 완화함으로써 단기금융 집합투자기구를 제외한 모든 종류의 집합투자기구가 다양한 투자대상에 운용할 수 있도록 되었다.

단기금융 집합투자기구를 제외한 모든 종류의 집합투자기구에서 파생상품에 투자할수 있도록 하고 파생상품 집합투자기구를 별도로 분류하지 않았으며, 자산운용업법상 실물 집합투자기구 및 특별자산 집합투자기구를 통합하여 특별자산 집합투자기구로 일

---

1 증권간접투자기구, 파생상품간접투자기구, 부동산간접투자기구, 실물간접투자기구, 단기금융간접투자기구, 재간접투자기구, 특별자산간접투자기구

원화하였다. 재간접투자기구는 운용대상 자산의 유형상 증권 집합투자기구에 해당하는 점을 감안하여 자본시장법에서는 별도로 분류하지 않았다. 혼합자산 집합투자기구는 주된 투자대상 자산을 특정하지 않고 다양한 자산에 자유롭게 운용할 수 있는 새로운 종류의 집합투자기구 유형이다.

1 증권 집합투자기구

집합투자재산의 50%를 초과하여 증권에 투자하는 집합투자기구로서 부동산이나 특별자산 집합투자기구에 해당하지 않는 집합투자기구를 말한다. 이는 자본시장법상 분류이고, 투자대상 증권의 종류에 따라 주식형, 채권형 및 혼합형(주식혼합, 채권혼합) 등으로 나누기도 한다. "증권"의 개념에는 부동산 또는 특별자산 관련 증권은 제외되며, 부동산 또는 특별자산 관련 증권 외의 증권을 기초자산으로 한 파생상품을 포함한다.

2 부동산 집합투자기구

집합투자재산의 50%를 초과하여 부동산에 투자하는 집합투자기구를 말한다.
위 "부동산"의 개념에는 부동산 외에 부동산을 기초로 한 파생상품, 지상권 등 부동산 관련 권리, 금전채권(부동산을 담보로 한 경우만 해당), 부동산 관련 증권 등, 부동산 개발 관련 법인에 대한 대출, 부동산의 개발·관리·개량·임대 및 운영의 방법으로도 운용하는 것을 포함한다.

3 특별자산 집합투자기구

집합투자재산의 50%를 초과하여 특별자산(증권 및 부동산을 제외한 투자대상 자산)에 투자하는 집합투자기구이다.

4 혼합자산 집합투자기구

집합투자재산을 운용함에 있어 투자대상 자산(증권, 부동산, 특별자산)의 비율 제한을 받지 않는 집합투자기구를 말한다.

5 단기금융 집합투자기구(MMF)

1) 개요 및 투자대상

(1) 개요

집합투자재산 전부를 단기금융상품에 투자하는 집합투자기구로서 자본시장법령에서 정하는 방법으로 운용되는 집합투자기구를 말한다. 투자대상인 단기금융상품에서의 '단기'는 투자대상 자산의 남은 만기가 단기라는 의미다. 단기금융 집합투자기구는 흔히 MMF(Money Market Fund)로 통칭된다.

2023년 공모펀드 경쟁력 제고방안의 일환으로 자본시장법령 개정을 통해 외화 MMF가 도입되었다. 외화표시 MMF(이하 '외화 MMF'라 함)는 단기 채권·어음 등 외화 단기금융상품에 투자하는 MMF이며 외화로 납입과 환매가 이루어진다. 원화표시 MMF(이하 '원화 MMF'라 함)와 동일한 수준으로 규율하며, 다만 외화자산의 특성을 감안하여 일부 별도의 규정이 존재한다. MMF의 안정적인 운용을 위해 편입자산의 만기·신용등급, 분산투자, 유동성 요건 등은 원화 표시수준으로 정하였으며, 편입자산의 안전성과 환금성을 위해 표시화폐를 OECD가입국, 싱가포르, 홍콩, 중국으로 제한하였고, 신규 MMF 설정요건을 원화에 비해 완화하였다.

(2) 투자대상

MMF에서 투자할 수 있는 단기금융상품이란 다음의 금융상품을 말한다.

❶ 원화로 표시된 다음의 금융상품
   가. 남은 만기가 6개월 이내인 양도성 예금증서
   나. 남은 만기가 5년 이내인 국채증권, 남은 만기가 1년 이내인 지방채증권·특

수채증권 · 사채권(주권 관련 사채권 및 사모의 방법으로 발행된 사채권은 제외) · 기업어음증권. 다만, 환매조건부매수의 경우에는 남은 만기의 제한을 받지 않는다.

다. 남은 만기가 1년 이내인 어음(기업어음증권은 제외)

라. 자본시장법 제83조 제4항에 따른 단기대출

마. 만기가 6개월 이내인 금융기관 또는 「우체국예금 · 보험에 관한 법률」에 따른 체신관서에의 예치

바. 다른 단기금융집합투자기구의 집합투자증권

사. 단기사채 등

❷ 외화(경제협력개발기구(OECD) 가입국가(속령은 제외), 싱가포르, 홍콩, 중화인민공화국의 통화로 한정)로 표시된 상품

가. 위 ①의 금융상품

나. 위 ①의 금융상품에 준하는 것으로서 금융위원회가 정하여 고시하는 금융상품[2]

2) 단기금융집합투자기구(MMF)의 운용

(1) 운용방법 : MMF는 다음의 방법으로 운용되어야 한다.

❶ 증권을 대여하거나 차입하는 방법으로 운용하지 아니할 것

❷ 남은 만기가 1년 이상인 국채증권에 집합투자재산의 5% 이내로 운용하여야 한다.

❸ 환매조건부매도는 집합투자기구가 보유하고 있는 증권 총액의 5% 이내로 운용할 것

❹ 각 단기금융집합투자기구 집합투자재산의 남은 만기의 가중평균된 기간이 다음 범위 이내일 것

가. 개인 MMF : 75일

---

2 ① 남은 만기가 6개월 이내인 외화표시 양도성 예금증서, ② 남은 만기가 5년 이내인 외화표시 국채증권 또는 해당 외국통화를 발행한 국가의 정부가 발행한 국채증권, 남은 만기가 1년 이내인 외화표시 채무증권(환매조건부매수의 경우에는 남은 만기의 제한을 받지 않음), ③ 남은 만기가 1년 이내인 외화표시 어음(기업어음증권은 제외하며, 해당 외국통화를 발행한 국가의 외국은행이 발행 · 할인 · 매매 · 중개 · 인수 또는 보증하는 어음을 포함), ④. 법 제83조 제4항에 따른 외화 단기대출, ⑤ 만기가 6개월 이내인 외화예금(해당 외국통화를 발행한 국가의 외국은행에 대한 외화예금을 포함), ⑥ 다른 외화 단기금융집합투자기구의 집합투자증권, ⑦ 외화표시 단기사채 등

나. 법인 MMF 중 집합투자규약에 장부가격으로 평가하지 않음을 명시한 MMF : 120일

다. 그 밖의 MMF : 60일

❺ MMF의 집합투자재산이 다음의 구분에 따른 기준을 충족하지 못하는 경우에는 다른 집합투자기구를 설정·설립하거나 다른 MMF로부터 운용업무 위탁을 받지 않을 것. 다만 「국가재정법」 제81조에 따른 여유자금을 통합하여 운용하는 MMF 및 그 MMF가 투자하는 MMF를 설정·설립하거나 그 운용업무의 위탁을 받는 경우에는 이를 적용하지 않는다.

가. 개인투자자 대상 원화 MMF : 3천억 원 이상

나. 개인투자자 대상 외화 MMF : 1천5백억 원 이상

다. 법인투자자 대상 원화 MMF : 5천억 원 이상

라. 법인투자자 대상 외화 MMF : 2천5백억 원 이상

❻ 하나의 MMF에서 원화와 외화 단기금융상품을 함께 투자하지 않을 것

❼ 투자대상자산의 신용등급 및 신용등급별 투자한도, 남은 만기의 가중평균 계산방법, 그 밖에 자산운용의 안정성 유지에 관하여 금융위원회가 정하여 고시하는 내용을 준수할 것

(2) 신용평가등급 제한

MMF에서 편입할 수 있는 채무증권은 취득시점을 기준으로 신용평가업자의 신용평가등급(둘 이상의 신용평가업자로부터 신용평가등급을 받은 경우에는 그중 낮은 신용평가등급)이 상위 2개 등급 이내이어야 한다. 이 경우 신용평가등급은 세분류하지 않은 신용평가등급을 말하며, 외화 MMF의 경우에는 해외 신용평가등급을 국내 신용평가등급으로 전환한 신용평가등급(금융감독원장이 별도로 정하는 방식을 사용하여 전환)을 포함한다.

집합투자업자는 편입한 채무증권의 신용평가등급이 최상위등급에서 차하위등급으로 하락한 경우 해당 채무증권에 대한 신용위험을 재평가하고 편입비율을 축소하는 등 투자자보호를 위한 조치를 취하여야 한다. 편입된 채무증권의 신용평가 등급이 하락하여 상위 2개 등급에 미달하는 경우 또는 신용사건이 발생한 경우에는 해당 채무증권을 지체 없이 처분하거나 시가 또는 공정가액으로 가격을 조정하는 등 투자자간의 형평성을 유지할 수 있도록 선량한 관리자로서의 주의를 다하여야 한다.

3) 원화 MMF의 운용 제한

집합투자업자는 원화 MMF의 집합투자재산을 다음의 어느 하나에 해당하는 자산에 운용하여서는 아니 된다.

❶ 자산의 원리금 또는 거래금액이 환율·증권의 가치 또는 증권지수의 변동에 따라 변동하거나 계약 시점에 미리 정한 특정한 신용사건의 발생에 따라 확대 또는 축소되도록 설계된 것
❷ ❶과 같이 원리금 또는 거래금액, 만기 또는 거래기간 등이 확정되지 아니한 것

집합투자업자는 원화 MMF(「외국환거래법」 제13조에 따른 외국환평형기금만이 집합투자자인 단기금융 집합투자기구와 「국가재정법」 제81조에 따라 여유자금을 통합하여 운용하는 단기금융집합투자기구를 제외. 이하 같음)의 집합투자재산을 운용함에 있어 집합투자재산의 40% 이상을 채무증권(법 제4조 제3항의 국채증권, 지방채증권, 특수채증권, 사채권, 기업어음증권에 한하며, 환매조건부채권 매매는 제외)에 운용하여야 한다.

집합투자업자는 원화 MMF의 집합투자재산을 운용함에 있어 다음의 자산을 합산한 금액이 집합투자재산의 10% 미만인 경우에는 다음의 자산 외의 자산을 취득하여서는 아니 된다.

❶ 현금
❷ 국채증권
❸ 통화안정증권
❹ 잔존만기가 1영업일 이내인 자산으로서 다음 각 호의 어느 하나에 해당하는 것
　　가. 양도성 예금증서·정기예금
　　나. 지방채증권·특수채증권·사채권(주식 관련 사채권 및 사모의 방법으로 발행된 사채권은 제외)·기업어음증권
　　다. 금융기관이 발행·할인·매매·중개·인수 또는 보증하는 어음(기업어음증권 제외)
　　라. 전자단기사채
❺ 환매조건부매수
❻ 단기대출
❼ 수시입출금이 가능한 금융기관에의 예치

집합투자업자는 원화 MMF의 집합투자재산을 운용함에 있어 다음의 자산을 합산한 금액이 집합투자재산의 30% 미만인 경우에는 다음의 자산 외의 자산을 취득하여서는 아니 된다.

1 현금
2 국채증권
3 통화안정증권
4 잔존만기가 7영업일 이내인 자산으로서 다음의 어느 하나에 해당하는 것
　　가. 양도성예금증서 · 정기예금
　　나. 지방채증권 · 특수채증권 · 사채권(주식 관련 사채권 및 사모의 방법으로 발행된 사채권은 제외) · 기업어음증권
　　다. 금융기관이 발행 · 할인 · 매매 · 중개 · 인수 또는 보증하는 어음(기업어음증권 제외)
　　라. 전자단기사채
5 환매조건부매수
6 단기대출
7 수시입출금이 가능한 금융기관에의 예치

4) 외화 MMF의 운용 제한

외화 MMF를 운용하는 집합투자업자는 집합투자재산을 다음의 어느 하나에 해당하는 자산에 운용할 수 없다.

1 자산의 원리금 또는 거래금액이 증권의 가치 또는 증권지수의 변동에 따라 변동하거나 계약시점에 미리 정한 특정 신용사건의 발생에 따라 확대 또는 축소되도록 설계된 것
2 **1**과 같이 원리금 또는 거래금액, 만기 또는 거래기간 등이 확정되지 아니한 것

집합투자업자는 외화 MMF(외국환평형기금과 연기금 MMF는 제외)의 집합투자재산을 운용함에 있어 집합투자재산의 40% 이상을 외화표시 채무증권(환매조건부채권 매매는 제외)에 운용하여야 한다.
집합투자업자는 외화 MMF를 운용할 때 다음의 자산을 합산한 금액이 집합투자재산

의 10% 미만인 경우에는 다음의 자산 외의 자산을 취득할 수 없다.

❶ 외국통화
❷ 외화표시 국채증권 또는 해당 외국통화를 발행한 국가의 정부가 발행한 국채증권
❸ 외화표시 통화안정증권 또는 해당 외국통화를 발행한 국가의 외국 중앙은행이 발행한 채무증권
❹ 잔존만기가 1영업일 이내인 자산으로서 다음 각 목의 어느 하나에 해당하는 것
　가. 외화표시 양도성 예금증서 · 외화 정기예금
　나. 외화표시 채무증권
　다. 영 제79조 제2항 제5호에 따른 외화표시 어음(기업어음증권은 제외한다)
　라. 외화표시 단기사채
❺ 외화표시 환매조건부매수
❻ 법 제83조 제4항에 따른 외화 단기대출
❼ 수시입출금이 가능한 금융기관(해당 외국통화를 발행한 국가의 외국은행을 포함한다)에의 외화예치

집합투자업자는 외화 MMF를 운용할 때 다음의 자산을 합산한 금액이 집합투자재산의 30% 미만인 경우에는 다음의 자산 외의 자산을 취득할 수 없다.

❶ 외국통화, 외화표시 국채증권 또는 해당 외국통화를 발행한 국가의 정부가 발행한 국채증권, 외화표시 통화안정증권 또는 해당 외국통화를 발행한 국가의 외국 중앙은행이 발행한 채무증권
❷ 잔존만기가 7영업일 이내인 자산으로서 다음의 어느 하나에 해당하는 것
　가. 외화표시 양도성 예금증서 · 외화 정기예금
　나. 외화표시 채무증권
　다. 자본시장법 시행령 제79조 제2항 제5호에 따른 외화표시 어음(기업어음증권은 제외한다)
　라. 외화표시 단기사채
❸ 외화표시 환매조건부매수, 자본시장법 제83조 제4항에 따른 외화 단기대출, 수시입출금이 가능한 금융기관(해당 외국통화를 발행한 국가의 외국은행을 포함한다)에의 외화예치

5) 위험관리

집합투자업자는 MMF의 위험을 체계적으로 관리할 수 있도록 다음의 사항이 포함된 위험관리기준을 제정하고 이를 준수할 수 있는 내부통제제도를 갖추어야 한다. 금융투자협회는 위험관리기준의 표준안을 작성하여 집합투자업자에게 사용을 권고할 수 있다.

① 위험의 정의 및 종류에 관한 사항
② 위험의 측정방법에 관한 사항
③ 위험의 허용수준에 관한 사항
④ 위험의 관리조직에 관한 사항
⑤ 그 밖에 단기금융집합투자기구의 체계적 위험관리를 위하여 필요하다고 인정하는 사항

집합투자업자는 MMF의 안정성을 제고하기 위해 금융감독원장이 정하는 방법에 따라 위기상황분석을 실시하여야 한다.

표 5-1 원화 MMF와 외화 MMF 규제 비교

구분		원화 MMF	외화 MMF
운용대상자산	표시화폐	원화	OECD 가입국 및 중국 통화 (단, 각 MMF별 단일 통화여야함)
	편입자산	잔존만기 5년 내 국채	잔존만기 5년 내 해당 통화국 국채
		잔존만기 1년 내 지방채 · 특수채 · 회사채 · CP(1년) 등	잔존만기 1년 내 채무증권
		잔존만기 6개월 내 금융기관 · 우체국 예치, CD	잔존만기 6월 내 해당 통화국 은행 예금 · CD
		RP매수, 타 MMF 등	외화 RP매수, 타 외화 MMF 등
	신용등급	최상위 2개 신용등급 이내	좌동(단, 해외 주요 신용평가기관 평가 등급도 국내 등급으로 전환하여 활용 가능)
분산투자		동일인 발행 채무증권 등 투자한도(0.5~5%), 채무증권 40% 이상 편입 등	좌동
유동성 요건		자산 가중평균잔존만기를 75일 내, 유동성 자산 비중 등	좌동
기타		개인 · 법인별로 일정금액* 초과시까지 신규 MMF 설정 금지 * (개인) 3천억 원, (법인) 5천억 원	신규 MMF 설정요건 완화 * (개인) 1,500억 원, (법인) 2,500억 원

특수한 형태의 집합투자기구

1 환매금지형 집합투자기구(폐쇄형 펀드)

자본시장법상 집합투자업자는 존속기간을 정한 집합투자기구에 대하여만 집합투자 증권의 환매를 청구할 수 없는 집합투자기구를 설정·설립할 수 있다. 실무적으로는 폐쇄형 펀드라는 명칭을 주로 사용한다. 폐쇄형 펀드는 투자자가 가입 이후 환매를 청구할 수 없기 때문에 환매자금 마련을 위한 처분을 하지 않아도 되므로 펀드자산을 안정적으로 운용할 수 있다. 특히, 부동산이나 특별자산 또는 비상장주식과 같이 환금성이 부족한 자산에 운용하는 펀드는 투자대상의 특성을 감안하여 폐쇄형 펀드로 설정하는 경우가 많다.

폐쇄형 펀드는 환매불가라는 특성상 투자자 보호를 위해 다음과 같은 몇 가지 규제를 하고 있다.

1) 폐쇄형 펀드로 설립해야 하는 경우

집합투자업자는 투자대상자산을 현금화하기 곤란한 사정 등을 고려하여 다음의 경우 (일반투자자를 대상으로 하는 일반사모펀드는 ⑤의 경우로 한정)에는 펀드를 폐쇄형으로 설정·설립해야 한다.

❶ 부동산집합투자기구를 설정 · 설립하는 경우
❷ 특별자산집합투자기구를 설정 · 설립하는 경우
❸ 혼합자산집합투자기구를 설정 · 설립하는 경우
❹ 각 집합투자기구 자산총액의 20%의 범위에서 금융위원회가 정하여 고시하는 시장성 없는 자산[3]에 투자할 수 있는 펀드를 설정 · 설립하는 경우

---

3 (1) 부동산(부동산을 기초로 한 파생상품이나 부동산과 관련된 증권 등 시가 또는 공정가액으로 조기에 현금화가 가능한 경우를 제외)
　(2) 특별자산(관련 자산의 특성 등을 고려하여 시가 또는 공정가액으로 조기에 현금화가 가능한 경우를 제외)

❺ 일반투자자를 대상으로 하는 펀드(MMF 및 ETF는 제외)로서 자산총액의 50%를 초과하여 금융위원회가 정하여 고시하는 자산[4]에 투자하는 펀드를 설정·설립하는 경우

2) 집합투자증권의 상장 및 등록

폐쇄형 펀드는 집합투자증권을 최초로 발행한 날부터 90일 이내에 그 집합투자증권을 증권시장에 상장해야 한다.[5] 이처럼 폐쇄형 펀드의 상장을 강제하는 이유는 투자자에게 환금수단을 제공하기 위해서다. 개방형 펀드와 달리 폐쇄형 펀드에서는 집합투자증권을 환매해주지 않기 때문에 시장에서의 처분을 통해서 투자자금을 회수할 수 있도록 해주기 위한 것이다.

3) 펀드존속기간의 설정

존속기간을 정한 집합투자기구에 한하여 폐쇄형으로 만들 수 있다.

4) 집합투자증권의 추가 발행

폐쇄형 펀드는 ① 이익분배금 범위 내에서 집합투자증권을 추가로 발행하는 경우, ② 기존 집합투자자의 이익을 해할 우려가 없는 경우로서 신탁업자의 확인을 받은 경우, ③ 기존 투자자 전원의 동의를 받은 경우, ④ 기존 투자자에게 집합투자증권의 보

---

    (3) 다음의 어느 하나에 해당하지 아니하는 증권
       - 증권시장 또는 외국시장에 상장된 증권, 채무증권, 파생결합증권, 모집 또는 매출된 증권, 환매를 청구할 수 있는 집합투자증권
4 자본시장법 시행령 제260조 제1항에 따른 방법으로 평가할 수 없는 자산으로서 파생결합증권, 환매를 청구할 수 있는 집합투자증권, 「상법」 제469조 제2항 제3호에 따른 사채로서 자본시장법 제4조 제7항 제1호에 해당하는 증권 및 그 밖에 비시장성 자산에 해당하지 않는 것으로서 다음에 해당하는 자산을 제외한 자산을 말한다.
  - 금융투자업규정 제5-23조의2 제1항 제1호부터 제7호까지의 자산(현금, 예·적금, 양도성예금증서, 당일 인출가능한 대출약정, 증권금융회사에 예탁된 금전 등)
  - 국채증권, 정부가 원리금의 상환을 보증한 채무증권, 지방채증권, 특수채증권 및 둘 이상의 신용평가업자로부터 모두 상위 2개 등급에 해당하는 신용평가등급을 받은 채무증권
  - 그 밖에 펀드의 투자대상자산의 현금화가 용이한 것으로서 금융감독원장이 정하는 자산
5 한국거래소의 상장규정에서 집합투자기구의 상장요건을 별도로 정하고 있다.

유비율에 따라 추가로 발행되는 집합투자증권의 우선 매수기회를 부여하는 경우에 한해 집합투자증권을 추가 발행할 수 있다. 발행가격은 기준 가격(폐쇄형 펀드가 증권시장에 상장된 경우에는 증권시장의 거래 가격)을 고려하여 산정한 가격으로 할 수 있다.

5) 적용 특례

폐쇄형 펀드는 기준 가격의 산정 및 공고에 관한 규정(법 제238조 제6항부터 제8항까지)이 적용되지 않는다(다만, 집합투자증권을 추가 발행하는 집합투자기구는 적용됨). 집합투자증권을 계속적으로 발행하거나 환매하지 않기 때문에 기준 가격을 매일 산정할 필요가 별로 없기 때문이다. 다만, 추가로 집합투자증권을 발행할 수 있는 폐쇄형 펀드에 대해서는 적용한다.

2 종류형집합투자기구(Class Fund)

종류형집합투자기구란 판매보수의 차이로 인하여 기준 가격이 다르거나 판매수수료가 다른 여러 종류의 집합투자증권을 발행하는 집합투자기구를 말한다. 실무적으로는 멀티클래스펀드(Multiple-Class Fund)라고 한다.

1) 집합투자자총회

수익자총회 또는 주주총회의 결의가 필요한 경우로서 특정 종류의 집합투자증권의 투자자에 대하여만 이해관계가 있는 경우에는 그 종류의 투자자만으로 종류집합투자자총회를 개최할 수 있다.

2) 등록신청서 기재사항

종류형집합투자기구로 등록하기 위해서는 등록신청서에 ① 여러 종류의 집합투자증권별 판매수수료와 판매보수에 관한 사항, ② 여러 종류의 집합투자증권 간에 전환할 수 있는 권리를 투자자에게 주는 경우 그 전환에 관한 사항, ③ 각 종류의 집합투자재산이 부담하는 비용에 관한 사항, ④ 여러 종류의 집합투자증권별 취득 자격에 제한이 있는 경우 그 내용, ⑤ 여러 종류의 집합투자증권별 환매수수료에 관한 사항, ⑥ 여러 종류의 집합투자증권의 기준 가격 산정방법에 관한 사항, ⑦ 종류 집합투자자 총회에 관한 사항을 포함하여야 한다.

3) 비용부담 등

종류형집합투자기구의 집합투자증권의 투자자가 직접 또는 간접으로 부담하는 수수료 등 비용은 판매보수·판매수수료 및 환매수수료를 제외하고는 각 종류의 집합투자증권별로 동일해야 한다. 다만, 종류집합투자자총회의 운용비용 등 특정 집합투자증권에 대하여만 발생한 비용에 대하여는 그러하지 아니하다.

판매회사가 종류형집합투자증권을 판매하는 경우 판매수수료나 판매보수가 다른 여러 종류의 집합투자증권이 있다는 사실과 각 종류별 집합투자증권의 차이(투자자의 예상 투자기간 등을 고려한 예상 판매 수수료·보수와 수수료·보수별 차이점을 포함)를 설명해야 한다. 이는 투자자가 선호하는 투자기간에 따라 비용상 유리한 판매보수·수수료 수취방식(클래스)이 다르기 때문에 판매사는 펀드 투자 권유 시 투자자의 예상 투자기간 및 클래스에 따른 비용상 유불리 여부를 파악하고 이를 투자자에게 설명하도록 의무화한 것이다.

4) 투자설명서

종류형집합투자기구의 투자설명서에는 ① 집합투자증권의 종류, ② 각 종류의 집합투자증권별 판매보수, 판매수수료 및 환매수수료의 금액, 부과방법 및 부과기준, ③ 투자자가 각 종류의 집합투자증권 간 전환할 수 있는 경우 전환절차, 전환조건, 전환방법 등 전환에 관한 사항을 포함해야 한다.

3 　전환형집합투자기구(Umbrella Fund)

복수의 집합투자기구 간에 공통으로 적용되는 집합투자규약에 의하여 각 집합투자기구의 집합투자자가 소유하고 있는 집합투자증권을 다른 집합투자기구의 집합투자증권으로 전환할 수 있는 권리를 집합투자자에게 부여하는 구조의 집합투자기구를 말한다. 실무적으로는 Umbrella Fund라고 한다.

전환형집합투자기구를 설정·설립을 위해서는 ① 복수의 집합투자기구 간에 공통으로 적용되는 집합투자규약이 있어야 하며, ② 서로 다른 법적 형태를 가진 펀드나 기관전용사모펀드 간에는 전환이 금지되어 있어야 한다.

집합투자업자는 전환형집합투자기구가 설정·설립된 경우 등록신청서에 전환이 가능한 집합투자기구에 관한 사항을 기재하여야 한다.

전환형집합투자기구의 집합투자증권을 다른 집합투자기구의 집합투자증권으로 전환하는 경우 그 전환가격은 각 집합투자기구의 집합투자증권 기준가격으로 한다. 전환형집합투자기구의 경우 미리 전환 가능한 것으로 정해진 다른 집합투자기구로 전환하는 때에는 환매수수료를 부과하지 않는다.

4 모자형집합투자기구(Master-Feeder Fund)

다른 집합투자기구(모집합투자기구)가 발행하는 집합투자증권을 취득하는 구조의 집합투자기구(자집합투자기구)를 말한다. 이는 동일한 투자대상과 투자전략을 가지는 다수의 펀드(자펀드)의 자산을 하나의 펀드(모펀드)에 모아서 통합운용함으로써 규모의 경제효과를 얻기 위한 펀드구조라고 할 수 있다. 실무적으로 Master-Feeder Fund라고 한다.

1) 모자형집합투자기구의 요건

모자형집합투자기구를 설정·설립하는 경우에는 다음의 요건을 충족해야 한다.

❶ 자펀드가 모펀드의 집합투자증권 외의 다른 집합투자증권을 취득하는 것이 허용되지 아니할 것
❷ 자펀드 외의 자가 모펀드의 집합투자증권을 취득하는 것이 허용되지 아니할 것
❸ 자펀드와 모펀드의 집합투자재산을 운용하는 집합투자업자가 동일할 것

2) 모자형집합투자기구에 대한 규제

집합투자업자는 모자형집합투자기구가 설정·설립된 경우 등록신청서에 자펀드가 취득하는 모펀드의 집합투자증권 등에 관한 사항을 포함하여야 한다.

판매회사는 모집합투자기구의 집합투자증권을 투자자에게 판매하여서는 아니 된다.

5 　상장지수집합투자기구(ETF)

1) 개념

상장지수집합투자기구(ETF)란 기초자산의 가격 또는 기초자산의 종류에 따라 다수 종목의 가격 수준을 종합적으로 표시하는 지수(대통령령이 정하는 요건을 갖춘 기초자산의 가격 또는 지수)의 변화에 연동하여 운용하는 것을 목표로 하는 집합투자기구를 말한다. ETF 는 기본적으로 지수의 추적을 목표로 하는 인덱스펀드의 일종이지만 전통적인 인덱스 펀드의 단점을 제도적으로 보완한 특수한 형태의 펀드이다. ETF는 집합투자증권을 시 장에 상장하여 일반투자자들이 시장에서 집합투자증권을 매수·매도할 수 있도록 한 것 이다.

2) ETF 요건

ETF는 다음의 요건을 모두 갖추어야 한다.

❶ 기초자산의 가격 또는 기초자산의 종류에 따라 다수 종목의 가격수준을 종합적으 로 표시하는 지수의 변화에 연동하여 운용하는 것을 목표로 할 것. 이 경우 기초자 산의 가격 또는 지수는 대통령령으로 정하는 요건[6]을 갖추어야 한다.

❷ 수익증권 또는 투자회사 주식의 환매가 허용될 것

❸ 수익증권 또는 투자회사 주식이 해당 투자신탁의 설정일 또는 투자회사의 설립일 부터 30일 이내에 증권시장에 상장될 것

6　1. 거래소, 외국 거래소 또는 금융위원회가 정하여 고시하는 시장에서 거래되는 종목의 가격 또는 다 수 종목의 가격수준을 종합적으로 표시하는 지수일 것
　2. "1." 의 가격 또는 지수가 "1." 의 시장을 통하여 투자자에게 적절하게 공표될 수 있을 것
　3. 기초자산의 가격의 요건, 지수의 구성종목 및 지수를 구성하는 종목별 비중, 가격 및 지수의 변화에 연동하기 위하여 필요한 운용방법 등에 관하여 금융위원회가 정하여 고시하는 요건을 충족할 것

chapter 06

집합투자재산의 평가 및 회계

집합투자재산의 평가 및 기준 가격

1 집합투자재산의 평가

1) 평가절차

(1) 집합투자업자

집합투자재산의 평가업무를 수행하기 위하여 '집합투자재산평가위원회'를 구성하여 운영해야 한다. 여기에는 평가담당 임원, 운용담당 임원, 준법감시인이 반드시 포함되어야 한다.

집합투자재산평가위원회는 집합투자재산평가기준의 적용 여부 등 집합투자재산평가에 관한 사항을 반기마다 집합투자업자의 이사회에 보고해야 한다.

집합투자업자는 집합투자재산에 대한 평가가 공정하고 정확하게 이루어질 수 있도록 신탁업자의 확인을 받아 집합투자재산평가기준(집합투자재산 평가와 절차에 관한 기준)을 마련해야 한다. 여기에는 ① 평가위원회 구성·운영에 관한 사항, ② 평가의 일관성유지에 관한 사항, ③ 채권평가회사 선정·변경, 제공받은 가격의 적용에 관한 사항, ④ 부도채권 등 부실자산 평가기준, ⑤ 평가오류 수정에 관한 사항, ⑥ 자산종류별 평가기준, ⑦ 미수금 및 미지급금 등의 평가방법 등을 포함해야 한다.

평가위원회가 집합투자재산을 평가한 경우 그 평가명세를 지체 없이 그 집합투자재산을 보관·관리하는 신탁업자에게 통보해야 한다.

(2) 신탁업자

집합투자업자의 집합투자재산에 대한 평가가 법령 및 집합투자재산평가 기준에 따라 공정하게 이루어졌는지를 확인해야 한다.

2) 평가방법

집합투자재산은 원칙적으로 시가로 평가하고, 평가일 현재 신뢰할 만한 시가가 없는 경우에는 공정가액으로 평가해야 한다.[1] 다만, 가격변동의 위험이 크지 않은 경우로서 금융위원회가 정하여 고시하는 MMF[2]에 대해서는 장부가 평가를 허용하고 있다.

---

1 자본시장법 제238조(집합투자재산의 평가 및 기준가격의 산정 등) ① 집합투자업자는 대통령령으로 정하는 방법에 따라 집합투자재산을 시가에 따라 평가하되, 평가일 현재 신뢰할 만한 시가가 없는 경우에는 대통령령으로 정하는 공정가액으로 평가하여야 한다. 다만, 투자자가 수시로 변동되는 등 투자자의 이익을 해할 우려가 적은 경우로서 대통령령으로 정하는 경우에는 대통령령으로 정하는 가액으로 평가할 수 있다.
   자본시장법 시행령 제260조(집합투자재산의 평가방법)③ 법 제238조 제1항 단서에서 "대통령령으로 정하는 경우"란 집합투자재산의 가격변동의 위험이 크지 않은 경우로서 금융위원회가 정하여 고시하는 단기금융집합투자기구의 집합투자재산의 경우를, "대통령령으로 정하는 가액"이란 금융위원회가 정하여 고시하는 장부가격(이하 이 항에서 "장부가격"이라 한다)을 말한다. 이 경우 집합투자업자는 장부가격에 따라 평가한 기준가격과 제1항 및 제2항에 따라 평가한 기준가격의 차이를 수시로 확인하여야 하며, 그 차이가 금융위원회가 정하여 고시하는 비율을 초과하거나 초과할 염려가 있는 경우에는 집합투자규약에서 정하는 바에 따라 필요한 조치를 취하여야 한다.
2 금융투자업규정 제7-36조(단기금융집합투자기구의 집합투자재산평가의 특례) ① 영 제260조 제3항 전단에서 "금융위원회가 정하여 고시하는 단기금융집합투자기구"란 다음 각 호의 단기금융집합투

(1) 시가평가

집합투자업자는 원칙적으로 집합투자재산을 시가 평가해야 한다. 여기서 '시가'란 증권시장(해외 증권시장 포함)에서 거래된 최종 시가(해외 증권의 경우 전날의 최종 시가), 장내파생상품이 거래되는 파생상품시장(해외시장 포함)에서 공표하는 가격(해외 파생상품의 경우 전날의 가격)을 말한다. 다만, ① 기관전용 사모집합투자기구가 경영참여 목적으로 지분증권에 투자하는 경우에는 그 지분증권의 취득 가격으로 평가할 수 있다. ② 평가기준일이 속하는 달의 직전 3개월간 계속하여 매월 10일 이상 증권시장에서 시세가 형성된 채무증권의 경우에는 평가기준일에 증권시장에서 거래된 최종 시가를 기준으로 둘 이상의 채권평가회사가 제공하는 가격정보를 기초로 한 가격으로 평가할 수 있다. ③ 해외 증권시장에서 시세가 형성된 채무증권의 경우에는 둘 이상의 채권평가회사가 제공하는 가격정보를 기초로 한 가격으로 평가할 수 있다.

(2) 공정가액 평가

집합투자업자는 평가일 현재 신뢰할 만한 시가가 없는 경우에는 공정가액으로 집합투자재산을 평가해야 한다. 공정가액이란, 집합투자재산에 속한 자산의 종류별로 집합투자재산평가위원회가 충실의무를 준수하고 평가의 일관성을 유지하여 평가한 가격을 말한다.

자기구를 말한다.
1. 영 제241조 제2항 제4호 가목 및 나목의 단기금융집합투자기구
2. 영 제241조 제2항 제4호 다목의 집합투자기구로서 다음 각 목의 어느 하나의 자산에 대한 투자금을 합산한 금액이 집합투자기구 자산총액에서 차지하는 비중(이하 이 조에서 "안정적 자산 비중"이라 한다)이 100분의 30을 초과하는 단기금융집합투자기구
   가. 현금
   나. 국채증권, 지방채증권, 특수채증권, 통화안정증권 또는 정부가 지급을 보증한 채무증권
   다. 양도성 예금증서
   라. 영 제79조 제2항 제5호 가목부터 다목 및 바목에 해당하는 금융기관 또는 「우체국예금·보험에 관한 법률」에 따른 체신관서에의 예치
   마. 증권금융회사가 발행한 단기사채 또는 어음(기업어음증권을 포함한다.)
   바. 제7-19조 제3항 제1호 및 제2호에 따른 단기대출 또는 환매조건부 매수. 다만, 환매조건부 매수의 대상증권이 국채증권, 정부가 원리금의 상환을 보증한 채무증권, 지방채증권, 특수채증권이며 최소증거금률이 금융감독원장이 정하는 비율 이상인 경우에는 제7-19조 제3항 제2호나목을 적용하지 아니한다.
   사. 법률에 따라 직접 설립된 법인이 발행한 기업어음증권, 영 제79조 제2항 제5호에 따른 어음 또는 단기사채

공정가액 평가 시에는 투자대상 자산의 취득 가격, 거래 가격, 전문가(채권평가회사·회계법인·신용평가회사·감정평가법인·인수업을 영위하는 투자매매업자 등)가 제공한 가격, 환율, 집합투자증권의 기준 가격을 고려하여야 한다.

한편, 부도채권 등 부실화된 자산에 대해서는 4단계(부실우려, 발생단계, 개선단계, 악화단계)로 분류하고 적정하게 평가해야 한다.[3]

(3) 장부가 평가(MMF)

MMF는 그 집합투자증권이 현금등가물로 처리되기 때문에 그 보유자산을 장부가로 평가하도록 예외를 인정한다. 자산의 종류별 장부가평가의 구체적 방법은 다음과 같다. ① 채무증권은 취득원가와 만기 액면가액의 차이를 상환기간에 걸쳐 유효이자율법에 따라 상각하여 취득원가와 이자수익에 가감하여 산정한 가격으로 평가한다. ② 채무증권 이외의 기타 자산은 취득원가에 평가일 현재까지 발생한 이자수익을 더하여 산정한 가격으로 평가한다.

한편, 집합투자업자는 장부가에 따라 평가한 기준 가격과 시가·공정가액으로 평가한 기준 가격의 차이를 수시로 확인해야 하며, 그 차이가 1,000분의 5를 초과하거나 초과할 염려가 있는 경우에는 집합투자규약에서 정하는 바에 따라 필요한 조치를 취해야 한다.

2 기준 가격

기준 가격은 특정한 집합투자기구의 순자산가치를 보여줄 뿐 아니라 집합투자증권의 판매 및 환매 시 거래 가격이 된다.

1) 산정방법

집합투자업자는 집합투자재산의 평가결과에 따라 집합투자증권의 기준가격을 산정하여야 한다.

기준 가격은 기준 가격 공고·게시일 전일의 집합투자기구 대차대조표상에 계상된 자산총액에서 부채총액을 뺀 금액을 그 공고·게시일 전일의 집합투자증권 총수로 나

---

3 부도채권 등의 분류 및 평가에 관한 세부기준은 금융투자업규정 별표 18에 있다.

누어서 산정한다.

기준 가격 = (자산총액 − 부채총액)/집합투자증권 총수

2) 공고 · 게시

집합투자업자는 기준 가격을 매일 공고·게시해야 한다. 다만, ① 집합투자재산을 외화자산에 투자하는 경우, ② 사모투자재간접집합투자기구, ③ 부동산·특별자산투자재간접집합투자기구로서 기준 가격을 매일 공고·게시하는 것이 곤란한 경우는 집합투자규약에서 공고·게시주기를 15일 이내의 범위에서 별도로 정할 수 있다.

3) 기준 가격 변경

공고·게시한 기준 가격이 잘못 계산된 경우에는 지체 없이 기준 가격을 변경한 후 다시 공고·게시해야 한다. 다만, 기준 가격 차이가 ① 국내 상장지분증권에 투자하는 증권집합투자기구의 경우 1,000분의 2, ② 해외 상장지분증권 또는 해외 상장지분증권에 투자하는 집합투자기구의 집합투자증권에 투자하는 증권집합투자기구의 경우 1,000분의 3, ③ MMF의 경우 10,000분의 5, ④ 기타 집합투자기구의 경우 1,000분의 1을 초과하지 않는 경우에는 재공고·게시하지 않아도 된다.

기준 가격을 변경하는 때에는 사전에 준법감시인 및 신탁업자의 확인을 받아야 하며, 변경내용을 금융위원회에 보고해야 한다.

1 회계처리 및 결산서류 작성

1) 회계처리

펀드회계란 펀드에서 투자하여 보유하는 자산을 공정하게 평가하여 펀드의 대차대조표 및 손익계산서에 기재하는 것을 말한다. 펀드는 단순히 투자자산의 집합체에 불과한 반면에 일반기업은 영업활동·재무활동 및 그에 따른 결과의 축적체이므로 양자의 회계처리는 다를 수밖에 없다. 이에 따라 자본시장법은 펀드에 대해서는 일반기업과 다른 회계처리기준(집합투자기구 회계처리기준)을 적용하도록 하고 있다.[4]

펀드의 경우 매일 자산을 평가하고 이에 대한 손익을 계정에 반영하기 때문에 펀드회계는 결산이 갖는 손익확정 의미는 없으나 계산기간 중에 발생한 수익을 확정하고 분배재원을 확보한다는 의미를 가진다.

자본시장법은 펀드 회계기간에 대해서는 별도의 규정을 두고 있지 않다. 회계기간의 개념으로서 회계결산 주기는 각 펀드별로 정하는 것으로 보아야 할 것이다. 다만, 소득세법상 집합투자기구 요건 충족을 위해서는 설정일로부터 매년 1회 이상 결산과 분배를 실시하여야 한다(소득세법 시행령 제26조의2).

2) 결산서류 작성, 비치

집합투자업자 또는 투자회사 등은 집합투자기구의 결산기마다 대차대조표, 손익계산서, 자산운용보고서 및 그 부속명세서를 작성해야 한다.

투자회사의 경우 법인이사는 결산서류의 승인을 위하여 이사회 개최 1주 전까지 당해 결산서류를 이사회에 제출하여 승인을 얻어야 한다.

---

4 집합투자재산의 회계처리는 증권선물위원회의 심의를 거쳐 금융위원회가 정한 회계처리기준을 준수해야 한다. 금융위원회는 회계처리기준의 제정을 한국회계기준원에 위탁하므로 실제 회계처리기준은 한국회계기준원에서 제정한다.

집합투자업자 또는 투자회사 등은 결산서류, 회계감사보고서, 집합투자자총회 의사록, 이사회 의사록(투자회사의 경우에 한함)을 본점에 비치하고, 해당 집합투자증권을 판매한 판매회사에게 송부하여 그 영업소에 비치하도록 해야 한다. 집합투자업자와 펀드를 판매한 판매회사는 결산서류 및 회계감사보고서를 비치일로부터 5년간 보존해야 한다.

집합투자기구의 투자자 및 채권자는 영업시간 중 언제든지 비치된 서류를 열람할 수 있으며 그 서류의 등본 또는 초본의 교부를 청구할 수 있다.

2 회계감사

1) 회계감사 수감

집합투자업자 또는 투자회사 등은 각 집합투자재산에 대해 회계기간의 말일 등[5]부터 2개월 이내에 회계감사인의 감사를 받아야 한다.

다만, ① 자산총액이 300억 원 이하인 집합투자기구(교차판매 집합투자기구는 제외), ② 자산총액이 300억 원 초과 500억 원 이하인 집합투자기구(교차판매 집합투자기구는 제외)로서 기준일 이전 6개월 동안 집합투자증권을 추가로 발행하지 아니한 경우는 예외적으로 외부감사를 받지 않아도 된다.

한편, 회계감사인을 선임하거나 교체한 경우에는 지체 없이 그 집합투자기구의 신탁업자에게 그 사실을 통지하여야 하며, 선임일 또는 교체일부터 1주 이내에 그 사실을 금융위원회에 보고해야 한다. 회계감사에 따른 비용은 그 회계감사의 대상인 펀드가 부담한다.

2) 회계감사보고서의 작성

회계감사인은 감사기준 및 「주식회사 등의 외부감사에 관한 법률」 제16조에 따른 회계감사기준에 따라 회계감사를 실시해야 한다. 회계감사인은 기준 가격 산정업무 및 집합투자재산의 회계처리업무를 감사함에 있어 집합투자재산 평가기준을 준수하는지 감사하고 그 결과를 집합투자업자의 감사(감사위원회) 또는 투자회사 등에 통보하여

---

5 계약기간 종료 · 해지의 경우 : 그 종료일 · 해지일, 존속기간 만료 · 해산의 경우 : 그 만료일 · 해산일

야 한다.

회계감사인은 집합투자업자, 판매회사, 신탁업자, 일반사무관리회사에게 집합투자재산의 회계장부 등 관계자료의 열람·복사를 요청하거나 회계감사에 필요한 자료의 제출을 요구할 수 있다. 이 경우 요구를 받은 자는 지체 없이 이에 응하여야 한다.

3) 회계감사인의 손해배상책임

회계감사인은 회계감사의 결과 회계감사보고서 중 중요사항에 관하여 거짓의 기재 또는 표시가 있거나 중요사항이 기재 또는 표시되지 아니함으로써 이를 이용한 투자자에게 손해를 끼친 경우에는 그 투자자에 대하여 손해를 배상할 책임을 진다. 이 경우 「주식회사 등의 외부감사에 관한 법률」 제2조 제7호 나목에 따른 감사반이 회계감사인인 경우에는 해당 집합투자재산에 대한 감사에 참여한 자가 연대하여 손해를 배상할 책임을 진다.

3 이익금 분배

집합투자업자 또는 투자회사 등은 집합투자재산의 운용에 따라 발생한 이익금을 투자자에게 금전 또는 새로 발행하는 집합투자증권으로 분배해야 한다. 다만, 집합투자기구(단기금융 집합투자기구 제외)의 집합투자규약이 정하는 바에 따라 이익금 분배를 유보할 수 있다. 이익금의 분배방법 및 시기는 집합투자규약에서 정한다.

집합투자기구의 특성에 따라 이익금을 초과하여 분배할 필요가 있는 경우에는 이익금을 초과하여 현금으로 분배가능하다. 다만, 투자회사의 경우에는 순자산액에서 최저순자산액을 뺀 금액을 초과하여 분배할 수 없다. 이익금을 초과하여 금전으로 분배하고자 하는 경우에는 집합투자규약에 그 뜻을 기재하고 이익금의 분배방법 및 그 시기 등을 미리 정해야 한다.

chapter 07

집합투자재산의
보관 및 관리

선관주의의무 등

1 선관주의의무

집합투자재산을 보관·관리하는 신탁업자는 선량한 관리자의 주의로써 집합투자재산을 보관·관리해야 하며, 투자자의 이익을 보호해야 한다.

2 집합투자재산의 구분관리 및 예탁

1) 집합투자재산의 구분관리

신탁업자는 집합투자재산을 자신의 고유재산, 다른 집합투자재산 또는 제3자로부터 보관을 위탁받은 재산과 구분하여 관리해야 한다. 이 경우 해당 재산이 집합투자재산이라는 사실과 함께 위탁자를 명기하여 각각의 집합투자기구별로 관리해야 한다.

이는 신탁업자가 파산할 경우 펀드재산을 파산재산과 분리시키는 것은 물론 제3자의 파산으로부터도 분리시킴으로써 제3자의 파산에 따른 불측의 손해로부터 투자자를 보호하기 위한 것이다. 또한, 펀드재산과 신탁업자 고유재산을 분리함으로써 펀드의 독립적인 운용을 저해하는 상황이 발생하는 것을 사전에 방지하기 위한 목적을 가지고 있다.

2) 증권 등의 예탁결제원 예탁

집합투자재산을 보관·관리하는 신탁업자는 집합투자재산 중 증권, 양도성예금증서, 어음(기업어음증권 제외), 기타 예탁결제원이 지정하는 것은 자신의 고유재산과 구분하여 집합투자기구별로 예탁결제원에 예탁해야 한다. 다만, 해당 증권의 유통 가능성, 다른 법령에 따른 유통방법이 있는지 여부, 예탁의 실행 가능성 등을 고려하여 시행령으로 정하는 경우에는 그러하지 아니하다.

3 신탁업자의 업무제한 등

1) 계열회사에 대한 보관 · 관리 금지

집합투자재산을 보관·관리하는 신탁업자는 당해 집합투자재산을 운용하는 집합투자업자와 계열회사 관계에 있지 않아야 한다. 그리고 집합투자기구를 기준으로 당해 집합투자기구(투자회사, 투자유한회사, 투자합자회사 및 투자유한책임회사)의 계열회사 관계에 있지 않아야 한다.

2) 집합투자기구별 자산관리

집합투자재산을 보관·관리하는 신탁업자는 집합투자업자가 자산의 취득·처분 등의 이행 또는 보관·관리 등에 필요한 지시를 하는 경우 이를 각각의 집합투자기구별로 이행하여야 한다. 이 경우 증권의 경우에는 증권의 인수·인도와 대금의 지급·수령을 동시에 결제하는 방법으로 이를 이행해야 한다.

3) 고유재산 등과의 거래제한

집합투자재산을 보관·관리하는 신탁업자는 자신이 보관·관리하는 집합투자재산을 자신의 고유재산, 다른 집합투자재산 또는 제3자로부터 보관을 위탁받은 재산과 거래해서는 아니 된다. 다만, 집합투자재산을 효율적으로 운용하기 위해 필요한 경우로서 예외적인 경우[1]에는 허용된다.

4) 이해관계인과의 거래제한

집합투자재산을 보관·관리하는 신탁업자는 자신이 보관·관리하는 집합투자재산을 그 이해관계인의 고유재산과 거래해서는 아니 된다.

---

1 예외적인 경우란 다음 각 호의 어느 하나에 해당하는 경우를 말한다. 다만, 제2호 및 제3호의 경우에는 집합투자재산 중 금융기관에 예치한 총금액 또는 단기대출한 총금액의 100분의 10을 초과할 수 없다 (자본시장법 시행령 제268조 제4항).
   1. 집합투자업자가 집합투자재산을 투자대상자산에 운용하고 남은 현금을 집합투자규약에서 정하는 바에 따라 신탁업자가 자신의 고유재산과 거래하는 경우
   2. 금융기관에의 예치
   3. 단기대출
   4. 「외국환거래법」에 따라 외국통화를 매입하거나 매도하는 경우(환위험을 회피하기 위한 선물환거래 를 포함한다)
   4의2. 환위험을 회피하기 위한 장외파생상품의 매매로서 법 제5조 제1항 제3호에 따른 계약의 체결을 하는 경우(그 기초자산이 외국통화인 경우로 한정한다)
   5. 전담중개업무를 제공하는 자가 일반 사모집합투자기구 등과 전담중개업무로서 하는 거래
   6. 법 제83조 제1항 단서에 따른 금전차입거래. 이 경우 신탁업자의 고유재산과의 거래로 한정한다.
   7. 시행령 제85조 제5호의 3에서 정하는 거래

5) 집합투자재산에 관한 정보 이용제한

집합투자재산을 보관·관리하는 신탁업자는 그 집합투자기구의 집합투자재산에 관한 정보를 자기의 고유재산의 운용, 자기가 운용하는 집합투자재산의 운용, 자기가 판매하는 집합투자증권의 판매를 위해 이용하여서는 아니 된다.

section 02	운용행위 감시 등

1	**운용행위 감시**

집합투자재산을 보관·관리하는 신탁업자는 집합투자업자의 운용지시가 법령, 집합투자규약, 투자설명서 등을 위반하는지 여부에 대하여 확인하고, 위반사항이 있는 경우에는 그 집합투자업자에 대하여 그 운용지시 또는 운용행위의 철회·변경 또는 시정을 요구해야 한다. 투자회사의 경우 신탁업자는 감독이사에게 위반사항을 보고해야 하고, 감독이사가 집합투자업자에게 시정을 요구해야 한다. 신탁업자가 감시해야 할 구체적인 사항은 ① 자본시장법 제80조 내지 제85조에서 규정한 사항,[2] ② 집합투자규약에서 정한 투자대상 자산별 투자한도이다.

집합투자업자가 그 요구를 3영업일 이내에 이행하지 아니하는 경우에는 신탁업자 또는 감독이사는 그 사실을 금융위원회에 보고해야 한다. 또한 ① 집합투자업자의 지시내용, ② 집합투자업자의 지시내용 중 법령·집합투자규약·투자설명서 등을 위반한 사항, ③ 집합투자업자가 자본시장법 제247조 제4항에 따라 금융위원회에 대하여 이의신청을 한 경우에는 그 내용과 이에 대한 금융위원회의 결정내용을 그 집합투자증권 판매회사의 본점과 지점, 그 밖의 영업소에 게시하여 투자자가 열람할 수 있도록 하거나, 인터넷 홈페이지 등을 이용하여 공시해야 한다. 투자회사의 감독이사가 금융위원회에 보고 또는 공시에 관한 업무를 이행하지 아니한 경우에는 신탁업자가 이를 이행

---

2 자산운용의 지시 및 실행, 자산운용의 제한, 자기집합투자증권의 취득 제한, 금전차입 등의 제한, 이해관계인과의 거래제한 등 불건전 영업행위의 금지

해야 한다.

집합투자업자는 신탁업자 등의 요구에 대해 금융위원회에 이의를 신청할 수 있으며, 이 경우 관련 당사자는 금융위원회의 결정에 따라야 한다.

2	확인사항

집합투자재산을 보관·관리하는 신탁업자는 집합투자재산과 관련하여 다음 사항을 매분기 말일을 기준으로 확인해야 한다. 확인 결과 법령 등에 위반된 사실이 있을 때에는 집합투자업자에 대하여 그 위반의 시정을 요구하거나 투자회사의 감독이사에게 그 위반의 사실을 지체 없이 보고해야 한다.

❶ 투자설명서가 법령 · 집합투자규약에 부합하는지 여부
❷ 자산운용보고서의 작성이 적정한지 여부
❸ 장외파생상품 운용에 따른 위험관리방법의 작성이 적정한지 여부
❹ 집합투자재산의 평가가 공정한지의 여부
❺ 기준 가격 산정이 적정한지의 여부
❻ 운용지시 등의 시정요구 등에 대한 집합투자업자의 이행 명세
❼ 집합투자재산 명세서와 신탁업자가 보관 · 관리 중인 집합투자재산의 내역이 일치하는지 여부
❽ 폐쇄형 펀드의 집합투자증권 추가발행 시 기존투자자의 이익을 해할 우려가 없는지 여부

신탁업자는 운용지시 수정 등의 요구를 하거나 관련 보고를 하기 위하여 필요한 경우 또는 집합투자재산과 관련된 사항을 확인하기 위하여 필요한 경우에는 해당 업무를 위탁받은 집합투자업자와 일반사무관리회사에게 관련 자료의 제출을 요구할 수 있다. 이 경우 집합투자업자, 일반사무관리회사는 정당한 사유가 없는 한 이에 응하여야 한다.

기준 가격 산정의 적정성의 경우 집합투자업자가 산정한 기준 가격과 신탁업자가 산정한 기준 가격의 편차가 1000분의 3 이내면 적정한 것으로 본다. 편차가 1000분의 3을 초과하는 경우에는 지체 없이 집합투자업자에게 시정을 요구하거나 투자회사의 감독이사에게 보고해야 한다. 시정요구·보고를 받은 집합투자업자나 감독이사는 그 사실을 집합투자증권을 판매한 판매회사를 통하여 투자자에게 개별통지해야 한다(투자자가 통지에 대하여 미리 거부의 의사표시를 하거나, 그 집합투자증권을 추가매수나 환매청구하지 않은 경우에는

불필요). 그리고 집합투자업자, 판매회사 및 금융투자협회 인터넷 홈페이지 등을 이용하여 공시해야 한다.

3 자산보관 · 관리보고서

집합투자재산을 보관·관리하는 신탁업자는 집합투자기구의 회계기간 종료, 계약기간 또는 존속기간 종료, 해지 또는 해산의 사유가 발생한 날부터 2개월 이내에 자산보관·관리보고서를 작성하여 투자자에게 교부해야 한다. 다만, ① 투자자가 수령 거부의사를 서면으로 표시한 경우, ② MMF, 상장된 폐쇄형 펀드, ETF의 자산보관·관리보고서를 인터넷 홈페이지 등을 통해 공시하는 경우, ③ 투자자가 소유하고 있는 집합투자증권의 평가금액이 10만 원 이하인 경우로서 집합투자규약에서 미교부를 정하고 있는 경우에는 자산보관·관리보고서를 제공하지 않아도 된다. 또한 자산보관·관리보고서는 같은 기간(2개월) 이내에 금융위원회 및 금융투자협회에도 제출해야 한다.

자산보관·관리보고서에는 ① 집합투자규약의 주요 변경사항, ② 투자운용인력 변경, ③ 집합투자자총회 결의사항, ④ 신탁업자의 확인사항(법 제247조 제5항 각 호의 사항), ⑤ 이해관계인과의 거래의 적격 여부를 확인하는 경우에는 그 내용, ⑥ 회계감사인의 선임, 교체 및 해임에 관한 사항을 기재해야 한다.

신탁업자는 투자자에게 자산보관·관리보고서를 교부하는 경우에는 집합투자증권을 판매한 투자매매업자·투자중개업자 또는 전자등록기관을 통하여 직접 또는 전자우편의 방법으로 교부하여야 한다. 다만, 투자자에게 전자우편 주소가 없는 등의 경우에는 자본시장법 제89조 제2항 제1호[3] 및 제3호[4]의 방법에 따라 공시하는 것으로 갈음할 수 있으며, 투자자가 우편발송을 원하는 경우에는 그에 따라야 한다. 자산보관·관리보고서를 작성·교부하는 데에 드는 비용은 신탁업자가 부담한다.

---

3 집합투자업자, 집합투자증권을 판매한 투자매매업자 또는 투자중개업자 및 협회의 인터넷 홈페이지를 이용하여 공시하는 방법
4 집합투자업자, 집합투자증권을 판매한 투자매매업자 또는 투자중개업자의 본점과 지점, 그 밖의 영업소에 게시하는 방법

chapter 08

집합투자기구의 해산 등

집합투자기구(투자신탁)의 해지 · 해산

1 의의

투자신탁의 해지(전부해지)란 투자신탁계약의 해지로서 해지권자(집합투자업자)의 일방적 의사표시로 투자신탁계약의 효력을 장래에 향하여 소멸시키는 행위로서, 그 사유에 따라 임의해지와 법정해지로 구분된다. 투자신탁이 해지되면 투자신탁관계는 종료하고 신탁재산은 투자자에게 지급된다.

개방형 펀드의 경우는 투자신탁계약기간이 정해지지 않고 투자신탁 최초 설정일부터 투자신탁 해지일까지로 정하는 것이 일반적이다. 폐쇄형 펀드의 경우는 계약기간이 정해지나 계약기간 만료 전에 투자신탁계약을 해지할 수 있다.

참고로 투자신탁의 일부 해지란 투자신탁계약은 존속하는 상태에서 발행한 수익증권의 좌수 중 일부만을 소각하는 행위를 말한다. 일부해지는 발행한 수익증권이 매각되지 않거나 수익자의 환매(매수)청구가 있는 경우에 하게 된다.

2 임의해지와 법정해지

1) 임의해지

집합투자업자가 투자신탁을 해지하려면 사전에 금융위원회의 승인을 얻어야 한다. 다만, 다음의 경우는 금융위원회의 승인을 받지 않고도 해지할 수 있으며, 집합투자업자는 그 해지사실을 지체 없이 금융위원회에 보고하여야 한다.

❶ 수익자 전원이 동의한 경우
❷ 해당 투자신탁의 수익증권 전부에 대한 환매의 청구를 받아 신탁계약을 해지하려는 경우
❸ 공모 추가형 펀드로 설정한 후 1년(성과보수펀드,[1] 시딩펀드[2]는 설정 이후 2년)이 되는 날에 원본액이 50억 원 미만인 경우
❹ 공모 추가형 펀드로 설정한 후 1년(성과보수펀드, 시딩펀드는 설정 이후 2년)이 지난 후 1개월간 계속하여 투자신탁의 원본액이 50억 원 미만인 경우

2) 법정해지

집합투자업자는 다음의 사유가 발생하면 지체 없이 투자신탁을 해지하고, 그 사실을 금융위원회에 지체 없이 보고해야 한다. ① 신탁계약에서 정한 신탁계약기간의 종료, ② 수익자총회에서의 투자신탁 해지 결의, ③ 투자신탁의 피흡수합병, ④ 투자신탁의 등록취소, ⑤ 수익자의 총수가 1인이 되는 경우(다만, 법 제6조 제6항에 따라 인정되거나, 건전

---

1 성과보수펀드 : 집합투자업자가 펀드의 운용실적에 연동하여 미리 정하여진 산정방식에 따른 보수를 받는 펀드. 사모펀드이거나 또는 공모펀드 중 자본시장법 시행령이 정하는 요건을 충족하는 펀드에 한해서 수취가 가능하다.
2 시딩펀드 : 집합투자업자의 고유재산을 자기가 운용하는 공모펀드에 투자하도록 하는 펀드. 집합투자업자의 공모펀드 운용책임성 강화 등을 위해 도입된 제도이다.

한 거래질서를 해할 우려가 없는 경우로서 대통령령이 정하는 경우는 제외), ⑥ 투자신탁인 일반 사모 집합투자기구가 해지 명령을 받은 경우

3 일부 해지

집합투자업자는 ① 수익자의 환매청구에 응하는 경우, ② 발행한 수익증권이 판매되지 아니한 경우, ③ 수익자가 수익증권의 환매를 청구한 경우, ④ 반대수익자가 수익증권매수청구권을 행사한 경우에는 투자신탁의 일부를 해지할 수 있다.

4 상환금 등의 지급

집합투자업자는 투자신탁 해지로 인하여 투자신탁관계가 종료되면 투자신탁재산을 결산하여 상환금과 이익분배금을 수익자에게 지급해야 한다(투자신탁계약기간이 만료되는 경우에도 동일).

5 미수금과 미지급금의 처리

집합투자업자는 투자신탁 해지 시점에 미수금 채권 또는 미지급금 채무가 있는 경우에는 해지일에 공정가액으로 양수하여야 한다. 다만, 자전거래를 통해 다른 집합투자기구에서 양수하는 것도 가능하다.

집합투자기구의 합병

1 의의

집합투자업자는 그 집합투자업자가 운용하는 다른 투자신탁을 흡수하는 방법으로 투자신탁을 합병할 수 있다. 집합투자기구의 합병에 대해서는 집합적·간접적 투자수단이라는 특성을 감안하여 투자신탁과 투자신탁 간 그리고 투자회사와 투자회사 간의 합병만 허용되며, 펀드라는 특성을 감안하여 합병 절차에 있어 별도의 특례가 인정된다.

2 합병절차

❶ 합병계획서[3]를 작성하여 합병하는 각 투자신탁(투자회사)의 수익자총회(주주총회)의 승인을 얻어야 한다. 다만, 건전한 거래질서를 해할 우려가 적은 소규모 투자신탁의 합병의 경우에는 합병계획서의 작성 및 수익자총회의 결의를 거치지 아니할 수 있다. 소규모 투자신탁의 합병은 ① 합병하려는 투자신탁 중 하나 이상이 소규모 펀드에 해당할 것, ② 그 투자신탁 간에 자본시장법 제229조에 따른 집합투자기구의 종류가 동일할 것, ③ 그 투자신탁 간에 집합투자규약에 따른 투자대상자산 등이 유사할 것의 요건을 모두 충족하는 경우를 말한다.

❷ 합병대차대조표 등을 수익자총회(주주총회)일 2주 전부터 합병일 이후 6월이 경과하는 날까지 집합투자업자의 본점 및 판매회사의 영업소에 비치하는 방법으로 공

---

3 합병계획서에는 다음의 사항이 기재되어야 있어야 한다.
   1. 투자신탁의 합병으로 인하여 존속하는 투자신탁의 증가하는 신탁원본의 가액 및 수익증권의 좌수
   2. 투자신탁의 합병으로 인하여 소멸하는 투자신탁의 수익자에게 발행하는 수익증권의 배정에 관한 사항
   3. 투자신탁의 합병으로 인하여 소멸하는 투자신탁의 수익자에게 현금을 지급하는 경우 그 내용
   4. 합병하는 각 투자신탁의 수익자총회의 회일
   5. 합병을 할 날
   6. 투자신탁의 합병으로 인하여 존속하는 투자신탁의 신탁계약을 변경하는 경우 그 내용
   7. 그 밖에 대통령령으로 정하는 사항

시해야 한다. 투자신탁의 수익자 및 채권자는 영업시간 중 언제든지 그 서류를 열
람할 수 있으며, 그 서류의 등본 또는 초본의 교부를 청구할 수 있다.

❸ 합병한 경우 그 사실을 지체 없이 금융위원회에 보고하여야 하고, 합병대상 투자
신탁 수익증권(투자회사 주권)이 증권시장에 상장되어 있는 경우에는 거래소에도 보
고하여야 한다.

3 합병의 효력 발생 시기

존속하는 투자신탁(투자회사)의 집합투자업자가 금융위원회에 합병보고를 한 때에 효
력이 발생한다. 합병으로 소멸하는 투자신탁(투자회사)은 합병과 동시에 해지(해산)된 것
으로 본다.

chapter 09

사모집합투자기구에 대한 특례

총설

1 사모펀드

펀드는 투자자의 모집형태 및 투자자 수에 따라 공모펀드와 사모펀드로 구분할 수 있다. 공모펀드란 공모방식(public offering)으로 투자자를 모으는 펀드를 의미하며, 구체적으로는 투자신탁의 수익증권이나 투자회사의 주식을 일반대중을 상대로 발행·판매하여 조성한 펀드를 공모펀드라고 할 수 있다. 공모펀드의 투자자는 불특정 다수의 일반투자자이므로 법적 규제 및 투자자 보호의 필요성은 주로 공모펀드에서 발생한다. 이에 반해 공모방식으로 투자자를 모으지 않고 투자자의 수나 자격을 제한하는 펀드를 사모펀드라고 한다.

사모펀드는 자본시장법상 일반 사모펀드와 기관전용 사모펀드로 구분된다.

자본시장법은 공·사모펀드를 구분하지 않고 법규를 적용한다. 다만 사모펀드에 대해서는 일부 규정의 적용을 면제하는 방식으로 특례를 인정하고 있다. 또한 자본시장법이 아닌 타 법률에 근거하여 만들어진 사모펀드에 대해서는 자본시장법을 적용하지 않는다.

3　사모집합투자기구의 의의

사모집합투자기구란 ① 집합투자증권을 사모로만 발행하는 집합투자기구로서, ② 기관투자자 등을 제외한 투자자의 총수가 100인 이하인 것을 말한다. 이 경우 100인을 산정할 때 다른 집합투자기구(사모투자재간접집합투자기구 또는 부동산·특별자산투자재간접집합투자기구 제외)가 그 집합투자기구의 집합투자증권 발행 총수의 10% 이상을 취득하는 경우에는 그 다른 집합투자기구의 투자자의 수를 합하여 산정한다.

4　자본시장법상 사모집합투자기구의 종류

1) 연혁

자본시장법상 사모펀드는 2015년 10월 25일 사모펀드 체계 개편에 따라 전문투자형 사모집합투자기구와 경영참여형 사모집합투자기구로 구분되었다. 전자는 기존의 일반 사모펀드와 헤지펀드를 통합한 형태이며, 후자는 PEF를 말한다.

경영참여형 사모집합투자기구는 경영권 참여, 사업구조 또는 지배구조의 개선 등을 위하여 지분증권 등에 투자·운용하는 투자합자회사인 사모집합투자기구를 의미하며, 전문투자형 사모집합투자기구는 경영참여형 사모집합투자기구를 제외한 사모집합투자기구를 의미한다.

2) 현재

2021년 4월 자본시장법 개정에 따라 사모펀드는 '기관전용 사모펀드'와 '일반 사모펀드'로 나누어지게 되었다. 전자는 전문투자자로서 법령에서 정한 자(법 제249조의11 제6항에 해당하는 자[1])만을 사원으로 하는 투자합자회사인 사모집합투자기구를 의미하며, 후자는 전자(기관전용 사모집합투자기구)를 제외한 사모펀드를 의미한다. 사모펀드 체계 개편으로 기존의 사모펀드(전문투자형/경영참여형)간 운용 제한의 차이점 등이 완화되고, 보다 통합적인 사모펀드 법 체계를 구축하게 되었다. 또한 일반투자자를 대상으로 하는 일반 사모펀드에 대해서는 투자자보호를 강화하였다.

■ 기관전용 사모펀드: 전문성·위험관리능력을 고려하여 자본시장법령에서 정한 투자자만 투자할 수 있도록 투자자가 제한된 사모펀드(자본시장법 제9조⑲1.)
  * 기관전용 사모펀드는 업무집행사원(GP, 非금융투자업자)이 설립·운용
■ 일반 사모펀드: 자본시장법령에서 정한 적격투자자(전문투자자+최소투자금액(3억 원) 이상 투자하는 일반투자자)가 투자할 수 있는 사모펀드(자본시장법 제9조⑲2.)
  * 일반 사모펀드는 사모운용사(금융투자업자)가 설정·운용
■ 일반투자자 대상 일반 사모펀드 : 일반투자자(전문투자자가 아닌 자)가 투자할 수 있는 일반 사모펀드. 일반투자자 대상 일반 사모펀드에 강화된 투자자 보호장치를 도입
  * 핵심상품설명서 교부, 자산운용보고서 교부, 외부감사, 판매사·수탁사의 운용감시 등

※ 기존 전문투자형 사모펀드는 모두 "일반 사모펀드"로 바뀌며, "일반투자자 대상 일반 사모펀드"로 간주

사모집합투자기구의 투자자는 스스로 펀드투자의 위험을 감수하고 자신의 이익을 보호할 수 있는 능력이 충분하거나 운용자 또는 다른 수익자와 밀접한 관계를 유지하면서 규약 등을 통하여 펀드의 운용상황 등을 감시할 수 있어 투자자 보호의 필요성이 공모집합투자기구에 비해 상대적으로 낮다. 따라서 펀드운용의 자율성을 최대한 보장하고 공시의무를 면제하는 등 공모펀드에 비해 법적규제를 대폭 완화하고 있다.

---

1 제249조의11(사원 및 출자) ⑥ 유한책임사원은 개인(자본시장법 제168조 제1항에 따른 외국인, 해당 기관전용 사모집합투자기구의 업무집행사원의 임원 또는 운용인력을 제외한다)이 아닌 자로서 다음 각 호에 해당하는 자여야 한다.
  1. 전문투자자로서 대통령령으로 정하는 투자자
  2. 그 밖에 전문성 또는 위험감수능력 등을 갖춘 자로서 대통령령으로 정하는 투자자

일반 사모집합투자기구

1 등록

일반사모집합투자업을 영위하려는 자는 금융위원회에 일반사모집합투자업을 등록하여야 한다. 등록을 위하여는 상법상 주식회사이거나 시행령으로 정하는 금융회사(한국산업은행, 중소기업은행, 한국수출입은행, 수협은행, 농협은행)이어야 한다. 10억 원이상의 자기자본을 갖추어야 하고, 상근 임직원인 투자운용인력을 3명 이상 갖추는 등인력, 전산설비, 그 밖의 물적 설비, 건전한 재무상태와 건전한 사회적 신용을 갖추고, 일반사모집합투자업자와 투자자 간, 특정 투자자와 다른 투자자 간의 이해상충을 방지하기 위한 체계를 갖출 것 등의 요건을 모두 갖추어야 한다. 일반사모집합투자업자는 등록 이후 그 영업을 영위하는 경우에는 등록요건을 유지하여야 한다. 다만 일부 등록요건은 제외되거나 자기자본 요건은 매 회계연도말을 기준으로 최저 자기자본의 70%이상을 유지하면 되는 등 완화된 요건이 적용된다.

2 투자자

일반 사모집합투자기구의 투자자는 다음 어느 하나에 해당하는 투자자(적격투자자)에한정한다.

❶ 전문투자자로서 국가, 한국은행, 자본시장법 시행령 제10조 제2항의[2]자, 주권상장법인, 자본시장법 시행령 제10조 제3항 제1호부터 제8호까지 및 제13호부터 제18호까지의 자[3]

---

2 은행, 한국산업은행, 중소기업은행, 한국수출입은행, 농업협동조합중앙회, 수산업협동조합중앙회, 보험회사, 금융투자업자(겸영금융투자업자는 제외), 증권금융회사, 종합금융회사, 자금중개회사, 금융지주회사, 여신전문금융회사, 상호저축은행 및 그 중앙회, 산림조합중앙회, 새마을금고연합회, 신용협동조합중앙회, 그밖에 이에 준하는 외국 금융기관

3 예금보험공사 및 정리금융회사, 한국자산관리공사, 한국주택금융공사, 한국투자공사, 금융투자협회, 예탁결제원, 전자등록기관, 한국거래소, 금융감독원, 법률에 따라 공제사업을 경영하는 법인, 지방자

❷ ① 파생상품에 투자하는 경우 그 파생상품의 매매에 따른 위험평가액, ② 집합투자재산으로 해당 일반 사모집합투자기구 외의 자를 위하여 채무보증 또는 담보제공한 경우 그 채무보증액 또는 담보목적물의 가액, ③ 일반 사모집합투자기구의 계산으로 금전을 차입하는 경우 그 차입금의 총액, ④ 그 밖에 거래의 실질이 차입에 해당하는 경우로서 대통령령으로 정하는 경우에는 대통령령으로 정하는 방법에 따라 산정한 그 실질적인 차입금의 총액을 합산한 금액이 일반 사모집합투자기구의 자산총액에서 부채총액을 뺀 가액의 200%를 초과하지 아니하는 일반 사모집합투자기구에 투자하는 경우에는 3억 원, 그 외의 일반 사모집합투자기구에 투자하는 경우에는 5억 원 이상을 투자하는 개인 또는 법인, 그 밖의 단체(「국가재정법」에서 정한 법률에 따른 기금과 집합투자기구를 포함)

3   투자권유 및 투자광고

일반 사모집합투자기구의 집합투자증권을 판매하는 금융투자업자는 투자자가 적격투자자인지를 확인하여야 하며 핵심상품설명서를 작성하여 그 일반 사모집합투자기구의 집합투자증권을 투자권유 또는 판매하는 자에게 제공하여야 한다. 판매회사는 핵심상품설명서를 투자자에게 교부하고 그 핵심상품설명서를 사용하여 투자권유 또는 판매하여야 한다. 다만, 일반 사모집합투자기구의 집합투자증권을 투자권유 또는 판매하는 자가 투자자가 이해하기 쉽도록 핵심상품설명서의 내용 중 대통령령으로 정하는 중요한 사항을 발췌하여 기재 또는 표시한 경우로서 그 일반 사모집합투자기구의 집합투자증권을 발행한 집합투자업자와 미리 합의한 경우에는 해당 자료를 사용하여 투자권유 또는 판매할 수 있다. 일반 사모집합투자기구(일반투자자를 대상으로 하는 경우로 한정)의 집합투자증권을 판매한 자는 그 일반 사모집합투자기구의 집합투자증권을 발행한 집합투자업자의 운용행위가 핵심상품설명서에 부합하는지 여부에 대하여 확인하고, 부합하지 아니하는 경우에는 그 집합투자업자에게 그 운용행위의 철회·변경 또는 시정을 요구하여야 한다.

일반 사모집합투자기구의 집합투자증권을 판매하는 금융투자업자가 그 사모집합투

치단체, 해외 증권시장에 상장된 주권을 발행한 국내법인, 외국 정부, 조약에 따라 설립된 국제기구, 외국 중앙은행 등

자기구의 광고를 하는 경우에는 ① 전문투자자 또는 투자광고 전날의 금융투자상품 잔고가 1억 원 이상으로서 시행령으로 정하는 금액[4] 이상인 일반투자자만을 대상으로 해야 하며, ② 서면, 전화, 전자우편, 문자메세지, 전신 또는 모사전송 그 밖에 이와 유사한 것으로서 금융감독원장이 정하는 광고매체를 통하여 전문투자자 또는 ①의 요건을 갖춘 일반투자자에게만 개별적으로 알려야 한다.

4 설정 · 설립 보고

집합투자업자 등은 일반 사모집합투자기구를 설정·설립한 경우 그 날로부터 2주일 이내에 금융위원회에 보고해야 한다. 다만, 투자자 보호 및 건전한 거래질서를 해칠 우려가 있는 경우로서 대통령령으로 정하는 경우에는 일반 사모집합투자기구가 설정·설립된 후 지체 없이 보고해야 한다. 보고한 사항이 변경된 경우에는 그 변경된 날로부터 2주일 이내에 금융위원회에 변경 보고를 하여야 한다.

5 적용 특례

1) 운용제한

자본시장법 제81조부터 제83조에서 정하는 펀드 운용 관련 제한규정은 일반 사모집합투자기구에는 적용되지 않는다. 또한 자본시장법 제93조 및 제94조의 파생상품의 운용 특례, 부동산의 운용 특례 조항도 적용되지 아니 한다. 대신 일반 사모집합투자기구의 집합투자재산을 운용하는 경우 ① 파생상품에 투자하는 경우 그 파생상품의 매매에 따른 위험평가액, ② 집합투자재산으로 해당 일반 사모집합투자기구 외의 자를 위하여 채무보증 또는 담보제공한 경우 그 채무보증액 또는 담보목적물의 가액, ③ 일반 사모집합투자기구의 계산으로 금전을 차입하는 경우 그 차입금의 총액을 합산

---

4 시행령으로 정하는 금액
  ① 자본시장법 제249조의7 제1항 각 호의 금액을 합산한 금액이 일반사모집합투자기구의 자산총액에서 부채총액을 뺀 가액의 200%를 초과하지 않는 일반사모집합투자기구의 투자광고를 하는 경우 : 3억 원
  ② ①외의 일반사모집합투자기구의 투자광고를 하는 경우 : 5억 원

한 금액, ④ 그 밖에 거래의 실질이 차입에 해당하는 경우로서 대통령령으로 정하는 경우에는 대통령령으로 정하는 방법에 따라 산정한 그 실질적인 차입금의 총액을 합산한 금액이 일반 사모집합투자기구의 자산총액에서 부채총액을 뺀 가액의 400%를 초과해서는 아니 된다.

또한 일반 사모집합투자기구의 집합투자재산을 부동산에 운용하는 경우 국내에 있는 부동산을 취득한 후 1년(미분양주택을 취득하는 경우에는 집합투자규약에서 정하는 기간) 이내에 처분하면 아니 되며(부동산 개발사업에 따라 조성하거나 설치한 토지·건축물 등을 분양하는 경우, 일반 사모집합투자기구가 합병·해지 또는 해산하는 경우는 제외한다), 건축물 그 밖의 공작물이 없는 토지로서 그 토지에 대하여 부동산 개발사업을 시행하기 전에 이를 처분하여서는 아니 된다(일반 사모집합투자기구가 합병·해지 또는 해산하는 경우, 부동산 개발사업을 하기 위하여 토지를 취득한 후 관련 법령의 제정·개정 또는 폐지 등으로 인하여 사업성이 뚜렷하게 떨어져서 부동산 개발사업을 수행하는 것이 곤란하다고 객관적으로 증명되어 그 토지의 처분이 불가피한 경우는 제외한다).

일반사모집합투자업자는 일반 사모집합투자기구의 파생상품 매매 현황, 채무보증 또는 담보제공 현황, 금전차입 현황을 대통령령으로 정하는 방법에 따라 매분기의 말일을 기준으로 금융위원회에 보고하여야 한다.

2) 공시의무 등

사모집합투자기구의 성격에 비추어 투자자 보호의 필요성이 적은 공시, 회계, 신탁업자의 감시의무 등의 규정은 적용되지 않는다. 즉, 자산운용보고서 제공의무(법 제88조), 수시공시의무(법 제89조, 제186조 제2항에서 준용하는 경우 포함), 분기 영업보고서 및 결산서류 제출의무(법 제90조, 제186조 제2항에서 준용하는 경우 포함), 집합투자업자의 집합투자규약을 홈페이지 공시의무(법 제91조 제3항), 환매연기 사유발생 및 해소 통지의무(법 제92조), 집합투자기구의 등록의무 및 등록취소(법 제182조, 제253조), 집합투자기구의 명칭(법 제183조 제1항), 집합투자기구의 종류(법 제229조), 환매금지형집합투자기구의 상장의무(법 제230조 제3항), 기준 가격 산정 및 공고·게시의무(법 제238조 제6항부터 제8항), 결산서류 등 비치·열람의무(법 제239조 제3항 내지 제5항), 회계감사(법 제240조), 회계감사인의 손해배상책임(법 제241조), 신탁업자의 운용행위 감시 등(법 제247조, 다만, 집합투자재산 평가의 공정 및 기준 가격 산정의 적정 여부에 대한 감시는 적용됨), 신탁업자의 자산보관·관리보고서 제공의무(법 제248조) 등은 일반 사모집합투자기구에는 적용되지 않는다.

수익자총회 및 그와 관련된 사항은 일반 사모집합투자기구에는 적용되지 않고, 자본시장법 또는 상법에 따라 투자자에게 공시 또는 공고하여야 하는 사항에 대해 집합투자규약에서 정한 방법으로 전체 투자차에게 통지한 경우에는 자본시장법 또는 상법에 따라 공시 또는 공고한 것으로 본다.

3) 증권 등의 자산의 납입

일반 사모집합투자기구에 대해서는 펀드설립의 자율성을 보장해주기 위해 납입수단이나 출자의 방법을 금전으로 제한하지 않고 객관적인 가치평가가 가능하고 다른 투자자의 이익을 해칠 우려가 없는 경우에는 증권, 부동산, 실물자산 기타 노무와 신용 등으로 확대하고 있다. 다만, 다른 투자자 전원의 동의가 있어야 하고, 집합투자재산평가위원회가 정한 가격으로 납입하여야 한다.

4) 기타

일반 사모집합투자기구의 투자자는 그 집합투자증권을 적격투자자가 아닌 자에게 양도해서는 아니 된다.

일반적인 집합투자기구에서 수익자는 신탁원본의 상환 및 이익의 분배 등에 관하여 수익증권의 좌수에 따라 균등한 권리를 가지는 반면 일반 사모집합투자기구는 집합투자규약에 따라 투자자에 대한 손익의 분배 또는 손익의 순위 등에 관한 사항을 정할 수 있으므로 차등분배가 가능하다.

일반 사모집합투자기구인 투자회사는 일반 사모집합투자업자인 법인이사 1명을 두며, 「상법」 제383조 제1항에도 불구하고 이사의 수를 1명 또는 2명으로 할 수 있다.

기관전용 사모집합투자기구

1 설립 및 보고

기관전용 사모집합투자기구의 정관에는 목적, 상호, 회사의 소재지, 각 사원의 출자의 목적과 가격 또는 평가의 기준, 사원의 성명·주민등록번호(법인인 경우에는 상호 또는 명칭·사업자등록번호) 및 주소, 무한책임사원 또는 유한책임사원의 구분 등의 사항을 기재하고 총사원이 기명날인 또는 서명하여야 한다. 기관전용 사모집합투자기구는 설립등기일로부터 2주일 이내에 법정 등기사항, 업무집행사원에 관한 사항, 기관전용 사모집합투자기구 집합투자재산의 운용에 관한 사항, 종합금융투자사업자(기관전용사모집합투자기구가 그 종합금융투자사업자로부터 전담중개업무를 제공받는 경우로 한정)에 관한 사항 등을 기재한 보고서를 금융위원회에 제출하여야 한다.

2 사원 및 출자

기관전용 사모집합투자기구의 사원은 1인 이상의 무한책임사원과 1인 이상의 유한책임사원으로 하되, 사원의 총수는 100인 이하로 한다. 사원 총수를 계산할 때 다른 집합투자기구가 그 기관전용 사모집합투자기구의 지분을 100분의 10 이상 취득하는 경우 등 대통령령으로 정하는 경우에는 그 다른 집합투자기구의 투자자 수를 합하여 계산하여야 한다. 유한책임사원은 기관전용 사모집합투자기구의 집합투자재산인 ① 주식 또는 지분의 의결권 행사, ② 투자대상 기업의 선정이나 투자목적회사의 설립 또는 선정 업무, ③ 투자대상 기업이나 투자목적회사의 지분증권을 매매하는 경우에 그 가격·시기·방법 등을 결정하는 업무, ④ 집합투자재산이나 투자목적회사재산에 속하는 지분증권에 대한 의결권의 행사 업무 등 업무집행사원의 업무에 관여할 수 없다.

기관전용 사모집합투자기구 사원의 출자방법은 금전에 한정된다. 다만, 객관적인 가치평가가 가능하고 사원의 이익을 해칠 우려가 없는 경우로서 다른 모든 사원의 동의가 있는 경우에는 증권으로 출자할 수 있다. 유한책임사원은 전문투자자로서 자본시장법 시행령으로 정하는 투자자, 기관전용 사모집합투자기구의 업무집행사원의 임원 또는 운용인력이 그 기관전용 사모집합투자기구에 투자하는 경우에는 1억 원, 그 외의 자가 기관전용 사모집합투자기구에 투자하는 경우에는 3억 원 이상을 투자하는 개인 또는 법인, 그 밖의 단체에 해당하는 자이어야 한다.

기관전용 사모펀드의 유한책임사원 범위

1. 전문투자자로서 전문성 · 위험관리능력이 인정되는 투자자(자본시장법 제249조의11⑤1.)
   - 국가, 한국은행, 금융회사, 특수법인(예보 · 캠코 등), 법률에 따라 설립된 기금 · 공제회
   - 기관전용 사모펀드, 기관전용 사모펀드와 동일한 투자자로 구성된 일반 사모펀드
   - 주권상장법인(코넥스 제외) 중 일정요건*을 갖추고 협회에 등록한 자
     * 법인전문투자자 수준의 투자경험(금융투자상품 잔고 100억(외감법인 50억) 이상)
   - 전문투자자에 준하는 외국인(개인 포함)
2. 그 밖에 전문성 · 위험감수능력을 갖춘 자(자본시장법 제249조의11⑤2.)
   - GP 임원 · 운용인력 및 GP의 모기업(해당 GP가 설립한 펀드에 1억 이상 시딩투자만 가능)
   - 기관전용 사모펀드와 동일한 투자자로 구성된 신기술사업투자조합
   - 일정요건을 갖추고 협회에 등록한 금융권 재단* 및 비상장법인**
     * 자본시장법상 전문투자자에 해당하는 금융회사 · 특수법인이 설립(90% 이상 출연)한 재단법인
     ** 투자경험 및 전문성(최근 1년 이상 500억 이상의 금융투자상품 잔고)을 갖춘 비상장법인
   - 공적목적 달성을 위해 법률 등에 따라 설립된 기관 · 단체(모태펀드, 해양진흥공사)
   - 기관전용 사모펀드에 100억 이상 투자하는 외국법인

---

3 운용 방법

기관전용 사모집합투자기구의 집합투자재산 운용에 관하여는 일부 사항을 제외하고는 기본적으로 일반 사모집합투자기구의 집합투자재산 운용방법(자본시장법 제249조의7)을 준용한다. 기관전용 사모집합투자기구는 대통령령으로 정하는 방법에 따라 ① 파생상품 매매 및 그에 따른 위험평가액 현황, ② 채무보증 또는 담보제공 현황, ③ 금전차입 현황 등에 관하여 금융위원회에 보고하여야 한다.

4 투자목적회사(SPC)

사모집합투자기구는 다음의 요건을 모두 충족하는 투자목적회사의 지분증권에 투자할 수 있다.

❶ 「상법」에 따른 주식회사 또는 유한회사일 것
❷ 특정 법인 또는 특정 자산 등에 대한 효율적인 투자를 목적으로 할 것
❸ 주주 또는 사원이 기관전용 사모집합투자기구 또는 그 기관전용 사모집합투자기구가 투자한 투자목적회사(출자비율이 50% 이상일 것), 투자목적회사가 투자하는 회사의 임원 또는 대주주, 투자목적회사에 대하여 신용공여를 한 금융기관으로서 출자전환 등을 한 자 등일 것
❹ 투자목적회사의 주주 또는 사원인 기관전용 사모집합투자기구의 사원의 수와 기관전용 사모집합투자기구가 아닌 주주 또는 사원의 수를 합산한 수가 100명 이내일 것
❺ 상근임원을 두거나 직원을 고용하지 아니하고 본점 외에 영업소를 설치하지 아니할 것

5 업무집행사원

❶ 기관전용 사모집합투자기구는 정관으로 무한책임사원 중 1인 이상을 업무집행사원으로 정하여야 하며, 그 업무집행사원이 회사의 업무를 집행할 권리와 의무를 가진다.
❷ 기관전용 사모집합투자기구의 업무집행사원으로서 기관전용 사모집합투자기구의 집합투자재산 운용업무를 영위하려는 자는 1억 원 이상의 자기자본(등록신청일 기준), 임원 요건, 2명 이상의 운용인력, 이해상충이 발생할 가능성을 파악·평가·관리할 수 있는 적절한 내부통제기준, 건전한 재무상태와 사회적 신용 요건 등을 갖추어 금융위원회에 등록하여야 하며, 등록 이후에도 그 기관전용 사모집합투자기구의 집합투자재산 운용업무를 영위하는 경우 등록요건을 유지하여야 한다.

❸ 금융 관련 법령에서 규정하고 있는 업무를 영위하는 자는 그 법령에도 불구하고 업무집행사원이 될 수 있다. 그 업무집행사원은 그 법령에서 제한하거나 금지하는 규정을 위반하지 아니하는 범위에서 업무를 집행할 수 있다.

❹ 기관전용 사모집합투자기구의 업무집행사원이 기관전용 사모집합투자기구의 집합투자재산을 운용 및 보관·관리, 기관전용 사모집합투자기구 지분의 판매 및 환매 등을 영위하는 경우에는 자본시장법의 금융투자업자 인가 규제를 받지 않는다.

❺ 업무집행사원은 법령과 정관에 따라 기관전용 사모집합투자기구를 위하여 그 직무를 충실히 수행하여야 하며, 다음과 같은 행위를 하여서는 아니 된다.

가. 사원 전원의 동의없이 기관전용 사모집합투자기구와 거래하는 행위

나. 원금 또는 일정한 이익의 보장을 약속하는 등의 방법으로 사원이 될 것을 부당하게 권유하는 행위

다. 사원 전원의 동의 없이 사원의 일부 또는 제3자의 이익을 위하여 기관전용 사모집합투자기구가 소유한 자산의 명세를 사원이 아닌 자에게 제공하는 행위

라. 정관을 위반하여 기관전용 사모집합투자기구의 집합투자재산을 운용하는 행위

마. 기관전용 사모집합투자기구의 집합투자재산을 운용할 때 정당한 이유 없이 일반적인 거래조건을 벗어나는 불공정한 조건으로 거래하는 행위

바. 기관전용 사모집합투자기구의 집합투자재산에 관한 정보를 업무집행사원의 고유재산 운용에 이용하는 행위

사. 특정 기관전용 사모집합투자기구나 투자목적회사의 이익을 해치면서 자기 또는 제3자의 이익을 도모하는 행위

아. 자본시장법에 따른 금지나 제한을 회피할 목적으로 하는 행위로서 장외파생상품거래, 신탁계약, 연계거래 등을 이용하는 행위

자. 다음의 어느 하나에 해당하는 업무를 제3자에게 위탁하는 행위

- 투자대상기업의 선정이나 투자목적회사의 설립 또는 선정 업무
- 투자대상기업이나 투자목적회사의 지분증권을 매매하는 경우에는 그 가격·시기·방법 등을 결정하는 업무
- 기관전용사모집합투자기구 집합투자재산이나 투자목적회사 재산에 속하는 지분증권에 대한 의결권의 행사 업무

- 그 밖에 금융시장의 안정 또는 건전한 거래질서의 유지를 위해 필요한 업무로서 금융위원회가 정하여 고시하는 업무

차. 기관전용사모집합투자기구의 집합투자재산의 운용을 담당하는 직원과 해당 운용에 관한 의사를 집행하는 직원을 구분하지 않는 행위. 다만, 다음의 어느 하나에 해당하는 경우는 제외한다.
- 자본시장법 제249조의7 제5항 각 호의 방법으로 집합투자재산을 운용하는 경우
- 기관전용사모집합투자기구별로 계좌를 개설하고, 계좌별로 이루어지는 매매거래의 경우
- 장내파생상품 거래의 경우
- 그 밖에 집합투자재산의 공정한 운용을 저해하지 않는 경우로서 금융위원회가 정하여 고시하는 경우

카. 투자운용전문인력이 아닌 자가 기관전용사모집합투자기구의 운용업무를 하도록 하는 행위

❻ 기관전용 사모집합투자기구는 업무집행사원이 준수하여야 할 구체적인 행위준칙을 제정하여야 하며, 행위준칙을 제정·변경한 경우에는 지체 없이 금융위원회에 보고하여야 한다. 이 경우 금융위원회는 보고받은 행위준칙이 법령을 위반하거나 금융시장의 안정 및 건전한 거래질서를 해칠 우려가 있는 때에는 그 내용을 변경하거나 보완할 것을 명할 수 있다.

❼ 업무집행사원은 6개월마다 1회 이상 기관전용 사모집합투자기구 및 기관전용 사모집합투자기구가 출자한 투자목적회사의 재무제표 등을 사원에게 제공하고 그 운영 및 재산에 관한 사항을 설명하여야 하며, 그 제공 및 설명사실에 관한 내용을 기록·유지하여야 한다.

❽ 기관전용 사모집합투자기구는 정관에서 정하는 바에 따라 기관전용 사모집합투자기구의 집합투자재산으로 업무집행사원에게 보수 및 성과보수를 지급할 수 있다.

❾ 업무집행사원은 기관전용 사모집합투자기구의 집합투자재산을 운용할 때 이해관계인과 거래하여서는 아니 된다. 다만, 증권시장 등 불특정 다수인이 참여하는 공개시장을 통한 거래, 일반적인 거래조건에 비추어 기관전용 사모집합투자기구에 유리한 거래, 공모펀드에서도 예외적으로 허용하고 있는 거래, 그 기관전용 사모집합투자기구 사원 전원이 동의한 거래 등은 거래할 수 있다.

⑩ 업무집행사원은 기관전용 사모집합투자기구의 집합투자재산을 운용할 때 기관전용 사모집합투자기구의 계산으로 그 업무집행사원이 발행한 증권을 취득해서는 아니 된다.

⑪ 업무집행사원은 기관전용 사모집합투자기구의 집합투자재산을 운용할 때 집합투자재산의 5%를 초과하여 그 업무집행사원의 계열회사 또는 그 기관전용 사모집합투자기구에 사실상 지배력을 행사하는 유한책임사원으로서 그 기관전용 사모집합투자기구 출자총액의 30% 이상의 출자지분을 보유한 유한책임사원의 계열회사가 발행한 증권을 취득해서는 아니 된다. 이 경우 기관전용 사모집합투자기구의 집합투자재산으로 취득하는 증권은 시가로 평가한다.

6 지분양도

❶ 기관전용 사모집합투자기구의 무한책임사원은 출자지분을 타인에게 양도할 수 없다. 다만 정관으로 정한 경우에는 사원 전원의 동의를 받아 지분을 분할하지 아니하고 타인에게 양도할 수 있다.

❷ 기관전용 사모집합투자기구의 유한책임사원은 무한책임사원 전원의 동의를 받아 출자한 지분을 분할하지 아니하고 타인에게 양도할 수 있다.

❸ 기관전용 사모집합투자기구의 무한책임사원 및 유한책임사원은 위 분할금지에도 불구하고 양도의 결과 기관전용 사모집합투자기구의 사원 총수가 100명을 초과하지 아니하는 범위에서는 지분을 분할하여 양도할 수 있다.

❹ 기관전용 사모집합투자기구의 유한책임사원은 그 지분을 유한책임사원 자격이 있는 투자자(전문투자자로서 자본시장법 시행령으로 정하는 투자자, 기관전용 사모집합투자기구의 업무집행사원의 임원 또는 운용인력이 그 기관전용 사모집합투자기구에 투자하는 경우에는 1억 원, 그 외의 자가 기관전용 사모집합투자기구에 투자하는 경우에는 3억 원 이상을 투자하는 개인 또는 법인, 그 밖의 단체에 해당하는 자)에 해당되지 아니하는 자에게 양도해서는 아니 된다.

❺ 기관전용 사모집합투자기구는 다른 회사(다른 기관전용 사모집합투자기구 포함)와 합병할 수 없다.

❶ 기관전용 사모집합투자기구에는 집합투자기구에 관한 일반적인 규제는 적용되지 아니한다. 즉, 집합투자기구의 등록의무 및 등록취소(법 제182조, 제253조), 집합투자기구의 명칭(법 제183조 제1항), 집합투자기구의 업무수행(법 제184조 제1항·제2항·제5항·제6항), 자기집합투자증권의 취득제한(법 제186조), 집합투자기구의 종류 및 특수한 형태의 집합투자기구(법 제229조부터 제234조까지), 집합투자증권의 환매(법 제235조부터 제237조까지), 집합투자재산평가위원회, 집합투자재산평가기준 및 신탁업자의 확인의무(법 제238조 제2항부터 제5항까지), 기준 가격 공고·게시의무(법 제238조 제7항), 결산서류 등 비치·열람의무(법 제239조 제3항 내지 제5항), 회계감사(법 제240조 제3항부터 제10항까지), 회계감사인의 손해배상책임(법 제241조), 신탁업자의 운용행위 감시 등(법 제247조, 다만, 집합투자재산 평가의 공정 및 기준 가격 산정의 적정 여부에 대한 감시는 적용됨), 신탁업자의 자산보관·관리보고서 제공의무(법 제248조), 일반 사모집합투자기구(법 제249조부터 제249조의6까지, 제249조의8, 제249조의9), 은행 및 보험회사에 대한 특칙(법 제250조 및 제251조) 등은 기관전용 사모집합투자기구에는 적용하지 아니 한다.

❷ 상법 중 회사가 다른 회사의 무한책임사원이 되지 못하는 제한(제173조), 사원의 경업금지(제198조), 사원의 퇴사권(제217조 제2항), 지분 압류채권자에 의한 퇴사 청구(제224조), 지배인의 선임 및 해임(제274조), 조직변경(제286조) 등은 기관전용 사모집합투자기구에는 적용하지 아니 한다.

chapter 10

외국 집합투자증권에 대한 특례

외국 집합투자기구의 등록

1 등록

집합투자기구와 유사한 외국 법령에 따라 설립된 외국 집합투자증권을 국내에서 판매하려면 해당 외국 집합투자기구를 금융위원회에 등록해야 한다. 등록요건은 외국 집합투자업자 요건과 외국 집합투자증권 요건으로 나누어져 있다.

1) 외국 집합투자업자 적격 요건

❶ 최근 사업연도말 현재의 운용자산규모가 1조 원 이상일 것

❷ 국내에서 판매하려는 외국 집합투자기구의 종류에 따라 집합투자업 인가업무 단위별 최저 자기자본 이상일 것

❸ 최근 3년간 금융업에 상당하는 영업과 관련하여 본국 또는 국내 감독기관으로부터 업무정지 이상에 해당하는 행정처분을 받거나 벌금형 이상에 상당하는 형사처벌을 받은 사실이 없을 것

❹ 적격 연락책임자(집합투자업자, 판매회사, 법무법인 등, 회계법인)를 국내에 둘 것

2) 외국 집합투자증권 판매적격 요건

❶ OECD 가맹국(속령 제외), 홍콩, 싱가포르, 중화인민공화국 법률에 따라 발행되었거나 발행이 예정되어 있을 것

❷ 보수 · 수수료 등 투자자가 부담하는 비용에 관한 사항이 명확히 규정되어 있고 국제관례에 비추어 지나치게 높은 금액이 아닐 것

❸ 투자자의 요구에 따라 직간접적으로 환매 등의 방법으로 투자금액 회수가 가능할 것

❹ 기타 금융위원회가 정하는 요건을 충족할 것(금융위원회가 정한 외국 집합투자증권 적격기준(금융투자업규정 제7-53조 제3항 관련 별표 19))

전문투자자 중 대통령령으로 정하는 자[1]만을 대상으로 외국 집합투자증권을 판매하고자 하는 경우에는 외국 집합투자업자 적격 요건 및 외국 집합투자증권 판매적격 요건을 달리 정할 수 있다.

| 2 | 등록취소 |

외국 집합투자기구가 일정한 사유에 해당하는 때에는 금융위원회는 등록을 취소할 수 있다. 등록취소사유는 ① 거짓, 그 밖의 부정한 방법으로 등록 또는 변경등록을 한

---

1   "대통령령으로 정하는 자" 란 다음 각 호의 어느 하나에 해당하는 전문투자자를 말한다(자본시장법 시행령 제301조 제2항).
   1. 국가
   2. 한국은행
   2의2. 주권상장법인
   3. 시행령 제10조 제2항 제1호부터 제17호까지의 어느 하나에 해당하는 자
   4. 시행령 제10조 제3항 제1호부터 제17호까지의 어느 하나에 해당하는 자

경우, ② 등록요건을 갖추지 못하게 된 경우, ③ 변경등록을 하지 아니한 경우, ④ 적격요건을 갖추지 못하게 된 경우, ⑤ 국내 판매규정을 위반한 경우, ⑥ 감독검사에 따른 명령을 위반한 경우, ⑦ 외국 집합투자기구가 해지되거나 해산한 경우 등이다.

section 02 외국 집합투자증권의 국내 판매방법 등

1 판매방법

외국 집합투자증권을 국내에서 판매하기 위해서는 국내의 판매회사를 통해 판매해야 한다.

2 투자권유 등

외국 집합투자증권의 투자를 권유하는 경우에는 외국 집합투자증권의 가격 변동뿐 아니라 통화가치의 변동에 따라서도 손실이 발생할 수 있다는 사실 등 투자유의사항을 서면에 의한 방법으로 교부하고 이를 서명 또는 기명날인 등의 방법으로 확인하여야 한다.

외국 집합투자증권의 매매거래계약의 체결은 금융투자협회가 제정하는 외국 집합투자증권 매매거래에 관한 표준약관에 따라야 한다. 투자자가 서명 또는 기명날인한 외국 집합투자증권 매매거래약관을 보관해야 하며 투자자가 요청할 때는 그 사본을 작성하여 교부해야 한다.

3 자산운용보고서의 제공

외국 집합투자업자는 자산운용보고서를 작성하여 3개월마다 1회 이상 투자자에게 제공해야 한다. 외국 집합투자업자는 그 외국 집합투자규약에서 정해진 바에 따라 자산운용보고서를 작성·제공할 수 있다.

4 장부서류 열람청구권

외국 집합투자증권을 매수한 투자자는 당해 외국 집합투자증권을 판매한 투자매매업자 또는 중개업자에게 영업시간 중에 집합투자재산에 관한 장부·서류의 열람이나 등본 또는 초본의 교부를 청구할 수 있다. 청구대상 장부서류의 범위, 거부할 수 있는 사유 등은 국내 집합투자증권을 매수한 투자자의 경우와 동일하다.

5 판매정보의 공시 등

외국 집합투자업자 또는 외국 투자회사 등은 국내에서 판매하는 외국 집합투자증권의 기준 가격을 국내에서 판매를 대행하는 판매회사의 본·지점에 매일 공고·게시해야 한다. 또한 투자자의 투자판단에 필요한 자산운용보고서 등 모든 서류를 한글로 작성하여 판매회사의 본점과 지점 등에 비치하여야 한다. 다만 ETF와 비슷한 것으로써 외국의 증권시장에 상장된 외국 ETF의 경우에는 그 납입자산의 구성내역 등을 증권시장을 통하여 매일 공고하는 방법으로 자산운용보고서의 제공을 갈음할 수 있다.

6 판매광고

외국 집합투자기구가 등록되기 전에는 국내에서 판매를 위한 광고를 할 수 없다.

section 03 | 외국 집합투자업자에 대한 감독 · 검사

1 국내 판매현황 보고

외국 집합투자업자는 외국 집합투자증권의 국내판매 현황을 매월 말일을 기준으로 다음 달 20일까지 판매를 대행하는 투자매매업자·투자중개업자를 통하여 금융감독원장에 보고하여야 한다. 외국 집합투자증권의 국내판매 현황과 관련된 보고서 또는 서류 등의 서식 및 작성방법 등에 관하여 필요한 사항은 금융감독원장이 정한다. 보고서 및 서류 등을 제출함에 있어 한글로 작성되지 아니한 경우에는 한글요약자료를 첨부하여야 한다. 이 경우 한글요약자료의 내용이 원문과 서로 다른 경우에는 한글요약자료의 내용이 우선한다.

2 감독 · 검사

금융위원회는 투자자를 보호하고 건전한 거래질서를 유지하기 위해 외국 집합투자업자 또는 외국 투자회사 등에 대해 해당 외국 집합투자재산의 공시 등 필요한 조치를 명할 수 있다. 또한, 외국 집합투자업자 또는 외국 투자회사 등에 대해 검사를 할 수 있다.

01 다음 중 투자신탁에서의 환매연기 절차로 옳은 것은?

① 집합투자업자 환매연기 결정 → 수익자총회 결의 → 수익자 통지

② 수익자총회 결의 → 집합투자업자 환매연기 결정 → 수익자 통지

③ 집합투자업자 환매연기 결정 → 수익자총회 결의 → 금융위원회 보고 → 수익자 통지

④ 집합투자업자 환매연기 결정 → 금융위원회 보고 → 수익자총회 결의 → 수익자 통지

02 다음 중 괄호 안에 들어갈 내용이 순서대로 나열된 것은?

> 투자회사의 (   )는 (   )의 운용지시가 법령·정관·투자설명서에 위반되는지 여부를 확인하고 위반이 있는 경우 투자회사의 (   )에 보고하여야 한다.

① 감독이사, 집합투자업자, 자산보관회사

② 자산보관회사, 집합투자업자, 감독이사

③ 감독이사, 집합투자업자, 준법감시인

④ 준법감시인, 집합투자업자, 회계감사인

해설

01 ① 금융위 보고는 불필요하다.

02 ② 투자회사의 자산보관회사는 집합투자업자의 운용지시가 법령 등에 위반되는지 여부를 확인하여 위반 시 감독이사에 보고해야 한다.

03 다음 중 자본시장법상 투자신탁의 집합투자업자가 투자신탁재산의 효율적 운용을 위하여 자신의 명의로 직접 투자대상 자산을 취득ㆍ처분하기 위한 방법 등을 설명한 것으로 적절하지 않은 것은?

① 집합투자업자는 투자신탁재산별로 미리 정하여진 자산배분 명세에 따라 취득·처분 등의 결과를 공정하게 배분하여야 한다.

② 집합투자업자는 투자신탁재산을 취득·처분하기 전에 투자신탁재산별로 주문금액, 가격, 수량 등을 기재한 주문서와 배분내용을 기재한 자산배분 명세서를 작성하여야 한다.

③ 집합투자업자는 상장채권의 취득·처분시 상장채권의 운용을 담당하는 업무와 취득·처분 등의 실행을 담당하는 업무를 동일인이 수행하게 할 수 있다.

④ 집합투자업자의 준법감시인은 투자신탁재산의 취득·처분 등의 주문서와 자산배분 명세서의 적정성 및 그 이행 여부를 확인하여야 한다.

04 다음 중 자본시장법상 집합투자업자의 금전차입에 대한 설명이다. (   )안에 들어갈 내용을 올바르게 나열한 것은?

> 집합투자업자는 집합투자자 총회 안건에 반대하는 투자자의 매수청구가 대량으로 발생하여 일시적으로 매수대금 지급이 곤란한 경우 당시 집합투자기구 순자산총액의 (   )을(를) 초과하지 않는 범위 내에서 차입할 수 있다. 그리고 차입금의 (   )을(를) 변제하기 전에는 투자대상 재산을 추가로 매수할 수 없다.

① 10%, 전액 ② 전액, 50%
③ 10%, 50% ④ 50%, 50%

해설

03 ③ 자본시장법 제80조 및 동법 시행규칙 제10조 제4항의 규정에 의하면 집합투자업자는 상장채권의 취득ㆍ처분 시 상장채권의 운용을 담당하는 직원과 취득ㆍ처분 등의 실행을 담당하는 직원을 구분하여야 한다.

04 ① 집합투자업자는 집합투자자 총회 안건에 반대하는 투자자의 매수청구가 대량으로 발생하여 일시적으로 매수대금 지급이 곤란한 경우 당시 집합투자기구 순자산총액의 10%를 초과하지 않는 범위 내에서 차입할 수 있으며, 차입금의 전액을 변제하기 전에는 투자대상 재산을 추가로 매수할 수 없다.

05 다음 중 자본시장법상 집합투자증권의 거래 가격 산정에 대한 설명으로 적절하지 않은 것은?

① 집합투자증권의 판매 가격과 환매 가격은 집합투자증권의 순자산가치에 비해 할증 또는 할인하여 판매하거나 환매할 수 없다.

② 집합투자증권의 판매 가격과 환매 가격은 매수 또는 환매 청구를 받은 이후에 최초로 산정된 순자산가치로 산정해야 한다.

③ 장 마감 후 거래란 예외적으로 주문접수 종료 시점 이후에 접수된 주문을 종료 시점 이전 접수주문과 같은 거래 가격으로 적용하는 합법적인 거래를 말한다.

④ 외국환평형기금에게 단기금융 집합투자기구의 펀드를 판매하는 경우 판매 가격은 금전 등의 납입일에 공고된 기준 가격으로 한다.

06 다음 중 자본시장법상 집합투자업자의 영업행위 규제에 대한 설명으로 적절하지 않은 것은?

① 일반적으로 동일종목의 증권에 각 집합투자기구 자산총액의 10%를 초과하여 투자할 수 없다.

② 집합투자기구에서 자기 집합투자증권 취득은 권리행사 및 매수청구권 행사의 경우로 제한된다.

③ 일반적인 거래조건에 비추어 집합투자기구에 유리한 경우에는 예외적으로 이해관계인과 집합투자기구 간 거래가 허용된다.

④ 집합투자기구에서 국내 소재 부동산을 취득한 경우에는 원칙적으로 취득일로부터 3년 이내에는 처분하지 못한다.

해설

05 ③ 장 마감 후 거래란 펀드의 매매주문 접수 종료 시점 이후에 접수된 주문을 종료 시점 이전 접수주문과 같은 거래 가격으로 적용하는 불법적인 거래이다.

06 ④ 자본시장법 시행령 제80조 제7항의 개정으로 1년 이내에 처분하지 못한다.

정답 01 ① | 02 ② | 03 ③ | 04 ① | 05 ③ | 06 ④

part 06

금융소비자
보호법

chapter 01

금융소비자보호법
제정 배경

section 01 ## 제정 배경

한국은 2008년 국내외 금융위기 등을 겪으면서 금융소비자의 권익을 신장함과 동시에 금융산업에 대한 국민적 신뢰 제고를 위한 통합적이고 집약적인 금융규제체계를 마련하고자 적극적인 모색을 추진하였다. 특히, 키코사태, 파워인컴펀드사태, DLF·라임사모펀드 사태 등이 연달아 발생하여 금융소비자보호 강화 필요성에 대한 국민적 관심이 더욱 고조되었다고 할 것이다.

외국의 사례를 보더라도 금융소비자를 우선적으로 보호하려는 경향으로 금융정책의 패러다임이 금융소비자보호 중심으로 변화·발전하는 것은 사실이다. 영국과 일본 등 주요국은 이미 각 업권 통합법 성격의 금융소비자보호 법체계를 이미 마련해 놓았고 미국, 영국 등은 별도의 금융소비자보호기구를 설치해 운영 중에 있는 것이 그 반증일 것이다.

제정 연혁

「금융소비자보호에 관한 법률(이하 '금융소비자보호법')」은 2020년 3월 5일 본회를 통과한 후 1년이 경과한 2021년 3월 25일부로 시행되었다. 다만, 금융상품자문업 관련 규정 및 금융회사의 내부통제기준 마련 등 일부사항은 6개월 추가 유예되어 2021년 9월 25일 시행되었다.

금융소비자보호법 제정 과정을 살펴보면, 우선 최초 발의는 2008년 금융위기가 촉발의 계기가 되었다고 해도 과언은 아니다. 당시 금융투자로 손해를 본 금융소비자를 두텁게 그리고 세심하게 보호하자는 논의에 불을 붙였고 마침내 2011년 처음 법안(박선숙 의원 대표발의)이 국회에 발의되었다.

이후 정부안을 포함해 총 14개의 제정법안이 발의되어 논의를 이어갔으나 난항을 겪다가 2019년 발생한 DLF 및 라임사모펀드 사태를 계기로 금융소비자보호법에 대한 제정 논의가 본격적으로 진행되었고, 이러한 논의 끝에 2019년 말 5개 금융소비자보호법 제정안과 「자본시장 및 금융투자업에 관한 법률(이하 '자본시장법')」 등 6개 관련 법안을 통합하여 국회 정무위원장이 대안을 발의하였고 이 법안으로 국회를 최종 통과하게 되었다.

chapter 02

금융소비자보호법 개관

금융소비자보호법 시행 후 주요 제도 변화

표 2-1 | 금융소비자보호법 시행 전후 비교

구분		시행 전	시행 후
사전 규제	6大 판매규제	자본시장법 등 일부 금융업법	원칙적으로 모든 금융상품
	소비자보호 내부통제기준	법령상 규율 없음	기준 마련 의무 부과
사후 제재	금전적 제재	과태료 최대 5천만 원	징벌적 과징금 신설 과태료 최대 1억 원
	형벌	3년 이하 징역, 1억 원 이하 벌금	5년 이하 징역, 2억 원 이하 벌금
신설된 소비자 권리	청약철회권	투자자문업·보험 有	일부 상품에 한정 (단위형 고난도펀드 등)
	위법계약해지권	없음	일부 상품에 한정 (계속적 계약 + 해지 시 재산상 불이익 발생)
	자료열람요구권	금융투자업 有 (금융투자업규정)	소송, 분쟁조정 시 자료 열람 요구 가능
사후 구제	소액분쟁 시 금융회사의 분쟁조정 이탈 금지	없음	신설
	분쟁조정 중 소 제기 시 법원의 소송중지		
	손해배상 입증책임 전환		설명의무 위반 시 고의·과실 존부 입증에 적용
	판매제한명령권		재산상 현저한 피해 우려가 명백한 경우 발동

금융소비자보호법의 구성은 우선 법률은 총 8개 장(章), 69개 조항으로 구성되어 있다. 동법 시행령은 법률에서 정한 장(章) 구분을 그대로 따라 51개 조항으로 마련되어 있으며 마지막으로 「금융소비자보호에 관한 감독규정(이하 '감독규정')」은 총 35개 조항으로 마련되어 있다.

표 2-2　금융소비자보호법 구성 및 요약

1장. 총칙(§1~§6)	• 금융상품·전문금융소비자의 정의(§2) • 금융상품의 유형(§3) 및 금융회사 등의 업종 구분(§4)
2장. 기본 권리 · 책무 (§7~§10)	• 금융소비자의 기본권(§7), 금융소비자·국가·금융상품판매업자 등의 책무 (§8·9·10)
3장. 등록요건 (§11 · 12)	• 법상 등록되지 않은 자의 금융상품 판매·자문 금지(§11) • 상품별·업종별 등록요건(§12, 독립자문업자 등록요건 법제화)
4장. 영업행위 준수사항 (§13~§28)	• 내부통제기준 마련 의무 부과(§16) • 방문판매 및 전화권유판매 시 준수사항(§16의2) • 금융상품 유형별 영업행위 준수사항(§17~§22, 6大 판매규제 등) • 업종별 준수사항(§24~§28, 대리중개업자·자문업자 영업행위 준칙, 소비자 자료요구권 등)
5장. 금융소비자 보호 (§29~§47)	• 금융교육(§30·31)·금융상품 비교공시·소비자보호실태평가(§32) • 분쟁조정 제도(§33~§43, 위원회 구성·법원 소송중지·조정이탈금지 제도 등) • 손해배상책임(§44·45)·청약철회권(§46)·위법계약해지권(§47)
6장. 감독 및 처분 (§48~§64)	• 판매제한명령제 운영에 관한 사항(§49) • 징벌적 과징금(§57~§64) 부과 기준 및 절차
7장. 보칙(§65 · 66) 8장. 벌칙(§67~§69)	• 업무위탁에 관한 사항, 과태료, 양벌규정 등

section 03 | 금융소비자보호법의 내용상 주요 체계

> ◇ '동일기능 – 동일규제' 원칙이 적용될 수 있도록 금융상품 및 판매업 등의 유형을 재
> 분류

1 | 금융상품

금융소비자보호법은 금융업과 관련한 각종 현행 법률 등에 규정된 모든 금융상품과
서비스를 '투자성 상품', '예금성 상품', '보장성 상품' 및 '대출성 상품'으로 다시 분류하
였다. 구분방법은 다음과 같다.

표 2-3 금융상품 구분

구분	개념	대상
투자성	자본시장법상 금융투자상품 및 이와 유사한 것으로서 대통령령으로 정하는 것	펀드 등 금융투자상품, 신탁계약, 투자일임계약
예금성	은행법상 예금 및 이와 유사한 것으로서 대통령령으로 정하는 것	예·적금 등
보장성	보험업법상 보험상품 및 이와 유사한 것으로서 대통령령으로 정하는 것	보험상품 등
대출성	은행법상 대출 및 이와 유사한 것으로서 대통령령으로 정하는 것	대출상품, 신용카드 등

2 | 금융상품판매업자등

금융상품을 판매하는 자는 '금융상품직접판매업자(금융회사)', '금융상품판매대리·중개
업자' 그리고 '금융상품자문업자'로 그 유형을 재분류하였다.

'투자성 상품' 판매를 취급하는 금융상품직접판매업자와 관련하여 특히 주의해야 할
사항은 자본시장법상 집합투자업자도 직접판매업을 영위하는 경우에는 금융상품직접
판매업자에 해당한다는 점이다.

이는 금융소비자보호법을 보면 금융관계 현행법상 금융상품판매업에 해당하는 업무에 대하여 인가, 허가 또는 등록한 경우 외에도 해당 금융관계 현행법상 인허가를 받거나 등록하지 아니한 경우라도 해당 판매업을 영위하도록 규정한 경우에는 "금융상품판매업자"에 해당된다고 규정하고 있기 때문이다(법 §2.3호).

특히 '금융상품판매업'에서 적용제외하는 근거가 대통령령에 있으나 "자본시장법 제7조 제6항 제3호에 따른 일반 사모집합투자업자가 자신이 운용하는 사모집합투자기구의 집합투자증권을 판매하는 경우"에는 적용제외 사유로 들지 않고 있기 때문에 일반 사모집합투자업자는 금융상품판매업자에 해당된다.

표 2-4 금융상품판매업자등 구분

구분	개념	대상(예시)
직접 판매업자	자신이 직접 계약의 상대방으로서 금융상품에 관한 계약체결을 영업으로 하는 자 ※ 투자성 상품의 경우 자본시장법에 따른 '투자중개업자'를 포함	− 금융투자업자(증권회사·선물회사 등) 및 겸영금융투자업자 − 은행, 보험, 저축은행 등 − 신협중앙회 공제사업부문, P2P사업자, 대부업자, 증권금융 등* − 신용협동조합 등**
판매대리·중개업자	금융회사와 금융소비자의 중간에서 금융상품 판매를 중개하거나 금융회사의 위탁을 받아 판매를 대리하는 자	투자권유대행인, 보험설계·중개사, 보험대리점, 카드·대출모집인 등
자문업자	금융소비자가 본인에게 적합한 상품을 구매할 수 있도록 자문을 제공	− 투자자문업자(자본시장법) − 독립자문업자(금소법)

* 금융소비자법 시행령에서 규정
** 금융소비자보호에 관한 감독규정에서 규정

section 04 금융소비자보호법의 위치

금융투자회사와 그 임직원은 업무수행과 관련하여 금융소비자보호법을 확인함에 있어 자본시장과 금융투자업을 규율하는 기존의 자본시장법과의 적용상 순위에 대하여 혼란을 가질 수 있을 것이다. 그 내용을 보면 우선 금융소비자보호법은 금융소비자를 대상으로 하는 금융상품 판매와 금융소비자 보호에 관한 일반법적 효력을 가진다고 할 것이다. 다시 말해 금융소비자 보호에 관해 다른 법률에서 특별히 정한 경우를 제외하면 금융소비자보호법이 적용된다.

예를 들어, 투자성 상품의 판매와 관련된 사항이 일부 자본시장법에서 정해진 내용이 있다면 자본시장법상 해당 내용에 한해 금융소비자보호법과 관해서는 특별법 지위에 있다고 할 것이다. 즉 자본시장법 내용이 우선 적용될 것이다.

section 05 | 금융소비자보호법의 적용예외

금융소비자보호법도 금융관계 현행법 중 법 취지 및 규제 실질에 따라 법적용이 어려운 사항이 있다. 이러한 점을 감안하여 「부동산투자회사법」, 「선박투자회사법」, 「문화산업진흥 기본법」, 「산업발전법」, 「벤처투자 촉진에 관한 법률」, 「여신전문금융업법」 등 개별 법률에 따라 사모의 방법으로 금전 등을 모아 운용·배분하는 상품에 대해서는 금융소비자보호법을 적용을 하지 않는다는 것을 규정함으로써 예외사항을 입법적으로 해결하였다.

section 06 | 전문금융소비자 분류

금융소비자보호법은 현행 자본시장법상 전문투자자 범위를 기본 토대로 전문금융소비자 범위를 정하되 투자성·보장성·대출성·예금성 상품의 개별 특성을 감안하여 각각 전문금융소비자 범위를 보완하는 방법으로 규정하였다.

• 투자성 상품 중 장외파생상품 거래의 경우 주권상장법인, 해외 증권시장에 상장된 주권을 발행한 국내법인, 개인전문투자자 등은 일반금융소비자로 대우받다가 자신이 전문금융소비자와 같은 대우를 받겠다는 의사를 서면으로 알린 경우에만 전문금융소비자로 취급할 수 있다(☞자본시장법을 그대로 계수함).

- 대출성 상품의 경우 상시근로자 5인 이상의 법인·조합·단체, 겸영여신업자 그리고 자산의 취득 또는 자금의 조달 등 특정목적을 위해 설립된 법인(PFV 등 SPC)도 전문 금융소비자로 포함된다.
- 판매대리·중개업자의 경우 예금성 상품을 제외하고 각각 상품별로 전문금융소비자로 포함되었다.
- 대부업자의 경우에는 예금성 상품을 제외하고 투자성 상품, 보장성 상품, 대출성 상품에서 모두 전문금융소비자로 신규 포함된 사실에 유의할 필요가 있다.

표 2-5 전문금융소비자 유형

투자성 상품	보장성 상품	대출성 상품	예금성 상품
국가 / 한국은행 / 금융회사 / 주권상장법인			
지방자치단체			
금감원, 신보, 기보, 수출입은행, 한국투자공사, 거래소, 금융공공기관			
신협·농협·수협·산림조합·새마을금고 각 중앙회, 신협 단위조합, 금융권 협회			
금융지주회사, 집합투자업자, 집합투자기구, 증권금융회사, 단기금융회사, 자금중개회사, P2P업자			
법률상 기금 관리·운용 공공기관, 법률상 공제사업 영위 법인·조합·단체			
외국정부, 국제기구, 외국 중앙은행, 외국에 상장된 국내법인			
투자성 상품 판매대리중개업자	보장성 상품 판매대리중개업자	대출성 상품 판매대리중개업자	–
적격투자 단체 및 개인	보험요율 산출기관	상시근로자 5인 이상의 법인·조합·단체	법인 등 단체
	보험 관계 단체	겸영여신업자	성년 (제외 : 피성년후견인 / 피한정후견인 / 65세 이상의 고령자)
	단체보험· 기업성보험· 퇴직연금 가입자	자산취득 또는 자금의 조달 등 특정목적을 위해 설립된 법인	
대부업자	대부업자	대부업자	–

section 07 | 금융소비자의 권리와 책무 등

1 | 금융소비자의 권리와 책무

금융소비자보호법은 투자정보 등에서 약자에 해당되는 금융소비자의 권익 보호를 위해 금융소비자의 기본적 권리를 규정하는 한편, 금융소비자 스스로 역량 강화를 위해 기본적 책무도 아울러 규정하고 있다.

- **(권리)** ① 금융상품판매업자등의 위법한 영업으로 인한 재산상 손해로부터 보호받고 신속·공정한 절차에 따라 적절한 보상을 받을 권리, ② 금융상품의 선택·소비에 필요한 정보제공, 금융교육을 받을 권리, ③ 소비생활 관련 국가·지자체의 정책에 의견 반영 권리 등
- **(책무)** ① 금융시장의 구성 주체로서 금융상품의 올바른 선택, 금융소비자의 권리를 정당하게 행사할 책무, ② 금융소비자 스스로 필요한 지식·정보를 습득하도록 노력할 책무

2 | 국가 및 금융상품판매업자등의 책무

금융소비자보호법은 금융소비자의 기본적 권리가 실현될 수 있도록 국가와 금융상품판매업자등의 책무를 규정하고 있다.

- **(국가)** ① 금융소비자의 권익 증진에 필요한 시책을 수립·실시할 책무, ② 관련 법령을 제·개정 및 폐지할 책무, ③ 필요한 행정조직을 정비·운영 개선할 책무
- **(금융상품판매업자등)** ① 국가의 금융소비자 권익 증진 시책에 적극 협력할 책무, ② 금융소비자의 합리적 선택·이익을 침해할 우려가 있는 거래조건·거래방법을 사용하지 않을 책무, ③ 금융소비자에게 금융상품 정보를 성실·정확하게 제공할 책무, ④ 금융소비자의 개인정보를 성실하게 취급할 책무

6대 판매원칙

◇ 기능별 규제체계를 기반으로 일부 상품에만 적용 중인 판매행위 원칙을 원칙적으로 全금융상품에 확대 적용함
① 적합성 원칙, ② 적정성 원칙, ③ 설명의무, ④ 불공정영업행위, ⑤ 부당권유금지, ⑥ 광고규제

1 적합성 원칙

판매업자등은 상대방인 금융소비자가 일반금융소비자인지 전문금융소비자인지를 확인하여야 하며, 일반금융소비자의 재산상황, 금융상품 취득·처분 경험 등에 비추어 부적합한 금융상품 계약체결의 권유를 할 수 없다(법 §17).

과거 금융투자상품 및 변액보험에만 도입되어 있었으나, 이러한 규제를 대출성 상품, 대통령령으로 정하는 보장성 상품 등으로 적용을 확대하였다.

2 적정성 원칙

판매업자등은 일반금융소비자가 자발적으로 구매하려는 금융상품이 소비자의 재산 등*에 비추어 부적정할 경우 이를 고지·확인하여야 한다(법 §18).

* 재산상황, 투자경험(투자성 상품), 신용 및 변제계획(대출성 상품) 등

과거 자본시장법상 파생상품, 파생결합증권 등에 대해서만 도입되어 있었으나 일부 대출성 상품과 보장성 상품으로 확대되었다.

3 설명의무

판매업자등은 금융상품 계약 체결을 권유하거나 일반금융소비자가 설명을 요청시 상품의 중요한 사항을 설명하여야 한다(법 §19).

금융상품 유형별로 필수 설명사항을 세부적으로 규율하고, 이를 일반금융소비자가 이해할 수 있도록 설명을 의무화하였다.

즉, 자본시장법·은행법·보험업법·여전법 등 현행 주요 금융업법에 도입되어 있는 설명의무를 금융소비자보호법으로 통합·이관하였다고 볼 수 있다.

4　불공정영업행위 금지

판매업자등이 금융상품 판매 시 우월적 지위를 이용하여 금융소비자의 권익을 침해하는 행위가 금지된다(법 §20).

불공정영업행위 유형
① 대출과 관련하여 다른 금융상품 계약을 강요하는 행위
② 대출과 관련하여 부당한 담보를 요구하는 행위
③ 대출과 관련하여 제3자의 연대보증을 요구하는 행위
④ 업무와 관련하여 편익을 요구하는 행위
⑤ 연계·제휴서비스를 부당하게 축소·변경하는 행위 등

특히, 대출성 상품과 관련하여 대출 실행 후 3년 경과 시 중도상환수수료를 부과하는 것도 금지사항으로 포함되었다. 은행·보험 등 업권에서는 일부내용을 규정하고 있었으나, 동 금지사항을 정비하여 全판매채널(직접판매, 대리·중개, 자문)에 적용하도록 하였다.

5　부당권유행위 금지

판매업자등이 금융상품 계약 체결의 권유 시 금융소비자가 오인할 수 있는 허위 사실 등을 알리는 행위가 금지된다(법 §21).

부당권유행위 유형
① 불확실한 사항에 대한 단정적 판단을 제공하는 행위
② 금융상품의 내용을 사실과 다르게 알리는 행위

③ 금융상품의 가치에 중대한 영향을 미치는 사항을 알리지 않는 행위

④ 객관적 근거 없이 금융상품을 비교하는 행위

⑤ 내부통제기준에 따른 직무수행 교육을 받지 않은 자로 하여금 계약체결 권유와 관련된 업무를 하게 하는 행위 등

금융투자 또는 보험 등 업권에서 일부내용을 규정하고 있었으나, 동 금지사항을 정비하여 숖판매채널에 적용하도록 하였다.

6 광고규제

판매업자등이 금융상품 또는 판매업자등의 업무에 관한 광고 시 필수적으로 포함해야 하는 사항과 금지행위 등을 금융소비자보호법에 규정하였다(법 §22).

기존 자본시장법·은행법·보험업법·여전법 등에서 개별적으로 규정하거나, 별도 광고규제가 없었던 것을 금융소비자보호법으로 통합·이관하여 규정한 데 의미가 있다.

광고규제 관련 필수 포함사항 및 금지행위

• 필수 포함사항

① 금융상품 설명서 및 약관을 읽어볼 것을 권유하는 내용

② 금융상품판매업자등의 명칭, 금융상품의 내용

③ 보장성 상품 : 보험료 인상 및 보장내용 변경 가능 여부

④ 투자성 상품 : 운용실적이 미래수익률을 보장하지 않는다는 사항 등

• 금지행위

① 보장성 상품 : 보장한도, 면책사항 등을 누락하거나 충분히 고지하지 않는 행위

② 투자성 상품 : 손실보전 또는 이익보장이 되는 것으로 오인하게 하는 행위

③ 대출성 상품 : 대출이자를 일단위로 표시하여 저렴한 것으로 오인하게 하는 행위

chapter 03

금융소비자보호법 주요내용

◇ 금융소비자보호법은 개별 금융 관련법에 산재되어 있던 금융상품 판매에 관한 사항을 일률적으로 규율하는 법인바, 이하에서는 자본시장에 관한 '투자성 상품' 관련 내용을 중심으로 기술함

section 01 투자성 상품 및 대출성 상품

1 투자성 상품

　금융소비자보호법은 투자성 상품으로 ① 자본시장법에 따른 금융투자상품, ② 투자일임계약, ③ 신탁계약(관리형 신탁 및 투자성 없는 신탁은 제외)으로 분류하고 있다.

다만, 금융소비자보호법상 투자성 상품으로 나열된 "연계투자"는 「온라인투자연계금융업 및 이용자보호에 관한 법률」 제2조 제1호에 따른 연계투자로 금융투자업자의 상품판매와 관련해서는 해당사항이 없음을 유의하여야 한다.

참고로 "연계투자"란 온라인플랫폼을 통하여 특정 차입자에게 자금을 제공할 목적으로 투자한 투자자의 자금을 투자자가 지정한 해당 차입자에게 대출 등의 방법으로 자금을 공급하고 그에 따른 원리금수취권을 투자자에게 제공하는 것을 말하며 시중에서는 P2P투자로 알려져 있다.

2 대출성 상품

금융소비자보호법상 대출성 상품으로는 대표적으로 은행의 신용대출이나, 주택담보대출이 있으나, 금융투자업자에 해당하는 판매업자등과 관련해서는 자본시장법령 및 금융투자업규정에서 규정하고 있는 ① 신용거래융자·신용대주, ② 증권담보대출, ③ 청약자금대출 등 신용공여 상품이 대표적이다.

이외에도 금융투자업자가 금융소비자에게 어음할인·매출채권매입(각각 금융소비자에게 금전의 상환을 청구할 수 있는 계약에 한정)·대출·지급보증 또는 이와 유사한 것으로 금전 또는 그 밖의 재산적 가치가 있는 것을 제공하고 장래에 금전등 및 그에 따른 이자 등의 대가를 받기로 하는 계약은 모두 대출성 상품에 포섭할 수 있도록 광범위하게 규정하였다.

다만, 6대 판매원칙 중 하나인 적정성 원칙과 관련하여 대출성 상품도 적용대상으로 규정되었는데 모든 대출성 상품이 적용되는 것은 아니고 증권 등 재산을 담보로 계약을 체결하는 대출성 상품만 적정성 원칙을 적용하는 것으로 규정된 점을 유의하여야 한다.

---

1 적합성 원칙

1) 개요

금융상품판매업자등은 투자권유 또는 자문업무를 하는 경우 먼저 해당 금융소비자가 일반금융소비자인지 전문금융소비자인지 확인해야 한다.

그 다음으로 임직원은 면담, 질문 등을 통하여 일반금융소비자의 금융상품 취득 또는 처분의 목적, 재산상황, 취득 또는 처분 경험 등의 정보를 고려한 투자성향을 파악하고 투자성향에 적합하지 아니하다고 인정되는 때에는 계약체결을 권유해서는 안 된다.

이때, 파악된 정보 등은 일반금융소비자의 확인을 받아 유지·관리하며, 확인받은 내용을 일반금융소비자에게 지체 없이 제공하여야 한다.

표 3-1 **금융상품별 파악해야 하는 일반금융소비자 정보 내용**

투자성 상품	대출성 상품
1) 금융상품 취득·처분 목적 2) 재산상황 　(부채를 포함한 자산 및 소득에 관한 사항) 3) 금융상품의 취득·처분 경험 4) 소비자의 연령 5) 금융상품에 대한 이해도 6) 기대이익(손실) 등을 고려한 위험에 대한 태도	1) 재산상황 　(부채를 포함한 자산 및 소득에 관한 사항) 2) 신용* 및 변제계획 3) 소비자의 연령 4) 계약체결의 목적(대출 限)

* 신용정보법에 따른 신용정보 또는 자본시장법에 따른 신용등급으로 한정

금융상품판매업자등이 일반금융소비자에게 해당 상품이 적합한지 여부를 판단할 때에는 금융상품 유형별 적합성 판단 기준에 따라야 한다.

다만, 분양된 주택의 계약 또는 주택조합 조합원의 추가 부담금 발생에 따른 중도금 지급 목적 대출, 주택 재건축·재개발에 따른 이주비 확보 목적 대출, 환매조건부채권 등 원금손실 위험이 현저히 낮은 투자성 상품은 금융상품판매업자등의 자체 기준에 따라 평가가 가능하다.

표 3-2	금융상품별 적합성 판단기준
구분	판단 기준
투자성 상품	일반금융소비자의 정보를 파악한 결과 손실에 대한 감수능력이 적정한 수준일 것
대출성 상품	일반금융소비자의 정보를 파악한 결과 상환능력이 적정한 수준일 것

2) 적용대상

자본시장법상 온라인소액투자중개대상증권, 「온라인투자연계금융업 및 이용자보호에 관한 법률」상 연계투자계약 등을 제외한 투자성 상품이 모두 적용되는 것이 원칙이다.

《참 고》

• 모든 대출성 상품과 보장성 상품 중 변액보험과 보험료 또는 공제료 일부를 자본시 장법에 따른 금융투자상품 취득·처분 또는 그 밖의 방법으로 운용할 수 있도록 하 는 보험 또는 공제는 적합성 원칙이 적용

    − 예금성 상품은 금융소비자보호법상 근거는 있으나 동법 시행령으로 구체적인 적용대상을 정하지 않았으므로 적용되는 구체적인 예금성 상품은 없다고 할 것임

3) 적용특례

판매업자등이 자본시장법상 일반 사모펀드 판매 시에는 원칙적으로 적합성 원칙 적 용이 면제되지만 자본시장법상 적격투자자 중 일반금융소비자가 요청할 경우에는 적합 성 원칙을 적용하도록 되어 있다.

이때, 일반금융소비자는 ① 서면 교부, ② 우편 또는 전자우편, ③ 전화 또는 팩스, ④ 휴대전화 문자서비스 또는 이에 준하는 전자적 의사표시 방법으로 금융상품판매업자등 에게 적합성 원칙을 적용해 줄 것을 요청해야 한다.

금융투자판매업자등도 일반금융소비자에게 적합성 원칙을 적용받을 수 있다는 사실 을 계약체결의 권유를 하기 전에 위와 같이 서면 교부, 전자우편 등의 방법으로 미리 알 려야 한다는 점을 유의하여야 한다.

2　적정성 원칙

1) 개요

금융상품판매업자등은 위험성의 정도가 높은 투자성 상품 또는 대출성 상품에 대해서는 계약체결의 권유가 없는 경우에도 해당 일반금융소비자에게 적정한지를 살펴보고 적정성 여부를 해당 일반금융소비자에게 알리도록 하여 일반금융소비자 보호를 강화하였다.

앞서 살펴본 적합성 원칙은 금융상품판매업자등의 계약체결의 권유가 있는 경우에만 적용되는 반면에 적정성 원칙은 소비자가 자발적으로 계약체결 의사를 밝힌 경우에도 적용되는 것이 차이다.

적정성 원칙을 적용하는 방법으로 금융상품판매업자등은 면담, 질문 등을 통하여 일반금융소비자의 금융상품 취득 또는 처분의 목적, 재산상황, 취득 또는 처분 경험 등의 정보를 고려한 투자성향을 파악하고 적정성 판단기준에 따라 해당 상품이 해당 일반금융소비자에게 적정하지 않다고 판단되는 경우 이를 해당 일반금융소비자에게 알리고 이를 확인을 받아야 한다. 이때 금융상품판매업자등은 적정성 판단결과와 그 이유를 기재한 서류 및 해당 상품의 설명서를 함께 제공하도록 되어 있다.

2) 적용대상

적정성 원칙이 적용되는 상품은 아래와 같다. 다만 유의해야 할 점은 대출성 상품의 경우 금융소비자보호법 시행령에 따르면 증권, 지식재산권 등의 재산을 담보로 계약을 체결하는 대출성 상품에 한해 적정성 원칙을 적용하도록 되어 있기 때문에 금융투자업계의 경우 앞서 설명한 ① 신용거래융자·신용대주, ② 증권담보대출, ③ 청약자금대출 등 신용공여 상품이 주로 적용될 것이다.

다만, 증권시장에서 매도계약이 체결된 증권을 담보로 계약을 체결하는 대출성 상품(대표적으로 매도주식담보대출)은 담보의 안정성을 감안하여 적정성 원칙을 적용하지 않는다.

표 3-3	적정성 원칙 대상상품
구분	대상상품
투자성 상품	① 파생상품 : 장내파생상품 및 장외파생상품(금소법 시행령 제12조 제1항 제2호 가목) ② 파생결합증권(단, 금적립 계좌등은 제외)(금소법 시행령 제12조 제1항 제2호 가목) ③ 사채(社債) 중 일정한 사유가 발생하는 경우 주식으로 전환되거나 원리금을 상환해야 할 의무가 감면될 수 있는 사채(「상법」 제469조 제2항, 제513조 또는 제516조의2에 따른 사채는 제외)(조건부 자본증권)(금소법 시행령 제12조 제1항 제2호 나목) ④ 고난도금융투자상품, 고난도금전신탁계약, 고난도투자일임계약(금소법 시행령 제12조 제1항 제2호 다목) ⑤ 파생형 집합투자증권(레버리지·인버스 ETF 포함). 다만, 금소법 감독규정 제11조 제1항 단서에 해당되는 인덱스 펀드는 제외(금융소비자보호 감독규정 제11조 제1항 제1호) ⑥ 집합투자재산의 50%를 초과하여 파생결합증권에 운용하는 집합투자기구의 집합투자증권(금융소비자보호 감독규정 제11조 제1항 제2호) ⑦ 위 적정성 원칙 대상상품 중 어느 하나를 취득·처분하는 금전신탁계약의 수익증권(이와 유사한 것으로서 신탁계약에 따른 수익권이 표시된 것도 포함) (금융소비자보호 감독규정 제11조 제1항 제3호)
대출성 상품	자본시장법 제72조에 따른 신용공여(신용거래융자, 신용거래대주, 증권담보융자 등) 등 대출성 상품, 다만 증권시장에서 매도계약이 체결된 증권을 담보로 계약을 체결하는 대출성 상품은 제외

3) 적용특례

적정성 원칙도 자본시장법상 일반 사모펀드 판매 시에는 원칙적으로 적용되지 않지만 자본시장법상 적격투자자 중 일반금융소비자가 이를 요청할 경우에는 적정성 원칙을 적용하도록 하고 있다.

이때, 일반금융소비자는 ① 서면 교부, ② 우편 또는 전자우편, ③ 전화 또는 팩스, ④ 휴대전화 문자서비스 또는 이에 준하는 전자적 의사표시 방법으로 금융상품판매업자등에 적정성 원칙 적용을 요청해야 하며, 반대로 금융투자판매업자등도 일반금융소비자에게 적정성 원칙을 적용받을 수 있다는 사실을 계약체결의 권유를 하기 전에 서면 교부, 전자우편 등의 방법으로 미리 알려야 한다.

3 설명의무

1) 개요

금융상품판매업자등은 일반금융소비자에게 계약체결을 권유하거나 일반금융소비자가 설명을 요청하는 경우에는 금융상품에 관한 중요한 사항(일반금융소비자가 특정 사항에 대한 설명만을 원하는 경우 해당 사항에 한정)을 이해할 수 있도록 설명해야 한다.

다만, 종전 자본시장법과 동일하게 위험감수능력과 관련지식을 갖춘 것으로 보는 전문금융소비자에 대해서는 설명의무가 면제된다.

실무적인 쟁점사항으로 본인이 아닌 대리인에게 설명하는 경우, 전문금융소비자 여부는 본인 기준으로 판단하고 설명의무 이행 여부는 대리인을 기준으로 판단하는 것이 합리적인 것으로 판단된다.

2) 설명사항

금융상품판매업자등이 설명해야 하는 중요한 사항은 다음과 같다.

금융소비자보호법은 일반금융소비자가 원하는 경우 중요 사항 중 특정 사항만을 설명할 수 있는 것으로 규정하고, 이에 따라 금융소비자보호법 제19조 제1항에서 중요 사항을 정하고 있고 이러한 사항에 대해서는 모두 설명의무를 이행*하도록 해 금융소비자보호 공백을 최소화하고 있다.

  * 금융상품 설명의무의 합리적 이행을 위한 가이드라인(금융위·금감원 2021.7.14)

3) 설명서

설명서에는 금융소비자보호법 제19조 제1항 각 호의 구분에 따른 사항이 포함되어야 하며 중요한 내용은 부호, 색채 등으로 명확하게 표시하는 등 일반금융소비자가 쉽게 이해할 수 있도록 작성되어야 한다.

다만, 자본시장법 제123조 제1항에 따른 투자설명서 또는 간이투자설명서를 제공하는 경우에는 해당내용에 대해서는 제외가 가능하다.

아울러, 금융소비자보호법은 설명한 사람이 설명한 내용과 실제 설명서 내용이 같다

구분	중요한 사항

투자성 상품	① 투자성 상품의 내용
	② 투자에 따르는 위험
	③ 투자성 상품의 위험등급(금융상품판매업자가 정함)
	④ 금융소비자가 부담해야 하는 수수료, 계약의 해지·해제
	⑤ 증권의 환매 및 매매
	⑥ 금융소비자보호 감독규정(별표 3)에서 정하는 사항
	  1) 계약기간
	  2) 금융상품의 구조
	  3) 기대수익(객관적·합리적인 근거가 있는 경우에 한정). 이 경우 객관적·합리적인 근거를 포함하여 설명해야 한다.
	  4) 손실이 발생할 수 있는 상황(최대 손실이 발생할 수 있는 상황을 포함) 및 그에 따른 손실 추정액. 이 경우, 객관적·합리적인 근거를 포함하여 설명해야 한다.
	  5) 위험등급에 관한 다음의 사항
	    가) 해당 위험등급으로 정해진 이유
	    나) 해당 위험등급의 의미 및 유의사항
	  6) 계약상 만기에 이르기 전에 일정 요건이 충족되어 계약이 종료되는 금융상품의 경우 그 요건에 관한 사항

대출성 상품	① 금리 및 변동 여부, 중도상환수수료(금융소비자가 대출만기일이 도래하기 전 대출금의 전부 또는 일부를 상환하는 경우에 부과하는 수수료를 의미한다.) 부과 여부·기간 및 수수료율 등 대출성 상품의 내용 ② 상환방법에 따른 상환금액·이자율·시기 ③ 담보권 설정에 관한 사항, 담보권 실행사유 및 담보권 실행에 따른 담보목적물의 소유권 상실 등 권리변동에 관한 사항 ④ 대출원리금, 수수료 등 금융소비자가 대출계약을 체결하는 경우 부담하여야 하는 금액의 총액 ⑤ 그밖에 금소법 시행령 및 금융소비자보호 감독규정에서 정한 사항

공통사항	① 각 금융상품과 연계되거나 제휴된 금융상품 또는 서비스 등이 있는 경우
	  1) 연계·제휴서비스등의 내용
	  2) 연계·제휴서비스등의 이행책임에 관한 사항
	② 청약철회의 기한, 행사방법, 효과에 관한 사항
	③ 그 밖에 금소법 시행령 및 금융소비자보호 감독규정에서 정한 사항

는 사실을 서명 등을 통해 확인해야 하는 의무를 규정했고 설명서 교부 방법도 서면, 우편 또는 전자우편 외에 휴대전화 문자메시지 또는 이에 준하는 전자적 의사표시를 추가하여 온라인매체를 많이 사용하는 최근 시대현상을 반영하였다.

  설명서 교부와 관련하여 특히 유의해야 할 사항은 금융소비자보호법은 금융상품판매업자등에게 금융소비자의 의사와 관계없이 설명서 교부 의무를 부과하고 있다는 점이다.

그러나, 자본시장법에서는 공모 집합투자증권의 투자설명서 또는 간이설명서, 사모 집합투자증권의 핵심상품설명서 및 고난도 금융투자상품·고난도 투자일임계약·고난도 금전신탁계약에 대한 요약설명서의 경우는 투자자가 원하지 않을 경우에는 해당 설명서를 교부하지 않을 수 있는 것으로 되어 있는 점은 유의해야 한다(자본시장법 시행령 제68조 제5항 제2의 3호 나목, 같은법 시행령 제132조 제2호).

금융소비자보호법에서 설명서를 교부하지 않아도 되는 일부 예외 사항을 두고 있는데 ① 기존 계약과 동일한 내용으로 계약을 갱신하는 경우, ② 기본계약을 체결하고 그 계약내용에 따라 계속적·반복적으로 거래를 하는 경우 등이 있으며 계속적·반복적 거래의 경우로는 주식 등에 대한 매매거래계좌를 설정하는 등 금융투자상품을 거래하기 위한 기본계약을 체결하고 그 계약내용에 따라 계속적·반복적으로 거래하는 것을 들 수 있다.

투자성 상품과 관련한 설명서는 다음과 같다.

표 3-5 투자성 상품에 대한 각종 설명서 내역

구 분		설 명 서		고난도금융투자상품
공모	집합투자 증권 外	투자설명서 (금소법 시행령 §14①, 자본시장법 §123①)	금소법상 설명서[1]	요약설명서 (자본시장법 시행령 §68⑤2의3)[2]
	집합투자 증권	투자설명서 또는 간이투자설명서 (금소법 시행령 §14①, 자본시장법 §123①)		
기타	사모펀드	사모펀드 핵심상품설명서 (자본시장법 §249의4②~④)	금소법상 설명서	
	일임, 신탁	금소법상 설명서 (금소법 시행령 §14①)		고난도 상품에 대한 요약설명서

1) 자본시장법상 투자설명서 또는 간이투자설명서에 기재된 내용은 금소법상 설명서에서 제외 가능
2) 공모펀드의 경우 간이투자설명서 교부 시, 사모펀드의 경우에는 핵심상품설명서 제공 시에는 고난도 상품 요약 설명서 교부의무 면제

4 불공정영업행위 금지

1) 개요

금융상품판매업자등이 금융상품 판매 시 우월적 지위를 이용하여 부당한 금융상품 거래를 유발시키는 등 금융소비자의 권익침해를 제한하는 것이 목적으로 주로 대출성 상품과 관련한 규제로 인식된다.

적용대상은 금융소비자, 즉 일반금융소비자 및 전문금융소비자도 모두 해당된다는 점을 유의해야 한다.

2) 불공정영업행위 유형

금융소비자보호법이 규정하고 있는 불공정영업행위는 다음과 같다.

❶ 대출성 상품에 관한 계약체결과 관련하여 금융소비자의 의사에 반하여 다른 금융상품의 체결을 강요하는 행위(일명 "꺾기 규제")

❷ 대출성 상품에 관한 계약체결과 관련하여 부당하게 담보를 요구하거나 보증을 요구하는 행위

❸ 금융상품판매업자등 또는 그 임직원이 업무와 관련하여 편익을 요구하거나 제공받는 행위

❹ 대출성 상품과 관련하여,
- 자기 또는 제3자의 이익을 위하여 금융소비자에게 특정 대출 상환방식을 강요하는 행위
- 대출계약 성립일로부터 3년 이내 상환, 타 법령상에 중도상환수수료 부과를 허용하는 등의 경우를 제외하고 수수료·위탁금·중도상환수수료를 부과하는 행위
- 개인에 대한 대출과 관련하여 제3자의 연대보증을 요구하는 경우(금융소비자보호법 시행령 등에서 정한 예외사항은 제외)

❺ 연계·제휴서비스등이 있는 경우 연계·제휴서비스등을 부당하게 축소하거나 변경하는 행위. 다만, 연계·제휴서비스등을 불가피하게 축소하거나 변경하더라도

금융소비자에게 그에 상응하는 다른 연계·제휴서비스등을 제공하는 경우와 금융
상품판매업자등의 휴업·파산·경영상의 위기 등에 따른 불가피한 경우에는 제외

- 시행령 등에서 정하는 세부적인 행위유형은 다음과 같음
  - 다음 방법 중 2개 이상의 방법으로 연계·제휴서비스등을 축소·변경한다는
    사실을 축소·변경하기 6개월 전부터 매월 고지하지 않은 경우

    〈고지방법〉
    1. 서면교부
    2. 우편 또는 전자우편
    3. 전화 또는 팩스
    4. 휴대전화 문자메시지 또는 이에 준하는 전자적 의사표시

  - 연계·제휴서비스등을 정당한 이유 없이 금융소비자에게 불리하게 축소하
    거나 변경하는 행위. 다만, 연계·제휴서비스등이 3년 이상 제공된 후 그 연
    계·제휴서비스등으로 인해 해당 금융상품의 수익성이 현저히 낮아진 경우
    는 제외

3) 투자성 상품관련 유의해야 하는 불공정영업행위 유형

금융상품판매업자등은 특히, 대출성 상품 계약을 빌미로 중소기업 등에게 투자성 상
품 등을 끼워 판매하는 "꺾기 규제"를 유의해야 한다. 그 유형은 다음과 같다.

❶ 금융소비자에게 제3자의 명의를 사용하여 다른 금융상품(투자성 상품, 보장성 상품 등)
의 계약을 체결할 것을 강요하는 행위
❷ 금융소비자에게 다른 금융상품직접판매업자를 통해 다른 금융상품에 관한 계약
을 체결할 것을 강요하는 행위
❸ 금융소비자가 「중소기업기본법」에 따른 중소기업인 경우 그 대표자 또는 관계인
[중소기업의 대표자·임원·직원 및 그 가족(민법상 배우자 및 직계혈족)]에게 다른 금융상품의
계약체결을 강요하는 행위
❹ 대출성 상품에 관한 계약을 체결하고 최초로 이행된 전·후 1개월 내에 다음의 구
분에 따른 다른 금융상품에 대한 계약체결을 하는 행위(꺾기 규제)
  - 투자성 상품의 경우 판매한도 1%는 금융상품직접판매업자에게 지급되는 "월

지급액"을 기준으로 계산함(※ 예 : 1억 2천만원 대출시 매월 적립식 펀드매수금액이 100만원을 초과시 불공정영업행위에 해당될 수 있음)

표 3-6　금융상품 꺾기 규제 요약

판매제한 금융상품	취약차주*	그 밖의 차주** (투자성 상품의 경우 개인에 한정)
일부 투자성 상품 (펀드, 금전신탁, 일임계약에 한정)	금지	1% 초과 금지
보장성 상품	금지	1% 초과 금지
예금성 상품	1% 초과 금지	규제 없음

* (취약차주) 중소기업 및 그 기업의 대표자, 개인신용평점이 하위 10%에 해당하는 사람, 피성년후견인 또는 피한 정후견인
** (그 밖의 차주) 취약차주에 해당되지 않는 차주

- 유의할 점을 자본시장법 제72조 제1항에 따른 신용공여는 주식담보대출의 특성상 금융투자회사가 차주에 비해 우월적 지위에 있지 않다는 점을 감안해 꺾기 규제와 관련한 대출성 상품의 종류에는 포함되지 않음(감독규정 §14⑤ 제1호 라목)

4) 기타 유의해야 할 불공정영업행위 유형

❶ 금융상품판매업자 또는 그 임원·직원이 업무와 관련하여 직·간접적으로 금융소비자 또는 이해관계자로부터 금전, 물품 또는 편익 등을 부당하게 요구하거나 제공받는 행위

❷ 금융소비자가 계약해지를 요구하는 경우에 계약해지를 막기 위해 재산상 이익의 제공, 다른 금융상품으로의 대체권유 또는 해지 시 불이익에 대한 과장된 설명을 하는 행위

❸ 금융소비자가 청약을 철회하겠다는 이유로 금융상품에 관한 계약에 불이익을 부과하는 행위. 다만, 같은 금융상품직접판매업자에 같은 유형의 금융상품에 관한 계약에 대하여 1개월 내 2번 이상 청약의 철회의사를 표시한 경우는 제외함

5 부당권유행위 금지

1) 개요

금융상품판매업자등이 금융상품 계약의 체결을 권유할 때 금융소비자가 오인할 우려가 있는 허위의 사실, 단정적인 판단 등을 제공하여 금융소비자의 올바른 판단 형성에 방해가 없도록 하여야 한다.

이때, 적용 대상은 금융소비자로 일반금융소비자 및 전문금융소비자 모두 보호하도록 되어 있다.

2) 부당권유행위 유형

금융소비자보호법이 규정하고 있는 부당권유행위의 유형은 다음과 같다.

❶ 불확실한 사항에 대하여 단정적 판단을 제공하거나 확실하다고 오인하게 할 소지가 있는 내용을 알리는 행위

❷ 금융상품의 내용을 사실과 다르게 알리는 행위

❸ 금융상품의 가치에 중대한 영향을 미치는 사항을 미리 알고 있으면서 금융소비자에게 알리지 아니하는 행위

❹ 금융상품 내용의 일부에 대하여 비교대상 및 기준을 밝히지 아니하거나 객관적인 근거 없이 다른 금융상품과 비교하여 해당 금융상품이 우수하거나 유리하다고 알리는 행위

3) 투자성 상품관련 유의해야 하는 부당권유행위 유형

❶ 투자성 상품의 경우 금융소비자로부터 계약의 체결권유를 해줄 것을 요청받지 아니하고 방문·전화 등 실시간 대화의 방법을 이용하는 행위(일명 불초청 권유 금지). 다만, 금융소비자 보호 및 건전한 거래질서를 해칠 우려가 없는 행위로 투자권유 전에 금융소비자의 개인정보 취득경로, 권유하려는 금융상품의 종류·내용 등을 금융소비자에게 미리 안내하고, 해당 금융소비자가 투자권유를 받을 의사를 표시한 경우에는 아래의 상품을 제외하고는 투자권유를 할 수 있다(금융소비자보호법 시

행령 제16조 제1항 제1호).

ㄱ. 일반금융소비자의 경우 : 고난도금융투자상품, 고난도투자일임계약, 고난도
금전신탁계약, 사모펀드, 장내파생상품, 장외파생상품

ㄴ. 전문금융소비자의 경우 : 장외파생상품

❷ 투자성 상품의 경우 계약의 체결권유를 받은 금융소비자가 이를 거부하는 취지
의 의사를 표시하였는데도 계약의 체결권유를 계속하는 행위(일명 재권유 금지)

- 다음과 같은 경우에는 재권유 금지 예외를 적용함

1. 투자성 상품에 대한 계약의 체결권유를 받은 금융소비자가 이를 거부하는
취지의 의사를 표시한 후 1개월이 지난 경우에는 해당 상품을 재권유할 수
있음

2. 다른 유형의 투자성 상품은 재권유 금지대상이 아니며 투자성 상품의 유형
은 다음과 같이 구분함

1) 자본시장법에 따른 금융투자상품

가. 수익증권

나. 장내파생상품

다. 장외파생상품

라. 증권예탁증권

마. 지분증권

바. 채무증권

사. 투자계약증권

아. 파생결합증권

2) 자본시장법에 따른 신탁계약

가. 자본시장법 제103조 제1항 제1호의 신탁재산에 대한 신탁계약

나. 자본시장법 제103조 제1항 제2호부터 제7호까지의 신탁재산에 대
한 신탁계약

3) 자본시장법에 따른 투자자문계약 또는 투자일임계약

가. 자본시장법에 따른 장내파생상품에 관한 계약

나. 자본시장법에 따른 장외파생상품에 관한 계약

다. 자본시장법에 따른 증권에 관한 계약

4) 장외파생상품의 경우 기초자산 및 구조가 다른 경우 다른 유형으로 구

분함

　　　가. (기초자산) 금리, 통화, 지수 등

　　　나. (구조) 선도, 스왑, 옵션 등

❸ 투자성 상품에 관한 계약의 체결을 권유하면서 일반금융소비자가 요청하지 않은 다른 대출성 상품을 안내하거나 관련 정보를 제공하는 행위

－ 예를 들면 금융상품판매업자등이 주식 위탁매매를 권유하면서 일반금융소비자에게 먼저 신용거래융자 이용을 권유할 수 없음. 이때 적용대상은 일반금융소비자에 한정되므로 전문금융소비자에 대해서는 신용공여 관련사항을 먼저 안내할 수 있음

❹ 투자성 상품의 가치에 중대한 영향을 미치는 사항을 알면서 그 사실을 금융소비자에 알리지 않고 그 금융상품의 매수 또는 매도를 권유하는 행위

❺ 자기 또는 제3자가 소유한 투자성 상품의 가치를 높이기 위해 금융소비자에게 해당 투자성 상품의 취득을 권유하는 행위

❻ 금융소비자가 자본시장법 제174조(미공개중요정보 이용행위), 제176조(시세조종행위 등) 또는 제178조(부정거래행위 등)에 위반되는 매매, 그 밖의 거래를 하고자 한다는 사실을 알고 그 매매, 그 밖의 거래를 권유하는 행위

4) 기타 유의해야 하는 부당권유행위 유형

금융소비자보호법에 특별히 신설된 부당권유행위에 대해서 주의할 필요가 있는데 그 유형은 다음과 같다.

❶ 적합성 원칙을 적용함에 있어서 일반금융소비자의 금융상품 취득 또는 처분목적, 재산상황 또는 취득 또는 처분 경험 등의 투자성향 정보를 조작하여 권유하는 행위

❷ 금융상품판매업자등이 적합성 원칙(법§17)을 적용받지 않고 권유하기 위해 일반금융소비자로부터 계약 체결의 권유를 원하지 않는다는 의사를 서면 등으로 받는 행위

❸ 내부통제기준에 따른 직무수행 교육을 받지 않은 자로 하여금 계약체결 권유와 관련된 업무를 하게 하는 행위

－ 금융상품판매업자등의 내부통제기준에 금융상품에 대한 계약체결의 권유를 담

당하는 임직원에 대한 직무윤리, 상품지식 등을 함양하는 직무교육체계(자체교육 또는 전문교육기관 이용 등)를 수립하고 해당 교육을 이수한 임직원에 대해서만 판매업무를 수행하도록 해 판매임직원 역량 강화 및 소비자보호 환경 마련

6 광고규제

1) 개요

금융소비자보호법은 금융상품 또는 금융상품판매업자등의 업무에 관한 광고 시 필수 포함사항 및 금지행위 등을 규정하고 광고주체를 제한하는 등의 규제로 허위·과장광고 로부터 금융소비자 보호하고자 한다.

유의할 것은 광고의 대상은 금융상품뿐 아니라 금융상품판매업자등의 수행하는 업무 로서 금융상품판매업자등이 제공하는 각종 서비스가 될 수 있다.

2) 광고주체

금융소비자보호법은 광고주체로 원칙적으로 금융상품직접판매업자, 금융상품판매대리·중개업자, 금융상품자문업자, 금융상품판매업자등을 자회사·손자회사로 하는 금융 지주회사, 자본시장법에 따른 증권의 발행인 또는 매출인(해당 증권에 관한 광고에 한정), 각 금융협회 그리고 집합투자업자 등이 해당된다.

유의할 점은 집합투자업자도 집합투자증권을 제조하는 등 자본시장법상 광고주체로 기능을 해왔던 내용이 금융소비자보호법에도 그대로 계수되었다는 점이다.

3) 광고주체 제한

금융소비자보호법상 광고규제의 특징적인 점은 광고주체를 제한하는 것인데 특히 투자성 상품의 경우 금융상품판매대리·중개업자는 금융상품뿐 아니라 금융상품판매업자 등의 업무에 관한 광고도 수행할 수 없다.

투자성 상품과 관련된 금융상품판매대리·중개업자는 자본시장법상 투자권유대행인 에 해당되는데 이들은 금융상품직접판매업자에 1사 전속으로 소속되어 활동하는 개인

이므로 별다른 투자광고의 필요성이 없었을 뿐 아니라, 만약 허용하더라도 개인이 활동하는 업무특성상 광고규제가 원활하게 작동되지 않는 등의 문제점을 감안한 조치로 자본시장법상 특성이 그대로 계수되었다고 볼 수 있다.

4) 광고방법 및 절차

- **(광고방법)** 광고주체는 글자의 색깔·크기 또는 음성의 속도 등이 금융소비자(일반 또는 전문)가 금융상품의 내용을 오해하지 않도록 명확하고 공정하게 전달하며 금융상품으로 인해 얻는 이익과 불이익을 균형 있게 전달해야 한다.
  - 또한 광고주체가 금융상품 등에 대한 광고를 하는 경우에는 「금융회사의 지배구조에 관한 법률」 제25조 제1항에 따른 준법감시인(준법감시인이 없는 경우에는 감사)의 심의를 받아야 한다.
- **(광고 포함사항)** 다음의 내용을 광고에 포함하여야 한다.
  - 금융상품에 관한 계약을 체결하기 전에 금융상품 설명서 및 약관을 읽어 볼 것을 권유하는 내용
  - 투자성 상품의 경우 금융상품의 명칭, 수수료, 투자에 따른 위험(원금손실발생 가능성, 원금손실에 대한 소비자의 책임), 과거 운용실적을 포함하여 광고하는 경우에는 그 운용실적이 미래의 수익률을 보장하는 것이 아니라는 사항, 금융상품의 이자, 수익 지급시기 및 지급제한 사유 등
- **(금지사항)** 특히, 투자성 상품에 관한 광고 시 다음의 행위를 하여서는 안 된다.
  - 손실보전 또는 이익보장이 되는 것으로 오인하게 하는 행위
  - 수익률이나 운용실적을 표시하는 경우 수익률이나 운용실적이 좋은 기간의 수익률이나 운용실적만을 표시하는 경우

5) 광고심사

협회는 금융상품판매업자등의 광고규제 준수 여부를 확인하고 그 결과에 대한 의견을 해당 금융상품판매업자등에게 통보할 수 있다.

투자성 상품의 경우 한국금융투자협회가 이를 수행하고 있으며 앞서 설명한 바와 같이 금융상품 판매·대리업자는 광고행위를 할 수 없으며 이에 따라 협회도 관련하여 광고심사를 하지 않고 있다.

1 개요

금융소비자보호법은 같은 법 또는 관련법률에 따른 금융상품판매대리·중개업자가 아닌 자에게 금융상품에 대한 권유 또는 계약의 대리·중개를 하지 못하도록 하고 금지행위를 정함으로써 금융소비자를 보다 두텁게 보호하고 있다(금융소비자보호법 제24조~제26조, 금융소비자보호법 시행령 제23조~제24조).

2 금지행위

투자성 상품과 관련하여 금융상품판매대리·중개업자(투자권유대행인)에 대한 주요한 금지행위는 다음과 같다.

- 금융소비자로부터 투자금 등 계약의 이행으로서 급부를 받는 행위
- 금융상품판매대리·중개업자가 대리·중개하는 업무를 제3자에게 하게 하거나 그러한 행위에 관하여 수수료·보수나 그 밖의 대가를 지급하는 행위
- 금융상품직접판매업자로부터 정해진 수수료 외의 금품, 그 밖의 재산상 이익을 요구하거나 받는 행위
- 금융상품직접판매업자를 대신하여 계약을 체결하는 행위
- 자본시장법에 따른 투자일임재산이나 같은 법에 따른 신탁재산을 각각의 금융소비자별 또는 재산별로 운용하지 않고 모아서 운용하는 것처럼 투자일임계약이나 신탁계약의 계약체결등(계약의 체결 또는 계약 체결의 권유를 하거나 청약을 받는 것)을 대리·중개하거나 광고하는 행위
- 금융소비자로부터 금융투자상품을 매매할 수 있는 권한을 위임받는 행위
- 투자성 상품에 관한 계약의 체결과 관련하여 제3자가 금융소비자에 금전을 대여하도록 대리·중개하는 행위

투자성 상품과 관련하여 금융상품판매대리·중개업자(투자권유대행인)가 금융소비자에게 알려야 하는 고지의무 등은 다음과 같다.

- 금융상품판매대리·중개업자가 대리·중개하는 금융상품직접판매업자의 명칭 및 업무 내용
- 하나의 금융상품직접판매업자만을 대리하거나 중개하는 금융상품판매대리·중개업자인지 여부
- 금융상품판매대리·중개업자 자신에게 금융상품계약을 체결할 권한이 없다는 사실
- 금융소비자보호법 제44조와 제45조에 따른 손해배상책임에 관한 사항
- 금융소비자의 금융상품 매매를 대신할 수 없다는 사실
- 자신이 금융상품판매대리·중개업자라는 사실을 나타내는 표지를 게시하거나 증표를 금융소비자에게 보여 줄 것

section 04 방문(전화권유)판매 규제

1 개요

방문판매란 방문판매(방문판매 등에 관한 법률 제2조 제1호에 따른 것) 및 전화권유판매(방문판매 등에 관한 법률 제2조 제3호에 따른 것) 방식으로 금융상품을 판매하는 것을 말하고 이 법에서는 금융상품판매업자 등과 그 임직원이 이러한 방식으로 금융상품을 판매하는 경우에 적용되는 규제를 말한다.

1) 방문(전화권유)판매 시 불초청권유금지

법상 원칙적으로는 금융상품판매업자 등이 금융소비자로부터 계약의 체결을 해줄 것을 요청받지 아니하고 방문·전화 등 실시간 대화의 방법을 이용하는 행위를 부당권유행위로 규정하고 있다.

그러나, 현재 시장의 거래실질을 감안하여 투자권유를 하기 전에 금융소비자의 개인정보 취득경로, 권유하려는 금융상품의 종류·내용 등을 금융소비자에게 미리 안내(사전안내)하고, 해당 금융소비자가 투자권유를 받을 의사를 표시한 경우에는 초청을 받은 권유로 보도록 하였다.

다만, 상품의 위험정도와 금융소비자의 유형을 감안하여 사전안내가 불가한 투자성상품과 금융소비자 유형을 아래와 같이 분류하고 있다.

❶ 일반금융소비자의 경우 : 고난도금융투자상품, 고난도투자일임계약, 고난도금전신탁계약, 사모펀드, 장내파생상품, 장외파생상품
❷ 전문금융소비자의 경우 : 장외파생상품

2) 방문판매원등에 대한 명부작성 등

금융상품판매업자 등은 방문판매 및 전화권유판매 방식으로 영업을 하려는 경우 방문판매 및 전화권유판매를 하려는 임직원(이하 "방문판매원등"이라 한다)의 명부를 작성해야 한다. 명부에는 방문판매원 등의 성명·소속 전화번호가 포함되어야 한다.

또한, 홈페이지를 운영하는 경우 금융소비자가 그 홈페이지를 통하여 특정 방문판매원 등이 그 금융상품판매업자 등에게 소속되어 있음을 쉽게 확인할 수 있도록 하여야 한다.

3) 방문(전화권유)판매 관련 준수사항

- 금융상품판매업자 등은 금융소비자가 요청하면 언제든지 금융소비자로 하여금 방문판매 및 전화권유판매를 하려는 임직원의 신원을 확인할 수 있도록 하여야 한다.

또한 방문판매 및 전화권유판매로 금융상품을 판매하려는 경우에는 금융소비자에게 미리 해당 방문 또는 전화가 판매를 권유하기 위한 것이라는 점과 방문판매 및 전화권유판매를 하려는 임직원의 성명 또는 명칭, 판매하는 금융상품의 종류 및 내용을 밝혀야 한다.

• 금융상품판매업자 등은 일반금융소비자에게 자신에게 연락금지요구권이 있음과 행사방법 및 절차를 알려야 한다. 만약 방문판매원등이 그 내용을 구두로만 알린 경우에는 알린 날로부터 1개월 이내에 그 내용을 서면, 전자우편, 휴대전화 문자메시지 및 그 밖에 금융위원회가 정하는 방법으로 추가로 알려야 한다. 금융상품판매업자 등은 일반금융소비자가 이 권리를 행사하면 즉시 따라야 하며, 이때 개인인 금융소비자가 연락금지요구에 따라 발생하는 금전적 비용이 부담하지 않도록 조치해야 한다.

• 금융상품판매업자 등은 야간(오후 9시부터 다음날 오전 8시까지)에 금융상품을 소개하거나 계약체결을 권유할 목적으로 연락하거나 방문하여서는 아니 된다. 다만 금융소비자가 요청한 경우에는 예외로 한다.

4) 방문(전화권유)판매 관련 전속관할

• 방문판매 및 유선·무선·화상통신·컴퓨터 등 정보통신기술을 활용한 비대면 방식을 통한 금융상품 계약과 관련된 소(訴)는 제소 당시 금융소비자 주소를, 주소가 없는 경우에는 거소를 관할하는 지방법원의 전속관할로 한다. 다만, 제소 당시 금융소비자의 주소 또는 거소가 분명하지 아니한 경우에는 「민사소송법」의 관계 규정을 준용한다.

5) 방문(전화권유)판매규제 위반 시 벌칙

• (벌금) 금융상품판매업자 등과 그 방문판매원등의 성명 또는 명칭, 판매하려는 금융상품의 종류 및 내용 등을 거짓으로 밝힌 자는 1천만 원 이하의 벌금에 처한다.
• (과태료) 아래의 경우에는 1천만 원 이하의 과태료를 부과한다.
　－ 연락금지를 요구한 일반금융소비자에게 금융상품을 소개하거나 계약체결을 권유할 목적으로 연락한 자
　－ 야간(오후 9시 이후부터 다음 날 오전 8시까지)에 금융상품을 소개하거나 계약체결을 권

유할 목적으로 금융소비자를 방문하거나 연락한 자

• (과태료) 아래의 경우에는 5백만 원 이하의 과태료를 부과한다.

  – 금융상품판매업자 등이 명부를 작성하지 않거나 신원확인에 응하지 않아 방문
    판매원등의 신원을 확인할 수 없도록 한 자 또는 방문판매원등의 성명 등을 밝
    히지 아니한 자

<table>
<tr><td>section 05</td><td>금융소비자 권익강화 제도</td></tr>
</table>

<table>
<tr><td>1</td><td>계약서류 제공의무</td></tr>
</table>

1) 개요

금융상품직접판매업자 및 금융상품자문업자는 금융소비자(일반 또는 전문)와 금융상품
또는 금융상품자문에 관한 계약을 체결하는 경우 금융소비자에게 계약서류를 지체 없
이 교부하도록 하여 금융소비자 권익을 보장하고 있다(금융소비자보호법 제23조).

• (계약서류) 금융소비자보호법에서 정하는 계약서류의 종류에는 ① 금융상품 계약
  서, ② 금융상품의 약관, ③ 금융상품 설명서(금융상품판매업자만 해당)

• (계약서류 제공의무 예외) 자본시장법에 따른 온라인소액투자중개업자로서 같은
  법에 따라 계약서류가 제공된 경우에는 금융소비자보호법상 계약서류 제공의무
  면제

  – 아울러, 금융소비자 보호에 관한 감독규정에 따라 아래와 같은 경우 계약서류
    제공의무 면제

    1. 기본계약을 체결하고 그 계약내용에 따라 계속적·반복적으로 거래하는 경우

    2. 기존계약과 동일한 내용으로 계약을 갱신하는 경우

    3. 법인인 전문금융소비자와 계약을 체결하는 경우(설명서에 한하여 제공의무 면제)

2) 계약서류 제공방법

금융상품직접판매업자 및 금융상품자문업자가 계약서류를 제공하는 때에는 다음 각 호의 방법으로 제공하여야 한다. 다만, 금융소비자가 다음 각 호의 방법 중 특정 방법으로 제공해 줄 것을 요청하는 경우에는 그 방법으로 제공해야 한다.

〈교부방법〉
1. 서면교부
2. 우편 또는 전자우편
3. 휴대전화 문자메시지 또는 이에 준하는 전자적 의사표시

아울러, 판매업자등이 유의해야 할 점은 계약서류가 법령 및 내부통제기준에 따른 절차를 거쳐 제공된다는 사실을 해당 계약서류에 포함하여 교부해야 한다는 사실이다.

3) 계약서류 제공사실 증명

판매업자등은 계약서류의 제공 사실에 관하여 금융소비자와 다툼이 있는 경우에는 금융상품직접판매업자 및 금융상품자문업자가 이를 증명해야 한다.

2 자료의 기록 및 유지·관리 등

1) 개요

금융상품판매업자등은 금융상품판매업등의 업무와 관련한 자료를 기록하고 유지·관리하며 금융소비자(일반 또는 전문)의 요구에 응해 열람하게 함으로써 금융소비자의 권리구제 등을 지원하여야 한다.

특히, 금융상품판매업자등은 자료의 기록, 유지 및 관리를 위해 적절한 대책을 수립·시행하여야 한다.

2) 자료의 종류

금융상품판매업자등이 유지·관리해야 하는 자료는 다음과 같다.

1. 계약체결에 관한 자료
2. 계약의 이행에 관한 자료
3. 금융상품등에 관한 광고 자료
4. 금융소비자의 권리행사에 관한 다음 각 목의 자료
   가. 금융소비자의 자료 열람 연기·제한 및 거절에 관한 자료
   나. 청약의 철회에 관한 자료
   다. 위법계약의 해지에 관한 자료
5. 내부통제기준의 제정 및 운영 등에 관한 자료
6. 업무 위탁에 관한 자료
7. 제1호부터 제6호까지의 자료에 준하는 것으로서 금융위원회가 정하여 고시하는 자료

3) 유지 · 관리 기간

금융상품판매업자등은 원칙적으로 10년간 유지·관리하되 내부통제기준의 제정 및 운영 등에 관한 자료는 5년으로 한다.

4) 열람요구

금융소비자는 분쟁조정 또는 소송의 수행 등 권리구제를 위한 목적으로 금융상품판매업자 등이 기록 및 유지·관리하는 자료의 열람(사본의 제공 또는 청취를 포함한다)을 요구할 수 있다.

금융상품판매업자 등은 금융소비자로부터 열람을 요구받았을 때에는 해당 자료의 유형에 따라 요구받은 날부터 6영업일 이내에 해당 자료를 열람할 수 있도록 하여야 한다. 이 경우 해당 기간 내에 열람할 수 없는 정당한 사유가 있을 때에는 금융소비자에게 그 사유를 알리고 열람을 연기할 수 있으며, 그 사유가 소멸하면 지체 없이 열람하게 하여야 한다.

특히, 법은 위와 같은 금융소비자의 열람요구권에 반하는 특약으로 일반금융소비자에게 불리한 것은 무효로 규정하고 있다.

5) 열람제한

금융소비자보호법은 열람을 제한하거나 거절할 수 있는 요건으로 다음의 5가지 사례를 들고 있다. 이때 금융상품판매업자등은 금융소비자에게 그 사유를 알리고 열람을 제한하거나 거절할 수 있다.

1. 법령에 따라 열람을 제한하거나 거절할 수 있는 경우
2. 다른 사람의 생명·신체를 해칠 우려가 있거나 다른 사람의 재산과 그 밖의 이익을 부당하게 침해할 우려가 있는 경우
3. 해당 금융회사의 영업비밀(「부정경쟁방지 및 영업비밀보호에 관한 법률」 제2조 제2호에 따른 영업비밀)이 현저히 침해될 우려가 있는 경우
4. 개인정보의 공개로 인해 사생활의 비밀 또는 자유를 부당하게 침해할 우려가 있는 경우
5. 열람하려는 자료가 열람목적과 관련이 없다는 사실이 명백한 경우

3 청약의 철회

1) 개요

청약철회권은 일반금융소비자가 금융상품 등 계약의 청약을 한 후 일정기간 내에 청약과정 등에 하자가 없음에도 불구하고 일반금융소비자에게 청약철회권을 부여하는 제도이다(금융소비자보호법 제46조, 금융소비자보호법 시행령 제37조).

따라서, 일반금융소비자가 청약철회로 인한 불이익이 없이 해당 계약에서 탈퇴할 수 있는 기회를 제공함으로써 일반금융소비자의 권익향상에 기여하고자 한다.

2) 청약의 철회

❶ 투자성 상품 : 일반금융소비자는 투자성 상품 중 청약철회가 가능한 상품에 한하여 다음의 어느 하나에 해당되는 날로부터 7일(금융상품판매업자등과 일반금융소비자 간에 해당기간보다 긴 기간으로 약정한 경우에는 그 기간) 내에 청약의 철회를 할 수 있음

1. 계약서류를 제공받은 날

2. 계약 체결일

‒ (청약철회의 효력 발생) 일반금융소비자가 금융상품판매업자등에게 청약철회의 의사를 서면, 전자우편, 휴대전화 문자메시지 등의 방법으로 발송한 때 청약철회의 효력이 발생하며, 일반금융소비자가 서면 등을 발송한 때에는 지체 없이 그 발송사실을 해당 금융상품판매업자등에게 알려야 함

‒ (청약철회권 배제) 투자성 상품에 관한 계약의 경우 일반금융소비자가 예탁한 금전등(금전 또는 그 밖의 재산적 가치가 있는 것을 포함)을 지체 없이 운용하는 데 동의한 경우에는 청약철회권을 행사하지 못함

☞ 실무상 유의사항으로 금융상품판매업자등은 해당 일반금융소비자에게 "투자자가 지체 없이 운용하는 데 동의하는 경우 7일간 청약철회권 행사를 할 수 없다"는 사실 등을 설명하고 투자자가 직접 서명, 기명날인, 녹취 등의 방법으로 동의(확인)하는 회사와 투자자 간 개별약정 방식으로 진행해야 함 (약관·계약서·집합투자규약 등에 "투자자가 지체 없이 운용하는 데 동의(확인)합니다" 등의 문구를 미리 넣어 작성해 놓고 이를 투자자에게 교부하는 방식으로 투자자의 동의 의사를 확인할 경우 약관규제법 위반 소지)

‒ (금전등의 반환) 금융상품판매업자등은 청약의 철회를 접수한 날로부터 3영업일 이내에 이미 받은 금전·재화 및 해당 상품과 관련하여 수취한 보수·수수료 등을 반환

‒ 청약철회가 가능한 투자성 상품

1. 고난도금융투자상품(일정 기간에만 금융소비자를 모집하고 그 기간이 종료된 후에 금융소비자가 지급한 금전등으로 자본시장법에 따른 집합투자를 실시하는 것만 해당)

2. 고난도투자일임계약, 고난도금전신탁계약

3. 비금전신탁계약

❷ 대출성 상품 : 금융투자회사와 관련해서는 자본시장법 제72조 제1항에 따른 신용공여가 대표적인 청약철회의 대상이며 일반금융소비자는 다음의 어느 하나에 해당되는 날로부터 14일(금융상품판매업자등과 일반금융소비자 간에 해당기간보다 긴 기간으로 약정한 경우에는 그 기간) 내에 청약의 철회를 할 수 있음

1. 계약서류를 제공받은 날

2. 계약 체결일

☞ 실무적으로는 금융투자회사와 관련된 대출성 상품은 자본시장법 제72조 제1
항에 따른 신용공여이며 그중에 일반금융소비자와 관련해서는 신용거래(신용
거래융자 또는 신용거래대주)가 주로 청약철회권의 대상이 될 것임
이때, 신용거래(신용거래융자 또는 신용거래대주)시 청약철회권 행사기간(14일)을 기
산하는 시점은 금융투자회사와 일반금융소비자 간에 신용거래의 계약체결일
또는 신용거래 계약서류를 제공받은 날임(계약체결일 이후 신용거래융자 또는 신용거
래대주가 실행된 날이 아님)

금융위 신속처리반 회신

신용거래*는 계약체결 후 금전지급일이 소비자의 선택에 따라 달라지는 특성이 있어 금
소법 제46조 제1항 제3호 각 목 외 부분의 "금전 등의 지급이 늦게 이루어진 경우"가 적
용되기 어렵습니다.
* 자본시장법 제72조 제1항에 따른 신용공여

− (청약철회권 배제) 다만, 담보로 제공한 증권이 자본시장법에 따라 처분된 경
우에는 청약철회권을 행사할 수 없음

− (청약철회의 효력 발생) 일반금융소비자가 금융상품판매업자등에게 청약철
회의 의사를 서면, 전자우편, 휴대전화 문자메시지 등의 방법으로 발송하고,
금융상품판매업자등에게 이미 공급받은 금전등을 회사에 반환한 때에 비로소
청약철회의 효력이 발생하는 점을 유의. 또한 일반금융소비자가 서면 등을
발송한 때에는 지체 없이 그 발송사실을 해당 금융상품판매업자등에게 알려
야 함

− (금전등의 반환) 금융상품판매업자등은 일반금융소비자로부터 금전등을 반
환받은 날로부터 3영업일 이내에 신용공여와 관련하여 투자자로부터 받은 수
수료를 포함하여 이미 받은 금전등을 반환하고, 반환이 늦어진 기간에 대해서
는 해당 금융상품의 계약에서 정해진 연체이자율을 금전·재화·용역의 대금에
곱한 금액을 일 단위로 계산하여 지급하여야 함

☞ 실무적으로는 금융투자회사는 고객으로부터 받은 수수료(증권 매매수수료 등

은 제외) 등을 고객에게 반환하며, 반대로 고객은 금융투자회사에 대출원금, 이자, 인지대 등을 반환해야 함

3) 청약철회권 관련 추가적인 소비자 보호 장치

금융상품판매업자등은 청약이 철회된 경우 투자자에 대하여 청약의 철회에 따른 손해배상 또는 위약금 등 금전 지급을 청구할 수 없으며, 청약의 철회에 대한 특약으로서 투자자에게 불리한 것은 무효로 금융소비자보호법은 규정하고 있다.

또한, 금융상품판매업자등은 청약이 철회된 경우 투자자에 대하여 청약의 철회에 따라 금전(이자 및 수수료를 포함)을 반환하는 경우에는 투자자가 지정하는 입금계좌로 입금해야 한다.

4 금융분쟁의 조정

1) 개요

금융소비자 및 그 밖의 이해관계인은 금융과 관련하여 분쟁이 있을 때에는 금융감독원장에게 분쟁조정을 신청할 수 있으며, 분쟁의 당사자가 조정안에 대해 수락할 경우 재판상 화해와 동일한 효과를 볼 수 있다(금융소비자보호법 제33조~제43조, 금융소비자보호법 시행령 제32조~제34조).

2) 시효중단 효과

금융소비자보호법에 따라 분쟁조정이 신청된 경우 시효중단의 효력이 있음을 유의해야 한다. 다만, 합의권고를 하지 아니하거나 조정위원회에 회부하지 아니할 때에는 시효중단 효력은 없으나, 이때에도 1개월 이내에 재판상의 청구, 파산절차참가, 압류 또는 가압류, 가처분을 한 때에는 시효는 최초의 분쟁조정의 신청으로 인하여 중단된 것으로 본다.

3) 분쟁조정 관련 주요 신규제도

금융소비자보호법에 따른 분쟁조정 신청 시 아래와 같은 제도가 도입되어 금융소비자 권익이 한층 강화되었다.

❶ 소송중지제도 : 분쟁조정 신청 전·후에 소가 제기되면, 법원은 조정이 있을 때까지 소송절차를 중지할 수 있고, 법원이 소송절차를 중지하지 않으면 조정위원회가 조정절차를 중지해야 함
  - 조정위원회가 조정이 신청된 사건과 동일 원인으로 다수인이 관련되는 동종·유사 사건 소송이 진행중일 경우, 조정절차를 중지할 수 있음
❷ 소액사건 조정이탈금지제도 : 금융회사는 일반금융소비자가 신청한 소액(권리가액 2천만원 이내) 분쟁 사건에 대하여 조정안 제시 전까지 소 제기 불가
❸ 분쟁조정위원회 객관성 확보 : 분쟁조정위원회 회의시 구성위원은 위원장이 회의마다 지명하는데, 이때 분쟁조정위원회의 객관성·공정성 확보를 위해 소비자 단체와 금융업권 추천 위원은 동수(同數)로 지명

5 　 손해배상책임

1) 개요

금융소비자보호법은 금융상품판매업자등의 손해배상책임을 규정하면서 금융소비자의 입증책임을 완화하고 금융상품판매대리·중개업자와 관련된 손해에 대하여 금융상품직접판매업자에게도 손해배상책임을 부과함으로써 금융소비자 보호에 대한 실효성을 더욱 제고하였다(금융소비자보호법 제44조~제45조).

2) 입증책임 전환

금융소비자보호법은 설명의무를 위반하여 금융소비자(일반 또는 전문)에게 손해를 입힌 경우에 금융상품판매업자등에게 손해배상책임을 부과하고 있다.

이때, 금융소비자는 금융상품판매업자등의 설명의무 위반사실, 손해발생 등의 요건만 입증하면 되고, 반면에 금융상품판매업자등은 자신에게 고의 또는 과실이 없음을 입

증하지 못하면 손해배상책임을 면할 수 없다.

☞ 민법상 손해배상청구시 가해자의 ① 고의·과실, ② 위법성, ③ 손해, ④ 위법성과 손해와의 인과관계 등을 입증하여야 하나, 설명의무 위반에 한정하여 입증책임을 전환함으로써 소비자 피해구제를 강화(신용정보법·공정거래법 등 입법례를 감안하여 '고의·과실' 요건에 한정)

3) 금융상품직접판매업자의 사용자책임

금융소비자보호법은 금융상품판매대리·중개업자등이 판매과정에서 소비자에 손해를 발생시킨 경우, 금융상품직접판매업자에게도 손해배상책임을 부과하고 있다.

다만, 금융상품직접판매업자가 손해배상책임을 면하기 위해서는 금융상품판매대리·중개업자에 대한 선임과 업무 감독에 대해 적절한 주의를 하고 손해 방지를 위한 노력을 한 사실을 입증하여야 한다.

section 06 | 판매원칙 위반시 제재 강화

1 위법계약 해지권

1) 개요

위법계약해지권이란 금융소비자(일반 또는 전문)는 판매규제를 위반한 계약에 대해 일정기간 내에 해당 계약을 해지할 수 있는 권리를 말한다.

금융소비자에게 해지 수수료·위약금 등 불이익 없이 위법한 계약으로부터 탈퇴할 수 있는 기회를 제공함으로써 금융상품판매업자등의 위법행위를 억제하고 금융소비자의 권익도 강화하고자 하는 취지에서 도입되었다(금융소비자보호법 제47조, 금융소비자보호법 시행령 제38조).

2) 행사요건

금융소비자는 금융상품판매업자등이 ① 5대 판매규제를 위반하여 ② 금융상품 계약을 체결한 경우 ③ 일정 기간 내에 계약해지 요구 가능하다. 자세히 살펴보면 다음과 같다.

❶ 판매규제 위반 : 적합성원칙, 적정성원칙, 설명의무, 불공정영업행위금지, 부당권유행위금지를 위반한 경우(광고규제 위반은 제외)
❷ 적용상품 : 계속적 거래가 이루어지고 금융소비자가 해지 시 재산상 불이익이 발생하는 금융상품으로 투자일임계약, 금전신탁계약, 금융상품자문계약 등이 해당됨
  − 또한, 금융소비자보호법은 "계약의 체결로 자본시장법 제9조 제22항에 따른 집합투자규약이 적용되는 경우에는 그 적용기간을 포함한다"라고 규정하여 수익증권, 즉 펀드를 계속적 계약에 포함하고 있음
❸ 적용제외상품 : ① P2P업자와 체결하는 계약, ② 자본시장법상 원화표시 양도성 예금증서, ③자본시장법상 표지어음
❹ 해지요구 기간 : 금융소비자가 위반사실을 안 날로부터 1년 이내의 기간에 해지요구 가능. 이 경우 해당기간은 계약체결일로부터 5년 이내 범위에 있어야 함

3) 행사방법

금융소비자는 금융상품직접판매업자 또는 자문업자에게 ① 금융상품 명칭과 ② 법위반사실이 기재된 계약해지요구서를 제출함으로써 신청할 수 있다.

4) 수락통지 등

금융상품판매업자등은 10일 이내 금융소비자의 해지요구에 대한 수락여부를 통지하여야 하며 금융상품판매업자등이 해지요구를 거절할 경우 거절사유도 함께 통지하여야 한다.
이때, 금융상품판매업자등이 정당한 사유 없이 해지 요구를 따르지 않는 경우 금융소비자가 일방적으로 해지하는 것도 가능하도록 되어 있다.

〈정당한 사유〉

1. 금융소비자가 위반사실에 대한 근거자료를 제시하지 않거나 거짓으로 제시한 경우
2. 계약체결 당시에는 위반사항이 없었으나 계약 후에 발생한 사정변경을 이유로 위반사항을 주장하는 경우
3. 금융소비자의 동의를 받아 위반사항을 시정한 경우
4. 금융상품판매업자등이 계약의 해지 요구를 받은 날부터 10일 이내에 법 위반사실이 없음을 확인하는 데 필요한 객관적·합리적인 근거자료를 금융소비자에 제시한 경우
   - 다만, 10일 이내에 금융소비자에 제시하기 어려운 경우에는 다음 각 목의 구분에 따름
      가. 계약의 해지를 요구한 금융소비자의 연락처나 소재지를 확인할 수 없거나 이와 유사한 사유로 법 제47조 제1항 후단에 따른 통지기간 내 연락이 곤란한 경우 : 해당 사유가 해소된 후 지체 없이 알릴 것
      나. 법 위반사실 관련 자료 확인을 이유로 금융소비자의 동의를 받아 해지요구에 대한 수락여부 통지기한을 연장한 경우 : 연장된 기한까지 알릴 것
5. 금융소비자가 금융상품판매업자등의 행위에 법 위반사실이 있다는 사실을 계약을 체결하기 전에 알았다고 볼 수 있는 명백한 사유가 있는 경우

5) 위법계약해지의 효력

금융상품판매업자등이 금융소비자의 해지요구를 수락하거나 금융소비자가 금융소비자보호법에 따라 해지하는 경우, 해당 계약은 장래에 대하여 효력이 상실된다는 점을 유의하여야 한다. 따라서 금융상품판매업자등의 원상회복 의무는 없다.

금융소비자의 해지요구권 등에 따라 해당 계약이 종료된 경우 금융상품판매업자등은 금융소비자에 대해 해지 관련 비용(수수료, 위약금 등)을 요구할 수 없다.

1) 개요

금융상품의 판매과정에서 소비자 피해가 가시화되거나 확대되는 것을 미연에 방지하여 소비자 피해를 최소화하기 위해 금융위원회에 해당 금융상품에 대해 판매제한 또는 금지를 명하는 제도를 도입하였다(금융소비자보호법 제49조, 금융소비자보호법 시행령 제40조).

2) 명령권 발동요건

금융소비자보호법 및 동법 시행령은 다양한 유사사태에 유연하게 대처할 수 있도록 명령권 발동요건을 포괄적으로 규정한 것이 특징이다.

> 금융소비자보호법 제49조(금융위원회의 명령권)
> ② 금융위원회는 금융상품으로 인하여 금융소비자의 재산상 현저한 피해가 발생할 우려가 있다고 명백히 인정되는 경우로서 대통령령으로 정하는 경우에는 그 금융상품을 판매하는 금융상품판매업자에 대하여 해당 금융상품 계약 체결의 권유 금지 또는 계약 체결의 제한·금지를 명할 수 있다.

> 금융소비자보호법 시행령 제49조(금융위원회의 명령권)
> ② 법 제49조 제2항에서 "대통령령으로 정하는 경우"란 투자성 상품, 보장성 상품 또는 대출성 상품에 관한 계약 체결 및 그 이행으로 인해 금융소비자의 재산상 현저한 피해가 발생할 우려가 있다고 명백히 인정되는 경우를 말한다.

3) 명령권 행사절차

❶ 사전고지 : 금융위원회는 명령대상자에게 명령의 필요성 및 판단근거, 명령 절차 및 예상시기, 의견제출 방법을 사전 고지할 것
❷ 의견제출 : 금융위원회는 명령 발동 전 명령대상자에 금융위의 명령에 대해 의견을 제출할 수 있는 충분한 기간을 보장할 것
❸ 대외공시 : 금융위원회는 금융소비자 보호 차원에서 명령 발동 후 지체 없이 그

내용을 홈페이지에 게시할 것

〈공시사항〉

1. 해당 금융상품 및 그 금융상품의 과거 판매기간
2. 관련 금융상품의 명칭
3. 판매제한명령권의 내용·유효기간 및 사유(법령 위반 관련성)
4. 판매제한명령권 발동시점 이전에 체결된 계약의 효력에 영향을 미치지 않는다
   는 사실
5. 판매제한명령 이후 이행현황을 주기적으로 확인한다는 사실
6. 기타 금융소비자보호에 관한 사항, 공시로 인한 불이익 등

4) 판매제한 · 금지명령 중단

금융위원회는 이미 금융소비자의 재산상 피해발생 우려를 제거하거나 신규 판매행위를 중단한 경우, 판매제한명령권 필요성 및 대상자가 입는 불이익을 고려하여 판매제한 명령권 행사를 중단할 수 있다.

이때, 금융위원회는 판매제한·금지명령을 한 사실을 지체 없이 홈페이지에 게시해야 한다.

| **3** | **징벌적 과징금** |

1) 개요

징벌적 과징금 제도의 도입 목적은 위법행위로 인해 발생한 수입의 환수 등을 통해 위법행위 의욕을 사전에 제거하는 등 규제의 실효성을 확보하기 위함이다.

징벌적 과징금은 금융상품직접판매업자 또는 금융상품자문업자가 주요 판매원칙을 위반할 경우 위반행위로 인한 수입 등의 50%까지 부과될 수 있다(금융소비자보호법 제57조).

2) 적용되는 위반행위

징벌적 과징금이 부과되는 위법행위로는 설명의무 위반, 불공정영업행위, 부당권유행위, 광고규제 등이 적용된다.

따라서, 적합성 원칙·적정성 원칙 위반은 징벌적 과징금 대상이 아님을 유의해야 한다.

3) 부과대상

금융상품직접판매업자 또는 금융상품자문업자가 부과대상이다.

유의할 점은 1사 전속 금융상품판매대리·중개업자 또는 금융상품직접판매업자에서 근무하는 임직원의 위반행위에 대해서는 그 금융상품직접판매업자에 대하여 과징금을 부과할 수 있다. 다만, 이 경우에도 금융상품직접판매업자가 적절한 주의와 감독을 게을리하지 아니한 사정이 입증되는 경우에는 그 금액을 감경하거나 면제될 수 있다.

4) 부과방법

부과방법은 상품 유형별로 다음과 같다.

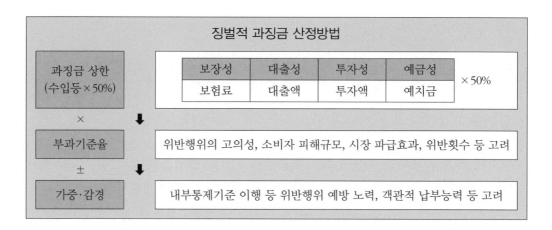

- 투자성 상품은 투자액, 대출성 상품은 대출금 등으로 규정하여 거래규모가 클수록 제재강도가 높아지도록 규정
- 다만 수입금액이 없거나 산정이 곤란한 경우에는 10억원 이내 범위에서 과징금 부과 가능

4 과태료

1) 개요

금융소비자보호법은 금융상품판매업자등의 위반행위 유형별로 과태료 상한액을 규정하고 개별 위반행위의 과태료 기준금액을 시행령으로 구체화하였다(금융소비자보호법 제69조, 금융소비자보호법 시행령 제51조).

2) 부과사유

6대 판매원칙 위반, 내부통제기준 미수립, 계약서류 제공의무 위반 등을 과태료 부과사유로 규정하였다. 특히, 적합성·적정성 원칙 위반행위에 대해 자본시장법 등과 달리 과태료(3천만원) 부과 규정을 두고 있다.

3) 부과대상

과태료 부과대상을 '위반한 자'로 규정하여, 과징금과 달리 금융상품대리·중개업자에게도 직접 부과가 가능하다. 특히, 관리책임이 있는 금융상품대리·중개업자(재위탁이 허용된 경우) 또는 금융상품직접판매업자에 대한 과태료 부과도 가능한 점을 유의해야 한다.

표 3-7 금융소비자보호법상 과징금과 과태료 비교

구분	과징금	과태료
부과 목적	• 부당이득 환수로 징벌적 목적	• 의무위반에 부과(행정처분)
부과 대상	• 금융상품직접판매업자 　(원칙적으로 소속 임직원, 대리·중개업자 　위반행위시에도 책임) • 금융상품자문업자	• 규정 위반자 　(부과대상에 제한 없음)

부과 사유	① 설명의무 위반 ② 불공정영업행위금지 위반 ③ 부당권유금지 위반 ④ 광고규제 위반		1억 원	① 내부통제기준 미수립 ② 설명의무 위반 ③ 불공정영업행위금지 위반 ④ 부당권유금지 위반 ⑤ 광고규제 위반 ⑥ 계약서류제공의무 위반 ⑦ 자문업자 영업행위준칙 위반 ⑧ 자료유지의무 위반 ⑨ 검사거부·방해·기피
법정 한도액		업무정지처분에 갈음 한 과징금의 경우 → 업무정기기간(6월 내) 동안 얻을 이익	3천만 원	① 적합성·적정성 원칙 위반 ② 판매대리·중개업자 금지의무 및 고지의무 위반
			1천만 원	① 변동보고의무 위반

※ 음영(　　)은 6대 판매원칙 위반 부분

01 금융소비자보호법에서 규정하고 있는 소비자보호장치가 아닌 것은?

① 위법계약해지권

② 소액사건 분쟁조정이탈금지

③ 징벌적과징금

④ 손해배상금액 추정

02 투자성 상품의 경우 청약철회권이 적용되지 않는 상품은 무엇인가?

① 파생결합증권

② 고난도 투자일임계약

③ 고난도 금전신탁계약

④ 부동산신탁계약

03 금융소비자보호법에 따른 전문금융소비자의 내용과 다른 것은?

① 국가, 한국은행, 금융회사를 제외한 주권상장법인 등은 장외파생상품 거래시 전문금융소비자와 같은 대우를 받겠다는 의사를 회사에 서면통지한 경우에 전문금융소비자 대우를 받는다.

② 투자권유대행인은 투자성 상품과 관련하여 전문금융소비자이다.

③ 대출성 상품의 경우 상시근로자 10인 이상 법인도 전문금융소비자이다.

④ 대부업자는 대출성 상품에는 전문금융소비자이지만 투자성 상품에는 일반금융소비자이다.

해설

01 ④ 손해배상금액 추정 조항은 자본시장법에 규정되어 있고 금융소비자보호에 관한 법률에는 설명의무 위반에 대하여 고의 또는 과실이 없음을 금융상품판매업자등에게 지우는 입증책임전환 조항이 신설되어 있음

02 ① 금융소비자보호에 관한 법률상 청약철회권 적용대상 상품은 고난도 투자일임계약, 고난도 금전신탁계약, 非금전신탁계약 그리고 일정기간에만 모집하고 그 기간이 종료된 후에 집합투자를 실시하는 고난도 금융투자상품(단위형 펀드 : ELF, DLF 등)이므로 파생결합증권은 해당되지 않음

03 ④ 금융소비자보호법상 대부업자는 대출성 상품, 투자성 상품, 보장성 상품에 대하여 전문금융소비자로 분류됨

04 금융소비자보호법에서 정하고 있는 부당권유행위 금지와 관련한 내용이 틀린 것은?

① 증권에 대해서도 금융소비자부터 요청받지 아니하고 방문 또는 전화 등 실시간 대화의 방법으로 계약의 권유를 할 수 없다.

② 보호받을 수 있는 대상은 일반금융소비자와 전문금융소비자이다.

③ 적합성 원칙을 적용받지 않고 권유하기 위해 일반금융소비자로부터 투자권유 불원 의사를 서면 등으로 받는 행위를 하여서는 아니 된다.

④ 투자성 상품에 관한 계약체결을 권유하면서 일반금융소비자가 요청하지 않은 다른 대출성 상품을 안내하거나 관련정보를 제공해서는 아니 된다.

05 금융소비자보호법에서 정하고 있는 내용과 상이한 것은?

① 청약철회에 대한 특약으로 투자자에게 불리한 것은 무효이다.

② 위법계약해지의 효력은 소급하여 무효이다.

③ 금융소비자의 자료열람요구에도 법령이 정한 경우 또는 다른 사람의 생명·신체를 해칠 우려가 있는 등의 사유가 있을 때는 제한할 수 있다.

④ 금융감독원 분쟁조정위원회 회의 시 구성위원은 소비자 단체와 금융업권 추천 위원이 각각 동수(同數)로 지명된다.

해설

04 ① 금융소비자보호법에도 과거 자본시장법과 동일하게 증권 또는 장내파생상품은 불초청권유금지 조항에 대하여 적용 예외됨(불초청권유 : 금융소비자로부터 계약의 체결권유를 해줄 것을 요청받지 아니하고 방문·전화 등 실시간 대화의 방법으로 권유하는 행위)

05 ② 금융소비자보호법상 위법계약해지권의 도입취지는 해지수수료 등의 불이익이 없이 위법한 계약으로부터 신속하게 탈퇴할 수 있는 기회를 부여하고 이후에 손해배상 등의 책임을 물을 수 있기 때문에 위법계약해지는 장래에 대해서만 효력이 있음

06 금융소비자보호법에 따라 방문판매원등이 금융소비자에게 미리 사전안내하고 해당 금융소비자가 응한 경우 방문(전화권유)판매를 할 수 있으나 투자성 상품 및 금융소비자 유형별로는 방문판매원등의 사전연락이 금지된 경우도 있다. 사전연락금지에 대한 기술이 잘못된 것은?

① 고난도금융투자상품 대상 방문판매 목적으로 일반금융소비자에게 사전연락을 할 수 없다.

② 전문금융소비자에게는 장내파생상품을 방문판매하기 위하여 사전연락을 할 수 있다.

③ 장외파생상품을 방문판매하기 위하여 일반금융소비자에게 사전연락을 할 수 없다.

④ 장외파생상품을 방문판매하기 위하여 전문금융소비자에게 사전연락을 할 수 있다.

해설

06 ④ 장외파생상품의 경우에는 일반금융소비자이든 전문금융소비자이든 구분 없이 방문판매원등이 먼저 금융소비자에게 연락해서 방문판매의 뜻을 전달하는 것이 금지되어 있음

정답 01 ④ | 02 ① | 03 ④ | 04 ① | 05 ② | 06 ④

part 07

펀드 영업
실무

chapter 01

펀드 판매절차

section 01 펀드 판매 단계

일반투자자가 집합투자기구의 집합투자증권을 판매하는 투자매매업자 또는 투자중
개업자(이하 '판매회사'라 함)의 영업점 방문을 통해 펀드에 투자하는 경우에는 다음과 같이
6단계의 판매절차로 구분할 수 있다.

1단계		2단계		3단계		4단계		5단계		6단계
투자자 정보 파악	▶	투자자 유형 분류	▶	투자자에게 적합한 펀드 선정	▶	펀드에 대한 설명	▶	투자자 의사 확인	▶	사후관리

이 판매절차는 일반투자자가 판매회사의 영업점을 방문하여 투자하는 경우를 전제로
하고 있기 때문에 온라인·전화판매 또는 전문투자자를 대상으로 하는 판매 등에 대해
서는 달리 적용할 수 있다.

펀드 판매 시 세부절차를 살펴보면 다음과 같다.

구분		세부절차
1단계	투자자 정보 파악	① 투자자가 판매회사 영업점 방문
		② 투자자의 방문목적을 확인한 후 펀드 상담 또는 매수를 원할 경우 펀드판매창구로 안내
		③ 투자자가 일반투자자인지 전문투자자인지 확인
		④ 일반투자자에 대해 「투자자 정보 확인서」를 통하여 투자자의 투자목적, 재산상황 및 투자경험 등의 정보 파악
		⑤ 투자자가 투자자 정보 파악 절차를 거부하는 경우 확인서에 투자자의 서명 등을 받고, 투자자가 요구하는 펀드 판매
2단계	투자자 유형 분류	⑥ 「투자자 정보 확인서」를 활용하여 투자자 성향 분류
		⑦ 투자자에게 본인의 투자자 성향을 알려주고 해당 결과가 나오게 된 과정 및 그 의미를 설명
3단계	투자자에게 적합한 펀드 선정	⑧ 투자자 정보 파악 절차에 따라 파악된 투자자 성향 등급에 부합하는 펀드 선정 및 투자권유
		⑨ 투자자가 투자자 성향에 따른 판매회사 권유 펀드를 거부하고 더 높은 위험 수준의 펀드 매수를 요청하는 경우 부적합 금융투자상품 거래 확인내용이 포함된 확인서를 받고 판매하거나 거래 중단
4단계	펀드에 대한 설명	⑩ 투자자에게 설명자료를 이용하여 투자권유 펀드의 주요 사항을 구체적으로 설명
5단계	투자자 의사 확인	⑪-1 설명을 들은 투자자가 펀드 매수를 원하지 않는 경우 투자자 의사를 재차 확인하고 해당 펀드의 투자권유를 중지
		⑪-2 설명을 들은 투자자가 펀드 매수를 원할 경우 「설명서 교부 및 주요 내용 설명 확인서」를 징구하고, 투자금 수령, 통장 교부 등 펀드 매수 절차 진행 ＊신규 투자자, 고령 투자자 및 초고령 투자자에게 ELS·ELF·ELT·DLS·DLF·DLT를 판매하는 경우 계약체결 이전에 투자자에게 「적합성 보고서」 교부
6단계	사후관리	⑫ 투자자 사후관리 서비스 : 판매절차 적정성 점검, 펀드잔고 통보, 자산운용보고서 발송 등

판매절차 중 투자권유에 해당하는 1~4단계에서 판매회사 임직원이 준수하여야 할 구체적인 사항은 투자권유준칙에서 규정하고 있다.

chapter 02

수익증권저축거래

section 01 수익증권저축의 의의

'수익증권저축'이란 판매회사가 저축가입자로부터 저축금을 받아 그 자금으로 수익증권을 매입하고 보관·관리함으로써 저축자의 편익을 도모하는 제도를 말한다.[1]

수익증권저축제도는 수익증권현물의 양·수도에 따른 업무의 번거로움, 수익증권현물의 보관·관리에 따른 불편, 수익증권현물의 분실이나 오손·훼손 시 재교부 절차의 복잡 등 수익증권현물거래의 불편함을 해소하고, 고객과 판매회사 간의 거래관계를 직접적으로 규율하는 '수익증권저축약관'을 제정·시행함으로써 투자신탁상품의 고유한 특성을 유지하면서도 타 금융기관의 저축제도에 대응하기 위해 도입되었으며, 투자신탁의 대중화를 촉진함으로써 오늘날과 같은 투자신탁의 발전에 크게 기여하였다.

---

1 수익증권저축약관 제1조.

'수익증권저축약관'은 판매회사와 저축자를 당사자로 하여 저축의 종류와 방법, 저축자의 의무, 판매회사의 면책사항 등을 규정하여 정형화한 계약조항을 말하며, 저축자와의 대량적·반복적 거래를 직접 규율하는 보통거래약관으로서의 성질을 가지고 있다.

한편 '수익증권저축약관'은 투자자들이 투자상품인 수익증권을 은행예금과 같은 저축상품으로 오인할 수 있고 수익증권의 통장거래가 급격하게 증가하면서 2004년에 '수익증권통장거래약관'으로 명칭이 바뀌었으나 그 후 통장거래 이외에도 온라인을 통해 통장 없이 가입하는 경우가 많아지면서 2014년에 '통장'이라는 표현을 삭제하고 다시 '수익증권저축약관'으로 명칭을 변경하였다.

section 02 수익증권저축계약의 성립

수익증권저축계약은 판매회사가 저축자로부터 저축가입 신청과 저축금을 받음으로써 성립한다. 수익증권저축계약은 저축자와 판매회사 간에 수익증권의 매수를 포함하는 투자신탁가입계약과 매수된 수익증권의 보관 및 관리를 위한 혼장임치계약의 혼합계약으로 볼 수 있다. 수익증권저축계약의 당사자는 판매회사와 저축자이며, 저축자는 저축재산의 관리에 필요한 일체의 사항을 판매회사에 위임한다.

저축자는 실명으로 거래하여야 하며, 판매회사는 저축자의 실명확인을 위하여 주민등록증·사업자등록증 등 실명확인증표 또는 그 밖에 필요한 서류의 제시나 제출을 요구할 수 있고 저축자는 이에 따라야 한다.

판매회사는 저축계약이 성립된 가입자에게 수익증권저축통장(수익증권저축증서 및 거래용 카드 포함)을 교부한다. 다만, 무통장 거래 등의 경우에는 이를 교부하지 아니할 수 있다.

저축자는 저축가입 신청 시 저축의 종목과 종류 등을 정하여야 한다. 수익증권저축의 대상종목은 운용을 담당하는 금융투자업자가 금융감독원장에게 증권신고서를 제출하고 그 효력이 발생한 투자신탁의 수익증권으로 한다. 다만, 사모 수익증권의 경우 등록이 완료된 수익증권으로 한다. 저축의 종목 및 종류와 관련된 세부사항은 판매회사와 저축자가 합의하여 정한다.

1 임의식

저축자가 저축금 인출요건, 저축기간, 저축금액 및 저축목표금액을 정하지 않고 임의로 저축하는 방식을 말한다. 동일 계좌에 저축금의 추가 납입과 일부 인출이 가능하고, 수익금의 범위 내에서의 인출은 할 수 없으며 저축재산의 인출 시 신탁계약에서 정하는 바에 따라 환매수수료를 징구한다.

2 목적식

저축자가 저축금 인출요건, 저축기간, 저축금액 또는 저축목표금액을 정하여 저축하는 방식을 말한다.

(1) 거치식

❶ 수익금 인출식 : 일정 금액을 일정기간 이상 저축하면서 저축기간 중 수익금 범위 내에서 저축재산을 인출할 수 있는 방식을 말함. 동일 계좌에서 추가 납입은 할 수 없으며 필요시 별도의 계좌를 추가로 개설하여 처리. 저축기간 중 일부 인출이 가능하지만 이로 인해 원본금액의 일부가 감액되는 경우에는 이를 일부 해약으로 보고 잔여금액을 원본금액으로 하여 저축기간이 계속되는 것으로 봄

❷ 일정 금액 인출식 : 일정 금액을 일정기간 이상 저축하면서 저축기간 중 사전에 정한 일정 금액(수익금이 발생한 경우 우선하여 인출)의 저축재산을 매월 인출할 수 있는 방식을 말한다. 다른 내용은 수익금 인출식과 동일

(2) 적립식

❶ 정액적립식 : 저축기간을 일정기간 이상으로 정하고(예 : 3년 이상, 5년 이상) 저축기간 동안 일정 금액 또는 좌수를 정하여 매월 저축하는 방식을 말함. 저축기간 중

저축재산의 일부 인출이 가능하지만 신탁계약에서 정하는 바에 따라 환매수수료를 징구하며, 저축금을 완납하고 저축기간이 종료된 이후에 일부 인출하는 경우에는 그러하지 아니 함. 저축자가 계속하여 6개월 이상 저축금을 납입하지 않은 때 저축자에게 14일 이상으로 정한 기간을 부여하여 저축금의 추가 납입을 요구하고 그 기간 동안 저축자가 적절한 조치를 취하지 않는 경우 판매회사가 저축계약을 해지할 수 있다. 저축자가 약정한 만기일이 도래하였으나 미납입 저축금이 있는 경우에는 이를 납입 완료한 다음 영업일을 만기지급일로 함

❷ 자유적립식 : 저축기간을 일정기간 이상으로 정하고(예 : 3년 이상, 5년 이상) 저축기간 동안 금액에 제한 없이 수시로 저축하는 방식을 말함. 저축기간 중 저축재산의 일부 인출이 가능하지만 신탁계약에서 정하는 바에 따라 환매수수료를 징구하며, 저축기간이 종료된 이후에 일부 인출하는 경우에는 그러하지 아니 함

(3) 목표식

저축목표금액을 정하여 일정기간 이상 수시로 저축하는 방식을 말한다. 목표식의 만기는 저축금액이 저축목표금액에 달하고 저축기간이 종료된 때이므로 저축자가 약정한 만기일이 도래하였으나 저축목표금액에 미달된 경우에는 저축기간이 연장된다. 입금누계액이 저축목표금액에 달한 경우에는 추가 입금을 할 수 없고, 저축기간 중 저축재산의 일부 인출이 가능하지만 신탁계약에서 정하는 바에 따라 환매수수료를 징구하며, 저축목표금액을 완납하고 저축기간이 종료된 이후에는 그러하지 아니하다. 목표식은 저축기간의 종료 시 환매수수료를 면제하는 적립식의 장점과 저축금액 및 납입횟수에 제한 없이 수시로 입금이 가능한 임의식의 장점을 혼합한 저축방식임.

(4) 저축기간, 저축금액 또는 저축목표금액의 조정

판매회사는 저축자의 요청에 따라 기존에 정한 저축기간의 종료 또는 저축목표금액의 도달과 관계없이 저축기간을 연장하거나 저축금액 또는 저축목표금액을 감액 또는 증액할 수 있다. 다만, 「조세특례제한법」 등의 법령에서 특별히 저축기간, 저축금액 또는 저축목표금액에 관하여 정한 사항이 있는 경우에는 그에 따른다.

section 04　수익증권저축의 주요 내용

1　저축금액

저축금액의 최고 및 최저한도는 제한하지 아니함을 원칙으로 한다. 다만, 신탁계약에서 특별히 정하는 경우,「조세특례제한법」등 관련 법령에서 규정하는 경우 등 특정한 경우에는 저축한도를 제한할 수 있다.

임의식저축에서는 저축금액을 약정하지 않지만, 목적식저축은 저축금액을 정하여야 한다.

2　저축기간

임의식저축은 저축기간을 약정하지 않지만, 목적식저축은 저축기간을 정하여야 한다. 저축기간은 변경신고에 의해 변경할 수 있으나[2] 신탁계약에서 변경할 수 없도록 정한 경우에는 변경할 수 없으며, 투자신탁의 신탁계약이 해지되는 경우에는 그 해지결산일까지를 저축기간으로 한다. 저축기간은 수익증권의 최초 매수일부터 시작한다.

3　저축금의 납입

저축자는 현금이나 즉시 받을 수 있는 수표·어음 등으로 저축금을 납입(계좌송금 및 계좌대체 포함)할 수 있다.

저축금으로 납입한 수표·어음 등이 지급거절된 경우에는 저축금의 납입을 취소하며, 판매회사는 증권의 권리보전 절차를 밟지 아니하고 저축자 또는 계좌송금의뢰인에게 지급거절된 수표·어음 등을 반환한다.

판매회사는 저축자로부터 납입받은 저축금을 수익증권 매수 전까지 관리함에 있어

2　대부분의 경우 저축기간의 연장은 가능하지만 저축기간의 단축은 특정한 조건 하에서 예외적으로 인정된다.

선량한 관리자의 주의의무를 다하여야 하며, 해당 저축금을 양도하거나 담보로 제공할 수 없다. 판매회사는 저축금에 대해 저축자에게 고지한 지급기준에 따른 저축금 이용료를 지급하여야 한다.

저축자는 판매회사로부터 지급받는 저축금 이용료의 지급기준을 영업점, 인터넷 홈페이지, 온라인 거래를 위한 컴퓨터 화면, 그 밖에 이와 유사한 전자통신매체를 통하여 확인할 수 있다. 판매회사는 운용수익, 예금자 보험료, 감독분담금 등을 감안하여 저축금 이용료를 합리적으로 산정하고, 저축금 이용료 산정에 영향을 미치는 요인의 변동상황을 주기적으로 점검하여 이를 반영하여야 한다.

저축자는 저축금 이용료의 지급기준이 변경되는 경우 영업점, 인터넷 홈페이지, 온라인 거래를 위한 컴퓨터 화면, 그 밖에 이와 유사한 전자통신매체를 통하여 확인할 수 있으며, 저축자에게 불리한 저축금 이용료 지급기준 변경에 대하여 저축자가 그 내용을 저축금 이용료 변경 전에 자신이 지정한 전자우편 또는 휴대폰 문자서비스(SMS, MMS 등) 등의 방법을 통하여 안내받기를 원하는 경우 판매회사는 그 방법으로 사전에 알려주어야 한다. 판매회사는 저축금 이용료의 지급기준이 변경되는 경우 매매거래 등을 통지할 때 그 변경내용을 함께 저축자에게 알려주어야 한다.

4 수익증권의 매수

판매회사는 저축자가 납입한 저축금으로 저축자가 지정한 종목 및 종류에 따라 수익증권을 매수하여 저축한다. 이 경우 판매회사는 수익증권을 1좌 단위로 매각 또는 환매할 수 있으며, 1매의 수익증권을 별도로 분할하지 않고 2 이상의 저축자에게 수익증권의 단위 범위 이내에서 매각할 수 있다.

5 매매거래 등의 통지

판매회사는 저축자가 거래를 시작하기 전에 저축자가 원하는 매매성립내용의 통지방법을 확인하여 이를 기록·유지해야 하며, 수익증권의 매매가 체결된 경우 다음에서 정하는 방법에 따라 그 명세를 저축자에게 통지하여야 한다.

❶ 매매가 체결된 후 지체 없이 매매의 유형, 종목·품목, 수량, 가격, 수수료 등 모든 비용, 그 밖의 거래내용을 통지할 것

❷ 집합투자증권의 매매가 체결된 경우, 매월 마지막 날까지 집합투자기구에서 발생한 모든 비용을 반영한 실질 투자 수익률, 투자원금 및 환매예상 금액, 총 보수와 판매수수료 각각의 요율을 통지할 것

❸ 다음의 방법 중 판매회사와 저축자 간에 미리 합의된 방법(계좌부 등에 의하여 관리·기록되지 아니하는 매매거래에 대하여는 서면교부만 해당)으로 통지할 것. 다만, 저축자가 보유한 집합투자증권이 자본시장법 제234조에 따른 상장지수집합투자기구, 단기금융집합투자기구, 사모집합투자기구의 집합투자증권이거나 평가기준일의 평가금액이 10만 원 이하인 경우(집합투자증권의 매매가 체결된 경우에 한정한다) 또는 통지를 받기를 원하지 아니하는 경우에는 영업점에 저축자가 확인할 수 있도록 마련해 두거나 인터넷 홈페이지에 접속하여 수시로 확인이 가능하게 함으로써 통지를 대신할 수 있음.

ㄱ. 서면 교부

ㄴ. 전화, 전신 또는 모사전송

ㄷ. 전자우편, 그 밖에 이와 비슷한 전자통신

ㄹ. 예탁결제원의 기관결제참가자인 저축자에 대하여 예탁결제원의 전산망을 통하여 매매확인서를 교부하는 방법

ㅁ. 인터넷 또는 모바일시스템을 통해 수시로 확인할 수 있도록 하는 방법

ㅂ. 회사가 모바일시스템을 통해 문자메시지 또는 이와 비슷한 방법으로 통지하는 방법

6 만기지급일[3]

❶ 저축기간을 월 또는 연 단위로 정한 경우 : 저축기간이 만료되는 월의 최초 납입 상당일을 만기지급일로 함. 다만, 만료되는 월에 그 해당일이 없는 때에는 그 월의 말일을 만기지급일로 함[4]

---

3 수익증권저축에서 만기일은 통상 만기지급일을 의미한다.

4 「민법」 제160조(역에 의한 계산) ① 기간을 주, 월 또는 연으로 정한 때에는 역에 의하여 계산한다.
   ② 주, 월 또는 연의 처음으로부터 기간을 기산하지 아니하는 때에는 최후의 주, 월 또는 연에서 그

예시 1

2××5. 8. 31 수익증권 매수 시 만기지급일
┌ 저축기간 1년 : 2××6. 8. 31
└ 저축기간 6개월 : 2××6. 2. 29

❷ 저축기간을 일 단위로 정한 경우 : 수익증권의 최초 매수일부터 계산하여 저축기간이 만료되는 날의 다음 영업일을 만기지급일로 함

예시 2

2××5. 7. 10 수익증권 매수(저축기간 10일)
☞ 만기지급일 2××5. 7. 20

❸ 투자신탁의 신탁계약을 해지하는 경우 : 투자신탁의 신탁계약의 해지로 인하여 저축기간이 종료되는 경우에는 해지결산 후 첫 영업일을 만기지급일로 함

7 저축재산의 인출

❶ 인출청구 : 저축자는 신탁계약에 의해 환매가 제한된 경우를 제외하고는 언제든지 저축재산의 전부 또는 일부에 대하여 인출을 청구할 수 있다. 다만, 저축기간의 종료 이전에 환매청구 시에는 수익증권의 보유기간에 따른 환매수수료를 부담하여야 함
❷ 일부 인출 시 지급순서 : 판매회사는 저축자의 청구에 따라 저축재산의 일부를 지급하는 경우 선입선출법에 의하여 지급
❸ 저축기간 종료 이후의 저축재산 관리 : 저축자가 저축기간 종료 또는 저축계약의 해지에도 불구하고 저축재산의 인출을 청구하지 않는 경우에는 인출 청구 시까지 저축기간이 계속된 것으로 봄

기산일에 해당하는 날의 전일로 기간이 만료한다.
③ 월 또는 연으로 정한 경우에 최종의 월에 해당일이 없는 때에는 그 월의 말일로 기간이 만료한다.

④ 수익증권현물의 지급 : 저축자가 저축재산의 인출 시 수익증권현물을 요구하는 경우 판매회사는 특별한 사유가 없는 한 수익증권현물로 지급하여야 함. 다만, 해당 신탁계약에서 정한 수익증권 발행의 최소 단위 미만의 저축재산은 환매하여 현금으로 지급

8 저축계약의 해지

판매회사는 다음에 해당하는 경우에 저축계약을 해지할 수 있다.

❶ 정액적립식 저축자가 계속하여 6개월 이상 소정의 저축금을 납입하지 아니한 때 저축자에게 판매회사가 14일 이상으로 정한 기간을 부여하여 저축금의 추가 납입을 요구하고 그 기간 동안 저축자가 적절한 조치를 취하지 아니한 경우
❷ 해당 집합투자규약에 따라 신탁계약이 해지된 경우

9 사고·변경사항의 신고 등

❶ 사고신고 : 저축자가 저축통장, 신고인감을 분실, 멸실, 도난, 훼손하였을 때에는 지체 없이 판매회사에 신고하여야 함
❷ 변경신고 : 저축자는 성명, 주소, 전화번호 등 판매회사에 신고한 사항이 변경되거나 인감(또는 서명감), 비밀번호 등을 변경하고자 하는 경우에는 지체 없이 판매회사에 신고하여야 함
❸ 사고·변경신고의 효력 : 사고·변경신고의 효력은 판매회사가 저축자로부터 분실, 멸실, 도난, 훼손 및 변경의 통지를 받은 때로부터 발생하며, 판매회사는 저축자의 책임 있는 사유로 인한 신고지연으로 발생한 손해에 대하여 판매회사의 책임 있는 사유가 없는 한 책임을 지지 않음
❹ 통지의 방법 : 판매회사는 저축자가 신고한 주소 또는 전화번호를 이용하여 저축자에게 서면 또는 전화 등 저축자와 사전에 합의한 방법에 의하여 통지. 저축자에 대한 통지의 효력은 도달한 때로부터 발생. 다만, 판매회사의 책임있는 사유 없이 통지가 주소이전 등 저축자의 책임 있는 사유로 연착하거나 도착되지 아니

하는 때에는 통상 도착하여야 하는 때에 도착된 것으로 봄

❺ 양도 및 질권설정 : 저축자는 판매회사의 동의를 얻어 저축금 및 수익증권을 양도하거나 질권(채무자가 돈을 갚을 때까지 채권자가 담보물을 보유할 수 있고, 채무자가 돈을 갚지 않을 때는 그 담보물에 대하여 우선적으로 변제를 받을 수 있는 권리를 말함)을 설정할 수 있음

section 05 저축자에 대한 우대조치

1 개요

투자신탁에 대한 투자수요를 확대 개발하고 장기저축을 유도하기 위한 방법의 하나로 '수익증권저축약관' 제10조에서 수익증권 저축자에 대해 개별 투자신탁의 신탁계약에 우선하여 환매수수료의 면제 등 저축 특성에 맞는 우대조치를 취해주고 있다.

2006년 8월 1일 '수익증권통장거래약관'의 개정으로 그동안 적용되던 임목(유보)대체, 상환대체, 모집(예약)대체, 소득정산 등에 대한 환매수수료 면제조치가 없어지고, 소규모 집합투자기구의 해지와 수익증권 양도를 위한 보유기간 과세 시 환매수수료 면제조치가 새로이 적용되는 등의 수정이 있었다.

2009년 10월 5일 '수익증권통장거래약관' 개정 시에는 저축기간을 연장한 저축자에 대한 환매수수료 면제조치가 신설되고, 세금정산 목적의 환매·재매입(소득정산)에 대한 환매수수료 및 판매수수료 면제조치가 다시 추가되었다.

2 목적식저축의 저축기간 종료

저축기간을 1년 이상으로 하는 목적식저축의 경우 저축기간 종료(저축기간을 일정기간 이상으로 정한 경우 최소 저축기간의 경과) 이후 수익증권을 환매하는 때에는 그 수익증권의 환매수수료를 면제한다. 다만, 저축자가 저축기간을 연장한 경우 기존에 정한 저축기간의 종료 이후 수익증권을 환매하는 때에는 그 수익증권의 환매수수료를 면제한다.

! 예시 1

2××5. 10. 5에 저축기간 1년의 월정액적립식으로 A펀드에 가입한 후 매월 5일에 10만 원씩 매수한 경우(환매수수료 징구기간 90일 미만)
· 만기지급일인 2××6. 10. 5 이후 환매 시 환매수수료 전액 면제
· 만기 전 2××6. 5. 31에 전액 환매청구 시 매수건별로 환매수수료 징구
☞ 수익증권 보유기간이 90일 미만인 2××6년 3월, 4월, 5월 매수분에 대하여 환매수수료 징구

! 예시 2

'저축기간 3년'의 월정액적립식으로 A펀드에 가입한 후 36회의 저축금을 납입하고 만기가 경과한 경우
· 저축금의 추가 납입을 원하는 경우 저축기간을 '3년 이상' 등으로 연장하고 추가 납입할 수 있으며, 연장한 저축기간 중 환매 시에는 환매수수료 면제
· 연장된 저축기간 중 적립금액의 감액 또는 증액 가능

! 예시 3

'저축기간 3년' 이상의 월정액적립식으로 A펀드에 가입한 경우
· 저축기간을 3년 이상으로 정하였기 때문에 3년 경과 후 환매 시에는 환매수수료 면제
· 3년이 경과하여도 만기연장 신청 없이 계속 납입 가능

3 거치식저축의 수익금 또는 일정 금액 인출[5]

거치식저축의 경우 저축기간 중 수익금에 상당하는 금액의 수익증권을 환매하거나 사전에 정한 일정 금액에 상당하는 수익증권을 환매하는 때에는 그 수익증권의 환매수수료를 면제한다. 다만, 환매수수료를 받는 기간 중에 당초 저축한 금액의 전부 또는 일부에 해당하는 수익증권을 환매하는 때에는 이미 환매한 수익증권에 대하여 면제된 환매수수료를 받는다.

4 재투자

저축재산에서 발생한 이익분배금은 별도의 약정이 없는 한 해당 투자신탁의 수익증권을 매수하고 그 수익증권을 환매하는 경우에는 환매수수료를 면제한다.

5 소규모 집합투자기구의 해지

소규모 투자신탁을 해지함에 있어 저축자가 그 상환금으로 판매회사로부터 안내받은 수익증권을 매수하여 저축하는 경우 선취판매수수료를 면제하고, 그 수익증권을 환매하는 경우에는 후취판매수수료 및 환매수수료를 면제한다.

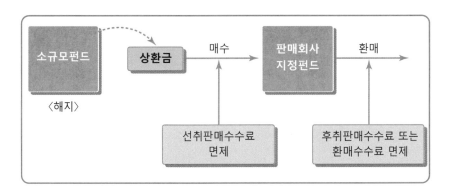

---

5 2009년 10월 5일 '수익증권통장거래약관'의 개정 시 일정 금액 인출식 저축계약의 신설에 따른 추가 사항을 반영하였다.

투자신탁 수익증권의 양도에 있어 저축자 간 과세금액을 확정하기 위하여 저축자가 수익증권전부를 환매하고 즉시 그 환매자금으로 해당 수익증권을 재매수하는 때에는 환매하는 수익증권의 환매수수료를 면제한다. 이 경우 재매수한 수익증권의 환매수수료 계산 시작일은 당초의 수익증권 매수일로 한다.

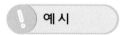

저축자 A가 펀드 가입 후 저축자 B에게 수익증권을 양도하는 경우

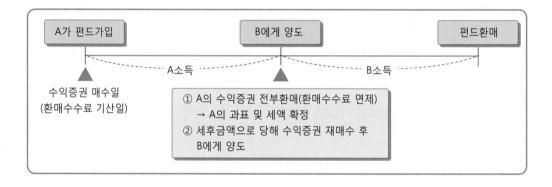

저축자가 세금정산 목적으로 수익증권 전부를 환매하고 즉시 그 환매자금으로 해당 수익증권을 재매입하는 때에는 환매하는 수익증권의 환매수수료 및 매입하는 수익증권의 판매수수료는 연 2회에 한하여 면제한다. 이 경우 재매입한 수익증권의 환매수수료 계산 시작일은 당초의 수익증권 매입일로 한다.

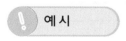

저축자 A가 2××5. 7. 1 펀드 가입 후 2××5. 12. 10 소득정산하고 2××6. 7. 20 환매하는 경우

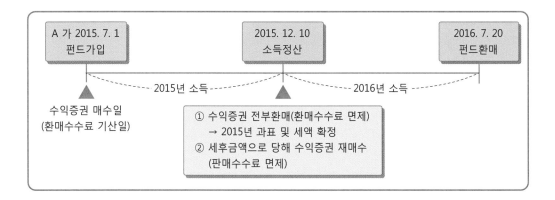

section 06 | 수익증권 매매 시의 입·출금 처리

1 입금

(1) 입금거래 유형

❶ 금액 입금 : 현금 또는 판매회사가 인정하는 수표, 어음 등 추심할 수 있는 증권으로 저축금을 납입하는 경우

❷ 단체 입금 : 특정 단체의 소속 계좌 전체를 동시에 입금처리하는 경우

❸ 현물 입금 : 현물 매수, 현물 예탁 및 현물 수납의 경우

(2) 입금산식

투자신탁의 수익증권 매매 시에는 항상 저축금과 수익증권이 연결되어 있는데 이를 좌수절상·금액절사제도라 한다. 즉, 금액을 좌수로 환산하는 경우에는 좌 미만의 단수는 수납 시에는 절상하고 지급 시에는 절사하며, 좌수를 금액으로 환산하는 경우에는 원 미만의 단수는 수납 시에는 절사하고 지급 시에는 절상하여 계산한다. 금액, 좌수, 평가금액 사이의 관계를 살펴보면 아래와 같다.

❶ 좌수환산 : 금액을 수익증권의 좌수로 환산하는 경우

　ㄱ. 수납 시 : 저축금으로 매수하는 수익증권의 좌수 계산 시

> 매수좌수＝저축금액÷(매수 시 기준 가격/1000) ☞ 좌 미만 절상

 예시 1

1,000,000원÷(1,138.25/1,000)＝878,541.62좌＝878,542좌

　ㄴ. 지급 시 : 저축금을 지급하기 위한 수익증권의 좌수 계산 시

> 환매좌수＝저축금액÷(환매 시 기준 가격/1000) ☞ 좌 미만 절사

 예시 2

1,000,000원÷(1,138.25/1,000)＝878,541.62좌＝878,541좌

❷ 금액환산 : 수익증권의 좌수를 금액으로 환산하는 경우

　ㄱ. 수납 시 : 수익증권의 좌수를 매수하기 위한 저축금액 계산 시

> 저축금액＝매수좌수×매수 시 기준 가격/1000 ☞ 원 미만 절사

 예시 3

878,542좌×1,138.25/1,000＝1,000,000.43원＝1,000,000원

　ㄴ. 지급 시 : 수익증권의 좌수를 환매하여 지급하는 저축금액 계산 시

> 지급금액＝환매좌수×환매 시 기준 가격/1000 ☞ 원 미만 절상

 예시 4

878,541좌×1,138.25/1,000＝999,999.29원＝1,000,000원

❸ 평가금액 : 평가기준일 현재의 총잔고금액 계산 시

> 평가금액＝잔고좌수×평가일 기준 가격/1000 ☞ 원 미만 절상

 예시 5

878,541좌×1,138.25/1,000＝999,999.29원＝1,000,000원

2 출금

(1) 출금거래 유형

❶ 금액 출금 : 가장 일반적인 출금거래 형태로서 일정 금액을 정하여 출금하는 경우로 전액 출금과 일부 출금으로 구분
❷ 좌수 출금 : 금액이 아닌 일정 좌수를 기준으로 출금하는 경우
❸ 이익금 출금 : 거치식저축의 수익금을 환매수수료를 부담하지 않고 출금하는 경우로 이익금 전액 출금과 이익금 일부 출금으로 구분
❹ 이익분배금 및 상환금 출금 : 투자신탁의 결산 후 재투자하지 않고 현금분배하는 이익분배금의 당일 출금 또는 투자신탁의 신탁계약기간의 종료로 인한 상환금의 당일 출금 시 처리하는 방식인데, 판매회사별로 해당 계좌의 예수금 등으로 일괄 대체하여 처리하는 경우도 있음
❺ 현물 출금 : 현물 환매, 현물지급, 현물 보유 수익자의 이익분배금 및 상환금 지급의 경우

(2) 출금산식

> 출금금액＝환매 시 평가금액－환매수수료－세액

❶ 환매 시 평가금액＝환매좌수×환매 시 기준 가격/1000 ☞ 원 미만 절상
❷ 환매수수료＝{환매좌수×(환매 시 기준 가격－매수 시 기준 가격)/1000}×환매수수료율 ☞ 원 미만 절사

③ 세액＝과세소득×적용세율 ☞ 10원 미만 절사

과세소득＝환매좌수×(환매 시 과표기준 가격−매수 시 과표기준 가격)/1000−
환매수수료

개인이 A펀드의 수익증권을 다음 표와 같이 거래하였다고 가정함(환매수수료율 : 90일 미만 이익금의 70%)

거래 일자	기준 가격	과표 기준 가격	거래 구분	입출금 금액	잔고좌수	환매 수수료	세액
1. 10	1050.00	1046.00	입금	100,000,000	95,238,096	−	−
3. 20	1070.00	1064.00	전액출금	100,512,770	0	1,333,333	58,660

* 계산의 편의상 입금 및 출금일자의 기준 가격으로 각각 매수 및 환매처리한 것으로 가정

(1) 1. 10 입금 시

매수좌수＝100,000,000원÷(1050.00/1000)＝95,238,096좌

(2) 3. 20 전액 출금 시

❶ 환매 시 평가금액＝95,238,096좌×1070.00/1000＝101,904,763원

❷ 환매수수료＝{95,238,096좌×(1070.00−1050.00)/1000}×70%＝1,333,333원

❸ 과표＝95,238,096좌×(1064.00−1046.00)/1000−1,333,333원＝380,952원

❹ 세액＝53,330원＋5,330원＝58,660원

　　┌ 소득세＝380,952원×14%＝53,330원
　　└ 지방소득세＝53,330원×10%＝5,330원

❺ 출금금액＝환매 시 평가금액−환매수수료−세액
　　　　＝101,904,763원−1,333,333원−58,660원
　　　　＝100,512,770원

6　가장 단순한 출금거래 유형을 사례로 들었으며, 실무적으로는 판매회사별로 용어나 처리방식이 서로 다를 수 있다.

chapter 03

펀드 세제

집합투자기구와 세제

집합투자기구에는 투자신탁, 투자회사, 투자유한회사, 투자합자회사, 투자유한책임회사, 투자합자조합, 투자익명조합이 있다. 집합투자기구의 세제는 펀드 단계와 투자자 단계로 나누어 살펴볼 수 있다. 펀드 단계의 소득에 대해 별도의 과세[1]는 없다. 투자자 단계에서 집합투자기구의 이익은 원칙적으로 배당소득으로[2] 과세된다. 배당소득은 금융소득에 해당되며 금융소득 종합과세제도의 적용을 받는다.

이하에서는 소득세법에서 정의하는 이자소득과 배당소득 등 금융소득의 과세제도와

---

1 투자회사형 펀드의 경우 배당소득 공제를 통하여 펀드단계에서 과세가 제외될 수 있도록 별도의 장치를 두고 있음
2 역외 ETF 등 투자회사형 펀드로 해외주식에 해당되는 경우 등에는 양도 시 양도소득으로 과세됨

집합투자기구의 세제를 알아본다. 집합투자기구의 세제는 다시 펀드 단계에서의 과세
제도를 알아보고, 마지막으로 투자자 단계에서의 과세 내용을 살펴본다.

section 02   소득세법의 일반적 내용 : 금융소득과 금융소득종합과세

소득세법은 소득의 종류를 구분하고 어떤 소득이 어떤 종류에 속하는지를 각각 열거
하고 있다. 우리가 취급하는 금융상품이나 금융투자상품에서 발생하는 소득은 대체로
이자소득과 배당소득 또는 양도소득에 해당된다.

이자소득은 금전의 사용에 따른 대가를 뜻하며, 배당소득은 지분투자에 대한 이익의
분배금을 말한다. 이자소득 및 배당소득은 금융상품의 보유이익의 성격으로서 통상적
으로 '금융소득'이라고 칭한다. 현행 소득세법은 거주자별로 연간 금융소득의 합계액이
2천만 원 이하인 경우에는 원천징수로써 납세의무를 종결하며, 2천만 원을 초과하는 경
우에는 그 초과분은 다른 소득과 합산하여 누진세율로 과세한다.

1   이자소득

이자소득은 당해연도에 발생한 다음의 소득으로 한다(소득세법 제16조 제1항).

❶ 채권 · 증권의 이자와 할인액 : 채권·증권은 국가, 지방자치단체가 발행한 것(국·공
  채) 및 내국법인·외국법인이 발행한 것(회사채)을 말한다. 당해 채권 등을 중도매매
  하는 경우 상환기간 중 발생한 보유기간의 이자상당액도 이자소득에 포함
❷ 국내 또는 국외에서 받는 예금 · 적금(부금 · 예탁금과 우편대체 포함)의 이자 : 시장지
  수연동 정기예금(ELD)의 경우에 원천징수대상 이자소득금액은 당해 정기예금 가
  입자에게 약관에 따라 지급하는 이자를 말함(서이 46013−11956, 2002. 10. 28)
❸ 상호저축은행법에 의한 신용계 또는 신용부금으로 인한 이익
❹ 채권 또는 증권의 환매조건부 매매차익 : 금융기관이 시장 가격에 의하지 않고 환

매기간에 따른 사전약정 이율을 적용하여 결정된 가격으로 환매수 또는 환매도 하는 조건으로 매매하는 채권 또는 증권의 매매차익

❺ 저축성보험의 보험차익 : 보험계약에 의하여 만기에 받는 보험금·공제금(또는 보험계약의 해지에 따라 받는 환급금)에서 납입보험료·공제료를 차감한 금액으로 함. 다만, 다음 각 호의 어느 하나에 해당하는 보험계약이나 보험금의 보험차익은 제외(소득세법 시행령 제25조)

ㄱ. 계약자 1명당 납입할 보험료 합계액[계약자가 가입한 모든 저축성보험(ㄴ 및 ㄷ에 따른 저축성보험은 제외)의 보험료 합계액을 말한다]이 1억 원 이하인 저축성 보험계약으로서 보험료 최초 납입일부터 만기일 또는 중도해지일까지의 기간이 10년[3] 이상인 것(최초 납입일부터 만기일 또는 중도해지일까지의 기간은 10년 이상이지만 최초 납입일부터 10년이 경과하기 전에 납입한 보험료를 확정된 기간 동안 연금형태로 분할하여 지급받는 경우를 제외)

ㄴ. 다음 요건을 모두 충족하는 월 적립식 저축성보험계약

  a. 최초 납입일부터 만기일 또는 중도해지일까지의 기간이 10년 이상일 것

  b. 최초 납입일로부터 납입기간이 5년 이상인 월 적립식 계약일 것

  c. 최초 납입일부터 매월 납입하는 기본보험료가 균등(최초 계약한 기본보험료의 1배 이내로 기본보험료를 증액하는 경우 포함)하고, 기본보험료의 선납기간이 6개월 이내일 것

  d. 계약자 1명이 납입하는 월 보험료가 150만 원 이하일 것(2017.4.1부터)

ㄷ. 다음 요건을 모두 충족하는 종신형 연금보험계약

  a. 계약자가 보험료 납입 계약기간 만료 후 55세 이후부터 사망 시까지 보험금·수익 등을 연금으로 지급받는 계약일 것

  b. 연금 외의 형태로 보험금·수익 등을 지급하지 아니하는 계약일 것

  c. 사망 시(통계법 제18조에 따른 성별, 연령별 기대여명 연수 이내의 보증기간이 설정된 경우 계약자가 해당 보증기간 이내에 사망한 경우에는 해당 보증기간 종료 시) 보험계약 및

---

3 저축성보험 비과세 연혁
민영보험제도의 육성·발전을 통해 사회보장기능을 보완하기 위한 측면에서 저축성보험 보험차익에 대하여 비과세
① 2004. 1. 1 이후 보험계약 또는 공제계약 체결분 10년 이상 비과세
② 2001. 1. 1 이후 보험계약 또는 공제계약 체결분 7년 이상 비과세
③ 1998. 4. 1 이후 보험계약 또는 공제계약 체결분 5년 이상 비과세

연금재원이 소멸할 것

　　d. 계약자와 피보험자 및 수익자가 동일한 계약으로서 최초 연금 지급 개시 이후 사망일 전에 계약을 중도해지할 수 없을 것

　　e. 매년 수령하는 연금액이 일정 수준[4]을 초과하지 않을 것

　ㄹ. 피보험자의 사망, 질병, 부상 그 밖의 신체상의 상해로 인하여 받거나 자산의 멸실 또는 손괴로 인하여 받는 보험금

❻ 직장공제회 초과반환금 : '직장공제회'란 동일 직장이나 직종에 종사하는 근로자들의 생활안정, 복리증진 또는 상호부조 등을 목적으로 구성된 공제회·공제조합 및 이와 유사한 단체를 말하고, 초과반환금은 근로자가 퇴직하거나 탈퇴하여 그 규약에 따라 직장공제회로부터 받는 반환금에서 납입공제료를 뺀 금액으로 함(소득세법 시행령 제26조)

❼ 비영업대금의 이익 : 대금업에 해당하지 않는 금전대여로 인해 받는 이자를 말한다.

❽ 유사 이자소득 : 앞의 소득과 유사한 소득으로서 금전의 사용에 따른 대가의 성격이 있는 것을 말함(유형별 포괄과세주의)

　　채권대차거래에서 대여자가 차입자로부터 지급받는 해당 채권에서 발생하는 이자 상당액은 이자소득에 해당. 거주자가 일정기간 후에 같은 종류로서 같은 양의 채권을 반환받는 조건으로 채권을 대여하고 해당 채권의 차입자로부터 지급받는 해당 채권에서 발생하는 이자에 상당하는 금액은 법 제16조 제1항 제12호에 따른 이자소득에 포함(소득세법 시행령 제26조 제4항)

❾ 위 ❶에서 ❽까지의 내용 중 어느 하나에 해당하는 소득을 발생시키는 거래 또는 행위와 자본시장법 제5조에 따른 파생상품(이하 '파생상품'이라 함)이 대통령령으로 정하는 바에 따라 결합된 경우 해당 파생상품의 거래 또는 행위로부터의 이익(제16조 제1항 제13호) : 따라서, 외화예금과 이를 기초자산으로 한 선도계약이 결합된 금융상품에서 발생한 이익은 이자소득에 해당

4　$\dfrac{\text{연금수령 개시일 현재 연금평가액}}{\text{연금수령 개시일 현재 기대여명년수}} \times 3$

2 배당소득

'배당소득'이란 당해연도에 발생한 다음의 소득을 말한다(소득세법 제17조 제1항).

❶ 이익배당 : 내국법인으로부터 받는 이익이나 잉여금의 배당 또는 분배금

❷ 법인으로 보는 단체로부터 받는 배당 또는 분배금 : 국세기본법에 의하여 법인으로 보는 법인격 없는 사단·재단 등의 단체로부터 받은 배당 또는 분배금을 말함. 법인으로 보는 단체로부터 받는 배당 또는 분배금만 배당소득에 해당되며, 법인으로 보지 아니하고 공동사업자로 보는 단체로부터 받은 분배금 등은 사업소득에 해당. 공동사업자이더라도 공동사업의 경영에 참여하지 아니하고 출자만 하는 자(이를 '출자공동사업자'라 함)가 분배받은 금액은 배당소득에 해당(소득세법 제17조 제8호)

❸ 의제배당 : 형식상으로는 배당이 아니라도 사실상 회사의 이익이 주주 등에게 귀속되는 경우에 이를 배당으로 간주하는 경우를 말함

❹ 인정배당 : 법인세법에 따라 배당으로 처분된 금액을 말함

❺ 국내 또는 국외에서 받은 집합투자기구로부터의 이익

❻ 국내 또는 국외에서 받는 아래에 해당하는 파생결합증권 또는 파생결합사채로부터의 이익

ㄱ. 자본시장법 제4조 제7항에 따른 파생결합증권으로부터 발생한 이익. 다만, 당사자 일방의 의사표시에 따라 증권시장 또는 이와 유사한 시장으로서 외국에 있는 시장에서 매매거래되는 특정 주권의 가격이나 주가지수 수치의 변동과 연계하여 미리 정해진 방법에 따라 주권의 매매나 금전을 수수하는 거래를 성립시킬 수 있는 권리를 표시하는 증권 또는 증서(즉 ELW)로부터 발생한 이익은 제외(소득세법 시행령 제26조의3 제1항 제1호)

ㄴ. 파생결합증권 중 자본시장법 제4조 제10항에 따른 기초자산의 가격·이자율·지표·단위 또는 이를 기초로 하는 지수 등의 변동과 연계하여 미리 정해진 방법에 따라 이익을 얻거나 손실을 회피하기 위한 계약상의 권리를 나타내는 것으로서 증권시장에 상장되어 거래되는 증권 또는 증서(상장지수증권, ETN)를 계좌 간 이체, 계좌의 명의변경, 상장지수증권의 실물양도의 방법으로 거래하여 발생한 이익. 이 경우 상장지수증권으로부터의 이익은 자본시장법에 따

른 각종 보수·수수료 등을 뺀 금액으로 함. 다만, 증권시장에서 거래되는 주식의 가격만을 기반으로 하는 지수의 변화를 그대로 추적하는 것을 목적으로 하는 상장지수증권(국내 주식형 ETN)을 계좌 간 이체, 계좌의 명의변경 및 상장지수증권의 실물양도의 방법으로 거래하여 발생한 이익은 제외(소득세법 시행령 제26조의3 제1항 제2호)

ㄷ. 상법 제469조 제2항 제3호에 따른 사채(파생결합사채)로부터 발생한 이익

❼ 외국법인으로부터의 배당 : 외국법인으로부터 받는 이익이나 잉여금의 배당 또는 분배금

❽ 「국제조세조정에 관한 법률」의 조세피난방지세제 규정에 따라 특정 외국법인의 배당가능한 유보소득 중 내국인이 배당받는 것으로 간주되는 금액 : 여기서 '내국인'이란 특정 외국법인의 각 사업연도 말 현재 발행주식 총수(또는 출자금액)의 10% 이상을 보유하는 자를 말함

❾ 주식대차거래로 대여자가 차입자로부터 지급받는 해당 주식에서 발생하는 배당에 상당하는 금액은 법 제17조 제1항 제9호에 따른 배당소득에 포함(소득세법 시행령 제26조의3 제4항)

❿ 위 ❶에서 ❾까지의 내용 중 어느 하나에 해당하는 소득을 발생시키는 거래 또는 행위와 파생상품이 대통령령으로 정하는 바에 따라 결합된 경우 해당 파생상품의 거래 또는 행위로부터의 이익

3 양도소득

양도소득세 과세대상인 양도소득에는 토지, 건물 등 부동산과 그 권리의 양도, 주식 등 일정한 지분증권의 양도 및 파생상품에서 발생한 소득이 포함된다. 지분증권 이외의 채무증권 등의 증권의 매매차익이나 차손에 대해서는 별도의 규정을 두고 있지 않다.

파생상품은 선물, 옵션, 스왑 등을 뜻하는데, 이 중 양도소득세 과세대상이 되는 파생상품은 주가지수 관련 파생상품과 해외시장에서 거래되는 장내파생상품, 주가지수 관련 장외파생상품, 차액결제 거래[(CFD) 2021. 4. 1부터 과세] 등을 말한다. 파생상품에 대한 양도소득세 과세는 2016년부터 시행되고 있으며 세율은 탄력세율 10%(기본세율 20%)이다.

집합투자기구는 다수의 투자자로부터 모은 자금을 하나의 펀드로 만들어 이를 전문적인 운용자가 대신 운용하고 투자자는 그 수익을 운용 결과대로 배분 받는 집단적·간접적 투자제도이다. 집합투자기구는 공동투자를 통한 비용절감·전문가에 의한 운용·광범위한 분산투자를 통한 위험분산 등의 특징과 이점으로 인해 투자자의 투자전략을 충족시켜주는 효율적인 수단으로 기능할 뿐 아니라, 자금 제공자와 자금 수요자를 연결시켜주는 금융중개, 나아가 연금저축에 있어서도 주요한 기능을 수행한다.

자본시장법은 집합투자기구를 '집합투자를 수행하기 위한 도구'로 정의하면서, 〈그림 3-1〉과 같이 신탁형, 회사형, 조합형 투자기구 등 7가지를 두고 있다.

자본시장법이 위와 같이 다양한 집합투자기구를 두고 있으나 집합투자를 위한 도구로서의 경제적 역할은 동일하다. 세법은 이러한 점을 고려하여 자본시장법상 집합투자기구에 대해 가급적 동일한 방식으로 과세하여 집합투자 종류별 세후 수익이 동일하도록 하고 있다. 다만, 집합투자증권 양도 시 과세방식이 상이하게 적용될 수 있어 현재 집합투자기구 과세의 주요 문제점으로 지적되고 있다.

자본시장법이 신탁형, 회사형, 조합형 등 여러 종류의 집합투자기구를 규정하고 있으나 펀드시장에서 이용되는 집합투자기구는 투자신탁이 대부분이다. 이는 우리나라 펀드산업이 투자신탁을 모태로 하여 발전하였기 때문이다. 이런 이유로 지금까지 세법도 신탁이라는 범주에서 투자신탁을 다루어 왔다. 그런데 2008년 말 세법 개정에서 투자신탁을 집합투자기구라는 새로운 용어로 치환(置換)하였다. 이는 집합투자기구와 신탁을 같은 범주에서 바라보는 새로운 시도라 하겠다. 집합투자기구와 관련된 세법의 규정은 집합투자기구 자체에 대한 과세규정과 집합투자기구가 발행한 집합투자증권을 취득한 투자자(이하 '펀드투자자'라 함)에 대한 과세규정으로 구분된다. 소득세법은 펀드투자자에 대한 과세규정을 주로 소개하고 있다. 투자자는 집합투자기구가 발행한 집합투자증권을 취득함으로써 투자에 참여하며, 집합투자증권을 환매 또는 그 이익을 결산분배 받거나 집합투자증권 자체를 양도하여 그 이익을 실현한다. 먼저 세법상 집합투자기구와 신탁 등의 구분에 관한 세법규정을 알아보

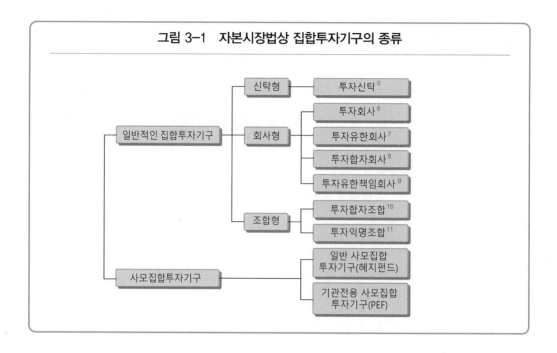

그림 3-1 자본시장법상 집합투자기구의 종류

신탁형 — 투자신탁[5]

회사형 — 투자회사[6]
       투자유한회사[7]
       투자합자회사[8]
       투자유한책임회사[9]

조합형 — 투자합자조합[10]
       투자익명조합[11]

일반적인 집합투자기구

사모집합투자기구 — 일반 사모집합
                 투자기구(헤지펀드)
                 기관전용 사모집합
                 투자기구(PEF)

고, 환매 또는 결산분배를 받는 경우와 집합투자증권을 양도하는 경우 투자자에게 적
용되는 세법규정을 알아본다.

---

5 자본시장법 제9조 제18항 제1호 : 집합투자업자인 위탁자가 신탁업자에게 신탁한 재산을 신탁업자
   로 하여금 그 집합투자업자의 지시에 따라 투자·운용하게 하는 신탁 형태의 집합투자기구(이하 '투
   자신탁'이라 한다)
6 자본시장법 제9조 제18항 제2호 : 「상법」에 따른 주식회사 형태의 집합투자기구(이하 '투자회사'라
   한다)
7 자본시장법 제9조 제18항 제3호 : 「상법」에 따른 유한회사 형태의 집합투자기구(이하 '투자유한회
   사'라 한다)
8 자본시장법 제9조 제18항 제4호 : 「상법」에 따른 합자회사 형태의 집합투자기구(이하 '투자합자회
   사'라 한다)
9 자본시장법 제9조 제18항 제4의2호 : 「상법」에 따른 유한책임 회사 형태의 집합투자기구(이하 '투자
   유한책임회사'라 한다)
10 자본시장법 제9조 제18항 제5호 : 「상법」에 따른 합자조합 형태의 집합투자기구(이하 '투자합자조
   합'이라 한다)
11 자본시장법 제9조 제18항 제6호 : 「상법」에 따른 익명조합 형태의 집합투자기구(이하 '투자합자조
   합'이라 한다)

소득세법 제4조 제2항은 소득을 구분함에 있어서 집합투자기구로부터의 이익은 배당소득으로 과세하고, 집합투자기구 외의 신탁(자본시장법 제251조에 따른 집합투자업겸영보험회사의 특별계정을 제외)의 이익은 「신탁법」 제2조에 따라 수탁자에게 이전되거나 그 밖에 처분이 된 재산권에서 발생하는 소득의 내용별로 소득을 구분한다(소득세법 제4조 제2항).

상기 규정에서 '집합투자기구 외의 신탁'이란 신탁 형태의 집합투자기구(즉 투자신탁) 외의 신탁으로서 자본시장법에 의한 특정금전신탁이나 재산신탁, 신탁법에 의한 신탁을 의미한다.

(1) 집합투자기구와 신탁

신탁 형태의 집합투자기구로부터의 이익은 배당소득으로 과세하고, 그 외의 신탁의 이익은 재산권에서 발생한 소득의 내용별로 과세한다. 투자신탁도 신탁의 범주에 속하지만 세법을 적용함에 있어서는 그 외의 신탁과 다른 방법으로 과세한다.

(2) 변액보험

보험회사의 변액보험은 저축성보험일 뿐 아니라 자본시장법상 투자신탁에 해당한다. 입법적 고려가 없다면 변액보험에서 발생한 소득은 저축성보험의 보험차익(즉 이자소득)으로도 과세될 수 있고, 집합투자기구로부터의 이익(배당소득)으로도 과세될 수 있다.

상기 소득세법 제4조 제2항의 내용 중 괄호문단에는 신탁의 범위에 자본시장법 제251조 제1항에 의한 특별계정(즉 변액보험)을 제외하고 있다. 이는 소득세법 시행령 제26조의2 제1항 제1호에서 변액보험을 세법상 집합투자기구에서 제외하고 있고, 이로 인해 변액보험이 해석상 신탁으로 보아 과세될 여지가 있기 때문이다. 이를 막고자 상기 괄호문단에서 신탁의 범위에서 다시금 변액보험을 제외하고 있는 것이다. 따라서 변액보험은 소득세법상 저축성보험의 보험차익으로 과세된다.

2   집합투자기구로부터의 이익

자본시장법은 간접투자자산운용업법에서와는 달리 민법, 상법 등 현행법상 설립 가능한 모든 투자기구를 집합투자기구로 활용할 수 있도록 하였다. 이에 따라 새롭게 투자유한회사, 투자합자회사, 투자합자조합, 투자익명조합을 집합투자기구에 추가하였다.

이에 세법은 2008년말 세법 개정에서 새로이 도입된 집합투자기구의 과세체계를 기존의 투자신탁 또는 투자회사 세제와 전반적으로 동일하게 구성하였다. 새로 추가된 집합투자기구 중 조합형인 투자합자조합과 투자익명조합은 세법상 투자신탁으로 간주하여 과세하고,[12] 회사형인 투자유한회사와 투자합자회사는 세법상 투자회사로 간주하여 과세한다.[13] 그리고 소득세법과 조특법에서 각각 규정하던 것을 자본시장법상 집합투자기구를 소득세법에서 일괄 차용하여 통일적으로 규정하였다. 이하의 집합투자기구에 대한 세법상 요건과 집합투자기구로부터의 이익 계산 등의 규정은 모든 집합투자기구에 대해 차별없이 적용된다.

1) 세법상 요건과 효과

(1) 세법상 요건

소득세법은 집합투자기구에 대하여 아래의 요건을 두고 있다.[14]

❶ 자본시장법에 의한 집합투자기구(동법 제251조의 규정에 의한 보험회사의 특별계정을 제외하되, 금전의 신탁으로서 원본을 보전하는 것을 포함)일 것

❷ 당해 집합투자기구의 설정일부터 매년마다 1회 이상 결산·분배할 것

    다만, 다음 각 항목의 어느 하나에 해당하는 이익금은 분배를 유보할 수 있으며, 자본시장법 제242조에 따른 이익금이 0보다 적은 경우에도 분배를 유보할 수 있음(같은 법 제9조 제22항에 따른 집합투자규약에서 정하는 경우에 한정)

    ㄱ. 자본시장법 제234조에 따른 상장지수집합투자기구가 지수 구성종목을 교체

---

12 소득세법 시행령 제26조의2 제3항 제1호
13 소득세법 시행령 제26조의2 제3항 제2호, 법인세법 제51조의2 제1항 제2호 참조
14 소득세법 시행령 제26조의2 제1항 및 제8항

하거나 파생상품에 투자함에 따라 계산되는 이익

ㄴ. 자본시장법 제238조에 따라 평가한 집합투자재산의 평가이익

ㄷ. 자본시장법 제240조 제1항의 회계처리기준에 따른 집합투자재산의 매매이익

❸ 금전으로 위탁받아 금전으로 환급할 것(금전 외의 자산으로 위탁받아 환급하는 경우로서 당해 위탁가액과 환급가액이 모두 금전으로 표시된 것을 포함)

❹ 자본시장법에 의한 사모집합투자기구로서 다음 각 호의 요건을 모두 갖춘 집합투자기구(이하 '특정단독사모집합투자기구'라 함)에 해당되지 아니할 것

ㄱ. 투자자가 거주자(비거주자와 국내사업장이 없는 외국법인을 포함한다. 이하 이 조에서 같다) 1인이거나 거주자 1인 및 그와 「국세기본법 시행령」 제1조의2 제1항부터 제3항까지의 규정에 의한 특수관계에 있는 자(비거주자와 그 배우자, 직계혈족 및 형제자매 또는 일방이 타방의 의결권주식을 직·간접적으로 100분의 50 이상 보유하는 관계)로만 이루어진 경우

ㄴ. 투자자가 사실상 자산운용에 관한 의사결정을 하는 경우

(2) 효과

❶ 요건 모두를 충족하는 경우 : 요건 모두를 충족하는 경우에는 소득세법상 적격한 집합투자기구가 됨. 따라서 집합투자기구에 귀속되는 모든 소득은 통산되어 투자자가 환매 또는 결산분배를 통해 그 이익을 수령할 때 과세되며, 그 이익 중 일정한 손익은 과세 제외되고 운용보수 등 각종 수수료를 과세소득계산에 있어서 차감할 수 있게 됨

❷ 요건 모두를 충족하지 못하는 경우 : 상기의 요건 모두를 충족하지 못하는 집합투자기구에 대해서 세법은 아래와 같이 과세를 하고 있음(소득세법 시행령 제26조의2 제3항).

ㄱ. 투자신탁·투자합자조합·투자익명조합(이하 '투자신탁 등'이라 함)으로부터의 이익은 법 제4조 제2항에 따른 집합투자기구 외의 신탁의 이익으로 보아 과세

ㄴ. 투자회사·투자유한회사·투자합자회사·경영참여형 사모집합투자기구(경영참여형 사모집합투자기구는 조특법 제100조의15에 따른 동업기업과세특례를 적용받지 않는 경우에 한정. 이하 '투자회사 등'이라 함)로부터의 이익은 법 제17조 제1항 제1호의 배당 및 분배금으로 보아 과세

따라서 투자신탁 등은 소득의 내용별로 과세되고, 투자회사 등은 일부손익 과세제외규정(즉, 소득세법 시행령 제26조의2 제4항)의 적용 없이 집합투자기구에 귀속된 모든 손익이 통산되어 배당소득으로 과세. 한편, 투자회사 등이 상기 요건 ②(연 1회 이상 결산·분배요건)나 요건 ④(사모집합투자기구 특례)를 충족하지 못하는 경우에는 법인세법 제51조의2 제1항 및 제2항 후단 및 동법시행령 제86조의2 제9항의 내용에 따라 법인세도 부담하게 됨

2) 과세소득의 계산

(1) 일부손익 과세제외

집합투자기구가 직접 또는 자본시장법 제9조 제21항에 따른 집합투자증권에 투자하여 취득한 증권으로서 다음 각 호 어느 하나의 증권 또는 자본시장법에 따른 장내파생상품(이하 '장내파생상품'이라 함)의 거래나 평가로 인하여 발생한 손익(이하 이를 '일부손익과세제외규정'이라 함)은 과세제외 한다.[15]

❶ 증권시장에 상장된 증권(다음 각 목의 것은 제외. 이하 이 항에서 같음)
    ㄱ. 국가나 지방자치단체가 발행한 채권 또는 증권, 내국법인이 발행한 채권 또는 증권, 외국법인의 국내지점 또는 국내영업소에서 발행한 채권 또는 증권, 외국법인이 발행한 채권 또는 증권, 타인에게 양도가 가능한 증권으로서 금융회사 등이 발행한 예금증서 등 소득세법 시행령으로 정하는 것(소득세법 제46조 제1항)
    ㄴ. 외국 법령에 따라 설립된 외국 집합투자기구의 주식 또는 수익증권
❷ 「벤처기업육성에 관한 특별조치법」에 따른 벤처기업의 주식 또는 출자지분
❸ 제1호의 증권을 대상으로 하는 장내파생상품

다만, 비거주자 또는 외국법인이 일반 사모집합투자기구나 동업기업과세특례를 적용받지 아니하는 기관전용 사모집합투자기구(PEF)를 통하여 취득한 증권시장 상장 주식 또는 출자증권으로서, 양도일이 속하는 연도와 그 직전 5년의 기간 중 그 주식 또는 출자증권을 발행한 법인의 발행주식 총수 또는 출자총액의 100분의 25 이상을 소유한 경우 이러한 주식 또는 출자증권의 거래로 발생한 손익은 그러하지 아니한다(소득세법

---

15 소득세법 시행령 제26조의2 제4항.

시행령 제26조의2 제4항 단서 조항). 이는 외국인이 직접 국내 상장주식의 25% 이상 취득한 경우 그에 따른 매매차익에 대해 원천지국인 우리나라에서 과세하도록 하는 소득세법의 규정[16]을 회피하기 위하여 사모집합투자기구 등을 이용하는 것을 방지하기 위한 규정이다.

집합투자기구가 상장증권 등 과세제외 증권등을 직접 또는 자본시장법에 따른 집합투자증권에 투자하여 취득한 경우에도 과세제외한다.

일부손익 과세제외규정은 직접투자와의 과세형평을 고려한 규정이다. 직접투자하는 경우 상장주식 등의 매매평가손익은 과세제외된다. 집합투자기구를 통하여 간접투자하는 경우에는 이러한 소득이 모두 과세대상이 된다. 세법은 직접투자와 간접투자의 과세상 차이를 줄이기 위하여 상기의 규정을 두어 일정한 손익에 대해 과세제외하고 있다.

그러나 동 규정은 직접투자와의 과세형평을 완전히 실현하지 못하고 있다. 채권매매차익은 물론이고 환차익, 장외파생상품의 매매차익 등이 모두 과세되고 있기 때문이다.

일부손익과세제외규정은 이익뿐 아니라 손실도 과세제외한다. 손실이 과세상 비용으로 공제되지 않으므로, 그 손실이 집합투자재산에서 발생한 이자, 배당, 그 외의 소득(환차익 등)을 초과하여 원금 대비 투자손실이 발생한 경우에도 발생한 이자 등에 과세가 이루어질 수 있다.

(2) 수수료 공제

투자신탁 외의 신탁의 경우 원칙적으로 위탁자, 수탁자 관계에서 위탁자가 부담하는 수탁자의 보수는 신탁이익과 별개로 위탁자에게 그대로 귀속된다. 하지만 특정금전신탁과 투자신탁의 이익(집합투자기구로부터의 이익)은 보수·수수료 등은 비용으로 공제받을 수 있다. (소득령 제4조의2 ③항)

반면, 집합투자기구로부터의 이익은 자본시장법에 따른 각종 보수·수수료 등을 뺀 금액으로 한다.[17] 따라서 자본시장법에 의하여 집합투자업자, 신탁업자, 투자매매업자·투자중개업자가 받는 모든 보수와 환매수수료, 판매수수료 등 각종 수수료는 투자자의 과세소득을 계산함에 있어서 차감된다.

---

16 소득세법 제119조 제11호 및 동법 시행령 제179조 제11항 참조.
17 소득세법 시행령 제26조의2 제6항.

3) 수입시기

투자신탁 외의 신탁의 경우 원칙적으로 소득이 신탁재산에 귀속되는 때가 수입시기가 된다. 다만, 소득세법은 신탁재산에 이자소득과 배당소득이 귀속할 때마다 원천징수하는 불편을 해소하기 위해 소득이 신탁재산에 귀속된 날부터 3월 이내의 특정일(동일 귀속연도 이내로 한정)을 과세시기로 할 수 있는 특칙을 두고 있다.[18]

집합투자기구의 경우 수입시기는 소득이 신탁재산에 귀속되는 때가 아니라 투자자에게 소득이 분배되는 때가 된다. 소득세법은 아래와 같이 그 시기를 구체적으로 규정하고 있다.[19]

❶ 집합투자기구로부터의 이익을 지급받은 날
❷ 원본에 전입하는 뜻의 특약이 있는 분배금은 그 특약에 의하여 원본에 전입되는 날

집합투자기구로부터의 이익을 지급받은 날, 즉 현금으로 그 이익을 수령하는 날을 수입시기로 한다. 현금으로 수령하는 경우는 환매청구에 의하여 원리금을 수령하는 경우가 있고, 결산분배금을 현금으로 수령하는 경우가 있으며, 수익증권을 양도하여 그 이익을 현금으로 수령하는 경우가 있다. 그러므로 환매청구로 이익을 수령한 날, 결산분배금을 받은 날, 수익증권의 양도로 이익을 수령한 날이 모두 수입시기가 된다. 한편, 결산분배일에 결산분배금을 '재투자특약'에 의하여 원본에 전입하는 경우에도 이익을 현실적으로 지급받은 것은 아니지만 이를 지급받은 것으로 보아 수입시기로 하고 있다(이를 '재투자수입시기규정'이라 함).

재투자수입시기규정은 투자자의 투자기간에 상응하는 집합투자기구로부터의 이익에 과세하는 것이 아니라 투자시점부터 결산분배일 그리고 결산분배일 이후부터 환매일 또는 다음 결산분배일까지 각각 끊어서 과세하는 것이므로, 결산분배일까지 과세소득이 발생하였으나 그 후 환매일까지 과세손실이 발생한 경우 그 과세손실은 당초 과세소득과 통산되지 아니하여 비용화할 수 없다. 따라서 전체 투자기간 동안 과세손실이 과세소득을 초과하는 경우 펀드투자자는 원금 대비 투자손실임에도 과세될 수 있다. 이러한 불합리성을 개선하기 위하여 2016년 세법 개정을 통해 주식·채권·파생상품 등 원본손실 가능성이 있는 투자자산의 매매차익을 결산시 과세하지 않고 투자기간

---

18 소득세법 제155조의2.
19 소득세법 시행령 제46조 제7호.

동안 전체 손익을 통산하여 환매 시 과세할 수 있도록 하였다(소득세법 시행령 제26조의2 제1항 제2호 다목).

4) 소득구분

소득구분이란 위에서 계산한 투자신탁으로부터의 이익을 이자소득, 배당소득 등으로 구분하는 것을 말한다.

舊소득세법은 투자신탁을 이자부 투자신탁과 배당부 투자신탁으로 구분하고 이자부 투자신탁에서 발생한 소득은 이자소득으로 배당부 투자신탁에서 발생한 소득은 배당소득으로 과세하도록 하였다(舊소득세법 시행령 제23조 제1항, 제2항, 제3항). 그러나 2007년 세법 개정에서 투자신탁에 편입된 자산의 비중과 관계없이 모두 배당소득으로 구분하도록 개정하였다.

❶ 2006. 12. 31 이전 투자신탁의 이익

    ㄱ. 이자부 투자신탁의 이익 → 이자소득

    ㄴ. 배당부 투자신탁의 이익 → 배당소득

❷ 2007. 1. 1 이후의 투자신탁의 이익 → 배당소득

집합투자기구로부터의 이익이 배당소득으로만 구분되는 것은 아니다. 투자신탁이 소득세법상 일정요건을 충족한다 하더라도 소득지급방법 등에 따라 연금소득, 기타소득 또는 퇴직소득 등으로 달리 구분될 수 있다(소득세법 제20조의3, 소득세법 제21조 제1항 제21호, 소득세법 제22조 제1항). 이 경우 소득금액의 계산이 지급액을 기준으로 정해지는 점에서 투자신탁이익의 계산과 차이가 있다. 이는 연금저축 등에 의한 연금소득이 불입단계에서 세액공제되고 수령단계에서 과세되는 방식을 취하고 있기 때문이다. 또 투자신탁이익에 적용되는 일부손익과세제외규정(소득세법 시행령 제26조의2 제4항)은 소득세법 제17조 제1항 제5호의 규정에 의한 배당소득으로 구분되는 경우에 적용되는 것이므로 이와 같이 배당소득 이외의 소득으로 구분되는 경우에는 이를 적용할 수 없다.

3 집합투자증권의 양도

(1) 의의

투자자는 자기의 자금을 펀드에 투자하고 그 대가로 집합투자기구가 발행한 집합투자증권을 취득하게 된다. 투자자는 집합투자증권을 환매청구함으로써 그 원금과 이익을 실현하게 된다. 집합투자업은 집합투자증권의 수시환매원칙[20]을 근간으로 운영되므로, 환매의 방법이 원리금 회수방법으로 주로 이용된다. 한편, 환매의 방법 이외에 집합투자증권을 양도하는 방법에 의하여 원금과 이익을 실현할 수도 있다. 일반적으로 집합투자증권은 저축약관에 의하여 수탁은행에 보관되며 저축통장에 좌수만 기재하는 방식으로 운영된다. 그런데 투자자가 통장에 표시된 집합투자증권 좌수에 근거해 집합투자증권의 현물발행을 청구하면 판매회사는 일정한 절차를 거쳐 집합투자증권의 현물인도를 해주도록 규정하고 있다. 이러한 집합투자증권 현물거래는 수시환매가 불가능한 폐쇄형 투자펀드나 사모투자펀드에서 자주 발생하며 개방형 투자펀드의 경우에도 증여나 상속 또는 양도의 목적으로 이루어진다.

(2) 집합투자증권 양도와 세금

집합투자증권의 양도와 관련하여 기존에는 원칙적으로 채권등보유기간과세제도를 적용하여 배당소득으로 과세하되,[21] 투자회사의 주식 등 회사형 집합투자증권의 양도는 양도소득으로 과세하도록 하였으나, 세법의 개정으로 2011년 1월 1일부터는 집합투자증권의 양도로 발생한 이익도 원칙적으로 소득세법 제17조 제1항 제5호인 집합투자기구로부터의 이익에 해당하는 것으로 하여 배당소득으로 과세하고, 기존의 채권 등 보유기간과세제도에서는 집합투자증권의 양도에 대한 규정을 삭제함으로써 법조문상 소득구분에 통일성을 높였다. 다만, 회사형 집합투자증권으로 외국시장에 상장된 주식에 해당되는 집합투자증권(예: 역외상장 투자회사형 ETF) 등의 양도에 대해서는 양도소득으로 과세된다.

---

20 자본시장법 제235조 제1항 : 투자자는 언제든지 집합투자증권의 환매를 청구할 수 있다.
21 舊 소득세법 제46조 제1항 및 舊 소득세법 제102조 제1항 제2호 본문 참조.

표 3-1 집합투자증권 환매 및 양도 시 소득구분

유형	투자신탁 투자합자조합 투자익명조합	투자회사 투자유한회사 투자합자회사
환매·결산분배	배당소득	배당소득
양도	배당소득주1)	배당소득주2)

주1) 주식형 ETF증권의 양도는 비과세(즉, 배당소득은 비과세)
  2) 1. 양도소득이 과세되는 주식 및 지분증권의 양도는 제외
     2. 양도소득이 과세되지 않더라도 투자회사(분배 가능 이익 전체를 1회 이상 배당하는 투자회사) 주식의 양
        도는 제외

4 부동산 집합투자기구 운용에 따른 과세

(1) 부동산 취득에 따른 취득세 · 등록면허세

취득세는 일정한 자산의 취득에 대하여 그 취득자에게 부과되는 도세(또는 특별시세·광
역시세)이고, 등록에 대한 등록면허세는 재산권과 그 밖의 권리의 설정·변경 또는 소멸
에 관한 사항을 공부에 등기 또는 등록하는 경우에 그 등기·등록을 받는 자에게 부과되
는 도세이다. 부동산 집합투자기구에서 집합투자재산으로 부동산을 취득하는 경우 취
득세·등록면허세를 납부하여야 한다.

(2) 부동산 보유에 따른 과세

집합투자기구가 투자목적으로 취득한 부동산을 보유하는 경우 지방세인 재산세와 국
세인 종합부동산세가 과세될 수 있다. 재산세는 토지·건축물·주택·선박 및 항공기의 보
유에 대하여 그 보유자에게 부과하는 시·군세(또는 구세)이다.

부동산 집합투자기구가 소유하고 있는 토지·건축물·주택에 대해서 재산세가 과세된
다. 재산세는 토지의 경우 종합합산과세대상, 별도합산과세대상, 그리고 분리과세대상
으로 구분하고, 건축물은 골프장·고급오락장용 건축물, 공장용 건축물과 상가 등 기타
의 건축물로 구분하여 각각 다른 세율체계로 과세된다. 부동산 집합투자기구는 사업목
적용 토지나 건축물을 보유하는 경우가 일반적이므로 토지는 별도합산대상토지, 건축
물은 기타의 건축물에 해당될 경우가 많을 것으로 예상되나 사실판단은 건별로 각각
관련 세법규정에 따라 판단하여야 한다.

부동산 집합투자기구가 별도합산과세대상 토지를 소유하고 있는 경우에도 동 토지는 별도합산과세대상이 아닌 분리과세대상으로 구분하므로 별도합산과세하지 아니하고 분리과세한다(지방세법 제106조 제1항 제3호 및 지방세법 시행령 제102조 제8항). 다만, 사모 부동산 집합투자기구의 경우, 2020년 6월 2일부터 취득한 토지에 대해서는 별도합산과세대상으로 구분된다.

종합부동산세는 토지와 주택에 대하여 과세된다(종부세법 제7조 제1항 및 종부세법 제12조 제1항). 토지의 경우, 재산세가 분리과세되는 토지에 대해서는 종부세과세대상이 아니하므로(종부세법 제11조), 부동산 집합투자기구가 지방세법에 의해 분리과세되는 토지를 소유하고 있는 경우에는 종합부동산세가 과세되지 아니한다. 반면, 부동산 집합투자기구가 종합합산과세대상 토지(나대지 등)를 보유한 경우에는 종합부동산세의 과세대상이 된다. 또한 상기의 분리과세규정은 토지에 한하므로 부동산 집합투자기구가 소유한 주택에 대해서는 종합부동산세의 과세대상에 해당된다.

(3) 부동산 처분에 따른 과세

부동산 집합투자기구가 보유하던 부동산을 처분한 경우에는 양도소득이 발생한다. 개인에게 양도소득이 발생한 경우에는 우선 예정신고를 하고 다음해 5월 31일까지 확정신고를 하도록 하고 있다. 법인에게 양도소득이 발생하는 경우에는 당해 법인의 익금으로 처리할 뿐이며 예정신고 없이 결산일부터 3월 내에 신고납부하도록 하고 있다. 부동산 집합투자기구가 투자목적을 달성한 부동산을 처분한 경우에는 투자신탁의 경우 개인이 아니고 투자신탁 자체가 납세주체도 아니므로 소득세법상 예정신고의무는 없으며, 투자회사의 경우에는 법인이므로 예정신고 의무없이 법인의 익금으로 처리하면 된다.

부동산 집합투자기구에 귀속된 부동산 양도소득은 이와 같이 부동산 집합투자기구단계에서 과세되지 아니하고 투자신탁에 귀속되는 다른 소득(사업소득, 이자소득, 배당소득 등)과 통산되어 투자자가 환매금 또는 이익분배금을 수령할 때에 배당소득으로 과세된다.

(4) 부가가치세 과세

부동산 집합투자기구가 부동산을 취득·보유·처분하는 과정에서 부가가치세가 과세될 수 있다. 부가가치세는 재화와 용역의 공급에 대하여 과세된다. 부동산 집합투자기구의 운용대상 자산이 부가가치세 과세대상 재화와 용역에 해당되고 동 재화와 용역을 부동산 집합투자기구가 타인에게 공급한 경우에는 부가가치세를 납부하여야 한다. 부동산은 토지와 건물로 구분할 수 있으며 부가가치세법은 토지의 공급에 대해서는 면세로 정하고 있다. 따라서 토지와 건물을 일체로 공급하는 경우 건물분에 대한 부가가치세를 납부하게 된다.

(5) 법인세 과세

부동산 집합투자기구는 투자기구일 뿐이므로 집합투자기구 자체에 대해 법인세를 과세하게 되면 직접투자와 비교하여 과세상 불이익이 발생하게 된다. 집합투자기구 자체에 대하여 과세할 경우 집합투자기구의 고비용구조로 인하여 간접투자방식에 의한 투자행위는 사실상 불가능하게 될 것이다. 직접투자와 간접투자는 투자자의 선호에 의하여 선택될 문제이므로 과세가 여기에 개입하는 것은 바람직하지 않다. 이러한 이유로 대부분의 국가에서 집합투자기구 자체에 대해 사실상 과세를 하지 아니하고 있다.

우리나라의 경우, 집합투자기구를 투자신탁과 투자회사 등으로 열거하고 있다. 투자신탁은 신탁의 법리에 따라 과세하지 않고 있다. 또 투자회사의 경우에도 투자회사가 결산기에 배당가능 이익의 90% 이상을 투자자에게 분배한 경우(주식배당이든 현금배당이든 상관없음)에는 이를 각 사업연도 소득금액에서 공제하여 과세소득을 구하도록 하고 있어서 사실상 법인세를 부담하지 않고 있다. 결국 우리나라도 집합투자기구에 대해서 사실상 법인세 부담을 지우지 않고 있다.

section 04 투자자 단계에서의 과세

1 투자자가 거주자인 경우

1) 금융소득 종합과세

(1) 종합소득과세

❶ 거주자의 소득 : 종합소득, 양도소득, 퇴직소득으로 분류

❷ 종합소득 합산과세 : 매년 경상적으로 발생하는 소득으로서 이자소득, 배당소득, 사업소득, 근로소득, 연금소득, 기타소득으로 구분하며 이를 합산하여 누진세율로 과세

(2) 금융소득 종합과세

❶ 금융소득 : 이자소득과 배당소득을 금융소득이라 하며 통상 금융상품에서 발생함
❷ 금융상품별 소득구분

ㄱ. 금융상품에는 은행업의 수신상품(각종 예금과 적금을 말함), 보험업의 보험상품, 금융투자업이 취급하는 금융투자상품이 있음. 금융투자상품은 다시 증권상품과 파생금융상품으로 구분되며 증권상품은 지분증권, 채무증권, 수익증권, 파생결합증권 등으로 구분

ㄴ. 세법은 은행의 수신상품에서 발생한 소득에 대해 이자소득으로 과세하고, 보험상품에서 발생한 소득은 보장성 보험의 보험차익의 경우 비과세, 저축성 보험의 보험차익의 경우 납입보험료 합계액이 1억 원(2017. 3. 31일까지 체결하는 보험: 2억 원), 월적립식인 경우 매월 납입보험료가 150만 원 초과 등의 경우 이자소득으로 과세

ㄷ. 금융투자상품에서 발생한 소득은 이자소득(채무증권), 배당소득(지분증권, 수익증권 등) 그리고 양도소득(지분증권으로서 비상장지분증권의 매매차익과 상장주식으로서 장외거래에 의한 매매차익 그리고 상장주식의 대주주가 거래한 세법에서 규정하고 있는 파생상품 매매차익 등)으로 과세

(3) 금융소득 종합과세 방법

❶ 원천징수 : 금융소득을 지급할 때 14%로 원천징수
❷ 종합과세여부 판단 : 금융소득을 무조건분리과세, 조건부종합과세, 무조건종합과세 대상 금융소득으로 구분

ㄱ. 무조건분리과세는 원천징수로서 납세의무가 종결

ㄴ. 조건부 종합과세는 다음의 ①과 ② 중 큰 금액으로 적용하고 종합과세기준금액을 초과하지 않은 경우는 ②를 적용

① (다른 종합소득＋2천만 원 초과금융소득)×누진세율＋2천만 원×14%

② (다른 종합소득)×누진세율＋금융소득×원천징수세율(14%)

ㄷ. 무조건 종합과세 되는 금융소득은 원천징수가 되지 않은 예외적인 금융소득
에 대하여 적용

2) 집합투자기구 이익에 대한 적용

투자신탁이익을 지급하는 때에 14%로 원천징수한다.[22] 투자신탁이익이 세금우대종
합저축상품(조특법 제89조) 등에 해당하여 무조건 분리과세[23]되는 경우에는 원천징수로서
과세가 종결된다. 무조건 분리과세 되는 경우 이외에는 투자신탁이익은 다른 금융소득
과 합산하여 2천만 원을 초과하는 경우에는 종합소득에 합산하여 누진세율로 과세한다
(소득세법 제14조 제4항). 따라서 금융소득이 2천만 원 이하인 경우에는 14% 원천징수로서
과세가 종결된다. 통상 종합소득금액에 배당소득이 포함되는 경우 배당세액공제를 받
게 되는데, 투자신탁이익은 배당세액공제대상 배당소득에 해당하지 아니하여 공제받을
수 없다(소득세법 제17조 제3항).

표 3-2 거주자의 금융소득에 과세방법

과세방법		원천징수세율
(1) 무조건 분리과세소득 ⇒ 분리과세		(1)의 해당 세율
(2) 조건부종합과세	위 (1) 외의 이자·배당소득(귀속법인세는 제외)의 합계액이 ① 2천만 원 이하인 경우 ⇒ 분리과세 ② 2천만 원을 초과하는 경우 ⇒ 종합과세(주)	14% (비영업대금의 이익은 25%)
(3) 무조건종합과세	2천만 원 이하인 경우에도 원천징수대상이 아닌 이자·배당소득은 종합과세	—

주: 2천만 원을 초과하는 경우에는 2천만 원까지 14%로 과세하고 그 초과분은 다른 소득과 합산하여 기본세율로
과세한다.

2 투자자가 내국법인인 경우

내국법인에게 귀속되는 소득 중 이자소득에 대해서만 원천징수하고 배당소득 등 그

---

22 개인에 대해서는 본세에 지방소득세 10%가 가산되어 원천징수세율은 15.4%이다.
23 무조건분리과세 : 분리과세를 신청한 장기채권의 이자와 할인액(30%), 세금우대종합저축의 이
자·공모부동산펀드 배당소득(9%), 사회간접자본채권 등의 이자소득(14%) 등이 여기에 해당된다.

외의 소득에 대해서는 원칙적으로 원천징수하지 아니한다. 다만, 배당소득으로 구분되는 투자신탁의 이익은 예외적으로 원천징수대상소득이 된다(법인세법 제73조 제1항). 반면, 투자회사의 이익은 일반원칙에 따라 원천징수하지 아니한다. 원천징수된 투자신탁의 이익도 당해 법인의 익금(이때 익금은 투자이익이 됨)에 합산하여 과세되며, 원천징수된 세액은 법인세 신고 시 기납부세액으로 차감하여 납부하게 된다.

표 3-3 **투자자별 원천징수의무(요약)**

구분		소득구분	납세의무자별 원천징수의무	
			거주자	내국법인
집합투자기구	투자신탁의 이익	배당소득	○	○
	투자회사의 이익	배당소득	○	×

01 다음 중 판매회사의 영업점에 방문하여 펀드에 투자하고자 하는 일반투자자에 대한
투자권유절차를 올바르게 나열한 것은?

> ㉠ 투자자 유형 분류   ㉡ 투자자 정보 파악
> ㉢ 펀드에 대한 설명   ㉣ 투자자에게 적합한 펀드 선정

① ㉠－㉡－㉢－㉣   ② ㉠－㉡－㉣－㉢
③ ㉡－㉠－㉢－㉣   ④ ㉡－㉠－㉣－㉢

02 다음 중 표준투자권유준칙 중 투자권유를 희망하지 않는 투자자에 대한 판매 시 설
명으로 적절하지 않은 것은?

① 투자권유를 희망하지 않는 투자자에 대하여는 투자자가 원하는 객관적인 정보
만 제공할 수 있다.

② 투자자가 투자권유를 받지 않고 스스로 금융투자상품을 정해서 거래하는 경우,
'투자권유 희망 및 투자자정보 제공여부 확인' 내용이 포함된 확인서를 받은 뒤,
후속 판매절차를 진행할 수 있다.

③ 투자권유를 받지 않고 투자하고자 하는 투자자에게는 투자에 수반되는 주요 유
의사항을 알릴 필요가 없다.

④ 투자자에게 파생상품등을 판매하려는 경우 투자권유를 하지 않더라도 투자자
정보를 파악하여야 한다.

해설

01 ④ 투자자 정보 파악－투자자 유형분류－투자자에게 적합한 펀드 선정－펀드에 대한 설명

02 ③ 투자자가 투자권유를 받지 않고 투자하고자 하는 경우라도 원금손실 가능성, 투자에 따른 손익은
모두 투자자에게 귀속된다는 사실 등 투자에 수반되는 주요 유의사항을 알려야 한다.

03 다음 중 표준투자권유준칙 중 투자자 정보 파악단계에 대한 설명으로 적절하지 않은 것은?

① 투자자 정보는 반드시 투자자가 자필로 작성할 필요는 없다.

② 투자자의 대리인으로부터 투자자 본인의 정보를 파악하는 것은 불가능하다.

③ MMF에 투자하는 투자자에 대하여는 투자자 정보를 간략하게 파악할 수 있다.

④ 투자자가 장외파생상품을 거래하고자 하는 경우 투자권유 여부와 상관없이 투자자 정보를 파악하여야 한다.

04 다음 중 표준투자권유준칙 중 설명의무에 대한 설명으로 가장 옳은 것은?

① 투자권유 시 투자자의 이해 수준과 관계없이 동일한 수준으로 설명하여야 한다.

② 투자자가 주요 손익구조 및 손실위험을 이해하지 못하는 경우 투자권유를 중단하여야 한다.

③ 투자자가 서명등으로 설명서의 수령을 거부하여도 반드시 설명서를 교부하여야 한다.

④ 추후에 금융투자상품 문의를 위해 투자자에게 판매직원의 연락처 등을 반드시 알려야 하는 것은 아니다.

해설

03 ② 투자자의 대리인이 그 자신과 투자자의 실명확인증표 및 위임장 등 대리권을 증빙할 수 있는 서류 등을 지참하는 경우 대리인으로부터 투자자 본인의 정보를 파악할 수 있다.

04 ① 투자자의 투자경험과 금융투자상품에 대한 지식수준 등 투자자의 이해 수준을 고려하여 설명의 정도를 달리할 수 있다. ③ 증권신고의 효력이 발생한 증권을 취득하고자 하는 투자자가 서면, 전화·전신·모사·전송, 전자우편 및 이와 비슷한 전자통신, 그밖에 금융위원회가 정하여 고시하는 방법으로 설명서의 수령을 거부하는 경우에는 설명서를 교부하지 아니하여도 된다. ④ 투자자가 추후에도 금융투자상품에 대하여 문의할 수 있도록 자신의 성명, 직책, 연락처 및 콜센터 또는 상담센터 등의 이용방법을 알려야 한다.

05 다음 중 수익증권저축의 종류에 대한 설명으로 가장 옳은 것은?

① 거치식저축의 경우 필요시 동일계좌에 추가 납입이 가능하다.

② 정액적립식저축의 경우 저축기간 중에는 저축재산의 일부 인출을 할 수 없다.

③ 목표식저축의 경우 저축목표금액의 증액은 할 수 있으나 감액은 할 수 없다.

④ 저축자의 요청에 따라 기존에 정한 저축기간의 종료 이후에도 저축기간을 연장할 수 있다.

06 다음 중 수익증권저축의 주요 내용에 대한 설명으로 옳지 않은 것은?

① 판매회사는 수익증권을 1좌 단위로 매각 또는 환매할 수 있다.

② 저축기간은 수익증권의 최초 매수일부터 시작한다.

③ 저축자는 판매회사의 동의를 얻어 수익증권에 질권을 설정할 수 있다.

④ 임의식저축의 경우 저축기간 중 수익금에 상당하는 금액의 수익증권을 환매하는 때에는 그 수익증권의 환매수수료를 면제한다.

07 다음 중 수익증권저축의 만기지급일에 대한 설명으로 옳지 않은 것은?

① 저축기간을 '월' 또는 '연' 단위로 정한 경우 저축기간이 만료되는 월의 최초 납입상당일

② 저축기간을 '월' 단위로 정한 경우 만료되는 월에 그 해당일이 없는 때에는 그 월의 말일

③ 저축기간을 '일' 단위로 정한 경우 매수일의 다음날부터 계산하여 저축기간이 만료되는 날

④ 투자신탁의 신탁계약의 해지로 인하여 저축기간이 종료되는 경우에는 해지결산 후 첫 영업일

해설

05 ① 거치식은 동일계좌에 추가 납입할 수 없다. ② 적립식은 저축기간 중 일부 인출이 가능하다. ③ 목표식은 저축목표금액의 감액 또는 증액이 가능하다.

06 ④ 임의식저축 → 거치식저축

07 ③ 수익증권의 최초 매수일부터 계산하여 저축기간이 만료되는 날의 다음 영업일이다.

08 1,000만 원을 국내 주식형 투자신탁에 투자한 후 전부 환매한 개인의 매매내역이 아래와 같은 경우 환매금액은?

매매일자	구분	기준 가격	과표기준 가격
1. 5	매입	1000.00	1000.00
4. 10	환매	1200.00	1050.00

• 환매수수료 : 90일 미만 이익금의 70%
• 원천징수세율 : 15.4%(소득세 14%, 지방소득세 1.4%)

① 10,523,000원　　　　　　　　② 10,576,900원
③ 11,692,000원　　　　　　　　④ 11,923,000원

09 소규모 투자신탁을 해지함에 있어 저축자가 그 상환금으로 판매회사로부터 안내받은 수익증권을 매수하여 저축하고 그 수익증권을 환매하는 경우 면제받는 비용이 아닌 것은?

① 선취판매수수료　　　　　　② 판매보수
③ 후취판매수수료　　　　　　④ 환매수수료

해설

08 ④ 수익증권의 보유기간이 90일 이상으로 환매수수료는 징구하지 않는다.
　　• 환매 시 평가금액 : 10,000,000좌×1200/1000 = 12,000,000원
　　• 과표 : 10,000,000좌×(1050 − 1000)/1000 = 500,000원
　　• 세금 : 77,000원
　　　− 소득세 : 500,000원×14% = 70,000원
　　　− 지방소득세 : 70,000원×10% = 7,000원
　　• 환매금액 : 12,000,000원 − 77,000원 = 11,923,000원
09 ② 판매회사로부터 안내받은 수익증권 매수 시 선취판매수수료를 면제하고, 그 수익증권 환매 시 후취판매수수료와 환매수수료를 면제한다.

정답 01 ④ | 02 ③ | 03 ② | 04 ② | 05 ④ | 06 ④ | 07 ③ | 08 ④ | 09 ②

part 08

직무윤리

chapter 01

직무윤리 일반

1   도덕적 딜레마(Ethical Dilemma)와 윤리기준[1]

우리는 자라면서 어떤 행위에 대한 '옳고 그름의 판단기준'을 가지게 되고 이를 근거로 어떤 행위가 옳다거나 그르다고 판단하게 된다. 그러나 우리에게는 이렇게 하자니 이런 점에서 문제가 생기고, 저렇게 하자니 또 다른 점에서 문제가 생기는 혼란스러운 상황을 마주하게 된다. 각각으로 보면 모두가 그 나름대로 정당한 이유를 가지지만, 동시에 두 가지를 모두 할 수는 없기 때문에 이러지도 저러지도 못하게 되는 이러한 상황

---

1   논술포커스, 정남구 외.

을 우리는 '도덕적 딜레마(Ethical Dilemma)' 상황이라고 부른다.

도덕적 딜레마 상황에서 우리는 언제까지나 선택을 미룰 수는 없다. 어느 쪽이든 판단을 내려야 하며, 이 경우 판단의 근거가 바로 우리가 습득하게 된 '옳고 그름의 판단 기준' 즉 도덕적인 규칙 또는 윤리기준인 것이다.

2   법과 윤리[2]

(1) 법의 개념

우리가 법이라는 말을 들을 때 가장 먼저 떠올리는 말은 '정의'다. 즉 법이란 '바른 것, 정당한 것을 지향하는 규범'이라 할 수 있다. 그리고 법은 우리가 반드시 지켜야 할 것이라고 생각한다. 즉 법은 '반드시 지켜야 하고, 어긴 사람에게는 책임을 묻는 규범'이라 할 수 있다.

또 법에는 헌법을 비롯하여 민법, 형법, 행정법, 상법, 소송법 등의 분야가 있고, 불문법으로는 관습법, 판례법 등이 있다. 이것은 결국 법이 사람들 간의 다양한 사회적 관계를 규정한다는 말이다. 즉 법이란 '다양한 사회 관계를 규정하는 규범'이라 하겠다.

이상을 근거로 정의를 내리자면, '법이란 정당한 사회관계를 규정하기 위하여 강제력을 갖는 여러 규범들의 종합'이라고 할 수 있겠다. 이것이 가장 일반적인 법에 대한 개념이다.

(2) '있는 그대로의 법'과 '있어야 할 법'

앞에서도 살펴보았듯이 도덕규칙, 즉 윤리는 그 사회 내에서 정해진 '인간이 인간으로서 마땅히 해야 할 도리 내지 규범'을 말한다. 윤리가 좀 더 개인적이고 내면적인 규범으로 되면 '도덕'이라 하고, 그것이 사회적인 범위로 확장되면 '정의'라 부른다. 윤리와 비윤리를 나누는 경계선은 없지만, 경계선이 없다고 해서 사람들이 윤리와 비윤리를 혼동하지는 않는다. 왜냐하면 윤리는 무수한 세월을 거치면서 내려왔고, 사람들이 사회생활을 하면서 저절로 체득하는 것이기 때문이다. 즉 윤리는 절대 다수의 합의를 전제로 하는 일종의 '문화 현상'이다.

우리는 법과 윤리가 충돌하는 경우를 종종 발견한다. 그 이유는 법의 목적과 윤리의

---

2 법적 강제와 도덕적 자율성, 황경식, 1996.

목적이 다르기 때문이다. '법은 정당한 사회관계를 규정하는 규범'이라 정의했듯이, 법이 지키고자 하는 정의는 '사회적'인 것이다. 즉 사회 질서의 수호를 전제로 한 윤리의 실현인 것이다. 반면에 윤리의 목적은 '개인적'이다. 즉 개인의 도덕심을 지키는 데 가장 큰 목적이 있는 것이다.

윤리에 합당한 법, 즉 정당한 법은 오랜 인류의 꿈이다. 법 철학자들은 이를 일컬어 '있어야 할 법'이라 한다. 한편 윤리적이든 비윤리적이든 모든 사회에는 법이 있다. 이를 '있는 그대로의 법'이라 한다. 인류의 오랜 법 생활은 '있는 그대로의 법'이 '있어야 할 법'으로 되기를 꿈꾸고 실현해 오는 과정이라 할 수 있다.

법과 윤리의 관계는 어떤 법 질서에서도 '본질적으로 불가분의 관계' 또는 '서로 업고 업히는 관계'다. 즉 법은 궁극적으로 윤리의 실현을 목적으로 한다.

(3) 법적 강제와 윤리적 자율성

법이건 윤리이건 두 가지 모두 인간이 공동생활을 함에 있어 필요한 규범이라는 점에 있어서는 동일하다. 법의 성격이나 방향이 윤리와 다름에도 불구하고 또 실제로는 윤리와는 상관없는 법률이 있기는 하나 법은 그 기초에 있어서 윤리원리에 입각하고 윤리에 합당한 내용을 갖지 않으면 안 된다.

법은 윤리와 그 영역을 달리하면서도 윤리의 기본 원칙을 따르고 그 주요한 요구를 법규범의 내용으로 채택하는 것이다. 예를 들어 헌법상의 범죄 유형으로서 살인, 상해, 사기, 횡령, 독직, 위증 등 대부분은 윤리적으로 시인될 수 없는 반윤리적인 행위이다. 이러한 관점에서 '법은 최소한의 윤리'라는 말이 의미를 갖게 된다. 윤리의 요구는 또한 사법상의 원칙으로서 인정되는 신의 성실이라든지 사회 질서와 같은 기본적인 일반 조항 속에서도 단적으로 나타나 있다.

이와 같이 법은 필요한 한도 내에서 윤리를 스스로의 영역 속에 채택하여 이를 강권으로 보장하는 동시에 일반적으로 윤리를 전제로 하면서 이 윤리와 더불어 사회 질서 유지에 임하는 것이다. 따라서 윤리나 인간애를 강조한 나머지 인위적이고 강권적인 법을 무조건 배척하거나 반대로 합법적이기만 하면 무조건 책임을 문제 삼지 않으려는 법 만능주의 모두가 그릇된 생각이라 하지 않을 수 없는 것이다.

법이란 우리가 공동생활을 영위하기 위해 서로 간에 행한 하나의 약속이고 계약이다. 그런데 이러한 계약은 대부분의 사람들이 충실히 이행하는 가운데 소수의 사람들이 이를 파기함으로써 이득을 볼 가능성을 언제나 남긴다. 따라서 이러한 무임편승자를 견제하기 위해 계약을 감독하고 그 불이행에 대해서는 처벌을 행하는 강권적 존재가 요청된다. 이것이 바로 사회 계약론자들이 내세우는 정부의 존재 근거인 것이다. 그런데 여기에 감독기관이나 감독자들 자신을 감독해야 하는 문제가 남게 되며 나아가서 그 감독자를 감시하는 사람을 또 감독해야 하는 등 무한소급의 문제가 생겨난다. 결국 약속을 이행하고 법을 준수하게 하는 행위가 외적 권위에 의해 강제될 경우에는 해결하기 어려운 문제를 야기하게 되는 것이다.

그런데 만일 사람들이 자신의 행위를 감독 할 수 있는 장치를 자기 안에 소유하고 있다면 이와 같은 문제는 해소될 수 있을 것이다. 다시 말하면 법을 준수하고 약속을 이행하는 행위가 자신의 양심이나 이성과 같이 내적인 권위에 의해 강제될 수 있다면, 즉 인간이 자율적인 도덕적 행위 주체가 될 수 있다면 타인에 의해 감독을 받음으로써 타율적으로 행동할 경우의 문제가 해결될 수 있을 것이다. 이러한 내적 강제를 가능하게 하는 장치가 효율적으로 작용만 할 수 있다면 이것은 손쉽게 범법 행위를 제거할 수 있는 방법이 될 것이다. 우리 인간에게 필요한 이와 같은 장치가 바로 자율적 도덕감으로서 우리 안에 내면화된 준법 정신, 즉 '윤리'인 것이다.

인간은 교육과 훈련을 통해서 자기 스스로의 행위를 제재할 수 있는 능력을 기를 수 있다. 준법정신은 어릴 때부터 교육을 통하여 길러져야 하고 그럼으로써 그것은 생활화, 습관화, 체질화되어야 할 도덕적인 인격의 한 요소이다. 그러나 인간은 기계와 달라서 그러한 장치를 고정시킬 수가 없는 까닭에 교육을 통하여 길러진 준법정신은 사회 환경적인 영향에 의해 지속적으로 강화되고 다져져야 한다. 다시 말하면 법을 존중하는 사회풍토를 조성하고 준법이 이익이 된다는 것을 느낄 수 있는 사회여건의 조성이 중요하다.

(4) 현대 사회에서의 법과 윤리

사회가 변함에 따라 윤리관도 급격하게 변한다. 그에 따라 그전까지는 당연하게 받아들이던 가치도 얼마 가지 않아 낡은 것으로 치부되기 일쑤다. 또 하나의 가치관이 다른 가치관으로 넘어가는 시기에는 신·구 세력 간에 엄청난 논란이 벌어지기도 한다.

법은 그 성격상 특히 '보수적'이다. 왜냐하면 법은 사회 구성원 대다수가 합의한 이후에 제정되는 것이 보통이고, 한번 제정된 법은 좀처럼 바뀌지 않기 때문이다. 법이 시류에 따라 금방 바뀐다면 그 사회 전체의 질서가 위험에 빠지기 쉽다. 이런 이유 때문에 현대 사회에서는 '낡은' 법과 '새로운' 윤리가 충돌하는 경우가 많다.

법과 윤리가 시대의 변화에 따라 함께 변해야 하는 것은 당연하지만, 그 절대적 기준에는 변함이 없다는 점에 우리는 주목할 필요가 있다. 즉 법의 수단은 현실에 따라 얼마든지 변할 수 있지만, 법의 목적은 결코 변함이 없다는 것이다.

급속도로 변화하고 있는 현대 사회에서 법과 윤리도 전문화, 기술화되어야 하지만, 그것은 어디까지나 본질적 목적 – 인간 – 을 더욱 효율적으로 달성하기 위해서만 그렇다는 것을 잊지 말아야 할 것이다.

3 직무윤리와 윤리경영

우리가 앞서 살펴보았던 도덕적 딜레마 상황은 개인의 일상적인 생활에서뿐만 아니라 경영환경에서도 나타난다. 앞에서 설명한 바와 마찬가지로 이 경우에도 매 사례마다 옳고 그름을 판단하는 기준이 필요한바, 이를 통칭하여 '기업윤리' 혹은 '직무윤리'라 한다. 그렇다면 기업윤리(Corporate Ethics) 혹은 직무윤리(Business Ethics)는 어떻게 정의내릴 수 있는가?

기업윤리는 경영환경에서 발생할 수 있는 모든 도덕적, 윤리적 문제들에 대한 판단기준, 즉 경영전반에 걸쳐 조직의 모든 구성원들에게 요구되는 윤리적 행동을 강조하는 포괄적인 개념이다. 반면, 직무윤리는 조직 구성원 개개인들이 자신이 맡은 업무를 수행하면서 지켜야 하는 윤리적 행동과 태도를 구체화한 것으로 추상적인 선언에 그칠 수 있는 윤리의 개념을 업무와 직접적인 관련성을 높임으로써 실질적인 의미를 갖도록 만든 것으로 볼 수 있다. 즉 기업윤리가 거시적인 개념이라면 직무윤리는 미시적인 개념인 것이다.[3]

이에 따라 통상 국내에서 포괄적 개념인 기업윤리는 '윤리강령' 등의 형태를 지닌 추상적인 선언문 형태를 지니고 있는 반면, 직무와 연결된 구체적인 기준을 담고 있는 직무윤리는 '임직원 행동강령' 등으로 그 형태를 조금 달리하고 있다.[4]

윤리경영은 직무윤리를 기업의 경영방식에 도입하는 것으로 간단히 정의될 수 있다. 그러나 윤리경영의 문제는 기업의 경영활동에 있어 잠재적인 이해상충이 발생하는 상

---

3 기업윤리 브리프스 2015 – 07호, 유규창.
4 본 교재에서는 발간목적에 맞춰 기업의 전반적이고 추상적인 기업윤리보다는 조직 구성원에게 적용되는 구체적인 직무윤리를 주로 다루고 있기 때문에 독자의 혼란을 막기 위하여 향후에는 '직무윤리'라는 단어로 통일하여 사용한다.

황, 즉 기업의 지배구조, 내부자 거래, 뇌물수수 및 횡령, 직원 또는 고객에 대한 차별을 포함하여 기업의 사회적 책임(CSR : Corporate Social Responsibility)과 고객과의 신임관계(Fiduciary Duty)로부터 파생되는 문제들까지 모두 포괄하는 통합적 개념이라는 사실을 염두에 두어야 한다.

4 윤리경영과 직무윤리가 강조되는 이유

1) '윤리경쟁력'의 시대

직무윤리와 이를 반영한 경영방식의 도입 — 윤리경영 — 은 현대를 살고 있는 우리에게 매우 중요한 의미를 갖는다. 기업의 윤리경영 도입 여부와 해당 기업 조직구성원의 직무윤리 준수 여부 — 이를 '윤리경쟁력'이라고 하자 — 가 해당 기업을 평가하는 하나의 잣대가 되고 있으며 이는 곧 기업의 지속적인 생존 여부와 직결되고 있기 때문이다. 왜 새삼 윤리경영과 직무윤리를 강조하는가?

(1) 환경의 변화

현재와 다가올 미래의 세계는 고도의 정보와 기술에 의한 사회이며, 매우 복잡한 시스템에 의하여 운영되는 사회이다. 이러한 고도의 정보와 기술이나 시스템이 잘못 사용될 경우 사회적, 국가적으로 엄청난 파국과 재난을 불러올 가능성이 있기 때문에 이를 다루는 자들에게 고도의 직무윤리가 요구되고 있다.

(2) 위험과 거래비용

위험(Risk)은 예측하기 어렵고, 불안감을 낳지만 '직접적으로 감지되지 않는 위험'이다. 이러한 사회에서 개별 경제주체는 눈에 보이는 비용(예 : 거래수수료) 이외에 상대방이 자신의 이익에 반하는 행동을 할 경우에 발생하는 위험비용(예 : 부실한 자산관리에 따른 손해 위험)까지를 거래비용(transaction cost)에 포함시켜 그 거래비용이 가장 적은 쪽을 선택하게 되며, 이러한 사실은 미국의 법경제학(law & economics)의 분석방법에 의해서도 검증되고 있다. 즉 개인은 위험을 통제함으로써 가장 적은 거래비용이 발생할 수 있도록 거래와 관련된 자들에게 직무윤리를 요구하고 있는 것이다.

(3) 생산성 제고

기존에는 경제적 가치에 절대적 우위를 부여함으로써 정당하고 올바른 직무윤리를 상대적으로 소홀히 할 가능성이 많았던 상황이었으나, 직무윤리가 전통적인 윤리규범을 공공재로 만들게 되고, 이는 더 많은 경제적 효용의 산출을 위하여 필요한 투입이라는 인식이 기업을 중심으로 보편화되고 있다(Hirsch, F., Social Limits To Growth). 즉 생산성의 제고를 통한 장기적 생존의 목적으로 윤리경영의 중요성이 강조되고 있는 것이다.

비윤리적인 기업은 결국 시장으로부터 외면당하고 시장에서 퇴출될 가능성이 크다. 윤리경영은 단순히 '착하게 살자'는 것이 아니고 '가치 있는 장기생존'이 그 목적이다. 경영자가 윤리와 본분에 어긋나는 행동을 하거나, 고객과 직원을 무시하는 경영을 하거나, 기업 오너의 오만 또는 기업 자체에서 생산되는 비윤리적인 행위들을 묵인하거나, 내부에서 끊임없이 지적되는 위험에 대한 목소리 또는 경고를 무시하는 등 윤리경영을 하지 않는 것은 자기 파멸의 최대 원인이 될 수 있다.

윤리경영은 단순히 구호에 그치거나 다른 기업과 차별화하려는 홍보수단에 그치는 것이 아니라 기업의 생존조건이 되고 생산성을 제고시킴으로써 지속 가능한 성장의 원동력이 된다.

(4) 신종 자본

직무윤리는 오늘날 새로운 무형의 자본이 되고 있다. 산업혁명 직후에는 땅, 돈 등과 같은 유형의 자본이 중요시되었으나, 현재는 신용(credit) 또는 믿음이 새로운 무형의 자본으로 인정되기에 이르렀다(Francis Fukuyama). 고객들도 믿음, 신뢰, 신용이라는 무형의 가치에 대하여 돈을 지불할 자세가 충분히 갖추어져 있다. 특히, 금융산업은 서비스산업으로서 신용에 바탕을 두고 있으며 신용도가 그 기업의 가장 중요한 자산이다.

(5) 인프라 구축

윤리는 공정하고 자유로운 경쟁의 전제조건이 된다. 즉, 공정하고 자유로운 경쟁이 가능하려면 그 전제로 게임의 룰(rule of game)인 법제가 공정하여야 할 뿐만 아니라 윤리가 전제되어야 한다. 따라서 경쟁은 성장을 위한 원동력이 되고 윤리는 지속적인 성장을 위한 인프라의 하나로서 '윤리 인프라'가 된다.

(6) 사회적 비용의 감소

비윤리적인 행동은 더 큰 사회적 비용(social cost)을 가져오며, 이를 규제하기 위한 법적 규제와 같은 타율적인 규제가 증가하게 된다. 그렇게 되면 규제법령의 준수를 위한 기관과 조직의 운영비용이 증가하게 되어 결과적으로 사회 전체의 비용이 증가하게 된다. 또한 해당 기업이나 개인으로서도 비윤리적인 행동으로 신뢰(reliability)와 평판(reputation)이 실추되면 이를 만회하기 위해서는 더 큰 비용과 시간이 소요된다.

2) 금융투자업에서의 직무윤리

금융투자업에서는 윤리경영과 직무윤리의 중요성이 다른 분야에 비하여 더욱 강조된다. 그 이유는 다음과 같다.

(1) 산업의 고유 속성

금융투자업은 고객의 자산을 위탁받아 운영·관리하는 것을 주요 업무로 하므로 그 속성상 고객자산을 유용하거나 고객의 이익을 침해할 가능성(즉, 이해상충의 발생 가능성)이 다른 어느 산업보다 높다. 특히 자본시장에서의 정보 비대칭 문제를 감안할 때, 금융투자업에 종사하는 자들의 행위를 법규에 의하여 사후적으로 감독하는 것만으로는 수탁받은 금융재산의 안정성 유지와 금융거래자(금융소비자)의 보호라는 기본적인 역할을 수행하는 데에는 한계가 있다. 자본시장에서 금융소비자[5] 보호가 효과적으로 이루어지지 않으면 결국 투자가 위축되어 자본시장이 제대로 기능을 수행할 수 없게 된다. 그러므로 금융투자업에 종사하는 자들의 엄격한 직무윤리는 「자본시장과 금융투자업에 관한 법률」(이하 '자본시장법'이라 한다)', 금융소비자보호에 관한 법률(이하 '금융소비자보호법'이라 한다)과 「금융회사의 지배구조에 관한 법률」(이하 '지배구조법'이라 한다)'의 목적인 금융소비자 보호와 금융투자업 유지·발전을 위하여 필요한 자본시장의 공정성·신뢰성 및 효율성을 확보하기 위한 필수적인 전제요건이 된다.

---

5 최근 투자자에 대한 보호가 강화되면서 관련 규정 등에서는 공식적으로 '금융소비자'라고 통칭하고 있고, 금융투자업계에서는 이를 위한 부서 신설 시 '금융소비자보호부' 등을 사용하고 있는바, 이하 법령 등의 조문을 인용하는 경우 이외에는 투자자, 고객 등을 모두 금융소비자라 표기함.

(2) 상품의 특성

자본시장에서는 취급하는 상품의 특성상 직무윤리가 더욱 중요시된다. 자본시장에서 취급하는 금융투자상품은 대부분 '투자성', 즉 '원본손실의 위험'을 내포하고 있다.[6] 또한 급속도로 발달하는 첨단기법으로 인해 일반적인 투자자가 쉽게 이해하기 어려운 복잡성을 지니고 있으며 매우 다양하기도 하다. 이 때문에 고객과의 분쟁 가능성이 상존하고, 더욱이 자본시장이 침체국면에 빠져있는 경우에는 집단적인 분쟁으로 확대될 소지가 있다. 그러므로 평소 관련 법령 및 이에 근거한 규정 등을 준수함은 물론이고 철저한 직무윤리의 준수를 통해 고객과 돈독한 신뢰관계를 구축해두어야 한다.

(3) 금융소비자의 질적 변화

자본시장에서 금융소비자의 성격이 질적으로 변화하고 있다. 전통적으로 금융투자업에 있어서 금융소비자는 정확하고 충분한 정보만 제공되면 투자 여부를 스스로 알아서 판단할 수 있는 합리적인 인간상을 전제로 한 것이었다. 그러나 오늘날은 전문가조차도 금융투자상품의 정확한 내용을 파악하기가 어려울 정도로 전문화·복잡화·다양화되고 있다. 그에 따라 금융소비자에게 제공하는 정보의 정확성이 담보되는 것만으로는 불충분하고, 보다 적극적으로 금융소비자보호를 위한 노력과 법이 요구하는 최소한의 수준 이상의 윤리적인 업무자세가 요구되고 있다.

(4) 안전장치

직무윤리를 준수하는 것은 금융투자업 종사자들을 보호하는 안전장치(safeguard)로서의 역할을 한다. 금융투자업 종사자들은 자신이 소속된 기업의 영업방침과 실적달성을 위하여 자기의 의사와는 어긋나게 불법·부당한 행위를 강요당하는 경우가 있을 수 있다. 직무윤리기준을 준수하도록 하는 것은 외부의 부당한 요구로부터 금융투자업 종사자 스스로를 지켜주는 안전판 내지 자위수단이 된다.

이러한 이유로 '금융투자회사의 표준윤리준칙' 제1조에서는 금융투자회사 및 임직원

---

6 자본시장법상 '금융투자상품'이란 이익을 얻거나 손실을 회피할 목적으로 현재 또는 장래의 특정 시점에 금전, 그 밖의 재산적 가치가 있는 것을 지급하기로 약정함으로써 취득하는 권리로서, 그 권리를 취득하기 위하여 지급하였거나 지급하여야 할 금전 등의 총액이 그 권리로부터 회수하였거나 회수할 수 있는 금전 등의 총액을 초과하게 될 위험이 있는 것을 뜻하는 것이 원칙이다(동법 3조 1항).

이 준수하여야 할 직무윤리의 수립 목적에 관해 '금융투자회사의 윤리경영 실천 및 금융투자회사 임직원의 올바른 윤리의식 함양을 통해 금융인으로서의 책임과 의무를 성실하게 수행하고, 투자자를 보호하여 자본시장의 건전한 발전 및 국가경제 발전에 기여함을 목적으로 한다'고 명시하고 있다.

자본시장법 및 지배구조법에서 직무윤리의 역할

① 자본시장법에서는 금융소비자보호에 관한 법제적 장치가 강화되었다. 이에 따라 자본시장법이 제정되기 전에는 단순히 금융소비자에 대한 배려차원에서 자발적으로 이루어지던 서비스 중 상당 부분이 금융소비자(특히 자본시장법에서 규정하고 있는 전문투자자가 아닌 일반투자자의 경우)에 대한 법적 의무로 제도화된 것들이 있다.

② 자본시장법은 유가증권의 개념과 범위에 관하여 한정적 열거주의를 취하였던 종전의 증권거래법과는 달리 금융투자상품의 기능적 속성을 기초로 포괄적으로 정의하는 포괄주의를 도입하였다. 이에 따라 그 적용대상과 범위가 확대되어 법의 사각지대를 메워주는 직무윤리의 중요성이 증대하였다.

③ 금융소비자보호를 위한 법적 규제의 수준이 높아짐에 따라 그에 상응하여 요구되는 윤리적 의무의 수준도 한층 높아졌다. 전문투자자의 경우는 규제관리의 효율성 제고와 규제완화의 관점에서 자본시장법에 의한 주된 보호의 대상에서 빠져 있지만, 이에 대한 금융투자회사의 윤리적 책임까지 완전히 면제되는 것은 아니다.

④ 자본시장법에서는 금융투자회사에 대한 종전의 업무영역과 취급 가능한 상품 등에 대한 규제를 대폭 완화함에 따라 경쟁상황이 더욱 치열해지게 되었다. 이에 따라 새로운 업무와 상품에 대한 전문적 지식의 습득은 물론이고 금융소비자에 대한 고도의 윤리의식을 가지고 이를 준수함으로써 금융소비자의 신뢰를 확보하는 것은 '평판위험(reputation risk)'을 관리하는 차원에서도 자본시장과 금융투자업에 종사하는 사람들에게 더욱 중요한 자질로 인식되고 있다.[7]

⑤ 지배구조법은 금융회사의 건전한 경영과 금융시장의 안정성을 기하고, 투자자 등 그 밖의 금융소비자를 보호하는 것을 목적으로 한다. 특히 기업의 윤리경영은 해당 기업의 지배구조와도 밀접한 관련이 있는바, 윤리경영의 영역에 있던 지배구조와 관련된 부분을 법제화시킴으로써 준수의 강제성을 추가했다는 점에서 의의를 찾을 수 있다.

⑥ 지배구조법은 주요 업무집행자와 임원에 대한 자격요건 및 겸직요건을 정하고 윤리경영의 실행을 포함한 내부통제제도를 강화하여 독립성을 보장함으로써 금융투자회사가 윤리경영을 실천

---

7 자본시장법에서는 위험 감수능력을 기준으로 투자자를 일반투자자와 전문투자자로 구분하여 차별화하고 있다(동법 9조 5항 참조). 또한 자본시장법에서는 투자권유대행인(introducing broker) 제도를 도입하고 있는데(동법 51조), 회사의 점포를 벗어나 감독이 이완된 환경에서 업무가 처리되는 만큼 관련 금융투자업무 종사자의 직무윤리의 준수가 더욱 요청된다.

할 수 있도록 법적인 강제성을 부여한다.

⑦ 아울러 금융소비자보호법은 금융투자회사의 임직원이 사전정보제공-금융상품판매-사후피해 구제에 이르는 금융소비의 전과정에서 금융소비자보호를 포괄하는 체계를 구축하고 있다.

section 02 직무윤리의 기초 사상 및 국내외 동향

1 직무윤리의 사상적 배경 및 역사

근대 자본주의 출현의 철학적·정신적 배경에 대한 대표적인 설명 중 하나는 칼뱅주의를 토대로 한 종교적 윤리의 부산물로 이해하는 베버(Max Weber)의 사상이다.

칼뱅(Jean Calvin, 1509~1564)의 금욕적 생활윤리는 초기 자본주의 발전의 정신적 토대가 된 직업윤리의 중요성을 강조하고 있다. 칼뱅은 모든 신앙인은 노동과 직업이 신성하다는 소명을 가져야 할 것을 역설하였으며, 근검·정직·절제를 통하여 부(富)를 얻는 행위는 신앙인의 정당하고 신성한 의무라는 점을 강조하였다. 이러한 칼뱅의 금욕적 생활윤리는 자본주의 발전의 정신적 원동력이자 지주로서의 역할을 하였을 뿐만 아니라 서구 사회의 건전한 시민윤리의 토대를 이루었다.

칼뱅으로부터 영향을 받은 베버(Max Weber, 1864~1920)는 '프로테스탄티즘의 윤리와 자본주의정신'에서 서구의 문화적 속성으로 합리성·체계성·조직성·합법성을 들고, 이들은 세속적 금욕생활과 직업윤리에 의하여 형성되었다고 설명한다.

근현대사에서 직무윤리는 노예제도, 제국주의, 냉전시대 등 역사적인 시대상을 반영하면서 진화, 발전해왔으며, '직무윤리'(Business Ethics)라는 단어는 1970년대 초반 미국에서 널리 사용되기 시작했다. 1980년대 후반부터 1990년대 초반에 미국의 기업들은 직무윤리 준수 여부에 특히 관심을 기울였는데 이는 1980년대 말 발생한 미국 내 저축대부조합 부도사태(the savings and loan crisis, the S&L drift)를 겪고 나서 그 중요성을 인식했기 때문이다.

국내에서는 1997년 외환위기를 겪으면서 특히 중요성이 부각된 것으로 보는 것이 일반적인데 기존의 법률과 제도로 통제하지 못하는 위험의 발생을 사전에 예방하기 위한 하나의 방편으로 접근하다가 2000년대 이후 기업의 생존과 직결된다는 점이 더욱 강조되며, 직무윤리에 대한 관심은 학계, 언론 및 기업들의 주의를 이끌었다.

2 윤리경영의 국제적 환경

개방화와 국제화 시대를 살고 있는 기업에 있어서 기업윤리의 수준과 내용은 국제적으로 통용될 수 있는 것(소위 'global standard'에 부합될 수 있는 것)이어야 한다. 미국의 엔론(Enron) 사태에서 보는 바와 같이 비윤리적인 기업은 결국 시장으로부터 퇴출당할 수밖에 없는 것이 현실이다. 이에 따라 국제적으로 '강한 기업(strong business)'은 윤리적으로 '선한 기업(good company)'이라는 인식이 일반적으로 수용되고 있다.

OECD는 2000년에 '국제 공통의 기업윤리강령'을 발표하고, 각국의 기업으로 하여금 이에 준하는 윤리강령을 제정하도록 요구하였다. 국제 공통의 기업윤리강령은 강제규정은 아니지만 이에 따르지 않는 기업에 대해서는 불이익을 주도록 하고 있다. 여기서 말하는 비윤리적인 부패행위에는 탈세, 외화도피, 정경유착, 비자금 조성, 뇌물수수, 허위·과장 광고, 가격조작, 주가조작, 부당한 금융관행, 오염물질 배출, 환경파괴 등을 포함한다.

이를 측정·평가하는 지수 중 하나는 '부패인식지수'(CPI)이다.

국제투명성기구(TI : Transparency International)는 1995년 이래 매년 각 국가별 부패인식지수(CPI : Corruption Perceptions Index)를 발표하고 있다. 이는 전문가, 기업인, 애널리스트들의 견해를 반영하여 공무원들과 정치인들의 부패 수준이 어느 정도인지에 대한 인식의 정도를 지수로 나타낸 것이다. 우리나라는 아직도 경제규모에 비하여 윤리 수준이 낮게 평가됨으로써 국제신인도와 국제경쟁력에 부정적인 영향을 미치고 있는 실정이다.[8]

또한, 영국의 BITC(Business in the community)와 사회적 책임을 평가하는 CR Index(Corporate Responsibility Index) 역시 윤리경영을 평가하는 지수로 사용된다.

---

8 부패인식지수는 해당 국가 공공부문의 부패인식과 전문가 및 기업인 등의 견해를 반영해 사회 전반의 부패인식을 조사한 것으로, 점수가 낮을수록 부패정도가 심한 것이다. 2012년부터 조사방법론이 바뀌었기 때문에 점수보다는 순위의 변동추이를 살펴보아야 한다(출처 : 국제투명성기구 (www.transparency.org)).

국내적으로도 기업의 비윤리적인 행위가 가져오는 경제적 손실과 기업 이미지 실추에 따른 타격이 매우 크다는 점에 대해서는 공감대가 형성되어 있다. 거액의 정치자금 제공 스캔들, 거액의 회계부정, 기업의 중요 영업비밀과 기술의 유출사건, 회사기회의 편취, 기업 내에서의 횡령사건 등은 자주 발생하는 대표적인 비윤리적 행위들이다. 이러한 행위가 발생한 기업은 결국 소비자들의 불매운동으로 인한 매출 저하, 주가의 폭락 등은 물론이고, 기업 이미지가 극도로 훼손됨으로써 퇴출의 위기를 맞는 경우가 비일비재하다.

이러한 시대적 변화에 따라 정부차원에서도 2003년 1월 부패방지법과 부패방지위원회를 출범시켰고, 같은 해 5월에 시행된 공직자윤리강령을 제정하여 공직자는 물론이고 정부와 거래하는 기업의 비리와 부정행위에 대해 처벌을 할 수 있도록 규제를 하였다.

또한, 2008년 2월 29일 부패방지와 국민의 권리보호 및 규제를 위하여 국민권익위원회를 출범시켰고, 국민권익위원회는 2016년 9월 28일「부정청탁 및 금품 수수등의 금지에 관한 법률」(이하 '청탁금지법'이라 한다)을 시행하기에 이른다.

법안을 발의한 당시 국민권익위원회의 위원장이었던 김영란 전 대법관의 이름을 따소위 '김영란법'이라고도 불리는 청탁금지법은 그동안 우리나라에서 관행, 관습이라는 이름하에 묵인되어 왔던 공직자 등에 대한 부정청탁 행위 및 부당한 금품 등을 제공하는 행위 등을 강력하게 금지하고 있다.

이 법은 우리 사회에 만연한 연고주의·온정주의로 인한 청탁이 부정부패의 시작임을 인지하고 부정청탁 행위의 금지를 통해 부정부패로 이어지는 연결고리를 차단하는데 그 목적이 있으며, 공직자 등이 거액의 금품 등을 수수하더라도 대가성 등이 없다는 이유로 처벌받지 않아 국민들의 불신이 증가하고 있다는 데에 착안하여 공직자 등이 직무관련성, 대가성 등이 없더라도 금품 등의 수수를 하는 경우에는 제재가 가능하도록 함으로써 국민의 신뢰를 회복하고자 제정된 법이다.

청탁금지법은 단순히 공직자 등에게만 국한된 것이 아니라, 일반 국민 전체를 적용대상으로 하고 있다는 점에서 그 영향력은 매우 크며, 위반 시 제재조치 또한 강력하여 우리나라의 투명성 제고는 물론 국민들의 인식 변화에 큰 도움이 될 것으로 보이며 이에 따른 국가경쟁력이 강화될 것으로 예상된다.

이 같은 국내외의 환경변화에 적극적으로 대응하기 위하여 개별기업 또는 업종단체별로 기업윤리를 바탕으로 한 윤리경영 실천을 위한 노력을 기울이고 있다.

또한 국내적으로도 기업들의 윤리경영 실천노력을 평가하기 위한 척도들을 만들려는 노력이 지속되고 있다.

2003년 개발된 산업정책연구원의 KoBEX(Korea Business Ethics Index)가 대표적인 것으로 이 지표는 공통지표(CI)와 추가지표(SI)로 구성된다.

공통지표(CI : Common Index)는 공기업과 민간기업에 상관없이 모든 조직에 적용되는 지표로 크게 CEO, 작업장, 지배구조, 협력업체, 고객, 지역사회로 구성하여 평가하며, 총 52개 항목이 개발되어 있다. 추가지표(SI : Supplementary Index)는 공기업과 민간기업의 특성에 따라 추가로 개발된 지표를 말하며, 작업장, 지배구조, 협력업체, 고객, 자본시장, 지역사회로 구분하여 총 32개 항목이 개발되어 있다.[9]

전국경제인연합(전경련)에서는 2007년 '윤리경영자율진단지표(FKI－BEX : FKI－Business Ethics Index)'를 개발하였는데 자율진단영역은 윤리경영제도 및 시스템, 고객, 종업원, 주주 및 투자자, 경쟁업체, 협력업체 및 사업파트너, 지역 및 국제사회 등 7대 부문으로 구성된다. 이 지표는 각 기업의 윤리경영 수준 및 개선점을 파악하고, 기업별 수준에 맞는 윤리경영을 추진할 수 있는 방향을 제시하는 컨설팅 기능을 수행하는 등 종합적인 지침서 역할을 수행하기 위해 개발되었다. 기존 지표와는 다르게 기업이 공통적으로 적용할 수 있는 공통항목 외에 업종별로 각기 다른 사업환경과 특성을 감안해 생산재 제조업, 소비재 제조업, 금융업, 건설업, 유통서비스업 등 5대 업종별로 나누어 구체적인 차별화를 시도하였다.[10]

학계에서도 이에 대한 관심을 가지고 2010년 서강대 경영전문대학원 경영연구소가 서강대 윤리경영지표(Sobex)를 개발하였다.

---

4 기업의 사회적 책임이 강조되는 시대상

사회나 경제가 발달하면서 각 기업(혹은 조직의 구성원)은 새로운 사업을 하거나 기존의 경영활동을 지속적으로 유지하려고 하는 경우 기존에 접하지 못했던 판단의 문제들이

---

9 산업정책연구원(www.ips.or.kr)
10 전국경제인연합회(www.FKI.co.kr)

발생할 수 있으며 이는 전형적인 윤리기준 — 정직, 일관성, 전문가적인 행동, 환경문제, 성희롱 문제 및 그 외 부패행위로 보는 것들 — 과 정면으로 부딪힐 수도 있다.

최근 자본주의 경제가 갖는 이러한 문제점과 폐단이 부각되면서 자본주의 체제가 갖추어야 할 윤리와 이로부터 필연적으로 파생되는 기업의 사회적 책임(CSR : corporate social responsibility)이 강조되고 있다. 기업은 한 사회의 구성원으로서 그 책임을 다하기 위해 영리활동을 통하여 얻은 이익의 일부를 수익의 원천이 되는 사회에 환원하여야 한다는 것이다.[11] 윤리성이 결여된 자본주의 경제는 결국 체제 몰락과 붕괴로 갈 수밖에 없음을 인식한 결과이다.

이러한 상황에서는 단순히 기업의 지배구조를 개선하는 차원에서 한 걸음 더 나아가 기업의 인적 구성원인 직무종사자들의 윤리무장이 더욱 강조될 수밖에 없다.

section 03 본 교재에서의 직무윤리

1 직무윤리의 적용대상

직무윤리 및 직무윤리기준은 금융투자업의 경우 '금융투자업 종사자 내지 금융투자전문인력의 직무행위' 전반에 대하여 적용된다. 이에 관하여는 '금융투자회사 표준내부통제기준' 제1조를 준용할 수 있는데, 해당 조항에서는 '지배구조법 제24조 내지 제30조에 따라 회사의 임직원(계약직원 및 임시직원 등을 포함한다. 이하 이 기준에서 같다)'이라고 적용대상을 규정하고 있다.

직무윤리는 투자 관련 직무에 종사하는 일체의 자를 그 적용대상으로 한다. 이에는 투자권유자문인력(펀드/증권/파생상품), 투자권유대행인(펀드/증권), 투자자산운용사, 금융

---

11 최근 기업의 사회적 책임을 법제화하는 경향 역시 늘어나고 있다. 사회적 기업 육성법 등이 그 일례이다. 그러나 기업의 사회적 책임이 강조된다고 해서 영리와 이익추구를 목적으로 하는 기업 본연의 모습이 달라지는 것은 아니다. 기업의 사회적 책임의 이행은 생산과 분배 전 과정에서 요구되지만 오늘날은 그 이익을 분배하는 과정에서 특히 강조되는 경향이 있다.

투자분석사, 재무위험관리사 등의 관련 전문자격증을 보유하고 있는 자(즉, '금융투자전문인력')뿐만 아니라, 이상의 자격을 갖기 이전에 관련 업무에 실질적으로 종사하는 자, 그리고 직접 또는 간접적으로 이와 관련되어 있는 자를 포함하고, 회사와의 위임계약관계 또는 고용계약관계 및 보수의 유무, 고객과의 법률적인 계약관계 및 보수의 존부를 불문한다. 따라서 회사와 정식 고용관계에 있지 않은 자나 무보수로 일하는 자도 직무윤리를 준수하여야 하며, 아직 아무런 계약관계를 맺지 않은 잠재적 고객에 대해서도 직무윤리를 준수하여야 한다. 이 교재에서는 이를 총칭하여 "금융투자업 종사자 내지 금융투자전문인력"이라 부르기로 한다.

여기에서 "직무행위"라 함은 자본시장과 금융투자업과 관련된 일체의 직무활동으로서 투자정보의 제공, 투자의 권유, 금융투자상품의 매매 또는 그 밖의 거래, 투자관리 등과 이에 직접 또는 간접으로 관련된 일체의 직무행위를 포함한다. 이에는 회사에 대한 직무행위뿐만 아니라 對고객관계, 나아가 對자본시장관계까지를 포함한다.

2 직무윤리의 성격

앞에서도 살펴본 바와 같이 법규는 때로 우리가 준수해야 할 직무윤리의 가이드라인이 되기도 하지만, 대부분의 경우는 윤리가 법규의 취지 또는 근본이 되거나 법조문에서 규정하고 있지 않은 부분을 보완하는 역할을 한다. 즉 법규와 윤리는 서로 보완해나가는 주체로서 떼려야 뗄 수 없는 불가분의 관계에 있다. 그러나 법규 또는 윤리기준을 위반하는 경우 그 제재의 정도에 따른 강제성의 측면에서는 그 성격이 달라진다.

법규는 사회구성원들이 보편적으로 옳다고 인식하는 도덕규칙(이나 윤리기준) 또는 경영활동의 평등성(이나 정당성)을 확보하기 위해 정당한 입법절차를 거쳐 문서화한 것이다. 따라서 법규를 위반하는 경우 벌금의 부과, 면허나 자격 등의 취소, 재산이나 권리의 제한 등을 포함하여 중대한 위반행위가 있는 경우 신체의 자유를 구속하는 투옥 등 그 위반행위에 대한 책임을 묻는 제재규정이 직접적으로 명확히 존재하는 반면, 직무윤리 및 직무윤리기준은 일종의 자율규제로서의 성격을 지니고 있어 위반 시 위반행위에 대한 명시적인 제재가 존재하지 않을 수도 있다.

지배구조법 제24조에서는 내부위험관리체계(Internal Risk Management)인 동시에 위법행위에 대한 사전예방(Compliance)체계로서 금융투자업자로 하여금 직무윤리가 반영된 내부통제기준을 자율적으로 제정하여 시행하도록 규정하고 있다. 즉 법규로써 규정하지 못 하는 부분에 대해 보완적인 형태로 그 완전성을 도모하는 것이다.

반면 직무윤리는 자율적 준수라는 장점이 있지만 법규에 비하여 강제수단이 미흡하다는 취약점이 있다. 이 때문에 직무윤리의 준수가 단순한 구호에 그치기 쉬우므로, 자율적으로 직무윤리 위반행위에 대한 실효성 있는 제재 및 구제 수단을 확보하는 것이 요구된다.

직무윤리는 법규와 불가분의 관계를 가지고 있는 만큼 직무윤리를 위반한 경우 단순히 윤리적으로 잘못된 것이라는 비난에 그치지 않고, 동시에 실정법 위반행위로서 국가기관에 의한 행정제재·민사배상책임·형사책임 등의 타율적 규제와 제재의 대상이 되는 경우가 많음을 유의하여야 한다.

3　직무윤리의 핵심

금융투자업에서의 직무윤리는 취급하는 업종의 내용이나 고객 내지 거래처와의 접촉 내용에 따라 다소의 차이는 있지만, 그 기본적 내용에 있어서는 대동소이하다. 그 핵심적 내용은 "자신과 상대방의 이해가 상충하는 상황(conflicts of interests)에서는 상대방 이익(You First)의 입장에서 자신에 대한 상대방의 신뢰를 저버리지 않는 행동(Fiduciary Duty)을 선택하라"는 것이다. 여기에서 우리는 '고객우선의 원칙'과 '신의성실의 원칙'이라는 핵심적이고 가장 근본이 되는 2가지 원칙, 즉 직무윤리의 핵심을 도출하게 된다.

chapter 02

금융투자업 직무윤리

기본원칙

·

금융투자업 종사자와 금융소비자 사이에는 기본적으로 신임관계에 있으며, 이에 따라 금융투자업 종사자는 금융소비자에 대하여 신임의무(信任義務, Fiduciary Duty)가 발생한다. "신임의무"라 함은 위임자로부터 '신임'을 받은 수임자는 자신에게 신뢰를 부여한 위임자에 대하여 진실로 충실하고, 또한 직업적 전문가로서 충분한 주의를 가지고 업무를 처리하여야 할 의무를 진다는 뜻이다. 신임의무가 특히 문제되는 상황은 수임자와 신임자의 이익이 서로 충돌하는 경우이다. 이러한 경우 수임자는 자기(혹은 회사 또는 주주를 포함한 제3자)의 이익을 우선하는 것이 금지되고 신임자의 이익을 우선시하여야 할 의무를 진다. 이때 수임자가 지켜야 할 신임의무를 선량한 관리자로서의 주의의무, 즉 '선관주의 의무'라고 표현할 수 있고 이는 금융소비자로부터 수임을 받게 되는 모든 금융투자업자에게 적용되는 공통적인 직무윤리이자 가장 높은 수준의 기준이며 금융투자업에서 준수해야 할 가장 중요한 두 가지 직무윤리인 '고객우선의 원칙'과 '신의성실의 원칙'의 기본적인 근거가 된다.

금융투자업에서 직무윤리의 준수가 갖는 중요성은 너무 크기에, 금융투자협회에서는 금융투자회사가 준수해야 할 '금융투자회사의 표준윤리준칙'을 2015. 12. 4. 제정하였고, 앞서 말한 두 가지 중요한 직무윤리 — 1) 책임과 의무를 성실히 수행하고, 2) 투자자를 보호하여야 한다 — 를 동 준칙 제1조에서 다음과 같이 명시하고 있다.

> 이 준칙은 금융투자회사의 윤리경영 실천 및 임직원의 올바른 윤리의식 함양을 통해 금융인으로서의 책임과 의무를 성실히 수행하고, 투자자를 보호하며 자본시장의 건전한 발전 및 국가경제 발전에 기여함을 목적으로 한다.

1 고객 우선의 원칙

> **금융투자회사의 표준윤리준칙 제2조**
> 회사와 임직원은 항상 고객의 입장에서 생각하고 고객에게 보다 나은 금융서비스를 제공하기 위해 노력하여야 한다.

금융소비자보호법 제2조 제1호에서는 금융소비자 보호의 대상이 되는 '금융상품'에 대해 다음과 같이 정의하고 있다.

가. 「은행법」에 따른 예금 및 대출

나. 「자본시장과 금융투자업에 관한 법률」에 따른 금융투자상품

다. 「보험업법」에 따른 보험상품

라. 「상호저축은행법」에 따른 예금 및 대출

마. 「여신전문금융업법」에 따른 신용카드, 시설대여, 연불판매, 할부금융

바. 그 밖에 가부터 마까지의 상품과 유사한 것으로서 대통령령으로 정하는 것

또한, 같은 법 제3조에서는 각 금융상품의 속성에 따라 예금성 상품/대출성 상품/투자성 상품/보장성 상품으로 구분하고 있어 금융소비자 보호의 대상이 되는 상품의 범위를 더욱 확대하였다.

고객우선의 원칙은 모든 금융상품에 적용되어야 하는 것이나 본 교재의 특성을 고려

하여 본 장에서는 금융투자업과 관련한 직무윤리를 다루기로 한다.

금융투자업은 주로 금융투자상품[1]을 다루는 산업으로 자본시장법 제3조 제1항에서는 '금융투자상품'에 대해 "이익을 얻거나 손실을 회피할 목적으로 현재 또는 장래의 특정 시점에 금전, 그 밖의 재산적 가치가 있는 것(이하 '금전 등'이라 한다)을 지급하기로 약정함으로써 취득하는 권리로서 그 권리를 취득하기 위하여 지급하였거나 지급하여야 할 금전 등의 총액(판매수수료 등 대통령령으로 정하는 금액을 제외한다)이 그 권리로부터 회수하였거나 회수할 수 있는 금전 등의 총액(해지수수료 등 대통령령으로 정하는 금액을 포함한다)을 초과하게 될 위험(이하 '투자성'이라 한다)이 있는 것을 말한다"라고 정의하고 있다.

금융투자업에 종사하는 자는 금융투자상품 가격의 평가에 공정을 기하고, 수익가능성과 위험을 예측하여 금융소비자에게 합리적인 투자판단의 기초자료를 제공하는 역할을 수행하며, 금융투자상품의 공급자와 금융소비자 사이에 발생하기 쉬운 정보의 격차를 줄임으로써 자본시장을 통한 자원의 효율적 배분에 기여하는 역할을 담당한다.

금융소비자의 금융투자상품 소비활동에는 금융투자업 종사자의 이러한 역할 수행으로 인해 발생하는 비용이 포함되어 있기 때문에 금융소비자는 이 비용을 최소화시킴으로써 투자수익률을 제고하고자 하는 욕구가 발생하는 반면, 금융투자업 종사자는 이 비용을 최대화시킴으로써 영업수익률을 제고하고자 하는 욕구가 발생하므로 양자 간에는 각자의 이익을 최대화시키려는 갈등 상황, 즉 서로의 이해가 상충되는 상황이 발생할 수 있다.

이러한 상황에서 금융투자업 종사자는 신임의무에 근거하여 자신(소속 회사, 소속 회사의 주주를 포함)의 이익보다 상대방인 금융소비자의 이익을 우선적으로 보호해야 한다는 것, 즉 고객의 입장에서 생각하라는 것이 표준윤리준칙 제1조에서 규정하고 있는 사항이다.

2	**신의성실의 원칙**

금융투자회사의 표준윤리준칙 제4조
회사와 임직원은 정직과 신뢰를 가장 중요한 가치관으로 삼고, 신의성실의 원칙에 입각하여 맡은 업무를 충실히 수행하여야 한다.

---

1 금융소비자보호법에서는 자본시장법상의 금융투자상품을 '투자성 상품'으로 정의하고 있으나, 본 교재에서는 구분의 실익이 낮으므로 두 단어를 혼용하기로 한다.

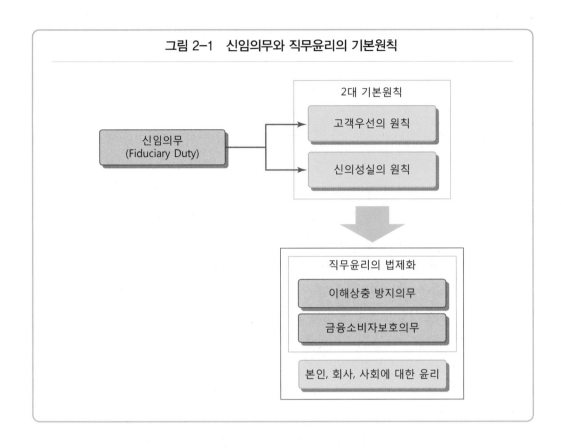

그림 2-1   신임의무와 직무윤리의 기본원칙

신임의무
(Fiduciary Duty)

2대 기본원칙

고객우선의 원칙

신의성실의 원칙

직무윤리의 법제화

이해상충 방지의무

금융소비자보호의무

본인, 회사, 사회에 대한 윤리

신의성실(信義誠實)은 모든 사람이 사회공동생활의 일원으로서 상대방의 신뢰에 반하지 않도록 성의있게 행동할 것을 요구하는 법칙이다. 즉, 금융투자업 종사자는 직무수행에 있어서 상대방의 정당한 이익을 배려하여 형평에 어긋나거나 신뢰를 저버리는 일이 없도록 성실하게 행동해야 한다.

금융투자업에서 신의성실은 단순히 윤리적 원칙에 그치지 않고 법적 의무로 승화되어 있다. 자본시장법 제37조 제1항에서는 "금융투자업자는 신의성실의 원칙에 따라 공정하게 금융투자업을 영위하여야 한다"고 명기하고 있다. 또한 금융소비자보호법 제14조 제1항에서는 "금융상품판매업자 등은 금융상품 또는 금융상품자문 등에 관한 계약의 체결, 권리의 행사 및 의무의 이행을 신의성실의 원칙에 따라 해야 한다"고 규정하고 있다. 이는 민법 제2조 제1항의 "권리의 행사와 의무의 이행은 신의에 좇아 성실히 하여야 한다"는 신의성실의 원칙을 금융투자업에 맞추어 적절하게 변형한 것이다.

따라서 신의성실의 원칙은 금융투자회사의 임직원이 준수해야 할 직무윤리이면서 동시에 강제력이 있는 법적 의무이므로 금융투자업 종사자가 선관주의의무 혹은 충실의무를 위반하는 경우 불법행위에 대한 손해배상책임을 부담하게 된다(대법원 1996. 8. 23. 선고 94다38199 판결; 대법원 1997. 10. 24. 선고 97다24603 판결).

지금까지 금융투자업 종사자로서 반드시 지켜야 할 두 가지의 기본적이고 핵심적인 '고객우선의 원칙'과 '신의성실의 원칙'을 이해하였고 이 직무윤리는 지배구조법, 자본시장법 및 금융소비자보호법 등에서 '이해상충 방지의무'와 '금융소비자보호의무'로 대표되는 법적 의무로 승화되어 있음을 확인하였다.

 사례 1

ELS(Equity Linked Securities : 주가연계증권) 발행회사의 헤지 거래

(사건 개요)

투자자는 중간 평가일에 기초자산의 가격이 일정 수준 이상인 경우 조기 상환받을 수 있는 ELS상품에 가입을 하였다. 하지만 동 ELS상품의 중간 평가일 14시 50분까지 조기상환이 가능한 주가 이상이었던 기초자산의 주가는 해당 ELS의 발행회사가 동시호가 시간에 대량매도에 나서는 방식으로 델타 헤지(Delta Hedge : ELS 등 파생금융상품을 발행하는 금융투자회사가 주가 하락 시 매수, 주가 상승 시 매도로 기초자산의 수량을 적절히 보유하면서 손익을 상쇄하고 그 과정에서 생기는 운용수익을 ELS 상환자금으로 사용하는 기법)를 시도하여, 시장이 종료될 때 해당 기초자산의 주가는 조기상환을 할 수 없는 기준주가 밑으로 형성되었고 결국 해당 ELS는 조기상환을 하지 못하였다.

(판단 내용)

발행회사는 기초자산인 주식을 14시 40분까지는 기준 가격 이상으로 지속적인 매도 주문을 하였으나 대부분의 매도 주문이 체결되지 않았고, 동시호가 시간대인 14시 50분부터는 기준 가격보다 낮은 가격에 매도 주문을 실행하였다. 발행회사는 손실을 회피하기 위한 불가피한 델타 헤지 거래였음을 주장하나, 이는 금융소비자보호의무를 소홀히 한 것으로 신의성실의 원칙에 위배되는 행위이다(대법원 2015.5.14.선고 2013다 2757).

사례 2

○○증권회사의 착오 배당 사고

(사건 개요)

○○증권회사의 업무담당자는 2018.4.5. 우리사주 조합원에 대한 현금배당업무를 하면서 착오로 전산시스템상의 주식배당 메뉴를 잘못 선택하여 주식을 입력하였고, 관리자인 팀장은 이를 인지하지 못한 채 승인하였다. 이에 2018.4.6 오전 9시 30분경 우리사주 조합원(2,018명) 계좌로 현금배당(주당 1천 원) 대신 동사 주식 총 28.1억 주(주당 1천 주)를 착오로 입고하였고, 입고 직후부터 강제 매도중단조치를 하기까지 31분간 동사 직원 22명은 총 1,208만 주를 주식시장에 매도 주문하여 이 중 16명이 총 501만 주를 체결시켰다. 이로 인해 당일 오전 동사 주가가 전일 종가 대비 최대 11.7% 하락하는 등 주식시장에 큰 충격을 미치게 되었다.

또한 착오입고 직후 동사는 사고를 인지하고도 조속히 매매주문 차단, 착오입고주식 일괄출고를 하지 못하여 직원의 대규모 주식매도 주문을 방지하는 데 실패하였다.

(문제점)

1. 우리사주 배당 내부통제 부실
   ㄱ. 배당시스템이 현금배당과 주식배당을 동일한 화면에서 처리하도록 구성
   ㄴ. 정상적인 업무처리 순서(조합장 계좌 출고→조합원 계좌 입고)가 아닌 반대순서로 업무처리가 실행되도록 구성되어 있어 착오로 인한 입·출고를 사전에 통제 불가
   ㄷ. 발행주식 총수가 넘는 주식이 입고되어도 오류 검증 또는 입력거부 기능 부재
   ㄹ. 동사의 직무분류상 A부서가 수행해야 함에도 B부서가 실질적으로 수행하는 등 업무분장이 미흡하고, 관련 업무매뉴얼 부재
2. 사고대응 미흡
   ㄱ. 지배구조법에서 정하고 있는 '금융사고 등 우발상황에 대한 위험관리 비상계획' 부재
   ㄴ. 사내 방송시설, 비상연락망 등을 갖추고 있지 않아 신속한 사고내용 전파 및 매도금지 요청 불가
3. 일부 직원의 윤리의식 부재에 따른 주식 매도주문
   ㄱ. 총 22명의 1,208만 주 매도주문 중 총 16명의 501만 주가 체결
   ㄴ. 특히 최초 '주식매도금지'를 공지한 시각 이후에도 매도 주문된 수량은 총 14명의 946만 주로 전체의 78.3% 차지
4. 실물주식 입고시스템의 문제
   예탁결제원의 확인 없이 매도되도록 시스템이 설계되어 위조 주식이 거래될 가능성 존재
5. 전산시스템 계약의 문제
   전체 전산시스템 위탁계약의 72%가 계열사와 체결한 것으로 그중 수의계약 비중이 91%를

차지하는 등 계열사 부당지원 문제도 존재

(제재 등 조치)

1. 금융위원회는 동 사고가 지배구조법 제24조에서 정하고 있는 '내부통제기준 마련' 및 제27조의 '위험관리 비상계획 마련' 의무를 위반한 사항으로 판단하여 다음과 같이 제재하였다.

   ㄱ. ○○증권회사의 업무(신규 투자자에 대한 지분증권 투자중개업) 일부 정지 6월 및 과태료 1억 4천 4백만 원 부과

   ㄴ. 전(前) 대표이사 3명에 대해 해임요구 상당(2명) 및 직무정지 1월 상당(1명)

   ㄷ. 현(現) 대표이사 직무정지 3월

2. 증권선물위원회는 착오로 입고된 주식을 매도한 직원 중 동 주식의 시장 가격을 왜곡한 것으로 판단되는 13인에 대해 자본시장법 제178조의2(시장질서 교란행위 금지) 위반을 이유로 각각 7명에 대해 2,250만 원 및 6명에 대해 3,000만 원의 과징금 부과를 결정하였다. 다만 이 중 8명은 자본시장법 위반으로 기소 중인 상황을 고려하여 법원의 확정판결 시까지 과징금 조치를 유예하였다.

3. 금융감독원은 주식을 매도한 직원 21명에 대해 정직(3월) 2명, 정직(2월) 1명, 감봉 3명, 견책 1명, 퇴직자 위법사실 통지 1명의 조치를 내렸다.

(시사점)

동 사고는 해당 업무를 담당한 직원 및 부서의 관리자가 본인의 업무를 수행함에 있어 '선량한 관리자로서의 주의의무'를 준수하지 않음에서 비롯된 것이라 볼 수 있다.

또한 착오입고된 주식을 매도(주문)한 직원은 '선관주의의무'를 준수하지 않아 시장에 충격을 줌으로써 다수의 금융소비자들이 피해를 입도록 하였고 다시 이를 회사가 보상하는 과정에서 회사에 손실을 입혔으며, 본인 역시 금전적 손실을 포함한 각종 제재를 받는 불이익을 받게 되었다.

회사 전체적으로도 '윤리경영'을 바탕으로 임직원에 대한 지속적 교육 및 각종 내부통제기준을 수립·실행하여 금융소비자를 보호하고, 금융시장의 안정성을 추구하여야 함에도 이를 준수하지 않아 금전적으로 막대한 손실은 물론, 금융회사에서 가장 중요한 자산으로 꼽히는 '고객의 신뢰'를 잃게 되었다.

윤리경영의 근간인 '선량한 관리자로서의 의무'가 더욱 중요시되는 이유다.

1 개요

> **자본시장법 제37조 제2항**
> 금융투자업자는 금융투자업을 영위함에 있어서 정당한 사유 없이 투자자의 이익을 해하면서 자기가 이익을 얻거나 제3자가 이익을 얻도록 하여서는 아니 된다.
>
> **금융소비자보호법 제14조 제2항**
> 금융상품판매업자 등은 금융상품판매업등을 영위할 때 업무의 내용과 절차를 공정히 하여야 하며, 정당한 사유없이 금융소비자의 이익을 해치면서 자기가 이익을 얻거나 제3자가 이익을 얻도록 해서는 아니 된다.

금융투자업 종사자는 신의성실의 원칙에 입각하여 투자자 즉 금융소비자의 이익을 최우선으로 하여 업무를 수행하여야 하며, 자본시장법에서는 이를 제37조(신의성실의 의무 등)를 포함하여 제44조(이해상충의 관리), 제45조(정보교류의 차단)에서 구체화시킴으로써 금융투자업 종사자가 이를 준수하도록 강제성을 부여하고 있다.

여기에서 금융소비자의 이익을 최우선으로 한다는 것은 '금융소비자의 입장에서 최선의 이익'을 구한다는 것으로, 이는 소극적으로 금융소비자 등의 희생 위에 자기 또는 회사나 주주 등을 포함한 제3자의 이익을 도모해서는 안 된다는 것에 그치는 것이 아니고, 적극적으로 금융소비자 등의 이익을 위하여 실현 가능한 최대한의 이익을 추구하여야 하는 것을 말한다(최선집행의무). 그러나 이것은 단순히 결과에 있어서 최대의 수익률을 얻어야 한다는 뜻은 아니다. '결과'와 '과정' 양자 모두에 있어서 최선의 결과를 얻도록 노력하여야 한다는 뜻이다.

2 이해상충의 발생원인

이해상충이 발생하는 원인은 크게 세 가지로 볼 수 있다.

첫째, 금융투자업자 내부의 문제로서 금융투자업을 영위하는 회사 내에서 공적 업무영역(자산관리, 증권중개 등 공개된 정보에 의존하거나 이러한 정보를 이용하여 투자권유 혹은 거래를 하는 부서 및 소속 직원)에서 사적 업무영역(기업의 인수·합병·주선업무 등 미공개중요정보를 취득할 수 있는 부서 및 소속 직원)의 정보를 이용하는 경우에 이해상충이 발생하게 된다.

둘째, 금융투자업자와 금융소비자 간의 문제로서 이들 사이에는 정보의 비대칭이 존재 함에 따라 금융투자업자가 금융소비자의 이익을 희생하여 자신이나 제3자의 이익을 추구할 가능성이 높다.

셋째, 법률적 문제로서 자본시장법에서 발달하고 있는 금융투자업에 대해 복수의 금융투자업 간 겸영 업무의 허용범위를 넓혀주고 있어 이해상충이 발생할 위험성이 더욱 높아졌다.

금융소비자와 이해상충이 발생하는 사례

금융투자업자와 금융소비자 사이에 대표적으로 발생하는 이해상충의 사례 중 하나는 과당매매이다. 금융투자중개업자인 경우 금융소비자로부터 보다 많은 수수료 수입을 창출하여야 하는 반면, 금융소비자는 보다 저렴한 수수료를 부담하기 원하는 경우가 일반적이다. 이때, 금융투자중개업자에 속하는 임직원이 회사 또는 자신의 영업실적을 증대시키기 위해 금융소비자의 투자경험 등을 고려하지 않고 지나치게 자주 투자권유를 하여 매매가 발생하는 경우 이해상충이 발생하게 된다. 특정 거래가 빈번한 거래인지 또는 과도한 거래인지 여부는 a. 일반투자자가 부담하는 수수료의 총액, b. 일반투자자의 재산상태 및 투자목적에 적합한지 여부, c. 일반투자자의 투자지식이나 경험에 비추어 당해 거래에 수반되는 위험을 잘 이해하고 있는지 여부, d. 개별 매매거래 시 권유내용의 타당성 여부 등을 종합적으로 고려하여 판단한다(금융투자업규정 제4-20조 제1항 제5호, 금융투자회사의 표준내부통제기준 제39조 제1항).

사례

투자자가 일임한 투자원금 전액을 특정 주식 한 종목만을 과도하게 매매하여 손해를 입힌 경우 과당매매행위로 인한 불법행위책임을 인정한 사례

(사건 개요)
증권회사 직원은 코스닥 시장에 상장된 학습지 회사에 투자자가 일임한 자금 전액을 투자했다가 동 종목이 상장폐지되면서 투자자는 거의 전액을 손해 보게 되었다. 그동안의 매매 결과를 확인한 결과 32개월의 투자기간 동안 동 종목 하나만을 대상으로 매매하였으며, 회전율은 2,046%로 과다한 거래를 하였으며, 이로 인해 발생한 수수료 등이 총 투자원금의 약 13%로 적

지 않은 수준이었다.

(판단 내용)

투자자는 투자원금 전부를 특정한 종목에만 투자하는 등 투기적인 단기매매를 감수할 정도의 투기적 성향을 갖고 있다고 할 수 없음에도 불구하고 증권회사 직원은 한 종목에만 투기적인 단기매매를 반복하는 등 전문가로서 합리적인 선택이라 할 수 없다. 이는 충실의무를 위반해 고객의 이익을 등한시하고 무리하게 빈번한 회전매매를 함으로써 투자자에게 손해를 입힌 과당매매행위로 불법행위가 성립한다(대법원 2012.6.14.선고 2011다 65303).

3 이해상충의 방지체계

앞에서 설명한 바와 같은 이유로 인해 자본시장법 및 관련법령 등에서는 금융투자업자에게 인가·등록 시부터 아래와 같이 이해상충방지체계를 갖추도록 의무화하고 있다.

(1) 이해상충의 관리(자본시장법 제44조)

금융투자업자는 금융투자업의 영위와 관련하여 금융투자업자와 투자자 간, 특정 투자자와 다른 투자자 간의 이해상충을 방지하기 위하여 이해상충이 발생할 가능성을 파악·평가하고, 지배구조법 제24조에 따른 내부통제기준이 정하는 방법 및 절차에 따라 이를 적절히 관리하여야 한다.

금융투자업자는 이해상충이 발생할 가능성을 파악·평가한 결과 이해상충이 발생할 가능성이 있다고 인정되는 경우에는 그 사실을 미리 해당 투자자에게 알려야 하며, 그 이해상충이 발생할 가능성을 내부통제기준이 정하는 방법 및 절차에 따라 금융소비자 보호에 문제가 없는 수준으로 낮춘 후 매매, 그 밖의 거래를 하여야 한다.

이러한 조치에도 불구하고 그 이해상충이 발생할 가능성을 낮추는 것이 곤란하다고 판단되는 경우 금융투자업자는 해당 매매, 그 밖의 거래를 하여서는 아니 된다.

(2) 정보교류의 차단(Chinese Wall 구축)의무(자본시장법 제45조)

금융투자업자는 금융투자업과 관련 법령 등에서 허용하는 부수업무 등을 영위하는 경우 미공개중요정보 등에 대한 회사 내부의 정보교류차단 뿐만이 아니라 계열회사를 포함한 제3자에게 정보를 제공하는 경우 등에 대해 내부통제기준을 마련하여 이해상충이 발생할 수 있는 정보를 적절히 차단해야 한다.

내부통제기준에는 정보교류 차단을 위해 필요한 기준 및 절차, 정보교류 차단의 대상이 되는 정보의 예외적 교류를 위한 요건 및 절차, 그 밖에 정보교류 차단의 대상이 되는 정보를 활용한 이해상충 발생을 방지하기 위하여 대통령령으로 정하는 사항이 포함된다.

이를 위해 금융투자업자는 정보교류 차단을 위한 내부통제기준의 적정성에 대한 정기 점검을 실시하고, 정보교류 차단과 관련되는 법령 및 내부통제기준에 대한 임직원 대상 교육을 해야 하며, 그 밖에 정보교류 차단을 위해 대통령령으로 정하는 사항을 준수하여야 한다.

이 부분은 뒤에서 다루게 될 '회사에 대한 윤리'에서도 연결하여 살펴보도록 한다.

(3) 조사분석자료의 작성 대상 및 제공의 제한

투자분석업무와 관련한 이해상충의 문제는 금융투자회사 및 금융투자분석업무 종사자와 이들에 의하여 생산된 정보를 이용하는 자(투자정보이용자) 사이에서 생길 가능성이 크기 때문에 금융투자협회의 '금융투자회사의 영업 및 업무에 관한 규정(이하 '협회 영업규정'이라 한다)' 제2-29조에서는 조사분석 대상법인의 제한을 통해 금융투자업자 자신이 발행하였거나 관련되어 있는 대상에 대한 조사분석자료의 공표와 제공을 원천적으로 금지하고 있다.

(4) 자기계약(자기거래)의 금지(자본시장법 제67조)

투자매매업자 또는 투자중개업자는 금융투자상품에 관한 같은 매매에 있어 자신이 본인이 됨과 동시에 상대방의 투자중개업자가 되어서는 아니 된다.

금융투자업 종사자는 금융소비자가 동의한 경우를 제외하고는 금융소비자와의 거래 당사자가 되거나 자기 이해관계인의 대리인이 되어서는 아니 된다.

자기가 스스로 금융소비자에 대하여 거래의 당사자, 즉 거래상대방이 되는 경우 앞에서 설명한 바와 같이 금융투자업 종사자가 기본적으로 준수하여야 할 충실의무, 다시 말해 금융소비자를 위한 최선의 이익추구가 방해받을 가능성이 있다. 그래서 금융소비자의 동의가 있는 경우를 제외하고는 자기거래를 금지한 것이다.

같은 이유로 금융투자업 종사자가 직접 금융소비자의 거래당사자가 되는 것은 아니지만 '이해관계인'의 대리인이 되는 경우도 역시 금지된다. 여기서 '자기 이해관계인'에는 친족이나 소속 회사 등과 같이 경제적으로 일체성 내지 관련성을 갖는 자 등이 모두 포함되는데 법률적 이해관계에 국한하지 않고 사실상의 이해관계까지도 모두 포함하기 위한 것이다. 이를 위반한 경우 형사 처벌의 대상이 된다(자본시장법 제446조 제12호).

그러나 상대방이 우연히 결정되어 투자자의 이익을 해칠 가능성이 없는 다음의 경우에는 예외적으로 허용이 되고 있다.

❶ 투자중개업자가 투자자로부터 증권시장, 파생상품시장 또는 다자간매매체결회사에서의 매매의 위탁을 받아 증권시장, 파생상품시장 또는 다자간매매체결회사를 통하여 매매가 이루어지도록 한 경우

❷ 투자매매업자 또는 투자중개업자가 자기가 판매하는 집합투자증권을 매수하는 경우

❸ 종합금융투자사업자가 자본시장법 제360조에 따른 단기금융업무 등 동법 시행령 제77조의6 제1항 제1호에 따라 금융투자상품의 장외매매가 이루어지도록 한 경우

❹ 그 밖에 공정한 가격 형성과 거래의 안정성·효율성 도모 및 투자자 보호에 우려가 없는 경우로서 금융위원회가 정하여 고시하는 경우

! 사례

투자자문업을 영위하는 A회사의 펀드매니저인 B는 투자일임계약을 맺고 있는 고객 중의 한 사람인 C로부터 주식투자에 의한 고수익(high return) 운용을 지시받았기 때문에 가까운 장래에 공개가 예상되어 있는 장외주식도 편입하여 운용하고 있다. 하지만 사정이 있어서 C는 계좌를 해약하였다. C는 계좌에 편입되어 있는 주식은 환금하지 말고 해약을 신청한 날의 상태 그대로 반환받고 싶다는 의사를 표시하였다. C의 계좌에는 곧 공개가 예정되어 있는 D사의 주식이 포함되어 있다. D사의 주식은 공개가 되면 매우 높은 가격으로 거래될 것으로 예상되기 때문에 B는 해약신청 직후에 C의 허락을 얻지 아니하고 D사 주식을 장부가로 자기의 계좌에 넘겼다.

(평가)

B는 C로부터 투자일임계좌의 자산을 환금시키지 말고 해약 당일의 상태 그대로 반환하였으면 좋겠다는 요청을 받았음에도 불구하고 C의 허락 없이 D사 주식을 자기의 계좌로 넘겼다. 이러한 행위는 고객과 거래당사자가 되어서는 아니 된다는 윤리기준에 반한다. 더욱이 D사의 공개 후에 기대되는 주식매각의 이익을 얻을 수 있는 기회를 무단으로 C로부터 가로챈 것은 투자일임계좌의 수임자로서의 신임의무에도 반하는 것이므로 고객에 최선의 이익이 돌아갈 수 있도록 전념하고 고객의 이익보다 자신의 이익을 우선시해서는 아니 된다는 윤리기준에도 위반하였다. B의 행위는 자기계약을 금지하는 자본시장법 제67조에 위반될 가능성도 있다.

금융소비자 보호 의무

1 개요

1) 기본개념

금융소비자보호법 제2조 제8호에서는 '금융소비자'의 정의를 '금융상품에 관한 계약의 체결 또는 계약 체결의 권유를 하거나 청약을 받는 것(이하 '금융상품계약체결등'이라 한다)에 관한 금융상품판매업자의 거래상대방 또는 금융상품자문업자의 자문업무의 상대방인 전문금융소비자 또는 일반금융소비자를 말한다'라고 규정하고 있다.

이는 예금자, 투자자, 보험계약자, 신용카드 이용자 등 금융회사와 거래하고 있는 당사자뿐만 아니라 장래 금융회사의 상품이나 서비스를 이용하고자 하는 자를 포괄하는 개념이다.

금융소비자보호는 금융시장의 공급자인 금융상품의 개발자와 판매자에 비해 교섭력과 정보력이 부족한 수요자인 금융소비자의 입지를 보완하기 위하여 불공정하고 불평등한 제도와 관행을 바로잡는 일련의 업무이다.

금융소비자보호는 금융상품을 소비하는 금융소비자의 관점에서 금융시장에서의 불균형을 시정하여 소비자들이 금융기관과 공정하게 협상할 수 있는 기반을 확보하고, 금융소비자의 신뢰 제고를 통하여 장기적으로 금융서비스의 수요를 증가시키는 효과가 발생하게 되므로, 궁극적으로 우리나라의 자본시장을 발전시키는 역할을 수행한다.

금융소비자 등이 금융투자업 종사자에게 업무를 맡기는 이유는 금융투자업 종사자를 전문가로서 인정하고 이를 신뢰하기 때문이다. 따라서 금융투자업 종사자는 일반인(아마추어)에게 요구되는 것 이상의 '전문가로서의 주의'를 기울여 그 업무를 수행하여야 한다. 어떻게 행동하면 이 같은 주의의무를 다하는 것인가는 수행하는 업무의 구체적인 내용에 따라서 다르지만, 일반적으로는 '신중한 투자자의 원칙(Prudent Investor Rule)'이 그 기준이 될 수 있다.

신중한 투자자의 원칙이란 미국의 신탁법에서 수탁자의 행위기준으로서 널리 인정받은 바 있는 "Prudent Man Rule"(신중한 사람의 원칙)을 자산운용에 관한 이론 및 실무의 발전을 받아들여 수정한 것이다. 이에 의하면, 수탁자가 자산운용업계에서 받아들여지고 있는 포트폴리오(portfolio) 이론에 따라서 자산을 운용한다면 그것은 일반적으로 적법한 것으로서 인정된다. 이 원칙은 1992년에 간행된 미국의 「제3차 신탁법 Restatement」에 의하여 채택되었다. 신중한 투자자원칙의 구성원리인 신중성은 수탁자의 투자판단에 관한 의무이행뿐만 아니라 충실의무(duty of loyalty)와 공평의무(duty of impartiality)와 같이 투자관리자가 수익자의 이익을 위하여 행동하여야 하는 의무와 수익전념의무를 포함한다(의무의 포괄성). 우리나라 판례에서도 투자관리자와 투자자인 고객 사이의 관계는 본질적으로 신임관계에 기초하여 고객의 재산관리사무를 대행하는 지위에서 비롯된다고 하여 이를 확인하고 있다(대법원 1995. 11. 21. 선고 94도1538 판결).

이렇듯 '신중한 투자자의 원칙'을 고려하여 보면 '전문가(profession)로서의'라는 것은, 주의를 기울이는 정도와 수준에 있어서 일반인 내지 평균인(문외한) 이상의 당해 전문가 집단(예를 들어 증권투자권유자문인력이라면 그 집단)에 평균적으로 요구되는 수준의 주의가 요구된다는 뜻이다.

'주의(care)'라는 것은 업무를 수행하는 데에 있어서 관련된 모든 요소에 기울여야 하는 마음가짐과 태도를 말한다. 이 같은 주의의무는 적어도 업무수행이 신임관계에 의한 것인 한, 사무처리의 대가가 유상이건 무상이건을 묻지 않고 요구된다.

특히 금융투자업자는 금융기관의 공공성으로 인하여 일반적인 회사에 비하여 더욱 높은 수준의 주의의무를 요한다. 즉, 금융기관은 금융소비자의 재산을 보호하고 신용질서유지와 자금중개 기능의 효율성 유지를 위하여 금융시장의 안정성 및 국민경제의 발전에 이바지해야 하는 공공적 역할을 담당하는 위치에 있기 때문에 일반적인 선관의무 이외에 그 공공적 성격에 걸맞은 내용의 선관의무를 다할 것이 요구된다(대법원 2002. 3. 15. 선고 2000다9086 판결).

따라서 금융투자업 종사자가 고의 또는 과실로 인해 전문가로서의 주의의무를 다하여 업무를 집행하지 않은 경우, 위임인에 대한 의무 위반을 이유로 한 채무불이행책임(민법 390조)과 불법행위책임(민법 750조) 등과 같은 법적 책임을 지게 된다.

이러한 '전문가로서의 주의'의무는 금융회사가 금융소비자에게 판매할 상품을 개발하는 단계부터 판매 단계 및 판매 이후의 단계까지 적용된다.

2) 금융소비자보호 관련 국내외 동향

(1) 국제 동향

연금자산 확대 등 개인의 금융자산이 증대되고 있는 가운데 개인들의 금융거래가 경제생활에서 차지하는 중요성이 날로 확대되고 있는 반면, 금융산업은 겸업화 및 글로벌화가 진행됨에 따라 금융상품이 복잡·다양해지고 있어 금융소비자들이 금융상품에 내재된 위험과 수익구조를 이해하기 어려워지고 있다.

또한 금융소비자는 금융기관에 비해 상대적으로 정보 면에서 열위에 있어 금융소비자의 불만이 증대되고, 이로 인하여 불필요한 사회적 비용이 발생되고 있다.

이러한 문제를 인식하고 대처하기 위한 노력은 비단 한 국가만의 문제가 아닌바, 국제적으로는 우리나라를 포함하여 현재 38개국이 참여하는 OECD(Organization for Economic Coorperation and Development : 경제협력개발기구)가 주축이 되어 지금 현재도 'Covid – 19 시대의 금융소비자 보호 방안', '노령인구에 대한 금융소비자 보호', 'Digital 세대를 위한 금융소비자 보호정책' 등에 관한 자료를 발간하며 금융소비자 보호를 위해 지속적인 노력을 기울이고 있다.

특히 OECD 국가 중 선진 20개국이 참여하는 G20는 2010년 서울에서 열린 'G20 정상회의'에서 '금융소비자보호 강화'를 향후 추진 이슈로 선정하였으며, 이에 따라 2011년 칸에서 열린 'G20 정상회의'에서 OECD가 제안한 '금융소비자보호에 관한 10대 원칙'을 채택하였고, 이는 각국의 금융소비자보호 관련 법규 제정 등의 기초가 되고 있다.

이후 2014년 케언즈에서 열린 G20 정상회의에서도 '금융소비자보호 정책의 실행을 위한 효율적 접근 방안' 등을 발표하는 등 국제사회의 금융소비자보호를 강화하기 위한 노력은 현재도 지속되고 있다.

금융소비자보호 10대 원칙

원칙 1. 법 규제 체계
• 금융소비자보호는 법률, 규제 및 감독체계의 한 부분으로 자리 잡아야 하고, 각국의 다양한 상황과 세계시장, 금융규제 발전 상황 등을 반영해야 한다.
• 규제는 금융상품 및 소비자의 특성과 다양성, 소비자들의 권리 및 책임에 맞도록 설정

하고, 새로운 상품 구조 등에 대응해야 한다.
- 금융서비스 제공자와 중개대리인은 적절한 규제를 받도록 해야 한다.
- 정부 이외의 이해관계자는 금융소비자보호에 관한 정책, 교육 책정 시 의견을 구해야 한다.

원칙 2. 감독기관의 역할
- 금융소비자보호에 관한 명확한 책임을 갖고, 업무수행에 필요한 권한을 지닌 감독기관을 설치해야 하고, 당해 기관에 명확하고 객관적으로 정의된 책임과 적절한 권한을 주어야 한다.
- 감독기관은 소비자 정보 및 기밀정보에 관한 적절한 정보보호기준과 이해상충 해소 등 높은 직업윤리기준을 준수해야 한다.

원칙 3. 공평·공정한 소비자 대우
- 모든 금융소비자는 금융서비스 공급자와의 모든 관계에서 공평, 공정한 대우를 받아야 한다.
- 모든 금융서비스 공급자는 공정한 고객대응을 기업문화로 정착시켜야 한다.
- 약자인 금융소비자에게 특히 배려해야 한다.

원칙 4. 공시 및 투명성
- 금융서비스 공급자와 중개대리인은 소비자에게 상품의 편익, 리스크 및 모든 영업과정에서 적절한 정보를 제공해야 한다.
- 계약 전 단계에서 동일한 성격의 상품, 서비스 비교 등 표준화된 정보공시 관행을 정비해야 한다.
- 자문 제공은 가능한 한 객관적으로 하고, 일반적으로는 상품의 복잡성, 상품에 수반된 리스크, 소비자의 재무상태, 지식, 능력 및 경험 등 소비자 성향에 기반을 둬야 한다.

원칙 5. 금융교육과 인식
- 금융교육 및 계발은 전체 이해관계자에게 추진하고, 소비자가 소비자보호, 권리 및 책임에 관한 명확한 정보를 쉽게 입수할 수 있게 해야 한다.
- 현재 및 장래 소비자가 리스크를 적절하게 이해할 수 있게끔 지식, 기술 및 자신감을 향상할 수 있게 해 충분한 정보에 기초한 의사결정을 가능케 하고, 정보의 습득과 소비자 스스로 경제적 건전성을 높이기 위한 효과적 행동을 할 수 있는 체계를 적절히 구축해야 한다.

- 모든 이해관계자는 OECD의 금융교육에 관한 국제네트워크(INFE)가 책정한 금융교육에 관한 국제적 원칙과 가이드라인의 실시를 권고한다.

원칙 6. 금융회사의 책임영업행위 강화
- 금융회사는 소비자의 최선의 이익을 고려해 업무를 수행하고, 금융소비자보호를 실현할 책임을 지도록 해야 한다.
- 금융서비스 공급자는 중개대리인의 행위에 대해 책임을 지는 동시에 설명책임도 지게끔 한다.

원칙 7. 금융소비자 자산의 보호 강화
- 정보, 관리 및 보호에 관한 메커니즘에 따라 적절하고 확실하게 소비자의 예금, 저축 및 여타 유사 금융자산을 보호해야 한다. 여기에는 부정행위, 횡령, 기타 악용행위 등으로 부터의 보호도 포함된다.

원칙 8. 금융소비자의 개인정보 보호 강화
- 소비자에 관한 재무 및 개인정보는 적절한 관리, 보호체계에 따라 보호되어야 한다.

원칙 9. 민원처리 및 시정절차 접근성 제고
- 관할 국가 또는 지역은 소비자가 적정한 민원 해결 및 구제제도를 이용할 수 있도록 해야 하고, 그 제도는 이용 가능성, 지급 가능성, 독립성, 공정성, 설명책임, 적시성 및 효율성을 갖추고 있어야 한다.

원칙 10. 경쟁환경 조성
- 소비자에 대한 금융서비스 선택의 폭 확대, 경쟁력 있는 상품 제공, 혁신 확대 및 서비스의 질 유지, 향상 등을 위해 국내외 시장 경쟁을 촉진하고 금융서비스 제공자들의 경쟁을 유도한다.

(2) 국내 동향

우리나라는 2000년대 들어서면서 금융소비자 보호에 대한 인식이 전면적으로 제고되었다.

금융감독원은 2006년 9월 '금융소비자보호 모범규준'을 제정하여 소비자 불만을 예방하고 금융피해를 신속히 구제하기 위한 노력을 시작했고, 2008년 글로벌 금융위기 이후 전 세계적으로 금융소비자보호를 강화하는 방향으로 금융의 패러다임이 변화함에 따라 여러 차례의 개정을 거쳐 금융소비자보호 총괄책임자 지정, 금융상품의 개발부터 사후관리까지 전 과정에서의 내부통제 강화 등을 추가하여 2021년 9월까지 시행하였다.

그러나, 모범규준은 법령 등에 비해 상대적으로 그 강제성이 제한되는바, 금융소비자보호를 더욱 강화하기 위하여 2020년 3월 24일, 금융소비자보호법을 제정하여 2021년 3월 25일(일부 9.25일)부터 시행 중이다.

금융소비자보호법은 G20 정상회의에서 채택한 '금융소비자보호 10대 원칙'의 내용을 포함하고 있으며, 제1조에서 명확히 하고 있듯이 '금융소비자의 권익 증진'과 '금융상품판매업 및 금융상품자문업에 대한 건전한 시장질서를 구축'하는 것을 목적으로 한다. 동 법 및 시행령과 이에 근거한 금융감독규정(금융소비자보호 감독규정)이 제정·시행됨에 따라, 기존의 금융소비자보호 모범규준에서 정한 사항들이 법적인 의무사항으로 강화되었고, 자본시장법에서 제한적으로 적용되던 금융소비자 보호에 관한 사항이 금융상품 전체로 확대되었으며, 금융소비자 보호를 위한 신설제도 등이 도입되는 등 금융소비자를 위한 보호정책은 점차 강화되고 있는 추세이다.

3) 금융소비자보호 내부통제체계

금융소비자보호법은 금융소비자 보호 업무를 준법감시 업무와 마찬가지로 '내부통제' 업무로 본다. 이에 따라 금융소비자보호법의 적용을 받는 모든 금융회사는 회사 내부에 금융소비자보호에 관한 내부통제체계를 구축해야 하고, 이에 관한 규정은 각 업권별로 표준내부통제기준을 통해 반영(예를 들어 은행연합회 등에서 정하고 있는 표준내부통제기준)하고 있는바, 이 교재에서는 금융투자협회의 '금융투자회사의 금융소비자보호 표준내부통제기준(이하 '금융소비자보호 표준내부통제기준'이라 한다)'을 중심으로 살펴본다.

금융소비자보호 표준내부통제기준 제5조 제1항에서는 "회사는 금융소비자보호 업무에 관한 임직원의 역할과 책임을 명확히 하고, 업무의 종류 및 성격, 이해상충의 정도 등을 감안하여 업무의 효율성 및 직무 간 상호 견제와 균형이 이루어질 수 있도록 업무분장 및 조직구조를 수립하여야 한다"고 규정함으로써 각 금융회사의 금융소비자보호 내부통제체계를 구축하여야 할 것으로 의무화하였다.

또한 같은 조 제3항에서는 "회사의 금융소비자보호에 관한 내부통제조직은 이사회,

대표이사, 금융소비자보호 내부통제위원회, 금융소비자보호 총괄기관 등으로 구성된다"고 명시하여 기존의 금융소비자보호 모범규준과는 달리 금융소비자보호에 관한 내부통제업무의 승인 권한을 회사의 최고의사결정기구인 이사회까지 확대시킴으로써 금융소비자보호의 중요성을 여실히 보여주고 있다.

이제 금융소비자보호에 관한 각 조직별 권한과 의무를 살펴보도록 하자.

(1) 이사회

금융소비자보호 표준내부통제기준 제6조에 따라 이사회는 최고 의사결정기구로서 회사의 금융소비자보호에 관한 내부통제체계의 구축 및 운영에 관한 기본방침을 정한다. 또한 내부통제에 영향을 미치는 경영전략 및 정책을 승인하고 금융소비자보호의 내부통제와 관련된 주요사항을 심의·의결한다.

(2) 대표이사

금융소비자보호 표준내부통제기준 제7조에 따라 대표이사는 이사회가 정한 내부통제체계의 구축 및 운영에 관한 기본방침에 따라 금융소비자보호와 관련한 내부통제체계를 구축·운영하여야 한다.

대표이사는 회사의 금융소비자보호 내부통제체계가 적절히 구축·운영되도록 내부통제환경을 조성하고, 관련법규의 변경, 영업환경 변화 등에도 금융소비자보호 내부통제체계의 유효성이 유지될 수 있도록 관리하여야 한다.

한편, 대표이사는 다음의 사항에 대한 권한 및 의무가 있다.

❶ 금융소비자보호 내부통제기준 위반 방지를 위한 예방대책 마련
❷ 금융소비자보호 내부통제기준 준수 여부에 대한 점검
❸ 금융소비자보호 내부통제기준 위반내용에 상응하는 조치방안 및 기준 마련
❹ 위의 ❶ 및 ❷를 위해 필요한 인적, 물적 자원의 지원
❺ 준법감시인과 금융소비자보호 총괄책임자의 업무 분장 및 조정

다만, 대표이사는 ❶, ❷ 및 ❸에 해당하는 업무를 금융소비자보호 총괄책임자에게 위임할 수 있으며, 업무를 위임하는 경우 위임하는 업무의 범위를 구체적으로 명시해야 하고, 위임의 절차를 명확히 해야 한다. 대표이사가 해당 업무를 금융소비자보호 총괄책임자에게 위임하는 경우 금융소비자보호 총괄책임자는 매년 1회 이상 위임업무의 이

행사항을 금융소비자보호 내부통제위원회(내부통제위원회가 없는 경우 대표이사)에 보고하여야 한다.

(3) 금융소비자보호 내부통제위원회

금융소비자보호 표준내부통제기준 제9조 제1항에서는 금융소비자보호 관련법령 등에 따라 내부통제위원회 설치를 예외로 적용하는 경우를 제외하고는 각 금융회사별로 금융소비자보호에 관한 내부통제를 수행하기 위하여 필요한 의사결정기구로서 대표이사를 의장으로 하는 '금융소비자보호 내부통제위원회'를 설치하도록 의무화하고 있다.

금융소비자보호 내부통제위원회는 매 반기마다 1회 이상 의무적으로 개최해야 하며, 개최결과를 이사회에 보고하는 것은 물론 최소 5년 이상 관련 기록을 유지해야 한다.

금융소비자보호 내부통제위원회의 의결 및 심의사항은 다음과 같다.

❶ 금융소비자보호에 관한 경영방향

❷ 금융소비자보호 관련 주요 제도 변경사항

❸ 임직원의 성과보상체계에 대한 금융소비자보호 측면에서의 평가

❹ 금융상품의 개발, 영업방식 및 관련 정보공시에 관한 사항

❺ 금융소비자보호 내부통제기준 및 법 제32조 제3항에 따른 금융소비자보호기준의 적정성·준수실태에 대한 점검·조치 결과

❻ 법 제32조 제2항에 따른 평가(이하 '금융소비자보호 실태평가'라 함), 감독(법 제48조 제1항 에 따른 '감독'을 말함) 및 검사(법 제50조에 따른 '검사'를 말함) 결과의 후속조치에 관한 사항

❼ 중요 민원·분쟁에 대한 대응 결과

❽ 광고물 제작 및 광고물 내부 심의에 대한 내부규정(단, 준법감시인이 별도로 내부규정 마련 시 제외 가능)

❾ 금융소비자보호 총괄기관과 금융상품 개발·판매·사후관리 등 관련부서 간 협의 필요사항

❿ 기타 금융소비자보호 총괄기관 또는 기타 관련부서가 내부통제위원회에 보고한 사항의 처리에 관한 사항

(4) 금융소비자보호 총괄기관

금융소비자보호 표준내부통제기준 제10조에 따라 각 회사는 책임과 권한을 가지고 금융소비자보호에 관한 내부통제 업무를 수행하기 위하여 필요한 조직으로서 금융소비자보호 총괄기관을 설치하여야 한다. 금융소비자보호 총괄기관은 소비자보호와 영업부서 업무 간의 이해상충 방지 및 회사의 소비자보호 업무역량 제고를 위하여 금융상품 개발·판매 업무로부터 독립하여 업무를 수행해야 하고, 대표이사 직속 기관으로 두어야 한다.

금융회사는 금융소비자보호업무를 원활하게 수행할 수 있도록 고객 수, 민원건수, 상품개발 및 판매 등 관련 타부서와의 사전협의 수요 등을 고려하여 업무수행에 필요한 인력을 갖춰야 하며, 금융소비자보호 업무를 원활하게 수행할 수 있는 직원을 업무담당자로 선발하여 운영하여야 한다.

금융소비자보호 총괄기관의 권한은 다음과 같다.

❶ 금융소비자보호에 관한 경영방향 수립
❷ 금융소비자보호 관련 교육의 기획 및 운영
❸ 금융소비자보호 관련 제도 개선
❹ 금융상품의 개발, 판매 및 사후관리에 관한 금융소비자보호 측면에서의 점검 및 조치
❺ 민원, 분쟁의 현황 및 조치 결과에 대한 관리
❻ 임직원의 성과보상체계에 대한 금융소비자보호 측면에서의 평가
❼ 금융상품의 개발, 변경, 판매 중단 및 관련 약관의 제·개정 등을 포함하여 판매촉진, 영업점 성과평가 기준 마련 등에 대한 사전 협의
❽ 금융소비자보호 내부통제위원회의 운영(❶부터 ❺까지의 사항을 내부통제위원회에 보고하는 업무를 포함한다)
❾ 금융소비자보호 내부통제 관련 규정 등 수립에 관한 협의

금융소비자보호 총괄기관은 금융소비자보호 및 민원예방 등을 위해 아래의 사항을 포함하는 제도개선을 관련부서에 요구할 수 있으며, 제도개선 요구를 받은 부서는 제도개선 업무를 조속히 수행하여야 한다. 다만, 해당 부서가 부득이한 사유로 제도개선 업무의 수행이 불가능할 경우 그 사유를 내부통제위원회(내부통제위원회가 없는 경우 대표이사)에 소명해야 한다.

① 업무개선 제도운영 및 방법의 명확화

② 개선(안) 및 결과 내역관리

③ 제도개선 운영성과의 평가

④ 민원분석 및 소비자만족도 분석 결과 등을 토대로 현장 영업절차 실태 분석 및 개선안 도출

금융소비자보호 총괄기관은 금융소비자의 권리를 존중하고 민원을 예방하기 위하여 아래의 사항을 포함한 절차를 개발 및 운영하여야 한다.

① 금융소비자보호를 위한 민원예방

② 금융소비자보호와 관련된 임직원 교육 및 평가, 대내외 홍보

③ 유사민원의 재발방지를 위한 교육 프로그램 및 제도개선 방안

또한, 금융소비자보호 총괄기관은 금융소비자보호 제도와 관련하여 임직원 등에 대한 교육 및 특정한 조치가 필요하다고 판단되는 경우 관련부서에 협조를 요청할 수 있으며, 협조 요청을 받은 관련부서는 특별한 사정이 없는 한 이에 협조하여야 한다.

(5) 금융소비자보호 총괄책임자(CCO)

금융회사는 금융소비자보호 표준내부통제기준 제12조에 따라 금융소비자보호 총괄기관의 장으로서 금융소비자보호 업무를 총괄하는 임원을 '금융소비자보호 총괄책임자 (CCO : Chief Consumer Officer)로 지정하여야 하며, CCO는 대표이사 직속으로 준법감시인에 준하는 독립적 지위를 보장받으며, 적법한 직무수행과 관련하여 부당한 인사상 불이익을 받지 않는다.

금융소비자보호 총괄책임자가 수행하는 직무는 다음과 같다.

① 금융소비자보호 총괄기관의 업무 통할

② 상품설명서, 금융상품 계약서류 등 사전 심의(단, 준법감시인 수행 시 제외)

③ 금융소비자보호 관련 제도 기획 및 개선, 기타 필요한 절차 및 기준의 수립

④ 금융상품 각 단계별(개발, 판매, 사후관리) 소비자보호 체계에 관한 관리·감독 및 검토

⑤ 민원접수 및 처리에 관한 관리·감독 업무

⑥ 금융소비자보호 관련부서 간 업무협조 및 업무조정 등 업무 총괄

❼ 대내외 금융소비자보호 관련 교육 프로그램 개발 및 운영 업무 총괄

❽ 민원발생과 연계한 관련부서·직원 평가 기준의 수립 및 평가 총괄

❾ 금융소비자보호 표준내부통제기준 준수 여부에 대한 점검·조치·평가 업무 총괄

❿ 대표이사로부터 위임받은 업무

⓫ 금융소비자보호 관련 이사회, 대표이사, 내부통제위원회로부터 이행을 지시·요청받은 업무

⓬ 기타 금융소비자의 권익증진을 위해 필요하다고 판단되는 업무

이와는 별도로 금융소비자보호 총괄책임자는 금융소비자의 권익이 침해되거나 침해될 현저한 우려가 발생한 경우 지체 없이 대표이사에게 보고하여야 하며, 대표이사는 보고받은 사항을 확인하여 신속히 필요한 제반사항을 수행·지원하여야 한다.

4) 금융소비자보호 관련 평가

금융소비자보호 관련 평가는 내부 평가와 외부 평가로 구분할 수 있다.

내부적으로 금융회사는 금융소비자보호법 및 관련 규정 등에 따라 회사 및 임직원이 업무를 수행함에 있어 금융소비자보호에 충실하였는지를 조직과 개인의 성과평가에 반영할 수 있는 평가도구를 마련하여 정기적으로 실행하여야 한다. 금융소비자보호 표준내부통제기준에서는 이를 금융소비자보호 내부통제위원회 및 금융소비자보호 총괄기관의 직무로 명시하고 있다.

외부적으로 금융회사는 외부 감독기구 등으로부터 금융소비자보호법 제32조 제2항에 따라 정기적인 금융소비자보호 실태평가를 받으며, 같은 법 제48조 제1항에 따른 감독 및 같은 법 제50조에 따른 검사를 받아야 한다.

특히 외부 감독기구의 금융소비자보호 실태평가 결과는 언론보도 등을 통해 공개되고 있어 그 평가 결과가 좋지 않을 경우, 금융소비자들의 해당 금융회사에 대한 신뢰도 등이 저하되므로 금융소비자의 신뢰가 가장 중요한 금융회사로서는 적극 대응할 필요가 있어, 향후 각 회사는 경영전략 수립 시 우선적으로 금융소비자보호를 고려하여야 한다.

금융회사는 신상품 개발 및 마케팅 정책을 수립하는 경우 금융소비자를 보호할 수 있도록 다음의 절차를 수립하여 운영하여야 한다.

(1) 사전협의절차

사전협의는 통상 금융상품을 개발하는 부서와 해당 금융상품에 대한 마케팅을 수립하는 부서 및 금융소비자보호 총괄기관 간에 이루어지며, 금융소비자보호 총괄기관은 금융소비자보호 측면에서 금융소비자보호법령 및 회사의 내부통제기준에 부합하는지 여부를 점검하여야 한다. 만일 점검 결과 문제점이 발견되는 경우 해당 문제를 해결할 수 있도록 부서 간 사전협의 절차와 정보공유체계를 구축하고 운영하여야 한다.

이때 사전협의를 하는 대상은 금융업종마다 다르기는 하지만 통상 아래와 같다.

❶ 신상품(또는 금융서비스) 등의 개발 혹은 변경에 대한 검토
❷ 신상품 등의 개발 중단 또는 판매 중단에 대한 검토
❸ 신상품 등의 안내장(설명서), 약관, 가입신청서(설계서) 등 관련서류에 대한 검토
❹ 상품 등 판매절차의 개발 또는 변경에 대한 검토
❺ 고객 관련 판매촉진(이벤트, 프로모션 등) 전략의 적정성 검토
❻ 상품판매와 관련한 평가기준의 수립 및 변경 시 금융소비자 보호 측면에서의 적정성 여부 검토

사전협의절차를 진행하는 경우 금융소비자보호 총괄기관은 금융소비자보호 표준내부통제기준 제18조 제3항에 따라 금융상품의 위험도·복잡성, 금융소비자의 특성 및 금융상품 발행인의 재무적 건전성, 금융상품 운용 및 리스크 관리능력을 고려하여야 하며, 사전협의 대상에 금융소비자보호 측면에서 문제가 있다고 판단되는 경우 관련 부서에 금융상품 출시 및 마케팅 중단, 개선방안 제출 등을 요구할 수 있다.

이와 관련하여 금융소비자보호 총괄기관은 상품개발 또는 마케팅 정책수립 부서 등이 정해진 사전협의절차를 충실히 이행하고 있는지 여부를 정기적으로 점검하여야 한다.

사전협의절차는 판매 단계 및 판매 이후의 단계까지 영향을 미치게 되므로 만일 점검 중 사전협의가 누락된 경우 금융소비자보호 총괄기관은 금융소비자보호 표준내부통제

기준 제18조 제5항에 따라 동 사실을 해당 부서의 성과 평가 또는 민원 평가에 반영하여야 한다.

(2) 금융상품 개발 관련 점검 절차

금융소비자보호 총괄기관은 금융소비자보호 표준내부통제기준 제19조에 따라 금융상품을 개발하는 경우 금융소비자에게 불리한 점은 없는지 등을 진단하기 위한 점검항목을 마련해야 하며, 상품개발부서에게 이를 제공해야 한다.

상품개발부서는 새로운 상품을 출시하거나 상품의 중요내용을 변경하는 경우, 금융소비자보호 총괄기관에서 제공한 점검항목에 따라 해당 상품이 금융소비자보호 측면에서 적정한지 여부를 자체적으로 점검하여야 하며, 금융소비자보호 총괄기관과 사전협의 시 이를 제공함으로써 적정성 여부를 판단받을 수 있다.

또한 회사는 금융관련 법규 등에서 정한 바에 따라 금융상품 개발과정에서 다음의 사항을 포함한 내부규정을 수립하여 운영하여야 한다.

❶ 금융상품 개발부서명 및 연락처를 상품설명 자료에 명기하는 등 책임성 강화
❷ 금융상품 개발부서의 금융상품 판매자에 대한 충분한 정보 공유 책임 강화(판매회사, 부서, 담당직원뿐 아니라 판매회사가 금융상품 판매를 재위탁한 경우 위탁회사의 직원까지 포함)

(3) 외부 의견 청취

회사는 금융소비자보호 표준내부통제기준 제20조 제1항 및 제2항에 따라 금융상품 개발 초기 단계부터 금융소비자의 불만 예방 및 피해의 신속한 구제를 위해 이전에 발생된 민원, 소비자만족도 등 금융소비자 의견이 적극 반영될 수 있도록 업무절차를 마련해 운영하여야 한다.

여기에는 금융상품의 기획·개발 단계에서 외부전문가의 의견이나 금융소비자들의 요구를 회사경영에 반영할 수 있는 고객참여제도 등의 채널을 마련하고 이를 적극 활용하는 것이 포함되며, 회사는 이렇게 수집된 금융소비자의 제안이 상품개발 담당 부서 등에서 적절하게 반영되고 있는지 주기적으로 활용실적 분석 등을 실시해야 한다.

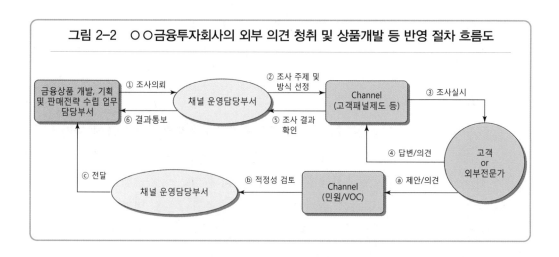

그림 2-2 ○○금융투자회사의 외부 의견 청취 및 상품개발 등 반영 절차 흐름도

<table>
<tr><td>3</td><td>금융상품 판매절차 구축</td></tr>
</table>

금융소비자보호 표준내부통제기준 제21조에서는 금융회사가 금융상품 판매과정에서 불완전판매가 발생하지 않도록 판매 전 절차와 판매 후 절차로 구분하여 판매절차를 구축하도록 다음과 같이 규정하고 있다.

1) 금융상품 판매 전 절차

(1) 교육체계의 마련

영위하는 업종에 따라 다르지만 통상 금융회사는 수시 또는 정기적으로 전 임직원을 대상으로 하여 집합교육 또는 온라인을 통한 개별교육을 실시하여 왔다.

그러나 금융소비자보호법이 시행된 이후 이 교육에 대한 해석은 보다 구체화되어, 금융소비자보호 표준내부통제기준 제32조 제3항에서는 각 회사가 판매임직원 등을 대상으로 금융소비자에게 제공되는 '개별상품'별 교육을 실시하도록 규정하고 있다.

예를 들어 펀드의 경우 과거에는 주식형 펀드 전체 혹은 펀드라는 특정 금융상품 유형 전체에 대해 교육을 진행했다면 현재는 실제 금융소비자에게 제공되는 개별 펀드별로 교육을 실시하여 각 상품별 특성과 위험 등에 대해 판매하는 임직원 등이 명확히 이해하고 판매에 임할 수 있도록 하여야 하는 것이다.

이와 더불어 같은 조 제1항에서는 회사가 판매임직원 등을 대상으로 해당 회사의 금융소비자보호 내부통제기준 및 금융소비자보호관련법령 등의 준수에 관한 교육을 의무적으로 실시하도록 명시하고, 이 교육을 받지 않은 임직원의 경우 금융상품을 판매할 수 없도록 하는 등 금융상품의 판매 전 교육을 통해 불완전판매가 발생하지 않도록 하고 있다.

(2) 판매자격의 관리

금융소비자보호 표준내부통제기준 제33조에서는 회사의 임직원 등이 금융상품을 판매하기 위한 자격요건을 규정하고 있는데, 여기에는 기존에 관련 법규 등에서 정하고 있는 자격증 취득 여부 및 교육 이수 여부 등을 기본으로 하여 추가적으로 회사가 취급하는 금융상품에 대하여 회사가 정한 기준에 따른 평가 결과, 전문성과 숙련도가 낮은 판매임직원 등일 경우 및 기타 불완전판매 관련 민원이 회사가 정한 기준 이상으로 발생하여 회사가 개별적으로 판매를 제한하는 판매임직원 등일 경우에는 금융상품의 판매를 제한하는 내용이 포함되어 있다.

현재 거의 모든 금융회사는 각 임직원이 회사가 취급하고 있는 금융상품을 판매할 수 있는 특정 자격증을 보유하고 있는지, 자격 유지를 위한 보수교육은 이수하고 있는지 상시 또는 주기적으로 관리하고 있다.

예를 들어 ○○금융투자회사의 상품별 판매자격기준은 다음과 같다.

취급상품명	판매자격기준
집합투자증권(펀드)	펀드투자권유자문인력
주식, ELB/DLB	증권투자권유자문인력
채권, CP, RP, CMA	증권투자권유자문인력
선물, 옵션, ELW, ELS/DLS	파생상품투자권유자문인력
Wrap Account	운용대상자산별 자격증
방카슈랑스	생명보험, 손해보험, 변액보험, 제3보험 대리점
신탁	(파생상품이 포함된 금전신탁의 경우) 파생상품투자권유자문인력

무자격 투자상담사(現, 투자권유대행인)의 대체출고 후 편취행위는 회사업무와 연관성이 있으므로 회사의 사용자 책임을 인정한 사례

(사건 개요)

증권회사 지점장은 A가 투자상담사 자격이 없음을 인지하였음에도 불구하고 본인이 근무하는 지점에 채용하였고, A의 고객은 A에 의해 큰 수익이 발생하자, 추가로 투자금액을 증액하였다. 이후 A는 해당 고객에게 특정 종목을 너무 많이 거래하면 감독당국으로부터 지적을 당하는 등 문제가 발생할 소지가 있으니 다른 사람 명의의 계좌로 해당 주식을 분산하고 향후 돌려주겠다고 제의하여 고객의 동의를 받았으며, 분산시켜 놓은 해당 주식을 고객에게 반환하지 않고 잠적하였다.

(판단 내용)

무자격 투자상담사의 불법행위는 외관상 업무연관성이 있으므로 증권회사는 사용자로서 불법행위의 책임이 인정된다. 또한 지점장 역시 A의 불법행위를 방조한 것으로 공동 불법행위를 구성하므로 증권회사는 지점의 사용자로서도 불법행위의 책임이 인정된다. 다만, 고객에게도 대체출고를 동의한 점 등 잘못이 있어 이를 손해액 산정에 감안한다(대법원 2006.9.14.선고 2004다 53203).

(3) 판매과정별 관리절차 및 확인 절차 마련

금융회사는 판매임직원 등이 금융소비자보호법 등 관련법령을 준수하고 불완전판매가 발생하지 않도록 문자메시지, 전자우편 등을 활용하여 금융상품을 판매하는 경우 각 판매과정별 관리절차를 마련하여 운영하여야 한다.

여기에는 반드시 판매임직원 등이 지켜야 할 사항에 대한 점검항목을 제공하고 실제 이를 준수하고 있는지 점검하는 내용이 포함된다.

또한 금융소비자가 금융상품을 선택하는 과정에서 반드시 알아야 할 사항 및 금융상품의 주요 위험요인 등에 대해 이해하고 있는지 확인하는 등의 절차를 마련하여야 한다.

2) 금융상품 판매 후 절차

금융회사의 상품 판매 및 마케팅 담당부서는 상품 판매 개시 이전에 상품 판매 이후 준수해야 할 절차를 마련하여야 한다.

첫째, 금융소비자가 본인의 금융상품 구매내용 및 금융거래에 대한 이해의 정확성 등 불완전판매 여부를 확인할 수 있는 절차가 마련되어 있어야 한다.

둘째, 금융회사는 불완전판매 및 불완전판매 개연성이 높은 상품에 대해서는 해당 금융상품의 유형을 고려하여 재설명 및 청약철회, 위법계약해지 등의 금융소비자보호절차를 마련해야 한다. 이는 상품의 판매 단계에서 판매임직원 등이 금융소비자에게 설명의무를 이행할 시 반드시 설명해야 할 사항들로 금융회사는 자체 교육 및 대내외 미스터리 쇼핑 실시 등을 통해 점검하게 된다.

셋째, 문자메시지, 전자우편 등을 활용한 투자성 상품 매매내역 통지, 신탁 또는 일임의 운용내역 통지 등 금융소비자에 대한 통지 체계를 마련하고 운영하여야 한다. 금융회사는 문자메시지나 전자우편 등을 이용한 통지 체계의 적정성 여부를 수시 또는 정기로 점검하여 개선사항 등이 필요한지를 확인하여야 한다.

4   상품 판매 단계의 금융소비자보호

금융소비자보호법은 제13조부터 제16조를 통해 금융회사의 영업행위 일반원칙을 다음과 같이 법적인 의무로 규정하고 있다.

제13조(영업행위 준수사항 해석의 기준)
누구든지 이 장의 영업행위 준수사항에 관한 규정을 해석·적용하려는 경우 금융소비자의 권익을 우선적으로 고려하여야 하며, 금융상품 또는 계약관계의 특성 등에 따라 금융상품 유형별 또는 금융상품판매업자 등의 업종별로 형평에 맞게 해석·적용되도록 하여야 한다.

제14조(신의성실의무 등)
① 금융상품판매업자 등은 금융상품 또는 금융상품자문에 관한 계약의 체결, 권리의 행사 및 의무의 이행을 신의성실의 원칙에 따라 하여야 한다.
② 금융상품판매업자 등은 금융상품판매업 등을 영위할 때 업무의 내용과 절차를 공정히 하여야 하며, 정당한 사유 없이 금융소비자의 이익을 해치면서 자기가 이익을 얻거나 제3자가 이익을 얻도록 해서는 아니 된다.

제15조(차별금지)

금융상품판매업자 등은 금융상품 또는 금융상품자문에 관한 계약을 체결하는 경우 정당한 사유 없이 성별·학력·장애·사회적 신분 등을 이유로 계약조건에 관하여 금융소비자를 부당하게 차별해서는 아니 된다.

제16조(금융상품판매업자 등의 관리책임)

① 금융상품판매업자 등은 임직원 및 금융상품판매대리·중개업자(「보험업법」 제2조 제11호에 따른 보험중개사는 제외. 이하 이 조에서 같음)가 업무를 수행할 때 법령을 준수하고 건전한 거래질서를 해치는 일이 없도록 성실히 관리하여야 한다.

② 법인인 금융상품판매업자 등으로서 대통령령으로 정하는 자는 제1항에 따른 관리업무를 이행하기 위하여 그 임직원 및 금융상품판매대리·중개업자가 직무를 수행할 때 준수하여야 할 기준 및 절차(이하 "내부통제기준"이라 함)를 대통령령으로 정하는 바에 따라 마련하여야 한다.

앞에서도 설명한 바와 같이 금융투자업 종사자가 준수하여야 할 2가지 핵심직무윤리는 '신의성실의 원칙'과 '고객우선의 원칙'으로 이 핵심직무윤리는 단순히 준수해야 할 윤리기준을 넘어서 법적으로 의무화되어 있다.

금융투자업 종사자는 그 업무를 수행함에 있어서 개인적인 관계 등에 의하여 금융소비자를 차별해서는 아니 되고 모든 금융소비자를 공평하게 취급함으로써 금융투자업 종사자에 대한 사회적 신뢰를 유지하여야 한다.

"공평하게"라고 하는 것은 반드시 "동일하게"라는 의미라기보다는 "공정하게"라는 의미가 더 강하다. 예를 들면 어떤 투자정보를 금융소비자에게 제공하거나, 또는 이것을 수정하거나, 추가 정보를 제공함에 있어서, 모든 금융소비자에 대하여 완전히 동일한 조건이어야 하는 것은 아니고 금융소비자의 투자목적, 지식·경험, 정보제공에 대한 대가 등에 따라서 필요한 정보를 적절하게 차별하여 제공하는 것은 허용된다. 즉, 동일한 성격을 가진 금융소비자 내지 금융소비자군(群)에 대하여 제공되는 서비스의 질과 양 및 시기 등이 동일하다면 공정성을 유지하고 있는 것으로 볼 수 있다.

금융소비자보호법 제15조의 차별금지에 관한 예를 들어보면 다음과 같다.

금융투자회사의 표준내부통제기준 제40조의5 제1항에서는 "회사는 거래소로부터 받은 시세정보를 투자자에게 제공하는 경우 시세정보의 제공형태나 제공방식 등에 대해서 투자자가 선택할 수 있도록 고지하지 않고 특정 위탁자에게만 매매주문 관련 자료나 정보를 차별적으로 제공하는 행위를 하여서는 아니 된다"라고 규정하고 있다. 만일 A와 B가 동일한 서비스 제공군에 속하는 일반투자자인 경우 A에게 제공되는 시세 정보가 B보다 빠르다면 A는 항상 B보다 앞서서 투자결정을 내릴 수 있을 것이며 이는 결국 A와 B의 투자손익에 막대한 차이가 발생하는 원인이 될 수 있다. 이는 모두에게 공정성을 유지하는 것이 아니므로 윤리기준뿐만 아니라 금융소비자보호법을 위반하는 것이 된다.

> **❗ 사례**
>
> A는 주식형 펀드를 담당하는 펀드매니저이다. A는 최근 매출된 주식형 펀드를 포함하여 5개의 펀드를 운용하고 있지만 시간과 노력의 대부분은 최근 매출한 2개의 신규 펀드에 기울이고 있다. 나머지 3개의 펀드는 비교적 오래전의 펀드에 대해서는 잔고가 적다는 것과, 이미 일정한 이율이 확보되었기에 그 내용을 변경하지 않고 있다. 신규 펀드에 대해서는 새롭게 입수한 투자정보에 기하여 적극적으로 포트폴리오의 내용을 교체하고 있지만 오래전의 펀드에 대해서는 그렇게 하고 있지 않다.
>
> (평가)
> A는 모든 금융소비자를 공정하게 취급하여야 한다는 윤리기준을 위반하고 있다. 운용전략이 동일한 성격의 펀드에 대해서는 동등하게 운용하여야 한다.

또한 금융소비자보호법 제16조에서는 금융회사가 임직원 및 위탁계약을 체결한 대리인 등을 관리하여야 할 책임을 명확히 규정하고 이를 위해 직무 수행 시 준수해야 할 기준 및 절차가 담긴 내부통제기준을 반드시 마련하도록 의무화함으로써 사용자 책임을 강화하고 있다.

이제 금융상품의 판매 단계에서 적용되는 가장 중요한 '6대 판매원칙'에 대해 세부적으로 알아보도록 한다.

1) 적합성 원칙(Principle of Suitability)

> **금융소비자보호법 제17조(적합성원칙) (발췌)**
> ① 금융상품판매업자등은 금융상품계약체결등을 하거나 자문업무를 하는 경우에는 상대방인 금융소비자가 일반금융소비자인지 전문금융소비자인지를 확인하여야 한다.

② 금융상품판매업자등은 일반금융소비자에게 다음 각 호의 금융상품 계약 체결을 권유(금융상품자문업자가 자문에 응하는 경우를 포함. 이하 이 조에서 같다)하는 경우에는 면담·질문 등을 통하여 다음 각 호의 구분에 따른 정보를 파악하고, 일반금융소비자로부터 서명(전자서명법 제2조 제2호에 따른 전자서명을 포함. 이하 같다), 기명날인, 녹취 또는 그 밖에 대통령령으로 정하는 방법으로 확인을 받아 이를 유지·관리하여야 하며, 확인받은 내용을 일반금융소비자에게 지체 없이 제공하여야 한다.

　2. 투자성 상품(자본시장법 제9조 제27항에 따른 온라인소액투자중개의 대상이 되는 증권 등 대통령령으로 정하는 투자성 상품은 제외. 이하 이 조에서 같다) 및 운용 실적에 따라 수익률 등의 변동 가능성이 있는 금융상품으로서 대통령령으로 정하는 예금성 상품
　　가. 일반금융소비자의 해당 금융상품 취득 또는 처분 목적
　　나. 재산상황
　　다. 취득 또는 처분 경험
　3. 대출성 상품
　　가. 일반금융소비자의 재산상황
　　나. 신용 및 변제계획
　4. 그 밖에 일반금융소비자에게 적합한 금융상품 계약의 체결을 권유하기 위하여 필요한 정보로서 대통령령으로 정하는 사항

③ 금융상품판매업자등은 제2항 각 호의 구분에 따른 정보를 고려하여 그 일반금융소비자에게 적합하지 아니하다고 인정되는 계약 체결을 권유해서는 아니 된다. 이 경우 적합성 판단 기준은 제2항 각 호의 구분에 따라 대통령령으로 정한다.

④ 제2항에 따라 금융상품판매업자등이 금융상품의 유형별로 파악하여야 하는 정보의 세부적인 내용은 대통령령으로 정한다.

⑤ 금융상품판매업자등이 자본시장법 제249조의2에 따른 전문투자형 사모집합투자기구의 집합투자증권을 판매하는 경우에는 제1항부터 제3항까지의 규정을 적용하지 아니한다. 다만, 같은 법 제249조의2에 따른 적격투자자 중 일반금융소비자 등 대통령령으로 정하는 자가 대통령령으로 정하는 바에 따라 요청하는 경우에는 그러하지 아니하다.

⑥ 제5항에 따른 금융상품판매업자등은 같은 항 단서에 따라 대통령령으로 정하는 자에게 제1항부터 제3항까지의 규정의 적용을 별도로 요청할 수 있음을 대통령령으로 정하는 바에 따라 미리 알려야 한다.

금융투자업 종사자는 금융소비자에게 금융투자상품의 투자권유 등을 함에 있어 신의

성실의 원칙에 따라 선량한 관리자로서의 주의의무를 지기 때문에 금융소비자에게 투자를 권유하는 경우, 투자목적, 투자경험, 자금력, 위험에 대한 태도 등에 비추어 가장 적합한 투자를 권유하여야 한다.

이때 응대하는 금융소비자가 가지고 있는 투자에 관한 개별적인 요소 또는 상황이 모두 다를 수 있기 때문에 그에 맞는 적합한 투자권유나 투자상담을 하기 위해서는 우선 금융소비자에 관한 정보파악이 필요하고 이를 상황 변화에 따라 적절히 수정하여야 한다.

통상 개별 금융소비자에 대한 투자 권유 전 실행해야 하는 절차는 다음과 같은 순서로 실행된다.

❶ 투자권유를 하기에 앞서 먼저 해당 금융소비자가 투자권유를 원하는지 아니면 원하지 않는지를 확인
  • 투자권유를 희망하지 않는 경우 판매자의 투자권유 불가 사실 안내
❷ 해당 금융소비자가 일반금융소비자인지 전문금융소비자인지 확인
  • 전문 금융소비자인 경우 별도의 등록절차 진행
❸ 일반금융소비자인 경우 금융소비자보호법 제17조 제2항에서 정하고 있는 바에 따라 계약체결을 권유하는 금융상품별 항목에 대하여 면담·질문 등을 통하여 해당 금융소비자의 정보를 파악
  • 금융소비자가 본인의 정보를 미제공하는 경우 관계 법령 등에 따라 일부 금융상품(파생형 펀드 등 적정성 원칙 적용대상 상품)의 가입제한 사실 안내
❹ 파악된 금융소비자의 정보를 바탕으로 금융소비자의 투자성향 분석결과 설명 및 확인서 제공
  • 서명(전자서명을 포함), 기명날인, 녹취, 또는 이와 비슷한 전자통신, 우편, 전화자동응답시스템의 방법으로 금융소비자로부터 확인
  • 투자성향 분석결과 및 확인서의 제공은 일회성에 그치는 것이 아니라 금융소비자가 금융상품을 가입할 때마다 실행
❺ 투자자금의 성향 파악
  • 원금보존을 추구하는지 확인하고, 원금보존을 추구하는 경우에는 상품 가입에 제한이 있음을 안내

이러한 절차를 거쳐 얻게 된 금융소비자의 정보를 토대로 하여, 금융투자업 종사자는

개별 금융소비자에게 가장 적합한 금융상품을 권유하여야 하며, 해당 금융상품이 적합하지 않다고 판단되는 경우에는 계약체결을 권유할 수 없다. 다만, 금융소비자보호법에서 정하고 있는 바에 따라 예금성 상품은 제외된다.

만일 금융소비자가 투자권유를 희망하지 않고, 본인의 정보를 제공하지 않는 경우 판매임직원은 해당 금융소비자에게 적합성 원칙 및 설명의무가 적용되지 않는다는 사실을 안내하여야 한다.

> **! 사례**
>
> A는 금융투자회사의 창구에서 투자상담을 하고 있다. A는 동 지점의 주된 고객을 예탁된 자산규모에 따라서 1억 원, 5천만 원~1억 원, 5천만 원 이하로 구분하여 오직 자산규모가 큰 고객에 대해서만 환율 위험이 있는 외화표시상품과 파생투자상품을 혼합한 복잡한 금융상품을 권장하고 있다. 자산규모가 큰 고객은 일반적으로 고위험 고수익(high risk high return)형의 상품에 관심이 높고, 또한 약간 손실이 발생하여도 다른 운용자산의 이익과 상쇄할 수 있는 경우가 많기 때문이라는 생각에서이다.
>
> (평가)
> 예탁된 자산규모가 크다고 해서 반드시 위험 허용도가 큰 것은 아니므로 A는 금융소비자보호법상의 적합성 원칙을 위반하고 있다. A는 고객의 재무상황, 투자경험과 투자목적도 고려하여 개별적으로 고객의 투자성향에 적합한 투자를 권유하여야 한다.

2) 적정성 원칙(Principle of Adequacy)

> **금융소비자보호법 제18조(적정성원칙) (발췌)**
> ① 금융상품판매업자는 대통령령으로 각각 정하는 보장성 상품, 투자성 상품 및 대출성 상품에 대하여 일반금융소비자에게 계약 체결을 권유하지 아니하고 금융상품 판매 계약을 체결하려는 경우에는 미리 면담·질문 등을 통하여 다음 각 호의 구분에 따른 정보를 파악하여야 한다.
> 　2. 투자성 상품: 제17조 제2항 제2호 각 목의 정보
> 　3. 대출성 상품: 제17조 제2항 t제3호 각 목의 정보
> 　4. 금융상품판매업자가 금융상품 판매 계약이 일반금융소비자에게 적정한지를 판단하는 데 필요하다고 인정되는 정보로서 대통령령으로 정하는 사항
> ② 금융상품판매업자는 제1항 각 호의 구분에 따라 확인한 사항을 고려하여 해당 금융

상품이 그 일반금융소비자에게 적정하지 아니하다고 판단되는 경우에는 대통령령으로 정하는 바에 따라 그 사실을 알리고, 그 일반금융소비자로부터 서명, 기명날인, 녹취, 그 밖에 대통령령으로 정하는 방법으로 확인을 받아야 한다. 이 경우 적정성 판단기준은 제1항 각 호의 구분에 따라 대통령령으로 정한다.

③ 제1항에 따라 금융상품판매업자가 금융상품의 유형별로 파악하여야 하는 정보의 세부적인 내용은 대통령령으로 정한다.

④ 금융상품판매업자가 자본시장법 제249조의2에 따른 일반 사모집합투자기구의 집합투자증권을 판매하는 경우에는 제1항과 제2항을 적용하지 아니한다. 다만, 같은 법 제249조의2에 따른 적격투자자 중 일반금융소비자 등 대통령령으로 정하는 자가 대통령령으로 정하는 바에 따라 요청하는 경우에는 그러하지 아니하다.

⑤ 제4항에 따른 금융상품판매업자는 같은 항 단서에 따라 대통령령으로 정하는 자에게 제1항과 제2항의 적용을 별도로 요청할 수 있음을 대통령령으로 정하는 바에 따라 미리 알려야 한다.

적정성 원칙은 앞서 설명한 적합성 원칙과 유사하나 금융소비자에 대한 계약체결의 권유 여부에 따라 달리 적용되는 원칙이다.

즉 적합성 원칙은 금융투자업 종사자가 일반금융소비자에게 금융상품의 계약체결을 권유할 때 적용되는 반면, 적정성 원칙은 금융투자업 종사자가 일반금융소비자에게 금융상품의 계약체결을 권유하지 않고, 해당 일반금융소비자가 스스로 투자성 상품 등에 대해 계약체결을 원하는 경우 적용된다.

금융상품을 판매하는 금융회사는 투자권유를 하지 않더라도 각 금융상품별로 해당 일반금융소비자에 대한 정보를 면담 또는 질문을 통해 파악하여야 하며, 수집된 정보를 바탕으로 해당 금융상품이 금융소비자에게 적정하지 않다고 판단되는 경우에는 즉시 해당 금융소비자에게 그 사실을 알리고, 금융소비자보호법에서 정한 서명 등의 방법을 통해 해당 금융소비자로부터 동 사실을 알렸다는 내용을 확인받아야 한다.

3) 설명의무

금융소비자보호법 제19조(설명의무) (발췌)
① 금융상품판매업자등은 일반금융소비자에게 계약 체결을 권유(금융상품자문업자가 자문에 응하는 것을 포함)하는 경우 및 일반금융소비자가 설명을 요청하는 경우에는 다음 각 호

의 금융상품에 관한 중요한 사항(일반금융소비자가 특정 사항에 대한 설명만을 원하는 경우 해당 사항으로 한정)을 일반금융소비자가 이해할 수 있도록 설명하여야 한다.

1. 다음 각 목의 구분에 따른 사항

    나. 투자성 상품

        1) 투자성 상품의 내용

        2) 투자에 따른 위험

        3) 대통령령으로 정하는 투자성 상품의 경우 대통령령으로 정하는 기준에 따라 금융상품직접판매업자가 정하는 위험등급

        4) 그 밖에 금융소비자가 부담해야 하는 수수료 등 투자성 상품에 관한 중요한 사항으로서 대통령령으로 정하는 사항

    라. 대출성 상품

        1) 금리 및 변동 여부, 중도상환수수료(금융소비자가 대출만기일이 도래하기 전 대출금의 전부 또는 일부를 상환하는 경우에 부과하는 수수료를 의미. 이하 같다) 부과 여부·기간 및 수수료율 등 대출성 상품의 내용

        2) 상환방법에 따른 상환금액·이자율·시기

        3) 저당권 등 담보권 설정에 관한 사항, 담보권 실행사유 및 담보권 실행에 따른 담보목적물의 소유권 상실 등 권리변동에 관한 사항

        4) 대출원리금, 수수료 등 금융소비자가 대출계약을 체결하는 경우 부담하여야 하는 금액의 총액

        5) 그 밖에 대출계약의 해지에 관한 사항 등 대출성 상품에 관한 중요한 사항으로서 대통령령으로 정하는 사항

2. 제1호 각 목의 금융상품과 연계되거나 제휴된 금융상품 또는 서비스 등(이하 "연계·제휴서비스등"이라 한다)이 있는 경우 다음 각 목의 사항

    가. 연계·제휴서비스등의 내용

    나. 연계·제휴서비스등의 이행책임에 관한 사항

    다. 그 밖에 연계·제휴서비스등의 제공기간 등 연계·제휴서비스등에 관한 중요한 사항으로서 대통령령으로 정하는 사항

3. 제46조에 따른 청약 철회의 기한·행사방법·효과에 관한 사항

4. 그 밖에 금융소비자 보호를 위하여 대통령령으로 정하는 사항

② 금융상품판매업자등은 제1항에 따른 설명에 필요한 설명서를 일반금융소비자에게 제공하여야 하며, 설명한 내용을 일반금융소비자가 이해하였음을 서명, 기명날인, 녹취 또는 그 밖에 대통령령으로 정하는 방법으로 확인을 받아야 한다. 다만, 금융소비자 보호 및 건전한 거래질서를 해칠 우려가 없는 경우로서 대통령령으로 정하는 경

우에는 설명서를 제공하지 아니할 수 있다.

③ 금융상품판매업자등은 제1항에 따른 설명을 할 때 일반금융소비자의 합리적인 판단 또는 금융상품의 가치에 중대한 영향을 미칠 수 있는 사항으로서 대통령령으로 정하는 사항을 거짓으로 또는 왜곡(불확실한 사항에 대하여 단정적 판단을 제공하거나 확실하다고 오인하게 할 소지가 있는 내용을 알리는 행위를 말한다)하여 설명하거나 대통령령으로 정하는 중요한 사항을 빠뜨려서는 아니 된다.

④ 제2항에 따른 설명서의 내용 및 제공 방법·절차에 관한 세부내용은 대통령령으로 정한다.

(1) 개요

설명의무는 6대 판매원칙 중 적합성 원칙, 적정성 원칙과 더불어 중요한 위치를 차지하고 있는바, 몇 가지 유의할 사항에 대해 세부적으로 살펴보도록 한다. 특히 설명의무의 위반과 관련하여 금융소비자보호법 제57조 및 제69조에서는 중요한 사항을 설명하지 않거나, 설명서를 사전에 제공하지 않거나, 설명하였음을 금융소비자로부터 확인받지 아니한 경우 금융회사에 대해 해당 금융상품의 계약으로부터 얻는 수입(수수료, 보수 등의 금액이 아니라 매출액 등 금융소비자로부터 받는 총금액으로 해석함이 일반적)의 최대 50% 이내에서 과징금을 부과할 수 있으며, 별도로 종전의 자본시장법에서 정하였던 최대 과태료

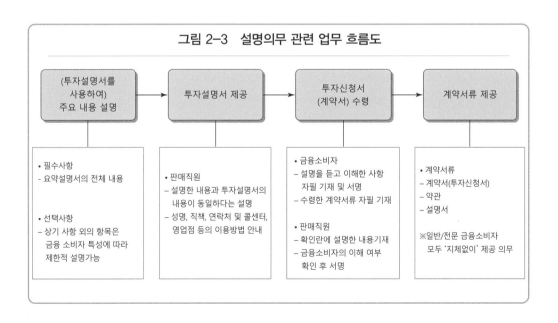

그림 2-3 설명의무 관련 업무 흐름도

금액 5천만원의 2배인 최대 1억원 이내에서 과태료를 부과할 수 있도록 함으로써 설명의무 준수의 중요성을 강조하고 있다.

❶ 적용대상의 확대

기존 자본시장법에서는 설명의무를 투자성 상품에 대해서만 규정하고 있었으나, 금융소비자보호법에서는 그 대상이 예금성 상품, 대출성 상품, 보장성 상품, 투자성 상품으로 구분되어 확대되었기 때문에, 금융회사는 각 금융상품별로 금융소비자에게 계약의 체결을 권유하는 경우 및 계약체결의 권유가 없더라도 일반 금융소비자가 요청하는 경우 각 금융상품별 중요사항에 대해 금융소비자에게 고지하고 이해할 수 있도록 설명하여야 한다.

이때 '중요한 사항'이란 사회통념상 금융상품 계약 여부의 결정에 영향을 미칠수 있는 사항으로, 금융소비자의 합리적인 판단 또는 해당 금융상품의 가치에 중대한 영향을 미칠 수 있는 사항을 말하는 것으로 금융소비자보호법 제19조의 내용을 상품유형별로 요약하면 다음과 같다.

- 투자성 상품 : 상품의 주요 내용, 투자에 따른 위험(최대손실액 및 근거 등), 위험등급, 수수료, 계약의 해지 및 해제에 관한 사항 등
- 대출성 상품 : 금리 및 변동여부, 기간 및 수수료율, 중도상환수수료 부과여부, 상환방법, 담보권 설정 등
- 보장성 상품 : 위험보장의 주요 내용, 보험료, 해약 및 만기 시 환급금, 보험금 지급제한 사유 등
- 예금성 상품 : 상품의 주요 내용, 이자율 및 해지 시 적용이자율과 산출근거, 계약 해지 시 불이익 등

금융소비자보호법에서 정하고 있는 4가지 상품유형에 대해 각 상품과 연계하거나 제휴하는 서비스가 있는 경우에도 금융상품과 마찬가지로 설명의무의 적용대상으로 확대되었다는 점에 유의하여야 한다.

아울러, 설명의 대상에는 민원 및 분쟁조정 절차, 청약철회권, 위법계약해지권, 자료열람요구권 등이 포함되므로 금융상품 판매를 담당하는 종사자는 이러한 권리를 금융소비자가 충분히 이해할 수 있도록 안내하여야 한다. 각 금융소비자의 권리에 대한 세부내용은 투자권유의 업무절차를 고려하여 관련 항목에서 별도로 살펴보도록 한다.

❷ 설명서의 제공 및 확인 의무

　　금융회사는 금융상품에 관한 계약의 체결을 권유하는 경우 금융소비자보호법 시행령 제14조 제3항에 따라 서면, 우편 또는 전자우편, 휴대전화 문자메시지 또는 이와 유사한 방법 등을 통해 반드시 사전에 금융소비자에게 해당 금융상품의 설명서를 제공해야 한다. 다만, 동법 시행령 제14조 제4항에서 열거하고 있는 예외적인 경우(예를 들어, 기존 계약과 동일한 내용으로 계약을 갱신하는 경우 또는 법인인 전문 금융소비자가 설명서 제공을 원하지 않는 경우 등)에는 설명서의 제공의무가 면제된다.

　　또한 금융회사는 일반금융소비자에게 설명의무를 이행한 경우, 설명한 내용을 일반금융소비자가 이해하였음을 서명, 기명날인, 녹취 또는 그 밖에 대통령령으로 정하는 방법으로 확인을 받고 해당 기록을 유지, 보관할 의무가 있다. 이와 관련하여 감독기구에서는 금융소비자가 충분한 이해 없이 금융회사가 설명의무를 이행했다고 확인하는 경우 향후 관련된 소송이나 분쟁 등이 발생하였을 때 금융소비자 본인에게 불리하게 작용할 수도 있다는 점을 금융회사가 안내하도록 권고하고 있다.

(2) 설명 시 유의사항

　　금융회사는 금융상품 및 해당 상품과 연계된 제휴 서비스의 주요 사항을 설명할 때 거짓으로 설명하거나, 불확실한 사항에 대한 단정적 판단을 제공하거나, 확실하다고 오인하게 할 소지가 있는 내용을 알리는 행위를 하여서는 안 된다.

　　이에 따라 금융회사는 금융소비자에게 설명을 할 때 사용하는 정보 및 이를 보여주는 상품안내장, 약관, 광고, 홈페이지 등도 그 적정성을 갖추고 있는지 아래와 같이 확인하여야 한다.

❶ 금융소비자에게 제공하는 정보는 다음의 요건을 갖추어야 한다.
- 금융소비자가 알기 쉽도록 간단·명료하게 작성
- 객관적인 사실에 근거해서 작성하고, 금융소비자가 오해할 우려가 있는 정보는 작성 금지
- 금융회사 상호 간 공정경쟁을 해치거나 사실을 왜곡하는 내용 포함 금지
- 공시내용에 대한 담당부서, 담당자 지정 및 명확한 표시
❷ 금융소비자에 대한 정보제공은 그 제공시기 및 내용을 금융소비자의 관점에서

고려하여 적절한 시기에 이루어져야 하며, 공시자료의 내용이 변경된 경우 특별한 사유가 없는 한 지체 없이 해당 정보를 수정하여 금융소비지에게 정확한 정보가 제공되도록 하여야 한다.

❸ 금융소비자에게 제공하는 정보는 알아보기 쉽도록 글자 크기가 크고, 읽기 쉽게 제작하여야 하며, 가급적 전문적인 용어의 사용은 피해 일상적인 어휘를 사용하고, 이해도를 높이기 위해 그림, 기호 등 시각적인 요소를 적극 활용하여야 한다.

❹ 금융소비자에게 제공하는 정보는 금융소비자의 권익을 침해하는 다음과 같은 표시를 하여서는 안 된다.

- 이자, 기타 수익성에 대하여 표시 시점에 확정되어 있는 것보다 현저히 우량 또는 유리한 것으로 오인시킬 우려가 있는 표시, 기타 예저금(預貯金)의 수익성에 관하여 오인될 우려가 있는 표시
- 실제로는 원본 보전이 되지 않음에도 불구하고 마치 원본 보전이 되는 것처럼 오인될 우려가 있는 표시, 기타 예저금 등의 안정성에 관해 오인될 우려가 있는 표시
- 실제로는 예입 또는 지불에 관한 제한이 있음에도 불구하고 마치 이것이 없는 것처럼 오인될 우려가 있는 표시, 기타 예저금의 유동성에 관하여 오인될 우려가 있는 표시
- 실제로는 스스로 행하지 않는 업무를 마치 행하고 있는 것처럼 오인될 우려가 있는 표시, 또는 실제로 업무제휴를 행하고 있지 않음에도 불구하고 마치 행하고 있는 것처럼 오인될 우려가 있는 표시
- 자기가 제공하는 서비스(다른 사람과 제휴에 의해 제공하는 것도 포함)에 대해 실제로는 수수료를 징수함에도 불구하고 무료로 이용할 수 있는 것처럼 오인될 우려가 있는 표시
- 실제로는 적용되지 않는 금리 또는 수수료(표시 직전 상당기간 실제로 적용되고 있었던 금리 또는 수수료를 제외)를 비교 가격으로 함으로써 실제의 것보다도 현저히 유리한 것으로 오인될 우려가 있는 표시
- 실제로 거래할 의사가 없는 것으로 인정되는 금융상품 또는 서비스에 대해 거래할 수 있는 것으로 오인될 우려가 있는 표시
- 금융상품 등에 관한 구체적인 정보를 제공하기 위한 것도 아니며 단지 다른 사람 또는 기타 금융상품 등의 단점을 지적하려는 비방 또는 중상하려는 목적의

표시 등

(3) 청약철회권

금융소비자보호법의 시행으로 인해 금융회사가 금융소비자에게 새롭게 설명해야 하는 사항 중 하나는 바로 '청약철회권'이다. 새로 도입된 청약철회권 제도에 대해 금융소비자보호법 제46조는 이렇게 설명하고 있다.

금융소비자보호법 제46조(청약의 철회) (발췌)

① 금융상품판매업자등과 대통령령으로 각각 정하는 보장성 상품, 투자성 상품, 대출성 상품 또는 금융상품자문에 관한 계약의 청약을 한 일반금융소비자는 다음 각 호의 구분에 따른 기간(거래 당사자 사이에 다음 각 호의 기간보다 긴 기간으로 약정한 경우에는 그 기간) 내에 청약을 철회할 수 있다.

  2. 투자성 상품, 금융상품자문 : 다음 각 목의 어느 하나에 해당하는 날부터 7일

    가. 제23조 제1항 본문에 따라 계약서류를 제공받은 날

    나. 제23조 제1항 단서에 따른 경우 계약체결일

  3. 대출성 상품 : 다음 각 목의 어느 하나에 해당하는 날[다음 각 목의 어느 하나에 해당하는 날보다 계약에 따른 금전·재화·용역(이하 이 조에서 '금전·재화등'이라 한다)의 지급이 늦게 이루어진 경우에는 그 지급일]부터 14일

    가. 제23조 제1항 본문에 따라 계약서류를 제공받은 날

    나. 제23조 제1항 단서에 따른 경우 계약체결일

② 제1항에 따른 청약의 철회는 다음 각 호에서 정한 시기에 효력이 발생한다.

  1. 보장성 상품, 투자성 상품, 금융상품자문 : 일반금융소비자가 청약의 철회의사를 표시하기 위하여 서면(대통령령으로 정하는 방법에 따른 경우를 포함. 이하 이 절에서 '서면등'이라 한다)을 발송한 때

  2. 대출성 상품 : 일반금융소비자가 청약의 철회의사를 표시하기 위하여 서면등을 발송하고, 다음 각 목의 금전·재화등(이미 제공된 용역은 제외하며, 일정한 시설을 이용하거나 용역을 제공받을 수 있는 권리를 포함. 이하 이 항에서 같다)을 반환한 때

    가. 이미 공급받은 금전·재화등

    나. 이미 공급받은 금전과 관련하여 대통령령으로 정하는 이자

    다. 해당 계약과 관련하여 금융상품판매업자등이 제3자에게 이미 지급한 수수료 등 대통령령으로 정하는 비용

③ 제1항에 따라 청약이 철회된 경우 금융상품판매업자등이 일반금융소비자로부터 받

은 금전·재화등의 반환은 다음 각 호의 어느 하나에 해당하는 방법으로 한다.

2. 투자성 상품, 금융상품자문 : 금융상품판매업자등은 청약의 철회를 접수한 날부터 3영업일 이내에 이미 받은 금전·재화등을 반환하고, 금전·재화등의 반환이 늦어진 기간에 대해서는 대통령령으로 정하는 바에 따라 계산한 금액을 더하여 지급할 것. 다만, 대통령령으로 정하는 금액 이내인 경우에는 반환하지 아니할 수 있다.

3. 대출성 상품 : 금융상품판매업자등은 일반금융소비자로부터 제2항 제2호에 따른 금전·재화등, 이자 및 수수료를 반환받은 날부터 3영업일 이내에 일반금융소비자에게 대통령령으로 정하는 바에 따라 해당 대출과 관련하여 일반금융소비자로부터 받은 수수료를 포함하여 이미 받은 금전·재화등을 반환하고, 금전·재화등의 반환이 늦어진 기간에 대해서는 대통령령으로 정하는 바에 따라 계산한 금액을 더하여 지급할 것

④ 제1항에 따라 청약이 철회된 경우 금융상품판매업자등은 일반금융소비자에 대하여 청약의 철회에 따른 손해배상 또는 위약금 등 금전의 지급을 청구할 수 없다.

⑥ 제1항부터 제5항까지의 규정에 반하는 특약으로서 일반금융소비자에게 불리한 것은 무효로 한다.

⑦ 제1항부터 제3항까지의 규정에 따른 청약 철회권의 행사 및 그에 따른 효과 등에 관하여 필요한 사항은 대통령령으로 정한다.

일반금융소비자는 예금성 상품을 제외한 3가지 유형의 금융상품 계약의 청약 이후 각 상품유형별로 금융소비자보호법 제46조 제1항에서 정하고 있는 기간 내에 '청약철회요청서' 등 서면을 이용하여 계약 청약의 철회를 금융회사에 요구할 수 있다. 청약철회권은 금융회사의 고의 또는 과실 사유 여부 등 귀책사유가 없더라도 일반금융소비자가 행사할 수 있는 법적 권리로 금융소비자의 권익이 크게 강화된 제도라고 할 수 있다. 다만, 3가지 유형의 모든 상품이 해당되는 것은 아니며 금융소비자보호법 시행령 제37조에서 각 유형별 상품을 정하고 있는바, 금융투자업을 중심으로 볼 때 청약철회권의 대상이 되는 상품은 다음과 같다.

❶ 투자성 상품 : 다음의 금융상품. 다만, 일반금융소비자가 법 제46조 제1항 제2호에 따른 청약 철회의 기간 이내에 예탁한 금전 등을 운용하는 데 동의한 경우는 제외

— 자본시장법 시행령에 따른 고난도금융투자상품(일정 기간에만 금융소비자를 모집하고 그 기간이 종료된 후에 금융소비자가 지급한 금전등으로 자본시장법에 따른 집합투자를 실시하는

　　　　것만 해당)

　　　－자본시장법 시행령에 따른 고난도투자일임계약

　　　－신탁계약(자본시장법에 따른 금전신탁은 제외)

　　　－자본시장법 시행령에 따른 고난도금전신탁계약

❷ 대출성 상품 : 다음의 것을 제외한 금융상품

　　　－자본시장법 제72조 제1항에 따른 신용의 공여(법 제46조 제1항 제3호에 따른 청약 철
　　　　회의 기간 이내에 담보로 제공된 증권을 처분한 경우만 해당)

　　　－그 밖에 청약의 철회가 건전한 시장질서를 해칠 우려가 높은 것으로서 금융위
　　　　원회가 정하여 고시하는 대출성 상품(예시 : 주식 담보대출)

금융소비자의 청약 철회를 받은 금융회사는 청약이 철회가 접수된 날(대출성 상품은 금
전, 재화, 이자 등의 반환을 받은 날)로부터 3영업일 이내에 이미 받은 금전, 재화 등을 반환해
야 하며, 반환이 지체되는 경우에는 반환대상에 지연이자를 가산하여 지급하여야 한다.
이때 투자성 상품은 원금을 반환하며, 대출성 상품은 대출금, 약정이자율에 의한 이자,
제3자에게 지급한 수수료 등이 포함된다.

4) 불공정영업행위의 금지

금융소비자보호법 제20조(불공정영업행위의 금지)
① 금융상품판매업자등은 우월적 지위를 이용하여 금융소비자의 권익을 침해하는 다음
　각 호의 어느 하나에 해당하는 행위(이하 "불공정영업행위"라 한다)를 해서는 아니 된다.
　1. 대출성 상품, 그 밖에 대통령령으로 정하는 금융상품에 관한 계약체결과 관련하여
　　금융소비자의 의사에 반하여 다른 금융상품의 계약체결을 강요하는 행위
　2. 대출성 상품, 그 밖에 대통령령으로 정하는 금융상품에 관한 계약체결과 관련하여
　　부당하게 담보를 요구하거나 보증을 요구하는 행위
　3. 금융상품판매업자등 또는 그 임직원이 업무와 관련하여 편익을 요구하거나 제공받
　　는 행위
　4. 대출성 상품의 경우 다음 각 목의 어느 하나에 해당하는 행위
　　가. 자기 또는 제3자의 이익을 위하여 금융소비자에게 특정 대출 상환방식을 강요
　　　하는 행위
　　나. 1)부터 3)까지의 경우를 제외하고 수수료, 위약금 또는 그 밖에 어떤 명목이든
　　　중도상환수수료를 부과하는 행위

> 1) 대출계약이 성립한 날부터 3년 이내에 상환하는 경우
> 2) 다른 법령에 따라 중도상환수수료 부과가 허용되는 경우
> 3) 금융소비자 보호 및 건전한 거래질서를 해칠 우려가 없는 행위로서 대통령령으로 정하는 경우
>   다. 개인에 대한 대출 등 대통령령으로 정하는 대출상품의 계약과 관련하여 제3자의 연대보증을 요구하는 경우
> 5. 연계·제휴서비스등이 있는 경우 연계·제휴서비스등을 부당하게 축소하거나 변경하는 행위로서 대통령령으로 정하는 행위. 다만, 연계·제휴서비스등을 불가피하게 축소하거나 변경하더라도 금융소비자에게 그에 상응하는 다른 연계·제휴서비스등을 제공하는 경우와 금융상품판매업자등의 휴업·파산·경영상의 위기 등에 따른 불가피한 경우는 제외한다.
> 6. 그 밖에 금융상품판매업자등이 우월적 지위를 이용하여 금융소비자의 권익을 침해하는 행위
> ② 불공정영업행위에 관하여 구체적인 유형 또는 기준은 대통령령으로 정한다.

불공정영업행위는 금융회사가 자신의 우월적 지위를 이용하여 금융상품의 계약 체결에 있어 금융소비자에게 불리한 행위를 요구하는 것을 말한다. 소위 '갑질'이라고 표현될 수도 있는 이 불공정영업행위는 다른 금융상품에 비해 상대적으로 대출성 상품의 계약 체결에서 발생할 가능성이 높고 그 발생가능성도 빈번하기 때문에 금융소비자보호법도 대출성 금융상품에 대한 규제가 강한 편이다.

불공정영업행위는 현재 우리가 살펴보고 있는 핵심적인 직무윤리이자 법적 의무인 '신의성실의 원칙'과 '고객우선의 원칙'을 정면으로 위반하는 행위이므로 금융소비자보호법에서는 설명의무의 위반과 동일하게 이를 위반하는 금융회사에 대해 해당 금융상품의 계약으로부터 얻는 수입의 최대 50% 이내에서 과징금을 부과할 수 있으며, 별도로 최대 1억원 이내에서 과태료를 부과할 수 있도록 하고 있다.

5) 부당권유 행위 금지

금융소비자보호법 제21조(부당권유행위 금지) (발췌)
금융상품판매업자등은 계약 체결을 권유(금융상품자문업자가 자문에 응하는 것을 포함. 이하 이 조에서 같다)하는 경우에 다음 각 호의 어느 하나에 해당하는 행위를 해서는 아니 된

다. 다만, 금융소비자 보호 및 건전한 거래질서를 해칠 우려가 없는 행위로서 대통령령으로 정하는 행위는 제외한다.

1. 불확실한 사항에 대하여 단정적 판단을 제공하거나 확실하다고 오인하게 할 소지가 있는 내용을 알리는 행위

2. 금융상품의 내용을 사실과 다르게 알리는 행위

3. 금융상품의 가치에 중대한 영향을 미치는 사항을 미리 알고 있으면서 금융소비자에게 알리지 아니하는 행위

4. 금융상품 내용의 일부에 대하여 비교대상 및 기준을 밝히지 아니하거나 객관적인 근거 없이 다른 금융상품과 비교하여 해당 금융상품이 우수하거나 유리하다고 알리는 행위

6. 투자성 상품의 경우 다음 각 목의 어느 하나에 해당하는 행위

　가. 금융소비자로부터 계약의 체결권유를 해줄 것을 요청받지 아니하고 방문·전화 등 실시간 대화의 방법을 이용하는 행위

　나. 계약의 체결권유를 받은 금융소비자가 이를 거부하는 취지의 의사를 표시하였는데도 계약의 체결권유를 계속하는 행위

7. 그 밖에 금융소비자 보호 또는 건전한 거래질서를 해칠 우려가 있는 행위로서 대통령령으로 정하는 행위

금융소비자보호법에서는 부당권유행위를 크게 7가지로 구분하고 있는데, 이는 기존의 자본시장법 제49조에서 정하고 있던 부당권유행위보다 구체적이고 적용대상을 확대한 것이다.

부당권유행위가 발생한 경우 금융소비자보호법에서는 앞서 말한 설명의무 위반, 불공정영업행위의 발생과 마찬가지로 위반하는 금융회사에 대해 해당 금융상품의 계약으로부터 얻는 수입의 최대 50% 이내에서 과징금을 부과할 수 있으며, 별도로 최대 1억원 이내에서 과태료를 부과할 수 있다.

(1) 합리적 근거 제공 등

금융투자업 종사자의 금융소비자에 대한 금융상품의 계약 체결 또는 권유는 합리적이고 충분한 근거에 기초하여야 하고, 여러 관련 요소 중에서 선택하여야 할 사항이 있는 경우 그 취사 여부는 합리적인 판단에 기초하여야 한다. 여기에서 '합리적 판단'이란 유사한 상황에서 유사한 지식을 보유한 자가 대부분 선택할 수 있어야 함을 의미하

며 이는 선량한 관리자로서의 주의의무와 연결된다. 이와 관련하여 금융투자업규정 제 4-20조 제1항에서는 "신뢰할 만한 정보·이론 또는 논리적인 분석·추론 및 예측 등 적절하고 합리적인 근거를 가지고 있지 아니하고 특정 금융투자상품의 매매거래나 특정한 매매전략·기법 또는 특정한 재산운용배분의 전략·기법을 채택하도록 투자자에게 권유하는 행위"를 불건전 영업행위 중 하나로 규정함으로써 부당권유행위의 발생을 방지하고 있다.

합리적 근거의 제공은 다른 금융상품과 비교하여 우위를 가릴 때에도 적용된다.

금융소비자보호법에서는 계약의 체결을 권유하는 금융상품과 다른 금융상품을 비교할 때 반드시 명확한 비교대상 및 기준을 밝히도록 의무화하였으며, 우수성 및 금융소비자에 대한 유리 여부에 대한 판단을 할 때 그 사유를 명확히 하도록 요구하고 있다. 따라서 금융소비자의 의사결정에 중대한 영향을 미칠 수 있는 정보를 제공할 때에는 당해 사실 또는 정보의 출처(또는 정보제공자)를 밝힐 수 있어야 한다.

또한 금융상품의 가치에 중대한 영향을 미치는 사항에 대해 금융회사가 알고 있는 경우 해당 사항은 반드시 금융소비자에게 설명하여야 하는바, 종전의 자본시장법에서는 이를 설명의무의 위반으로 보았으나, 금융소비자보호법에서는 설명의무 위반과 동시에 부당권유행위 금지 위반에 해당한다고 볼 수 있으므로 각별한 주의가 필요하다.

❗ 사례

투자권유자문인력 A는 보다 중립적이고 객관적인 자료에 근거하여 금융소비자의 투자성향에 따라 소극적인 투자를 권유하고 있다. 반면에 투자권유자문인력 B는 비관적인 자료보다는 가능한 '장밋빛' 전망을 내는 자료에 기초하여 투자를 권유하고 있다.

(평가)
B의 행위는 객관적인 판단에 입각하기보다는 시류에 영합함으로써 신임의무에 기초한 '신의 성실의 원칙'을 위배하고 있다. B는 '전문가로서 독립적으로 그 직무를 수행하여야 한다'는 직무윤리를 위반하고 있고, 동시에 투자정보 등을 제공함에 있어서 정밀한 조사분석에 입각하여 합리적인 근거에 의하여야 한다는 자본시장법에 따른 규정을 위반하고 있다.

(2) 적정한 표시 의무

가. 중요 사실에 대한 정확한 표시

'중요한 사실'이라 함은 금융소비자의 금융상품 계약 체결 판단에 중요한 영향을 미친다고 생각되는 사실로서 금융상품 자체에 관한 중요한 정보뿐만 아니라, 수익에 영향을 줄 수 있는 거시경제·자본시장과 금융시장에 관한 정보, 국내에 영향을 미칠 수 있는 외국의 정보 등이 모두 포함한다.

'정확한 표시'라 함은 금융상품 계약 체결 판단에 필요한 중요한 사항은 빠짐없이 모두 포함시켜야 하고, 그 내용이 충분하고 명료할 것을 의미하는데, 이때 고려해야 할 사항은 정보를 제공받는 대상의 지식 및 이해 수준, 전체적 맥락에서 당해 정보가 불필요한 오해를 유발할 소지가 있는지 여부, 내용의 복잡성이나 전문성에 비추어 정보의 전달방법이 상대방에게 정확하게 정보가 전달될 수 있는지 여부 등이다. 표시의 방법은 조사분석자료 등과 같은 문서에 의하건 구두 또는 그 밖의 다른 방법(예 : e-mail 전송 등)에 의하건 방법을 불문한다.

! 사례

증권회사 직원이 무상증자 신주배정기준일을 잘못 이해하고 알려준 경우 배상책임을 인정한 사례

(사건 개요)
증권회사 직원이 고객에게 무상증자가 예정된 종목에 대한 매수를 권유하면서 신주배정기준일을 잘못 이해하고 알려주어서 고객은 권리락 이후 주식매수를 하게 되었고 이로 인해 무상증자를 받지 못하였다.

(판단 내용)
증권회사 직원은 주식거래에 관한 정확한 정보를 제공해야 할 '신의성실의 원칙'상 의무가 있음에도 불구하고 신주배정기준일의 개념을 잘못 알고서 안내를 해 고객에게 손해를 입혔으므로 직원 및 사용자 책임이 있는 증권회사에서는 연대하여 배상할 책임이 있다. 다만 고객도 잘못된 설명을 확인하지 않은 점, 권리락 후 해당 종목을 저렴하게 매수한 점, 권리락 이전이라면 매수할 수 있는 주식의 수량도 줄었고 이에 따라 무상증자분도 적었을 것이라는 점 등을 참작해 직원 및 증권회사의 책임을 30%만 인정하였다(서울북부지법 2009.5.15.선고 2008가단 66235).

나. 투자성과보장 등에 관한 표현의 금지

금융상품 중 투자성 상품이라고 하는 가격 변동이 큰 위험상품에 대한 투자는 반드시 예상한 대로 투자성과가 이루어진다는 것을 그 누구도 보장할 수 없다. 이러한 '위험성'이 존재함에도 불구하고 금융소비자에게 투자권유를 하면서 일정한 투자성과를 확실하게 보장하는 듯한 표현을 하면, 거시적인 관점에서는 자본시장의 가격 형성 기능을 왜곡시키고 금융투자업계 전반의 신뢰도를 하락시킬 수 있으며, 개별 금융투자업자의 관점에서는 그러한 단정적 표현과는 다른 상황이 전개되었을 경우 필연적으로 금융소비자와 분쟁이 발생하게 되어 해당 금융투자업 종사자는 물론 소속된 금융투자업자의 신뢰를 손상시키게 됨으로써 금융투자업자의 재무건전성에도 영향을 미치게 된다.

'투자성과를 보장'하는 경우에 해당하는 것인지에 대한 판단은 개별적인 사안에서 구체적으로 판단하여야 하는데 예를 들어 증권투자상담을 하면서 특정 종목을 매수하여 특정 기간 내에 일정한 기대성과를 확약하는 것은 투자성과를 보장하는 표현에 해당된다고 볼 수 있다.

> ### ❗ 사례
>
> 금융투자회사의 영업사원인 A는 X회사가 자금조달을 위하여 발행하는 신주의 모집을 추진하기 위하여 고객 B에게 청약하여 줄 것을 권유하면서 "이번 청약을 통해 원금의 손실이 발생하더라도 향후 준비되어 있는 신규 공모주로 보충하기 때문에 B에게는 절대 손실이 없다"라고 했다.
>
> (평가)
> A는 "절대 손실이 없다"라고 함으로써 투자성과를 보장하는 듯한 표현을 하였고, 이에 대한 합리적인 근거도 제시하지 않았다. 또한 신주 청약으로 인해 발생할 수 있는 손실 등 위험에 대해 고지하지도 않음으로써 '신의성실의 원칙'이라는 직무윤리를 위반하였을 뿐만 아니라 자본시장법에서 금지하고 있는 부당권유행위를 하였다.

다. 허위 · 과장 · 부실표시의 금지

금융투자업 종사자는 소속 회사 또는 자신의 실적을 좋게 보이기 위하여 자의적으로 부풀려진 실적을 제시하는 것은 금지되어 있다. 이는 비단 집합투자기구의 운용역(펀드매니저)뿐만 아니라 투자중개업이나 투자자문업에 종사하는 자에게도 적용되는데 예를 들어 펀드매니저가 자신이 운용하고 있는 펀드의 운용실적을 산출하는 과정에서 명확하게 허위의 것을 제시하는 것이 허용되지 않은 것은 물론이지만, 운용실적 산출과정에서 여러 가지 선택 가능한 방법 중 운용실적 등을 좋게 보이도록 자의적으로 취사선택을 한다면 이는 정확하지 않은 방법으로 측정되어 해당 펀드의 운용실적이 부풀려지게 되고 운용실적이라는 정보에 기초하여 투자권유를 하는 투자중개업자 등 해당 펀드 판매회사의 종사자 및 의사결정을 하는 금융소비자로 하여금 오인시킬 소지가 있으므로 허용되지 않는다.

그 밖에도 수탁된 자산규모를 부풀린다든지, 운용실적이 좋은 펀드매니저를 대표 펀드매니저로 제시한다든지, 운용실적을 제시한 기간을 조작함으로써 운용실적을 실제 이상으로 과장하는 행위도 허용되지 않는다.

! 사례

유사투자자문업자가 허위정보를 제공해 투자자가 손해를 본 경우 민법상 불법행위책임을 인정한 사례

(사건 개요)
인터넷 증권방송업체가 특정 회사에 대해 대형계약을 체결하고 M&A에 관한 양해각서도 곧 발표할 것이라는 취지의 확인되지 않은 내용을 방송하였다. 이 내용을 믿고 해당 주식에 투자를 하여 피해를 입은 고객은 해당 증권방송업체를 사기혐의로 고소했으나 무혐의 처분이 내려지자 민사소송을 제기하였다.

(판단 내용)
유사투자자문업자가 자본시장법상의 금융소비자보호의무를 지는 대상은 아니더라도 허위정보를 제공하여 손해를 입혔다면 민법 제750조(불법행위의 내용)에 따라 불법행위책임을 물을 수 있다고 판단하였다. 유사투자자문업자가 허위정보를 제공해 손해를 끼쳤어도 기존에는 자본시장법상 책임을 물을 수 없어 고객의 피해를 보전할 방법이 없었으나, 이 판결로 인해 민법상 불법행위책임을 물을 수 있게 되었다(대법원 2015.7.9.선고 2013다 13849).

(3) 요청하지 않은 투자권유 금지

투자성 금융상품의 경우 금융소비자로부터 아무런 요청이 없음에도 불구하고 해당 금융소비자의 자택 또는 직장을 방문하거나, 길거리에서의 호객행위, 또는 무작위적인 전화통화를 통하여 투자를 권유하면 개인의 평온한 사생활을 침해할 우려가 있고 충동구매와 불필요한 투자를 유발할 가능성이 있으므로 투자권유는 금융소비자가 원하는

경우에만 하여야 한다. 특히 고위험 금융투자상품인 장외파생상품의 경우는 원본손실의 가능성이 매우 크고 그에 따른 분쟁의 가능성이 상대적으로 크기 때문에 요청하지 않은 투자권유를 하여서는 아니 된다.

그러나, 금융소비자 보호 및 건전한 거래질서를 해칠 우려가 없는 행위로 투자권유 전에 금융소비자의 개인정보 취득경로, 권유하려는 금융상품의 종류·내용 등을 금융소비자에게 미리 안내하고, 해당 금융소비자가 투자권유를 받을 의사를 표시한 경우에는 투자권유를 할 수 있다. 다만, 금융투자상품의 위험정도와 금융소비자의 유형을 감안하여 제외되는 상품은 아래와 같다(금융소비자보호법 시행령 제16조 제1항 제1호).

❶ 일반금융소비자의 경우 : 고난도금융투자상품, 고난도투자일임계약, 고난도금전신탁계약, 사모펀드, 장내파생상품, 장외파생상품
❷ 전문금융소비자의 경우 : 장외파생상품

또한 투자권유를 받은 금융소비자가 이를 거부하는 취지의 의사를 표시한 경우에는 투자권유를 계속하여서는 안 되며, 다음의 경우에만 예외적으로 허용된다(금융소비자보호법 시행령 제16조 제1항 제2호 및 제3호).

❶ 권유를 받은 투자자가 이를 거부하는 취지의 의사를 표시한 후 금융위원회가 정하여 고시하는 기간(1개월)이 지난 후에 다시 권유를 하는 행위
❷ 다른 종류의 금융(투자)상품에 대하여 권유를 하는 행위

이와 관련하여 2022년 12월 8일부터 시행된 개정 '방문판매에 관한 법률'에 따라 금융소비자를 방문(유선 연락 등 실시간 대화의 방법을 포함)하여 금융상품을 판매하는 경우에는 금융소비자에 대한 사전안내, 자격증명, 판매과정 녹취 등 관련 법령 등에서 정하고 있는 절차를 준수하여야 함에 유의하여야 한다.

(4) 기타 부당권유행위

금융소비자보호법에서 규정하고 있는 부당권유행위 중 하나는 제21조 제7호의 '금융소비자 보호 또는 건전한 거래질서를 해칠 우려가 있는 행위로서 대통령령으로 정하는 행위'이다. 이에 대해 금융소비자보호법 시행령 제16조 제3항에서는 이러한 부당권유행위를 다음과 같이 정하고 있다.

❶ 내부통제기준에 따른 직무수행 교육을 받지 않은 자로 하여금 계약체결 권유와

관련된 업무를 하게 하는 행위
- 대표적인 사례는 개별 금융상품에 대한 교육을 받지 않는 등의 사유로 인해 금융상품 계약체결의 자격이 없는 투자권유대행인 또는 모집인 등이 금융상품 계약을 체결하는 행위 등

❷ 법 제17조 제2항(적합성 원칙)에 따른 일반금융소비자의 정보를 조작하여 권유하는 행위
- 대표적인 사례는 금융상품 판매 시 적합성 원칙의 적용을 회피할 목적으로 금융소비자로 하여금 투자권유를 희망하지 않도록 요구하는 행위 또는 금융소비자의 투자성향에 맞지 않는 부적합한 상품을 권유하면서 '투자성향에 적합하지 않은 투자성 상품거래 확인서' 등의 서면을 작성하게 하는 행위 등

❸ 투자성 상품에 관한 계약의 체결을 권유하면서 일반금융소비자가 요청하지 않은 다른 대출성 상품을 안내하거나 관련 정보를 제공하는 행위
- 대표적인 사례는 일명 '꺾기'라고 알려진 행위로 금융소비자에게 대출을 해주면서 대출금의 일부는 특정 상품에 가입하게 하는 행위 또는 특정 상품에 가입하는 경우 대출금을 증액하는 행위 등

최근 일부 사모 펀드 등 투자성 상품에서 발생하는 막대한 손실발생 등과 관련하여 해당 금융상품을 판매한 금융회사에서 관련 법령 등을 위반하는 사례가 나타나고 있음을 보게 된다.

예를 들어 높은 연령대의 금융소비자에게 내부적으로 캠페인을 하고 있는 파생상품을 이자율이 높은 예금이라고 사실과 다른 내용을 알리고, 이와 관련한 상품에 대한 설명의무도 충실히 이행하지 않은 채 적합성 원칙에 맞지 않는 금융소비자의 정보를 조작하여 판매하는 사례 등이 대표적인 것으로 금융소비자보호법에서는 이러한 사례가 재발하지 않도록 구체화시켜 명시하고 있으며 위반 시 제재를 강화하고 있음을 알 수 있다.

6) 광고 관련 준수사항

6대 판매원칙 중 하나는 '금융상품 등에 대한 광고 관련 사항의 준수'이다.
금융소비자보호법 제22조에서 동 사항을 다루고 있는바, 주요 내용은 다음과 같다.

(1) 광고의 주체

금융소비자보호법상 관련 법령 등에 따라 등록된 금융상품판매업자 등만이 금융상품 또는 업무에 관한 광고가 가능하다. 다만 예외적으로 각 업권별로 법에서 정하고 있는 협회(금융투자협회 등)와 금융회사를 자회사나 손자회사로 두고 있는 지주회사 중 대통령령으로 정하는 경우 등은 광고가 가능하다.

(2) 광고의 내용 등

광고는 금융소비자가 금융상품의 내용을 오해하지 않도록 명확하고 공정하게 전달해야 하며, 다음의 내용이 포함되어야 한다.

❶ 금융상품 계약 체결 전 설명서 및 약관을 읽어볼 것을 권유하는 내용
❷ 금융회사의 명칭 및 금융상품의 내용
❸ 보장성, 투자성, 예금성 상품의 위험, 조건 등 법에서 정하고 있는 주요 사항 등

(3) 준수 및 금지사항

금융회사가 광고를 실행하는 경우 각 금융상품별로 금융소비자를 오인하게 할 소지가 있는 내용 등 법에서 금지하고 있는 내용을 포함해서는 안 되며, 「표시·광고의 공정화에 관한 법률」 제4조 제1항에 따른 표시·광고사항이 있는 경우에는 같은 법에서 정하는 바에 따라 관련 내용을 준수하여야 한다. 기타 광고에 관한 세부적인 사항은 금융소비자보호법 시행령 제17조부터 제21조에서 다루고 있다.

7) 계약서류의 제공 의무

금융소비자보호법 제23조(계약서류의 제공의무)
① 금융상품직접판매업자 및 금융상품자문업자는 금융소비자와 금융상품 또는 금융상품자문에 관한 계약을 체결하는 경우 금융상품의 유형별로 대통령령으로 정하는 계약서류를 금융소비자에게 지체 없이 제공하여야 한다. 다만, 계약내용 등이 금융소비자 보호를 해칠 우려가 없는 경우로서 대통령령으로 정하는 경우에는 계약서류를 제공하지 아니할 수 있다.
② 제1항에 따른 계약서류의 제공 사실에 관하여 금융소비자와 다툼이 있는 경우에는

금융상품직접판매업자 및 금융상품자문업자가 이를 증명하여야 한다.
③ 제1항에 따른 계약서류 제공의 방법 및 절차는 대통령령으로 정한다.

금융소비자보호법에서는 금융회사가 금융소비자와 금융상품의 계약을 체결하는 경우 해당 금융소비자에게 금융소비자보호법 시행령 제22조 제1항에 따라 금융상품 계약서 및 금융상품의 약관을 포함하여, 투자성 상품인 경우에는 금융상품 설명서를 계약서류로 제공하도록 의무화하고 있다. 이때 금융소비자는 일반/전문 여부를 불문하고 '지체 없이' 제공하도록 규정하고 있는데, 여기에서 '지체 없이'는 '즉시 제공하지 못하는 합리적인 사유가 있는 경우 그 사유를 해소한 후 신속하게'로 해석할 수 있다. 이와 관련하여 법제처 법령해석례 11-0134에서는 '몇 시간 또는 몇 일과 같이 물리적인 시간 또는 기간을 의미한다기보다는 사정이 허락하는 한 가장 신속하게 처리해야 하는 기간을 의미한다'고 기술하고 있다. 다만, 법인 전문투자자 등 예외적으로 법령 등에서 정하고 있는 경우에는 해당 금융소비자가 원하지 않으면 설명서를 제공하지 않을 수 있다.

유의해야 할 점은 종전의 자본시장법에서도 계약서류의 제공의무가 규정되어 있었으나, 그 입증책임에 대해서는 규정하고 있지 않았다. 그러나 금융소비자보호법의 시행으로 인해 계약서류의 제공의무에 대한 입증책임은 명백히 금융회사로 전환되었기 때문에 금융투자업에 종사하는 임직원은 법령 등에 따라 계약서류를 제공하고 그 증빙을 갖추어야 하며, 이 부분은 다음의 판매 후 단계에서 기록 및 유지·관리 의무와 연결되므로 반드시 준수하여야 함에 유의하여야 한다.

5 상품 판매 이후 단계의 금융소비자보호

1) 보고 및 기록의무

(1) 처리결과의 보고의무

금융투자업 종사자는 금융소비자로부터 위임받은 업무를 처리한 경우 그 결과를 금융소비자에게 지체 없이 보고하고 그에 따라 필요한 조치를 취하여야 한다.

이는 금융소비자로 하여금 본인의 거래상황을 신속하게 파악하여 적기에 필요한 조치를 취할 수 있도록 하고, 금융소비자의 업무처리에 편의를 제공하기 위함이다. 또한 이렇게 함으로써 거래상황을 투명하게 하고 위법·부당한 거래를 억지(抑止)하는 기능을 기대할 수 있다. 금융소비자는 이러한 통지와 자신의 거래기록을 대조함으로써 임의매매 등 위법한 주식거래가 발생할 소지를 미연에 방지할 수 있다.

'보고'란 단순히 위임받은 업무를 처리하였다는 사실을 통지하는 것만이 아니라 금융소비자가 업무처리내용을 구체적으로 알 수 있고, 그에 따라 금융소비자가 적절한 지시를 할 수 있도록 필요한 사항을 알리는 것을 말한다. 예를 들어 증권위탁매매를 실행한 경우라면, 매매의 시기, 목적물의 종류·수량·가격 등 업무의 처리 결과를 보고하여야 한다.

보고의 방법은 합리적인 것이라면 제한이 없으므로, 구두·문서·전화·모사전송(팩스) 기타 e-mail 등의 전자통신의 방법으로도 가능하지만, 보고의 내용에 대하여 객관적 증빙을 남겨둘 수 있는 것이 바람직하다.

매매명세의 통지

자본시장법 제73조에서는 "매매명세의 통지"에 관하여 "투자매매업자 또는 투자중개업자는 금융투자상품의 매매가 체결된 경우에는 그 명세를 대통령령으로 정하는 방법에 따라 투자자에게 통지하여야 한다"고 규정하고 있으며, 그 구체적 방법은 동법 시행령 제70조 제1항 및 제2항에서 아래와 같이 설명하고 있다.

① 매매가 체결된 후 지체 없이 매매의 유형, 종목·품목, 수량, 가격, 수수료 등 모든 비용, 그 밖의 거래내용을 통지하고, 집합투자증권 외의 금융투자상품의 매매가 체결된 경우 체결된 날의 다음 달 20일까지 월간 매매내역·손익내역, 월말 현재 잔액현황·미결제약정현황 등을 통지할 것

② 집합투자증권의 매매가 체결된 경우 집합투자기구에서 발생한 모든 비용을 반영한 실질 투자수익률, 투자원금 및 환매예상 금액, 그 밖에 금융위원회가 고시하는 사항은 매월 마지막 날까지 통지할 것

③ 다음 어느 하나에 해당하는 방법 중 투자매매업자 또는 투자중개업자와 투자자 간에 미리 합의된 방법(계좌부 등에 의하여 관리·기록되지 아니하는 매매거래에 대하여는 ㉠만 해당한다)으로 통지할 것. 다만, 투자자가 보유한 집합투자증권이 상장지수집합투자기구, 단기금융집합투자기구, 사모집합투자기구의 집합투자증권이거나, 평가기준일의 평가금액이 10만원 이하인 경우(집합투자증권의 매매가 체결된 경우에 한한다) 또는 투자자가 통지를 받기를 원하지 아니하는 경우에는 지점, 그 밖의 영업소에 비치하거나 인터넷 홈페이지에 접속하여 수시로 조회가 가능하게 함으로써 통지를 갈음할 수 있다.
㉠ 서면 교부
㉡ 전화, 전신 또는 모사전송

ⓒ 전자우편, 그 밖에 이와 비슷한 전자통신

ⓔ 예탁결제원 또는 전자등록기관의 기관결제참가자인 투자자 또는 투자일임업자에 대하여 예탁결제원 또는 전자등록기관의 전산망을 통해 매매확인서 등을 교부하는 방법

ⓜ 인터넷 또는 모바일시스템을 통해 수시로 조회할 수 있도록 하는 방법

ⓗ 투자매매업자 또는 투자중개업자 모바일시스템을 통해 문자메시지 또는 이와 비슷한 방법으로 통지하는 방법

(2) 기록 및 유지 · 관리 의무

금융소비자보호법 제28조(자료의 기록 및 유지·관리 등)
① 금융상품판매업자등은 금융상품판매업등의 업무와 관련한 자료로서 대통령령으로 정하는 자료를 기록하여야 하며, 자료의 종류별로 대통령령으로 정하는 기간 동안 유지·관리하여야 한다.
② 금융상품판매업자등은 제1항에 따라 기록 및 유지·관리하여야 하는 자료가 멸실 또는 위조되거나 변조되지 아니하도록 적절한 대책을 수립·시행하여야 한다.

금융투자업 종사자는 업무를 처리함에 있어서 필요한 기록 및 증거물을 금융소비자보호법에서 정하고 있는 절차에 따라 보관하여야 한다.

이는 업무집행의 적정성을 담보하고 후일 분쟁이 발생할 경우를 대비하기 위한 것으로 금융소비자와 금융투자업 종사자 모두를 동시에 보호하는 역할을 한다.

'기록'은 업무수행과 관련된 문서·자료 등의 근거가 되는 입증자료 일체를 말하며, 문서(전자문서 포함)로 작성하는 경우에는 문서로서의 법적 효력을 유지하도록 하되, 문서작성자의 동일성을 확인할 수 있도록 기명날인 또는 서명이 있어야 한다.

'문서'의 보관은 법령과 회사의 규정 등에서 정하는 보존기간 이상의 기간 동안 적법한 방법으로 보관하여야 하며, 그러한 정함이 없는 경우에는 시효기간 등을 고려하여 자율적으로 정하여야 한다.

금융회사가 의무적으로 보관해야 하는 자료의 종류 및 의무적인 보관기간에 관하여는 금융소비자보호법 시행령 제26조 제1항 및 제2항에서 아래와 같이 규정하고 있다.

금융소비자보호법 시행령 제26조(자료의 기록 및 유지·관리 등)

① 법 제28조 제1항에서 "대통령령으로 정하는 자료"란 다음 각 호의 자료를 말한다.

   1. 계약체결에 관한 자료

   2. 계약의 이행에 관한 자료

   3. 금융상품등에 관한 광고 자료

   4. 금융소비자의 권리행사에 관한 다음 각 목의 자료

      가. 법 제28조 제4항 후단 및 제5항에 따른 금융소비자의 자료 열람 연기·제한 및 거절에 관한 자료

      나. 법 제46조에 따른 청약의 철회에 관한 자료

      다. 법 제47조에 따른 위법계약의 해지에 관한 자료

   5. 내부통제기준의 제정 및 운영 등에 관한 자료

   6. 업무 위탁에 관한 자료

   7. 제1호부터 제6호까지의 자료에 준하는 것으로서 금융위원회가 정하여 고시하는 자료

② 법 제28조 제1항에서 "대통령령으로 정하는 기간"이란 10년을 말한다. 다만, 다음 각 호의 자료는 해당 각 호의 구분에 따른 기간으로 한다.

   1. 제1항 제1호 및 제2호의 자료(보장기간이 10년을 초과하는 보장성 상품만 해당) : 해당 보장성 상품의 보장기간

   2. 제1항 제5호의 자료 : 5년 이내의 범위에서 금융위원회가 정하여 고시하는 기간

   3. 제1항 제7호의 자료 : 10년 이내의 범위에서 금융위원회가 정하여 고시하는 기간

(3) 자료열람요구권

금융소비자보호법 제28조(자료의 기록 및 유지·관리 등)

③ 금융소비자는 제36조에 따른 분쟁조정 또는 소송의 수행 등 권리구제를 위한 목적으로 제1항에 따라 금융상품판매업자등이 기록 및 유지·관리하는 자료의 열람(사본의 제공 또는 청취를 포함. 이하 이 조에서 같다)을 요구할 수 있다.

④ 금융상품판매업자등은 제3항에 따른 열람을 요구받았을 때에는 해당 자료의 유형에 따라 요구받은 날부터 10일 이내의 범위에서 대통령령으로 정하는 기간 내에 금융소비자가 해당 자료를 열람할 수 있도록 하여야 한다. 이 경우 해당 기간 내에 열람할 수 없는 정당한 사유가 있을 때에는 금융소비자에게 그 사유를 알리고 열람을 연기할 수 있으며, 그 사유가 소멸하면 지체 없이 열람하게 하여야 한다.

⑤ 금융상품판매업자등은 다음 각 호의 어느 하나에 해당하는 경우에는 금융소비자에게

그 사유를 알리고 열람을 제한하거나 거절할 수 있다.

1. 법령에 따라 열람을 제한하거나 거절할 수 있는 경우
2. 다른 사람의 생명·신체를 해칠 우려가 있거나 다른 사람의 재산과 그 밖의 이익을 부당하게 침해할 우려가 있는 경우
3. 그 밖에 열람으로 인하여 해당 금융회사의 영업비밀(「부정경쟁방지 및 영업비밀보호에 관한 법률」 제2조 제2호에 따른 영업비밀을 말한다)이 현저히 침해되는 등 열람하기 부적절한 경우로서 대통령령으로 정하는 경우

⑥ 금융상품판매업자등은 금융소비자가 열람을 요구하는 경우 대통령령으로 정하는 바에 따라 수수료와 우송료(사본의 우송을 청구하는 경우만 해당)를 청구할 수 있다.

⑦ 제3항부터 제5항까지의 규정에 따른 열람의 요구·제한, 통지 등의 방법 및 절차에 관하여 필요한 사항은 대통령령으로 정한다.

❶ 개요

금융소비자보호법에서 금융소비자의 권익을 증진하기 위해 신설된 제도 중 하나는 '자료열람요구권'제도이다.

자료열람요구권은 금융소비자에게 부여된 권리이며, 분쟁조정 또는 소송의 수행 등 권리구제를 위한 목적으로 앞서 살펴본 바와 같이 금융회사가 기록 및 유지·관리하는 자료에 대해 열람, 제공, (녹취인 경우) 청취를 요구할 수 있다. 이 제도는 분쟁조정, 소송 등에서 금융소비자의 권리를 구제하는 것이 목적이므로 기존 자본시장법에 근거하여 금융소비자의 요청에 따라 제공하는 '금융정보열람신청(업권별, 회사별로 명칭이 다를 수 있다)'과는 성격이 약간 다르다고 볼 수 있다.

❷ 열람의 승인 및 연기

금융소비자는 금융소비자보호법 시행령 제26조 제3항에 따라 열람 목적, 범위, 방법 등이 포함된 열람요구서를 금융회사에 제출하여 자료 열람 등을 요구할 수 있으며, 해당 금융회사는 금융소비자보호법 시행령 제26조 제4항에 따라 금융소비자로부터 자료 열람 등을 요구받은 날로부터 6영업일 이내에 해당 자료를 열람할 수 있게 하여야 한다. 이때 열람의 승인, 열람 가능일시, 열람 장소 등에 대해 금융소비자에게 통지할 때에는 금융소비자보호법 시행령 제26조 제5항에 따라 문서로 하는 것이 원칙이나, 열람을 승인하는 경우에는 예외적으로 전화, 팩스, 전자우편, 휴대전화 메시지 등을 통해 통지할 수 있다.

만일 금융소비자가 열람을 요구하는 자료가 6영업일 이내에 열람이 불가능한

것으로 판단되는 정당한 사유가 있는 경우(예, 장기간의 공휴일 등)에는 해당 기간 내에 금융소비자에게 문서로 열람의 연기와 사유를 알리고, 연기의 사유가 된 요인이 해소된 경우에는 지체없이 자료를 열람할 수 있게 하여야 한다. 이때 열람의 연기 통지는 열람의 승인과 다르게 연기사유 등이 명기된 문서로 금융소비자에게 통지하여야 한다.

❸ 열람의 제한 및 거절

금융소비자의 자료열람요구에 대해 금융회사가 무조건 승인을 해야 하는 것은 아니고, 금융소비자보호법 제28조 제5항 및 동법 시행령 제26조 제6항에 따라 다음의 경우에는 자료 열람이 제한되거나 거절될 수 있다.

- 「부정경쟁방지 및 영업비밀보호에 관한 법률」 제2조 제2호에 따른 영업비밀을 현저히 침해할 우려가 있는 경우
- 다른 사람의 생명, 신체를 해칠 우려가 있거나 다른 사람의 재산과 그 밖의 이익을 부당하게 침해할 우려가 있는 경우
- 개인정보의 공개로 인해 사생활의 비밀 또는 자유를 부당하게 침해할 우려가 있는 경우
- 열람하려는 자료가 열람목적과 관련이 없다는 사실이 명백한 경우

금융소비자로부터 자료열람 등을 요구받은 금융회사는 위의 사유 등에 해당되어 자료 열람 등의 제한 또는 거절로 판단되는 경우에는 열람의 연기 통지와 마찬가지로 열람의 제한 또는 거절에 대한 사유를 포함한 문서를 통해 금융소비자에게 통지하여야 한다.

❹ 비용의 청구

금융소비자가 금융회사에 대해 자료 열람 등을 요청할 때 사용하는 자료열람요구서는 앞서 설명한 바와 같이 자료열람의 방법 등이 포함되어 있는바, 금융소비자가 우편 등을 통해 해당 자료열람을 요청한 경우 금융회사는 우송료 등을 금융소비자에게 청구할 수 있으며 열람 승인을 한 자료의 생성 등에 추가 비용 등이 발생하는 경우에는 해당 수수료도 금융소비자에게 청구할 수 있다.

2) 정보의 누설 및 부당이용 금지

> **자본시장법 제54조(직무 관련 정보의 이용 금지)**
> 금융투자업자는 직무상 알게 된 정보로서 외부에 공개되지 아니한 정보를 정당한 사유 없이 자기 또는 제3자의 이익을 위하여 이용하여서는 아니 된다.
>
> **금융소비자보호 표준내부통제기준 제27조(금융소비자 신용정보, 개인정보 관리)**
> ① 회사는 금융소비자의 개인(신용)정보의 관리·보호 정책을 수립하고 실행할 수 있는 내부규정을 마련하는 등 신용정보 및 개인정보의 관리 및 보호에 필요한 체계를 구축·운영하여야 한다.
> ② 회사는 금융상품 판매와 관련하여 금융소비자의 개인(신용)정보의 수집 및 활용이 필요할 경우 명확한 동의절차를 밟아서 그 목적에 부합하는 최소한의 정보만 수집·활용하여야 하고, 당해 정보를 선량한 관리자의 주의로써 관리하며, 당해 목적 이외에는 사용하지 아니하여야 한다.
> ③ 회사는 수집된 개인정보를 관리하는 개인정보 관리책임자를 선임하여야 한다.

금융투자업 종사자는 앞에서 설명한 바와 같이 이해상충 방지 및 금융소비자보호를 위해 준수하여야 할 절차를 수행하면서 부득이하게 금융소비자의 재산, 수입상태, 지출상태, 개인의 성향이나 프라이버시, 그 밖의 여러 가지 금융소비자의 개인정보를 포함하여 관련 업무의 수행을 위해 해당 금융소비자의 매매내역 등 신용정보를 취득·이용할 수 있다. 금융소비자에 관한 개인정보 및 신용정보는 당연히 해당 금융소비자에게 귀속하고, 금융투자업 종사자는 업무수행상 불가피하게 이를 보관·관리하는 관리자의 지위에 있을 뿐, 이를 임의로 누설하거나 이용할 수 있는 처분권한은 없다.

금융소비자가 금융투자업 종사자에 대하여 자기의 재산과 수입의 상세한 것을 밝히고 조언을 요청하거나 투자운용을 위임하는 것은 자신 및 자신의 개인정보와 신용정보에 관한 비밀을 유지할 것이라는 당연한 신뢰가 전제되어 있다. 이러한 금융소비자의 신뢰를 저버리는 비밀누설이나 이를 부당하게 이용하는 행위는 금융소비자의 권익을 해칠 뿐만 아니라 당해 업무종사자의 신용을 실추시키게 된다. 즉, 윤리적인 관점에서 보았을 때 이는 이제까지 설명했던 금융투자업 종사자가 준수하여야 할 가장 기본적인 원칙인 신의성실의 원칙에서 벗어나는 것으로 이를 위반하는 경우 금융소비자에 대한 충실의무 및 주의의무를 모두 위반하는 것이 된다. 따라서, 직무윤리의 준수는 이러한 위험을 방지하는 역할을 한다.

또한, 이 원칙은 법률로써 강제화되어 엄격히 통제되는데, 자본시장법 제54조에서 명기하고 있는 "직무상 알게 된 정보"에는 금융투자업 종사자가 취득하게 된 금융소비자에 관한 포괄적인 정보가 포함되며 이의 누설 금지 및 정당한 사유없는 자기 또는 제3자의 이익을 위한 사용을 금지하고 있다.

이와 관련하여 정부차원에서도 2009년 4월 '신용정보의 이용 및 보호에 관한 법률(신용정보법)'을 제정하여 금융소비자의 신용 정보를 철저히 보호하고 있으며, 2011년 3월에는 '개인정보보호법'을 제정하여 정보보호의 범위를 개인 정보로까지 확대하였고, 이를 위반한 자에 대해서는 엄중한 조치를 취하고 있다.

따라서 금융소비자에 대한 정보를 누설하거나 부당하게 이용하는 경우 이는 단순히 윤리기준뿐만 아니라 강행법규를 위반하게 되는 결과를 낳게 된다.

이 절에서는 금융소비자의 정보 보호에 관한 얘기만을 다루었지만, 금융투자업 종사자가 자기의 직무를 수행하면서 취득하게 되는 정보는 비단 금융소비자에 관한 정보보다 훨씬 더 넓은 범위의 정보이므로 이에 대한 사항 역시 다음 절에서 다루기로 한다.

3) 기타 관련 제도

금융소비자보호 표준내부통제기준
제20조(금융소비자의 의견청취 등)
③ 회사는 금융소비자보호를 실천하고 금융소비자 불만 및 불편사항 해결을 위하여 금융상품 판매 및 마케팅 이후 소비자 만족도 및 민원사항을 분석하고 금융소비자의 의견이나 요청을 듣는 등 점검 과정을 실시하며, 점검 결과는 금융상품 개발, 업무개선 및 민원감축 등에 활용하여야 한다.
④ 회사는 제3항에 따른 점검 결과, 제도 개선이 필요한 사안은 즉시 관련부서에 통보하여 적시에 반영될 수 있도록 하여야 한다.

제22조(금융상품의 개발, 판매 및 사후관리에 관한 정책 수립)
② 회사는 신의성실의 원칙에 따라 금융상품 판매 이후에도 상품내용 변경(거래조건, 권리행사, 상품만기, 원금손실조건 충족, 위험성 등) 또는 금융소비자의 대규모 분쟁발생 우려 시 관련사항을 신속하게 안내하여야 한다.
④ 금융소비자보호 총괄기관은 상품 및 서비스와 관련한 금융소비자의 불만이 빈발하는

경우 금융소비자의 불만내용과 피해에 대한 면밀한 분석을 통하여 금융소비자불만의 주요원인을 파악하고 이를 관련부서와 협의하여 개선되도록 하여야 한다.

(1) 판매 후 모니터링 제도(해피콜 서비스)

앞서 살펴본 바와 같이 금융회사는 금융소비자보호 표준내부통제기준 제21조에 따라 상품을 판매하기 전에 소속 금융투자업 종사자가 금융소비자에게 금융상품을 판매하는 과정에서 금융소비자보호의무를 준수하였는지 여부를 확인하는 절차를 마련하여 운영하여야 한다. 이에 따라 금융소비자와 판매계약을 맺은 날로부터 7영업일 이내에 판매직원이 아닌 제3자가 해당 금융소비자와 통화하여 해당 판매직원이 설명의무 등을 적절히 이행하였는지 여부를 확인하는 절차로서 해당 금융소비자와 연결이 되지 않은 경우 추가 문의에 대한 문자메시지를 발송하여 금융소비자를 보호하려는 노력을 하게 된다.

(2) 고객의 소리(VOC : Voice of Consumer) 등

업권마다 회사마다 조금씩 다를 수 있으나, 통상적으로 각 금융회사는 금융소비자의 의견을 청취하기 위한 제도를 마련하고 있다.

금융투자회사는 금융소비자보호 표준내부통제기준에 따라 관련 제도를 운영하고 있는데, 일반적으로 '고객의 소리' 제도로 불린다. 이 제도는 금융소비자의 불만, 제안, 칭찬 등 금융회사 및 소속 임직원에 대한 의견과 금융회사에서 제공하는 서비스 등에 대한 의견을 금융회사가 확인하고 주된 불만 사항 등을 파악하여 개선함으로써 금융소비자의 만족도를 제고하기 위한 목적으로 운영된다.

또한 이 제도의 운영과 별도로 금융소비자를 대상으로 한 정기적인 만족도 조사를 실시하여 금융상품 판매 후 금융소비자의 만족도를 점검하는 절차를 운영함으로써 그 결과를 파악하고 소속 임직원의 성과평가에 반영하는 금융회사도 있고, 별도로 '고객패널 제도' 등의 명칭으로 금융소비자 중 일부를 선정하여 금융소비자가 필요로 하는 상품이나 서비스를 사전 조사하거나, 출시가 예정된 신상품에 대한 반응을 확인하여 개선의견을 반영하는 절차를 가지고 있는 금융회사도 있어 금융소비자에 대한 보호 및 만족도 제고 노력은 더욱 강화되고 있는 추세이다.

(3) 미스터리 쇼핑(Mystery Shopping)

금융투자회사 자체적으로 혹은 외주전문업체를 통해서 불완전판매행위 발생여부를 확인하기 위한 제도로 '미스터리 쇼퍼(Mystery Shopper)'라고 불리는 사람들이 금융소비자임을 가장하여 해당 회사 소속 영업점을 방문해서 판매과정에서 금융투자업 종사자의 관련 규정 준수 여부 등을 확인하는 것이다. 개별 회사 자체적으로 실시하거나, 금융감독원 등의 외부기관에서 실시하는데, 외부기관에서 실시하는 경우 통상 미스터리 쇼핑 실시 결과를 공표하여 개별 회사와 금융소비자에게 유용한 정보를 제공하고 있다.

(4) 위법계약해지권

금융소비자보호법 제47조(위법계약의 해지)

① 금융소비자는 금융상품판매업자등이 제17조 제3항, 제18조 제2항, 제19조 제1항·제3항, 제20조 제1항 또는 제21조를 위반하여 대통령령으로 정하는 금융상품에 관한 계약을 체결한 경우 5년 이내의 대통령령으로 정하는 기간 내에 서면등으로 해당 계약의 해지를 요구할 수 있다. 이 경우 금융상품판매업자등은 해지를 요구받은 날부터 10일 이내에 금융소비자에게 수락여부를 통지하여야 하며, 거절할 때에는 거절사유를 함께 통지하여야 한다.

② 금융소비자는 금융상품판매업자등이 정당한 사유 없이 제1항의 요구를 따르지 않는 경우 해당 계약을 해지할 수 있다.

③ 제1항 및 제2항에 따라 계약이 해지된 경우 금융상품판매업자등은 수수료, 위약금 등 계약의 해지와 관련된 비용을 요구할 수 없다.

④ 제1항부터 제3항까지의 규정에 따른 계약의 해지요구권의 행사요건, 행사범위 및 정당한 사유 등과 관련하여 필요한 사항은 대통령령으로 정한다.

❶ 개요

금융소비자보호법에 신설된 금융소비자의 권리 중 하나는 '위법계약해지권'이다. 앞서 설명의무와 관련하여 살펴보았던 '청약철회권'과 유사한 듯 보이지만, 권리행사의 조건과 성격 등이 다르다는 점에 유의해야 한다.

청약철회권은 금융회사에 별도의 귀책사유가 없음에도 금융소비자보호법 제46조에서 정하고 있는 바에 따라 금융소비자가 각 상품별로 정하여진 해당 기간 내에 계약의 청약을 철회할 수 있는 권리. 즉 금융소비자가 금융상품의 계약을 최종적으로 체결하기 전 계약의 청약을 진행하고 있는 단계에서 행사할 수 있는 것이다.

반면, 위법계약해지권은 금융소비자보호법 제47조 제1항에서 명기하고 있는 바와 같이 금융회사의 귀책사유가 있고, 계약이 최종적으로 체결된 이후라는 전제조건이 있다.

다시 말해, 위법계약해지권은 금융상품의 계약 체결에 있어 금융투자업 종사자가 반드시 준수해야 할 적합성 원칙(제17조 제3항), 적정성 원칙(제18조 제2항), 설명의무(제19조 제1항 및 제3항), 불공정 영업행위 금지(제20조 제1항) 및 부당권유행위 금지(제21조) 조항을 위반하여 금융소비자와 최종적으로 금융상품의 계약을 체결한 이후 행사할 수 있는 것이다.

금융소비자는 금융상품의 계약 체결 과정에서 상기 주요 사항 중 하나라도 금융회사가 준수하지 않았을 경우 동 계약의 체결이 위법계약임을 주장하며 계약의 해지를 요구할 수 있다.

❷ 대상 및 절차

위법계약해지권 행사의 대상이 되는 금융상품은 '금융소비자보호 감독규정' 제31조 제1항에 따라 금융소비자와 금융회사 간 계속적 거래가 이루어지고 금융소비자가 해지 시 재산상 불이익이 발생하는 금융상품(다만, 온라인투자연계금융업자와 체결한 계약, 원화 표시 양도성 예금증서, 표지어음 및 이와 유사한 금융상품은 위법계약해지권의 대상이 될 수 없다)이다.

금융소비자는 금융소비자보호법 시행령 제38조 제2항에 따라 금융상품의 계약 체결일로부터 5년 이내이고, 위법계약 사실을 안 날로부터 1년 이내인 경우에만 위법계약의 해지 요구가 가능하며 만일 금융소비자가 위법계약 사실을 안 날이 계약 체결일로부터 5년이 경과한 이후에는 동 금융상품의 계약 체결에 대한 위법계약해지를 요구할 수 없다. 위의 시기 조건은 각각 충족되는 것이 아니라 두 가지 조건을 모두 만족해야 한다는 점에 특히 유의하여야 한다.

위의 전제조건을 충족하여 금융소비자가 금융회사에 대해 위법계약의 해지를 요구하려는 경우에는 금융소비자보호법 시행령 제38조 제3항에 따라 계약 해지를 요구하는 금융상품의 명칭 및 법 위반사실이 명기된 '계약해지요구서'를 작성하여 해당 금융회사에 제출해야 하며, 이때 법 위반 사실을 증명할 수 있는 서류를 같이 제출해야 한다.

❸ 해지 요구의 수락 및 거절

　　금융회사는 금융소비자의 위법계약 해지 요구가 있는 경우 해당일로부터 10일 이내에 계약 해지 요구의 수락 여부를 결정하여 금융소비자에게 통지하여야 하는데, 금융소비자의 해지 요구를 거절하는 경우에는 그 거절사유를 같이 알려야 한다.

　　만일 금융회사가 금융소비자의 위법계약해지 요구를 '정당한 사유' 없이 거절하는 경우 금융소비자는 해당 계약을 해지할 수 있는데, 금융소비자보호법 시행령 제38조 및 금융소비자보호에 관한 감독규정 제31조 제4항에서는 '정당한 사유'를 다음과 같이 정하고 있다.

- 위반사실에 대한 근거를 제시하지 않거나 거짓으로 제시한 경우
- 계약 체결 당시에는 위반사항이 없었으나 금융소비자가 계약 체결 이후의 사정변경에 따라 위반사항을 주장하는 경우
- 금융소비자의 동의를 받아 위반사항을 시정한 경우
- 금융상품판매업자등이 계약의 해지 요구를 받은 날부터 10일 이내에 법 위반사실이 없음을 확인하는 데 필요한 객관적·합리적인 근거자료를 금융소비자에 제시한 경우(단, 금융소비자의 연락처나 소재지를 확인할 수 없거나 이와 유사한 사유로 통지기간 내 연락이 곤란한 경우에는 해당 사유가 해소된 후 지체 없이 알려야 한다.)
- 법 위반사실 관련 자료 확인을 이유로 금융소비자의 동의를 받아 통지기한을 연장한 경우
- 금융소비자가 금융상품판매업자등의 행위에 법 위반사실이 있다는 사실을 계약을 체결하기 전에 알았다고 볼 수 있는 명백한 사유가 있는 경우

　　금융회사가 금융소비자의 위법계약 해지 요구를 수락하여 계약이 해지되는 경우에는 별도의 수수료, 위약금 등 계약의 해지에 따라 발생하는 비용을 부과할 수 없다.

4) 기타 금융소비자의 사후구제를 위한 기타 법적 제도

(1) 법원의 소송 중지

> **금융소비자보호법 제41조(소송과의 관계)**
> ① 조정이 신청된 사건에 대하여 신청 전 또는 신청 후 소가 제기되어 소송이 진행 중일 때에는 수소법원(受訴法院)은 조정이 있을 때까지 소송절차를 중지할 수 있다.
> ② 조정위원회는 제1항에 따라 소송절차가 중지되지 아니하는 경우에는 해당 사건의 조정절차를 중지하여야 한다.
> ③ 조정위원회는 조정이 신청된 사건과 동일한 원인으로 다수인이 관련되는 동종·유사 사건에 대한 소송이 진행 중인 경우에는 조정위원회의 결정으로 조정절차를 중지할 수 있다.

금융소비자와 금융회사 간 분쟁이 발생하여 금융감독원 등의 분쟁조정이 진행 중인 경우 분쟁조정에서 유리한 지위를 차지하기 위하여 금융회사에서 소송을 동시에 진행하는 경우가 있다. 이때 상대적으로 소송의 제기 등에서 불리한 지위를 차지할 가능성이 높은 금융소비자를 강도 높게 보호하기 위하여 해당 법원은 분쟁조정이 진행 중인 소송 사건의 경우 소송 신청 전이든 신청 후든 시기를 불문하고 분쟁조정이 먼저 진행될 수 있도록 소송 절차를 중지할 수 있는 권리를 가진다. 여기에서 주의할 점은 이는 소송을 진행하고 있는 법원(수소법원 : 受訴法院)의 권리이므로 반드시 소송을 중지해야 하는 의무를 갖는 것은 아니라는 점 그리고 2천만원 이하의 소액분쟁사건은 해당되지 않는다는 점에서 아래에 설명할 '소액분쟁사건의 분쟁조정 이탈금지'와는 다르다.

(2) 소액분쟁사건의 분쟁조정 이탈금지

> **금융소비자보호법 제42조(소액분쟁사건에 관한 특례)**
> 조정대상기관은 다음 각 호의 요건 모두를 충족하는 분쟁사건(이하 "소액분쟁사건"이라 한다)에 대하여 조정절차가 개시된 경우에는 제36조 제6항에 따라 조정안을 제시받기 전에는 소를 제기할 수 없다. 다만, 제36조 제3항에 따라 서면통지를 받거나 제36조 제5항에서 정한 기간 내에 조정안을 제시받지 못한 경우에는 그러하지 아니하다.
> 1. 일반금융소비자가 신청한 사건일 것
> 2. 조정을 통하여 주장하는 권리나 이익의 가액이 2천만원 이내에서 대통령령으로 정하는 금액 이하일 것

금융감독원 등의 분쟁조정 기구에서 분쟁조정을 진행하고 있는 경우 해당 사건이 일반금융소비자가 신청하고, 그 가액이 2천만원 이내의 소액분쟁사건인 때에는 금융소비자보호법에서 해당 분쟁조정사건과 관련하여 금융회사가 관련 소송을 제기할 수 없게 함으로써 금융소비자를 보호하는 것으로 이는 위에서 살펴본 수소법원의 소송 중지 권리와는 다르게 반드시 지켜야 할 의무사항으로 금융소비자의 권익을 보다 강화한 것으로 해석된다.

(3) 손해배상책임

> **금융소비자보호법 제44조(금융상품판매업자등의 손해배상책임)**
> ① 금융상품판매업자등이 고의 또는 과실로 이 법을 위반하여 금융소비자에게 손해를 발생시킨 경우에는 그 손해를 배상할 책임이 있다.
> ② 금융상품판매업자등이 제19조를 위반하여 금융소비자에게 손해를 발생시킨 경우에는 그 손해를 배상할 책임을 진다. 다만, 그 금융상품판매업자등이 고의 및 과실이 없음을 입증한 경우에는 그러하지 아니하다.

금융회사가 금융소비자보호법을 위반하여 금융소비자와 금융상품 계약체결을 하고, 그로 인해 금융소비자에게 손해가 발생했다면 그 위반의 정도 등을 감안하여 금융회사가 손해배상책임을 진다. 이때 우리가 유의해야 할 점은 앞서 여러 번 강조한 바와 같이 금융소비자보호법 제19조에서 규정하고 있는 설명의무를 금융회사가 위반한 경우에는 해당 손해배상의 입증책임이 금융소비자가 아닌 금융회사에게 있다는 점이다.

즉, 금융소비자와 금융회사 양자 간 분쟁조정, 소송 등이 진행될 때, 손해의 발생 원인을 규명하여야 하는바, 손해배상의 원인이 되는 사실을 각자 주장할 것이나, 금융회사가 설명의무를 위반한 경우에는 금융소비자보호법에서는 금융회사가 고의 또는 과실이 없음을 입증하도록 규정함으로써 금융소비자의 손해배상에 관한 입증책임을 금융회사로 전환하여 금융소비자를 보다 두텁게 보호하고자 하는 것이다.

section 04 | 본인, 회사 및 사회에 대한 윤리

1 | 본인에 대한 윤리

1) 법규준수

> **금융투자회사의 표준윤리준칙 제3조(법규준수)**
> 회사와 임직원은 업무를 수행함에 있어 관련 법령 및 제 규정을 이해하고 준수하여야 한다.

금융투자업무 종사자는 직무와 관련된 윤리기준, 그리고 이와 관련된 모든 법률과 그 하부규정, 정부·공공기관 또는 당해 직무활동을 규제하는 자율단체의 각종 규정(이하 '관계법규 등'이라 한다)을 숙지하고 그 준수를 위하여 노력하여야 한다.

"법에 대한 무지(無知)는 변명되지 아니한다"는 법격언이 있다. 이는 법규는 알고 모르고를 묻지 않고 관련 당사자에 대하여 구속력을 갖고, 그 존재 여부와 내용을 알지 못하여 위반한 경우에도 그에 대한 법적 제재가 가해진다는 뜻이다. 또한 직무와 관련된 법규에 대한 지식을 습득하고 있는 것은 전문가에게 요구되는 전문능력의 당연한 요소가 된다. 운동선수가 해당 운동의 규칙(rule of game)을 알지 못하여 반칙하면 퇴장당하는 것과 같은 이치이다.

여기에서의 법규는 자본시장법 및 금융소비자보호법과 같이 직무와 직접적으로 관련 있는 법령뿐만 아니라, 은행법, 보험업법 등 직무와 관련하여 적용되는 인접 분야의 법령을 포함한다. 또한 국가가 입법권에 기하여 만든 제정법뿐만 아니라, 금융위원회와 같은 금융감독기관이 만든 각종 규정과 한국거래소나 한국금융투자협회 등과 같은 자율규제기관이 만든 각종 규정, 그리고 회사가 자율적으로 만든 사규(社規) 등을 모두 포함한다(금융투자회사의 표준내부통제기준 제3조 제2항 참조). 해외에서 직무를 수행하는 경우에는 당해 관할구역(jurisdiction)에 적용되는 법규(예 : 미국법, 중국법 등)를 숙지하고 이를 준수하여야 한다. 이때의 법규는 법조문으로 되어 있는 것은 물론이고, 그 법정신과 취지에 해당하는 것도 포함한다.

2) 자기혁신

> **금융투자회사의 표준윤리준칙 제7조(자기혁신)**
> 회사와 임직원은 경영환경 변화에 유연하게 적응하기 위하여 창의적 사고를 바탕으로 끊임없이 자기혁신에 힘써야 한다.

금융투자산업은 고도의 전문성을 요하는 금융상품을 취급하고 관련 지식이 양산되며 전 세계의 금융시장이 서로 영향을 주고받는 분야로서 다른 어느 산업보다 그 변화속도가 매우 빠르고 사회 전체에 미치는 영향이 매우 높은 편에 속한다. 따라서 금융투자업 종사자와 회사는 끊임없이 변화하고 있는 경영환경에 유연하게 적응할 수 있는 능력을 배양하여야 한다. 지속적인 변화가 발생하고 있는 경영환경 아래에서는 기존에는 겪어보지 못했던 새로운 문제가 발생하므로 이러한 문제를 해결하기 위해 창의적인 사고를 바탕으로 자기 혁신이 지속적으로 이루어져야 한다.

자기혁신의 방법 중 하나는 금융투자업 종사자 본인이 담당하고 있는 직무 및 관련 업무에 관한 이론과 실무를 숙지하고 그 직무에 요구되는 전문능력을 유지하고 향상시키는 등 전문지식을 배양하는 것이다.

전문지식은 이론과 실무 양 부분 모두에 걸쳐 요구되고, 이는 부단한 학습과 공부에 의해서만 향상될 수 있다. 각종 세미나, 연구모임 등과 같은 자율적인 학습, 각종 자격증제도와 연수 및 교육 프로그램은 일정 수준의 학습과 경험을 통하여 해당 분야에 기본적으로 요구되는 전문능력을 확보하기 위한 부단한 노력이 필요하다.

이러한 자기혁신은 앞에서 살펴본 금융투자업 종사자가 기본적으로 준수하여야 할 신의성실의 원칙에도 해당되는데, 창의적 사고를 바탕으로 한 자기혁신이 이루어지지 않아 급변하는 환경에 제대로 대처하지 못하는 경우 금융소비자의 이익이 의도하지 않게 침해당하는 등 금융소비자에 대한 보호가 충분히 이루어지지 않는 상황이 발생할 수 있다.

또 다른 자기혁신의 방법 중 하나는 금융투자업 종사자(및 회사)가 윤리경영 실천에 대한 의지를 스스로 제고하기 위해 노력하는 것이다. 앞에서도 살펴본 바와 같이 금융투자업 종사자들은 기본적으로 준수하여야 할 직무윤리가 있는데 이는 법률로써 강제화되는 각종 준수의무와 중첩되는 부분이 많다. 이는 금융투자업 종사자가 직무윤리를 위반하는 경우 단순히 사람들의 지탄을 받는 것으로 끝나는 것이 아니라 관련 법률을 위반하게 되는 경우가 많다는 의미이고 이는 본인뿐만 아니라 본인이 소속된 회사 및 금융투자업계 전체의 신뢰도 하락에 큰 영향을 미치게 된다. 이에 따라 개별 금융투자업자 (회사)는 협회의 '표준윤리준칙' 등을 포함하여 각 회사별로 규정하고 있는 윤리기준을 제정하고 이를 위반하는 경우 징계 등의 조치를 취함으로써 보다 큰 법규 위반행위가 발생하지 않도록 통제하고 있다.

사례

A는 B금융투자회사의 지점에서 영업을 맡고 있는 직원이다. 어느 날 객장에 C가 방문하여 파생상품을 거래하고 싶은데 어떤 것인지 쉽게 설명해줄 것을 요청하였다. A는 파생상품에 관한 설명회에 참가한 적은 있지만 실은 그 개념을 잘 파악하지 못하고 있다. 하지만 모른다고 하면 체면이 서지 않을 것 같아 설명한다고 해주었지만 그 고객이 어느 정도 이해하고 돌아갔을지 자신이 없다.

(평가)

A는 영업담당 직원으로서 직무를 수행함에 있어서 필요한 최소한의 전문지식을 갖추어야 한다. A는 회사에 요청하여 관련 강의에 참석하든지, 그 이전이라도 관련 서적을 구입하든가 하여 스스로 부족한 실력을 보충하도록 하여야 한다. 특히, 자본시장법에서는 취득한 투자권유자문인력의 종류에 따라 취급할 수 있는 상품이 제한되어 있기 때문에 이러한 윤리기준을 엄격하게 지켜야 한다.

3) 품위유지

금융투자회사의 표준윤리준칙 제13조(품위유지)
임직원은 회사의 품위나 사회적 신뢰를 훼손할 수 있는 일체의 행위를 하여서는 아니 된다.

품위유지의 일반적 정의는, "일정한 직업 또는 직책을 담당하는 자가 그 직업이나 직책에 합당한 체면과 위신을 손상하는 데 직접적인 영향이 있는 행위를 하지 아니하여야 할 것"을 말한다.

이는 앞에서 살펴본 금융투자업 종사자의 핵심원칙인 '신의성실의 원칙'과도 연결되는 직무윤리로 금융투자업 종사자가 윤리기준을 포함하여 법률 등을 위반한 경우, 본인의 품위뿐만 아니라 본인이 소속된 회사의 품위와 사회적 신뢰를 훼손하는 것이 될 수 있다.

4) 공정성 및 독립성 유지

> **금융소비자보호법 제14조(신의성실의무 등)**
> ① 금융상품판매업자등은 금융상품 또는 금융상품자문에 관한 계약의 체결, 권리의 행사
> 및 의무의 이행을 신의성실의 원칙에 따라 하여야 한다.
> ② 금융상품판매업자등은 금융상품판매업등을 영위할 때 업무의 내용과 절차를 공정히
> 하여야 하며, 정당한 사유 없이 금융소비자의 이익을 해치면서 자기가 이익을 얻거나
> 제3자가 이익을 얻도록 해서는 아니 된다.

금융투자업 종사자는 해당 직무를 수행함에 있어서 공정한 입장에 서야 하고 독립적이고 객관적인 판단을 하도록 하여야 한다. 공정성과 독립성 유지는 신의성실의 원칙을 바탕으로 법적의무로 승화되어 있다.

앞에서도 살펴본 바와 같이 금융투자업 종사자는 소속 회사, 금융소비자, 증권의 발행자, 인수업자, 중개인, 그리고 자신의 이해관계가 복잡하게 얽혀 있는 가운데에서 업무를 수행하여야 할 경우가 많다. 이때 금융투자업 종사자는 다양한 이해관계의 상충 속에서 어느 한쪽으로 치우치지 아니하고 특히 금융소비자보호를 위하여 항상 공정한 판단을 내릴 수 있도록 하여야 한다.

또한, 금융투자업 종사자는 독립성을 유지해야 한다. 상급자는 본인의 직위를 이용하여 하급자에게 부당한 명령이나 지시를 하지 않아야 하며, 부당한 명령이나 지시를 받은 직원은 이를 거절하여야 한다.

당연히 직무수행상 협조관계를 유지하거나 상사의 지시에 복종하여야 할 경우도 있지만, 직무수행의 공정성을 기하기 위해서는 금융투자업 종사자 스스로가 독립적으로 판단하고 업무를 수행하여야 한다. 여기서 '독립성'이란 자기 또는 제3자의 이해관계에 의하여 영향을 받는 업무를 수행하여서는 아니 되며, 객관성을 유지하기 위해 합리적 주의를 기울여야 한다는 것을 뜻한다.

사례

A는 금융투자회사에서 투자상담업무를 맡고 있다. A의 절친한 친구 B는 C통신회사의 홍보담당 이사이다. A는 동창회 등의 모임 외에도 수시로 B를 만나고 있으며, B의 알선으로 무료 골프를 수차례 치기도 하였다. B가 특별히 명시적으로 요구한 것은 아니지만 A는 친구 B가 처해 있는 회사에서의 입장을 생각하여 투자상담을 받으려고 객장을 찾아온 고객에게 "좋은 것이

좋은 것이다"라는 생각으로 B회사의 종목에 투자할 것을 권유하였다. 그렇다고 해서 B회사에 특별히 문제가 있는 것은 아니다.

(평가)

인간관계와 의리를 중시하는 한국문화 속에서 A의 위와 같은 행동은 크게 문제 되지 않는다고 생각하기 쉽다. 그러나 A는 수임자로서 해당 직무를 수행함에 있어서 항시 공정한 입장에서 독립적이고 객관적인 판단을 하여야 한다는 윤리기준을 위반하였다.

5) 사적 이익 추구 금지

> **금융투자회사의 표준윤리준칙 제14조(사적이익 추구금지)**
> 임직원은 회사의 재산을 부당하게 사용하거나 자신의 지위를 이용하여 사적 이익을 추구하여서는 아니 된다.

(1) 부당한 금품 등의 제공 및 수령 금지

금융투자업 종사자는 업무수행의 대가로 이해관계자로부터 부당한 재산적 이득을 제공받아서는 아니 되며, 금융소비자로부터 직무수행의 대가로 또는 직무수행과 관련하여 사회상규에 벗어나는 향응, 선물 그 밖의 금품 등을 수수하여서는 아니 된다.

업무수행과 관련한 부당한 금품수수는 업무의 공정성을 저해할 우려가 있거나 적어도 업무의 공정성에 대한 의구심을 갖도록 할 가능성이 있다. 이 때문에 금융투자업 종사자는 적법하게 받을 수 있는 보수나 수수료 이외는 그 주고받는 행위가 엄격하게 금지된다.

'향응'이란 음식물·골프 등의 접대 또는 교통·숙박 등의 편의를 제공받는 것을 말 하며, '선물'이란 대가 없이(대가가 시장 가격 또는 거래의 관행과 비교하여 현저히 낮은 경우를 포함한다) 제공하는 물품 또는 증권·숙박권·회원권·입장권 기타 이에 준하는 것으로 사회상규에 벗어나는 일체의 것을 모두 포함한다.

부당한 금품의 제공 및 수령에 관한 직무윤리는 그 파급력으로 인해 자본시장법을 비롯하여 규정으로 의무화되어 있다.

자본시장법 시행령 제68조 제5항 제3호에서는 '투자자 또는 거래상대방에게 업무와 관련하여 금융위원회가 정하여 고시하는 기준을 위반하여 직접 또는 간접으로 재산상의 이익을 제공하거나 이들로부터 재산상의 이익을 제공받는 행위'를 불건전한 영업행위의 하나로 금지하고 있다. 또한 금융소비자보호법 제25조에서도 금융소비자, 금융상품 판매대리·중개업자, 금융상품직업판매업자 등에 대해 재산상 이익을 주고받는 것을 엄격히 금지하고 있다. 이를 근거로 금융위원회의 '금융투자업규정' 및 금융투자협회의 '금융투자회사의 영업 및 업무에 관한 규정'에서는 재산상 이익의 제공 및 수령에 관한 사항들을 규정하고 있다.

해당 규정들에서는 원칙적으로 금융투자업 종사자와 거래상대방(금융소비자를 포함하여 직무와 관련이 있는 자) 사이에서 금품 등의 수수 및 제공 등을 금지하고 있으나, 사회적으로 허용되는 범위 내에서는 예외적으로 인정하되, 해당 제공(수령) 내역의 준법감시인 승인 및 기록의 유지 관리 등을 의무화하여 통제를 엄격히 하고 있다.

금융투자협회의 '금융투자회사의 영업 및 업무에 관한 규정'에서는 부당한 재산상 이익의 제공 및 수령을 아래와 같이 정의하고 강력히 금지하고 있다.

제2-68조(부당한 재산상 이익의 제공 및 수령금지)

① 금융투자회사는 다음 각 호의 어느 하나에 해당하는 경우 재산상 이익을 제공하거나 제공받아서는 아니 된다.

1. 경제적 가치의 크기가 일반인이 통상적으로 이해하는 수준을 초과하는 경우
2. 재산상 이익의 내용이 사회적 상규에 반하거나 거래상대방의 공정한 업무수행을 저해하는 경우
3. 재산상 이익의 제공 또는 수령이 비정상적인 조건의 금융투자상품 매매거래, 투자 자문계약, 투자일임계약 또는 신탁계약의 체결 등의 방법으로 이루어지는 경우
4. 다음 각 목의 어느 하나에 해당하는 경우로서 거래상대방에게 금전, 상품권, 금융 투자상품을 제공하는 경우. 다만, 사용범위가 공연·운동경기 관람, 도서·음반 구입 등 문화활동으로 한정된 상품권을 제공하는 경우는 제외한다.

    가. 집합투자회사, 투자일임회사 또는 신탁회사 등 타인의 재산을 일임받아 이를 금융투자회사가 취급하는 금융투자상품 등에 운용하는 것을 업무로 영위하는 자(그 임원 및 재산의 운용에 관하여 의사결정을 하는 자를 포함한다)에게 제공하는 경우

    나. 법인 기타 단체의 고유재산관리업무를 수행하는 자에게 제공하는 경우

    다. 집합투자회사가 자신이 운용하는 집합투자기구의 집합투자증권을 판매하는 투자매매회사(투자매매업을 영위하는 금융투자회사를 말한다. 이하 같다), 투자중개회사(투자중개업을 영위하는 금융투자회사를 말한다. 이하 같다) 및 그 임직원과 투자권유대행인에게 제공하는 경우

---

5. 재산상 이익의 제공 또는 수령이 위법·부당행위의 은닉 또는 그 대가를 목적으로 하는 경우
6. 거래상대방만 참석한 여가 및 오락활동 등에 수반되는 비용을 제공하는 경우
7. 금융투자상품 및 경제정보 등과 관련된 전산기기의 구입이나 통신서비스 이용에 소요되는 비용을 제공하거나 제공받는 경우. 다만, 제2-63조 제2항 제1호에 해당하는 경우는 제외한다.
8. 집합투자회사가 자신이 운용하는 집합투자기구의 집합투자증권의 판매실적에 연동하여 이를 판매하는 투자매매회사·투자중개회사(그 임직원 및 투자권유대행인을 포함한다)에게 재산상 이익을 제공하는 경우
9. 투자매매회사 또는 투자중개회사가 판매회사의 변경 또는 변경에 따른 이동액을 조건으로 하여 재산상 이익을 제공하는 경우
② 금융투자회사는 재산상 이익의 제공과 관련하여 거래상대방에게 비정상적인 조건의 금융투자상품의 매매거래나 투자자문계약, 투자일임계약 또는 신탁계약의 체결 등을 요구하여서는 아니 된다.
③ 금융투자회사는 임직원 및 투자권유대행인이 이 장의 규정을 위반하여 제공한 재산상 이익을 보전하여 주어서는 아니 된다.

다만, 그동안 관련 규제가 금융권역 간 차이가 있어온바, 금융투자협회에서는 동 규정을 일부 개정(시행일 : 2017.5.22.)하여 그동안 금융투자업에서만 존재하던 재산상 이익의 제공 및 수령 등에 관한 한도규제를 폐지하는 대신 아래와 같이 내부통제절차를 강화하였다.

❶ 공시의무 신설

금융감독기구는 '금융투자업규정'의 개정을 통해 금융투자회사(및 그 종사자)가 거래상대방에게 제공하거나 거래상대방으로부터 수령한 재산상 이익의 가액이 10억 원을 초과하는 즉시 인터넷 홈페이지를 통해 공시하도록 의무화하였다.

최초 기산시점은 2012.5.23.부터 2017.5.22.로 해당 기간 중 동일한 특정 거래상대방에게 10억 원을 초과하여 재산상 이익을 제공하였거나, 수령한 경우 즉시 공시하여야 하며, 이후에는 10억 원을 초과할 때마다 해당 시점에 즉시 공시하여야 한다.

이때 공시하여야 할 항목은 제공(수령)기간, 제공받은 자(수령의 경우 제공한 자)가 속하는 업종(한국표준산업분류표상 업종별 세세분류에 따른 업종을 말한다), 제공(수령)목적 및

금액이다.

② 재산상 이익의 제공에 대한 적정성 평가 및 점검

재산상 이익을 거래상대방에게 제공하는 경우 금융투자회사가 자율적으로 정한 일정 금액을 초과하거나 금액과 무관하게 전체 건수에 대해 금융투자회사는 그 제공에 대한 적정성을 평가하고 점검하여야 한다. 통상 적정성을 평가하는 항목으로는 제공하려는 금액의 합리성, 기존 거래상대방과의 형평성, 관련 절차의 준수 여부, 법령 등의 위반 여부 등이 포함된다. 관련 업무를 주관하는 내부통제부서는 금융투자회사(및 임직원)의 재산상 이익의 제공 현황 및 적정성 점검 결과 등을 매년 이사회에 보고하여야 하며, 이러한 사항들은 금융투자회사의 내부통제기준에 포함·운영되어야 한다.

③ 이사회의 사전승인

금융투자회사는 이사회가 정한 금액 이상을 초과하여 동일한 거래상대방과 재산상 이익을 제공하거나 수령하려는 경우 이사회의 사전승인을 받아야 한다. 따라서 각 회사별로 자신의 기준에 맞는 금액을 이사회에서 사전에 결의하도록 하여야 하고, 내부통제부서는 정해진 기준 금액을 초과하여 제공하거나 수령하는 경우가 있는지 여부에 대한 점검을 실시함으로써 관련 규정이 준수될 수 있도록 하여야 한다.

④ 제공(수령) 내역 요청 시 임직원의 동의 의무

금융투자회사(및 임직원)는 재산상 이익을 제공 및 수령하는 경우 해당 사항을 기록하고 5년 이상의 기간 동안 관리·유지하여야 할 의무가 있다. 이때 거래상대방 역시 금융투자회사(및 임직원)인 경우에는 제공과 수령에 대한 상호 교차점검을 할 필요가 있는 바, 거래상대방에게 해당 내역의 제공을 요청하려는 경우에는 소속 임직원의 동의를 반드시 받은 후 대표이사 명의의 서면으로 요청하여야 한다.

또한, 2016년 9월 28일부터 시행된 '부정청탁 및 금품 등 수수의 금지에 관한 법률' 역시 윤리기준을 법제화한 것으로 적용대상이 공직자 등뿐만 아니라 금품 등을 제공할 수 있는 전 국민이라는 점에서 부당한 금품 수수 및 제공에 관한 윤리기준은 보다 더 넓은 범위로 확대되며, 강화되고 있는 추세이다.

(2) 직무 관련 정보를 이용한 사적 거래 제한

금융투자업 종사자는 직무수행 중 알게 된 (중요 미공개)정보를 이용하여 금융투자상품, 부동산 등과 관련된 재산상 거래 또는 투자를 하거나, 다른 사람에게 그러한 정보를 제공하여 재산상 거래 또는 투자를 도와주는 행위를 하여서는 아니 된다.

금융투자업 종사자는 금융투자업의 특성상 금융소비자를 포함한 보통의 일반인들보다 경제적 정보에 보다 쉽고 빠르게 접근할 수 있다. 또한 금융소비자와의 거래를 통해 (혹은 거래하는 그 당사자로부터) 일반인들에게는 노출되지 않은 정보를 취득할 수 있는 기회가 많은 편이다. 이는 모두 직무를 수행하면서 취득하게 되는 정보들로 경제시장에서 모두가 알 수 있도록 공표되기 전이라면 미공개 정보로 취급되어야 하며, 이를 자신 또는 제3자의 이익을 위해 사용해서는 안 된다.

자본시장법 및 관련 규정 역시 이러한 행위들을 '미공개중요정보의 이용 금지' 및 '시장질서 교란행위'로 규정하고 직무수행상 알게 되는 정보를 이용하거나 이를 다른 사람에게 알리는 유통행위를 엄격히 금지하고 있으며 위반하는 경우 엄중한 처벌을 하고 있는 만큼 특히 유의하여야 한다.

직무 관련 정보를 이용한 위법 사례

OO공제회 주식운용역 J씨는 지인들에게 내부정보를 알려 해당 종목을 먼저 사게 한 뒤, 자신이 운용하는 OO공제회의 자금 운용계좌에서 같은 종목을 매수하여 주가를 인위적으로 상승시킨 후, 지인들이 낮은 가격에 산 주식을 팔게 하여 단기매매로 차익을 얻게 하였다. 그는 위법 사실을 숨기기 위하여 자신의 명의로는 매매를 하지 않았고, 그와 공모한 지인들로부터 발생한 수익의 일정 부분을 되돌려 받는 방식으로 사적인 이익을 취하였다. 결국 그는 선행매매, 통정매매 등 불공정거래 및 배임 혐의로 20OO년 O월 OO일 검찰에 구속 기소되었다.

(3) 직위의 사적 이용 금지

금융투자업 종사자는 직무의 범위를 벗어나 사적 이익을 위하여 회사의 명칭이나 직위를 공표, 게시하는 등의 방법으로 자신의 직위를 이용하거나 이용하게 해서는 아니 된다.

회사가 임직원에게 부여한 지위도 그 지위를 부여받은 개인의 것이 아니고 '넓은 의미에서의 회사재산'이 된다. 이 직무윤리는 금융투자업 종사자 본인의 개인적인 이익 또는 제3자의 이익을 위하여 회사의 명칭, 본인의 직위 등을 이용하여 다른 사람들로 하여금 마치 회사의 공신력을 부여받은 것처럼 오해하게 할 수 있는 행위를 사전에 차단하고자 함이 목적이다.

　반면, 일상적이고, 특정인의 이익을 위한 목적이 아닌 경우에는 직무윤리 위반행위로 볼 수 없는바, 대표적으로 경조사 봉투 및 화환 등에 회사명 및 직위를 기재하는 행위는 위반 행위에 해당하지 않는다.

　또한, 직무와 관련하여 회사의 대표 자격으로 회사 명칭이나 직위를 사용하는 행위 – 예를 들면 지점 개업식 혹은 계열사의 창립기념일에 축하 화환 등을 보내면서 회사의 명칭 등을 기재하는 것 – 는 위반행위로 볼 수 없다.

❗ 사례

　○○증권회사의 A부장은 평소 알고 지내던 친구가 금융투자업 관련 자격증 취득반이 있는 학원을 개업하면서 ○○증권회사가 소속 임직원들에게 해당 학원에 대해 이용 등 협찬을 하고 있는 것처럼 해달라는 부탁을 받고 마치 ○○증권회사에서 해당 학원을 협찬하는 것처럼 현수막 등 광고물에 회사의 명칭 등을 사용토록 하여 많은 사람들이 해당 학원의 공신력을 믿고 수강하도록 유도하였다.

(평가)

A부장은 특정인의 이익을 얻도록 하기 위하여 본인이 부여받은 직무의 범위를 벗어나 ○○증권회사의 명칭 또는 자신의 직위를 이용하게 하였으므로 이와 같은 행위는 윤리기준 위반에 해당한다.

2　회사에 대한 윤리

1) 상호존중

> **금융투자회사의 표준윤리준칙 제8조(상호존중)**
> 회사는 임직원 개개인의 자율과 창의를 존중하고 삶의 질 향상을 위하여 노력하여야 하며, 임직원은 서로를 존중하고 원활한 의사소통과 적극적인 협조 자세를 견지하여야 한다.

　상호존중은 크게 개인 간의 관계와 조직 – 개인 간의 관계로 나눠볼 수 있다.

　먼저, 개인 간의 관계는 회사라는 조직을 구성하고 있는 임직원 상호 간의 관계를 의미한다. 같은 동료 직원 간 및 상사와 부하 간의 상호존중 문화는 사내의 업무 효율성과

밀접한 관련이 있다. 자주 언급되는 잘못된 우리나라 직장문화의 대표적인 예 중의 하나가 '상명하복(上命下服)' 문화로 상사의 부당한 지시에 대해 이를 거부하거나 해당 지시 내용의 잘못된 점을 보고해야 하는 경우 부하직원들은 이를 실행하지 못하고 이런 일이 반복되는 경우 해당 상사에 대한 안 좋은 소문을 퍼뜨리거나 음해하게 될 수 있다. 반면, 고의 혹은 실수로 잘못된 지시를 한 상사는 부하직원으로부터 지시의 거부나 잘못된 점을 지적받았을 경우 매우 강한 반감을 가질 가능성이 높다. 이러한 문제를 해결하기 위해서는 상사와 부하 모두 서로를 존중하여야 한다는 사실을 유념하고 원활한 의사소통이 이루어질 수 있도록 적극적인 협조 자세를 보여야 한다.

조직－개인 간의 관계에 있어서도 유사하다. 금융투자업에서 중요한 것은 회사에 대한 금융소비자의 신뢰도를 유지하는 것이며, 이는 결국 금융소비자와 직접 부딪히는 임직원들에 의해 좌우될 수밖에 없다. 이를 위해 회사는 임직원 개개인의 자율과 창의를 존중함으로써 소속된 임직원이 자신의 삶의 질(Quality of Life)을 향상시킬 수 있도록 도와주어야 한다. 개인 간 및 조직－개인 간의 상호존중이 실현될 때 회사에 대한 금융소비자의 신뢰도는 확보될 것이며 이는 앞에서 살펴보았듯이 회사 및 임직원의 생존과도 직결된다.

상호존중에 포함되는 것 중 하나가 성희롱 방지(sexual harrassment)로 넓은 의미의 품위유지의무에도 해당하나 그 이상의 것이 포함된다. 특히 직장 내에서는 물론이고 업무수행과 관련하여 성적 굴욕감을 줄 수 있는 언어나 신체적 접촉 등 건전한 동료관계와 사회적 유대관계를 해치는 일체의 언어나 행동은 금지된다. 이와 관련하여 금융투자회사는 정부의 권고에 따라 매년 1회 이상 성희롱 예방 등에 관한 교육을 정기적으로 실시하고 있다.

2) 공용재산의 사적 사용 및 수익 금지

금융투자업 종사자는 회사의 업무용 차량, 부동산 등 회사 소유의 재산을 부당하게 사용하거나 정당한 사유 없이 사적인 용도로 사용하여서는 아니 된다. 즉, 공사(公私)의 구분을 명확히 하여야 한다는 뜻이다.

'회사의 재산'은 매우 넓은 개념으로, 동산, 부동산, 무체재산권, 영업비밀과 정보, 고객관계, 영업기회 등과 같은 유·무형의 것이 모두 포함된다. '회사의 영업기회(business opportunity)'를 가로채는 행위는 위의 직무윤리에 저촉될 뿐만 아니라 동시에 회사와의 이해상충을 금지하는 직무윤리에도 저촉된다. 2011년 개정 상법에서는 이사와 업무집행임원 등에 대하여 회사기회의 유용을 금지하는 규정을 두고 있다(상법 397조의2). 그러나 이는 비단 이사나 집행임원에 한정하는 취지는 아니고 회사의 업무에 종사하는 자에게 널리 적용된다.

이에 따라 회사의 비품이나 자재를 사적인 용도로 사용하는 행위, 회사의 정보를 무단으로 유출하는 행위, 회사의 업무와 무관한 인터넷사이트 접속, e-mail 사용, 게임을 하는 행위, 사적인 용도로 회사 전화를 장시간 사용하는 행위 등은 위 기준에 의하여 금지된다.

회사의 재산을 부당하게 유용하거나 유출하는 행위는 형사법상 처벌의 대상이 될 수 있다(예 : 횡령죄(형법 355조·356조), 배임죄(형법 355조·356조), 절도죄(형법 329조), 업무방해죄(형법 314조)).

공용재산의 사적 사용과 관련하여 최근에 부각되는 이슈는 금융투자업 종사자가 업무시간에 업무 이외의 활동을 하는 행위 및 회사 자산인 컴퓨터를 이용하여 업무 이외의 개인적인 일을 하는 행위에 대한 직무윤리 준수의 문제이다. 금융투자업 종사자는 업무시간 및 회사에서 제공한 PC 등의 공용재산의 사적 사용에 관하여 주의를 기울이지 않는 경우 자신도 모르는 사이에 직무윤리를 위반하는 행위가 될 수 있다는 점에 특히 유의하여야 할 것이다.

! 사례

금융투자회사의 창구에서 투자상담업무를 맡고 있는 A는 어느 날 객장에서 우연히 초등학교 동기동창을 만나게 되었다. 너무나 반가운 나머지 사무실 지하에 있는 매점으로 자리를 옮겨 지나간 여러 가지 이야기를 주고받다가 점심식사까지 같이 하게 되었다. 잠깐이겠거니 했는데 상사의 허가를 받지 않고 자리를 비운 시간이 2시간 정도가 되었다.

(평가)

A는 객장에서 투자상담업무를 맡고 있는 자이기 때문에 근무시간 중에 자리를 비워서는 안 된다. 부득이 자리를 비워야 할 경우에는 사전에 상사의 허락을 받아야 했다. 또 A는 사사로운 개인적인 일로 직무에 전념하여야 한다는 윤리기준을 위반하였다.

3) 경영진의 책임

금융투자업 종사자가 소속된 회사 및 그 경영진은 당해 회사 소속 업무종사자가 관계법규 등에 위반되지 않고 직무윤리를 준수하도록 필요한 지도와 지원을 하여야 한다.

직무윤리의 준수에 있어서 소속 회사 및 직장 상사의 직무윤리에 대한 인식 수준은 매우 중요하다. 따라서 금융투자업 종사자가 속한 회사 및 그 경영진은 스스로 관련 법규와 각종 규정 및 직무윤리기준을 준수하여야 함은 물론, 소속 업무종사자가 이에 위반되지 않도록 감독자 내지 지원자의 입장에서 필요한 지도와 지원을 하여야 한다.

지도와 지원을 하여야 할 최종적인 책임은 당해 법인 또는 단체의 업무집행권한을 보유하는 대표자에게 있지만, 경영진을 포함한 중간책임자도 자신의 지위와 직제를 통하여 지도와 지원을 하게 된다. 지도 및 지원을 하여야 할 지위에 있는 자는 관계법령과 직무윤리기준을 통달하고 있어야 하고 그 감독하에 있는 임직원의 상황을 정확하게 파악하고 있어야 한다.

필요한 지도의 부족으로 소속 업무담당자가 업무수행과 관련하여 직무윤리를 위반하고 타인에게 손해를 끼친 경우, 회사와 경영진은 사용자로서 피해자에게 배상책임(사용자책임)을 질 수도 있다.

금융업계에서 발생하는 사고는 여러 요인이 있을 수 있으나, 가장 근본적인 원인은 '임직원의 기본적인 윤리의식 부재'라고 할 수 있다. 이에 따라 사회적으로 금융투자업 종사자에 대한 윤리의식 강화를 주문하고 있는바, 2018.9.20. 금융투자협회는 '금융투자회사의 표준내부통제기준'을 다음과 같이 개정하여 회사가 임직원의 윤리의식 제고를 위한 교육을 반드시 실시하고 교육을 이수하지 않은 자들에 대한 관리방안을 의무적으로 마련하도록 강제화하였다.

법률상의 사용자 책임 및 관리감독 책임

① 사용자 책임 : 타인을 사용하여 어느 사무에 종사하게 한 자(사용자)와 그 중간감독자는 피용자가 업무집행상 타인에게 불법행위(민법 제750조)를 한 경우, 피용자의 선임과 감독에 상당한 주의를 하였거나 상당한 주의를 하여도 손해가 발생하였을 것임을 입증하지 못하는 한, 피용자의 불법행위에 대하여 피해자에게 손해배상책임을 진다(민법 제756조). 이를 사용자 책임이라 한다. 피용자 자신은 민법 제750조의 일반불법행위책임을 진다. 사용자에 갈음하여 그 사무를 감독하는 자(예 : 지점장, 본부장, 출장소장, 팀장 등)는 사용자와 동일한 책임을 진다(부진정 연대채무, 민법 제756조 제2항). 사용자(또는 중간감독자)가 배상을 한 때에는 불법행위를 한 피용자에 대하여 구상권을 행사할 수 있다(민법 제756조 제3항).

참고로, 자본시장법에서는 투자권유대행인이 투자권유를 대행함에 있어 투자자에게 손해를 끼친 경우 민법의 사용자 책임 규정(민법 제756조)을 준용하는 것으로 규정하고 있다(자본시장법 제52조 제5항). 투자권유대행인은 개인사업자로서 회사의 피용자는 아니지만, 투자자를 두텁게 보호하기 위하여 이러한 준용규정을 둔 것으로 이해된다.

② 자본시장법상 관리·감독책임 : 금융위원회는 자본시장법 제422조 제1항 또는 제2항에 따라 금융투자업자의 임직원에 대하여 조치를 하거나 이를 요구하는 경우 그 임직원에 대하여 관리·감독의 책임이 있는 임직원에 대한 조치를 함께 하거나 이를 요구할 수 있다. 다만, 관리·감독의 책임이 있는 자가 그 임직원의 관리·감독에 상당한 주의를 다한 경우에는 조치를 감면할 수 있다(동법 제422조 제3항). 이는 민법 756조에 의한 사용자책임과 동질적인 것이다.

③ 금융소비자보호법상 관리책임 : 금융소비자보호법 제16조 제1항에서는 "금융상품판매업자등은 임직원 및 금융상품판매대리 중개업자(보험업법 제2조 제11호에 따른 보험중개사는 제외)가 업무를 수행할 때 법령을 준수하고 건전한 거래질서를 해치는 일이 없도록 성실히 관리하여야 한다."고 규정함으로써 사용자의 관리책임을 강조하고 있다.

> **!** 사례

A금융투자회사의 법인사업부 총괄이사인 B는 종합전기 제조업체인 C사로부터 자기주식을 처분함에 따라 C사의 주식이 대량 매각될 예정이고 이와 관련하여 주가대책에 대한 상담을 요청받았다. 이러한 요청에 따라 B는 자신의 지휘하에 있는 조사부에서 증권분석업무를 맡고 있는 D와 상의를 한 후에 주가를 떠받치기 위하여 "C사가 획기적인 제품 개발에 성공했다"는 풍문을 유포시켰다. 이에 C사의 주가는 급등하였고 이를 이용하여 C사는 자기주식을 매각하는 데 성공했다.

(평가)

B 및 D는 C사의 주가 상승을 위하여 사실무근의 풍문을 유포함으로써 자본시장법 제176조

(시세조종행위금지)에 위반하였을 가능성이 크다. 동시에 B는 관련 법규 등의 준수의무와 소속 업무종사자에 대한 지도의무를 위반하였다. B는 C사에 대하여 주가 형성은 공정한 시장기능에 맡겨져야 하고 인위적으로 주가를 조작하는 것은 금지되어 있다는 것을 설명하였어야 했다.

증권회사 지점장이 부담하는 직원들과 객장에 대한 관리감독의무
(대법원 2007. 5. 10. 선고 2005다55299 판결)

유가증권의 매매나 위탁매매, 그 중개 또는 대리와 관련한 업무를 주된 사업으로 수행하고 있는 증권회사의 경우 그 주된 업무가 객장을 방문한 고객들과 직원들 간의 상담에 의하여 이루어지는 만큼 그 지점장으로서는 직원들과 객장을 관리·감독할 의무가 있고, 거기에는 객장 내에서 그 지점의 영업으로 오인될 수 있는 부정한 증권거래에 의한 불법행위가 발생하지 않도록 방지하여야 할 주의의무도 포함된다. 증권회사의 지점장이 고객에 불과한 사람에게 사무실을 제공하면서 '실장' 직함으로 호칭되도록 방치한 행위와 그가 고객들에게 위 지점의 직원이라고 기망하여 투자금을 편취한 불법행위 사이에 상당 인과관계가 있으므로 증권회사 측에 과실에 의한 방조로 인한 사용자 책임을 인정할 수 있다.

4) 정보보호

> **금융투자회사의 표준윤리준칙 제6조(정보보호)**
> 회사와 임직원은 업무수행 과정에서 알게 된 회사의 업무정보와 고객정보를 안전하게 보호하고 관리하여야 한다.

금융소비자보호의무에서도 살펴본 바와 같이 금융투자업 종사자는 맡은 업무를 수행함에 있어 금융소비자의 개인(신용)정보를 취득할 수 있으며, 이 외에도 소속된 금융투자회사의 정보 등 관련 정보를 취득하게 된다. 금융투자회사에서 취득하는 정보 중에서도 일부는 관련 규정 등에 따라 비밀정보로 분류되는데, 이에 대해서는 보다 특별한 관리가 필요하다. 표준윤리준칙에서는 이를 포괄하여 정의하고 있으며, 이는 '신의성실의 원칙'이라는 직무윤리를 준수하는 차원을 넘어 그 효력을 확보하기 위하여 세부 사항에 대해서는 자본시장법에 근거한 '금융투자회사의 표준내부통제기준'에서 규정하고 있다.

(1) 비밀정보의 범위

금융투자회사의 표준내부통제기준 제53조에서는 다음에 해당하는 미공개 정보는 기록 형태나 기록 유무와 관계없이 비밀정보로 본다.

❶ 회사의 재무건전성이나 경영 등에 중대한 영향을 미칠 수 있는 정보
❷ 고객 또는 거래상대방(거래상대방이 법인, 그 밖의 단체인 경우 그 임직원을 포함)에 관한 신상정보, 매매거래내역, 계좌번호, 비밀번호 등에 관한 정보
❸ 회사의 경영전략이나 새로운 상품 및 비즈니스 등에 관한 정보
❹ 기타 ❶~❸에 준하는 미공개 정보

(2) 비밀정보의 관리

비밀정보로 분류되면 해당 정보에 대한 철저한 관리가 필수적이므로 표준내부통제기준 제54조에서는 해당 비밀정보에 대해 관계법령 등을 준수할 것을 특별히 요구하고 있으며, 이에 더해 다음과 같이 관리하도록 규정하고 있다.

❶ 정보차단벽이 설치된 사업부서 또는 사업기능 내에서 발생한 정보는 우선적으로 비밀이 요구되는 비밀정보로 간주되어야 함
❷ 비밀정보는 회사에서 정한 기준에 따라 정당한 권한을 보유하고 있거나 권한을 위임받은 자만이 열람할 수 있음
❸ 임직원은 비밀정보 열람권이 없는 자에게 비밀정보를 제공하거나 보안유지가 곤란한 장소에서 이를 공개하여서는 아니 됨
❹ 비밀정보가 포함된 서류는 필요 이상의 복사본을 만들거나 안전이 보장되지 않는 장소에 보관하여서는 아니 됨
❺ 비밀정보가 보관되는 장소는 책임 있는 자에 의해 효과적으로 통제가능하고, 권한 없는 자의 접근을 차단할 수 있는 곳이어야 함
❻ 회사가 외부의 이해관계자와 비밀유지 협약 등을 맺는 경우 관련 임직원은 비밀유지 의무를 성실히 이행하여야 함
❼ 임직원은 회사가 요구하는 업무를 수행하기 위한 목적 이외에 어떠한 경우라도 자신 또는 제3자를 위하여 비밀정보를 이용하여서는 아니 됨
❽ 임직원은 근무지를 이탈하는 경우 비밀정보 열람권이 있는 상급 책임자의 승인 없이 비밀정보를 문서, 복사본 및 파일 등의 형태로 지참하거나 이를 외부에 유출

하여서는 아니 됨

⑨ 임직원은 회사에서 부여한 업무의 수행과 관련 없는 비밀정보를 다른 임직원에게 요구하여서는 아니 됨

⑩ 임직원이 회사를 퇴직하는 경우 퇴직 이전에 회사의 경영 관련 서류, 기록, 데이터 및 고객 관련 정보 등 일체의 비밀정보를 회사에 반납하여야 함

⑪ 비밀정보가 다루어지는 회의는 다른 임직원의 업무장소와 분리되어 정보노출이 차단된 장소에서 이루어져야 함

⑫ 비밀정보는 회사로부터 정당한 권한을 부여받은 자만이 접근할 수 있으며, 회사는 권한이 없는 자가 접근하지 못하도록 엄격한 통제 및 보안시스템을 구축·운영하여야 함

또한 특정한 정보가 비밀정보인지 불명확한 경우 그 정보를 이용하기 전에 준법감시인의 사전 확인을 받아야 하며, 준법감시인의 사전 확인을 받기 전까지 당해 정보는 표준내부통제기준이 정하는 바에 따라 비밀정보로 분류·관리되어야 한다.

(3) 비밀정보의 제공절차

비밀정보에 해당되더라도 업무의 수행을 위해 해당 정보를 공유하거나 제공해야 할 경우가 생긴다. 이때 금융투자업 종사자는 표준내부통제기준 제55조에서 정한 바와 같이 아래의 절차를 준수하여야 한다.

❶ 비밀정보의 제공은 그 필요성이 인정되는 경우에 한하여 회사가 정하는 사전승인 절차에 따라 이루어져야 함

❷ ❶의 사전승인 절차에는 다음 사항이 포함되어야 함

　ㄱ. 비밀정보 제공의 승인을 요청한 자 및 비밀정보를 제공받을 자의 소속 부서(외부인인 경우 소속 기관명) 및 성명

　ㄴ. 비밀정보의 제공 필요성 또는 사유

　ㄷ. 비밀정보의 제공 방법 및 절차, 제공 일시 등

❸ 비밀정보를 제공하는 자는 제공 과정 중 비밀정보가 권한 없는 자에게 전달되지 아니하도록 성실한 주의의무를 다하여야 함

❹ 비밀정보를 제공받은 자는 이 기준에서 정하는 비밀유지의무를 성실히 준수하여야 하며, 제공받은 목적 이외의 목적으로 사용하거나 타인으로 하여금 사용하도

록 하여서는 아니 됨

(4) 정보교류의 차단

금융투자회사는 금융투자업 종사자가 업무의 수행을 위해 필요한 최소한의 정보에만 접근할 수 있도록 영위하는 업무의 특성 및 규모, 이해상충의 정도 등을 감안하여 정보교류를 차단할 수 있는 장치(이를 정보교류차단벽(Chinese Wall)이라 한다)를 마련하여야 한다. 여기에는 물리적 분리뿐만 아니라 비밀정보에 대한 접근권한을 통제하는 등의 절차가 필요한바, 표준내부통제기준에서는 제56조부터 제73조에 걸쳐 다음과 같이 정보교류의 차단에 대해 규정하고 있다.

- 정보교류 차단 대상 정보의 식별 및 설정
- 정보교류 차단 대상 부문의 설정
- 정보교류 차단 대상 정보의 활용에 대한 책임소재(지정)
- 정보교류 통제 담당 조직의 설치 및 운영
- 상시 정보교류 허용 임원(지정)
- 상시적 정보교류 차단벽(설치)
- 예외적 교류의 방법(지정)
- 후선 업무 목적의 예외적 교류 방법
- 거래주의, 거래제한 상품 목록(설정)
- 이해상충 우려가 있는 거래(방법)
- 계열회사 등 제3자와의 정보교류(방법)
- 복합점포의 설치·운영(방법)
- 개인신용정보의 제공·전송요구(처리)
- 임직원의 겸직(금지)
- 정보교류차단의 기록·유지 및 정기적 점검(실행)
- 임직원 교육(실행)
- 정보교류차단 내역의 공개(방법)

5) 위반행위의 보고

금융투자회사의 표준윤리준칙 제12조(위반행위의 보고)
임직원은 업무와 관련하여 법규 또는 윤리강령의 위반 사실을 발견하거나 그 가능성을 인지한 경우 회사가 정하는 절차에 따라 즉시 보고하여야 한다.

금융투자업은 환경의 변화 속도가 매우 빠르고 그 영향력 역시 매우 크다. 이에 따라 금융투자업 종사자가 법규를 포함하여 직무윤리를 위반하는 경우 회사를 포함하여 수많은 사람들이 피해를 입을 수 있는 가능성 역시 매우 높다. 따라서 금융투자업 종사자는 업무와 관련하여 법규 또는 윤리기준의 위반 사실을 발견하거나 위반할 가능성이 있는 것을 알게 되면 즉시 정해진 절차에 따라 회사에 보고하여야 한다. 그러나 현실적으로 단계를 밟아서 위반행위를 보고하는 것은 쉬운 일이 아니다. 이를 위해 권장되고 있는 것이 내부제보(Whistle Blower)제도이다.

내부제보제도는 임직원이 직무와 관련한 법규 위반, 부조리 및 부당행위 등의 윤리기준 위반 행위가 있거나 있을 가능성이 있는 경우 신분 노출의 위험 없이 해당 행위를 제보할 수 있게 만든 제도이다.

제보자가 제보를 할 때에는 육하원칙에 따른 정확한 사실만을 제보하여야 하며, 회사는 제보자의 신분 및 제보사실을 철저히 비밀로 보장하고, 어떠한 신분상의 불이익 또는 근무조건상의 차별을 받지 않도록 해야 한다. 만일 제보자가 신분상의 불이익을 당한 경우 준법감시인에 대하여 당해 불이익처분에 대한 원상회복, 전직 등 신분보장조치를 요구할 수 있고, 준법감시인은 제보의 내용이 회사의 재산상의 손실 발생 혹은 확대의 방지에 기여한 경우 포상을 추천할 수 있다.

다만, 제보자가 다른 임직원 등에 대한 무고, 음해, 비방 등 악의적인 목적으로 제보한 경우 또는 사실과 다른 내용을 의도적으로 제보하여 임직원 간 위화감 및 불안감을 조성하는 경우에는 비밀보장 및 근무조건 차별금지 등을 보호받을 수 없다.

제보자의 신분보장 등을 위해 많은 회사에서는 우편, 팩스, 이메일 및 회사 내부의 전산망과 홈페이지 등을 통해 제보할 수 있는 창구를 만들거나, 철저한 익명이 보장되는 외부의 제보접수 전문업체를 이용하도록 하는 등 윤리경영 실천을 위한 노력을 지속하고 있다.

6) 대외활동

금융투자업 종사자는 회사의 수임자로서 맡은 직무를 성실하게 수행하여야 할 신임관계에 있으므로 회사에서 맡긴 자신의 직무를 신의로서 성실하게 수행하여야 한다.

따라서, 금융투자업 종사자는 소속 회사의 직무수행에 영향을 줄 수 있는 지위를 겸하거나 업무를 수행할 때에는 사전에 회사의 승인을 얻어야 하고 부득이한 경우에는 사후에 즉시 보고하여야 한다.

'소속 회사의 직무에 영향을 줄 수 있는 것'이면 회사와 경쟁관계에 있거나 이해상충관계에 있는지의 여부를 불문하며, 계속성 여부도 불문하고 금지된다. 이러한 사유가 발생하였거나 발생할 것으로 예상되는 경우에는 회사로부터 사전 승인을 얻어야 함이 원칙이고, 부득이한 경우에는 사후에 회사에 지체 없이 보고하여 그 승인(추인)을 얻어야 한다. 만일, 승인을 받지 못한 경우에는 그러한 행위를 즉각적으로 중지하여야 한다.

이 같은 신임관계 및 신임의무의 존부를 판단함에 있어서는 정식의 고용계약관계의 유무, 보수 지급의 유무, 계약기간의 장단은 문제 되지 않는 것이 원칙이다.

금융투자업 종사자가 이런 활동을 함에 있어서는 회사, 주주 또는 금융소비자와 이해상충이 발생하지 않도록 하기 위해 금융투자협회는 금융투자회사의 표준윤리준칙을 통해 필요한 사항들을 정하고 있다.

(1) 대외활동의 범위

대외활동이란 회사의 임직원이 금융투자 업무와 관련된 내용으로 회사 외부의 기관 또는 정보전달 수단(매체) 등과 접촉함으로써 다수인에게 영향을 미칠 수 있는 다음의 활동을 말한다.

❶ 외부 강연, 연설, 교육, 기고 등의 활동

❷ 신문, 방송 등 언론매체 접촉활동(자본시장법 제57조에 따른 투자광고를 위한 활동은 적용 제외)

❸ 회사가 운영하지 않는 온라인 커뮤니티(블로그, 인터넷 카페 등), 소셜 네트워크 서비스(social network service, SNS), 웹사이트 등(이하 "전자통신수단")을 이용한 대외 접촉활동(회사 내규에 따라 동 활동이 금지되는 경우는 적용 제외)

❹ 기타 이에 준하는 사항으로 회사에서 대외활동으로 정한 사항

(2) 허가 등의 절차 및 준수사항

금융투자업 종사자가 대외활동을 하기 위해서는 해당 활동의 성격, 목적, 기대효과, 회사 또는 금융소비자와의 이해상충의 정도 등에 따라 소속 부점장, 준법감시인 또는 대표이사의 사전승인을 받아야 한다. 예외적으로 부득이한 경우에는 사전승인 대신 사후보고를 할 수 있으나 직무윤리의 2대 핵심원칙 – 신의성실의 원칙 및 고객우선의 원칙 – 을 고려해보면 실제로 대외활동을 하기 전에 승인을 받음이 타당할 것이다.

소속 부점장, 준법감시인 또는 대표이사는 임직원의 대외활동을 승인함에 있어 다음 사항을 고려하여야 한다.

❶ 표준 내부통제기준 및 관계법령 등의 위반 여부

❷ 회사에 미치는 영향

❸ 회사, 주주 및 고객 등과의 이해상충의 여부 및 정도

❹ 대외활동의 대가로 지급받는 보수 또는 보상의 적절성

❺ 임직원이 대외활동을 하고자 하는 회사 등 접촉기관의 공신력, 사업내용, 사회적 평판 등

(3) 금지사항 및 중단

금융투자업 종사자가 대외활동을 하는 경우 다음의 행위는 금지된다.

❶ 회사가 승인하지 않은 중요자료나 홍보물 등을 배포하거나 사용하는 행위

❷ 불확실한 사항을 단정적으로 표현하는 행위 또는 오해를 유발할 수 있는 주장이나 예측이 담긴 내용을 제공하는 행위

❸ 합리적인 논거 없이 시장이나 특정 금융투자상품의 가격 또는 증권발행기업 등

에 영향을 미칠 수 있는 내용을 언급하는 행위

④ 자신이 책임질 수 없는 사안에 대해 언급하는 행위

⑤ 주가조작 등 불공정거래나 부당권유 소지가 있는 내용을 제공하는 행위

⑥ 경쟁업체의 금융투자상품, 인력 및 정책 등에 대하여 사실과 다르거나 명확한 근거 없이 부정적으로 언급하는 행위

⑦ 업무상 취득한 미공개중요정보 등을 외부에 전송하거나 제공하는 행위

⑧ 관계법규등에 따라 제공되는 경우를 제외하고 고객의 인적사항, 매매거래 정보, 신용정보를 제공하는 행위

만일 대외활동을 하는 임직원이 그 활동으로 인하여 회사로부터 부여받은 주된 업무를 충실히 이행하지 못하거나 고객, 주주 및 회사 등과의 이해상충이 확대되는 경우 금융투자회사는 그 대외활동의 중단을 요구할 수 있으며 이 경우 해당 임직원은 회사의 요구에 즉시 따라야 한다.

금융투자회사는 이와 같은 필수적인 사항 외에 영위하는 업무의 특성을 반영하여 소속 임직원의 대외활동의 종류, 허용범위, 준수사항 등에 관한 세부기준을 별도로 정할 수 있다. 특히 임직원 등이 언론 인터뷰 등의 대외활동을 수행하는 경우 금융투자상품 및 서비스에 대하여 위험도 또는 수익률 등을 사실과 다르게 안내하거나, 오해를 유발하는 일이 발생하지 않도록 해당 내용을 윤리준칙 등 회사의 내부통제기준에 반영하고 임직원에 대한 교육 등의 조치를 취하여야 한다.

(4) 언론기관과의 접촉

금융투자업 종사자가 수행하는 대외활동 중 상당부분은 언론기관과의 접촉이며 이를 통해 시장 상황 또는 금융투자상품 투자에 관한 정보를 대외적으로 제공하는 경우가 많다. 여기서의 '언론기관'은 '언론중재 및 피해구제 등에 관한 법률 제2조'를 적용하여 방송사업자, 신문사업자, 잡지 등 정기간행물업자, 뉴스통신사업자, 인터넷신문사업자, 언론사를 포함한다.

언론기관 등을 통한 이러한 정보의 제공은 그 영향력이 매우 크므로 금융투자업 종사자는 당연히 기본 직무윤리인 '신의성실의 원칙'과 '고객우선의 원칙'을 준수하여야 할 것이나, 그 효력을 강제하기 위하여 금융투자협회는 표준내부통제기준을 통해 관련사항들을 규정화하고 있다.

표준내부통제기준 제90조에서는 금융투자업 종사자가 언론기관 등에 대하여 업무와 관련된 정보를 제공하고자 하는 경우 사전에 언론기관과의 접촉업무를 담당하는 관계부서(홍보부 등)와 사전에 충분히 협의하여야 한다고 규정하고 있다.

언론기관과의 접촉은 당연히 대외활동에도 해당되므로 앞에서 살펴본 관련 절차를 준수하는 것은 물론이고, 언론기관과의 접촉에서 혹시 발생할지 모르는 부정적 영향이 존재하는지 확인하기 위하여 별도로 해당 업무를 담당하고 있는 부서에서도 관련 사항을 사전협의하도록 의무화한 것이다.

이때 언론기관 접촉예정을 보고받은 관계부서의 장 또는 임원은 다음 사항을 충분히 검토하여야 한다.

❶ 제공하는 정보가 거짓의 사실 또는 근거가 희박하거나, 일반인의 오해를 유발할 수 있는 주장이나 예측을 담고 있는지의 여부
❷ 전체적 맥락에서 당해 정보가 불필요한 오해를 유발할 소지가 있는지의 여부
❸ 정보제공자가 언급하고자 하는 주제에 대하여 충분한 지식과 자격을 갖추고 있는지의 여부
❹ 내용의 복잡성이나 전문성에 비추어 언론기관 등을 통한 정보 전달이 적합한지의 여부 등

만일 여러 사정으로 인해 관계부서와 사전 협의가 불가능한 경우 임직원 등은 언론매체 접촉 후 지체없이 관계 부서에 해당 사항을 보고하여야 하며, 관계부서는 언론 매체 보도내용을 모니터링하여 보고내용의 적정성을 점검하여야 한다.

(5) 전자통신수단의 사용

정보화 시대의 도래에 따라 정보통신수단은 다양하게 지속적으로 발달하고 있으며 그 영향력은 언론기관의 그것에 못지않게 되었다. 한편, 금융투자업 종사자의 언론기관에 대한 접촉은 명시적으로 드러나지만 개인이 쉽게 접할 수 있는 SNS 등 다양한 정보통신수단은 익명성의 보장으로 인해 본인이 스스로 드러내지 않는 한 쉽게 알 수 없다. 따라서 표준내부통제기준 제91조에서는 금융투자업 종사자가 이메일, 대화방, 게시판 및 웹사이트 등의 전자통신수단을 사용하는 경우 다음 사항을 숙지하고 준수하도록 규정함으로써 금융투자업 종사자가 정보통신수단을 사용함에 있어 직무윤리를 준수할 수 있도록 강제하고 있다.

❶ 임직원과 고객 간의 이메일은 사용장소에 관계없이 표준내부통제기준 및 관계법령 등의 적용을 받는다.

❷ 임직원의 사외 대화방 참여는 공중포럼으로 간주되어 언론기관과 접촉할 때와 동일한 윤리기준을 준수하여야 한다.

❸ 임직원이 인터넷 게시판이나 웹사이트 등에 특정 금융투자상품에 대한 분석이나 권유와 관련된 내용을 게시하고자 하는 경우 사전에 준법감시인이 정하는 절차와 방법에 따라야 함. 다만, 자료의 출처를 명시하고 그 내용을 인용하거나 기술적 분석에 따른 투자권유의 경우에는 그러하지 아니하다.

> **ⓘ 사례**

A는 B금융투자회사의 직원으로 회사에서 고객을 상대로 투자조언 및 투자일임에 관한 업무를 맡고 있다. 최근에 B는 일반 무료회원에 대해서는 일반적인 투자정보와 투자조언을 제공하고 회원제 유료회원에 대해서는 보다 상세한 투자정보와 투자조언을 제공하는 컴퓨터 사이트를 개설하여 익명으로 운영하고 있다.

(평가)
A의 위와 같은 행위는 회사와 이해상충관계에 있다. 더욱이 A는 B회사의 직원으로 상업사용인이기 때문에 경업금지의무(상법 17조 1항)를 위반하고 있다. 이는 해임 및 손해배상의 사유가 된다(상법 17조 3항).

7) 고용계약 종료 후의 의무

> **금융투자회사의 표준윤리준칙 제15조(고용계약 종료 후의 의무)**
> 임직원은 회사를 퇴직하는 경우 업무 관련 자료의 반납 등 적절한 후속조치를 취하여야 하며, 퇴직 이후에도 회사와 고객의 이익을 해하는 행위를 하여서는 아니 된다.

금융투자업 종사자의 회사에 대한 선관주의의무는 재직 중에는 물론이고 퇴직 등의 사유로 회사와의 고용 내지 위임계약관계가 종료된 이후에도 합리적인 기간 동안 지속된다.

따라서, 금융투자업 종사자는 퇴직하는 경우 업무인수인계 등 적절한 후속조치를 취하여야 하는데 이에 해당하는 행위의 예로는 다음과 같은 것들이 있다.

❶ 고용기간이 종료된 이후에도 회사로부터 명시적으로 서면에 의해 권한을 부여받지 않으면 비밀정보를 출간, 공개 또는 제3자가 이용하도록 하여서는 아니 된다.

❷ 고용기간의 종료와 동시에 또는 회사의 요구가 있을 경우에는 보유하고 있거나 자신의 통제하에 있는 기밀정보를 포함한 모든 자료를 회사에 반납하여야 한다.

❸ 고용기간이 종료되면 어떠한 경우나 이유로도 회사명, 상표, 로고 등을 사용하여서는 아니 되고, 고용기간 동안 본인이 생산한 지적재산물은 회사의 재산으로 반환하여야 하며, 고용기간이 종료한 후라도 지적재산물의 이용이나 처분권한은 회사가 가지는 것이 원칙이다.

3 사회 등에 대한 윤리

(1) 시장질서 존중

> **금융투자회사의 표준윤리준칙 제5조(시장질서 존중)**
> 회사와 임직원은 공정하고 자유로운 시장경제 질서를 존중하고, 이를 유지하기 위하여 노력하여야 한다.

금융투자업 종사자는 금융시장의 건전성을 훼손하거나 시장질서를 교란하는 행위가 발생하지 않도록 각별히 노력하여야 한다.

이러한 행위들은 기존에 자본시장법 및 한국거래소 규정에서 정하고 있는 불공정거래행위로 통상 정의되어 왔으나, 금융시장 및 금융(투자)상품의 발달로 인해 신종 사례들이 발견되면서 기존의 불공정거래행위 구성요건에 해당되지 않는 경우가 많아, 자본시장법의 개정을 통해 2015년 7월 1일부터 '시장질서 교란행위'에 대한 규제를 시작하게 되었다.

시장질서 교란행위는 기존의 불공정거래행위와 비교하여 볼 때 두 가지 큰 차이점을 갖는데 하나는 그 대상자의 범위가 확대되었다는 것이고 또 다른 하나는 목적성의 여부이다.

먼저 대상자의 범위를 살펴보면 기존의 불공정거래행위는 회사의 주요 주주, 임원 등 내부자와 준내부자, 해당 정보의 1차 수령자만을 대상으로 하여 회사의 내부정보 등 미공개중요정보를 이용하는 행위를 금지하였다. 그러나 개정 자본시장법에서는 내부자,

준내부자 등으로부터 나온 미공개중요정보 또는 미공개정보인 것을 알면서도 이를 받거나 다른 사람들에게 전달하는 자로 그 범위를 확대하였다. 즉 과거에는 미공개 중요정보의 내부자, 준내부자, 1차 수령자만이 제재의 대상이었던 것과는 달리 1차 수령자뿐만 아니라 이를 전달한 자 모두를 제재의 대상으로 확대 적용한 것이다. 또한 자신의 직무와 관련하여 정보를 생산하거나 알게 된 자, 해킹·절취·기망·협박 및 그 밖의 부정한 방법으로 정보를 알게 된 자, 앞에서 말한 자들로부터 나온 정보인 점을 알면서 이를 받거나 전달받은 자 등으로 그 적용대상을 확대함으로써 시장질서를 교란하는 행위를 사전에 방지하고자 하였다.

두 번째로 기존의 불공정거래행위는 '목적성'을 가지고 금융투자상품의 시세에 영향을 주는 행위들로 정의되었다. 즉 목적성 여부가 가장 중요한 변수로서 타인이 거래상황을 오인하게 할 목적이거나, 타인을 거래에 끌어들일 목적, 시세를 고정할 목적, 부당한 이익을 얻을 목적 등으로 불공정거래행위를 규정하였다. 그러나 개정 자본시장법에서는 시장질서 교란행위를 '목적성이 없어도 시세에 부당한 영향을 주는 행위'로 포괄적으로 정의함으로써 프로그램 오류 등으로 대량의 매매거래가 체결되어 시세의 급변을 초래한 경우라 할지라도 시장질서 교란행위로 판단하여 제재할 수 있게 되었다.

시장질서 교란행위의 대상이 되는 정보는 다음의 두 가지 조건을 모두 충족해야 한다.

❶ 상장증권, 장내파생상품 및 이를 기초자산으로 하는 파생상품의 매매 등 여부 또는 매매 등의 조건에 중대한 영향을 줄 가능성이 있을 것
❷ 금융소비자들이 알지 못하는 사실에 관한 정보로서 불특정 다수인이 알 수 있도록 공개되기 전일 것

금융투자업 종사자는 시장질서를 교란하고 자본시장의 건전성을 훼손하는 행위에 직접 관여하거나, 금융소비자 등으로부터 요청을 받더라도 이에 관여하지 않아야 한다.

따라서 본인의 직무 수행 중 발생할 수 있는 다음의 사항에 특히 유의하여야 한다.

❶ 지수 또는 주가에 영향을 미칠 수 있는 정보의 '유통'행위에 신중을 기하여야 함
❷ 시장질서 교란행위에 해당하는 주문의 수탁을 거부
❸ ETF의 유동성 지원업무, 파생상품의 Hedge업무 등 본인의 업무수행으로 인한 매매의 경우 목적성이 없더라도 시세에 부당한 영향을 주는지 사전에 반드시 확인

만일 금융투자업 종사자가 시장질서 교란행위를 한 것으로 판단되는 경우에는 자본시장법 제429조의2에 따라 금융위원회는 5억 원 이하의 과징금을 부과할 수 있다. 이때 그 위반행위와 관련된 거래로 얻은 이익(미실현이익 포함)이나 회피한 손실액의 1.5배에 해당하는 금액이 5억 원을 초과하는 경우에는 그에 상당하는 금액 이하로 과징금을 부과할 수 있다. 이를 다시 정리해보자면 다음과 같다.

> **시장질서 교란행위에 대한 과징금 계산**
> ① 시장질서 교란행위에 따른 이익 또는 손실회피액×1.5 ≦ 5억 원 : 5억 원 이하
> ② 시장질서 교란행위에 따른 이익 또는 손실회피액×1.5 > 5억 원 : 이익 또는 손실회피액

(2) 주주가치 극대화

> **금융투자회사의 표준윤리준칙 제9조(주주가치 극대화)**
> 회사와 임직원은 합리적인 의사결정과 투명한 경영활동을 통하여 주주와 기타 이해관계자의 가치를 극대화하기 위하여 최선을 다하여야 한다.

주주가치의 극대화를 위해서 금융투자업 종사자가 준수하여야 할 사항은 다음과 같은 것들이 있다.

❶ 주주의 이익보호를 위하여 탁월한 성과창출로 회사의 가치를 제고
❷ 투명하고 합리적인 의사결정과정과 절차를 마련하고 준수
❸ 회계자료의 정확성과 신뢰성을 유지
❹ 주주와 금융소비자에게 필요한 정보를 관련 법규 등에 따라 적시에 공정하게 제공
❺ 효과적인 리스크 관리체계 및 내부통제시스템을 운영하여 금융사고 등 제반 위험을 미연에 방지하고 경영환경에 능동적으로 대처
❻ 주주와 금융소비자의 정당한 요구와 제안을 존중하여 상호 신뢰관계를 구축

(3) 사회적 책임

> **금융투자회사의 표준윤리준칙 제10조(사회적 책임)**
> 회사와 임직원 모두 시민사회의 일원임을 인식하고, 사회적 책임과 역할을 다하여야 한다.

금융투자업을 영위하는 회사 및 그 소속 임직원으로서 금융투자업 종사자는 합리적이고 책임 있는 경영을 통해 국가와 사회의 발전 및 시민들의 삶의 질을 향상시키도록 노력하여야 한다. 이에 따라 사회 각 계층과 지역주민의 정당한 요구를 겸허히 수용하며, 이를 해결하는 데 최선을 다해야 하고, 더불어 회사는 임직원의 사회활동 참여를 적극 지원하고 사회의 문화적·경제적 발전을 위해 최선을 다하여야 한다.

chapter 03

직무윤리의 준수절차 및 위반 시의 제재

1 내부통제

1) 배경 및 현황

이제까지 살펴본 바와 같이 우리나라는 금융투자업의 직무윤리에 대해 자본시장법 제37조에서 "금융투자업자는 신의성실의 원칙에 따라 공정하게 금융투자업을 영위하여야 한다"고 명기함으로써 금융투자업 종사자에 대한 '신의성실의 원칙'을 준수하도록 규정하여 이를 기반으로 하는 윤리의무를 준수하도록 정하고 있다. 그러나 우리나라는 미국이나 일본과 비교하여 보면 직무윤리의 준수를 위한 유인구조 또는 직무윤리의 미

준수로 인한 제재가 상대적으로 미흡한 것으로 보인다.

미국의 금융투자업에 대한 직무윤리 규제는 우리나라 금융기관의 내부통제제도의 성립에도 막대한 영향을 끼친 SOX법[1]의 제정에 의해 도입되었다. 이 법은 엔론, 타이코 인터내셔널, 아델피아, 페레그린 시스템즈, 월드컴과 같은 거대 기업들의 잇따른 회계부정 사건들로 인해 관련 회사들의 주가가 폭락하여 투자자들에게 수백만 달러의 손실을 안겨 주었고, 미국 주식시장의 신용도를 뒤흔들어놓는 등 막대한 피해가 발생하자 회계제도 개혁의 필요성에 대한 반응으로 발효되었다. 이 법에 따라 상장회사 회계심사위원회의 회계법인 검사 시 체크항목에 "Ethics Standards(윤리기준)"을 명시하고 있으며 미국의 증권거래법에 따라 대상이 되는 상장회사는 반드시 회사의 윤리강령을 공시하여야 한다. 또한 증권회계에 관한 사기 등에 적용되는 '연방양형가이드라인(Federal Sentencing Guideline)'을 개선하도록 규정하고 있어 상장회사는 직무윤리 강화와 범죄행위의 방지 및 조기발견을 목적으로 내부제보제도 합리화에 투자를 할 의무가 있다.

또한 금융투자산업규제기구(FINRA : Financial Industry Regulatory Authority)에서는 금융투자회사(및 임직원)의 행위에 관한 직무윤리에 대해 복수의 규칙을 제공하고 있는데, FINRA Rule 2010조는 금융투자회사의 업무수행에 따른 '상업상의 윤리기준과 거래원칙(Standards of Commercial Honor and Principles of Trade)'을 규정하고 있다. 이 규정은 단순한 주의규정이 아니라 이를 위반하는 경우 실질적인 제재를 부과하게 된다.

한편, 일본의 금융상품거래법은 모든 규제대상자에게 적용되는 근본적인 의무로서 '성실공정의 의무'를 명기하고 이를 바탕으로 하여 재무건전성이나 영업행위기준 등을 제정하는 등 보다 구체적인 규정을 두고 있다. 금융상품거래법은 기존의 증권거래법 총칙에 규정되어 있던 성실공정의 의무를 업무부분으로 이전하는 등 금융투자업자의 자율적인 대책방안을 마련하도록 요구하고 있다. 이에 따라 일본 증권업협회는 동 법의 취지와 정신을 구현하고 금융투자업계의 신뢰성을 제고하기 위해 다양한 시책을 강구하고 있다.

미국의 실증분석 결과는 직무윤리의 효과적인 보급을 위해서는 자기규율과 외부규율의 두 가지 체계가 상호보완적인 관계로 존재하며, 효율적인 타율적 메커니즘이 외부규율의 매개로서 작용하는 형태가 가장 효과적인 것임을 보여주고 있다. 또한 직무윤리를

---

1 사베인스-옥슬리 법(Sarbanes-Oxley Act, SOx, 2002년 7월 30일 발효)은 "상장회사 회계 개선과 투자자 보호법"(상원) 또는 "법인과 회계 감사 책임 법"(하원) 또는 Sarbox or SOX로도 불리는 미국의 회계 개혁에 관한 연방법률로서, 2002년 7월 30일 법안의 발의자인 상원의원 폴 사베인스(민주당, 메릴랜드)와 하원의원 마이클 옥슬리(공화당, 오하이오)의 이름을 따서 제정되었다.

바탕으로 한 윤리경영을 기업문화로 정착하고 있는 기업은 장기적으로도 기업의 가치를 높이고 있다. 따라서 금융투자업에서의 직무윤리는 금융투자회사(및 임직원)의 자율적인 노력에 의한 직무윤리 준수를 중심으로 하여 법령 등에 의한 타율적인 준수를 보완적으로 하는 제도가 가장 이상적인 것으로 보인다.[2]

이에 따라 우리나라에서는 직무윤리를 금융투자회사의 내부통제활동의 하나로 인식하여 준수하도록 '표준내부통제기준'에 규정하여 자율적으로 준수하게 하되, 내부통제기준의 설정에 대해서는 의무화하는 등 특정 사항에 대해서는 관련 법령 등에 규정하여 직무윤리 준수의 효율성을 높이기 위해 노력하고 있다.

2) 개요

'내부통제'는 회사의 임직원이 업무수행 시 법규를 준수하고 조직운영의 효율성 제고 및 재무보고의 신뢰성을 확보하기 위하여 회사 내부에서 수행하는 모든 절차와 과정을 말한다. 금융투자업자는 효과적인 내부통제 활동을 수행하기 위한 조직구조, 위험평가, 업무분장 및 승인절차, 의사소통·모니터링·정보시스템 등의 종합적 체제로서 '내부통제체제'를 구축하여야 한다(표준내부통제기준 제3조 제1항 제1호 및 제2호).

앞에서도 여러 차례 설명한 바와 같이 금융투자업 종사자가 기본적으로 준수하여야 할 윤리기준은 상당 부분 법률 등과 중첩되어 강제되고 있는바, 개별 회사들은 이를 반영하기 위해 윤리기준을 사규로 제정하는 등의 노력을 하고 있다. 따라서 금융투자업 종사자가 윤리기준을 위반하는 것은 사규 및 관련 법규 등을 위반하는 것으로 다른 사규들의 위반행위와 동일하게 제재의 대상이 된다.

금융투자업에 있어서 내부통제(internal control)의 하나로 두고 있는 준법감시(compliance) 제도는 회사의 임직원 모두가 '신의성실의 원칙'과 '고객우선의 원칙'을 바탕으로 금융소비자에 대해 선량한 관리자로서 의무에 입각하여 금융소비자의 이익을 위해 최선을 다했는지, 업무를 수행함에 있어 직무윤리를 포함한 제반 법규를 엄격히 준수하고 있는지에 대하여 사전적으로 또는 상시적으로 통제·감독하는 장치를 말한다.

준법감시제도는 '감사'로 대표되는 관련 법규에 의한 사후적 감독만으로는 자산운용의 안정성 유지와 금융소비자보호라는 기본적인 역할을 수행하는 데에 한계가 있다는 점에 착안하여 감사와는 달리 사전적, 상시적 사고예방 등의 목적을 위해 도입된 내부

---

2 금융투자업의 직무윤리에 관한 연구, 서강대학교 지속가능기업 윤리연구소, 2015.2.4

통제시스템으로서 국내에서는 2000년에 도입되었다. 이에 따라 회사는 효율적인 내부통제를 위하여 회사의 업무절차 및 전산시스템을 적절한 단계로 구분하여 집행될 수 있도록 설계하여야 하고, 준법감시업무가 효율적으로 수행될 수 있도록 충분한 경험과 능력을 갖춘 적절한 수의 인력으로 구성된 지원조직('준법감시부서')을 갖추어 준법감시인의 직무수행을 지원하여야 한다.

지배구조법에서는 금융투자업자에 대하여 내부통제기준을 마련하여 운영할 것을 법적 의무로 요구하고 있다(지배구조법 제24조 제1항, 협회 영업규정 제8-1조). 여기서 '내부통제기준'은 금융투자업자가 법령을 준수하고, 자산을 건전하게 운용하며, 이해상충방지 등 금융소비자를 보호하기 위하여 그 금융투자업자의 임직원이 직무를 수행함에 있어서 준수하여야 할 적절한 기준 및 절차를 정한 것을 말하며, 내부통제기준을 제정하거나 변경하려는 경우 이사회의 결의 등 공식적인 절차를 거쳐야 한다.

또한 준법감시인은 내부통제기준을 기초로 내부통제의 구체적인 지침, 컴플라이언스 매뉴얼(법규 준수 프로그램 포함 가능), 임직원 윤리강령 등을 제정·시행할 수 있다.[3]

이에 더하여 2021년 시행된 금융소비자보호법에서는 기존의 준법감시제도 안에 통합되어 있던 금융소비자보호의 영역을 별도의 '금융소비자보호 내부통제활동'으로 명확하게 분리하고 있다. 금융소비자보호 내부통제활동은 앞서 '금융소비자 보호 의무'에서 기본적인 체계와 각 주체별 역할 등에 대해 다루었으므로 이 장에서 별도로 다루지는 않는다.

3) 내부통제의 주체별 역할

(1) 이사회

회사의 내부통제의 근간이 되는 내부통제체제 구축 및 운영에 관한 기준을 정한다.

(2) 대표이사

내부통제체제의 구축 및 운영에 필요한 제반사항을 수행·지원하고 적절한 내부통제 정책을 수립하여야 하며, 다음 각 사항에 대한 책임 및 의무가 있다.

❶ 위법·부당행위의 사전예방에 필요한 내부통제체제의 구축·유지·운영 및 감독

---

3 표준내부통제기준 제12조

❷ 내부통제체제의 구축·유지·운영에 필요한 인적·물적 자원을 지원

❸ 조직 내 각 업무분야에서 내부통제와 관련된 제반 정책 및 절차가 지켜질 수 있도록 각 부서 등 조직 단위별로 적절한 임무와 책임 부여

❹ 매년 1회 이상 내부통제 체제·운영실태의 정기점검 및 점검 결과의 이사회 보고. 이 경우 대표이사는 내부통제 체계·운영에 대한 실태점검 및 이사회 보고 업무를 준법감시인에게 위임할 수 있다.

(3) 준법감시인

❶ 임면 등

준법감시인은 이사회 및 대표이사의 지휘를 받아 금융투자회사 전반의 내부통제 업무를 수행한다. 표준내부통제기준 제14조 제1항에서는 금융투자회사(외국금융투자회사의 국내지점은 제외한다)가 준법감시인을 임면하려는 경우에는 이사회의 의결을 거쳐야 하며, 해임할 경우에는 이사 총수의 3분의 2 이상의 찬성으로 의결하도록 규정하고 있는데 이는 내부통제활동을 수행하는 준법감시인의 독립성을 강화하기 위한 강제규정이다. 또한 같은 조 제2항에서는 "회사는 사내이사 또는 업무집행책임자 중에서 준법감시인을 선임"할 것, 즉 통상의 회사에서 임원급 이상으로 준법감시인 선임을 요구하고 있는데 이는 내부통제활동의 특성상 상대적으로 낮은 직책의 준법감시인은 효율적으로 그 업무를 수행할 가능성이 높지 않을 수 있기 때문이다. 아울러 임기는 '2년 이상'으로 할 것으로 요구하고 있어 전반적으로 준법감시인의 지위와 독립성을 보장하고 있다. 한편 금융투자회사가 준법감시인을 임면한 때에는 지배구조법 시행령 제25조 제1항에 따라 임면일로부터 7영업일 이내에 금융위원회에 보고해야 한다.

또한 지배구조법 제25조 제6항에 따라 금융투자회사는 준법감시인에 대하여 회사의 재무적 경영성과와 연동하지 아니하는 별도의 보수지급 및 평가 기준을 마련·운영하여야 하며, 이 또한 준법감시인의 역할 수행에 대한 독립성을 강화하기 위한 조치 중 하나이다.

❷ 권한 및 의무

준법감시인은 내부통제활동을 수행함에 있어 아래의 권한 및 의무를 가진다.

ㄱ. 내부통제기준 준수 여부 등에 대한 정기 또는 수시 점검

ㄴ. 업무전반에 대한 접근 및 임직원에 대한 각종 자료나 정보의 제출 요구권

ㄷ. 임직원의 위법·부당행위 등과 관련하여 이사회, 대표이사, 감사(위원회)에 대
한 보고 및 시정 요구

ㄹ. 이사회, 감사위원회, 기타 주요 회의에 대한 참석 및 의견진술

ㅁ. 준법감시 업무의 전문성 제고를 위한 연수프로그램의 이수

ㅂ. 기타 이사회가 필요하다고 인정하는 사항

❸ 위임

준법감시인은 위임의 범위와 책임의 한계 등이 명확히 구분된 경우 준법감시업
무 중 일부를 준법감시업무를 담당하는 임직원에게 위임할 수 있다. 이때, 준법감
시업무의 효율적 수행을 위하여 부점별 또는 수 개의 부점을 하나의 단위로 하여
준법감시인의 업무의 일부를 위임받아 직원의 관계법령 등 및 표준내부통제기준
의 준수 여부를 감독할 관리자를 지명할 수 있다.

(4) 지점장

지점장(회사가 정하는 영업부문의 장을 포함한다)은 소관 영업에 대한 내부통제업무의 적정
성을 정기적으로 점검하여 그 결과를 대표이사에 보고하고, 관계법령 등의 위반 행위가
발생한 경우 재발방지 대책을 마련·시행하여야 한다. 이 경우 대표이사는 지점장의 점
검결과를 보고받는 업무를 준법감시인에게 위임할 수 있다.

(5) 임직원

임직원은 직무를 수행할 때 자신의 역할을 이해하고 관련 법령 등, 내부통제기준 및
윤리강령 등을 숙지하고 이를 충실히 준수하여야 한다. 또한, 관계법령 등 및 내부통제
기준, 윤리강령 등의 위반(가능성을 포함)을 인지하는 경우 등 다음의 사항에 대해서는 상
위 결재권자와 준법감시인에게 그 사실을 지체 없이 보고하여야 한다.

❶ 자신 또는 다른 임직원이 관계법령 등과 내부통제기준 및 회사의 정책 등을 위반
하였거나 위반한 것으로 의심되는 경우

❷ 정부·금융위원회 및 금융감독원(이하 '감독당국'이라 한다), 협회 등이 회사의 주요 내
부정보를 요구하는 경우

❸ 위법·부당행위 또는 그러한 것으로 의심이 가는 행위와 연루되었거나 다른 임직
원이 연루된 것을 인지한 경우

④ 임직원이 체포, 기소, 유죄 판결이 난 경우

　만일 업무를 수행할 때 관계법령 등, 내부통제기준 및 회사의 정책에 위배되는지의 여부가 의심스럽거나 통상적으로 수행하던 절차 및 기준과 상이한 경우 준법감시인의 확인을 받아야 한다.

(6) 내부통제위원회

❶ 개요

　지배구조법 시행령 제19조(내부통제기준 등) 제2항에서 정하고 있는 금융회사(제6조 제3항 각 호의 어느 하나에 해당하는 금융회사는 제외한다)는 내부통제기준의 운영과 관련하여 대표이사를 위원장으로 하는 내부통제위원회를 두어야 한다.

　지배구조법 제24조 제3항 및 같은 법 시행령 제19조 제3항에 근거하여 금융투자협회의 표준내부통제기준 제11조에서는 금융투자회사의 경우 대표이사를 위원장으로 하여 준법감시인, 위험관리책임자 및 그 밖에 내부통제 관련 업무 담당 임원을 위원으로 하는 내부통제위원회를 두도록 규정하고 있다. 내부통제위원회는 매 반기별 1회 이상 회의를 개최하여야 하며, 다음의 역할을 수행한다.

　ㄱ. 내부통제 점검결과의 공유 및 임직원 평가 반영 등 개선방안 검토

　ㄴ. 금융사고 등 내부통제 취약부분에 대한 점검 및 대응방안 마련

　ㄷ. 내부통제 관련 주요 사항 협의

　ㄹ. 임직원의 윤리의식·준법의식 제고 노력

　또한 내부통제위원회는 출석위원, 논의안건 및 회의결과 등 회의 내용을 기재한 의사록을 작성·보관하여야 한다.

❷ 예외

　지배구조법 시행령 제6조 제3항에서 정하는 아래의 금융투자회사는 예외적으로 내부통제위원회를 두지 않을 수 있다.

　ㄱ. 최근 사업연도말 현재 자산총액이 7천억 원 미만인 상호저축은행

　ㄴ. 최근 사업연도말 현재 자산총액이 5조 원 미만인 금융투자업자 또는 자본시장법에 따른 종합금융회사(이하 '종합금융회사'라 한다). 다만, 최근 사업연도말 현재 그 금융투자업자가 운용하는 자본시장법 제9조 제20항에 따른 집합투자재산(이하 '집합투자재산'이라 한다), 같은 법 제85조 제5호에 따른 투자일임재산(이하 '투자일임재산'이라 한다) 및 신탁재산(자본시장법 제3조 제1항 제2호에 따른 관리형신탁의 재산

은 제외한다. 이하 같다)의 전체 합계액이 20조 원 이상인 경우는 제외한다.

ㄷ. 최근 사업연도말 현재 자산총액이 5조 원 미만인 「보험업법」에 따른 보험회사 (이하 '보험회사'라 한다)

ㄹ. 최근 사업연도말 현재 자산총액이 5조 원 미만인 「여신전문금융업법」에 따른 여신전문금융회사(이하 '여신전문금융회사'라 한다)

ㅁ. 그 밖에 자산규모, 영위하는 금융업무 등을 고려하여 금융위원회가 정하여 고시하는 자

(7) 준법감시부서

❶ 구성

지배구조법 시행령 제19조 제4항에 따라 금융회사는 준법감시업무가 효율적으로 수행될 수 있도록 충분한 경험과 능력을 갖춘 적절한 수의 인력으로 구성된 내부 통제전담조직(이하 '준법감시부서'라 한다)을 갖추어 준법감시인의 직무수행을 지원하여야 함. 또한 IT부문의 효율적인 통제를 위하여 필요하다고 인정되는 경우 준법감시부서 내에 IT분야의 전문지식이 있는 전산요원을 1인 이상 배치하여야 한다. 이와는 별도로 준법감시업무에 대한 자문기능의 수행을 위하여 준법감시인, 준법감시부서장, 인사담당부서장 및 변호사 등으로 구성된 준법감시위원회를 설치·운영할 수 있으며, 기타 준법감시조직과 관련한 회사의 조직 및 업무분장은 사규에서 정하는 바에 따른다.

❷ 준법감시업무의 독립성 확보

지배구조법 제30조에 따라 금융회사는 준법감시인 및 준법감시부서의 직원이 자신의 직무를 공정하게 수행할 수 있도록 업무의 독립성을 보장하여야 하며, 그 직무수행과 관련된 사유로 부당한 인사상의 불이익을 주어서는 아니 된다. 한편, 준법감시인 및 준법감시부서 직원은 선량한 관리자로서의 주의의무를 다하여 직무를 수행하여야 하며, 다음의 업무를 수행하여서는 아니 된다.

ㄱ. 자산 운용에 관한 업무

ㄴ. 회사의 본질적 업무(법 시행령 제47조 제1항에 따른 업무를 말한다) 및 그 부수업무

ㄷ. 회사의 겸영업무(법 제40조에 따른 업무를 말한다)

ㄹ. 위험관리 업무

다만, 지배구조법 시행령 제20조 제2항에 해당하는 아래 회사의 준법감시부서는

예외적으로 위험관리업무를 같이 수행할 수 있음

ㄱ. 최근 사업연도말 현재 자산총액이 7천억 원 미만인 상호저축은행

ㄴ. 최근 사업연도말 현재 자산총액이 5조 원 미만인 금융투자업자. 다만, 최근 사업연도말 현재 운용하는 집합투자재산, 투자일임재산 및 신탁재산의 전체 합계액이 20조 원 이상인 금융투자업자는 제외

ㄷ. 최근 사업연도말 현재 자산총액이 5조 원 미만인 보험회사

ㄹ. 최근 사업연도말 현재 자산총액이 5조 원 미만인 여신전문금융회사

ㅁ. 그 밖에 자산규모, 영위하는 금융업무 등을 고려하여 금융위원회가 정하여 고시하는 자

하지만 예외대상에 해당하는 금융회사라 할지라도 해당 회사가 주권상장법인으로서 최근 사업연도말 현재 자산총액이 2조 원 이상인 경우는 준법감시인이 위험관리 업무를 같이 수행할 수 없다는 점에 유의하여야 한다.

4) 준법감시체제의 운영

(1) 체제의 구축

회사는 임직원의 업무수행의 공정성 제고 및 위법·부당행위의 사전 예방 등에 필요한 효율적인 준법감시체제를 구축·운영하여야 하며, 그 체제는 다음의 사항을 수행할 수 있어야 한다.

❶ 관계법령 등의 준수 프로그램의 입안 및 관리
❷ 임직원의 관계법령 등의 준수 실태 모니터링 및 시정조치
❸ 이사회, 이사회 산하 각종 위원회 부의사항에 대한 관계법령 등의 준수 여부의 사전 검토 및 정정 요구
❹ 정관·사규 등의 제정 및 개폐, 신상품개발 등 새로운 업무 개발시 관계법령 등의 준수 여부 사전 검토 및 정정 요구
❺ 임직원에 대한 준법 관련 교육 및 자문
❻ 금융위원회, 금융감독원, 금융투자협회, 한국거래소, 감사위원회와의 협조 및 지원
❼ 이사회, 경영진 및 유관부서에 대한 지원
❽ 기타 상기 사항에 부수되는 업무

(2) 준법감시 프로그램의 운영

준법감시인은 임직원의 관계법령 등 및 내부통제기준의 준수 여부를 점검하기 위하여 회사의 경영 및 영업활동 등 업무 전반에 대한 준법감시 프로그램을 구축·운영하여야 한다. 준법감시 프로그램은 관계법령 등 및 내부통제기준에서 정하는 내용을 포함하여 구축·운영되어야 하며, 적시적으로 보완이 이루어져야 하고, 준법감시인은 이 프로그램에 따라 임직원의 관계법령 등 및 내부통제기준의 준수 여부를 점검하고, 그 결과를 기록·유지하여야 한다.

또한, 준법감시인은 준법감시 프로그램에 따른 점검결과 및 개선계획 등을 주요 내용으로 하는 내부통제보고서를 대표이사에게 정기적으로 보고하여야 하며, 특별한 사유가 발생한 경우에는 지체 없이 보고하여야 한다. 한편, 이러한 점검의 결과 준법감시 업무 관련 우수자가 있는 경우 준법감시인은 인사상 또는 금전적 혜택을 부여하도록 회사에 요청할 수 있다.

5) 관련 제도

(1) 준법서약 등

금융투자업 종사자는 회사가 정하는 준법서약서를 작성하여 준법감시인에게 제출하여야 한다. 회사마다 다르기는 하겠지만 보통은 신규(경력)직원을 채용할 때와 기존 근무직원을 대상으로 연 1회 정기적으로 받는 경우가 많다. 실제로 외부감독기구의 감사 등에 있어 임직원의 준법서약서 제출 여부가 중요한 이슈로 부각되기도 한다.

회사는 임직원이 관계법령 등과 내부통제기준에서 정하는 금지사항 및 의무사항의 이해에 필요한 교육과정을 수립하고, 정기·비정기적으로 필요한 교육을 실시하여야 한다. 각종 사고의 발생 등을 사전에 예방하기 위한 교육과정 운영의 중요성은 금융투자협회의 '표준내부통제기준' 제20조에서 찾아볼 수 있는데, 여기에서는 필수적으로 운영하여야 하는 내부통제 관련 교육과정에 반드시 직무윤리 등을 포함해야 할 것을 명시하고 있으며, 교육 미이수자에 대한 관리방안 마련을 의무화하는 등 임직원의 교육에 대한 강제성을 더욱 강화하는 내용을 담고 있다.

또한 준법감시인은 업무수행 과정 중 발생하는 각종 법규 관련 의문사항에 대하여 임직원이 상시 필요한 지원 및 자문을 받을 수 있도록 적절한 절차를 마련·운영하여야 한다.

(2) 윤리강령의 제정 및 운영

회사는 임직원이 금융투자업무를 수행하는 데 필요한 직무윤리와 관련된 윤리강령을 제정·운영하여야 하며, 윤리위반 신고처 운영, 위반 시 제재조치 등과 같은 윤리강령의 실효성 확보를 위한 사내 체계를 구축·운영하여야 한다.

(3) 임직원 겸직에 대한 평가 · 관리

준법감시 담당부서는 해당 회사의 임직원이 지배구조법 제10조 제2항부터 제4항까지의 규정에 따라 다른 회사의 임직원을 겸직하려는 경우 겸직 개시 전에 겸직의 내용이 다음의 사항에 해당하는지를 검토하고, 주기적으로 겸직 현황을 관리하여야 한다.

❶ 회사의 경영건전성을 저해하는지 여부
❷ 고객과의 이해상충을 초래하는지 여부
❸ 금융시장의 안정성을 저해하는지 여부
❹ 금융거래질서를 문란하게 하는지 여부

만일 준법감시 담당부서에서 임직원의 겸직에 대한 검토·관리 결과 및 겸직 수행과정에서 상기의 사항에 해당하는 위험이 발생하거나 발생 가능성이 있다고 판단하는 경우에는 위험 방지를 위한 적절한 조치를 취하고 준법감시인에게 그 사실을 보고하여야 하며, 준법감시인은 보고를 받아 검토한 결과 필요하다고 인정하는 경우 겸직내용의 시정 및 겸직 중단 등의 조치를 취할 것을 요구할 수 있다.

(4) 내부제보(고발)제도

회사는 내부통제의 효율적 운영을 위하여 임직원이 회사 또는 다른 임직원의 위법·부당한 행위 등을 회사에 신고할 수 있는 내부제보제도를 운영하여야 하며, 이에 필요한 세부운영지침을 정할 수 있다. 내부제보제도에는 내부제보자에 대한 비밀보장, 불이익 금지 등 내부제보자 보호와 회사에 중대한 영향을 미칠 수 있는 위법·부당한 행위를 인지하고도 회사에 제보하지 않는 미제보자에 대한 불이익 부과 등에 관한 사항이 반드시 포함되어야 한다.

만일 내부제보자가 제보행위를 이유로 인사상 불이익을 받은 것으로 인정되는 경우 준법감시인은 회사에 대해 시정을 요구할 수 있으며, 회사는 정당한 사유가 없는 한 이에 응하여야 한다. 또한 준법감시인(또는 감사)은 내부제보 우수자를 선정하여 인사상 또는 금전적 혜택을 부여하도록 회사에 요청할 수 있으나, 내부제보자가 원하지 아니하는 경우에는 요청하지 않을 수 있다.

회사마다 약간씩 다를 수 있으나 통상 내부제보의 대상은 아래와 같다.

❶ 업무수행과 관련한 관계법령 등 또는 회사의 윤리강령, 규정, 준칙 등의 사규 위반행위

❷ 부패행위 및 기타 위법·부당한 행위 또는 이런 행위의 지시

❸ 횡령, 배임, 공갈, 절도, 직권남용, 관계법령 및 사규 등에서 정하고 있는 범위를 초과하는 금품 또는 향응의 수수 등 기타 범죄 혐의

❹ 성희롱 등 부정한 행위

❺ 현행 제도 시행에 따른 위험, 통제시스템의 허점

❻ 사회적 물의를 야기하거나 회사의 명예를 훼손시킬 수 있는 대내외 문제

❼ 기타 사고의 방지 및 내부통제를 위해 필요한 사항 등

일부 금융투자회사는 이러한 내부제보제도에 더하여 계약관계에 있는 상대방, 금융소비자를 포함한 거래상대방 등으로부터 제보를 받을 수 있는 '외부제보제도'도 같이 운영하고 있다.

(5) 명령휴가제도

회사는 임직원의 위법·부당한 행위를 사전에 방지하기 위하여 명령휴가제도를 운영하여야 한다. 명령휴가제도란, 금융사고 발생 우려가 높은 업무를 수행하고 있는 임직원을 대상으로 일정 기간 휴가를 명령하고, 동 기간 중 해당 임직원의 업무수행 적정성을 점검하는 제도를 말한다. 그 적용대상, 실시주기, 명령휴가 기간, 적용 예외 등 명령휴가제도 시행에 필요한 사항은 회사의 규모 및 인력 현황 등을 고려하여 별도로 정할 수 있다.

최근 금융회사는 물론 다양한 분야에서 임직원 등 내부자의 거액 횡령 등 사고가 급증하고 있어 각 금융회사에서는 명령휴가제도의 도입 및 실행 여부가 더욱 중요한 이슈가 되고 있으며 향후에도 명령휴가제도를 실행하는 금융회사는 더욱 많아질 것으로 전망된다.

(6) 직무분리기준 및 신상품 도입 관련 업무절차

회사는 입·출금 등 금융사고 발생 우려가 높은 단일거래(단일거래의 범위는 회사가 정한다)에 대해 복수의 인력(또는 부서)이 참여하도록 하거나, 해당 업무를 일선, 후선 통제절차 등으로 분리하여 운영토록 하는 직무분리기준을 마련·운영하여야 한다. 또한, 앞에서 다룬 바와 같이 금융소비자보호법의 시행으로 인해 새로운 금융상품 개발 및 금융상품 판매 과정에서 금융소비자보호 및 시장질서 유지 등을 위하여 준수하여야 할 업무절차를 마련·운영하여야 한다.

6) 영업점에 대한 내부통제

(1) 영업점별 영업관리자

금융투자회사의 표준내부통제기준에서는 영업점에 관한 내부통제를 별도로 다루고 있는데 이는 영업점이 금융소비자와 가장 가까운 접점이기 때문이다. 이에 따라 준법감시인이 영업점에 대한 내부통제를 위하여 권한을 위임하는 영업점별 영업관리자에 대해서는 그 자격을 엄격히 규정하고 있는바, 그 요건은 다음과 같다.

❶ 영업점에서 1년 이상 근무한 경력이 있거나 준법감시·감사업무를 1년 이상 수행한 경력이 있는 자로서 당해 영업점에 상근하고 있을 것
❷ 본인이 수행하는 업무가 과다하거나 수행하는 업무의 성격으로 인하여 준법감시 업무에 곤란을 받지 아니할 것
❸ 영업점장이 아닌 책임자급일 것. 다만, 당해 영업점의 직원 수가 적어 영업점장을 제외한 책임자급이 없는 경우에는 그러하지 아니하다.
❹ 준법감시업무를 효과적으로 수행할 수 있는 충분한 경험과 능력, 윤리성을 갖추고 있을 것

다만, 다음 각 요건을 모두 충족하는 경우 예외적으로 1명의 영업관리자가 2 이상의 영업점을 묶어 영업관리자의 업무를 수행할 수 있다.

❶ 감독대상 영업직원 수, 영업규모와 내용 및 점포의 지역적 분포가 단일 영업관리자만으로 감시·감독하는 데 특별한 어려움이 없을 것
❷ 해당 영업관리자가 대상 영업점 중 1개의 영업점에 상근하고 있을 것

❸ 해당 영업관리자가 수행할 업무의 양과 질이 감독업무 수행에 지장을 주지 아니
할 것

영업관리자는 해당 영업점에서 금융투자상품의 거래에 관한 지식과 경험이 부족하여
투자중개업자의 투자권유에 사실상 의존하는 금융소비자의 계좌를 별도로 구분하여 이
들 계좌의 매매거래상황 등을 주기적으로 점검하고, 직원의 투자권유 등 업무수행을 할
때 관련 법규 및 내부통제기준을 준수하고 있는지 여부를 감독하여야 한다. 한편, 준법
감시인은 영업점별 영업관리자에 대하여 연간 1회 이상 법규 및 윤리 관련 교육을 실시
하여야 한다. 회사는 영업점별 영업관리자의 임기를 1년 이상으로 하여야 하고, 영업점
별 영업관리자가 준법감시업무로 인하여 인사·급여 등에서 불이익을 받지 아니하도록
하여야 하며, 영업점별 영업관리자에게 업무수행 결과에 따라 적절한 보상을 지급할 수
있다.

(2) 내부통제활동

회사는 영업점에 대한 실질적인 통제가 가능하도록 다음 각 사항을 포함한 세부기준
을 제정·운영하여야 한다.

❶ 영업점의 영업 및 업무에 대한 본사의 통제 방식과 내용
❷ 영업점 근무 직원의 인사채용 및 관리의 독립성
❸ 영업점 소속 임직원의 성과 및 보수체계의 내용과 그 독립성
❹ 본사와 해당 영업직원 간의 계약 내용

만일 회사가 특정 금융소비자를 위하여 전용공간을 제공하는 경우에는 다음 각 사항
을 준수하여야 한다.

❶ 당해 공간은 직원과 분리되어야 하며, 영업점장 및 영업점 영업관리자의 통제가
용이한 장소에 위치
❷ 사이버룸의 경우 반드시 "사이버룸"임을 명기(문패 부착)하고 외부에서 내부를 관
찰할 수 있도록 개방형 형태로 설치
❸ 회사는 다른 고객이 사이버룸 사용 고객을 직원으로 오인하지 아니 하도록 사이
버룸 사용 고객에게 명패, 명칭, 개별 직통전화 등을 사용하도록 하거나 제공하여
서는 아니 됨

④ 영업점장 및 영업관리자는 사이버룸 등 고객전용공간에서 이루어지는 매매거래의 적정성을 모니터링하고 이상매매가 발견되는 경우 지체 없이 준법감시인에게 보고

영업점은 영업점의 업무가 관계법령 등에서 정하는 기준에 부합하는 방식으로 처리되었는지 자체점검을 실시하여야 하며, 회사는 이에 필요한 영업점의 자체점검 방법, 확인사항, 실시주기 등에 관한 기준을 마련·운영하여야 한다. 이를 위해 대부분의 회사는 명칭은 다를 수 있으나 '내부통제 자체 체크리스트' 등의 이름으로 영업점의 내부통제활동 수행에 대한 점검을 정기적으로 실행하고 있다.

2 내부통제기준 위반 시 회사의 조치 및 제재

1) 개인에 대한 조치

회사는 내부통제기준 위반자에 대한 처리기준을 사전에 규정하고, 위반자에 대해서는 엄정하고 공정하게 조치하여야 한다. 내부통제 위반자의 범위에는 내부통제기준을 직접 위반한 자뿐만 아니라, 지시·묵인·은폐 등에 관여한 자, 다른 사람의 위반사실을 고의로 보고하지 않은 자, 기타 내부통제기준의 운영을 저해한 자를 포함한다.

회사 및 준법감시인은 관계법령 등의 준수 여부에 대한 점검결과 임직원의 위법·부당행위를 발견한 경우 유사 행위가 재발하지 아니하도록 해당 임직원에 대한 제재, 내부통제제도의 개선 등 필요한 조치를 신속히 취하여야 한다. 위반자에 대한 제재는 관계법령 등에 규정된 사항을 먼저 적용하며, 사규 등에서 정한 사항을 위반한 경우는 통상 회사별로 마련된 징계규정이 정하는 절차와 제재수위가 적용된다.

이에 따른 회사의 조치에 대하여 관련 임직원은 회사가 정한 절차에 따라 회사에 이의를 신청할 수 있으며, 당해 임직원은 그 사유를 명확히 하고 필요한 증빙자료를 첨부하여야 한다.

2) 회사에 대한 조치

(1) 1억 원 이하의 과태료 부과(지배구조법 제43조 제1항)

아래의 경우 금융투자회사에 대해 1억 원 이하의 과태료를 부과한다.

❶ 내부통제기준을 마련하지 아니한 경우
❷ 준법감시인을 두지 아니한 경우
❸ (적용대상 회사인 경우) 사내이사 또는 업무집행책임자 중에서 준법감시인을 선임하지 않은 경우
❹ 이사회 결의를 거치지 아니하고 준법감시인을 임면한 경우
❺ 금융위원회가 위법·부당한 행위를 한 회사 또는 임직원에게 내리는 제재조치를 이행하지 않은 경우

(2) 3천만 원 이하의 과태료 부과(지배구조법 제43조 제2항)

아래의 경우에는 3천만 원 이하의 과태료를 부과한다.

❶ 준법감시인에 대한 별도의 보수지급 및 평가기준을 마련·운영하지 않은 경우
❷ 준법감시인이 아래의 업무를 겸직하거나 이를 겸직하게 한 경우
   ㄱ. 자산 운용에 관한 업무
   ㄴ. 해당 금융회사의 본질적 업무(해당 금융회사가 인가를 받거나 등록을 한 업무와 직접적으로 관련된 필수업무로서 대통령령으로 정하는 업무를 말한다) 및 그 부수업무
   ㄷ. 해당 금융회사의 겸영(兼營)업무
   ㄹ. (금융지주회사의 경우) 자회사 등의 업무(금융지주회사의 위험관리책임자가 그 소속 자회사 등의 위험관리업무를 담당하는 경우는 제외한다)
   ㅁ. 그 밖에 이해가 상충할 우려가 있거나 내부통제 및 위험관리업무에 전념하기 어려운 경우로서 대통령령으로 정하는 업무

(3) 2천만 원 이하의 과태료 부과(지배구조법 제43조 제3항)

금융회사가 지배구조법 제30조 제2항 및 동법 시행령에 따른 준법감시인의 임면 사실을 금융위원회에 보고하지 않은 경우 등에는 2천만 원 이하의 과태료 부과대상이 된다.

직무윤리 위반행위에 대한 제재

앞에서 설명한 바와 같이 우리나라는 직무윤리의 위반행위에 대한 제재 수준이 미국이나 일본에 비해 상대적으로 크지 않은 것으로 보이나, 이를 개선하기 위한 노력이 계속되고 있다. 현재는 자본시장법이나 지배구조법 등의 관계법령에서 조항으로 명문화시킨 직무윤리는 위반 시 그에 따른 제재가 명확히 규정되어 있다. 금융투자협회가 제정한 '표준내부통제기준'을 바탕으로 회사가 자율적으로 제정한 회사별 내부통제기준, 윤리강령 등의 윤리기준을 위반하는 경우는 해당 회사가 정한 사규 등에 따라 그 제재 수위가 정해진다.

사규에 따른 제재는 회사별로 다를 수 있으므로 이 절에서는 금융투자회사에 공통적으로 적용되는 제재를 중심으로 살펴보기로 한다.

1 자율규제

금융투자협회는 회원 간의 건전한 영업질서 유지 및 투자자 보호를 위한 자율규제업무를 담당한다(자본시장법 제286조 제1항 제1호). 그 일환으로 협회는 회원인 금융투자업자와 그 소속 임직원이 관련 법령과 직무윤리를 준수하도록 하며, 그 위반행위에 대해서는 주요 직무 종사자의 등록 및 관리권과 회원의 제명 또는 그 밖의 제재권(회원의 임직원에 대한 제재의 권고를 포함)을 발동할 수 있다.[4]

2 행정제재

행정제재는 금융감독기구인 금융위원회, 증권선물위원회 등에 의한 제재가 중심이 된다.

---

4 그 구체적인 내용은 금융투자협회의 「자율규제위원회 운영 및 제재에 관한 규정」에 규정되어 있다.

1) 금융투자업자에 대한 제재권

(1) 금융위원회의 조치명령권

자본시장법 제415조에 따르면 금융위원회는 투자자를 보호하고 건전한 거래질서를 유지하기 위하여 금융투자업자가 관계법령 등을 적절히 준수하는지 여부를 감독하여야 할 의무가 있다. 이에 따라 다음의 사항에 대해서는 금융투자회사에 대해 필요한 조치를 명할 수 있다.

❶ 금융투자업자의 고유재산 운용에 관한 사항
❷ 투자자 재산의 보관·관리에 관한 사항
❸ 금융투자업자의 경영 및 업무개선에 관한 사항
❹ 각종 공시에 관한 사항
❺ 영업의 질서유지에 관한 사항
❻ 영업방법에 관한 사항
❼ 장내파생상품 및 장외파생상품의 거래규모의 제한에 관한 사항
❽ 그 밖에 투자자 보호 또는 건전한 거래질서를 위하여 필요한 사항으로서 대통령령으로 정하는 사항

특히 ❼의 장내파생상품의 거래규모의 제한에 관한 사항은 금융투자업자가 아닌 위탁자(금융소비자)에게도 필요한 조치를 명할 수 있다.

(2) 금융투자업 인가 또는 금융투자업 등록의 취소권

금융위원회는 다음의 어느 하나에 해당하는 경우 금융투자업 인가 취소 또는 금융투자업 등록 취소의 권한을 가진다.

❶ 거짓, 그 밖의 부정한 방법으로 금융투자업의 인가를 받거나 등록한 경우
❷ 인가조건을 위반한 경우
❸ 인가요건 또는 등록요건의 유지의무를 위반한 경우
❹ 업무의 정지기간 중에 업무를 한 경우
❺ 금융위원회의 시정명령 또는 중지명령을 이행하지 아니한 경우
❻ 자본시장법 별표 1 각 호의 어느 하나에 해당하는 경우로서 대통령령으로 정하

는 경우

❼ 대통령령으로 정하는 금융 관련 법령 등을 위반한 경우로서 대통령령으로 정하는 경우

❽ 그 밖에 투자자의 이익을 현저히 해할 우려가 있거나 해당 금융투자업을 영위하기 곤란하다고 인정되는 경우로서 대통령령으로 정하는 경우

만일 이를 위반하는 경우 금융위원회는 다음의 조치가 가능하다.

❶ 6개월 이내의 업무의 전부 또는 일부의 정지
❷ 신탁계약, 그 밖의 계약의 인계명령
❸ 위법행위의 시정명령 또는 중지명령
❹ 위법행위로 인한 조치를 받았다는 사실의 공표명령 또는 게시명령
❺ 기관경고
❻ 기관주의
❼ 그 밖에 위법행위를 시정하거나 방지하기 위하여 필요한 조치로서 대통령령으로 정하는 조치

2) 금융투자업자의 임직원에 대한 조치권

자본시장법 제422조 제1항 및 지배구조법 제35조 제1항에 따라 금융위원회는 금융투자업자의 임원에 대해서는 해임요구, 6개월 이내의 직무정지(또는 임원의 직무를 대행하는 관리인의 선임), 문책경고, 주의적 경고, 주의, 그 밖에 위법행위를 시정하거나 방지하기 위하여 필요한 조치로서 자본시장법 및 지배구조법의 각 시행령으로 정하는 조치 등을 할 수 있다.

금융투자업자의 직원에 대해서는 자본시장법 제422조 제2항 및 지배구조법 제35조 제2항에 따라 면직, 6개월 이내의 정직, 감봉, 견책, 경고(참고로 지배구조법에서는 자본시장법과는 달리 직원에 대한 조치로서 '경고'조치를 명시하고 있지 않다), 주의, 그 밖에 위법행위를 시정하거나 방지하기 위하여 필요한 조치로서 자본시장법 시행령으로 정하는 조치 등을 취할 수 있다.

3) 청문 및 이의신청

금융위원회가 다음 사항의 처분 또는 조치를 하고자 하는 경우에는 자본시장법 제 423조에 따라 반드시 청문을 실시하여야 한다.

❶ 종합금융투자사업자에 대한 지정의 취소
❷ 금융투자상품거래청산회사에 대한 인가의 취소
❸ 금융투자상품거래청산회사 임직원에 대한 해임요구 또는 면직 요구
❹ 신용평가회사에 대한 인가의 취소
❺ 신용평가회사 임직원에 대한 해임요구 또는 면직 요구
❻ 거래소 허가의 취소
❼ 거래소 임직원에 대한 해임요구 또는 면직 요구
❽ 금융투자업에 대한 인가·등록의 취소
❾ 금융투자업자 임직원에 대한 해임요구 또는 면직 요구

만일 금융위원회의 처분 또는 조치에 대해 불복하는 자는 해당 처분 또는 조치의 고지를 받는 날로부터 30일 이내에 그 사유를 갖추어 금융위원회에 이의신청을 할 수 있다. 이때, 금융위원회는 해당 이의신청에 대해 60일 이내에 결정을 하여야 하며, 부득이한 사정으로 그 기간 내에 결정을 할 수 없을 경우에는 30일의 범위에서 그 기간을 연장할 수 있다.

3 　민사책임

직무윤리의 위반이 동시에 법 위반으로 되는 경우에는 이에 대한 법적 제재가 따르게된다. 법 위반에 대한 사법적 제재로는 당해 행위의 실효(失效)와 손해배상책임을 묻는방법 등이 있다.

(1) 법률행위의 실효(失效)

법률행위에 하자가 있는 경우, 그 하자의 경중에 따라 중대한 하자가 있는 경우에는 '무효'로 하고, 이보다 가벼운 하자가 있는 경우에는 '취소'할 수 있는 행위가 된다.
또한, 계약당사자 일방의 채무불이행으로 계약의 목적을 달성할 수 없는 경우, 그것

이 일시적 거래인 경우에는 계약을 '해제'할 수 있고, 그것이 계속적인 거래인 경우에는 계약을 '해지'할 수 있다. 계약을 해제하면 계약이 소급적으로 실효되어 원상회복의무가 발생하고, 계약을 해지하면 해지시점부터 계약이 실효된다.

(2) 손해배상

채무불이행(계약책임) 또는 불법행위에 의하여 손해를 입은 자는 배상을 청구할 수 있다.

계약책임은 계약관계(privity of contract)에 있는 당사자(주로 채권자와 채무자) 사이에 계약위반을 이유로 한다. 이때, 불법행위책임은 계약관계의 존부를 불문하고, '고의 또는 과실'의 '위법행위'로 타인에게 '손해'를 가한 경우를 말하고, 가해자는 피해자에게 발생한 손해를 배상하여야 한다(민법 750조).

4 | 형사책임

자본시장의 질서유지를 위하여 법 위반행위에 대하여는 형법과 자본시장법 등의 각종 관련법에서 형벌조항을 두고 있다(자본시장법 제443~제448조 등). 형사처벌은 법에서 명시적으로 규정하고 있는 것에 한정하며(죄형법정주의), 그 절차는 형사소송법에 의한다. 또 행위자와 법인 양자 모두를 처벌하는 양벌규정을 두는 경우가 많다.

5 | 시장의 통제

직무윤리강령 및 직무윤리기준을 위반한 행위에 대하여 아무런 법적 제재를 받지 않을 수도 있다. 그러나 이에 대한 금융소비자를 비롯하여 시장으로부터의 신뢰상실과 명예실추, 관계의 단절은 직업인으로서 당해 업무에 종사하는 자에게 가해지는 가장 무섭고 만회하기 어려운 제재와 타격이 된다.

> **! 사례**
>
> 금융기관 종사자의 고객자금 횡령 및 제재
> ○○증권회사 영업점에서 근무하는 업무팀장 A는 2012.2.10.~5.25 기간 중 고객 5명의 6개 계좌에서 무단으로 발급처리한 증권카드와 고객으로부터 매매주문 수탁 시 취득한 비밀번호

를 이용하여 업무용 단말기로 고객의 자금을 남자친구인 B 명의의 계좌로 이체하는 방법으로 총 16회에 걸쳐 15억 6천만 원을 횡령하였다.

직원의 남자친구 명의 계좌는 직원의 계산으로 2010.6.14. 개설된 것으로서 내부통제기준상 증권회사 직원의 매매가 금지된 코스피200 선물·옵션을 매매하였으며, 준법감시인에게 계좌 개설사실을 신고하지 않고 분기별로 매매명세를 통지하지도 않았다.

또한 위의 횡령계좌들 중 3명의 명의로 된 3개 계좌에서 위탁자로부터의 매매주문 수탁 없이 21개 종목, 13억 4천 1백만 원 상당을 임의로 매매하였다.

위와 같은 사실은 타인의 재물을 보관하는 자는 업무상의 업무에 위배하여 그 재물을 횡령하여서는 아니 되며, 투자매매업자 또는 투자중개업자는 투자자나 그 대리인으로부터 금융투자상품의 매매주문을 받지 아니하고 투자자로부터 예탁받은 재산으로 금융투자상품 매매를 하여서는 아니 된다는 형법 제355조 제1항 및 제356조, 특정 경제범죄 가중처벌 등에 관한 법률 제3조 제1항 제2호, 자본시장법 제70조를 위반하는 행위이다.

이로 인해 해당 증권회사는 관리책임을 물어 '기관주의' 조치를 받았고, 해당 직원은 형사처벌과는 별도로 면직처리되었다. (제재조치일 : 2013.5.10. / 출처 : 금융감독원 홈페이지)

01 다음 중 직무윤리에 대한 설명으로 적절하지 않은 것은?

① 기업윤리는 조직 구성원 개개인들이 지켜야 하는 윤리적 행동과 태도를 구체화한 것이다.

② 기업윤리와 직무윤리는 흔히 혼용되어 사용되기도 한다.

③ 직무윤리는 미시적인 개념이며, 기업윤리는 거시적인 개념으로 보기도 한다.

④ 윤리경영은 직무윤리를 기업의 경영방식에 도입하는 것으로 간단히 정의될 수 있다.

02 다음 중 신의성실의 원칙에 관한 설명으로 옳지 않은 것은?

① 상대방의 정당한 이익을 배려하여 형평에 어긋나거나 신뢰를 저버리는 일이 없도록 성실하게 행동해야 한다는 것을 말한다.

② 윤리적 원칙이면서 동시에 법적 의무이다.

③ 이해상충의 방지 및 금융소비자보호와 관련된 기본원칙이다.

④ 상품 판매 이전 단계에만 적용되는 원칙이다.

03 다음 중 이해상충 방지에 대한 설명으로 적절하지 않은 것은?

① 금융투자업자는 이해상충 발생 가능성을 파악 평가하고 적절히 관리하여야 한다.

② 금융투자업자는 이해상충 발생 가능성이 있는 경우 그 사실을 해당 투자자에게 미리 알렸다면 별도의 조치 없이 매매 등 그 밖의 거래를 할 수 있다.

③ 금융투자업자는 영위하는 금융투자업 간 또는 계열회사 및 다른 회사와의 이해상충의 발생을 방지하기 위해 정보교류 차단벽(Chinese Wall)을 구축할 의무가 있다.

④ 이해상충 발생을 방지하기 위해 금융소비자가 동의한 경우를 제외하고는 금융투자업자가 거래당사자가 되거나 자기 이해관계인의 대리인이 되어서는 안 된다.

해설

01 ① 직무윤리에 대한 설명이다.

02 ④ 상품 판매 전의 개발단계부터 모든 단계에서 적용된다.

03 ② 이해상충 발생 가능성을 금융소비자에게 미리 알리고 이해상충 발생 가능성을 충분히 낮춘 후에만 거래할 수 있다.

04 다음 중 금융소비자보호의무와 관련한 설명으로 적절하지 않은 것은?

① 상품의 개발단계에서부터 판매 이후의 단계까지 전 단계에 걸쳐 적용된다.

② 금융투자업 종사자의 '전문가로서의 주의의무'와 관련된다.

③ 우리나라는 현재 금융소비자보호법에 따라 관련 절차 등이 규정되어 있다.

④ CCO는 상근감사 직속의 독립적 지위를 갖는다.

05 다음 설명 중 틀린 것은?

① 금융투자업 직무윤리의 기본적인 핵심은 '고객우선의 원칙'과 '신의성실의 원칙'이다.

② 직무윤리가 법제화된 대표적인 사례는 '금융소비자보호의무'와 '이해상충방지의무'이다.

③ 금융소비자를 두텁게 보호하기 위해 대표이사는 법령에 규정된 의무를 모두 본인이 수행하여야 하며, 다른 임원 등에게 위임할 수 없다.

④ 금융소비자 보호에 관한 인식은 국내외를 막론하고 점차 강해지고 있다.

06 다음 중 상품 판매 이전단계에서의 금융소비자보호의무와 가장 거리가 먼 것은?

① 상품 판매 개시 이후 적정한 판매절차를 거쳤는지 점검하는 절차를 마련한다.

② 판매임직원 등의 판매자격 관리절차를 마련한다.

③ 판매임직원 등 대상 교육체계를 마련한다.

④ 해당 상품에 대한 미스터리쇼핑을 자체적으로 실시한다.

해설

04 ④ CCO는 대표이사 직속이다.

05 ③ 금융소비자보호법에서는 대표이사의 고유 권한 중 일부를 금융소비자보호 총괄책임자에게 위임할 수 있도록 허용하고 있다.

06 ④ 미스터리쇼핑은 상품 판매 이후 단계에서 실행하는 절차이다.

07 금융투자회사의 표준윤리준칙 제4조에서는 '회사와 임직원은 (   )과(와) (   )를(을) 가장 중요한 가치관으로 삼고, (   )에 입각하여 맡은 업무를 충실히 수행하여야 한다' 라고 규정하고 있다. (   ) 안에 들어갈 말을 올바르게 나열한 것은?

① 정직 – 신뢰 – 신의성실의 원칙
② 수익 – 비용 – 효율성의 원칙
③ 공정 – 공평 – 기회균등의 원칙
④ 합리 – 이성 – 독립성의 원칙

08 다음 중 금융투자업 종사자가 고객에게 투자를 권유하거나 이와 관련된 직무를 수행함에 있어 따라야 할 기준으로 적절하지 않은 것은?

① 투자권유 전 고객의 재무상황, 투자경험, 투자 목적에 관하여 적절한 조사를 해야 한다.
② 투자권유 시 환경 및 사정변화가 발생하더라도 일관성 있는 투자권유를 위해 당해 정보를 변경하여서는 안 된다.
③ 고객을 위하여 각 포트폴리오 또는 각 고객별로 투자권유의 타당성과 적합성을 검토하여야 한다.
④ 파생상품등과 같이 투자위험성이 큰 경우 일반 금융투자상품에 요구되는 수준 이상의 각별한 주의를 기울여야 한다.

09 다음 금융투자업 종사자의 대외활동에 관한 설명으로 옳은 것은?

① 회사의 주된 업무수행에 지장을 주어서는 아니 된다.
② 금전적인 보상은 수고에 대한 대가이므로 반드시 신고할 필요는 없다.
③ 회사의 공식의견이 아닌 사견은 대외활동 시 발표할 수 없다.
④ 경쟁회사에 대한 부정적인 언급은 정도가 심하지 않은 경우 허용된다.

해설

07 ①
08 ② 투자권유가 환경 및 사정의 변화를 반영할 수 있도록 당해 정보를 변경하여야 한다.
09 ① 대외활동 시 금전적 보상은 반드시 신고해야 하며, 사견임을 명백히 한 경우는 발표할 수 있다. 또한 경쟁회사에 대한 비방은 금지된다.

10 다음 임의매매와 일임매매에 관한 설명으로 적절하지 않은 것은?

① 자본시장법에서는 임의매매와 일임매매를 엄격히 금지하고 있다.

② 임의매매는 금융소비자의 매매거래에 대한 위임이 없었음에도 금융투자업 종사자가 자의적으로 매매를 한 경우이다.

③ 일임매매는 금융소비자가 매매거래와 관련한 전부 또는 일부의 권한을 금융투자업 종사자에게 위임한 상태에서 매매가 발생한 경우이다.

④ 임의매매와 일임매매는 손해배상책임에 있어 차이가 있다.

11 다음은 상품 판매 이후의 단계에서 실행되는 제도이다. (   )에 들어갈 말을 올바르게 짝지어진 것은?

> ㉠ 해피콜제도는 금융소비자가 상품 가입 후 (   ) 이내에 판매직원이 아닌 제3자가 전화를 통해 불완전판매 여부를 확인하는 제도이다.
> ㉡ 불완전판매보상제도는 금융소비자가 상품 가입 후 (   ) 이내에 불완전판매 행위를 인지한 경우 금융투자회사에서 배상을 신청할 수 있는 제도이다.

① 7일, 15일   ② 7영업일, 15영업일

③ 7일, 15영업일   ④ 7영업일, 15일

12 다음 중 '금융투자회사의 영업 및 업무에 관한 규정'에서 정하고 있는 부당한 재산상 이익의 제공에 해당되지 않는 것은?

① 거래상대방만 참석한 여가 및 오락활동 등에 수반되는 비용을 제공하는 경우

② 제조업체의 고유재산관리를 담당하는 직원에게 문화상품권을 제공하는 경우

③ 자산운용사 직원이 펀드판매 증권사 직원에게 백화점상품권을 제공하는 경우

④ 증권사 직원이 금융소비자에게 펀드 판매사 변경을 이유로 현금을 제공하는 경우

해설

10 ① 일임매매는 일정 조건하에서는 제한적으로 허용되고 있다.

11 ④

12 ② 문화활동을 할 수 있는 용도로만 정해진 문화상품권의 제공은 부당한 재산상 이익의 제공에서 제외된다.

13 다음 설명 중 맞는 것은?

① 상품설명서는 금융상품에 대한 설명을 한 이후 금융소비자에게 제공하여야
한다.

② 계약서류는 계약을 체결하고 지체 없이 금융소비자에게 제공하여야 한다.

③ 계약서류의 제공 사실과 관련하여 금융소비자는 본인이 금융상품판매업자가
제공하지 않았음을 증명하여야 한다.

④ 법상 '지체 없이'는 회사에서 별도로 정하는 특정한 기간 이내를 말한다.

14 다음 위반행위 중 지배구조법에 따른 제재조치가 가장 큰 것은?

① 이사회 결의 없이 준법감시인을 임면한 경우

② 준법감시인이 자산운용업무를 겸직하게 하는 경우

③ 준법감시인의 임면 사실을 금융위원회에 보고하지 않은 경우

④ 준법감시인에 대한 별도의 보수지급기준 등을 마련하지 않은 경우

15 다음 재산상 이익의 제공에 관한 설명 중 틀린 것은?

① 영업직원이 거래상대방으로부터 10만원 상당의 백화점상품권을 수령한 경우
이를 즉시 준법감시인에게 신고하여야 한다.

② 금융투자회사는 거래상대방에게 제공하거나 수령한 재산상 이익의 가액이 10
억원을 초과하는 즉시 홈페이지 등을 통해 공시하여야 한다.

③ 금융투자회사는 재산상 이익 제공 현황 및 적정성 점검 결과 등을 매년 대표이
사에게 보고하여야 한다.

④ 거래상대방이 금융투자회사인 경우 상호 교차점검을 위해 임직원의 동의를 받
은 후 대표이사 명의의 서면으로 관련 자료를 요청하여야 한다.

해설

13 ① 설명서는 설명을 하기 전 금융소비자에게 제공하여야 한다.

③ 계약서류의 제공에 대한 입증책임은 금융상품판매업자에게 있다.

④ '지체 없이'는 몇 시간, 며칠과 같이 특정되는 것이 아니라 사정이 허락하는 한 가장 신속하게 처리
해야 하는 기한을 의미한다.

14 ① 1억원 이하 과태료 대상

②, ④ 3천만원 이하 과태료 대상

③ 2천만원 이하 과태료 대상

15 ③ 대표이사가 아니라 이사회에 보고하여야 한다.

16 다음 비밀정보의 관리에 관한 사항 중 맞는 것은?

① 회사의 경영전략이나 새로운 상품 등에 관한 정보는 인쇄된 경우에 한하여 비밀정보로 본다.

② 정보차단벽이 설치된 부서에서 발생한 정보는 비밀정보로 간주되어야 한다.

③ 임직원이 회사를 퇴직하는 경우 본인이 관리하던 고객정보는 향후 관계 유지를 위해 반출할 수 있다.

④ 특정한 정보가 비밀정보인지 불명확할 경우 부서장이 판단하여야 한다.

17 다음 대외활동에 관한 설명 중 틀린 것은?

① 언론기관 접촉이 예정된 경우 예외 없이 관계부서와 반드시 사전협의하여야 한다.

② 회사가 최종 승인하지 않은 홍보물을 사전에 사용하는 행위는 금지된다.

③ 개인이 운영하는 블로그 등에 회사의 상품을 홍보하는 행위는 금지된다.

④ 사전승인절차에서는 대가로 지급받는 보수의 적절성도 같이 검토되어야 한다.

18 다음 사회 등에 대한 윤리에 관한 설명 중 가장 옳은 것은?

① 시장질서 교란행위는 불공정거래행위의 다른 표현으로 그 의미는 같다.

② 미공개정보의 이용에 대한 불공정거래행위의 적용은 내부자, 준내부자 및 미공개정보의 1차 수령자뿐만 아니라 이를 전달한 자까지를 포함한다.

③ 특정한 목적성 없이 금융투자상품의 시세에 영향을 미쳤다면 불공정거래행위로 구분되어 관련 법령의 적용을 받는다.

④ 프로그램 오류로 인한 시세의 급격한 변동은 단순 실수이므로 과징금 등의 벌칙조항의 적용을 받지 않는다.

해설

16 ① 기록여부, 매체여부에 관계없이 비밀정보로 본다.

③ 퇴직예정 임직원 등은 회사 업무와 관련한 정보는 고객정보를 포함하여 모두 회사에 반납하여야 한다.

④ 비밀정보의 판단여부는 준법감시인의 역할이다.

17 ① 예고 없는 언론 인터뷰 등 불가피한 경우 언론기관 접촉 후 즉시 보고하는 등 예외적으로 추인받으면 된다.

18 ① 불공정거래행위와 시장질서교란행위는 대상과 목적성 여부에 따라 적용되는 범위가 다르다.

③ 목적성이 없다면 시장질서 교란행위에 해당한다.

④ 자본시장법 제429조의2에 따라 5억원 이하의 과징금이 부과될 수 있다.

정답 01 ① | 02 ④ | 03 ② | 04 ③ | 05 ③ | 06 ④ | 07 ① | 08 ② | 09 ① | 10 ① | 11 ④ | 12 ② | 13 ② | 14 ① |
15 ③ | 16 ② | 17 ① | 18 ②

part 09

투자자분쟁예방

chapter 01

분쟁예방 시스템

분쟁에 대한 이해

1 개요

분쟁의 사전적 개념은 "어떤 말썽 때문에 서로 시끄럽게 다투는 일, 또는 그 다툼"이다. 금융투자업자는 금융투자업을 영위하는 과정에서 투자자 혹은 고객과 다양한 거래관계를 형성하게 되며, 거래관계가 수반되는 권리·의무에 대한 상반된 주장을 분쟁이라는 형태로 표출한다.

통상 "금융분쟁"이라 함은 예금자 등 금융소비자 및 기타 이해관계인이 금융 관련 기관의 금융업무 등과 관련하여 권리의무 또는 이해관계가 발생함에 따라 금융 관련 기관을 상대로 제기하는 분쟁을 말한다.

2021년부터 시행된 금융소비자보호법은 제1조에서 천명하고 있듯이 '금융소비자의 권익 증진'과 '금융소비자 보호의 실효성을 높이'는 것이 목적이므로 분쟁의 예방을 위해 금융상품 판매업자 등의 영업행위에 대한 준수사항 및 금지사항을 규정하고 있으며, 이후 분쟁이 발생하는 경우 취할 수 있는 조치 및 손해배상책임 등에 관한 사항을 포함하고 있다.

이에 따라 금융상품을 판매하는 회사는 의무적으로 분쟁 발생 예방을 위한 시스템을 구축하여야 하고, 분쟁이 발생한 경우 이를 처리할 수 있는 시스템을 갖추어야 한다. 또한, 금융소비자보호법 제32조 제3항의 '금융소비자 불만 예방 및 신속한 사후구제를 통하여 그 임직원이 직무를 수행할 때 준수하여야 할 기본적인 절차와 기준'을 정하여야할 의무가 있으므로 분쟁의 예방 및 조정을 위한 절차 등의 내용이 포함된 내부적인 기준을 제정하여야 한다.

2 분쟁의 유형

1) 부당권유 등 불완전판매 관련 분쟁

금융회사에서 가장 많이 발생하는 분쟁 유형은 금융상품 판매와 관련하여 부당권유를 포함한 금융소비자보호법상 6대 판매원칙과 관련된 분쟁이다.

불완전판매는 말 그대로 관련 법규 등에서 정하고 있는 '완전판매절차'를 준수하지 않아 발생하는 것으로서 투자경험이나 지식수준이 낮은 일반 금융소비자를 대상으로 거래 행위의 위험성에 관한 올바른 인식 형성을 방해하는 행위는 물론, 투자경험 등이 있더라도 해당 고객의 투자성향에 비추어 과도한 위험성을 수반하는 거래를 적극적으로 권유하는 행위 등이 포함된다.

불완전판매행위는 우리가 앞에서 살펴본 바와 같이 직무윤리의 측면에서 고객에 대한 '고객우선의 원칙'과 '신의성실의 원칙'이라는 양대 윤리를 위반한 것임과 더불어 법제화되어 있는 '금융소비자 보호의무'(경우에 따라서는 '이해상충 방지의무'까지)를 위반하는 명백한 위법행위이다.

2) 주문 관련 분쟁

금융투자업을 영위하는 회사의 경우 고객으로부터 상장증권 등을 비롯한 금융투자상품의 주문을 접수하고 실행하는 과정에서 발생하는 일들이 분쟁의 원인이 되기도 한다.

금융투자회사에서 주문을 수탁하는 업무를 수행하는 임직원 등은 자본시장법 제68조 및 관련 법령 등에 따라 정당한 권한을 가진 금융소비자(투자자)로부터 수탁받은 주문을 최선을 다해 집행하고 관련 기록을 보관 및 유지하여야 하는 '최선집행의무'가 존재한다.

여기에서 중요한 점은 해당 주문을 요청하는 자가 정당한 권한을 가진 고객인가 하는 점이다. 즉 금융투자회사의 임직원 등은 해당 주문의 수탁 및 집행을 실행하기 전 해당 주문의 요청자가 투자자 본인인지, 혹은 정당한 위임을 받은 임의대리인인지, 혹은 미성년자녀 계좌에 대한 관리 권한을 가진 부모처럼 법적으로 대리권을 인정받는 법정 대리인인지 등을 명확하게 확인하여야 한다.

금융투자회사의 임직원 등은 주문을 요청하는 자가 정당한 권한을 가졌음을 확인하였다면, 해당 주문의 집행에 있어 최선의 집행 의무를 이행하기 위하여 주문 실행 전 고객에게 정확한 주문내용을 확인하여야 한다.

만일 임직원 등의 단순 주문실수(예를 들어 고객이 요청하는 상장증권의 매수 주문을 매도 주문으로 착각하여 처리하는 경우 등)가 발생한 경우인지 즉시 해당 주문으로 인해 발생한 손익을 확정하고 손실에 대한 차액을 배상하겠다는 의사표시를 고객에게 제안하는 등 분쟁으로 발생하지 않도록 처리하여야 한다.

3) 일임매매 관련 분쟁

자본시장법 제71조 제6호 및 관련 법령 등에 따라 금융회사의 임직원 등이 금융소비자로부터 투자판단의 전부 또는 일부를 일임받아 금융투자상품을 취득, 처분 및 그 밖의 방법으로 운용하는 일체의 행위는 원칙적으로 금지되어 있다.

다만, 예외적으로 투자일임업자로서 금융소비자와 일임계약을 체결하고 진행하는 경우 및 자본시장법 제7조 제4항에 따라 투자중개업자가 금융소비자의 매매주문을 받아 이를 처리하는 과정에서 금융투자상품에 대한 투자판단의 전부 또는 일부를 일임받을 필요가 있는 경우로서 자본시장법 제7조 제3항에서 정하는 아래의 경우에는 허용된다.

❶ 투자자가 금융투자상품의 매매거래일(하루에 한정한다)과 그 매매거래일의 총매매 수량이나 총매매금액을 지정한 경우로서 투자자로부터 그 지정 범위에서 금융투 자상품의 수량·가격 및 시기에 대한 투자판단을 일임받은 경우

❷ 투자자가 여행·질병 등으로 일시적으로 부재하는 중에 금융투자상품의 가격 폭 락 등 불가피한 사유가 있는 경우로서 투자자로부터 약관 등에 따라 미리 금융투 자상품의 매도권한을 일임받은 경우

❸ 투자자가 금융투자상품의 매매, 그 밖의 거래에 따른 결제나 증거금의 추가 예탁 또는 자본시장법 제72조에 따른 신용공여와 관련한 담보비율 유지의무나 상환의 무를 이행하지 아니한 경우로서 투자자로부터 약관 등에 따라 금융투자상품의 매 도권한(파생상품인 경우에는 이미 매도한 파생상품의 매수권한을 포함한다)을 일임받은 경우

❹ 투자자가 투자중개업자가 개설한 계좌에 금전을 입금하거나 해당 계좌에서 금전 을 출금하는 경우에는 따로 의사표시가 없어도 자동으로 자본시장법 제229조제5 호에 따른 단기금융집합투자기구(이하 "단기금융집합투자기구"라 한다)의 집합투자증권 등을 매수 또는 매도하거나 증권을 환매를 조건으로 매수 또는 매도하기로 하는 약정을 미리 해당 투자중개업자와 체결한 경우로서 투자자로부터 그 약정에 따 라 해당 집합투자증권 등을 매수 또는 매도하는 권한을 일임받거나 증권을 환매 를 조건으로 매수 또는 매도하는 권한을 일임받은 경우

❺ 그 밖에 투자자 보호 및 건전한 금융거래질서를 해칠 염려가 없는 경우로서 금융 위원회가 정하여 고시하는 경우

불법적인 일임매매는 법령의 위반행위로 인한 제재뿐만 아니라 금융소비자에 대한 손해배상책임이 부가될 수 있으므로 금융투자회사의 임직원 등은 특히 유의할 필요가 있다.

4) 임의매매 관련 분쟁

자본시장법 제70조에 따라 금융투자회사의 임직원 등은 정당한 권한을 가진 금융소 비자의 주문이 없이 예탁받은 재산으로 금융투자상품을 매매하여서는 아니 된다.

앞서 살펴본 일임매매와 임의매매의 가장 큰 차이점은 일임매매는 정당한 권한을 가 진 금융소비자와 일임계약을 맺거나 관련 법령 등에서 정하고 있는 경우 일부 허용되는 경우가 있는 반면, 임의매매는 법으로 금지되어 있고, 이에 대한 예외적 허용의 경우는

없다는 점이다.

5) 전산장애 관련 분쟁

전자금융거래법 제9조 제1항에 따라 금융회사의 전산에 다음과 같은 사고가 생겨 금융소비자에게 손해가 발생한 경우 금융회사는 그 손해를 배상할 책임을 진다.

❶ 접근매체의 위조나 변조로 발생한 사고
❷ 계약체결 또는 거래지시의 전자적 전송이나 처리 과정에서 발생한 사고
❸ 전자금융거래를 위한 전자적 장치 또는 「정보통신망 이용촉진 및 정보보호 등에 관한 법률」 제2조 제1항 제1호에 따른 정보통신망에 침입하여 거짓이나 그 밖의 부정한 방법으로 획득한 접근매체의 이용으로 발생한 사고

다만, 전자금융거래법 제9조 제2항에 따라 다음의 경우에는 그 책임의 전부 또는 일부를 금융소비자가 부담하게 할 수 있다.

ㄱ. 사고 발생에 있어서 이용자의 고의나 중대한 과실이 있는 경우로서 그 책임의 전부 또는 일부를 이용자의 부담으로 할 수 있다는 취지의 약정을 미리 이용자와 체결한 경우(고의나 중대한 과실은 대통령령이 정하는 범위 안에서 전자금융거래에 대한 약관에 기재된 것에 한함)
ㄴ. 법인(「중소기업기본법」제2조제2항에 의한 소기업을 제외한다)인 이용자에게 손해가 발생한 경우로 금융회사 또는 전자금융업자가 사고를 방지하기 위하여 보안절차를 수립하고 이를 철저히 준수하는 등 합리적으로 요구되는 충분한 주의의무를 다한 경우

전자금융거래법 제9조 제4항에 따라 금융회사는 전산장애에 대한 책임을 이행하기 위하여 금융위원회가 정하는 기준에 따라 보험 또는 공제에 가입하거나 준비금을 적립하는 등 필요한 조치를 취하여야 한다.

6) 기타 분쟁

금융민원 외에도 불친절하거나 업무지식이 낮은 임직원 등에 대한 불만, 업무를 위한 영업점 내 장시간 대기 불만 등이 분쟁발생의 요인이 되기도 한다.

금융회사의 입장에서 고객(자연인, 법인, 단체 등 포함)과의 분쟁은 통상 민원의 형태로 나타나는데, 민원은 고객이 회사에 대하여 이의신청, 진정, 건의, 질의 및 기타 금융회사의 특정한 행위를 요구하는 의사표시를 문서, 전화, 이메일 등의 방법으로 표현하는 것을 통칭한다.

1) 분쟁 처리 절차

금융소비자가 금융회사를 상대로 민원을 제기하는 경우 [민원 접수 → 민원인에 대한 접수사실 통지 → 사실관계 조사 → 검토 및 판단 → 답변서 작성 → 처리 결과 회신]의 순서를 거친다.

2) 분쟁 처리 방법

(1) 접수단계

금융회사의 담당자는 원활한 상담을 위해 접수된 민원 내용을 상세히 파악한 후 민원인에게 연락하여 신청한 민원이 접수되었다는 사실 통지와 함께 사전에 파악한 민원 내용의 정확성을 확인한다.

담당자는 민원인 입장을 고려하여 의견을 적극적으로 청취하는 등 공감하는 자세를 유지하되, 본인이 곧 회사를 대표하고 있다는 사실을 인식하고 접수된 민원을 객관적이고 공정하게 처리할 것이라는 신뢰를 줄 수 있는 응대태도를 유지해야 한다.

민원인의 불만사항을 경청하여 불만요인 및 요구사항 등을 명확히 파악하고 중도에 섣부른 결론이나 반대의견을 표명하는 것에 유의하여야 하며, 민원인의 주장에 대한 사실관계가 확인되지 않은 상황에서 확답을 하거나 주관적인 판단을 하지 않도록 하여야 한다.

(2) 사실조사 단계

민원 접수 내용 및 민원인과 상담을 통해 확인한 내용을 바탕으로 객관적인 시각에서 민원인의 주장이 사실인지 단순 오해인지 등 여부를 확인하여야 한다.

확인된 사실을 바탕으로 담당자는 민원인의 주장을 수용할지, 수용한다면 배상의 대상이 되는지, 배상은 어느 수준으로 해야 하는지 결정할 수 있으며 반대로 민원인의 주장을 수용할 수 없다면 수용할 수 없는 명확한 근거를 제시할 수 있는지 확인하여야 한다.

(3) 결과 안내 단계

담당자는 사실 조사를 통해 확인된 사항에 대해 민원인의 주장에 대한 수용 여부를 민원인에게 안내하여야 한다.

담당자는 객관성을 유지하며 민원을 공정하게 해결하기 위하여 최선을 다했음을 전달하고 민원인의 눈높이와 민원 내용을 고려하여 민원인이 충분히 이해할 수 있도록 안내하여야 한다.

민원인이 금융회사의 결과를 수용하지 않는 경우, 민원인의 추가적인 조치로 금융감독원 등 분쟁조정기관에 분쟁조정을 신청할 수 있다는 것을 반드시 안내하여야 한다.

section 02 분쟁 예방을 위한 방법

1 직무윤리의 준수

우리는 앞서 직무윤리 편에서 금융회사 종사자의 가장 기본적인 두 가지 직무윤리를 살펴보았다. 금융투자협회의 표준윤리준칙에서 천명하고 있듯이 '고객 우선의 원칙'과 '신의 성실의 원칙'이 바로 그것이다.

분쟁을 예방하기 위한 가장 기본적인 방법은 바로 금융회사 종사자 개개인이 이 기본적인 두 가지 직무윤리를 인지하고 업무를 수행함에 있어 철저히 준수하는 것이다. 업무를 수행할 때 '과연 이렇게 처리하는 것이 고객을 우선으로 하고, 신의성실의 원칙에 어긋남이 없이 맞는 것인가?'를 스스로 확인해볼 필요가 있다.

금융투자업의 경우 거래상대방인 금융소비자와 특별한 신뢰 또는 신임관계에 기초하여 거래가 이루어지는 만큼 고객의 이익을 최우선으로 실현하는 일이 매우 중요하다.

이러한 의무는 소극적으로 고객의 희생 위에 자기 또는 제3자의 이익을 취하는 것을 금지하는 것에 그치는 것이 아니라, 신의 성실의 원칙에 따라 적극적으로 고객이 실현 가능한 최대한의 이익을 취득할 수 있도록 업무를 수행하여야 할 의무를 진다는 것으로 이해하여야 한다.

만일 금융소비자와 이해상충이 발생할 경우 다음의 순서대로 우선순위를 정하여야 한다. 첫째, 어떠한 경우에도 고객의 이익은 회사와 회사의 주주 및 임직원의 이익에 우선한다. 둘째, 회사의 이익은 임직원의 이익에 우선한다. 셋째, 모든 고객의 이익은 상호 동등하게 취급한다.

위에 언급한 바와 같이 분쟁은 각자 상대방의 이해와 권리·의무가 상충할 때 발생하는 것이므로 두 가지 기본적인 직무윤리를 준수하는 것이야말로 분쟁을 예방할 수 있는 가장 근본적인 시스템이며, 금융업계 및 각 회사가 직무윤리를 중시하는 것도 바로 이런 이유 때문이다.

이미 살펴본 바와 같이 두 가지 기본적인 직무윤리는 자본시장법, 지배구조법 및 금융소비자보호법에서 '이해상충의 방지의무'와 '금융소비자보호의무'로 법적 의무로 승화되어있으며, 이는 '본인에 대한 윤리' 중 법규준수와도 연계되어 있다.

2 6대 판매원칙의 준수

직무윤리 편에서 다루었던 '금융소비자보호의무' 중 상품 판매단계의 금융소비자보호에서 우리는 금융상품을 판매하는 경우 준수해야 할 6대 판매 원칙을 확인했다.

금융소비자보호법 제17조부터 제22조에서 규정하고 있는 6대 판매원칙은 금융회사의 임직원이 금융상품을 판매하는 경우 반드시 준수해야 할 원칙이자 법령이므로 이를 철저히 숙지하고 실행해야만 분쟁 발생을 사전에 예방할 수 있고, 만일 금융소비자와 분쟁이 발생하더라도 금융회사와 임직원이 불리한 상황에 놓이지 않게 하는 강력한 수단이 된다.

6대 판매원칙의 개별 항목에 대해서는 해당 편에서 세부적으로 다루었으므로 이번 장에서는 6대 판매원칙을 다시 한 번 상기하고 이를 위반했을 때 받을 수 있는 제재사항을 요약해서 살펴본다.

6대 판매원칙	내용	위반 시 책임
적합성 원칙	'일반' 금융소비자의 재산상황, 계약체결의 목적 및 경험정보를 면담, 질문 등을 통해 파악하고 적합하지 않은 경우 상품을 '권유' 할 수 없음	- 위법계약해지권 행사 대상 - 3천만원 이하의 과태료 부과대상 - 고의 또는 과실로 인한 손해배상책임 부담 - 6개월 이내의 업무정지, 기관 및 임직원 제재 대상
적정성 원칙	'일반' 금융소비자가 계약 체결을 '권유받지 않고' 금융투자상품 등의 계약체결을 하려는 경우, 해당 금융상품이 일반 금융소비자에게 적정한지 여부를 면담, 질문 등을 통하여 파악하고 부적정한 경우 금융소비자에게 알리고 확인을 받아야 함	- 위법계약해지권 행사 대상 - 3천만원 이하의 과태료 부과대상 - 고의 또는 과실로 인한 손해배상책임 부담 - 6개월 이내의 업무정지, 기관 및 임직원 제재 대상
설명 의무	'일반' 금융소비자에게 계약 체결을 권유하는 경우 및 일반 금융소비자가 설명을 요청하는 경우, 중요사항을 일반 금융소비자가 이해할 수 있도록 설명하고 설명서를 제공하여야 하며 일반 금융소비자가 이해하였음을 확인받아야 함	- 위법계약해지권 행사 대상 - 관련 계약으로 얻은 수입(거래금액)의 50% 이내 과징금 부과대상 - 1억원 이하의 과태료 부과대상 - 고의 또는 과실로 인한 손해배상책임 부담(회사의 입증책임) - 6개월 이내의 업무정지, 기관 및 임직원 제재대상
불공정 영업 행위 금지	'모든' 금융소비자에게 우월적 지위를 이용하여 금융소비자의 권익을 침해하는 행위 금지	- 위법계약해지권 행사 대상 - 관련 계약으로 얻은 수입(거래금액)의 50% 이내 과징금 부과 대상 - 1억원 이하의 과태료 부과대상 - 고의 또는 과실로 인한 손해배상책임 부담(회사의 입증책임) - 6개월 이내의 업무정지, 기관 및 임직원 제재대상
부당 권유 행위 금지	'모든' 금융소비자에게 아래와 같이 부당한 계약체결을 '권유'하는 경우 ① 단정적 판단의 제공 ② 사실과 다르게 알리는 행위 ③ 투자판단에 중대한 영향을 미치는 사항 미고지 ④ 객관적 근거없이 상품의 우수성 알림 ⑤ 고객 요청없이 실시간 대화(방문, 유선 등)의 방법으로 투자권유 ⑥ 고객의 거절에도 지속적인 체결권유 ⑦ 적합성원칙 적용을 회피할 목적의 투자권유불원 작성 등	- 위법계약해지권 행사 대상 - 관련 계약으로 얻은 수입(거래금액)의 50% 이내 과징금 부과 대상 - 1억원 이하의 과태료 부과대상 - 고의 또는 과실로 인한 손해배상책임 부담(회사의 입증책임) - 6개월 이내의 업무정지, 기관 및 임직원 제재대상

6대 판매원칙	내용	위반 시 책임
허위, 부당 광고 금지	업무 또는 금융상품에 관한 광고 시 금융소 비자를 오인하게 할 수 있는 행위 금지	−관련 계약으로 얻은 수입(거래금액)의 50% 이내 과징금 부과 대상 −1억원 이하의 과태료 부과대상 −고의 또는 과실로 인한 손해배상책임 부 담(회사의 입증책임) −6개월 이내의 업무정지, 기관 및 임직원 제재대상

3 분쟁 예방 요령

분쟁은 일단 발생하게 되면 당사자 간 해결이 쉽지 않기 때문에 무엇보다도 사전에 분쟁이 발생하지 않도록 철저히 예방하는 것이 최선이다. 이와 관련하여 실제 업무를 수행함에 있어 분쟁을 예방할 수 있는 몇 가지 요령을 살펴보도록 한다.

금융상품을 판매하는 임직원 등의 입장에서 분쟁을 예방하는 요령은 다음과 같이 정리할 수 있다.

첫 번째, 임직원 개인계좌로 고객자산 등의 입금을 받아서는 안 된다.

근래에는 발생하는 사례가 많지 않으나, 종종 발생하는 사고사례 중 하나로 고객자산을 임직원의 개인계좌로 수령하는 경우이다. 이는 임직원 개인의 사적 사기 및 횡령 등으로 진행될 가능성이 매우 높기 때문에 각 금융회사는 고객자산의 입금 등에는 반드시 고객 본인 명의의 계좌를 사용하도록 강력히 안내하고 있으며, 사규 등으로 임직원 개인계좌를 고객 자산의 수령 목적으로 사용하지 못하도록 규정하고 있다.

그럼에도 불구하고 거래상대방과 일정 기간 거래관계를 통해 신뢰를 쌓은 뒤 개인계좌를 이용하여 입금 등을 받는 금융회사 임직원 등이 있으므로 이를 철저히 방지하는 것이 필요하며, 만일 이러한 경우가 발생하여 고객과 분쟁에 휘말리는 경우 해당 임직원은 '개인의 일탈행위'로 분류되어 회사로부터 보호를 받지 못할 가능성이 매우 높다.

두 번째, 금융투자업에서 일정 범위 내에서 허용되는 일임매매의 경우 그 범위 및 취지에 맞게 업무를 수행하여야 한다.

관련 법령에 따라 거래상대방의 승인 등을 통해 일임매매를 하게 되는 경우 미수, 신용거래 및 투자유의종목 등 위험한 거래는 가급적 피하도록 한다. 특히 일임매매의 경우 거래결과를 반드시 고객에게 안내하되, 고객 요청에 따라 유선 등으로 보고하지 말도록 요청을 한 경우에는 메일이나 메신저 등을 통해 보고를 함으로써 향후 분쟁이 발생하는 경우 증빙자료로서 활용하도록 대비하여야 한다.

세 번째, 금융회사의 임직원은 금융상품거래의 조력자 역할임을 잊지 말도록 한다.

고객이 원하는 거래와 임직원의 의견이 다른 경우 반드시 고객의 진정한 매매의사를 확인하고 이에 따른 처리를 진행하여야 한다. 특히 주식 매매에 있어서 임직원의 반대로 고객이 원하는 매매를 못하였다는 분쟁이 빈번히 발생하고 있는데, 임직원은 고객의 조력자로서 고객이 이익을 얻을 수 있도록 최선을 다하되, 단순한 의견을 제시하는 역할이며, 해당 거래에 대한 결과는 고객에게 귀속된다는 점을 잊어서는 안 된다.

네 번째, 어떠한 형태로든 손실보전 약정은 하지 말아야 한다.

자본시장법 제55조(손실보전 등의 금지)

금융투자업자는 금융투자상품의 매매, 그 밖의 거래와 관련하여 제103조 제3항에 따라 손실의 보전 또는 이익의 보장을 하는 경우, 그 밖에 건전한 거래질서를 해할 우려가 없는 경우로서 정당한 사유가 있는 경우를 제외하고는 다음 각 호의 어느 하나에 해당하는 행위를 하여서는 아니 된다. 금융투자업자의 임직원이 자기의 계산으로 하는 경우에도 또한 같다.

1. 투자자가 입을 손실의 전부 또는 일부를 보전하여 줄 것을 사전에 약속하는 행위
2. 투자자가 입은 손실의 전부 또는 일부를 사후에 보전하여 주는 행위
3. 투자자에게 일정한 이익을 보장할 것을 사전에 약속하는 행위
4. 투자자에게 일정한 이익을 사후에 제공하는 행위

투자성 상품에 대해 금융투자업 종사자가 계약의 체결을 권유하면서 금융소비자에게 투자성과를 보장하였으나 보장한 투자실적을 거두지 못하는 경우 손실보전약정에 따라 증권투자의 자기책임의 원칙에 반하여 투자손실을 보전해 주는 것은 자본시장법을 위반하는 행위이다. 만일 금융투자업 종사자가 금융소비자에게 손실부담 혹은 이익의 보장을 약속하여 투자권유가 이루어진 경우 금융소비자가 그 권유에 따라 위탁을 하지 않더라도 위의 금지규정을 위반한 것으로 본다. 다만 사전에 준법감시인(준법감시인이 없는 경우에는 감사 등 이에 준하는 자)에게 보고한 경우에는 예외적으로 다음에 해당하는 행위가 허용된다.

❶ 회사가 자신의 위법(과실로 인한 위법을 포함) 행위 여부가 불명확한 경우 사적 화해의 수단으로 손실을 보상하는 행위. 다만, 증권투자의 자기책임원칙에 반하는 경우에는 그러하지 아니함

❷ 회사의 위법행위로 인하여 회사가 손해를 배상하는 행위

❸ 분쟁조정 또는 재판상의 화해절차에 따라 손실을 보상하거나 손해를 배상하는 행위

다섯 번째, 지나친 단정적 판단을 제공하지 않도록 한다.

단정적 판단의 제공은 위에서 살펴본 바와 같이 금융소비자보호법에서 강력히 규제하고 있는 부당영업행위 중 하나로 주식매매를 포함한 금융상품에 대한 권유 등을 하는 경우 시장 루머 및 미공개정보 등 불확실한 사항을 단정적으로 표현하지 말아야 한다. 설사 해당 사항에 대한 확신이 있더라도 정보의 불확실성과 투자위험성을 항상 같이 언급함으로써 투자거래의 판단은 거래상대방인 금융소비자가 결정할 수 있도록 해야 한다.

여섯 번째, 업무수행 중 취득하게 된 정보의 취급에 신중을 기하여야 한다.

금융투자회사 임직원은 투자상담 등 직무수행과정에서 고객의 인적사항, 재산, 수입 등에 관한 정보를 알 수 있게 되는데, 이러한 고객정보를 누설하거나 고객 아닌 자의 이익을 위하여 부당하게 이용하는 행위를 하여서는 아니 된다.

특히 고객의 금융거래와 관련하여서는 「금융실명거래 및 비밀보장에 관한 법률」이 적용되어 동법 제4조에서 정하고 있는 법관이 발부한 영장에 의한 경우 등의 예외적인 경우를 제외하고는 금융기관 임직원이 고객의 금융거래정보를 타인에게 제공하거나 누설하는 것이 원천적으로 금지되어 있고, 자본시장법 제54조에서도 직무상 알게 된 정보를 정당한 사유없이 자기 또는 제3자의 이익을 위하여 이용하는 것을 금지하고 있다. 고객정보의 취급과 관련한 사항은 별도로 살펴보도록 한다.

한편, 임직원이 직무수행 중 알게 된 회사의 정보로서 외부에 공개되지 아니한 정보는 회사의 재산에 속하는 것이고 오로지 회사의 이익을 위해서만 사용되어야 하므로 이를 고객 등 제3자에게 알려주는 행위는 매우 중요한 법 위반행위가 된다는 점 역시 숙지하고 해당 정보의 취급 시 유의하여야 한다.

개인정보보호법 관련 고객정보 처리

1 배경

최근 보이스피싱, 스미싱 등으로 대표되는 고객의 개인정보를 이용한 금융범죄행위가 증가함에 따라 고객의 정보를 보관하고 관리하는 금융회사와 고객 간에 분쟁이 발생하는 사례가 있다. 이러한 분쟁 발생을 예방하기 위하여 개인정보보호법을 중심으로 고객정보와 관련한 법규 등 세부내용을 확인해보고자 한다.

개인정보보호법은 개인정보의 처리 및 보호에 관한 사항을 정함으로써 개인의 자유와 권리를 보호하고, 나아가 개인의 존엄과 가치를 구현함을 목적으로 하여 2011년 9월 30일 시행되었다. 개인정보보호법의 시행에 따라 공공부문과 민간부문 구별없이 개인정보를 처리하는 기관·단체·개인 등은 국제 수준에 부합하는 개인정보 처리원칙을 마련하여 개인정보 침해를 방지하고 사생활의 비밀을 보호하도록 하여야 한다.

개인정보보호법은 일반법으로서 관련 특별법이 있을 경우는 해당 법의 적용이 우선되나 관련 규정이 특별법에 없을 경우에는 개인정보보호법에 따라 처리해야 한다. 즉 금융회사에서는 「신용정보의 이용 및 보호에 관한 법률」(이하 '신용정보법'이라 한다) 또는 「금융실명거래 및 비밀보장에 관한 법률」(이하 '금융실명법'이라 한다), 전자금융거래법 등의 특별법에 의거하여 고객의 개인정보를 처리하고 특별법에 정함이 없으면 개인정보보호법을 적용하여 처리하여야 한다.

2 개인정보의 개념 및 처리 기본원칙

법률상 "개인정보"란 살아 있는 개인에 관한 정보로서 성명, 주민등록번호 및 영상 등을 통하여 개인을 알아볼 수 있는 정보(해당 정보만으로는 특정 개인을 알아볼 수 없더라도 다른 정보와 쉽게 결합하여 알아볼 수 있는 것을 포함한다)를 말하며, 고유식별정보(주민등록번호, 여권번호 등), 민감정보(건강상태, 진료기록, 병력, 정당의 가입 등) 등이 이에 해당한다. 개인정보보호란 개인정보처리자가 정보주체의 개인정보를 정당하게 수집 및 이용하고 개인정보를 보관, 관리하는 과정에서 내부자의 고의나 관리 부주의 및 외부의 공격으로부터 유출 및 변조·훼손되지 않도록 하며, 정보주체의 개인정보 자기결정권이 제대로 행사되도록 보장하는 일련의 행위를 말한다. 이와 관련한 기본 개념은 다음과 같다.

❶ 정보주체 : 처리되는 정보에 의하여 알아볼 수 있는 사람으로서 그 정보의 주체가 되는 사람

❷ 개인정보파일 : 개인정보를 쉽게 검색할 수 있도록 일정한 규칙에 따라 체계적으로 배열하거나 구성한 개인정보의 집합물(集合物)

❸ 개인정보처리자 : 업무를 목적으로 개인정보파일을 운용하기 위하여 스스로 또는 다른 사람을 통하여 개인정보를 처리하는 공공기관, 법인, 단체 및 개인 등

또한 개인정보의 처리과정에서는 개인정보 보호원칙과 권리가 훼손되지 않도록 다음의 개인정보보호원칙과 정보주체의 권리가 유지되도록 유의하여야 한다.

(1) 개인정보처리자의 개인정보 보호 원칙

❶ 개인정보처리자는 개인정보의 처리 목적을 명확하게 하여야 하고 그 목적에 필요한 범위에서 최소한의 개인정보만을 적법하고 정당하게 수집

❷ 개인정보의 처리 목적에 필요한 범위에서 적합하게 개인정보를 처리하여야 하며, 그 목적 외의 용도로 활용하여서는 아니 됨

❸ 개인정보의 처리 목적에 필요한 범위에서 개인정보의 정확성, 완전성 및 최신성이 보장되도록 하여야 함

❹ 개인정보의 처리 방법 및 종류 등에 따라 정보주체의 권리가 침해받을 가능성과 그 위험 정도를 고려하여 개인정보를 안전하게 관리

❺ 개인정보 처리방침 등 개인정보의 처리에 관한 사항을 공개하여야 하며, 열람청구권 등 정보주체의 권리를 보장

❻ 정보주체의 사생활 침해를 최소화하는 방법으로 개인정보를 처리

❼ 개인정보를 익명 또는 가명으로 처리하여도 개인정보 수집목적을 달성할 수 있는 경우 익명처리가 가능한 경우에는 익명으로 처리하되, 익명처리로 목적을 달성할 수 없는 경우에는 가명으로 처리

❽ 개인정보보호법 및 관계법령에서 규정하고 있는 책임과 의무를 준수하고 실천함으로써 정보주체의 신뢰를 얻기 위하여 노력

(2) 정보주체의 권리

❶ 개인정보의 처리에 관한 정보를 제공받을 권리

❷ 개인정보의 처리에 관한 동의 여부, 동의 범위 등을 선택하고 결정할 권리

❸ 개인정보의 처리 여부를 확인하고 개인정보에 대하여 열람(사본의 발급을 포함한다) 및 전송을 요구할 권리

❹ 개인정보의 처리 정지, 정정·삭제 및 파기를 요구할 권리

❺ 개인정보의 처리로 인하여 발생한 피해를 신속하고 공정한 절차에 따라 구제받을 권리

❻ 완전히 자동화된 개인정보 처리에 따른 결정을 거부하거나 그에 대한 설명 등을 요구할 권리

3 개인정보의 처리 및 관리

(1) 개인정보의 수집 · 이용

개인정보처리자는 다음의 어느 하나에 해당하는 경우에는 개인정보를 수집할 수 있으며 그 수집 목적의 범위에서 이용할 수 있다.

❶ 정보주체의 동의를 받은 경우

❷ 법률에 특별한 규정이 있거나 법령상 의무를 준수하기 위하여 불가피한 경우

❸ 공공기관이 법령 등에서 정하는 소관 업무의 수행을 위하여 불가피한 경우

❹ 정보주체와 체결한 계약을 이행하거나 계약을 체결하는 과정에서 정보주체의 요청에 따른 조치를 이행하기 위하여 필요한 경우

❺ 명백히 정보주체 또는 제3자의 급박한 생명, 신체, 재산의 이익을 위하여 필요하다고 인정되는 경우

❻ 개인정보처리자의 정당한 이익을 달성하기 위하여 필요한 경우로서 명백하게 정보주체의 권리보다 우선하는 경우. 이 경우 개인정보처리자의 정당한 이익과 상당한 관련이 있고 합리적인 범위를 초과하지 아니하는 경우에 한함

❼ 공중위생 등 공공의 안전과 안녕을 위하여 긴급히 필요한 경우

또한, 개인정보처리자는 정보주체의 동의를 받을 때에는 개인정보의 수집·이용 목

적, 수집하려는 개인정보의 항목, 개인정보의 보유 및 이용 기간, 동의를 거부할 권리가 있다는 사실 및 동의 거부에 따른 불이익이 있는 경우에는 그 불이익 내용의 4가지 사항을 정보주체에게 알려야 하고 어느 하나의 사항을 변경하는 경우에도 이를 알리고 동의를 받아야 한다.

개인정보처리자가 그 목적에 필요한 최소한의 개인정보를 수집하는 경우 최소한의 개인정보 수집이라는 입증책임은 개인정보처리자가 부담한다. 또한 정보주체의 동의를 받아 개인정보를 수집하는 경우 필요한 최소한의 정보 외의 개인정보 수집에는 동의하지 아니할 수 있다는 사실을 구체적으로 알리고 개인정보를 수집하여야 한다. 아울러 개인정보처리자는 정보주체가 필요한 최소한의 정보 외의 개인정보 수집에 동의하지 아니한다는 이유로 정보주체에게 재화 또는 서비스의 제공을 거부하여서는 아니 된다.

(2) 개인정보의 제공

개인정보처리자는 정보주체의 동의를 받거나 법률에 특별한 규정에 있는 경우 등에 해당하는 경우에는 정보주체의 개인정보를 제3자에게 제공(공유를 포함)할 수 있다.

수집된 개인정보를 제3자에게 제공하기 위해 정보주체의 동의를 받을 때에는 다음의 사항을 정보주체에게 알려야 하고 어느 하나의 사항을 변경하는 경우에도 이를 알리고 동의를 받아야 한다.

❶ 개인정보를 제공받는 자
❷ 개인정보를 제공받는 자의 개인정보 이용 목적
❸ 제공하는 개인정보의 항목
❹ 개인정보를 제공받는 자의 개인정보 보유 및 이용 기간
❺ 동의를 거부할 권리가 있다는 사실 및 동의 거부에 따른 불이익이 있는 경우에는 그 불이익의 내용

개인정보처리자는 개인정보보호법에서 정한 수집·이용 범위를 초과하여 이용하거나 정보주체의 동의 범위를 초과하여 개인정보를 제3자 제공하여서는 아니 된다.

(3) 개인정보의 관리

개인정보처리자는 보유기간이 경과하거나 처리목적이 달성되는 등 그 개인정보가 불필요하게 된 경우에는 다른 법령에 따른 보존의무가 있는 경우를 제외하고 지체 없이

그 개인정보를 파기하여야 하며, 개인정보를 파기할 때에는 복구 또는 재생되지 아니하도록 조치하여야 한다.

또한 개인정보를 파기하지 아니하고 보존하여야 하는 경우에는 해당 개인정보 또는 개인정보파일을 다른 개인정보와 분리하여서 저장 관리하여야 하며, 개인정보의 처리를 위탁할 경우는 수탁자가 안전하게 개인정보를 관리하도록 문서를 작성하고, 해당 업무를 초과한 이용이나 제3자 제공은 금지하여야 한다.

개인정보보호법 제23조에 따른 사상·신념 등 정보주체의 사생활을 현저히 침해할 우려가 있는 '민감정보' 및 개인정보보호법 제24조에서 정하고 있는 '고유식별정보'는 정보주체에게 법에서 정하고 있는 사항을 안내하고 별도의 동의를 얻거나, 법령에서 구체적으로 허용된 경우에 한하여 예외적으로 처리를 허용하도록 엄격하게 제한하고 있다.

특히 고유식별번호 중 주민등록번호는 외부의 노출 시 심각한 위험이 존재하므로 개인정보보호법 제24조의2에 따라 아래의 경우를 제외하고는 처리할 수 없도록 규정하였다.

❶ 법률 대통령령 국회규칙 대법원규칙 헌법재판소규칙 중앙선거관리위원회규칙 및 감사원규칙에서 구체적으로 주민등록번호의 처리를 요구하거나 허용한 경우
❷ 정보주체 또는 제3자의 급박한 생명, 신체, 재산의 이익을 위하여 명백히 필요하다고 인정되는 경우
❸ 위의 항목에 준하여 주민등록번호 처리가 불가피한 경우로서 개인정보보호법상의 개인정보보호위원회가 고시로 정하는 경우

개인정보처리자는 주민등록번호가 분실, 도난, 유출, 위조, 변조 또는 훼손되지 아니하도록 암호화 조치를 통하여 안전하게 보관하여야 하며, 암호화 적용대상 및 대상별 적용 시기 등에 관하여 규정하고 있는 개인정보보호법 시행령에 따른 의무사항을 이행하여야 한다.

개인정보보호법은 개인정보유출 등에 대한 징벌적 손해배상제도를 도입하여, 금융회사의 고의·중과실로 개인정보유출 등이 발생하여 손해가 발생한 때에는 법원은 그 손해액의 5배를 넘지 않은 범위에서 손해배상액을 정할 수 있다(개인정보보호법 제39조).

chapter 02

준수절차 및 위반 시 제재

내부통제기준

금융산업에 있어서 내부적 통제(internal control)로서의 준법감시(compliance)제도는 임직원이 고객재산의 선량한 관리자로서 고객이익을 위해 선관주의의무를 다하였는지, 업무처리과정에서 제반 법규 등을 잘 준수하였는지에 대하여 사전적 또는 사후적으로 통제·감독하기 위한 것이다.

특히 금융투자업은 타인의 재산을 위탁받아 운용, 관리하므로 엄격한 도덕성과 신뢰성이 필수요소이다.

물론 투자자 보호를 위해 관련 법규에 의한 사후적 감독이 가능하지만 준법감시제도와 같은 상시적인 내부통제시스템을 통한 사전적인 예방장치가 필요한 까닭이 여기에 있다.

금융소비자보호법 제16조 제2항에서는 금융상품 판매업자 등의 관리책임 중 하나로 '임직원 등이 직무를 수행할 때 준수하여야 할 기준 및 절차(이하 내부통제기준)를 마련'하도록 규정하고 있는데, 여기에는 이제까지 살펴보았던 바와 같이 금융회사의 임직원이 준수하여야 할 기본적인 두 가지 직무윤리에 기반하여 법제화되어 있는 이해상충 방지 의무와 금융소비자 보호의무 및 이를 실천하기 위한 6대 판매원칙을 포함하고 있다. 즉 내부통제기준은 기본적인 직무윤리에서 비롯된 법규들을 준수하기 위한 세부적인 절차로 이를 위반하는 경우 가장 상위에 존재하는 법률 위반은 물론 회사 자체적으로 정한 사규를 위반하는 것이며, 이를 위반하는 경우 제재가 발생하게 된다. 특히 의무적으로 준수해야 할 사항들을 준수하지 않아 금융소비자와 분쟁이 발생하는 경우에는 이에 대한 책임이 임직원 본인에게 돌아가게 된다는 점에 유의할 필요가 있다.

금융소비자와 분쟁이 발생하는 경우 처리방법에 대하여는 금융소비자보호법 제33조 부터 제43조에서 금융감독원의 금융분쟁조정위원회 설치를 비롯하여 금융분쟁의 조정을 위한 내용을 담고 있으므로, 이에 관한 사항은 분쟁조정제도에서 별도로 다루기로 한다.

section 02 위반에 대한 제재

2021년 금융소비자보호법이 시행되면서 기존의 지배구조법이나 자본시장법에서 금융소비자보호 관련 법조항들이 이관되었고, 분쟁 관련 사항은 금융소비자보호법 제16조 제2항에서 규정하고 있는 '내부통제기준'에 포함되므로 이번 장에서는 금융소비자보호법의 위반 시 제재 사항을 살펴보도록 한다.

1 벌칙

1) 벌금

벌금은 형법 상의 제재조치로 재산형 가운데 가장 무거운 것으로써 대상자에게 일정한 금액의 지불의무를 강제적으로 부담하게 하는 것이다. 벌금의 집행은 검사의 명령에 의하며, 납무의무자가 납부기간까지 납부하지 아니한 때에는 벌금납부독촉서를 검찰청 집행과장 명의로 발부하여 독촉한다.

금융소비자보호법 제67조에서는 아래와 같은 경우 5년 이하의 징역 또는 2억원 이하의 벌금에 처하도록 규정하고 있다.

❶ 금융상품판매업자 등의 등록을 하지 아니하고, 금융상품판매업 등을 영위한 자
❷ 거짓이나 그 밖의 부정한 방법으로 금융상품판매업 등의 등록을 한 자
❸ 금융상품 판매대리·중개업자가 아닌 자에게 금융상품 계약체결 등을 대리하거나 중개하게 한 자

아울러 같은 법 제68조에서는 위의 조항을 위반한 법인의 대표자 법인 또는 개인의 대리인, 사용인 등이 제67조를 위반하는 경우 그 행위자를 벌하는 것 외에 그 법인 또는 개인 등에게도 벌금형을 부과할 수 있다고 규정하고 있다.

2) 과징금

과징금이란 일정한 행정법상 의무를 위반하거나 이행하지 않았을 때 행정의 실효성을 확보하기 위한 수단으로 의무자에게 부과하여 징수하는 금전적 제재로 재정수입의 확보보다는 위반행위에 대한 제재라는 성격이 강하다고 볼 수 있다.

벌금이 형법상의 벌칙이라면 과징금은 행정법상의 벌칙으로 금액의 상한이 정해져 있는 과태료보다 더욱 강화된 제재의 형태라고 할 수 있다. 금융소비자보호법 제57조에서는 다음과 같은 위반행위가 발생하는 경우 '그 위반행위와 관련된 계약으로 얻은 수입 또는 이에 준하는 금액의 100분의 50이내에서 과징금을 부과'할 수 있도록 규정하고 있다.

(1) 설명의무 위반

❶ (금융소비자에게) 중요한 사항을 설명하지 않는 행위
❷ 설명서를 제공하지 않는 행위
❸ (금융소비자로부터 설명의무 이행을) 확인받지 않는 행위

(2) 불공정 영업행위 금지 위반

❶ 금융소비자의 의사에 반하여 다른 금융상품의 계약체결을 강요하는 행위

❷ 대출성 상품의 경우 부당하게 담보를 요구하거나, 보증을 요구하는 행위

❸ 업무와 관련하여 (금융소비자에게) 편익을 요구하거나 제공받는 행위

❹ (대출성 상품의 경우) 특정 대출 상환방식을 강요하거나, 법령에서 정한 경우를 제외하고 중도상환수수료를 부과하거나, 제3자의 연대보증을 요구하는 행위

❺ 연계, 제휴 서비스 등을 부당하게 축소하거나 변경하는 행위 등

❻ 그 밖에 우월적 지위를 이용하여 금융소비자의 권익을 침해하는 행위 등

(3) 부당권유행위 금지 위반

❶ 불확실한 사항에 대한 단정적 판단의 제공 또는 확실하다고 오인하게 할 소지가 있는 내용을 알리는 행위

❷ 금융상품의 내용을 사실과 다르게 알리는 행위

❸ 금융상품의 가치에 중대한 영향을 미치는 사항을 금융소비자에게 알리지 아니하는 행위

❹ 금융상품 내용의 일부에 대하여 비교대상 및 기준을 밝히지 않거나, 객관적인 근거 없이 다른 금융상품과 비교하여 해당 금융상품이 우수하거나 유리하다고 알리는 행위

❺ (보장성 상품의 경우) 금융소비자가 보장성 상품 계약의 중요한 사항을 금융상품 직접판매업자에게 알리는 것을 방해하거나 알리지 아니할 것을 권유하는 행위 및 상품 계약의 중요사항을 부실하게 알릴 것을 권유하는 행위

❻ (투자성 상품의 경우) 금융소비자의 요청없이 방문, 전화 등 실시간 대화의 방법을 이용하여 계약체결을 권유하는 행위 및 금융소비자의 계약체결 거절 의사표시에도 불구하고 계약의 체결권유를 계속하는 행위

(4) 광고 관련 규정 위반

❶ 금융상품 등에 관한 광고를 하는 경우 불명확하거나 불공정한 전달을 통해 금융소비자가 금융상품의 내용을 오해할 수 있도록 하는 행위

❷ 기타 금융상품유형별로 금융소비자보호법 제22조 제3항 또는 제4항을 위반하는 행위

(5) 양벌규정

금융상품판매대리·중개업자 또는 금융상품 직접판매업자 소속 임직원이 위의 (1)부터 (4)까지의 위반행위를 하는 경우 금융상품직접판매업자에게도 그 위반행위와 관련된 계약으로부터 얻은 수입 등의 100분의 50이내에서 과징금을 부과할 수 있다.

3) 과태료

과징금과 유사하게 형법상 제재가 아닌 행정법상 제재수단의 하나로 일정한 의무를 이행하지 않는 자에게 부과하며, 불이행시 강제징수철차에 따른 집행이 가능하다.

금융소비자보호법 제69조에서는 과태료를 부과할 수 있는 행위에 대해 다음과 같이 규정하고 있다.

(1) 1억원 이하의 과태료 부과대상

❶ (금융상품판매업자가) 내부통제기준을 마련하지 아니하는 경우

❷ (금융소비자에게) 중요한 사항을 설명하지 아니하거나, 설명서를 제공하지 아니하거나, 확인을 받지 아니하는 경우

❸ (제20조의) 불공정영업행위를 하는 경우

❹ (제21조의) 부당권유행위를 하는 경우

❺ (제22조의) 광고 관련 규정을 위반하는 경우

❻ 금융상품계약체결 등의 업무를 대리하거나 중개하게 한 금융상품판매대리·중개업자가 위의 ❷부터 ❺까지의 행위를 하는 경우

❼ (제23조를 위반하여) 금융소비자에게 계약관련 서류를 제공하지 아니하는 경우

❽ 금융상품판매대리·중개업자가 대리·중개하는 업무를 제3자에게 하게 하거나 그러한 행위에 관하여 수수료·보수나 그 밖의 대가를 지급하는 경우

❾ 기타 금융상품판매업 등의 업무와 관련한 자료로서 대통령령으로 정하는 자료를 기록, 관리하지 아니하는 경우 등 금융소비자보호법 제69조 제1항 제9호부터 제13호에 해당하는 경우

(2) 3천만원 이하의 과태료 부과대상

❶ (제17조제2항을 위반하여) 정보를 파악하지 아니하거나 확인을 받지 아니하거나 이를 유지·관리하지 아니하거나 확인받은 내용을 지체 없이 제공하지 아니한 경우

❷ (제17조제3항을 위반하여) 계약 체결을 권유한 경우

❸ (제18조제1항을 위반하여) 정보를 파악하지 아니한 경우

❹ (제18조제2항을 위반하여) 해당 금융상품이 적정하지 아니하다는 사실을 알리지 아니하거나 확인을 받지 아니한 경우

❺ 제25조제1항 각 호의 어느 하나에 해당하는 행위를 한 경우

❻ 제25조제2항을 위반하여 수수료 외의 금품, 그 밖의 재산상 이익을 요구하거나 받은 경우

❼ 제26조제1항을 위반하여 같은 항 각 호의 어느 하나에 해당하는 사항을 미리 금융소비자에게 알리지 아니한 자 또는 같은 조 제2항을 위반하여 표지를 게시하지 아니하거나 증표를 보여 주지 아니한 경우

(3) 1천만원 이하의 과태료 부과대상

법령에 따라 등록한 금융상품판매업자 등이 등록요건 중 대통령령으로 정하는 사항이 변동된 경우 1개월 이내에 그 변동사항을 금융위원회에 보고하여야 하는데, 이를 준수하지 아니하는 경우 1천만원 이하의 과태료 부과대상이 된다.

---

2   행정제재

1) 금융상품판매업자 등에 대한 처분 등

금융소비자보호법 제51조에서는 금융상품판매업자등에 대한 처분을 규정하고 있는데, 해당 조항이 금융소비자와의 분쟁에 직접적인 영향을 미치는 경우는 매우 제한적일 것이지만, 전체적인 흐름을 이해하고 이어지는 조치들과의 연계성을 고려하여 간단하게 살펴보도록 한다.

금융소비자보호법 제12조 제1항에서는 '금융상품판매업등을 영위하려는 자는 금융상품직접판매업자, 금융상품판매대리·중개업자 또는 금융상품자문업자별로 예금성 상

품, 대출성 상품, 투자성 상품 및 보장성 상품 중 취급할 상품의 범위를 정하여 금융위원회에 등록하여야 한다'고 규정하고 있다.

금융상품판매업자등에 대한 처분조치 중 하나는 바로 이 등록에 관한 규정 준수 여부이며 이를 위반하는 경우에 있어 제재사항을 다루고 있다.

(1) 등록의 취소

❶ (금융소비자보호법 제12조를 위반하여) 거짓이나 그 밖의 부정한 방법으로 등록한 경우 그 등록을 반드시 취소하여야 함

❷ 아래의 경우 금융위원회는 그 등록을 취소할 수 있음
 − (금융소비자보호법 제12조 제2항 및 제3항을 위반하여) 등록요건을 유지하지 아니하는 경우
 − 업무의 정지기간 중에 업무를 한 경우
 − 금융위원회의 시정명령 또는 중지명령을 받고 금융위원회가 정한 기간 내에 시정하거나 중지하지 아니한 경우
 − 그 밖에 금융소비자의 이익을 현저히 해칠 우려가 있거나 해당 금융상품판매업등을 영위하기 곤란하다고 인정되는 경우로서 대통령령으로 정하는 경우

(2) 기타 처분 조치

금융소비자보호법 제51조 제2항에 따라 금융위원회는 금융상품판매업자등에 대해 반드시 그 등록을 취소하여야 하는 경우를 제외하고, 위의 등록취소 가능사유에 해당하거나 금융소비자보호법 및 같은 법에 따른 명령을 위반하여 건전한 금융상품판매업등을 영위하지 못할 우려가 있다고 인정되는 경우로서 대통령령으로 정하는 경우 아래의 조치들을 취할 수 있다.

❶ 6개월 이내의 업무의 전부 또는 일부의 정지
❷ 위법행위에 대한 시정명령
❸ 위법행위에 대한 중지명령
❹ 위법행위로 인하여 조치를 받았다는 사실의 공표명령 또는 게시명령
❺ 기관경고
❻ 기관주의

❼ 그 밖에 위법행위를 시정하거나 방지하기 위하여 필요한 조치로서 대통령령으로 정하는 조치

(3) 업태에 따른 별도조치

❶ 은행에 해당하는 경우
- 금융위원회가 금융감독원장의 건의에 따라 위법행위 시정명령, 위법행위로 인하여 조치를 받았다는 사실의 공표명령 또는 게시명령, 그 밖에 필요한 조치 가능
- 금융감독원장이 위법행위 중지명령, 기관경고, 기관주의 조치 가능

❷ 보험업자(대리인 등 포함), 여신전문금융회사인 경우
- 금융위원회가 금융감독원장의 건의에 따라 위의 (2)에 해당하는 조치 가능
- 금융감독원장이 기관경고, 기관주의 조치 가능

2) 금융상품판매업자등의 임직원에 대한 조치

(1) 임원에 대한 조치

❶ 해임요구
❷ 6개월 이내의 직무정지
❸ 문책경고
❹ 주의적 경고
❺ 주의

(2) 직원에 대한 조치

❶ 면직
❷ 6개월 이내의 정직
❸ 감봉
❹ 견책
❺ 주의

(3) 관리·감독 책임

금융위원회는 금융소비자보호법 제52조 제3항부터 제4항에 따라 직접적인 조치 이외에 해당 금융상품판매업자등에 대해 조치를 요구할 수 있는데, 이 때 그 임직원에 대한 관리·감독의 책임이 있는 임직원에 대한 조치를 함께 하거나 이를 요구할 수 있다.

---

3 자율규제기관에 의한 제재

금융투자협회는 '금융투자회사의 금융소비자보호 표준내부통제기준'을 제정하는 등 금융소비자보호와 관련하여 자율규제기관으로서 역할을 수행하고 있으며, 원활한 운영을 위하여 자율규제위원회를 두고 있다.

금융투자협회의 '자율규제위원회 운영 및 제재에 관한 규정'에 따라 자율규제위원회는 위원장 1인과 위원 6인으로 구성되어 있는데 위원은 금융전문가 2인, 법률전문가 1인, 회계 또는 재무전문가 1인, 회원이사가 아닌 정회원의 대표이사 2인으로 되어 있다.

자율규제위원회는 회원의 위법·부당 행위에 대한 제재를 부과할 수 있으며, 제재조치는 다음과 같다.

(1) 회원 대상 조치

❶ 총회에 대한 회원 제명요구
❷ 회원자격 정지
❸ 협회가 회원에게 제공하는 업무의 일부 정지 또는 전부 정지
❹ 제재금의 부과
❺ 경고
❻ 주의

(2) 회원의 임원 대상 조치

❶ 해임(주주총회에서 해당 임원의 해임여부 결정 시까지 업무집행정지 권고 포함)
❷ 6개월 이내의 업무집행정지
❸ 경고

④ 주의

(3) 회원의 직원 대상 조치

❶ 징계면직
❷ 정직
❸ 감봉
❹ 견책
❺ 주의

(4) 기타

자율규제위원회는 회원에 대한 제재를 부과하거나, 회원의 임직원에 대한 제재를 권고하는 경우 '자율규제위원회 운영 및 제재에 관한 규정'에 따라 동 사실을 공표할 수 있으며, 회원에 대한 개선요구, 시정요구 등도 조치가능하다.

또한, 회원의 위법·부당한 행위에 대하여 부과되는 제재 조치는 투자자보호에 미치는 영향 등을 고려하여 가중되거나 감면될 수 있다.

4 회사 자체의 제재조치

금융투자회사는 내부통제기준 위반자에 대한 처리기준을 사전에 규정화하고, 위반자에 대하여 그 위반의 정도에 따라 견책, 경고, 감봉, 정직, 해고 등의 조치를 취할 수 있다.

앞서 설명한 바와 같이 준법감시부서 및 금융소비자보호를 위한 내부통제기준은 지배구조법, 자본시장법, 금융소비자보호법 등 각 관련법령과 하위 규정 등을 통해 정해지는 것이므로 위반행위가 발생하는 경우 대외적으로는 위에서 설명한 각 법령 등의 제재조치는 물론 대내적으로는 각 회사별 사규에서 정하고 있는 사규 위반 시의 제재조치도 부과된다.

금융소비자보호법 제44조 제1항에서는 '금융상품판매업자등이 고의 또는 과실로 금융소비자보호법을 위반하여 금융소비자에게 손해를 발생시킨 경우에는 그 손해를 배상할 책임이 있다'는 일반원칙을 규정하고 있다.

한편, 같은 조 제2항에서는 같은 법 제19조의 설명의무를 위반한 경우 역시 손해배상책임을 금융상품판매업자등에 부과하고 있으나, 해당 금융상품판매업자등이 고의 및 과실이 없음을 입증하는 경우에는 예외적으로 손해배상책임의 부과를 면제하고 있다.

다시 말해 금융상품판매업자등은 금융소비자보호법 전반의 위반행위로 인한 금융소비자의 손해가 발생한 경우 손해배상책임을 부담한다는 것을 원칙으로 하되, 6대 판매원칙 중 설명의무와 관련한 손해배상책임에 있어서는 금융소비자의 손해에 대해 고의나 과실이 없음에 대한 입증책임을 금융상품판매업자등에게 부담시킴으로써. 금융소비자보호를 더욱 강화한 것으로 볼 수 있다.

또한, 금융소비자보호법 제45조에서는 금융상품계약체결등의 업무를 대리·중개한 금융상품판매대리·중개업자가 금융상품의 대리·중개 업무를 수행할 때 금융소비자에게 손해를 발생시킨 경우에는 해당 금융소비자에게 손해를 배상할 책임이 있음을 규정하고 있다.

즉 금융상품판매업자등이 직접 계약체결등의 업무를 수행한 부분뿐만 아니라, 해당 업무를 위탁한 대리·중개업자를 통한 계약체결등에 있어서도 손해배상의 책임을 폭넓게 부과하여 금융소비자를 보호하고 있는 것이다.

다만, 금융상품직접판매업자가 금융상품판매대리·중개업자 등에 대한 선임과 그 업무의 감독에 대해 적절한 주의를 하고 손해방지를 위한 노력을 한 경우에는 예외로 할 수 있고, 금융소비자의 손해가 발생하여 배상을 하였다면 해당 금융상품판매대리·중개업자에 대한 구상권 청구를 행사할 수 있다.

section 03 　분쟁조정제도

1 　개요

분쟁조정이란 분쟁 당사자의 신청에 기초하여 주장내용과 사실관계를 확인하고 이에 대한 합리적인 분쟁 해결 방안이나 의견을 제시하여 당사자 간의 합의에 따른 원만한 분쟁해결을 도모하는 제도이다. 분쟁조정신청이 접수되면 양당사자의 제출자료 검토와 대면 문답절차 등을 거쳐 분쟁 조정기관이 중립적인 조정안을 제시하는데, 분쟁조정기관은 이러한 중립적인 조정안을 제시하기 위해 통상적으로 법조계, 학계, 소비자단체, 업계 전문가로 구성된 분쟁조정위원회를 구성·운영한다.

금융소비자보호법 제33조에서는 이러한 분쟁조정기구로 '금융위원회의 설치 등에 관한 법률' 제38조 각 호의 기관, 금융소비자 및 그 밖의 이해관계인 사이에 발생하는 금융관련 분쟁의 조정에 관한 사항을 심의·의결하기 위하여 금융감독원에 금융분쟁조정위원회를 둔다고 규정하고 있다.

금융소비자보호법 제34조에 따라 조정위원회는 위원장 1명을 포함하여 총 35명 이내의 위원으로 구성된다.

위원장은 금융감독원장이 소속 부원장 중에서 지명하며 위원은 금융감독원장이 지명하는 소속 부원장보 및 다음과 같은 자격을 갖춘 자 중 금융감독원장이 위촉한다.

❶ 판사·검사 또는 변호사 자격이 있는 사람
❷ 소비자기본법에 따른 한국소비자원 및 같은 법에 따라 등록한 소비자단체의 임원, 임원으로 재직하였던 사람 또는 15년 이상 근무한 경력이 있는 사람
❸ 조정 대상기관 또는 금융 관계기관·단체에서 15년 이상 근무한 경력이 있는 사람
❹ 금융 또는 소비자 분야에 관한 학식과 경험이 있는 사람
❺ 전문의 자격이 있는 의사
❻ 그 밖에 분쟁조정과 관련하여 금융감독원장이 필요하다고 인정하는 사람

조정위원회의 위원 임기는 2년이며 공무원이 아닌 위원은 형법 제129조부터 제132조까지의 규정을 적용할 때에는 공무원으로 본다.

금융관련 분쟁이 발생한 경우 이해관계인은 금융감독원장에게 분쟁조정을 신청할 수 있으며 금융감독원장은 금융소비자보호법 제36조 제2항에 따라 합의를 권고할 수 있다. 다만, 분쟁조정의 신청내용이 분쟁조정대상으로서 적합하지 아니하다고 금융감독원장이 인정하는 경우, 신청한 내용이 관련 법령 또는 객관적인 증명자료 등에 따라 합의권고절차 또는 조정절차를 진행할 실익이 없는 경우 및 이에 준하는 사유로서 대통령령이 정하는 경우에는 합의를 권고하지 아니하거나, 조정위원회의 회부를 하지 않을 수 있으며 이 경우 동 사실을 관계 당사자에게 서면으로 통지하여야 한다.

한편, 분쟁조정의 대상이 되는 경우 금융감독원장은 분쟁조정 신청을 받은 날로부터 30일 이내에 합의가 이루어지지 않은 때에는 지체없이 분쟁조정위원회에 회부하여야 하고, 조정위원회는 조정안을 60일 이내에 작성하며, 금융감독원장은 분쟁조정 신청인과 관계 당사자에게 조정안을 제시하고 수락을 권고할 수 있다.

분쟁조정의 신청인과 관계 당사자가 조정안을 제시받은 날로부터 20일 이내에 조정안을 수락하지 않을 때에는 해당 조정안을 수락하지 않은 것으로 본다.

2 　분쟁조정의 효력

조정은 법원의 판결과는 달리 그 자체로서는 구속력이 없고 당사자가 이를 수락하는 경우에 한하여 효력을 갖는다. 금융감독원에 설치된 조정위원회의 조정안을 당사자가 수락하면 당해 조정안은 금융소비자보호법 제39조에 따라 재판상 화해와 동일한 효력을 갖는다. 그러나 그 밖의 기관(한국거래소 시장감시위원회의 분쟁조정심의위원회, 금융투자협회의 분쟁조정위원회 등)에 의한 조정은 민법상 화해계약으로서의 효력을 갖는다.

3 　분쟁조정제도의 장단점

장점	단점
• 소송수행으로 인한 추가적인 비용부담 없이 최소한의 시간 내에 합리적으로 분쟁 처리 가능 • 복잡한 금융 관련 분쟁에 대한 전문가의 조언 및 도움을 받을 수 있음 • 개인투자자가 확인하기 어려운 금융투자회사	• 양당사자의 합의가 도출되지 아니하면 분쟁처리가 지연될 수 있음 • 판단기관에 따른 결과의 차이가 있을 수 있음. 분쟁조정기관은 기존의 판례 및 선례, 법이론을 바탕으로 가장 보편타당한 결과를 도출하기

의 보유자료 등을 조정기관을 통해 간접적으로 확인 가능

위해 노력하지만, 실제 소송 수행 결과와 반드시 같은 결과가 나올 것으로 단정할 수 없으므로, 조정안에 대한 최종 수용 여부는 당사자가 신중히 판단하여야 함

4　주요 분쟁조정기구

기관명	금융투자협회	금융감독원	한국거래소
담당조직	자율규제본부 소비자보호부	금융소비자보호처 금융민원 총괄국	시장감시위원회
분쟁조정 대상	• 회원의 영업행위와 관련한 분쟁조정 • 회원 간의 착오매매와 관련한 분쟁조정	금융감독원의 검사를 받는 금융회사와 금융소비자 사이에 발생하는 금융관련 분쟁	유가증권시장, 코스닥시장, 파생상품시장에서의 매매거래와 관련하여 발생한 권리의무 또는 이해관계에 관한 분쟁
분쟁조정 효력	당사자가 분쟁조정위원회의 조정안을 수락한 경우 민법상 화해계약의 효력을 갖게 됨. 다만, 금융감독원은 재판상 화해와 동일한 효력을 갖게 됨		
장점	• 소송에 따른 비용 부담없이 최소한의 시간 내에 합리적으로 분쟁을 처리 가능 • 복잡한 금융 관련 분쟁에 대해 전문가의 도움을 받을 수 있음 • 개인투자자 측면에서 확인하기 어려운 금융투자회사의 보유자료 등을 분쟁조정기관을 통해 간접적으로 확인 가능		
소송지원 제도	금융기관이 우월적 지위를 이용하여 조정결과를 부당하게 회피하는 것을 방지하기 위하여 금융투자회사가 정당한 사유 없이 분쟁조정위원회의 조정결정을 수락하지 않고, 신청인이 소송지원을 요청하는 사건 중 투자자 보호 및 공정거래질서 확립을 위하여 필요하다고 인정되는 경우 협회장이 위촉하는 변호사를 소송대리인으로 위촉하여 소송지원 (확정판결 시까지)	조정위원회의 조정결정에 대하여 당사자 일방이 이를 거부하여 조정이 불성립된 경우 법원의 소송절차를 통해 해결이 가능하며, 신청인의 청구를 인용하는 것으로 조정결정된 사건이거나 조정결정이 있기 전 사건으로서 조정선례 또는 법원의 판례 등에 비추어 신청인의 청구를 인용하는 것으로 조정결정될 것이 명백한 사건으로서 피신청인인 금융회사의 조치가 현저히 부당하다고 위원회가 인정하는 경우 소송지원 가능	증권·선물회사가 분쟁조정심의위원회의 결정을 정당한 이유없이 수락을 거부하거나, 위원회의 조정결정이 있기 전 증권·선물회사가 소 등을 제기하여 조정절차가 종료하였지만 조정선례 또는 법원의 판례 등에 비추어 증권·선물회사에 대한 책임 인정이 명백한 경우 ※ 소송지원의 실익이 없거나 공익목적에 부적절한 경우에는 소송지원 대상에서 제외

금융투자협회의 분쟁조정제도

1. 분쟁조정제도

- 협회 분쟁조정제도는 협회 회원의 영업행위와 관련한 분쟁에 대하여 소송에 따른 비용과 시간의 문제점을 해결하고 당사자 간의 원만하고 신속한 분쟁 해결을 유도함으로써 시장 참가자들의 편의를 제공하기 위한 제도임
- 분쟁 당사자는 금융투자상품에 대한 전문적 지식과 경험을 갖춘 인사들로 구성된 분쟁조정위원회의 분쟁조정을 이용함으로써 신속, 공정하게 분쟁을 해결할 수 있음

2. 분쟁조정위원회 취급 업무

- 회원의 영업행위와 관련한 분쟁조정
- 회원 간의 착오매매와 관련한 분쟁조정

3. 분쟁조정 대상 금융투자상품

금융투자회사	분쟁조정 대상 금융투자상품
증권회사	주식, 파생결합증권(ELS, ELW), 수익증권, 장내파생상품 (KOSPI 200선물·옵션, 개별 주식옵션), 장외파생상품 등
선물회사	장내파생상품(KOSPI 200선물·옵션, 미국 달러선물·옵션, 국고채선물, FX마진거래, 해외선물)
자산운용회사	자산운용회사가 직접 판매한 수익증권
신탁회사	금전신탁계약, 부동산 신탁계약 등
투자자문·일임회사 (금융위원회에 등록된 업체)	투자자문·일임계약
은행	수익증권, 장외파생상품 등
보험사	수익증권, 변액보험 등

4. 분쟁조정의 효력

- 당사자가 협회 분쟁조정위원회의 조정안을 수락한 경우 민법상 화해계약의 효력을 갖게 됨(민법 제732조)

5. 분쟁조정절차

- 분쟁조정절차는 신청인이 협회에 신청서를 제출함으로써 시작됨

① 분쟁조정신청 접수/통지

신청방법	신청서류
신청인 본인이 직접 신청함이 원칙이나 원하는 경우 대리인도 신청이 가능하며 협회로 직접방문 또는 우편으로 신청이 가능합니다.	분쟁조정신청서, 관련 증거서류 또는 자료, 신청인 신분증 대리인이 신청하는 경우 위임장(신청인의 인감도장 날인), 신청인 인감증명서 및 대리인의 신분증이 추가됩니다.

② 사실조사
 - 양당사자가 제출한 자료의 검토 뿐 아니라 필요한 경우 당사자 간 대면질의 등의 방법으로 투자 당시의 구체적인 사실관계를 확인하기 위한 조사가 이루어짐
③ 합의권고
 - 분쟁의 원만한 해결을 위하여 당사자가 합의하도록 함이 상당하다고 인정되는 경우 구두 또는 서면으로 합의를 권고함
④ 분쟁조정위원회 회부 전 처리
 - 일방 당사자 주장내용의 전부 또는 일부가 이유 있다고 판단되는 경우 위원회 회부 전 양당사자에게 합의권고안을 제시할 수 있고, 분쟁조정신청 취하서가 접수되거나 수사기관의 수사진행, 법원에의 제소, 신청내용의 허위사실 등 일정한 사유에 해당하는 경우 위원회에 회부하지 않고 종결처리 할 수 있음
⑤ 분쟁조정위원회 회부
 - 당사자 간에 합의가 성립하지 않은 경우 협회는 조정신청서 접수일로부터 30일 이내에 분쟁조정위원회에 사건을 회부하며, 위원회는 회부된 날로부터 30일 이내에 심의하여 조정 또는 각하 결정함을 원칙으로 하나 부득이한 경우 15일 이내에서 기한을 연장 할 수 있음
 - 분쟁조정위원회에 회부되면 회의 안건과 각종 제출자료 등이 분쟁조정위원에게 송부되고, 검토와 토론을 통해 최종적인 분쟁조정위원회의 조정안이 제시됨
 - 위원이 당사자의 대리인이거나 친족관계 등 이해관계가 있는 경우 위원회에서 제척되며 신청인은 위원명단을 통지 받은 후 7일 이내에 특정 위원에 대한 기피신청서를 협회에 제출할 수 있음
⑥ 조정의 성립
 - 당사자가 조정결정수락서에 기명 날인한 후 이를 조정결정의 통지를 받은 날로부터 20일 이내에 협회에 제출함으로써 성립하며 민법상 화해계약(민법 제732조)의 효력을 갖게 됨
 - 회원인 당사자는 조정이 성립한 날로부터 20일 이내에 조정에 따른 후속조치를 취하고 그 처리결과를 지체 없이 협회에 제출하여야 함
⑦ 재조정 신청
 - 분쟁조정신청의 당사자는 조정의 결과에 중대한 영향을 미치는 새로운 사실이 나타난 경우(결정의 기초가 되는 자료나 증언이 위조 또는 변조되거나, 법령 또는 판결이 변경되는 등 조정의 결과에 중대한 영향을 미치는 새로운 사실이 나타나는 경우 등) 조정결정 또는 각하 결정을 통지 받은 날로부터 30일 이내에 재조정 신청이 가능

chapter 03

주요 분쟁사례 분석

금융투자상품 관련 분쟁

1 금융투자상품 관련 분쟁의 특징

금융투자회사를 통한 금융투자상품은 그 특성상 높은 수익을 기대할 수 있는 반면에 높은 가격 변동성으로 인한 고위험에 노출되어 있고 투자과정에서 고도의 전문성이 요구되기 때문에 거래과정에서 분쟁이 발생할 소지가 있다.

아울러, 투자중개업을 영위하는 금융투자회사의 일반적인 업무행태는 민법상 위임계약 및 상법상 위탁매매업을 수행하는 것이므로, 수임인 또는 위탁매매업자로서 마땅히 이행하여야 할 선관주의의무를 다하지 못하였다면, 이로 인한 민사상 불법행위책임 또는 채무불이행책임이 발생할 수 있다.

❶ 증권거래 또는 선물거래는 은행거래, 보험거래 등 다른 금융거래와는 달리 투자
   대상의 높은 가격 변동에 따른 고투자위험, 투자과정에서의 전문성 필요 등과 같
   은 내재적인 특성을 가지고 있음
❷ 고객과 금융투자회사 간의 법률관계에서도 거래과정에서 고객의 증권회사 직원
   에 대한 높은 의존성, 위임과정 중 금융투자회사 직원의 폭넓은 개입 기회, 불공
   정거래 가능성 등 일반적인 위임의 법률관계와는 다른 특성이 존재
❸ 계좌개설부터 결제 등 거래종료까지의 거래과정 중에 고객과 금융투자회사 임직
   원 간에 예기치 못한 분쟁이 발생할 개연성이 높은 특징을 가지고 있으며, 또한 분
   쟁발생 시에도 당사자 간에 분쟁해결이 쉽지 않은 경향을 보이는 것이 특징

2 분쟁 관련 금융투자상품의 내재적 특성

금융투자상품의 법률적 정의[1]에 따르면, 투자손실 발생이 가능한(원본손실 가능성이 있
는) 모든 금융상품을 의미한다.

❶ 원금손실 가능성
   금융투자상품은 투자실적에 따라 큰 수익이 발생할 수도 있지만, 반대로 투자원
   금 뿐 아니라 투자원금을 초과하여 손실이 날 수도 있음
❷ 투자결과에 대한 본인 책임
   금융투자상품에 대한 투자결과는 본인 귀속이 원칙이므로, 금융상품에 대하여 충
   분히 이해한 후 '자신의 판단과 책임 하에 투자'하여야 함
❸ 투자상품에 대한 지속적인 관리 요구
   금융투자상품은 금융시장 환경의 대·내외적 요인, 투자상품의 고유특성에 따라
   손익내역이 지속적으로 변하기 때문에, 금융투자상품의 손익상황 및 금융기관의
   관리상황 등에 대한 주기적인 확인이 필요

---

1 법률상 정의(자본시장법 §3①) 이익을 얻거나 손실을 회피할 목적으로 현재 또는 장래의 특정(特
   定) 시점에 금전, 재산적 가치가 있는 것을 지급하기로 약정함으로써 취득하는 권리로서, 그 권리를
   취득하기 위하여 지급하였거나 지급하여야 할 금전 등의 총액이 그 권리로부터 회수하였거나 회수
   할 수 있는 금전 등의 총액을 초과하게 될 위험("투자성")이 있는 것

3 금융투자상품 관련 분쟁의 유형

금융투자상품 관련 분쟁은 거래대상이 되는 금융투자상품의 종류와 어떠한 거래단계에서 발생되었는지 여부 등에 따라 여러 가지 유형으로 구분될 수 있다.

임의매매	고객이 증권회사 또는 선물회사 직원에게 금융투자상품의 관리를 맡기지 아니하였고 그 금융투자회사 직원이 매매주문을 받지 않았음에도 고객의 예탁자산으로 마음대로 매매한 경우에는 민사상 손해배상책임이 발생하며 해당 직원에게 처벌까지 가해질 수 있음
일임매매	투자일임업자가 고객과 투자일임계약을 체결한 상태에서 당초의 일임계약 취지를 위반하여 수수료 수입목적 등의 사유로 인하여 과도한 매매를 일삼은 경우 등 고객충실의무 위반이 인정될 수 있는 경우에는 민사상 손해배상책임이 발생할 수 있음
부당권유	증권회사 또는 선물회사 등의 금융투자회사 또는 은행, 보험 등의 겸영 금융투자회사 직원이 고객에게 투자권유를 하면서 금융투자상품에 대한 설명의무를 충실히 이행하지 않아 위험성에 대한 투자자의 인식형성을 방해하거나, 과대한 위험성이 있는 투자를 부당하게 권유한 경우에는 사안에 따라 민사상 손해배상책임이 발생할 수 있음
펀드 등 금융투자상품 불완전판매	최근 수익증권 등과 같은 집합투자증권(펀드)이 증권회사, 은행, 보험사 등 거의 모든 금융기관을 통하여 판매되는 등 그 수요가 급증함에 따라 관련 민원·분쟁도 빈번히 발생하는 추세임. 금융투자상품의 불완전판매도 부당권유의 한 유형으로 분류되는 것이 보통이므로 적합성의 원칙, 적정성의 원칙, 설명의무, 손실보전약정 금지 등을 종합적으로 고려하여 민법상의 불법행위 여부를 판단하게 됨
주문 관련	고객이 낸 주문을 증권회사, 선물회사 등 투자중개업자인 금융투자회사가 다르게 처리하거나, 주문권한이 없는 자로부터의 매매주문을 제출받아 처리한 경우 민사상 손해배상책임이 발생할 수 있음
기타 분쟁	전산장애가 발생하여 매매가 불가능함으로 인해 발생된 손해, 금융투자회사의 부적절한 반대매매처리로 인한 분쟁, 기타 무자격상담사로 인한 분쟁 사례 등이 있음

(1) 사례 ①

[서울남부지방법원 2010. 9. 17 선고 2009가합10271]

> 역외펀드에 가입하였지만 선물환 거래 경험이 없는 고객에게 환헤지에 대해 개략적
> 으로만 설명하고 특성 및 구체적인 위험에 대해 충분히 설명하지 않았기에 고객보호
> 의무 위반을 인정함

1. 사건 개요

2005년 및 2006년 10월, 고객은 피고 증권사 직원 권유로 역외 펀드(日소형주펀드)에
가입하면서 엔 환율 하락에 대비한 엔화 관련 선물환 매도 계약도 함께 체결하였으
나, 이후 원-엔 환율의 급격한 상승으로 선물환 정산금을 지급하는 손실이 발생

2. 판단 내용

① 선물환 매도 계약은 환율 하락 시 손실발생 위험을 줄일 수 있는 이점이 있는 반면,
펀드에서 손실이 발생하면서 환율도 급등하는 경우에는 펀드 손실로 인한 위험 뿐
만 아니라 환율 급등의 위험에도 추가로 노출됨으로써 다액의 추가 정산금을 부담
하게 될 위험성이 있고, 투자경험이 없는 일반인이 쉽게 접할 수 있는 상품이 아니
므로 금융기관 직원의 개괄적인 설명만으로는 고객이 선물환 계약의 구조, 특성, 위
험성을 제대로 인식하기 어려움. 따라서 역외펀드에 가입하거나 선물환 계약을 체
결한 경험도 없고, 선물환 계약을 접할 기회가 없었던 고객에게는 선물환 계약의 위
험성 및 특성에 대하여 구체적인 설명을 할 의무가 있음

② 고객이 작성한 계약서에 첨부된 '장외파생사품거래에 관한 위험 고지 서류'에는 '선
물환 거래에서 발생할 수 있는 여러 가지 위험이 내재되어 있으므로 이러한 잠재적
위험의 정도를 이해하고 거래하여야 하며 경우에 따라서는 고객에게 적합하지 않은
거래도 있을 수 있다'는 내용이 포함되어 있기는 하나 위험을 추상적으로 알리는 내

용 이상의 어떠한 구체적 기재가 없으며, 원고에게 교부된 '외국간접투자증권 매매 거래에 관한 표준약관'에도 선물환 계약 체결에 따른 추가 손실의 위험성에 대해서 전혀 기재되어 있지 않는 점 등에 비추어 볼 때 피고 회사는 원고와의 선물환 계약 체결 당시 기본적인 환헤지 기능과 함께 환율의 하락이 전망되므로 그 방어책으로 서 선물환 계약을 체결할 필요가 있는 점을 중점적으로 설명하였을 뿐이고 그 특별한 위험성 및 환율이 상승하였을 경우의 구체적인 손실 산정 방법에 관하여는 충분히 설명하지 않음으로써 고객보호의무를 위반함

③ 다만 고객도 신중한 검토없이 피고회사 담당 직원 권유를 그대로 따른 점, 세계적 금융위기에 따른 환율 상승을 쉽사리 예측하기 어려웠던 점, 고객이 일부 역외펀드의 선물환 계약에서 이익을 보기도 한 점 등의 사정을 참작함(고객의 과실상계 비율 70%)

(2) 사례 ②

[대법원 2005. 7. 15. 선고 2003다28200 약정금]

직원이 수익률을 보장하면서 전환형 수익증권의 매입을 권유하고 이후 고객의 동의 없이 공사채형을 주식형으로 전환하여 손실이 발생한 경우 부당권유가 인정된다고 한 사례

[대구지방법원 2001. 12. 6. 선고 2000가합21585 약정금]
[대구고등법원 2003. 4. 17. 선고 2002나770 약정금]
[대법원 2005. 7. 15. 선고 2003다28200 약정금]
[원심] 원고 : 고객, 피고 : 증권회사, 원고 일부승소
[항소심] 원고(항소인 겸 피항소인) : 고객,
　　　　　피고(피항소인 겸 항소인) : 증권회사, 원고 일부승소
[상고심] 원고(피상고인 겸 상고인) : 고객,
　　　　　피고(상고인 겸 피상고인) : 증권회사, 원고 일부승소

1. 사건 개요

① 원고는 피고회사 담당 직원으로부터 연간 수익률 15% 이상을 보장하여 줄테니 피고 회사의 수익증권을 매입하라는 권유를 받고 50억 원 상당을 매입하였는데, 동 수익 증권은 당초는 공사채형이나 저축자의 청구에 의하여 주식형으로 전환이 가능하고

전환 후 목표수익률(연 15%)을 달성하면 다시 공사채형으로 자동 전환되는 전환형 수익증권이었음

② 담당 직원은 원고가 본건 수익증권을 매입할 당시 향후 종목전환 등에 사용하기 위하여 제신고 및 청구서 용지 1장에 원고의 날인을 받아두었다가 주식시장이 활황의 조짐을 보이자 원고의 동의 없이 공사채형 수익증권을 주식형으로 전환하였음

③ 이후 주식형 수익증권의 평가액은 한때 투자원금을 상회하기도 하였으나 결국 주식시장이 하향세를 보여 평가손실이 발생하였음

2. 주요 쟁점
① 수익보장약정의 효력 여부
② 부당권유, 임의전환 여부

3. 판결 요지
가. 원심
① 원고는 금융기관으로서 타 금융기관에 비해 높은 수익률을 보장한 피고의 수익증권을 매입하였고 피고는 본건 수익증권의 매입 당시 및 원금손실이 있은 뒤에도 위와 같은 수익률을 원고에게 보장하였다고 인정되나, 수익보장약정은 그 효력이 없다고 할 것이므로 원고의 주위적 청구는 이유 없음

② 피고가 원고에게 투자상품에 대하여 최저 목표수익률을 정하여 매입을 권유한 것은 명백히 원고에 대하여 올바른 인식 형성을 방해하고 과다한 위험을 수반하는 거래를 적극 권유한 경우에 해당하여 고객보호의무를 저버린 위법행위에 해당하고, 나아가 원고가 예탁한 금원에 대하여는 사전에 종목 전환에 대하여 신청을 받아 원고의 이익을 위하여 적절하게 관리하여야 함에도 원고로부터 사전 동의 없이 주식형 수익증권으로 전환함으로써 원고에게 손해를 입게 하였으므로 피고는 원고에게 손해배상책임이 있음(원고 과실비율 40%)

나. 항소심(원고 청구취지 변경)
① 피고가 원고의 사전 동의 없이 본건 수익증권을 주식형으로 전환한 사실이 인정되나, 당초부터 원·피고 사이에 주식형으로의 전환 자체는 이미 예정되어 있었던 것으로 보이는 점, 원고가 전환 사실을 알고도 피고 담당 직원이 연 수익률 15% 이상을 보장하겠다고 거듭 다짐하자 기왕에 주식형으로 전환된 것을 전제로 매일 평가

액을 확인하고 나아가 주식형 평가액을 기준으로 결산보고를 하기도 한 점 등에 비추어 원고는 본건 수익증권이 주식형으로 전환된 데 대하여 묵시적으로나마 추인하였다고 봄이 상당하여 공사채형 평가액의 지급을 구하는 원고의 주위적 청구는 이유 없음

② 원고도 일종의 금융기관으로서 주식이나 수익증권 투자의 위험성에 관하여 알고 있었음에도 불구하고 수익률을 보장하여 주겠다는 담당 직원의 말만을 믿고 수익보장 약정의 유효성 여부를 확인하지 아니한 채 본건 수익증권을 매입하거나 이를 주식형으로 전환함에 대하여 사후 추인하였고, 그 후 평가액이 급격히 하락하는데도 책임을 미루기만 하였을 뿐 손해를 줄이기 위한 적절한 조치를 취하지 아니한 사실을 인정할 수 있으므로 이러한 원고의 잘못은 피고의 책임을 면제할 정도는 아니나 손해발생 및 확대의 상당한 원인이 되었으므로 손해액을 산정함에 있어 이를 참작함 (원고 과실비율 70%)

다. 상고심(항소심 동일)

2 불완전판매 관련 사례

(1) 사례 ①

[협회 분조위 2011. 3. 11 결정, 제2010-44호]

직원은 고객이 안정추구형 투자자임을 이미 알면서도 직원 자신도 정확하게 파악하지 못한 수익증권을 동 고객에게 투자권유하면서 수익증권의 수익구조에 대하여 사실과 상이하게 설명하여 고객의 올바른 투자판단을 저해한 경우라면 직원이 고객 보호 의무를 저버린 불법행위에 해당한다고 판단한 사례

1. 사건 개요

① 고객 A는 △△은행에서 수시입출금식, 정기적금 등 금융거래를 해오던 고객으로서, 그동안의 거래로 담당 직원 B와도 어느 정도의 친분이 쌓였음

② 그러던 2007년 8월 경에 직원 B는 고객 A가 평소에 은행예금 등 안정추구적인 투자 성향임을 이미 알고 있었음에도 불구하고 △△은행이 판촉행사 중인 고위험상품인 주가연계펀드(ELF)를 투자권유하면서,

③ 직원 자신도 동 상품에 대해서 많은 시간동안 학습하지 않아 충분히 인지하지 못한 채 동 상품에 대하여 설명 및 적극적으로 투자를 권유하면서 상품의 수익구조 등에 대해서도 사실과 다르게 설명함

④ 즉, "만기 시에 기초자산의 가격이 50% 이상 하락하더라도 이중에 40%는 공제하고 나머지 10%만이 손실에 해당되지만 이중에서도 7~8%만 고객이 책임지면 된다"며 상품의 손익구조를 왜곡하여 설명하였음

2. 판단 내용

① 담당 직원 B는 고객 A와의 금융거래로 고객의 투자성향에 대해서 익히 파악하고 있었음에도, 직원 자신조차도 제대로 이해하지 못한 고위험의 펀드상품을 투자권유하였고,

② 동 펀드상품의 수익구조에 대해서도 "손실이 발생하더라도 낮은 비율만 부담하면 된다"며 사실과 다르게 왜곡하여 설명하여 고객 A에게 투자상품에 대한 위험성에 관한 올바른 인식 형성을 방해하고, 과대한 위험성을 수반한 거래를 적극적으로 권유하여 고객보호의무 위반한 사실이 인정됨

③ 다만, 고객 A는 오랫동안 예식장 등 개인사업을 운영하여 사회적 경험 정도가 낮은 편이 아니고, 과거 펀드에 가입한 경험도 있었음에도 불구하고,

④ 직원 B의 말만 믿고 각종 투자 관련 자료를 요구하거나 및 검토하는 것을 소홀히 하였고 가입서류 작성도 직원 B에게 맡기면서 추후 확인조차 하지 않은 고객의 과실 책임을 75%로 인정하여 △△은행에게 전체 손해발생금액 중 25%만 배상하라는 조정결정

(2) 사례 ②

> 펀드 매수자가 고령이지만 투자경험이 있고 기초자산 구성을 제안한 것이 있었던 점, 손해 발생 여부를 문의한 사실 등을 고려하여 증권회사가 설명의무 내지 고객보호의무를 위반하였다고 인정하기 어려움

1. 사건 개요

① 2007년 8~9월간 원고 및 그 가족 등은 증권사 직원의 권유로 ELS에 투자하는 펀드에 가입하였고 동 펀드를 담보로 피고 증권사로부터 대출을 받았음

② 원고는 과거에 ELS 또는 주가지수연계형 펀드에 15회 가입하였고 투자금액이 최대

65억 원에 이르기도 하였음

③ 펀드 가입 후 원고는 피고 증권사 직원과 수시로 통화하면서 기초자산 가격이 하락하여 손해가 났는지를 문의하였음

④ 펀드 기초자산의 가격 하락 등으로 담보부족이 발생하자 반대매매가 실행되어 손실이 발생하였음

2. 판단 내용

① 원고가 비록 고령이나 약 60년 동안 회사를 운영해온 기업인으로서 과거(2005년 7월~)에도 펀드에 상당한 자금을 투자하여 수익를 내거나 손해를 본 경험이 있고, 자신이 직접 펀드의 기초자산 구성을 제안하였던 점에서 단순히 투자 경험이 없는 고령의 노인으로서 사리분별력이 떨어지는 고객이라고 단정하기 어려운 점,

② 펀드 가입 전에 직원과 수시로 통화하면서 상품에 관하여 설명을 들었고 그 이후에도 펀드에서 손해가 발생하였는지 문의하였기 때문에 동 펀드가 원금보장이 되지 않는다는 것을 잘 알고 있었던 것으로 보이는 점, 그리고 원고가 서명한 투자신탁가입신청서 및 상품제안서, 위험고지문에는 이 사건 각 펀드에 관한 위험성에 대하여 설명되어 있고 그 내용에 관하여 잘 알지 못하였다고 단정하기는 어려운 점 등에 비추어 투자자에 대한 설명의무 내지 보호 의무를 위반하였다거나 펀드의 내용을 잘 모르는 고령의 노인에게 위험성이 높은 펀드를 가입할 것을 권유하였다고 판단하기는 어려움

(3) 사례 ③

[청주지법 2010. 1. 3 선고 2009가합2924]

해외펀드 가입과 함께 환율 헤지를 위한 선물환 계약을 추가적으로 가입하기 위해 관련서류에 고객이 단순히 서명했다 하더라도 금융회사 직원이 제대로 위험 설명을 하지 않았다면 금융회사가 손해의 일부를 배상해야 한다는 판결

1. 사건 개요

① 원고인 투자자 A는 대학교의 교육행정직 공무원으로 1997년부터 B금융회사와 거래하였고, B금융회사의 VIP 고객으로 남편의 자산관리까지 함께 맡아왔으며, 그동안 B금융회사 직원 C의 권유로 환매조건부채권, 혼합투자신탁펀드 등에 투자경험

이 있음

② 2007년 8월과 2008년 2월 투자자 A는 B금융회사 직원 C의 권유로 일본에 투자하는 해외펀드에 본인 및 남편 명의로 각각 가입함

③ 동 펀드는 일본 엔화로 투자했다가 환매할 때도 일본 엔화로 회수하기 때문에 해당 펀드의 기초자산의 시가 변동뿐만 아니라 환율 변동에 따른 손실 위험도 있어, 환헤지(hedge)를 위해 엔화를 미리 정한 환율에 따라 매도하기로 하는 선물환 계약을 체결함

④ 동 선물환 계약은 만기일에 환율이 하락할 경우에 대비한 위험회피 장치일 뿐 반대로 환율이 상승할 경우에는 상승한 비율만큼 오히려 환차손을 입게 되는 결과를 초래함

⑤ 투자자 A 등은 엔화가치가 상승해 1억 원 가량의 손해를 보았으며, 환율 상승 등의 경우 발생할 수 있는 환차손 위험에 대한 설명을 듣지 못한 만큼 1억 원 가량의 손해를 물어달라며 손해배상 청구소송을 제기함

2. 판단 내용

① B 금융회사는 원고인 투자자 A와 선물환 계약을 체결하는 과정에서 선물환 계약의 구조 등에 대해 구체적이고 상세한 설명을 하거나 상대방이 충분히 이해했는지 확인한 바 없고 단지 서류상 필요한 부분에 신청인 날인만 받았을 뿐이라며 환율 상승에 따른 위험을 간과하게 만든 것으로 보인다고 지적함

② 특히 B금융회사의 C직원이 당시 원고에게 해외펀드는 환율 변동에 따른 위험을 방지하기 위해 환율을 고정시켜야 한다고 말했을 뿐 환율 상승 시의 환차손에 대해서는 아무런 설명도 하지 않았기 때문에 투자자 A는 선물환 계약의 위험성에 대해 제대로 인식하지 못함

③ 다만, 투자자 A도 선물환 계약의 내용이나 구조, 위험성, 환율 동향 등에 관해 신중하게 검토한 다음 계약 체결 여부를 결정해야 하는데 이를 게을리한 채 B금융회사 직원 C의 권유를 그대로 따른 잘못이 있다면서, B금융회사가 투자자 A에게 배상해야 할 손해액은 전체 손해액의 40%로 봄이 상당하다고 판단함

실전예상문제

01 다음 중 금융분쟁조정절차에 대한 설명으로 ( )에 들어갈 숫자를 순서대로 올바르게 고른 것은?

> 금융감독원장은 분쟁조정의 신청을 받은 날로부터 (   )일 이내에 당사자 간의 합의가 이루어지지 않은 경우에는 지체 없이 이를 금융분쟁조정위원회에 회부하여야 하고, 금융분쟁조정위원회가 조정의 회부를 받은 때에는 (   )일 이내에 이를 심의하여 조정안을 작성하여야 한다.

① 7, 30
② 14, 30
③ 30, 60
④ 90, 180

02 다음 금융소비자보호법 위반에 대한 제재조치 중 가장 가벼운 것은?
① 금융소비자에게 투자대상의 상품설명서를 제공하지 않았다.
② 금융소비자의 투자요청 상품이 투자자 성향에 적정하지 않다는 사실을 알리지 않았다.
③ 금융소비자에게 계약관련서류를 제공하지 않았다.
④ 회사가 금융상품 판매관련 업무자료를 기록, 관리하지 않았다.

해설

01 ③ 금융감독원장은 분쟁조정의 신청을 받은 날로부터 30일 이내에 조정위원회에 회부하고, 조정위원회가 60일 이내에 조정안을 작성하여여 함.

02 ② 3천만원 이하의 과태료 부과 대상
①,③,④ 는 1억원 이하의 과태료 부과 대상이다.

03 다음 중 금융 분쟁에 관한 설명으로 틀린 것은?

① 금융투자 관련 금융 분쟁은 주로 자본시장법령 등에서 부여하는 금융투자업자에게 부여하는 의무 이행 여부가 쟁점이 된다.

② 금융투자업 영위과정에서 거래관계가 수반되는 권리의무에 대한 상반된 주장이 분쟁이라는 형태로 도출된다.

③ 비록 금융업무 관련이라도 금융 관련 기관이 금융 관련 기관을 상대로 제기하는 분쟁은 금융 분쟁에 해당하지 않는다.

④ 금융소비자 등이 금융업무 등과 관련하여 이해관계 등이 발생함에 따라 금융 관련 기관을 상대로 제기하는 분쟁이 금융 분쟁이다.

04 다음 중 개인정보처리자의 개인정보 보호 원칙에 대한 설명으로 적절하지 않은 것은?

① 개인정보의 처리목적에 필요한 범위에서 적합하게 개인정보를 처리하여야 하며, 그 목적 외의 용도로 활용해서는 안 된다.

② 정보주체의 사생활 침해를 최소화하는 방법으로 개인정보를 처리하여야 한다.

③ 개인정보는 정확한 정보를 필요로 하므로, 익명처리를 하여서는 안 된다.

④ 개인정보의 처리방침 등 개인정보의 처리에 관한 사항을 공개하여야 한다.

해설

03 ③ 금융 관련 기관이 금융업무와 관련하여 금융 관련 기관을 상대로 제기하는 분쟁도 금융 분쟁에 해당된다.

04 ③ 개인정보의 익명처리가 가능한 경우에는 익명에 의해 처리될 수 있어야 한다.

05 다음 중 분정조정제도에 관한 설명으로 적절하지 않은 것은?

① 분쟁조정기관은 중립적인 조정안을 제시하기 위해 통상적으로 분쟁의 양당사자와 법조계, 학계, 소비자단체, 업계 전문가로 구성된 분쟁조정 위원회를 구성하고 운영한다.

② 조정은 법원의 판결과는 달리 그 자체로서는 구속력이 없고 당사자가 이를 수락하는 경우에 한하여 효력을 갖는다.

③ 금융감독원에 설치된 금융분쟁조정위원회의 조정안을 당사자가 수락하면 당해 조정안은 재판상 화해와 동일한 효력을 갖는다.

④ 금융감독원 이외의 기관(한국거래소 분쟁조정심의위원회, 금융투자협회 분쟁조정위원회 등)에 의한 조정은 민법상 화해계약으로 효력을 갖는다.

06 다음 중 금융투자상품의 내재적 특성에 대한 설명으로 적절하지 않은 것은?

① 원금손실 가능성

② 투자결과에 대한 본인책임 원칙

③ 투자상품에 대한 지속적인 관리요구

④ 금융투자회사 직원에 대한 높은 의존성

해설

05 ① 분쟁의 양당사자는 제외된다.
06 ④ 모든 금융투자상품이 금융투자회사 직원에 대한 높은 의존성을 수반하는 것은 아니다.

07 다음 분쟁 예방을 위한 요령 중 틀린 것은?

① 임직원 개인계좌로 고객자산 등의 입금을 받지 않는다.

② 어떠한 형태로든 손실보전 약정은 하지 말아야 한다.

③ 금융소비자는 전문성이 낮으므로 금융상품거래 시 임직원이 주도하는 편이 좋다.

④ 단정적 판단을 제공하는 것은 금지된다.

08 다음 중 금융상품판매업자등에 대한 조치 중 반드시 등록이 취소가 되는 경우는?

① 거짓이나 부정한 방법으로 등록한 경우

② 정지기간 중 업무를 한 경우

③ 금융위원회의 시정 또는 중지명령을 받고 정한 기간 내에 시정 또는 중지하지 아니한 경우

④ 등록 요건을 유지하지 못 하는 경우

09 다음 설명 중 가장 틀린 것은?

① 금융회사의 민원은 크게 금융업무와 관련된 금융 민원과 기타 민원으로 구분할 수 있다.

② 불완전판매는 통상 금융회사의 임직원 등이 금융상품을 판매할 때 금융소비자 보호법상 규정하고 있는 완전판매절차를 준수하지 않아 발생하는 경우가 많다.

③ 임의매매는 일부 경우에 대해 정당한 권한을 가진 금융소비자와 계약을 맺는 경우 허용된다.

④ 계약체결의 전자적 전송이나 처리과정에서 발생한 사고로 인해 금융소비자에게 손해가 발생한 경우 금융회사는 그 손해를 배상할 책임을 진다.

해설

07 ③ 금융회사의 임직원 등은 어디까지나 금융상품거래의 조력자 역할을 수행하는 것이다.

08 ① 의무적으로 취소가 되는 사유이며, 나머지는 취소의 사유가 될 수 있으나 의무적으로 취소가 되는 것은 아니다.

09 ③ 일임매매는 자본시장법령 등에 따라 예외적으로 일부 허용되나, 임의매매는 예외 없이 금지하고 있다.

10 다음 개인정보보호에 대한 설명 중 가장 옳은 것은?

① 개인정보처리자는 정보주체와 체결한 계약을 이행하기 위해 필요한 경우 개인 정보를 수집, 이용할 수 있다.

② 개인정보처리자의 정당한 이익을 달성하기 위하여 필요한 경우에는 별도의 제 한 없이 개인정보를 수집, 이용할 수 있다.

③ 개인정보처리자는 목적에 필요한 최소한의 개인정보를 수집해야 하고 그 입증 책임은 해당 개인정보의 수집에 동의한 정보주체가 진다.

④ 공공기관이 법령 등에서 정하는 소관업무의 수행을 위해서는 반드시 정보주체 로부터 개인정보 수집에 대한 동의를 받아야 한다.

11 다음 분쟁과 관련한 설명 중 가장 옳지 않은 것은?

① 투자자가 장기간 여행 등으로 일시적으로 부재하는 중 금융투자상품의 가격 폭 락 등 불가피한 사유가 있는 경우로서 사전에 약관 등에 따라 미리 금융투자상 품의 매도권한을 일임받아 처리하는 경우는 허용된다.

② 투자자가 직원 등의 임의매매 결과를 인정하고 사후 추인하는 경우 손해배상책 임은 물론 불법행위에 대해서도 면책된다.

③ 불법적인 해킹에 의하여 투자자가 손해를 입었을 경우 금융회사는 손해배상책 임을 진다.

④ 금융회사는 전산장애에 대한 책임을 이행하기 위하여 보험 또는 공제에 가입하 는 등 필요한 조치를 하여야 한다.

해설

10 ② 명백하게 정보주체의 권리보다 우선하고 합리적인 범위를 초과하지 아니하는 경우에 한하여 개인 정보를 수집, 이용할 수 있다.

③ 최소한의 개인정보 수집의 입증책임은 개인정보처리자에게 있다.

④ 공공기관이 법령 등에 의한 소관업무 수행을 위해 불가피한 경우에는 별도의 동의절차 없이 개인정 보 수집 및 이용이 가능하다.

11 ② 임의매매에 대해 투자자가 사후 추인하는 경우 임직원 등의 손해배상책임은 면책될 가능성은 있으 나 불법행위에 대해서까지 면책되는 것은 아니다.

정답 01 ③ | 02 ② | 03 ③ | 04 ③ | 05 ① | 06 ④ | 07 ③ | 08 ① | 09 ③ | 10 ① | 11 ②

part 10

투자권유

chapter 01 　투자권유와 고객관리

chapter 01

투자권유와 고객관리

section 01 투자권유

1 개요

금융소비자보호에 관한 법률(이하 '금융소비자보호법'이라 한다) 및 관련 규정 등에 따라 금융회사는 금융소비자를 대상으로 금융상품 등을 판매하려는 경우, 즉 투자를 권유하려는 경우 준수하여야 할 구체적인 절차 및 기준 등을 정하여야 한다.

이에 각 금융업권별로 조금씩 다르기는 하겠지만 은행연합회, 금융투자협회 등에서 소속 업권의 금융회사에서 적용해야 하는 절차와 기준 등을 제정하여 시행하고 있는바, 본 교재에서는 목적에 맞게 금융투자협회의 '표준투자권유준칙'을 중심으로 살펴보도록 한다.

자본시장과 금융투자업에 관한 법률(이하 "자본시장법"이라고 한다) 제9조 제4항에서는 투자권유를 '특정 금융소비자를 대상으로 금융상품의 매매 또는 투자자문계약, 투자일임계약, 신탁계약의 체결을 권유하는 것'으로 정의하고 있고 금융투자협회가 제정한 표준투자권유준칙에서도 이러한 정의를 따른다.

금융회사의 임직원 등은 실질적인 투자권유 또는 판매를 하는 경우 다음의 기본적인 사항을 인지하고 준수하여야 한다.

❶ 임직원 등은 관계법령등을 준수하고, 신의성실의 원칙에 따라 공정하게 업무를 수행하여야 한다.

❷ 임직원 등은 금융소비자가 합리적인 투자판단과 의사결정을 할 수 있도록 투자에 따르는 위험 및 거래의 특성과 주요 내용을 명확히 설명하여야 한다.

❸ 임직원 등은 금융소비자 자신의 판단과 책임에 따라 스스로 투자에 관한 의사결정을 하여야 하고, 그에 대한 결과가 금융소비자 본인에게 귀속됨을 금융소비자에게 알려야 한다.

❹ 임직원 등은 정당한 사유 없이 금융소비자의 이익을 해하면서 자기가 이익을 얻거나 회사 또는 제3자가 이익을 얻도록 하여서는 아니 된다.

위의 기본원칙을 숙지하고 이제 투자권유 단계에 따른 절차들을 알아보자.

2 투자권유 전 실행절차

1) 방문목적 및 투자권유 희망 여부 확인

금융회사의 임직원 등은 금융소비자가 금융회사의 영업점 등을 방문하는 경우 방문의 목적 및 투자권유를 희망하는지 확인하여야 한다.

금융소비자가 투자권유를 희망하지 않는 경우 금융회사의 임직원 등은 투자를 권유할 수 없다는 사실을 안내하여야 하고 투자권유에 해당하는 행위를 할 수 없다. 다만, 금융상품의 매매 또는 계약체결의 권유가 수반되지 않고, 금융소비자의 요청에 따라 객관적인 정보만을 제공하는 경우에는 투자권유로 보기 어려우며, 투자권유를 희망하지 않는 금융소비자는 '투자자 정보 확인서'를 작성할 필요가 없다.

2) 금융소비자 유형의 확인

금융소비자의 방문목적과 투자권유 희망 여부를 확인했다면 금융소비자보호법 제17조 제1항에 따라 금융소비자가 일반 금융소비자인지 전문 금융소비자인지 여부를 확인해야 한다.

전문 금융소비자란 금융소비자보호법 제2조 제9호에서 '금융상품에 관한 전문성 또는 소유자산규모 등에 비추어 금융상품 계약에 따른 위험감수능력이 있는 금융소비자'로 정의하고 있으며 여기에는 국가, 한국은행, 대통령령으로 정하는 금융회사, 주권상장법인 등(자본시장법 제9조 제15항 제3항)이 포함된다. 또한 투자성 상품의 경우 상기 자 외에 '대부업 등의 등록 및 금융이용자 보호에 관한 법률'에 따른 대부업자, 투자권유대행인 등이 포함되며, 대출성 상품인 경우에는 상기 자 외에 상시근로자 5인 이상 법인, 겸영여신업자, 대출상품 금융상품판매대리·중개업자, 특정 자산의 취득 또는 자금의 조달 등 특정 목적을 위해 설립된 법인 등 금융위원회가 정하여 고시하는 자가 포함된다.

전문 금융소비자 중 대통령령으로 정하는 자 중 일반금융소비자로 전환할 수 있는 전문금융소비자가 일반금융소비자와 같은 대우를 받겠다는 의사를 금융상품 판매업자등에게 서면으로 통지하는 경우 해당 금융상품 판매업자 등은 정당한 사유가 있는 경우를 제외하고는 이에 동의하여야 하며, 이 경우 해당 전문 금융소비자는 일반 금융소비자로 본다.

반면, 주권상장법인이 금융회사와 장외파생상품 거래를 하는 경우 원칙적으로 일반 금융소비자로 보되, 해당 법인이 전문 금융소비자와 같은 대우를 받겠다는 의사를 금융회사에 서면으로 통지하는 경우에는 전문 금융소비자로 본다.

금융소비자의 유형 확인 결과 전문 금융소비자인 경우에는 각 회사별로 정해진 절차에 따라 전문 금융소비자 등록 또는 투자권유 단계 등으로 진행하면 된다.

---

3   투자권유를 희망하지 않는 금융소비자에 대한 금융투자상품 판매

1) 투자권유를 받지 않는 금융소비자에 대한 보호의무

금융소비자가 투자권유를 희망하지 않아 투자자 정보를 제공하지 않는 경우 금융회사의 임직원 등은 투자권유를 할 수 없음을 안내하여야 하고 원금손실 가능성, 투자에 따른 손익은 모두 금융소비자에게 귀속된다는 사실 등 투자에 수반되는 주요 유의사항을 알려야 한다.

만일 해당 금융소비자가 '적정성 원칙 대상 상품'의 거래를 희망하는 경우에는 관계 법령에 따라 해당 거래가 제한된다는 사실을 안내하여야 한다.

금융소비자가 판매직원의 투자권유 없이 특정 상품에 대한 청약을 하는 경우, 금융회사의 임직원 등은 금융소비자로부터 '투자권유 희망 및 투자자 정보 제공 여부 확인서' 등을 통해 투자권유를 희망하지 않는다는 내용 등을 확인하여 이를 수령하고 판매절차를 진행할 수 있으나 이 경우 금융소비자에게 다음의 두 가지 사항을 충분히 이해할 수 있도록 설명하여야 한다.

❶ 확인서의 취지 : 금융소비자가 작성하는 확인서는 금융소비자가 판매직원의 투자 권유 없이 특정 상품에 대한 투자를 희망하는 경우 판매자는 금융소비자보호법 상 적합성 원칙을 적용받지 않는다는 사실 즉 금융소비자를 보호하기 위한 적합 성 원칙을 준수하지 않아도 된다는 사실을 고지하기 위하여 사용된다는 내용을 금융소비자에게 설명하여야 한다.

❷ 유의사항 : 아래의 유의사항을 금융소비자가 충분히 이해할 수 있도록 설명하여 야 한다.

ㄱ. 금융소비자가 투자권유를 희망하지 않는다는 확인서를 작성하는 경우 판매 직원은 금융소비자보호법상 적합성 원칙과 설명의무 적용대상에서 제외되 며, 판매직원의 관련 법 위반에 대해 금융소비자의 권리를 주장할 수 없다는 사실

ㄴ. 설명의무의 경우 금융소비자가 요청할 경우에는 판매직원에게 설명의무가 적용된다는 사실

ㄷ. 위의 사실 등으로 인하여 향후 판매회사와 체결한 계약 내용 등에 대한 피해 발생으로 분쟁 또는 소송이 발생하는 경우 금융소비자가 작성한 확인서로 인 해 불리하게 작용될 수 있으므로 그 확인서의 법적 의미와 그 위험 내용을 충 분히 이해한 후 서명여부 등 확인서 작성을 신중하게 결정해야 한다는 사실

한편, 금융회사의 임직원 등이 금융소비자에게 투자권유를 하여 금융투자상품을 취 득하도록 하였음에도 금융소비자보호법 제17조에서 규정하고 있는 적합성 원칙 적용을

회피하기 위하여 금융소비자에게 투자 권유를 희망하지 않는다는 확인서를 받거나 녹취를 통해 투자권유가 없는 것으로 서류를 갖추어 놓는 행위는 금융소비자보호법 감독규정 제15조 제4항 제5호에 따른 부당권유행위에 해당한다.

금융소비자보호법에서는 부당권유행위에 대해 아래와 같이 강력하게 제재하고 있으므로 이러한 행위가 발생하지 않도록 특히 유의하여야 한다.

- 위법계약해지권 행사 대상
- 관련 계약으로 얻은 수입의 50% 이내 범위의 과징금 대상
- 1억 원 이하의 과태료 부과대상
- 고의 또는 과실로 인한 손해배상책임 부담
- 6개월 이내의 업무정지, 기관 및 임직원 제재 대상

또한 투자자가 특정종목과 비중 등 구체적으로 운용대상을 지정하는 특정금전신탁을 제외하고는 일임·금전신탁계약의 경우 투자권유를 희망하지 않거나 투자자 정보를 제공하지 않는다는 확인 후에 계약을 체결하는 것은 맞춤성 계약의 특성에 맞지 않을 뿐만 아니라 금융투자업규정 제4-77조 제5호 및 제4-93조 제26조를 위반할 소지가 있으므로 관련 계약을 체결할 때에는 규정의 준수 여부 등을 반드시 확인하도록 한다.

금융회사의 임직원 등은 금융소비자에 대한 투자권유 여부와 상관없이 금융소비자가 자본시장법 제120조 제1항에 따라 증권신고의 효력이 발생한 증권에 투자하고자 하는 경우에는 자본시장법 시행령 제132조에 따라 전문투자자 등 투자설명서의 교부가 면제되는 투자자를 제외하고는 판매 전에 해당 투자설명서를 금융소비자에게 교부하여야 한다.

다만, 예외적으로 집합투자증권의 경우에는 금융소비자가 투자설명서 교부를 별도로 요청하지 아니하는 경우 간이투자설명서 교부로 갈음할 수 있으며, 이 경우 금융소비자에게 투자설명서를 별도로 요청할 수 있음을 알려야 한다.

금융소비자가 투자자문업자로부터 투자자문을 받고 그 결과에 따른 금융투자상품 등의 구매를 아래의 어느 하나의 방법으로 요청하는 경우 해당 금융투자상품등을 판매하는 금융투자회사는 적합성 원칙의 적용 및 설명의무와 설명서 교부를 생략할 수 있다.

- 투자자가 투자자문업자로부터 적합성 원칙, 설명의무 이행 및 설명서를 교부받았음을 확인하는 증빙서류를 제출하는 경우
- 투자자문계약과 결합된 금융투자사회의 판매계좌(자문결합계좌)를 통해 투자자문 결

과에 따른 금융투자상품등의 구매의사가 전달되는 경우

2) 적정성 원칙 대상 상품에 대한 적용

금융회사의 임직원 등이 투자권유를 하지 않더라도 금융소비자를 대상으로 적정성 원칙 대상 상품을 판매하려는 경우에는 금융소비자보호법 제18조 제1항에 따라 면담, 질문 등을 통하여 그 금융소비자의 금융상품 취득 및 처분목적, 재산상황, 취득 및 처분경험 등 투자자 정보를 파악하여야 한다. 즉 앞서 설명한 바와 같이 금융소비자가 본인의 투자자 정보를 제공하지 않는 경우에는 적정성 원칙 대상 상품에 대한 가입이 제한된다.

'적정성 원칙 적용대상 상품'이란 금융소비자보호법 시행령 제12조 제1항 제2호 각 목의 금융투자상품 및 제3호 각 목의 대출성 상품을 말하는 것으로 아래의 상품을 의미한다.

- 장내파생상품 및 장외파생상품
- 금(金)적립 계좌 등을 제외한 파생결합증권
- 사채(社債) 중 일정한 사유가 발생하는 경우 주식으로 전환되거나 원리금을 상환해야 할 의무가 감면될 수 있는 사채(「상법」 제469조 제2항, 제513조 또는 제516조의 2에 따른 사채는 제외)(조건부 자본증권)
- 고난도금융투자상품, 고난도금전신탁계약, 고난도투자일임계약
- 파생형 집합투자증권(레버리지·인버스 ETF 포함) 다만, 금융소비자보호법 감독규정 제11조 제1항 단서에 해당되는 인덱스 펀드는 제외
- 집합투자재산의 50%를 초과하여 파생결합증권에 운용하는 집합투자기구의 집합투자증권
- 위 적정성 원칙 대상상품 중 어느 하나를 취득·처분하는 금전신탁계약의 수익증권 (이와 유사한 것으로서 신탁계약에 따른 수익권이 표시된 것도 포함)

투자자 정보를 파악하여 해당 적정성 원칙 대상 상품이 금융소비자에게 적정하지 않다고 판단되는 경우에는 해당 상품의 내용, 해당 투자에 따르는 위험 및 해당 투자가 투자자 정보에 비추어 적정하지 않다는 사실을 금융소비자보호법 시행령 제11조 제6항에 따른 방법(서면교부, 우편, 전자우편, 전화, 팩스, 휴대전화 문자메시지, 이에 준하는 전자적 의사표시)

으로 금융소비자에게 알리고 서명(전자서명법 제2조 제2호에 따른 전자서명 포함), 기명날인, 녹취 또는 금융소비자보호법 시행령 제11조 제2항에 따른 전자적 수단 등의 방법으로 확인을 받아야 한다. 또한 금융소비자보호법 시행령 제14조 제4항에 따라 적정성 판단결과와 그 이유를 기재한 서류 및 금융상품에 관한 설명서를 서면 등으로 금융소비자에게 제공하여야 한다.

4 투자권유를 희망하는 금융소비자에 대한 금융투자상품 판매

1) 투자자 정보 파악 및 투자자 성향분석 등

(1) 취약투자자 여부 확인

취약투자자란 고령자, 은퇴자, 미성년자, 주부, 투자경험이 없는 자 등 상대적으로 투자의 위험성에 대한 인지도가 낮다고 판단되는 금융소비자를 말하며, 이에 해당하는 경우 금융회사의 임직원 등은 금융소비자 본인이 '취약투자자'를 선택할 수 있음을 안내하고, '취약투자자 유의사항'을 설명한 후 금융소비자로부터 '취약투자자 유의사항 설명 확인서'를 수령하여야 한다.

(2) 투자자 성향 분석

❶ 투자자 정보 확인서 작성 및 투자자 성향 분류 : 금융회사의 임직원 등은 투자권유를 희망하는 금융소비자를 대상으로 금융상품의 투자권유를 할 때마다 투자자 성향 분석을 실시해야 하는데, 면담·질문 등을 통하여 투자자 정보를 '투자자 정보 확인서'에 따라 파악하고, 투자자로부터 서명 등의 방법으로 확인을 받아 이를 유지·관리하여야 한다.

투자자 정보 확인서는 '표준투자권유준칙 별표'를 활용할 수 있는데, 여기에는 투자자의 투자에 대한 일반적인 태도를 나타내는 '일반적인 투자자 성향' 파악을 위한 항목과 현재 투자의 목적, 투자예정기간 등 투자자금의 성향을 확인하는 항목이 포함된다. 투자자 정보는 금융소비자가 자필로 작성하는 방법은 물론, 판매직원이 면담과정에서 파악한 정보를 컴퓨터 등에 입력하고 이를 출력하여 금융소비자에게 확인받는 방법도 가능하다.

> **온라인 펀드 거래 시**
>
> 금융회사는 금융소비자가 본인의 투자성향 및 투자하고자 하는 상품의 위험도를 온라인 상으로 확인할 수 있도록 시스템을 구축하여야 한다.
>
> - 온라인 투자자들 중 투자성향이 확인된 투자자에 대해서는 자신의 투자성향에 적합한 펀드에 대해 우선적으로 투자여부를 판단할 수 있도록 해당 투자자의 투자성향에 부합하는 펀드에 관한 정보를 먼저 제공하고, 투자자가 다른 펀드에 관한 정보를 희망하는 경우 다른 펀드에 관한 정보를 제공하는 것이 바람직함
> - 단, 투자권유를 희망하지 않는 경우 투자자가 회사의 투자권유 없이 투자한다는 사실을 인지하고 투자할 수 있도록 온라인 화면을 구축하여야 함
> - 파생상품 펀드의 경우 적정성의 원칙에 따라 투자자정보를 파악하고, 투자자가 적정하지 않은 상품 거래를 원할 경우 경고 등을 하여야 함
> - 회사는 온라인으로 판매하는 펀드가 멀티클래스 펀드인 경우, 클래스별 수수료 및 보수의 차이점을 비교하여 표시하여야 함
> - 온라인 펀드 판매를 위해 추천펀드를 제시하고자 하는 경우에는 추천펀드의 선정주기·선정절차·선정기준 등을 구체적으로 명시하거나 추천펀드별로 정량적 또는 정성적 근거를 기재할 필요가 있음
> - 회사가 온라인, 오프라인 판매 중인 펀드를 인터넷 홈페이지, 모바일 시스템, 홈트레이딩 시스템 등 온라인 매체를 통해 게시하는 경우 한글로 된 종류(클래스) 명칭을 표시할 필요가 있음

금융회사의 임직원 등은 확인한 투자자정보의 내용 및 '표준투자권유준칙 별표'에 따라 분류된 투자자 성향을 금융소비자에게 지체 없이 제공해야 한다. 투자자 성향 파악을 위한 배점기준 등은 회사별로 자율적으로 정할 수 있으며, 그 유형 역시 회사의 판단에 따라 분류할 수 있다. 표준투자권유준칙에서는 유형분류에 대해 다음과 같이 예를 들고 있다.

제1방식	제2방식	제3방식	제4방식	제5방식
□ 고위험 - 고수익형 □ 중위험 - 중수익형 □ 저위험 - 저수익형	□ 파생상품형 □ 주식선호형 □ 성장형 □ 이자·배당형	□ 위험선호형 □ 적극형 □ 성장형 □ 안정성장형 □ 위험회피형	□ 매우 높은 위험선호형 □ 높은 위험선호형 □ 다소 높은 위험선호형 □ 보통위험선호형 □ 낮은위험선호형 □ 매우 낮은 위험선호형	□ 공격투자형 □ 주식선호형 □ 주식펀드선호형 □ 고수익채권형 □ 혼합투자형 □ 안정투자선호형 □ 이자소득형

❷ 대리인을 통한 투자자 성향 분석 : 금융회사의 임직원 등은 원칙적으로 금융소비자 본인으로부터 투자자 정보를 파악하여야 하지만, 금융소비자의 대리인이 그 자신과 금융소비자의 실명확인증표 및 위임장 등 대리권을 증빙할 수 있는 서류 등을 지참하는 경우 대리인으로부터 금융소비자 본인의 정보를 파악할 수 있다. 이때 회사는 위임의 범위에 투자자정보 작성 권한이 포함되어 있는지를 확인하여야 한다. 여기에서 대리인은 '임의대리인'을 의미하는 것으로 법정대리인인 경우 관련 법령 또는 법원 명령 등 법정대리권의 발생근거에 따라 대리권의 확인방법이 달라질 수 있다.

예를 들어 부모가 미성년 자녀의 법정대리인으로서 회사에서 투자권유를 받는 경우 자녀에 대한 친권이 존재한다는 사실을 증명할 수 있는 서류를 제출하여 법정대리권이 있음이 확인되면 별도로 자녀에 대한 투자자정보 작성권한이 있는지 여부를 확인할 필요는 없다.

❸ 투자자 정보의 파악 간소화 대상 : 단기금융 집합투자기구(MMF)의 집합투자증권, 국채증권, 지방채증권, 특수채증권 및 이에 준하는 것으로 위험이 높지 않은 금융투자상품만을 거래하는 금융소비자 및 환매조건부매매(RP)를 하는 금융소비자에 대해서는 투자목적, 재산상황, 투자경험의 투자자정보만을 간략하게 파악할 수 있도록 별도의 투자자정보 확인서를 활용할 수 있다. 만일 동일한 금융소비자에 대해 펀드와 같은 일반 금융상품을 투자권유하려고 하는 경우는 일반적인 투자자 정보 확인서를 수령하는 등 일반 절차를 준수하여야 한다.

❹ 장외파생상품의 거래 : 금융소비자가 장외파생상품을 거래하고자 하는 경우에는 투자권유 여부와 상관없이 '장외파생상품 투자자정보 확인서'를 이용하여 투자자 정보를 파악하여야 한다.

장외파생상품 투자자정보 확인서는 '법인 및 개인사업자용'과 '개인용' 등 두 가지 양식으로 구분하여 마련하되, 회사가 자체적으로 '투자자 정보 확인서'와 '장외파생상품 투자자 정보 확인서'를 하나의 양식으로 통합하여 사용도 가능하다.

❺ 투자자 정보의 유효기간 : 금융회사가 투자자 정보 유효기간을 설정하고 이에 대하여 금융소비자가 동의한 경우 금융소비자가 별도의 변경 요청이 없는 한 투자자 정보를 파악한 날로부터 12~24개월 동안 투자자 정보가 변경되지 않은 것으로 간주할 수 있다.

판매회사의 임직원 등은 금융소비자에게 투자자 정보의 유효기간을 설명하고,

투자자 정보가 변경되면 회사에 변경내용을 통지하도록 안내하여야 하며, 회사가 이미 투자자 정보를 알고 있는 금융소비자에게 투자권유를 하는 때에는 투자자 정보 유효기간 경과 여부를 확인하고 유효기간이 경과한 경우에는 투자자 정보를 다시 파악하여야 한다.

다만, 투자자 정보의 유효기간에도 예외 사항이 있는데 투자일임계약이 체결된 경우에는 금융소비자의 재무상태 및 투자목적 등 변경 여부를, 금전신탁계약(특정금전신탁 제외)이 체결된 경우에는 재무상태 등 변경 여부를 연 1회 이상 확인하여야 하며, 매 분기 1회 이상 금융소비자의 재무상태, 투자목적 등의 변경이 있는 경우 이를 회신하여 줄 것으로 서면, 전자우편, 인터넷 또는 모바일 시스템, 그 밖에 이와 비슷한 전자통신의 방법 등으로 통지하여야 한다.

2) 투자권유

(1) 개요

금융회사는 금융소비자의 투자자 성향을 특정 유형별로 분류한 경우 회사가 정한 투자자 성향분류와 나중에 살펴보게 될 금융투자상품 위험도 평가분류를 참조하여 투자권유의 적합성 여부를 판단할 수 있는 기준, 즉 적합성 판단기준을 정해야 하는데, 각 회사는 통상 이 두 가지 항목을 조합하여 '투자자 성향별 적합한 금융투자상품표'를 만들게 된다.

금융회사 임직원 등은 이 기준에 따라 금융소비자에게 적합하지 않다고 인정되는 투자권유를 해서는 안 되며, 이미 투자자 정보를 알고 있는 금융소비자를 대상으로 투자권유를 하는 경우에는 기존 투자자성향과 그 의미에 대해 설명하고 금융소비자의 이해를 돕기 위해 위에서 설명한 '투자자성향별 적합한 금융투자상품투자권유표'를 활용하는 것이 바람직하다.

또한 금융소비자가 보유 자산에 대한 위험회피 목적의 투자 또는 적립식 투자 등 해당 투자를 통하여 투자에 수반되는 위험을 낮추거나 회피할 수 있다고 판단되는 경우에는 '투자자성향별 적합한 금융투자상품투자권유표'의 금융투자상품 위험도 분류기준보다 완화된 기준을 적용하여 투자권유할 수 있다.

(2) 투자성향에 적합하지 않은 상품의 투자권유

금융소비자보호법 제17조 제3항에 따라 임직원 등은 금융소비자가 본인에게 적합하지 않은 것으로 판단되는 금융투자상품에 투자하고자 하는 경우 해당 금융투자상품을 투자권유하여서는 아니 되며, 이는 금융소비자가 원하는 경우라도 적용된다. 이를 우회하기 위하여 '투자권유 희망 및 투자자 정보 제공 여부 확인서' 또는 '투자성향에 적합하지 않은 투자성 상품 거래확인서' 등을 악용하는 것은 앞서 설명한 바와 같이 부당권유 행위에 해당한다. 예를 들어 투자자에게 부적합한 상품을 투자권유하여 금융투자상품을 취득하게 하였음에도 불구하고 투자자로부터 투자권유를 희망하지 않았음을 표기하게 하거나, 투자자의 최종 투자의사 확인 전에 미리 '투자성향에 적합하지 않은 투자성 상품거래 확인서'를 받아두는 행위 등이 부당권유행위에 해당되어 금지된다.

만일 금융소비자가 금융회사 임직원 등의 투자권유 없이 본인의 투자자 성향보다 위험도가 높은 금융투자상품을 스스로 청약하는 경우에는 "투자성향에 적합하지 않은 투자성 상품 거래 확인" 내용이 포함된 확인서를 받아 판매절차를 진행할 수 있다.

이 경우 금융회사 임직원 등은 금융소비자에게 투자자성향과 금융투자상품의 위험수준을 확인시켜주고 해당 투자가 금융소비자에게 적합하지 않다는 사실을 명확히 알려주어야 하며, 확인서 작성 시 확인서의 작성 취지 및 향후 금융소비자에게 불리하게 작용할 수 있으므로 신중한 작성이 필요하다는 점 등을 안내하여야 한다.

또한, 판매 상품이 적합하지 않거나, 적정하지 않다고 판단되는 금융소비자를 대상으로 금융상품을 판매하는 경우 판매과정을 녹취하고 금융소비자가 요구하는 경우 해당 녹취 파일을 제공하여야 하며, 금융소비자가 금융투자상품의 매수 계약 체결 여부를 충분히 검토할 수 있도록 판매과정에서 2영업일 이상의 숙려기간을 부여하여야 한다.

(3) 계약체결 전 적합성 보고서 제공

판매 임직원 등이 신규 일반 금융소비자(개인, 법인 모두 포함)이거나, 만 65세 이상의 고령투자자 및 만 80세 이상의 초고령투자자를 대상으로 공모와 사모 형태를 불문하고 E(D)LS, E(D)LF, E(D)LT를 투자권유하려는 경우 금융소비자가 올바른 투자판단을 할 수 있도록 추천사유 및 유의사항 등을 기재한 '적합성 보고서'를 계약체결 이전에 제공하여야 한다.

'적합성 보고서'의 주요 항목은 투자정보 확인서 조사결과, 고객의 투자성향 및 투자권유 상품, 투자권유 사유 및 핵심 유의사항으로 각 회사별로 표준투자권유준칙의 별표를 참조하여 만들 수 있다.

(4) 고령투자자에 대한 투자권유

금융회사는 회사별로 적정한 수준의 '고령투자자에 대한 금융투자상품 판매 시 보호기준'을 의무적으로 만들어야 하며, 여기에는 해당 기준을 적용할 고령투자자의 정의, 고령투자자 보호에 관한 일반적인 기준, 고령투자자 보호 관련 내부통제 강화 및 초고령자에 대한 추가 보호방안에 관한 사항이 포함되어야 한다.

금융회사 임직원 등은 만 65세 이상의 고령투자자에게 금융투자상품(투자자 보호 및 건전한 거래질서를 해칠 우려가 없는 것으로서 금융위원회가 정하여 고시하는 금융상품은 제외)을 판매하려는 경우 앞서 설명한 일반적인 '적합성 판단기준'에 더하여 회사별로 설정한 '고령투자자에 대한 금융투자상품 판매 시 보호기준'을 준수하여야 하며, 판매과정을 녹취하고 금융소비자가 요청하는 경우 해당 녹취 파일을 제공해야 할 의무가 있고, 판매과정에서 2영업일 이상의 숙려기간을 부여함으로써 고령투자자에 대한 보호를 강화하여야 한다. 동 기준에서 정하는 고령투자자 보호에 관한 일반적인 기준에는 영업점의 전담창구 마련, 본사전담부서 및 전담인력의 지정, "투자권유 유의상품"의 지정 및 투자권유 시 사전확인, 상품의 개발·판매 시 고령 투자자 판매 위험 분석, 녹취제도 및 숙려제도 등을 마련하고 운용하는 것이 포함된다.

아울러 고령투자자 보호를 위한 내부통제활동에는 고령 투자자에 대한 판매절차를 내규로 마련하고, 임직원 등을 대상으로 교육을 실시해야 하며, 내규 준수 여부 등에 대한 정기점검 실시, 가족 등 조력자의 연락처 확인, 고령투자자 대상 마케팅 활동에 대한 내부통제 강화 등의 조치를 실시하여야 한다.

한편 초고령자로 분류되는 만 80세 이상의 투자자에 대해서는 보다 강화된 조치가 필요하므로, 일반적인 고령투자자 보호기준을 준수하는 것은 물론 투자권유 유의상품 판매를 자제하여야 한다.

다만, 이 사항은 회사별로 달리 정할 수 있으므로 초고령투자자에게 투자권유 유의상품의 판매가 허용되는 경우에는 가족 등의 조력을 받을 수 있도록 안내하여야 하고, '해피콜'을 통해 사후 모니터링을 실시하여야 한다.

(5) 장외파생상품의 투자권유

금융회사의 임직원 등은 장외파생상품의 매매 및 그 중개·주선 또는 대리의 상대방이 법에 따른 일반 금융소비자인 경우에는 투자권유 여부와 상관없이 그 금융소비자가 보유하고 있거나 보유하려는 자산·부채 또는 계약 등(이하 "위험회피대상"이라 한다)에 대하여 미래에 발생할 수 있는 경제적 손실을 부분적 또는 전체적으로 줄이기 위한 거래를 하는 경우로서 다음의 요건을 모두 충족하는 경우에 한하여 거래를 할 수 있다.

- 위험회피대상을 보유하고 있거나 보유할 예정일 것
- 장외파생상품에 대한 약정거래 기간 중 해당 거래에서 발생할 수 있는 손익이 위험 회피대상에서 발생할 수 있는 손익의 범위를 초과하지 아니할 것

이 경우 임직원 등은 금융소비자가 장외파생상품 거래를 통하여 회피하려는 위험의 종류와 금액을 확인하고, 관련 자료를 보관하여야 한다.

금융회사는 아래의 표를 참조하여 장외파생상품에 대한 별도의 적합성 기준을 마련하여야 하며, 임직원 등이 장외파생상품에 대한 투자권유를 하는 경우 해당 기준에 따라 적합하지 않다고 인정되는 투자권유를 해서는 안 된다.

구분		장외파생상품에 대한 투자 경험		
		1년 미만	1년 이상 ~ 3년 미만	3년 이상
개인	만 65세 이상	금리스왑 옵션매수	금리스왑, 통화스왑 옵션매수, 옵션매도 선도거래	기타 위험회피 목적의 모든 장외파생상품
	만 65세 미만	금리스왑, 통화스왑 옵션매수, 옵션매도 선도거래	기타 위험회피 목적의 모든 장외파생상품	
법인 및 개인 사업자	주권 비상장법인, 개인 사업자	금리스왑, 통화스왑 옵션매수, 옵션매도, 선도거래		기타 위험회피 목적의 모든 장외파생상품
	주권 상장 법인	금리스왑, 통화스왑 옵션매수, 옵션매도 선도거래	기타 위험회피 목적의 모든 장외파생상품	

※ 장외파생상품의 경우 '주의', '경고', '위험' 등 3단계로 분류하며, 각 위험도에 해당하는 금융투자상품의 예시는 "회사참고사항 16 – 1"을 참조할 것
※ '경고'위험도에 해당하는 장외파생상품 투자에 적합한 투자자 중 위험관리능력, 장외파생상품 투자경험, 상품에 대한 지식 등이 충분하다고 인정되는 투자자는 기타 위험회피 목적의 모든 장외파생상품에 투자할 수 있음

(6) 투자권유 시 유의사항

임직원 등은 투자권유 시 다음의 행위가 금지된다.

❶ 금융투자상품의 내용을 사실과 다르게 알리는 행위

❷ 불확실한 사항에 대하여 단정적 판단을 제공하거나 확실하다고 오인하게 할 소지가 있는 내용을 알리는 행위

❸ 투자자로부터 투자권유의 요청을 받지 아니하고 방문·전화 등 실시간 대화의 방법을 이용하는 행위. 다만, 아래의 경우를 제외하고 투자권유를 하기 전에 금융소비자의 개인정보 취득경로, 권유하려는 금융상품의 종류 및 내용 등을 금융소비자에게 미리 안내하고, 해당 금융소비자가 투자권유를 받을 의사를 표시한 경우에는 허용

- 일반금융소비자의 경우 : 고난도 금융투자상품, 고난도 투자일임계약, 고난도 금전신탁계약, 사모펀드, 장내파생상품, 장외파생상품
- 전문금융소비자의 경우 : 장외파생상품

❹ 투자권유를 받은 투자자가 이를 거부하는 취지의 의사를 표시하였음에도 불구하고 투자권유를 계속하는 행위. 다만, 다음의 각 행위는 제외된다.

- 투자권유를 받은 투자자가 이를 거부하는 취지의 의사표시를 한 후 1개월이 지난 후에 다시 투자권유를 하는 행위
- 다른 종류의 금융투자상품에 대하여 투자권유를 하는 행위. 이 경우 다음의 각 금융투자상품 및 계약의 종류별로 서로 다른 종류의 금융투자상품에 해당하는 것으로 봄
  ① 금융투자상품 : 채무증권, 지분증권, 집합투자증권, 투자계약증권, 파생결합증권, 증권예탁증권, 장내파생상품, 장외파생상품
  ② 투자자문계약 또는 투자일임계약
    － 증권에 대한 투자자문계약 또는 투자일임계약
    － 장내파생상품에 대한 투자자문계약 또는 투자일임계약
    － 장외파생상품에 대한 투자자문계약 또는 투자일임계약
  ③ 신탁계약
    － 자본시장법 제103조 제1항 제1호의 신탁재산에 대한 신탁계약
    － 자본시장법 제103조 제1항 제2호부터 제7호까지의 신탁재산에 대한 신탁계약
- 다음의 금융투자상품은 다른 유형의 금융투자상품으로 본다.
  ① 기초자산의 종류가 다른 장외파생상품

② 선도, 스왑, 옵션 등 금융투자상품의 구조가 다른 장외파생상품

❺ 투자성 상품에 관한 계약의 체결을 권유하면서 투자자가 요청하지 않은 다른 대출성 상품을 안내하거나 관련 정보를 제공하는 행위

❻ 금융상품의 가치에 중대한 영향을 미치는 사항을 미리 알고 있으면서 투자자에게 알리지 아니하는 행위 또는 투자성 상품의 가치에 중대한 영향을 미치는 사항을 알면서 그 사실을 투자자에 알리지 않고 그 금융상품의 매수 또는 매도를 권유하는 행위

❼ 금융상품 내용의 일부에 대하여 비교대상 및 기준을 밝히지 아니하거나 객관적인 근거 없이 다른 금융상품과 비교하여 해당 금융상품이 우수하거나 유리하다고 알리는 행위

❽ 자기 또는 제3자가 소유한 투자성 상품의 가치를 높이기 위해 투자자에게 해당 투자성 상품의 취득을 권유하는 행위

❾ 투자자가 자본시장법상 미공개정보 이용행위 금지, 시세조정 행위 등의 금지, 부정거래행위 등의 금지에 위반되는 매매, 그 밖의 거래를 하고자 한다는 사실을 알고 그 매매, 그 밖의 거래를 권유하는 행위

❿ 투자자의 사전 동의 없이 신용카드를 사용하도록 유도하거나 다른 대출성 상품을 권유하는 행위

⓫ 금융소비자보호법상 적합성원칙을 적용받지 않고 권유하기 위해 투자자로부터 계약 체결의 권유를 원하지 않는다는 의사를 서면 등으로 받는 행위

⓬ 관계법령 등 및 회사가 정한 절차에 따르지 아니하고 금전·물품·편익 등의 재산상 이익을 제공하거나 제공받는 행위

임직원 등은 투자자 성향 및 금융투자상품의 특성을 고려하여 장기투자가 유리하다고 판단되는 경우 그 투자자에게 해당 금융투자상품에 대한 장기투자를 권유할 수 있고, 금융소비자의 투자자산이 특정 종목의 금융투자상품에만 편중되지 아니하도록 분산하여 투자할 것을 권유할 수 있다.

임직원 등이 투자자에게 포트폴리오 투자를 권유하는 경우에는 그 임직원 등이 금융투자협회에 등록된 금융투자전문인력(펀드투자권유자문인력, 증권투자권유자문인력, 파생상품투자권유자문인력)으로서의 업무범위에 해당하는 금융투자상품으로 구성된 포트폴리오만을 권유할 수 있다.

일반투자자에게 금융투자업규정 제4-20조에 따른 계열회사 또는 계열회사에 준하

는 회사인 집합투자업자가 운용하는 펀드를 투자권유하는 경우, 집합투자업자가 회사와 계열회사 등에 해당한다는 사실을 고지하여야 하고, 계열회사 등이 아닌 집합투자업자가 운용하는 유사한 펀드를 함께 투자권유하여야 한다.

유사한 펀드란

① 일반투자자에게 투자권유한 계열회사 등의 펀드와 금융투자상품 위험도 분류 기준에 따른 위험 수준이 같거나 낮을 것
② 일반투자자에게 투자권유한 계열회사 등의 펀드와 같은 종류의 펀드일 것. 다만, 증권집합투자기구 및 단기금융집합투자기구 이외의 종류일 경우 회사가 같은 종류의 펀드를 갖추지 못했을 때에는 다른 종류로 할 수 있음

금융회사의 임직원 등은 위의 ① 및 ②의 조건을 충족하는 펀드 중에서 주된 투자대상 자산·투자지역(국내·해외) 등을 고려하여 투자권유하여야 하며 해당 펀드의 향후 전망, 운용 안정성, 판매 전략 등을 감안하여 달리 투자권유할 수 있다. 투자권유가 없는 온라인 판매의 경우에도 투자자가 투자판단에 참고할 수 있도록 계열회사 펀드임을 표시하여야 한다.

---

(7) 확인서 수령 관련 유의사항

투자성향에 맞지 않는 금융투자상품 매매 또는 투자권유를 희망하지 않는다는 의사표시(투자권유불원 등)는 지점장 등 회사별 규정에 따른 영업점의 책임자를 거쳐 확인하여야 하며, 금융소비자가 온라인을 통해 거래한 경우에는 회사가 정하는 내부통제기준에 따라 사후확인 절차 등을 거칠 수 있다.

또한 금융회사는 투자성향에 맞지 않는 금융투자상품 또는 투자권유를 희망하지 않는 투자자에게 판매한 금융투자상품 현황 및 관련 민원 현황 등을 회사 내부통제기준에 따라 주기적으로 파악 및 점검하고 내부적인 보고 절차를 준수하여야 한다.

3) 설명 의무

(1) 개요

금융회사의 임직원 등은 금융소비자보호법 제19조에 따라 금융소비자에게 투자권유를 하는 경우 금융투자상품의 내용, 투자에 따르는 위험, 금융투자상품의 투자성에 관

한 구조와 성격, 투자자가 부담하는 수수료에 관한 사항, 조기상환조건이 있는 경우 그에 관한 사항, 계약의 해제·해지에 관한 사항 등(이하 "투자설명사항"이라 한다)을 금융소비자가 이해할 수 있도록 설명하고, 설명한 내용을 금융소비자가 이해하였음을 서명, 기명날인, 녹취 등의 방법으로 확인받아야 한다.

설명의무의 이행은 단순 확인 방식으로는 이행할 수 없으며, 자필 또는 육성으로 진술하는 방식으로 이행해야 하는데 여기에는 금융소비자는 본인이 이해하는 상품의 특성, 최대 위험 등을, 임직원 등은 금융소비자의 상품 이해수준 및 설명내용 등을 포함하여야 한다.

금융소비자에게 제공해야 하는 설명서에는 금융소비자에게 설명한 내용과 실제 설명서의 내용이 같다는 사실에 대해 설명한 사람의 서명이 있어야 하는 것이 원칙이지만, 대출성 상품에 관한 계약 및 전자금융거래법에 따른 전자적 장치를 이용한 자동화 방식을 통해서만 서비스가 제공되는 계약은 예외로 한다.

(2) 설명 차등화

판매직원 등이 설명의무를 이행 시 해당 금융투자상품의 복잡성 및 위험도 등 상품측면과 금융소비자의 투자경험 및 인식능력 등 금융소비자 측면을 고려하여 설명의 정도를 달리할 수 있다. 즉 모든 금융소비자에 대하여 동일한 수준으로 기계적으로 설명할 필요는 없다. 설명의 정도는 금융투자상품의 성격 및 투자자의 지식·경험에 따라 달라질 수 있다. 따라서, 신규 상품, 구조가 복잡한 상품이나 위험상품을 판매하는 경우 또는 금융지식이 부족한 금융소비자나 취약 투자자에 대하여는 일반적인 경우보다 설명이 좀 더 필요할 수 있으나, 동일 또는 유사 상품에 대한 투자 경험이 있거나 해당 상품에 대한 지식수준이 높은 금융소비자등에게는 보다 간단한 설명이 가능하다.

예를 들어, 해당 회사에 동일한 유형의 상품에 투자한 기록이 남아있거나 금융소비자가 다른 회사에서 동일한 유형의 상품에 투자한 경험 등을 이유로 간략한 설명 등을 희망하는 경우에는 해당 상품의 구조와 위험성에 대한 간단한 질문을 통해 파악된 금융소비자의 이해수준에 맞게 설명의 정도를 간략히 할 수 있다.

계속적 거래가 발생되는 단순한 구조의 상장증권(예: 주식, 채권, ETF 등) 및 장내파생상품(예: 선물옵션) 등을 거래소시장에서 거래하는 경우에는 실질적으로 매 투자권유 시마다 거래의 방법 및 위험성 등을 설명할 수 없으므로, 최초 계좌개설 또는 투자권유 시 설명의무를 이행하는 것도 가능하다.

또한 종합금융투자업을 승인받은 금융투자회사에서 자기신용으로 발행하는 확정금리형 상품인 발행어음의 경우에도 이자율, 만기. 상환방식(일부 상환이 불가능한 경우 그 사실) 및 중도상환 시 적용이자율 등 주요사항에 관한 설명이 필요하며 예금자보호가 적용되지 않는다는 사실, 발행회사의 신용위험, 발행회사 신용등급을 확인할 수 있는 방법 등에 관한 위험사항도 역시 설명의 대상이다.

임직원 등이 금융소비자에게 투자설명서 혹은 간이투자설명서를 사용하여 펀드 투자를 권유하는 경우에는 투자설명사항 중 집합투자기구의 종류(클래스)와 관련하여 '판매수수료 부과방식 – 판매경로 – 기타 펀드 특성'에 따라 3단계로 구분되는 종류(클래스) 명칭을 설명하여야 한다.

상기 절차에 따라 설명하였음에도 불구하고 금융소비자가 주요 손익구조 및 손실위험을 이해하지 못하는 경우에는 투자권유를 계속하여서는 아니 된다.

(3) 설명서의 제공

금융회사의 임직원 등은 다음의 어느 하나에 해당하는 경우를 제외하고 금융소비자에게 설명하기 전에 설명서를 서면교부, 우편 또는 전자우편, 휴대전화 문자메시지 또는 이에 준하는 전자적 의사표시를 통해 교부하여야 할 의무가 있다.

다만, 집합투자증권의 발행인이 작성한 자본시장법 제123조 제1항에 따른 투자설명서 및 간이투자설명서를 제공한 경우에는 해당 내용을 제외할 수 있다.

❶ 증권신고의 효력이 발생한 증권을 취득하고자 하는 금융소비자가 서면, 전화·전신·모사전송, 전자우편 및 이와 비슷한 전자통신, 그 밖에 금융위원회가 정하여 고시하는 방법으로 설명서의 수령을 거부하는 경우
❷ 금융소비자가 이미 취득한 것과 같은 집합투자증권을 계속하여 추가로 취득하려는 때에 해당 집합투자증권의 투자설명서 내용이 직전에 교부한 투사설명서의 내용과 같은 경우
❸ 기본계약을 동일한 내용으로 갱신하는 경우 또는 기본계약을 체결하고 그 계약 내용에 따라 계속적·반복적으로 거래를 하는 경우

(4) 외화증권 등 및 조건부자본증권에 대한 설명의무

외화증권이나 해외상품에 투자를 권유할 경우에는 환율이나 해당 국가의 경제상황

등 추가적인 변수에 따라 투자 성과의 변동성이 높게 나타나기 때문에 더 세심한 설명을 해야 할 필요성이 있다. 또한, 조건부자본증권 투자를 권유하는 경우에는 일반적인 무보증 회사채와 다르기 때문에 설명에 유의할 필요성이 있다. 금융소비자가 이러한 사항에 대해 충분히 이해하고 투자할 수 있도록 금융회사의 임직원 등은 해당 상품에 대해서 다음과 같은 사항을 설명해야 한다.

가. 외화증권 투자를 권유하는 경우에 추가적으로 설명을 해야 할 사항

❶ 투자대상 국가 또는 지역의 경제·시장 상황 등의 특징

❷ 투자에 따른 일반적 위험 외에 환율 변동 위험, 해당 국가의 거래제도·세제 등 제도의 차이

❸ 금융소비자가 직접 환위험 헤지를 하는 경우 시장 상황에 따라 헤지 비율 미조정 시 손실이 발생할 수 있다는 사실

나. 해외자산에 투자하는 집합투자기구의 집합투자증권을 투자권유하는 경우에 추가적으로 설명을 해야 할 사항

❶ 투자대상 국가 또는 지역의 경제여건 및 시장 현황에 따른 위험

❷ 집합투자기구 투자에 따른 일반적 위험 외에 환율 변동 위험, 해당 집합투자기구의 환위험 헤지 여부, 환헤지 비율의 최대치가 설정된 목표 환헤지 비율, 환헤지 대상 통화, 주된 환헤지 수단 및 방법

❸ 환위험 헤지가 모든 환율 변동 위험을 제거하지는 못하며, 투자자가 직접 환위험 헤지를 하는 경우 시장 상황에 따라 헤지 비율 미조정 시 손실이 발생할 수 있다는 사실

❹ 모자형 집합투자기구의 경우 투자자의 요청에 따라 환위험 헤지를 하는 자펀드와 환위험 헤지를 하지 않는 자펀드 간의 판매비율 조절을 통하여 환위험 헤지 비율을 달리(예 : 20%, 40%, 60%)하여 판매할 수 있다는 사실

다. 해외자산에 투자하는 신탁계약을 투자권유하는 경우에 추가적으로 설명을 해야 할 사항

❶ 투자대상 국가 또는 지역 및 투자대상 자산별 투자비율

❷ 투자대상 국가 또는 지역의 경제·시장상황 등의 특징

❸ 신탁계약 체결에 따른 일반적 위험 외에 환율 변동 위험, 해당 신탁계약의 환위험 헤지 여부 및 헤지 정도

④ 과거의 환율 변동 추이가 미래의 환율 변동을 전부 예측하지는 못하며, 통화 간 상관관계는 미래에 변동할 수 있다는 사실

⑤ 환위험 헤지가 모든 환율 변동 위험을 제거하지는 못하며, 투자자가 직접 환위험 헤지를 하는 경우 시장 상황에 따라 헤지 비율 미조정 시 손실이 발생할 수 있다는 사실

라. 조건부자본증권에 투자권유하는 경우에 추가적으로 설명을 해야 할 사항

❶ 일정한 사유가 발생하면 원리금이 전액 상각되거나 보통주로 전환되는 특약이 있다는 사실

❷ 상각·전환의 사유 및 효과

❸ (이자지급제한에 관한 특약이 있는 경우) 특정한 사유 발생 시 또는 발행인의 재량에 따라 이자가 지급되지 않을 수 있다는 사실

❹ (만기가 장기이거나 발행인의 임의만기연장 특약이 있는 경우) 장기간 현금화가 불가능하거나 유동성이 보장되지 않을 수 있다는 사실

❺ (중도상환 조건이 있는 경우) 만기가 짧아질 수 있다는 사실

❻ 사채의 순위

(5) 금융투자상품의 위험도(위험등급) 분류

금융소비자보호법 제19조 제1항 제1호 나목 3)에서는 일반금융소비자에게 판매되는 투자성 상품의 경우 대통령령으로 정하는 기준에 따라 금융상품을 판매하는 회사가 정하는 위험등급을 금융소비자에게 설명하도록 의무화하고 있다.

금융소비자보호법 시행령 제13조 제2항에서는 해당 투자성 상품을 연계투자 및 자본시장법 제103조 제1항 제2호부터 제7호까지의 규정에 따른 신탁계약을 제외한 모든 투자성상품으로 명기함으로써 지분증권, 채무증권, 집합투자증권, 파생결합증권, 파생상품, 신탁계약, 일임계약 등을 포함하는 것으로 정의하고 있다.

이에 따라 금융투자상품을 판매하는 회사는 투자성 상품을 판매하기 전에 표준투자권유준칙의 '투자성 상품 위험등급 산정 가이드라인'을 참고하여 금융상품별로 위험등급을 산정할 수 있으며, 이때에는 금융소비자보호법 감독규정 제12조에 따라 기초자산의 변동성, 신용등급, 상품구조의 복잡성, 최대 원금손실 가능액, 환매·매매의 용이성, 환율의 변동성 및 그 밖에 원금손실 위험에 영향을 미치는 사항을 고려하여야 한다.

만일 판매회사가 정한 위험등급과 금융상품 제조회사가 정한 위험등급이 다를 경우 판매회사는 금융상품 제조회사와 위험등급의 적정성에 대해 협의하여야 하고, 금융상품 제조회사의 위험등급을 사용하는 것이 보다 적절하다고 판단되는 경우 해당 위험등급을 사용할 수 있으나 이때에는 판매회사가 별도로 정한 자체적인 기준에 따라 금융상품 제조회사가 정한 위험등급의 적정성을 확인하는 절차 및 방식 등을 준수해야 한다.

판매회사가 금융상품 제조회사의 위험등급을 사용하는 경우 판매회사는 제조회사가 위험등급을 산정할 때 사용한 기초자료, 판단 근거 등을 금융상품 제조회사에 요구할 수 있고, 금융상품 제조회사는 불가피한 사유가 없는 한 이에 응하여야 한다.

판매회사는 금융상품 제조회사가 사용한 기초자료로부터 표준투자권유준칙에서 정하고 있는 기준대로 금융상품 제조회사가 위험등급을 적정하게 산정하였는지 여부를 검증하여야 한다.

또한 판매회사는 기존 상품에 대한 위험등급 산정의 적정성을 검증하려는 경우 기존 상품의 적정성 검증 시기, 표본 선정 방법, 검증결과 처리 등과 관련한 내용을 내부통제기준에 반영하고 이를 준수하여야 한다.

금융투자상품의 위험도는 투자자 성향 분류 단계 및 실제 투자자 성향 분포를 감안하여 최소 6단계 이상으로 분류하며, 1등급을 가장 높은 위험으로 하되 그 수가 커질수록 위험도가 낮아질 수 있도록 구성한다.

위험등급은 해당 금융상품을 판매하는 시점에 1회 산출하는 것을 원칙으로 하되, 수시 판매 및 환매가 가능한 상품의 경우 연 1회(예 : 개방형 펀드의 경우 결산시점) 등급을 재산정한다. 다만, 재산정 주기가 도래하지 않더라도 시장상황 급변 등으로 특정 위험요소가 현실화될 가능성이 높아지거나 기타 현재 사용 중인 위험등급이 시장상황의 변화를 제대로 반영하지 못한다고 판단되는 경우 위험등급을 재산정할 수 있다.

한편, 판매회사는 투자성 금융상품의 위험등급 분류를 할 때 외부기관이 작성한 위험도 평가기준 등을 고려할 수 있다.

회사는 금융소비자가 해당 금융투자상품의 위험도를 쉽게 이해할 수 있도록 당해 회사의 금융투자상품 위험도 분류표를 상담창구에 비치하고, 투자권유 시 이를 활용하여 다른 금융투자상품과의 비교 등의 방법을 통해 상대적인 위험 수준을 설명하여야 한다.

금융투자상품 위험도 분류표는 금융투자상품의 위험도에 따라 3가지 색상(적색, 황색, 녹색)으로 구분하여 금융투자상품의 위험도에 대한 투자자의 직관적인 이해도를 높여야 한다.

판매회사는 위험등급에 대한 설명의무를 이행함에 있어 위험등급의 의미와 유의사항, 해당 위험등급으로 정해진 사유를 함께 설명함으로써 금융소비자가 그 위험등급이 의미하는 바를 정확히 이해할 수 있도록 하여야 한다.

장외파생상품에 대한 위험도 분류는 일반금융소비자 대상으로는 헤지 목적 거래만 허용되는 점을 감안하여 별도의 산정기준을 적용할 수 있다.

장외파생상품 위험도 분류 예시

① 주의 : 금리스왑, 옵션매수(원금 초과 손실이 가능하나, 손실 범위가 제한적인 상품)
② 경고 : 통화스왑, 옵션매도, 선도거래(손실 범위가 무제한이나, 구조가 단순한 상품)
③ 위험 : ①과 ②를 제외한 그 밖의 장외파생상품(손실 범위가 무제한이고, 구조가 복잡한 상품)

포트폴리오 투자의 경우, 이를 구성하는 개별 금융투자상품의 위험도를 투자금액 비중으로 가중 평균한 포트폴리오 위험도를 사용할 수 있다. 다만, 포트폴리오의 구성, 운용전략 및 위험도 책정 등을 회사의 전문조직에서 결정하는 경우 이에 따르도록 한다. 포트폴리오 투자의 권유 시 투자자의 투자목적, 투자경험 및 지식수준 등에 비추어 과도하게 위험도가 높은 금융투자상품을 포트폴리오에 편입하지 않도록 주의할 필요가 있다. 예를 들어 투자자가 중간 정도의 위험 – 수익을 선호하는 투자자 성향으로 분석되었고, 선물·옵션에 대한 투자경험이나 지식수준이 없음에도 불구하고, 선물·옵션을 포트폴리오에 편입시켜 투자권유를 하는 경우에는 부적합한 투자권유가 될 수도 있다.

(6) 설명의무 이행 시 유의사항

임직원 등은 투자설명을 함에 있어서 금융소비자의 합리적인 투자판단 또는 해당 금융투자상품의 가치에 중대한 영향을 미칠 수 있는 중요사항을 거짓 또는 왜곡하여 설명하거나 누락하여서는 아니 된다.

위험등급에 관한 설명의무를 이행할 때에는 위험등급의 의미와 유의사항, 해당 위험등급으로 정해진 사유를 함께 설명함으로써 금융소비자가 그 위험등급이 의미하는 바를 정확하게 이해할 수 있도록 하여야 한다.

또한 판매직원 등은 금융소비자가 추후에도 금융투자상품에 대하여 문의할 수 있도록 자신의 성명, 직책, 연락처 및 콜센터 또는 상담센터 등의 이용방법을 알려야 한다.

5 방문을 통한 금융투자상품의 판매

1) 개요

방문판매란 금융회사 영업점 외의 장소에서 금융소비자에게 투자성 상품 및 대출성 상품의 계약 체결의 권유를 하거나, 계약의 청약을 받아 계약을 체결하는 등 판매하는 것을 말한다.

이때 영업점 외의 장소에는 전화 연락이 포함되며, 영업점 외의 장소에서 계약 체결을 권유한 이후 금융소비자를 영업점으로 내방하게 하거나, 온라인 매체를 통하여 계약을 체결하게 하는 경우를 모두 포함한다.

금융상품에 대한 방문판매 규제의 관리감독권한은 '방문판매에 관한 법률(이하 "방문판매법"이라고 한다)'이 2021.12.8. 개정되면서 기존의 공정거래위원회에서 금융위원회로 이관되었고, 금융위원회는 '방문판매 모범규준'을 제정하여 금융상품의 방문판매 업무와 관련하여 판매회사의 임직원 등이 준수하여야 할 기준과 절차를 정해놓았다.

방문판매 모범규준은 법인과 전문투자자를 포함한 모든 금융소비자를 대상으로 하여, 방문·유선·화상 등 실시간 대화의 방법으로 금융상품의 권유 또는 계약의 체결을 하는 경우 적용되며, 이 중 전문투자자에 대해서는 일부 절차에 대해 간소화를 하였다.

금융투자회사의 임직원 등이 방문판매를 하기 위해서는 금융투자협회가 주관하는 방문판매인력 사전 교육을 이수하여야 하며, 연 1회 직무교육을 이수하여야 한다.

2) 절차

(1) 방문판매 전 사전안내

판매 임직원 등은 방문판매의 대상이 되는 금융소비자를 대상으로 방문판매를 위한 사전안내를 실시하여야 하며, 여기에는 금융소비자의 개인정보에 대한 취득 경로·판매 임직원 등의 소속과 성명 및 판매하고자 하는 상품의 종류·방문판매 등을 실시할 예정 시간 및 장소가 포함된다. 일부 금융투자회사에서는 위와 같이 절차를 완료한 이후 해당 내용을 요약한 문자메시지 전송 등의 방법을 통해 다시 한번 금융소비자의 승인 및 주의 환기를 하기도 한다.

금융소비자의 개인정보 취득경로에 대한 안내는 임직원 등이 방문판매를 먼저 권유하는 경우 반드시 금융소비자에게 알려야 하는 사항이며, 이와는 반대로 금융소비자가 먼저 방문을 요청하는 경우에는 금융소비자의 개인정보에 대한 취득 경로 안내를 하지 않아도 된다.

금융소비자를 대상으로 방문판매 사전안내를 실시할 때에는 판매하고자 하는 상품의 종류가 포함되는데, 금융소비자의 유형에 따라 사전안내가 금지되어 있는 상품, 즉 금융소비자의 요청이 없는 경우 판매 임직원 등이 먼저 안내할 수 없는 상품(사전안내 불가 상품)이 있다.

상대방이 일반금융소비자인 경우에는 고난도금융투자상품(고난도 투자일임계약, 고난도 금전신탁계약 포함), 사모펀드, 장내 및 장외 파생상품은 사전안내를 할 수 없으며, 상대방이 전문금융소비자인 경우 장외파생상품에 대해서는 사전안내를 할 수 없다.

그럼에도 불구하고 상대방인 금융소비자가 사전안내 불가상품에 대해 방문이나 전화를 통해 권유나 계약체결을 요청하는 경우 판매 임직원 등은 해당 상품이 사전안내 불가 상품에 해당된다는 사실을 안내하여 금융소비자의 주의를 환기하고, 금융소비자가 해당 상품에 대해 권유를 요청하였음을 '방문판매 요청확인서' 수령 등 회사가 정한 절차에 따라 확인받은 후 방문판매 등의 절차를 진행하여야 한다.

(2) 방문판매 실시

사전안내를 완료한 이후 실제 방문판매를 할 때 판매 임직원 등은 금융소비자를 대상으로 '방문판매 개시안내'를 실시하여야 한다. 개시안내에는 방문하는 판매 임직원 등의 소속 및 성명, 방문목적, 권유하고자 하는 상품, 연락금지요구권 행사방법 및 절차가 포함된다.

개시안내가 완료되고 나면, 판매 임직원 등은 금융소비자에게 본인의 소속을 증명하고 본인이 보유하고 있는 자격에 따른 취급가능한 상품의 범위를 알려야 한다. 또한, 금융분쟁 발생 시 금융소비자의 권리구제 등 활용 목적으로 방문판매 과정이 녹취된다는 사실을 안내하고 금융소비자의 동의를 받은 후 녹취를 진행하여야 한다.

이후의 판매과정은 앞서 설명한 바와 동일하게 [금융소비자의 투자자성향 파악 및 '투자자성향 분석결과 확인서' 제공 ─ 적합한 상품 권유 ─ 해당 상품의 투자설명서 사전

교부－설명서를 활용한 설명의무 이행 - 금융소비자의 이해 여부 및 계약체결 여부 확인]의 절차를 거치면 된다.

(3) 계약의 체결

금융소비자가 금융상품 계약체결을 하려는 경우 판매 임직원 등이 직접 방문한 경우에는 금융소비자가 작성한 관련 계약서류를 받고, 전화 등 실시간 대화의 방법으로 방문판매를 한 경우에는 관련 계약서류에 대한 금융소비자의 구두 진술사항을 녹취하고 판매 임직원 등이 관련 서류에 기록하는 방법을 사용할 수 있다.

계약의 체결이 완료되는 경우 상품에 대한 계약서류를 임의조작이 불가능한 형태로 서면, 우편, 이메일 등을 통해 금융소비자에게 지체 없이 제공[1]되어야 하며, 판매 임직원 등은 금융소비자에게 계약서류의 수령 여부 등을 확인하여야 한다.

3) 방문판매 시 유의사항

금융회사의 임직원 등이 방문판매를 통해 금융상품을 투자권유하거나 판매하는 경우 아래의 사항에 대해 숙지하고 이를 준수하여야 하며, 회사는 내부통제기준에 따라 점검하고 위반행위가 있는 경우 조치를 취하여야 한다.

(1) 기본 금지행위

❶ 본인이 권유 또는 계약을 체결할 수 있는 대상상품 이외의 금융상품에 대한 권유 또는 계약을 체결하는 일체의 행위
❷ 고객을 대리하여 계약을 체결하거나, 고객으로부터 매매권한을 위탁받는 행위
❸ 고객의 정보를 개별적으로 저장하거나, 사후적으로 변조하는 행위
❹ 고객으로부터 현금 수취를 하는 행위
❺ 고객의 개인정보를 고객이 동의한 범위 외의 목적으로 무단 열람하거나 활용하는 행위
❻ (청약철회 대상상품일 경우) 청약의 철회에 대한 사항을 안내하지 않거나, 고객이 이를 행사하지 못하도록 서면 등을 발송하는 것을 방해하는 행위

---

1 계약서류의 제공과 관련하여 만일 금융소비자와 다툼이 있는 경우 회사는 계약서류의 제공사실, 계약체결 사실 및 그 시기를 증명해야 한다.

❼ 방문판매등 관련 계약의 권유를 받은 고객이 거부 의사를 표시하였는데도 계속 권유하는 행위

❽ 야간(오후 9시~다음날 오전 8시)에 고객에게 방문 판매등을하는 행위(고객이 요청하는 경우 제외)

❾ 전화권유 수신거부의사를 밝힌 고객에게 전화를 통해 계약의 체결을 권유하는 행위

(2) 대출성 상품

투자성 상품에 관한 계약의 체결을 권유하면서 금융소비자가 요청하지 않았음에도 불구하고 대출성 상품을 먼저 안내하거나 관련 정보를 제공하는 행위는 금지된다.

(3) 재산상 이익의 제공 행위 금지

재산상 이익이란 금융상품의 계약과 관련하여 거래 상대방에게 '경제적 가치가 3만 원을 초과하는 물품, 식사, 신유형상품권, 20만원을 초과하는 경조사비 및 조화, 화환 등'을 말한다.

❶ 상품판매를 유인하거나 상품판매를 조건으로 회사에서 정한 기준을 초과하여 금 전, 상품권, 투자성 상품 등을 제공하는 행위

❷ 판매회사의 변경 또는 변경에 따른 이동액을 조건으로 하여 재산상 이익을 제공 하는 행위

❸ 판매상품의 가격이나 수수료를 임의로 할인하는 행위

❹ 판매상품의 가격이나 수수료의 일부 또는 전부를 부담하거나 부담하기로 약속하 는 행위

❺ 대출성 상품의 경우 대출원금 또는 발생이자 등에 대해 일부 또는 전부를 부담하 거나 부담하기로 약속하는 행위

❻ 퇴직연금의 경우 3만원을 초과하여 금전등을 제공하는 행위(해당 여부는 사용자 및 가입자 각각에 대해 개별적으로 적용한다)

(4) 개인정보보호

❶ 업무수행 과정에서 취득한 고객 정보를 고객의 동의 없이 방문판매등의 목적 이

외의 용도로 사용하거나, 어떠한 형태로든 외부에 유출하는 행위 금지

❷ 고객정보가 포함된 서류에 대해 필요 이상의 복사본을 만들거나 방치하는 행위 금지 및 불필요한 서류인 경우 지체 없이 폐기

❸ 고객의 서명 또는 비밀번호 입력이 필요한 경우 반드시 고객이 직접 하도록 안내

6	투자권유대행인의 투자권유

1) 투자권유 위탁계약의 체결 및 해지

회사가 투자권유업무를 위탁하고자 하는 경우 투자권유대행인과 투자권유 위탁계약을 체결하여야 하며, 위탁계약에는 다음 각 호의 내용이 포함되어야 한다.

❶ 위탁업무의 범위(다음 각 목의 사항에 대하여 구체적으로 기재하여야 한다)
  ㄱ. 고객유치, 투자자정보 파악, 투자자 위험등급 산정(약식), 설명서 제공, 금융투자상품 설명, 투자상담, 종목추천의 전부 또는 일부
  ㄴ. 투자권유대상 상품 또는 계약의 종류
❷ 투자권유대행인이 투자권유업무를 대행함에 있어서 고객에게 손해를 끼쳐 회사가 금소법에 따른 배상책임을 부담하게 되는 경우 회사는 투자권유대행인에게 구상권을 행사할 수 있다는 내용
❸ 투자권유업무를 대행함에 있어 관계법령등 및 이 기준을 준수하며, 투자자의 이익을 해하면서 자기가 이익을 얻거나 제삼자가 이익을 얻도록 하는 등 이해상충 행위와 주문대리, 주문수탁 등 투자권유대행인 금지행위를 하지 않는다는 내용
❹ 계약기간 및 갱신, 계약 해지사유
❺ 사고방지대책 및 교육에 관한 사항
❻ 수수료 및 지급방법에 관한 사항
❼ 대리·중개업자의 금지행위
❽ 투자권유대행인이 관련법령을 위반하는 경우, 해당 투자권유대행인에 대한 수수료 감액, 벌점 부과, 계약해지 등 불이익에 관한 사항
❾ 재판관할 등 기타 필요사항

한편, 회사는 다음 각 호의 어느 하나에 해당하는 자와 투자권유 위탁계약을 체결할 수 없으며, 계약체결 이후 계약서의 해지 사유에 해당하거나 다음 각 호의 어느 하나에 해당하는 경우 투자권유 위탁계약을 해지할 수 있다.

❶ 무자격자 등 투자권유대행인 등록 거부 사유 해당자
❷ 투자권유대행인 등록효력이 정지되거나 말소된 자
❸ 위법·부당행위로 금고 이상의 형을 선고받고 그 집행이 종료(집행이 종료된 것으로 보는 경우를 포함한다)되거나 면제된 후 5년(다만, 금고 이상의 형의 집행유예를 선고받은 경우 또는 금고 이상의 형의 선고를 유예받은 경우에는 그 유예기간에 한한다)이 경과되지 않은 자
❹ 다른 회사와의 투자권유 위탁계약이 종료 또는 해지되지 아니한 자
❺ 기타 투자권유대행인의 자격 및 등록요건에 흠결이 있는 자

2) 투자권유대행인의 업무

투자권유대행인은 위탁받은 투자권유업무를 수행함에 있어서 금소법에 따른 적합성 원칙 및 설명의무 등 투자권유와 관련한 관계법령등을 준수하여야 하며, 금소법에 따라 투자자로부터 확인받은 투자자의 해당 금융상품 취득 또는 처분목적, 재산상황 및 취득 또는 처분경험 등에 관한 정보를 지체없이 회사에 제출하여, 회사가 이를 유지·관리할 수 있도록 하여야 한다.

회사는 투자권유업무를 위탁하고자 하는 경우에는 투자권유대행인의 투자권유업무의 적정성을 통제할 수 있는 체계를 갖추어야 한다. 회사가 위탁한 투자권유업무에 지분증권에 대한 투자상담 또는 종목추천이 포함된 경우에는 서면기록{투자자로부터 서명(「전자서명법」에 따른 전자서명을 포함한다.), 기명날인, 녹취의 어느 하나에 해당하는 방법으로 확인을 받은 것에 한한다}, 전화녹취 또는 방송녹화 중 하나 이상의 방법으로 투자상담 및 종목추천의 내용을 기록·유지하여야 하며, 투자권유대행인의 투자권유업무의 적정성을 임직원에 준하여 통제하여야 한다.

투자권유대행인이 투자권유업무를 수행할 때에는 신분증과 금융투자협회가 발급한 투자권유대행인 등록증을 함께 소지하여야 하며, 주관부서의 심의를 받은 명함 이외의 명함을 사용할 수 없다.

투자권유대행인이 특정 계좌를 자신의 관리계좌로 등록하고자 하는 경우에는 당해 계좌의 명의인(투자자) 또는 그 명의인이 지정한 대리인이 직접 기명날인 또는 서명한 관

리계좌 등록동의서를 징구하거나, 유선으로 동의의 뜻을 확인하여야 한다. 다만, 종합
계좌를 개설하고 하위의 추가 계좌를 개설하는 경우 최상위 계좌에 대한 관리계좌 등록
동의서 및 유선 확인으로 갈음할 수 있다.

3) 투자권유대행인의 금지행위

투자권유대행인은 다음 각 호의 어느 하나에 해당하는 행위를 하여서는 아니 된다.

1. 회사를 대신하여 계약을 체결하는 행위
2. 투자자로부터 투자금 등 계약의 이행으로서 급부를 받는 행위
3. 투자권유대행업무를 제3자에게 하게 하거나 그러한 행위에 관하여 수수료·보수
나 그 밖의 대가를 지급하는 행위
4. 투자자를 대신하여 계약을 체결하는 행위
5. 투자자로부터 금융투자상품을 매매할 수 있는 권한을 위임받는 행위
6. 투자성 상품에 관한 계약의 체결과 관련하여 제3자가 투자자에게 금전을 대여하
도록 권유하는 행위
7. 법에 따른 투자일임재산이나 신탁재산을 각각의 투자자별 또는 재산별로 운용하
지 않고 모아서 운용하는 것처럼 그 투자일임계약이나 신탁계약의 계약체결등(계
약의 체결 또는 계약의 체결의 권유를 하거나 청약을 받는 것을 말한다)을 권유하거나 광고하
는 행위
8. 둘 이상의 회사와 투자권유 위탁계약을 체결하는 행위
9. 법 시행령 제56조 제1호 다목에 따라 집합투자증권에 대한 투자권유를 대행하는
보험설계사가 소속 보험회사가 아닌 보험회사와 투자권유 위탁계약을 체결하는
행위
10. 금융투자상품의 매매, 그 밖의 거래와 관련하여 투자자에게 협회 및 회사가 정하
는 한도를 초과하여 직접 또는 간접적인 재산상의 이익을 제공하면서 투자권유
하는 행위
11. 투자성 상품의 가치에 중대한 영향을 미치는 사항을 알면서 그 사실을 투자자에
게 알리지 않고 그 금융상품의 매수 또는 매도를 권유하는 행위
12. 위탁계약을 체결한 회사가 발행한 주식의 매수 또는 매도를 권유하는 행위
13. 투자목적, 재산상황 및 투자경험 등을 감안하지 아니하고 투자자에게 지나치게

투자권유를 하는 행위

⑭ 자기 또는 제3자가 소유한 투자성 상품의 가치를 높이기 위해 투자자에게 해당 투자성 상품의 취득을 권유하는 행위

⑮ 투자자가 법 제174조(미공개중요정보 이용행위 금지). 제176조(시세조정 행위 등의 금지) 또는 제178조(부정거래행위 등의 금지)에 위반되는 매매, 그 밖의 거래를 하고자 함을 알고 그 매매, 그 밖의 거래를 권유하는 행위

⑯ 금융투자상품의 매매, 그 밖의 거래와 관련하여 투자자의 위법한 거래를 은폐하여 주기 위하여 부정한 방법을 사용하도록 권유하는 행위

⑰ 투자자를 대신하여 매매주문을 대리하거나 투자자 또는 그 대리인으로부터 매매주문을 수탁하는 행위

⑱ 투자자의 서면 동의 없이 금융투자상품의 매매, 그 밖의 거래에 관한 정보를 열람하는 행위

⑲ 회사로부터 위탁받은 업무 범위 이외에 다른 금융투자상품의 매매 또는 계약 체결을 권유하는 행위

⑳ 투자권유와 관련하여 회사가 승인하지 않은 자료나 홍보물 등을 배포하거나 사용하는 행위

㉑ 투자전문위원, 부장, 실장, 이사 또는 상무 등 투자자가 자신을 회사의 임직원으로 오인케 할 수 있는 명칭이나 명함, 명패, 그 밖의 표시 등을 하는 행위

㉒ 보수의 일부를 투자자에게 부당하게 지급(리베이트)하는 행위

㉓ 높은 보수 수취 또는 그 밖의 위법·부당행위를 은닉할 목적으로 다른 투자권유대행인의 관리계좌를 자산의 관리계좌로 변칙등록하거나 자신의 관리계좌를 다른 투자권유대행인의 관리계좌로 변칙등록하는 행위

㉔ 다른 투자권유대행인의 명의를 사용하거나 다른 투자권유대행인이 자신의 명의를 사용하도록 하는 행위

㉕ 투자자와의 이해상충이 발생할 수 있는 겸업행위

㉖ 회사로부터 정해진 수수료 외에 금품, 그 밖의 재산상 이익을 요구하거나 받는행위

㉗ 투자자로 하여금 회사 또는 금융상품자문업자로 오인할 수 있는 상호를 광고나 영업에 사용하는 행위

㉘ 회사에게 자신에게만 투자권유대행업무를 위탁하거나 다른 투자권유대행인에게 위탁하지 않도록 강요하는 행위

㉙ 업무수행 과정에서 알게 된 투자자의 정보를 자기 또는 제3자의 이익을 위해 이용하는 행위

㉚ 「보험업법 시행령」 별표3에 따른 보험설계사·보험대리점 또는 보험중개사의 등록 요건을 갖춘 개인으로서 보험모집에 종사하고 있는 자(집합투자증권의 투자권유를 대행하는 경우만 해당한다)가 위탁계약을 체결하지 않은 같은 법에 따른 보험회사의 투자성 상품에 관한 계약의 체결을 권유하는 행위

4) 투자자정보의 취급

회사는 다음 각 호의 요건을 모두 충족하는 경우에 한하여 투자권유대행인에게 투자자정보를 제공하거나 열람하게 할 수 있다.

❶ 투자권유대행인 본인의 관리계좌에 대한 정보일 것

❷ 위탁계약상 위탁업무의 범위를 감안하여 투자권유대행업무 수행에 필요한 최소한의 정보로 아래와 같다.

　ㄱ. 집합투자증권계좌의 경우 : 예탁자산, 당일 출금가능액, 계좌별 수익률, 계좌별 전체 수수료 내역, 계좌별 투자권유대행인이 수취하는 수수료 내역, 만기일, 투자자 생년월일, 주소, 연락처, 세제혜택 여부, 환매신청 내역, 적립식투자일 경우 납입횟수, 납입금액 및 최종 납입일

　ㄴ. 주식 위탁계좌, 그 밖의 계좌의 경우 : 예탁자산, 계좌별 수익률 및 총수익률, 계좌별 전체 수수료 내역, 계좌별 투자권유대행인이 수취하는 수수료 내역, 만기일, 투자자 생년월일, 주소, 연락처

❸ 정보를 제공받거나 열람하는 투자권유대행인과 해당 정보를 투자권유대행업무 외의 목적으로 이용하지 아니할 것이라는 내용의 계약을 체결할 것

❹ 정보제공 또는 열람과 관련된 기록을 유지하는 등 투자자정보를 보호하기 위한 적절한 시스템을 구축·운영할 것

회사는 투자권유대행인에게 제공하거나 열람시키고자 하는 투자자정보의 종류를 투자자에게 고지하고, 제공 또는 열람에 대해 투자자가 직접 기명날인 또는 서명한 동의서를 징구하여야 한다.

5) 별도의 공간 설치

회사는 지점, 그 밖의 영업소(이하 "지점"이라 한다) 내에(투자자의 물리적인 왕래가 이루어지지 않는 별도공간으로서 회사의 내부통제가 적절히 이루어지는 경우 외부도 가능) 회사에 등록된 전체 투자권유대행인이 공동으로 사용할 수 있는 별도공간을 제공할 수 있다. 이 경우 다음 각 호의 사항을 준수하여야 한다.

❶ 해당 공간은 임직원이 사용하는 공간과 분리될 것
❷ 지점 영업관리자(외부인 경우 주관부서 책임자)에 의한 통제가 용이한 장소에 위치할 것
❸ 지점내 공간일 경우 투자자가 투자권유대행인이 공동으로 사용하는 공용공간임을 인지할 수 있는 명패를 외부에 부착할 것
❹ 개인 컴퓨터 등의 비치를 금지하고, 해당 공간에서는 투자권유대행인 본인계좌 이외에는 금융투자상품의 매매주문이 나갈 수 없도록 하되, 컴퓨터 등을 통하여 투자권유대행인 본인 계좌의 금융투자상품 매매주문을 내는 경우 해당 내역이 전산으로 관리될 것

6) 의무표시사항 고지

투자권유대행인은 투자권유를 할 때 자신이 투자권유대행인이라는 사실을 나타내는 표지를 게시하거나 증표(금융투자협회로부터 발급받은 투자권유대행인 등록증을 말한다)를 투자자에게 보여 주어야 한다.

7 금융투자회사의 투자권유대행인 관리

투자권유대행인은 전문인력관리규정에 따라 금융투자협회가 주관하는 소정의 보수교육을 이수하여야 한다.

회사는 투자권유대행인이 수행한 투자권유업무가 관계법령등, 이 기준, 회사가 마련한 투자권유준칙 및 투자권유 위탁계약 등에서 정하는 방법과 절차 등에 따라 적정하게 이행되었는지 여부를 다음 각호의 경우마다 투자자로부터 확인받아야 한다.

❶ 지분증권의 경우 계좌개설시
❷ 집합투자증권 및 금적립계좌 등의 경우 신규판매시

❸ 자문·일임·신탁 계약의 경우 계약체결시

회사는 투자권유대행인에 대한 체계적 관리 및 투자자보호 또는 건전한 거래질서를 위하여 다음 각호의 내용을 포함하는 관리기준을 마련하고, 투자자와의 이해상충 및 투자자 정보의 침해가 발생하지 않도록 투자권유대행인의 위탁계약의 이행 상황 및 투자권유대행인의 위법·부당한 행위 등을 주기적으로 점검하는 등 관리 감독하여야 한다.

❶ 투자권유대행인과의 위탁계약 체결, 계약해지 절차
❷ 투자권유대행인 영업행위 점검절차 및 보고체계
❸ 투자자 개인정보 보호(정보접근 제한, 정보유출 방지대책), 대책 및 관련 법규의 준수에 관한 사항
❹ 위탁계약서 주요 기재사항(업무범위, 위탁자의 감사권한, 업무 위·수탁에 대한 수수료 등, 고객정보의 보호, 감독기관 검사수용의무 등)
❺ 투자권유대행인 실적 등에 대한 기록관리
❻ 수수료 산정 및 지급기준
❼ 교육프로그램, 교육주기, 교육 방법 등에 관한 사항
❽ 회사 감사인의 자료접근권 보장

회사는 관리감독과 관련하여 필요한 경우 위법·부당행위 또는 계약 위반행위와 관련된 보수의 차감, 투자권유 위탁계약의 해지 등의 조치를 취할 수 있으며, 투자권유대행인의 관리부실 등으로 투자자에게 피해를 끼친 경우, 회사는 투자자의 확인을 거쳐 투자권유대행인 관리계좌 등록을 해지할 수 있다.

8 그 밖의 투자권유 유의사항

1) 계약서류의 제공

판매 임직원 등은 금융소비자와 계약을 체결한 경우 금융소비자보호법령 등에서 정하고 있는 계약서류를 서면, 우편 또는 전자우편, 휴대전화 문자메시지 또는 이에 준하는 전자적 의사표시의 방법 중 하나로 금융소비자에게 지체 없이 제공하여야 하며, 금융소비자가 해당 방법 중 특정 방법으로 제공해 줄 것을 요청하는 경우에는 그 방법으

로 제공해야 한다. 또한 금융소비자에게 계약서류를 제공하는 경우 해당 계약서류가 법령 및 내부통제기준에 따른 절차를 거쳐 제공된다는 사실을 해당 계약서류에 적어야 한다.

금융회사가 계약서류를 전자 우편 또는 이에 준하는 전자적 의사표시로 제공하는 경우에는 금융소비자가 전자금융거래법에 따른 전자적 장치를 통해 계약서류를 확인하는 데 필요한 소프트웨어, 안내자료 등을 제공해야 하며, 계약서류를 전자 우편, 휴대전화 문자메시지 또는 이에 준하는 전자적 의사표시로 제공하는 경우에는 해당 계약서류가 위조·변조되지 않도록 기술적 조치를 취해야 한다.

2) 청약의 철회

금융회사는 금융소비자가 투자성 상품 중 청약철회가 가능한 대상상품(고난도 금융투자상품, 고난도 투자일임계약, 고난도 금전신탁계약, 비금전신탁)에 대해 계약서류를 제공받은 날 또는 계약체결일로부터 7일(금융회사와 금융소비자간 해당 기간보다 더 긴 기간으로 약정한 경우에는 해당 기간) 내에 서면, 전자우편, 휴대전화 문자메시지 등의 방법으로 동 계약의 청약에 대한 철회 의사를 표시하는 경우 이를 수락하여야 하고, 고난도투자일임계약 또는 고난도 금전신탁계약에 대해서 청약철회기간을 산정할 때에는 숙려기간을 제외하고 계산한다.

다만, 금융소비자가 예탁한 금전 등을 지체없이 운용하는 데 동의한 경우에는 청약의 철회가 적용되지 않으므로 회사는 해당 사실을 금융소비자에게 충분히 설명하고 금융소비자의 서명, 기명날인, 녹취 등의 방법으로 확인을 받아야 한다.

청약철회가 가능한 투자성 상품의 경우 철회의 효력은 금융소비자가 서면 등을 발송한 때 효력이 발생하므로 금융소비자는 서면 등을 발송한 때에는 지체없이 발송사실을 금융회사에 알려야 한다.

청약철회가 가능한 대출성 상품인 신용공여(금융소비자보호법 제72조 제1항에 따른 신용거래, 주식담보대출, 청약자금대출을 말한다)의 경우 금융소비자의 청약철회 가능 기간은 계약서류를 제공 받은 날 또는 계약 체결일로부터 14일(금융회사와 금융소비자간 해당 기간보다 더 긴 기간으로 약정한 경우에는 해당 기간) 이내이며, 다만 담보로 제공된 증권이 법에 따라 처분된 경우에는 예외로 한다. 이때 청약철회는 금융소비자가 청약 철회의 의사를 표시하기 위하여 서면 등을 발송하고 회사로부터 이미 공급받은 금전 등을 회사에 반환한 때 그 효력이 발생하는데, 금융소비자의 청약 철회 의사표시 이외에 금전 등의 반환이 수반된다는 점에서 투자성 상품의 청약철회와 다르다.

투자성 상품의 청약철회와 마찬가지로 금융소비자는 청약 철회의사를 표시한 서면 등을 발송한 경우 지체 없이 회사에 그 사실을 알려야 한다.

금융회사는 청약 철회를 접수한 날(대출성 상품인 경우에는 금융소비자로부터 금전 등을 반환받은 날)로부터 3영업일 이내에 이미 받은 금전 등을 금융소비자가 지정하는 입금계좌로 반환해야 하는데, 반환이 늦어지는 경우 해당 기간에 대해서는 계약에서 정해진 연체이자율을 금전 등에 곱한 금액을 일 단위로 계산하여 지급하여야 한다.

대출성 상품의 청약 철회가 발생한 경우 금융회사가 금융소비자에게 반환해야 할 금액에는 고객으로부터 받은 수수료(증권 매매 수수료 등은 제외)가 포함되며, 금융소비자가 회사에게 반환해야 할 금액에는 대출원금과 이자 및 인지대 등이 포함된다. 이때 청약의 철회가 완료되면 회사는 신용정보원 등에 연락하여 해당 금융소비자에 대한 대출기록 삭제 요청을 하여야 한다.

금융소비자보호법 제46조에 따라 금융회사는 청약이 철회된 경우 금융소비자를 대상으로 이로 인한 손해배상 또는 위약금 등 금전 지급을 청구할 수 없으며 청약 철회에 대한 특약으로서 금융소비자에게 불리한 것은 무효로 본다.

3) 위법 계약의 해지

금융소비자는 금융소비자보호법 제47조에 따라 아래와 같은 경우 해당 금융상품에 대한 위법을 사유로 계약의 해지를 요청할 수 있다.

❶ 금융회사가 금융상품의 계약체결과 관련하여 금융소비자보호법 제17조부터 제21조에서 규정하고 있는 적합성 원칙, 적정성 원칙, 설명의무, 불공정영업행위 금지, 부당권유행위 금지를 위반하였을 것

❷ 해당 계약의 형태가 계속적이고, 계약기간 종료 전 금융소비자가 계약을 해지하는 경우 그 계약에 따라 금융소비자의 재산에 불이익이 발생할 것

금융소비자는 금융상품 계약이 위의 조건을 모두 충족한 위법계약임을 안 날로부터 1년 이내에 해당 계약의 해지를 요구할 수 있는데, 유의해야 할 점은 '안 날로부터 1년' 이라는 위법계약해지 요청가능기한은 해당 계약의 체결일로부터 5년 이내의 범위 내에

있어야 한다는 점이다. 즉, 계약을 체결한 날로부터 5년이 경과하여 위법 계약을 인지한 경우에는 위법계약 해지를 요청할 수 없다.

금융회사는 금융소비자의 해지를 요구받은 날로부터 10일 이내에 수락여부를 통지하여야 하는데, 다음과 같은 경우에는 금융소비자의 요구를 거절할 수 있고, 거절의 통지를 한 경우에는 거절사유를 함께 통지하여야 한다.

❶ 위반사실에 대한 근거를 제시하지 않거나 거짓으로 제시한 경우
❷ 계약 체결 당시에는 위반사항이 없었으나 금융소비자가 계약 체결 이후의 사정변경에 따라 위반사항을 주장하는 경우
❸ 금융소비자의 동의를 받아 위반사항을 시정한 경우
❹ 계약의 해지 요구를 받은 날로부터 10일 이내에 법 위반사실이 없음을 확인하는 데 필요한 객관적·합리적 근거자료를 금융소비자에게 제시한 경우
예외적으로 10일을 경과하여 통지할 수 있는 경우가 있는데 이는 해지를 요구한 금융소비자의 연락처나 소재지 등을 확인할 수 없는 등 통지기간 내 연락이 곤란한 경우 또는 금융소비자의 동의를 받아 통지기한을 연장한 경우로서 해당 사유가 해소되는 즉시 통지하면 된다.
❺ 금융소비자가 회사의 행위에 금융소비자보호법 위반사실이 있다는 사실을 계약을 체결하기 전에 이미 알고 있었다고 볼 수 있는 명백한 사유가 있는 경우
금융회사는 금융소비자의 위법계약에 대한 해지를 수락하여 해당 계약이 해지된 경우 동 계약의 효력은 해지 시점부터 무효화되므로 원상회복의무는 없고 금융회사는 이와 관련한 수수료, 위약금 등의 비용을 요구할 수 없다.

4) 손실보전 등의 금지행위

금융투자상품의 매매, 그 밖의 거래와 관련하여 다음의 손실보전 등의 행위가 금지된다. 다만, 신노후생활연금신탁, 연금신탁, 퇴직일시금신탁의 상품 가입 시 법에 따라 손실의 보전 또는 이익의 보장을 하는 경우, 그 밖에 건전한 거래질서를 해할 우려가 없는 경우로서 정당한 사유가 있는 경우를 제외한다.

❶ 투자자가 입을 손실의 전부 또는 일부를 보전하여 줄 것을 사전에 약속하는 행위
❷ 투자자가 입은 손실의 전부 또는 일부를 사후에 보전하여 주는 행위

❸ 투자자에게 일정한 이익을 보장할 것을 사전에 약속하는 행위

❹ 투자자에게 일정한 이익을 사후에 제공하는 행위

5) 투자매매업자 및 투자중개업자의 금지행위

(1) 과당매매의 권유 금지

금융소비자의 투자목적, 재산상황 및 투자경험 등을 고려하지 아니하고 일반투자자에게 빈번한 금융투자상품의 매매거래 또는 과도한 규모의 금융투자상품의 매매거래를 권유하여서는 안 되며, 이 경우 특정 거래가 빈번한 거래인지 또는 과도한 거래인지 여부는 다음의 사항을 감안하여 판단한다.

❶ 금융소비자가 부담하는 수수료의 총액

❷ 금융소비자의 재산상태 및 투자목적에 적합한지 여부

❸ 금융소비자의 투자지식이나 경험에 비추어 해당 거래에 수반되는 위험을 잘 이해하고 있는지 여부

❹ 개별 매매거래 시 권유내용의 타당성 여부

(2) 자기매매를 위한 권유 금지

임직원은 자기 또는 제3자가 소유한 금융투자상품의 가치를 높이기 위해 금융소비자에게 특정 금융투자상품의 취득을 권유하여서는 안 된다.

(3) 부당한 권유 금지

❶ 금융투자상품의 가치에 중대한 영향을 미치는 사항을 미리 알고 있으면서 이를 투자자에게 알리지 아니하고 해당 금융투자상품의 매수나 매도를 권유하여 해당 금융투자상품을 매도하거나 매수하여서는 안 된다.

❷ 투자자에게 회사가 발행한 주식의 매매를 권유하여서는 아니 된다.

❸ 자본시장법 제55조의 손실보전 등의 금지 및 자본시장법 제71조의 불건전영업행위의 금지에 따른 금지 사항 또는 제한 사항을 회피할 목적으로 하는 행위로서 장외파생상품거래, 신탁계약 또는 연계거래 등을 이용하여서는 아니 된다.

❹ 신뢰할 만한 정보·이론 또는 논리적인 분석·추론 및 예측 등 적절하고 합리적인

근거를 가지고 있지 아니하고 특정 금융투자상품의 매매거래나 특정한 매매전략·기법 또는 특정한 재산운용배분의 전략·기법을 채택하도록 투자자에게 권유하여서는 아니 된다.

❺ 해당 영업에서 발생하는 통상적인 이해가 아닌 다른 특별한 사유(회사의 인수계약 체결, 지급보증의 제공, 대출채권의 보유, 계열회사 관계 또는 회사가 수행중인 기업인수 및 합병업무 대상, 발행주식 총수의 1% 이상 보유 등)로 그 금융투자상품의 가격이나 매매와 중대한 이해관계를 갖게 되는 경우에 그 내용을 사전에 투자자에게 알리지 아니하고 특정 금융투자상품의 매매를 권유하여서는 아니 되나, 아래에 해당하는 사유로 알리지 아니하는 경우에는 예외로 인정한다.

- 투자자가 매매권유 당시에 해당 이해관계를 알고 있었거나 알고 있었다고 볼 수 있는 합리적 근거가 있는 경우. 다만, 조사분석자료에 따른 매매권유의 경우는 제외
- 매매를 권유한 임직원이 그 이해관계를 알지 못한 경우. 다만, 회사가 그 이해관계를 알리지 아니하고 임직원으로 하여금 해당 금융투자상품의 매매를 권유하도록 지시하거나 유도한 경우는 제외
- 해당 매매권유가 투자자에 대한 최선의 이익을 위한 것으로 인정되는 경우. 다만, 조사분석자료에 따른 매매권유의 경우는 제외

❻ 특정 금융투자상품의 매매를 권유하는 대가로 권유대상 금융투자상품의 발행인 및 그의 특수관계인 등 권유대상 금융투자상품과 이해관계가 있는 자로부터 재산적 이익을 제공받아서는 아니 된다.

❼ 집합투자증권의 판매와 관련하여 회사가 받는 판매보수 또는 판매수수료가 회사가 취급하는 유사한 다른 집합투자증권의 그것보다 높다는 이유로 투자자를 상대로 특정 집합투자증권의 판매에 차별적인 판매촉진노력을 하여서는 아니 된다. 다만, 투자자의 이익에 부합된다고 볼 수 있는 합리적 근거가 있어 판매대상을 단일집합투자업자의 집합투자증권으로 한정하거나 차별적인 판매촉진노력을 하는 경우는 제외된다.

❽ 신용공여를 통한 매매거래를 원하지 않는 투자자에게 이를 부추기거나 조장하는 행위를 하여서는 아니 되며, 신용공여를 통한 매매거래를 원하는 투자자에게는 그에 따르는 위험을 충분히 설명하여야 한다.

❾ 매매거래에 관한 경험부족 등으로 투자권유에 크게 의존하는 투자자에게 신용공

여를 통한 매매거래나 과다하거나 투기적인 거래, 선물·옵션 등 위험성이 높은 금융투자상품의 매매거래를 권유하여서는 아니 된다.

6) 투자자문업자 및 투자일임업자에 대한 적용

(1) 준수사항

금융소비자와 투자자문계약 또는 투자일임계약을 체결하고자 하는 경우에는 다음의 사항을 기재한 서면자료를 미리 금융소비자에게 제공하고 확인받아야 한다.

❶ 투자자문의 범위 및 제공방법 또는 투자일임의 범위 및 투자대상 금융투자상품 등
❷ 투자자문업 또는 투자일임업의 수행에 관하여 회사가 정하고 있는 일반적인 기준 및 절차
❸ 투자자문업 또는 투자일임업을 실제로 수행하는 임직원의 성명 및 주요 경력(로보어드바이저의 경우, 투자자문 또는 투자일임이 로보어드바이저에 의해 이루어진다는 사실)
  * "로보어드바이저"란 컴퓨터 프로그램을 활용한 알고리즘 및 빅데이터 분석을 통해 투자자의 성향에 맞는 투자자문·운용서비스를 제공하는 온라인 자산관리서비스를 의미
❹ 투자자와의 이해상충 방지를 위하여 회사가 정한 기준 및 절차
❺ 투자자문계약 또는 투자일임계약과 관련하여 투자 결과가 투자자에게 귀속된다는 사실 및 투자자가 부담하는 책임에 관한 사항
❻ 수수료에 관한 사항
❼ 투자실적의 평가 및 투자 결과를 투자자에게 통보하는 방법(투자일임계약에 한함)
❽ 투자자는 투자일임재산의 운용방법을 변경하거나 계약의 해지를 요구할 수 있다는 사실
❾ 임원 및 대주주에 관한 사항
❿ 투자일임계약인 경우에는 투자자가 계약개시 시점에서 소유할 투자일임재산의 형태와 계약종료 시점에서 소유하게 되는 투자일임재산의 형태
⓫ 투자일임재산을 운용할 때 적용되는 투자방법에 관한 사항
⓬ 법 제99조 제1항에 따른 투자일임보고서의 작성대상 기간
⓭ 그 밖의 금융투자업규정 제4−73조 각 호의 사항

또한 투자자와 투자자문계약 또는 투자일임계약을 체결하는 경우, 금융소비자보호법 제23조 제1항에 따라 투자자에게 교부하는 계약서류에 다음 사항을 기재하여야 하며, 그 기재내용은 계약체결 시 교부한 서면자료에 기재된 내용과 달라서는 아니 된다.

① 상기 서면자료
② 계약 당사자에 관한 사항
③ 계약기간 및 계약일자
④ 계약변경 및 계약해지에 관한 사항
⑤ 투자일임재산이 예탁된 투자매매업자·투자중개업자, 그 밖의 금융기관 명칭 및 영업소명

(2) 금지행위

임직원은 다음의 어느 하나에 해당하는 행위를 하여서는 아니 된다. 다만, 회사가 다른 금융투자업, 그 밖의 금융업을 겸영하는 경우라서 그 겸영과 관련된 해당 법령에서 ① 및 ②의 행위를 금지하지 아니한 경우에는 이를 할 수 있다.

① 투자자로부터 금전, 증권 그 밖의 재산의 보관·예탁을 받는 행위
② 투자자에게 금전, 증권 그 밖의 재산을 대여하거나 투자에 대한 제3자의 금전, 증권 그 밖의 대여를 중개·주선 또는 대리하는 행위
③ 계약으로 정한 수수료 외의 대가를 추가로 받는 행위

7) 투자일임 및 금전신탁에 대한 적용

투자일임 및 금전신탁(투자자가 운용대상을 특정 종목과 비중 등 구체적으로 지정하는 특정금전신탁은 제외)의 경우 아래 사항을 추가 또는 우선하여 적용한다.

① 임직원 등은 면담·질문 등을 통하여 투자자의 투자목적, 재산상황, 투자경험, 투자연령, 투자위험 감수능력, 소득 수준 및 금융자산의 비중 등의 정보를 투자자 정보 확인서에 따라 파악하여 투자자를 유형화하고 투자자로부터 서명 등의 방법으로 확인을 받아 이를 유지·관리하여야 한다. 다만, 전문투자자가 투자자를 유형화하기 위한 조사를 원하지 아니할 경우에는 조사를 생략할 수 있으며, 이 경우 전문투자자가 자기의 투자 유형을 선택할 수 있다.

❷ 금융회사의 임직원 등은 위에서 확인한 투자자정보의 내용 및 투자자 유형분류
표에 따라 분류된 투자자의 유형을 금융소비자에게 지체 없이 제공해야 한다.

❸ 금융회사는 하나 이상의 자산배분유형군을 마련하여야 하며, 하나의 자산배분
유형군은 둘 이상의 세부자산 배분유형으로 구분하여야 한다. 자산배분유형군은
"동일자산간" 또는 "이종자산간"으로 구성할 수 있으며, 세부자산배분유형은 유
형간 변동성이나 종목의 특성 및 분산투자 효과 등에서 유의미한 차이가 있어야
한다. 다만, 금융소비자의 자산을 개별적으로 1:1로만 운영하는 경우는 자산배분
유형군이나 세부자산유형을 마련하지 않아도 된다.

❹ 금융회사는 분류된 투자자 유형에 적합한 세부자산배분유형을 정하고 계약을 체
결하여야 한다.

❺ 임직원 등은 투자일임·금전신탁계약 체결 전에 투자자에게 다음 사항을 설명하
여야 한다.
  • 세부 자산배분 유형 간 구분 기준, 차이점 및 예상 위험 수준에 관한 사항
  • 분산투자규정이 없을 수 있어 수익률의 변동성이 집합투자기구 등에 비해 더
    커질 수 있다는 사실
  • 기준에 의해 분류된 투자자 유형 위험도를 초과하지 않는 범위 내에서 투자일
    임·금전신탁재산의 운용에 대해 투자자가 개입할 수 있다는 사실
  • 성과보수를 수취하는 경우 성과보수 수취요건 및 성과보수로 인해 발생 가능한
    잠재 위험에 관한 사항

기타 전문투자자 및 법인 금융소비자에 대한 절차는 금융투자협회의 '표준투자권유
준칙'에서 정하는 바에 따른다.

8) 로보어드바이저에 대한 적용

투자자에게 로보어드바이저를 활용하는 투자자문·일임계약 체결을 권유하는 경우에
는 로보어드바이저의 의미와 해당 로보어드바이저의 투자전략 및 위험요인 등을 충분
히 설명하고 투자자의 이해 여부를 확인하여야 한다.

여기에서 설명의무 이행은 앞서 살펴본 "설명의무"에서 정한 양식 등을 활용하여 설
명서 교부 및 설명내용을 이해하였다는 사실을 확인하는 것으로 로보어드바이저 명칭
을 사용하는 금융투자상품 등에 대한 투자를 권유하는 경우 로보어드바이저를 활용하

는 상품이 로보어드바이저를 활용하지 않는 상품보다 더 나은 수익을 보장하지 않는다는 사실을 설명하는 것도 포함된다.

금융소비자가 온라인으로 로보어드바이저 자문계약 등을 체결하는 경우 회사는 로보어드바이저의 주요 특성 및 유의사항 등을 투자자가 쉽게 이해할 수 있도록 관련사항을 게시하여야 하고, 로보어드바이저 알고리즘의 중대한 변경 등 주요 사항 변경 시에는 금융소비자에게 미리 고지하여야 한다.

9) 판매 관련 자료의 보존 및 금융소비자 제공

금융투자회사는 판매 관련 자료를 그 종류별로 금융투자업규정 별표 12에서 정한 최소보존기간 이상 서면, 전산자료, 그 밖에 마이크로필름 등의 형태로 기록·유지하여야 하고, 금융소비자보호법 시행령 제26조에서 정하고 있는 금융상품판매업등의 업무와 관련한 자료를 10년(계약기간이 10년을 초과하는 경우 그 계약기간) 또는 5년 이내의 범위에서 유지·관리하여야 한다.

금융투자회사가 금융소비자로부터 판매 관련 자료를 서면으로 요청받은 경우 해당 자료를 6영업일 이내에 제공하여야 하며, 불가피한 사유 때문에 그 기간 안에 제공하지 못하는 경우에는 그 사유와 제공가능일자를 금융소비자에게 통지하여야 한다.

금융투자회사는 금융소비자로부터 분쟁조정 또는 소송의 수행 등 권리구제의 목적으로 자료의 열람(사본의 제공 또는 청취 포함)을 요구받은 날로부터 6영업일 이내에 해당 자료를 열람할 수 있도록 하여야 하는데 해당 기한 이내에 열람할 수 없는 정당한 사유가 있을 때에는 투자자에게 그 사유를 알리고 열람을 연기할 수 있으며, 그 사유가 소멸하면 지체 없이 열람하게 하여야 한다.

---

section 02 고객관리(CRM)

고객관리란 현재의 고객과 잠재적인 고객에 대한 이해를 바탕으로 고객이 원하는 상품과 서비스를 지속적으로 제공할 수 있게 함으로써 회사나 브랜드에 대한 충실성이 높은 고객을 유지하고 확대하는 일련의 과정이라고 볼 수 있다.

1 고객관리의 중요성

(1) 시장 성장 둔화 및 성숙단계로의 진입

과거 고도 성장기에 시장의 성장규모는 연 10~15%대의 높은 성장률을 유지하였다. 이는 고객들의 가처분 소득이 매년 그만큼 증가한다는 것을 의미하며 따라서 금융기관은 특별한 노력 없이도 가처분 소득의 증가분만큼의 수탁자산 증대가 이어졌다. 그러나 점차 시장 성장이 둔화되면서 각 금융기관마다 치열한 고객 확보전이 벌어지고 있는 실정으로, 이러한 현상은 기존의 금융기관의 성장을 주도했던 신규 고객 확보를 위해 금융기관이 치러야 하는 비용의 증대와 수익성 악화를 초래하게 되었다.

(2) 고객의 욕구 개별화와 다양화

오늘날의 고객들은 과거에 금융기관이 직면한 고객들과 다음과 같은 측면에서 구분될 수 있다.

첫째, 선택할 수 있는 금융투자상품 및 서비스가 많아졌다는 점이다. 각 금융기관마다 경쟁적으로 상품 및 서비스를 출시함으로써 고객 측면에서는 이전에 누리지 못한 선택의 폭이 훨씬 다양해졌으며, 이는 기업의 측면에서 자사의 금융투자상품 선택 가능성이 더욱 낮아졌음을 의미하게 된다.

둘째, 고객의 구매의사 결정과정이 더욱 정교화되고 고도화되었다는 점이다. 스마트기기 등의 사용에 고객들이 익숙해지고 핀테크 산업의 발달에 따라 현대의 고객들은 각 금융기관의 상품 및 서비스에 대한 정보의 접근 및 비교, 검토, 평가의 과정을 쉽게 할 수 있게 되었으며, 이는 결과적으로 고객들의 상품에 대한 지식수준 및 안목을 증대시킴으로써 고객의 금융투자상품 구매의사 결정과정이 훨씬 합리화되고 정교해졌다. 이는 기업 측면에서는 끊임없이 타 금융기관보다 나은 금융투자상품 및 서비스를 개발해야 하는 부담으로 다가오며, 오히려 기존의 고객까지도 이탈할 가능성이 높다는 것을 의미한다.

마지막으로 고객의 욕구가 다양화, 개성화되었다는 점이다. 이는 기존 금융기관의 매스마케팅(Mass Marketing)이나 타깃마케팅(Target Marketing)의 영업전략으로는 고객이 더 이상 움직이지 않는다는 것을 의미한다. 살아남기 위해서는 과거의 방식과는 다른 새로운 영업전략이 기업에 요구되고 있다.

(3) 경쟁의 과열

21세기에 한국 금융기관 및 금융 종사자들은 과거에 미처 경험하지 못했던 새로운 경쟁의 패러다임에 직면하게 되었다. 이를 정리해보면 다음과 같이 요약할 수 있다.

첫째, 점점 더 상품 및 서비스의 차별화가 어려워진다. 스마트 환경의 발달로 고객들의 상품인지 속도 및 비교대상 우위가 일반화됨에 따라 제한된 시장이나 공간에서의 경쟁이 아닌 전 방위 경쟁에 노출되게 되었다.

둘째, 고유의 업무영역이 더 이상 의미가 없어지게 되었다. 이전에는 최소한 은행과 제2금융권, 기타 금융기관으로 대표되는 영역으로 구분이 확연히 지어져 나름대로 각 금융기관이 속한 제한된 경쟁영역 속에서 금융영업을 해 온 것이 사실이다. 그러나 이미 방카슈랑스, 인터넷 전문은행 등의 제도적 변화에 따라 금융기관 간의 업무영역은 구분이 어려울 정도로 겹치고 있으며, 이는 근본적으로 금융영업전략의 판을 바꾸는 새로운 시대적 패러다임(Paradigm)의 시작을 의미한다고 할 수 있다. 이제는 제한된 금융영역의 산물이라 할 수 있는 "누가 더 좋은 상품 및 서비스를 개발해서 판매하느냐"보다는, "누가 더 고객의 종합적인 금융욕구를 만족시키고 관리, 운용할 수 있느냐"에 더욱 더 핵심 역량을 부여해야 할 것이다. 금융투자상품 및 서비스 중심이 아닌 고객, 고객관리, 고객관계에 중심을 두어야 하는 시대가 도래한 것이다.

2 고객관리의 실행

고객관리, 즉 CRM(Customer Relationship Management)은 고객정보를 효과적으로 이용하여 고객과의 관계를 유지, 확대, 개선함으로써, 고객의 만족과 충성도를 제고하고, 기업 및 조직의 지속적인 운영, 확장, 발전을 추구하는 고객관련 제반 프로세스 및 활동이다,

CRM은 고객이 보다 편리하고 행복하게 생활할 수 있도록 하고, 고객만족을 통한 회사의 지속적인 매출과 장기적인 수익의 극대화를 목표로 한다.

1) CRM의 영역

CRM의 영역으로는 고객 유지, 고객 확보, 고객 개발을 들 수 있다.

첫 번째 고객 유지는 고객의 불만을 예방하고 불만 발생 시 효과적으로 대처하는 수동적인 노력과 고객에게 부가적인 혜택을 제공하는 능동적 노력이 효과적으로 실행될 때 좋은 결과를 기대할 수 있다. 두 번째 고객확보는 기존 고객 이외에 새로운 고객을 확보하는 것을 의미한다. 이를 보다 효율적으로 하기 위해 우량고객이 될 만한 잠재고객이 어디에 있는지, 어떤 요구(Needs)를 가지고 있는지 살펴보는 것이 효과적이다. 세 번째로 고객개발은 확보한 고객의 가치를 높이기 위한 전략으로, 고객의 가치를 높이기 위해서는 교체 판매나 추가 판매 등을 활용할 수 있다.

2) 성공적인 CRM의 전략

새로운 상품개발보다는 다양한 분류기준으로 고객을 세분화하는 작업이 선행되어야 하며, 신규 고객 확보를 위한 노력보다는 기존 고객 유지에 초점을 두어야 한다.

(1) 고객 획득(Customer getting)에서 고객유지(Customer keeping)로

CRM은 기존 고객과의 지속적인 관계 증진을 통해 만족을 극대화할 때만이 사업의 영속성 및 발전을 이룰 수 있다는 경영전략이라 할 수 있다. 이는 이전의 신규 고객 확보에 중점을 두던 매스마케팅이나 타깃마케팅의 한계점을 극복한 진일보한 개념이라 할 수 있다.

(2) 단기적 고객 유인, 판매(Transaction)중심에서 장기적 관계형성(Relationship)으로

기존의 금융영업은 신규 고객 확보를 위해 단발적인 거래(Transaction)나 교환에 집중하는 경향이 짙었다고 볼 수 있다. 상담창구에서나 광고 등의 다양한 형태로 대중에 대한 노출을 통해서 가망고객을 신규 고객으로 만드는 데에는 모든 노력을 들이고도, 정작 어렵게 만든 고객을 잘 효과적으로 관리하여 지속적인 유지확장을 꾀하기보다는 또 다른 신규 고객의 확보에 주력해 왔다.

반면, CRM 전략은 고객과의 평생에 걸친 긴밀한 유대관계를 통해 고객의 이탈 방지 및 예금고의 증대, 우량고객의 소개와 같은 구전효과 등을 꾀하는 전략으로 고객을 단발성의 거래대상이 아닌 평생고객가치의 개념에서 접근하는 고객중심의 장기적 경영전략이라 할 수 있다.

(3) 판매촉진(Promotion) 중심에서 고객 서비스(Service)중심으로

기존의 고객 서비스는 경품행사, 사은품, 특별금리, 한정 상품 등 신규 고객 확보를 위한 판촉행사에 막대한 자금을 투입하여 왔다. 반면 CRM은 기존 고객 지향의 서비스에 그 역량을 집중하고 있는데 대표적인 예로는 전담직원에 의한 가족 단위의 거래계좌 관리 및 만기 관리, 포트폴리오 구성, 현재의 투자 상황 및 미래의 투자 제안 등 핵심적인 금융서비스는 물론 대여금고이용, 생일, 가족기념일 축하, 행사초청 등 대고객 관계 제고를 위한 부대서비스 등이 있다. 고객 서비스의 기본원칙은 다음과 같다.

❶ 개별 서비스(Personal Approach) : 금융기관 직원들이 반드시 명심해야 할 것은 사회가 고도화되어 개인이라는 존재가 함몰될수록, 고객 자신은 자신을 알리고자 하거나 알아주기를 원하는, 그래서 다수로부터 분리된 개성화된 한 인간으로서 대접받고 싶어 하는 강한 욕구를 가지고 있다는 사실이다. 관계제고 서비스와 관련하여 주의해야 할 사항은 어떤 서비스를 제공할 것인가와 같은 서비스 종류의 문제가 중요한 것이 아니라, 어떻게 서비스를 제공할 것인가와 같은 운용측면이 중요한 것이라는 점이다.

❷ 정기적인 서비스(Periodical Approach) : 자주 보이는 사람에게 일반적으로 인간은 심리적 호감을 갖는 경향이 높은데 그 이유는 심리학 이론을 빌려 설명하자면 "반복적인 노출 혹은 근접성"이 호감을 형성하는 데 일반적으로 도움이 된다는 것이다. 서비스 제공 시 문자메시지나 전화를 통해서라도 수시로 고객과 연락을 취하는 것이 매우 중요하다.

❸ 도움을 주는 서비스(Benefit and Informative Approach) : 인간은 자신에게 도움이 되는, 자신에게 도움을 주는 사람을 좋아하는 경향이 있다. 이를 흔히 심리학에서는 "보상성 원리"라고 한다. 게다가 인간은 자신에게 지속적으로 정신적, 물질적 도움을 주거나 관심을 표명하는 사람에게 일종의 "부채 감정"을 가지게 되는데, 부채 감정이라 함은 반드시 언젠가 자발적으로 부채를 갚고 싶어 하는 심리적 동기를 유발하게 된다. 고객이 언젠가 만기가 돌아오는 금융상품이 있다면 아마

도 이 고객은 평소 자신에게 도움과 관심을 보여주었던 호감이 가는 전담직원에게 자신이 할 수 있는 것(연장 혹은 교체매매)을 해주고 싶어 할 가능성이 매우 높다는 뜻이다.

(4) 시장점유율(Market share)에서 고객 점유율(Customer share)

기존에는 각 해당 금융기관이 차지하는 시장점유율이 매우 중요한 평가요소로 여겨져 왔기에 수익성보다는 한 명의 고객이라도 더 확보하려는 다점포전략을 구사하였다. 그러나 CRM은 금융기관에 기여도가 높은 우량고객중심의 고객 점유율 확대가 주요 전략으로써 이용된다. 고객 점유율이란 고객의 총 운용 가능한 가용자금 중 해당 금융기관이 보유하는 금액의 비율을 의미하는데, 이 비율이 높을수록 해당 금융기관과의 관계 정도가 높다는 것을 의미하기 때문에 고객 점유율을 높이기 위해 최근에는 각 금융기관마다 주거래은행 개념을 도입하여 회사별로 명칭은 다르지만 '마이 데이터(My Data) 사업'이라고 불리는 과정을 통해 고객으로부터 관련 정보를 수집하여 고객의 모든 금융거래를 집중하기 위한 노력을 하고 있다.

(5) 제품 차별화(Product differentiation)에서 고객 차별화(Customer differentiation)로

이전의 신규 고객 확보에 중점을 둔 매스마케팅이나 타깃마케팅 전략에서는 어느 금융기관이 얼마나 좋은 금융투자상품을 출시하느냐가 매우 중요한 요소로 작용하였으나 CRM전략을 사용하는 최근에는 금융기관에 가장 도움을 많이 줄 수 있는 우량고객을 초기에 얼마나 많이 확보할 수 있는가와 그러한 우량고객을 얼마나 잘 유지하고 발전시킬 수 있는가가 경영전략의 중요한 중심과제로 대두되고 있다. 고객 차별화 전략의 사용은 금융기관에 기여하는 기여도 및 수익성에 따라 철저하게 고객을 차별적으로 관리함으로써 금융기관의 차별성과 다양화된 고객의 금융수요를 충족시킬 수 있다.

(6) 자동화(Automation)에서 정보화(Infomatization)로

과거에는 빠른 시간 안에 동질적인 품질의 서비스를 제공하는 것이 가장 중요한 평가요소로 작용하였다고 볼 수 있으나 고객의 금융수요를 충족시키기에는 한계에 다다르게 되었다. 고객의 다양한 금융수요를 적절한 시기, 적절한 고객, 적절한 금융투자상품 및 서비스를 제안하기 위해서는 고객에 대한 정보수집능력 및 처리, 관리, 활용능력이 매우 중요한 요소가 되었다.

최근 마케팅의 주류를 형성하고 있는 다이렉트 마케팅, 데이터베이스 마케팅 전략이 중시되는 것도 각 금융기관의 정보처리 대처능력이 얼마나 중요한지를 보여주는 단적인 예라고 할 수 있다.

3) CRM의 효과

(1) 예탁자산의 증대

기존 고객과의 관계를 효과적으로 발전시킴으로써 고객의 조직에 대한 신뢰가 높아질 수 있다. 회사와 특정한 관계를 맺고 있는 고객들은 전년에 비해 그 다음 해에 더 많이 지출하는 경향이 있다고 한다. 즉 고객이 한 금융기관과 친밀한 관계를 통해 그 금융기관을 더 잘 이해하고 상대적으로 만족감을 느낄 때 그 금융기관과 더욱더 많은 거래를 하려고 할 것은 당연하다. 이는 추가 투자자금 여력이 있을 경우 우선적으로 관계가 깊은 금융투자회사에 예치할 것을 고려하게 된다는 것을 의미하며, 또한 여러 금융기관에 분산되어 있는 자금을 한 곳으로 통합하려는 효과도 가지고 온다고 볼 수 있다.

(2) 낮은 마케팅, 관리비용

현대사회처럼 경쟁이 치열하고 수많은 금융투자상품이 범람하는 시대에는 신규 고객 확보를 위한 초기비용이 많이 발생하므로 금융기관의 초기 고객 유인을 위한 판매비용은 기하급수적으로 증가할 수밖에 없으며 결과적으로 수익성을 중요시하는 금융기관으로서는 비용 대비 효과 측면에서 바람직스럽지 않다고 볼 수 있다. 반면 기존 고객을 상대로 하는 마케팅 활동은 초기 비용투자와 지속적인 관계 증진을 통해 안정적인 유대관계를 형성한 상태이며, 기존 거래관계를 통해 축적한 대고객 정보를 토대로 불확실성을 상당부분 제거할 수 있기 때문에 결과적으로 고객과의 관계가 증진될수록 단위당 관리비용은 낮아지게 되는 효과가 있다.

(3) 고객 이탈률의 감소, 고객 유지율의 증대

기존 고객과의 만족스러운 관계형성을 통해 유대관계가 깊어질수록 타 금융기관으로의 이탈 가능성은 더욱 낮아지게 된다. 금융기관이 불안정할 시기에는 타 경쟁사에 비해 고객에게 좋은 서비스나 금리를 제공치 못할 경우가 발생할 수 있는데 그런 경우 관계(relationship)가 깊은 고객일수록 해당 고객의 이탈률은 그렇지 못한 고객에 비해 현저히 낮아지는 경향이 있다.

(4) 구전을 통한 무료광고

금융투자상품이나 서비스의 홍수로 인해 상품 가치를 평가하기가 매우 어려운 현대사회에서는 새로운 금융기관과의 거래에 대한 고객의 위험인식이 높아진다. 이런 상황에서는 주변에 있는 사람들과 특정 금융기관의 서비스나 상품에 대한 경험을 공유하게 되는데 이런 경우 만족스러운 관계를 형성하고 있는 우량고객의 특정 금융기관에 대한 긍정적인 평판은 지대한 영향을 미치게 된다. 또한 만족고객의 영향력을 활용하여 다양한 마케팅 활동 수행이 가능한데 기존 고객의 협조 아래 다양한 계층모임(예 : 동창회, 골프모임, 친목회 등)에 접근이 가능한 것이 대표적인 예이다.

마케팅 활동 수행 시에도 기존의 우량고객들은 우호적인 분위기 조성에 매우 적극적으로 협조하는 경향이 있으며 만족고객의 SNS를 통한 구전효과는 상당히 높은 것으로 파악되고 있다.

01 다음 중 옳지 않은 것을 고르시오.

① 투자권유대행인은 금융소비자가 투자권유를 희망하는지 여부에 상관없이 진행할 수 있다.

② 투자권유대행인은 금융소비자가 합리적인 투자판단과 의사결정을 할 수 있도록 위험 및 거래의 특성과 주요 내용을 명확히 설명하여야 한다.

③ 투자권유대행인은 투자권유 전 상대방이 전문 금융소비자인지 일반 금융소비자인지 확인하여야 한다.

④ 투자권유대행인은 본인이 투자권유대행인임을 나타내는 증표를 금융소비자에게 제시하여야 한다.

02 다음 중 가장 적절한 것을 고르시오.

① 투자권유는 계약의 체결까지를 포함하는 개념이다.

② 금융소비자의 요청에 따라 객관적인 정보만을 제공하는 것도 투자권유로 보아야 한다.

③ 금융소비자가 투자권유없이 스스로 특정상품에 대한 투자를 하는 경우 투자권유대행인은 원금손실 가능성 등에 설명하여야 한다.

④ 주권상장법인이 장외파생상품 거래를 하는 경우 원칙적으로 전문 금융소비자로 보아야 한다.

03 다음 투자권유대행인이 고지하여야 할 사항이 아닌 것은?

① 투자권유대행인과 계약을 체결한 금융상품직접판매업자의 명칭 및 업무내용

② 투자권유대행인이 하나의 금융상품직접판매업자를 대리 또는 중개하는지 여부

③ 금융소비자가 제공한 개인정보 등은 금융상품직접판매업자가 보유, 관리한다는 사실

④ 투자권유대행인의 투자권유로 인한 과거 성과

해설

01 ① 투자권유를 하기 전 투자권유를 희망하는지 여부를 확인해야 한다.

02 ③ 투자권유는 계약체결을 포함하지 않으며, 금융소비자의 요청에 따라 객관적인 정보만을 제공하는 것은 투자권유로 보지 않는다. 주권상장법인의 장외파생상품거래는 별도로 신청하지 않는 한 일반 금융소비자의 거래로 취급되어야 한다.

03 ④

04 다음 중 투자자 정보 파악에 대한 설명으로 적절하지 않은 것은?

① 대리인을 통해 투자자 정보를 얻는 경우 위임장 등으로 정당한 대리인 여부를 확인하고 대리인으로부터 투자자 본인의 정보를 파악할 수 있다.

② 온라인으로 펀드에 투자하는 경우 권유가 발생하지 않기 때문에 투자성향 및 투자하고자 하는 펀드의 위험도를 확인할 수 있는 절차를 온라인에 구축하지 않아도 된다.

③ 파생상품 등의 경우 적정성 원칙에 따라 투자자 정보를 파악하고 투자자가 적정하지 않은 상품 거래를 원할 경우 경고 등을 하여야 한다.

④ RP 등 위험이 높지 않는 금융투자상품만을 거래하는 투자자의 경우 간략한 투자자 정보 확인서를 사용할 수 있다.

05 다음 설명 중 틀린 것은?

① 금융소비자의 투자자 성향 분석 후 적합하지 않다고 인정되는 투자권유는 금지된다.

② 금융소비자가 보유 자산에 대한 위험회피 목적의 투자를 하는 경우 '투자자 성향별 적합한 금융투자상품표'의 위험도 분류기준보다 강화된 기준을 적용하여 투자권유할 수 있다.

③ 투자자 성향 및 금융투자상품의 특성을 고려하여 장기투자가 유리하다고 판단되는 경우 장기투자를 권유할 수 있다.

④ 만 65세 이상의 고령투자자를 대상으로 ELS를 투자권유하는 경우 '적합성 보고서'를 제공하여야 한다.

해설

04 ② 일반인으로 펀드에 투자하는 경우에도 투자자 본인의 투자성향 및 투자하고자 하는 펀드의 위험도를 확인할 수 있는 시스템을 구축하여야 한다.

05 ② 투자위험을 낮추거나 회피하는 경우이므로 금융투자상품의 위험도 분류기준보다 완화된 기준을 적용하여 투자권유할 수 있다.

06 다음 중 투자권유대행인 금지사항에 해당하지 않는 것은?

① 투자자로부터 금전·증권, 그 밖의 재산을 수취하는 행위

② 투자목적, 재산상황 및 투자경험 등을 감안하지 아니하고 투자자에게 지나치게 투자권유를 하는 행위

③ 투자권유의 요청을 받고 실시간 대화의 방법을 이용하는 행위

④ 투자성 상품에 대한 투자권유 시 투자자가 요청하지 않은 대출성 상품에 관한 정보를 제공하는 행위

07 다음 중 투자권유 시 설명의무에 대한 내용으로 적정하지 않은 것은?

① 투자권유 시 금융투자상품의 복잡성 및 위험도 등 상품 측면만을 고려하여 설명한다.

② 동일 또는 유사 상품에 대한 투자 경험이 있거나 해당 상품에 대한 지식수준이 높은 투자자는 간단한 설명이 가능하다.

③ 계속적 거래가 발생하는 단순한 구조의 상장증권의 경우에는 최초 계좌 개설 시에만 설명의무를 이행할 수 있다.

④ 외화증권에 투자권유 시 환위험 헤지 여부, 환율 위험 및 대상 국가에 대한 위험 등 추가적인 설명을 하여야 한다.

08 다음 설명 중 틀린 것은?

① 투자권유대행인은 금융소비자를 대상으로 금융상품에 대한 설명을 한 이후 설명서를 제공하여야 한다.

② 조건부 자본증권에 대한 투자권유 시 일정 사유가 발생하면 원리금이 전액 상각되거나 보통주로 전환되는 특약이 있다는 사실을 설명하여야 한다.

③ 기본계약을 체결하고 그 계약 내용에 따라 계속적·반복적으로 거래를 하는 경우에는 설명서를 제공하지 않을 수 있다.

④ 해외자산에 투자하는 신탁계약을 투자권유하는 경우 투자대상 국가 또는 지역의 경제상황 등의 특징에 대하여 설명하여야 한다.

해설

06 ③

07 ① 상품 측면뿐만 아니라 투자자의 경험 및 인식능력 등을 고려하여 설명하여야 한다.

08 ① 설명서는 설명을 이행하기 전에 금융소비자에게 제공되어야 한다.

정답 01 ① | 02 ③ | 03 ④ | 04 ② | 05 ② | 06 ③ | 07 ① | 08 ①

펀드투자권유대행인 1

금융투자전문인력 표준교재
펀드투자권유대행인

2025년판 발행 2025년 2월 28일

편저   금융투자교육원
발행처   한국금융투자협회
        서울시 영등포구 의사당대로 143 전화(02)2003-9000 FAX(02)780-3483
발행인   서유석
제작 및 총판대행 (주)**박영사**
        서울특별시 금천구 가산디지털2로 53, 210호(가산동, 한라시그마밸리) 전화(02)733-6771 FAX(02)736-4818
등록   1959. 3. 11. 제300-1959-1호(倫)
홈페이지 한국금융투자협회 자격시험접수센터(https://license.kofia.or.kr)

정가 30,500원

ISBN 978-89-6050-763-0   13320